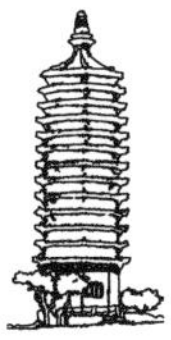

# 北京市通州区
# 地名志

中共北京市通州区委党史工作办公室
北京市通州区地方志办公室 编

方志出版社
Publishing House of Local Records

**图书在版编目（CIP）数据**

北京市通州区地名志 / 中共北京市通州区委党史工作办公室，北京市通州区地方志办公室编．—北京：方志出版社，2022.12

ISBN 978-7-5144-5469-7

Ⅰ．①北… Ⅱ．①中… ②北… Ⅲ．①地名—通州区 Ⅳ．①K921.3

中国版本图书馆 CIP 数据核字（2022）第 256779 号

责任编辑：李晓晓
责任校对：刘玉霞
责任印制：梅中英
出 版 者：方志出版社
地　　址：北京市朝阳区潘家园东里 9 号（国家方志馆 4 层）
邮　　编：100021
网　　址：http://www.zgfzcb.cn
发　　行：方志出版社图书营销中心（010-67110500）
印　　刷：北京朝阳印刷厂有限责任公司
开　　本：889 毫米 ×1194 毫米　1/16
印　　张：27.25
字　　数：800 千字
版　　次：2022 年 12 月第 1 版
印　　次：2022 年 12 月第 1 次印刷
定　　价：270.00 元

# 凡　例

一、本志以马克思列宁主义、毛泽东思想、邓小平理论、“三个代表”重要思想、科学发展观、习近平新时代中国特色社会主义思想为指导，坚持辩证唯物主义和历史唯物主义的立场、观点和方法，存真求实，力求客观、全面记述通州区地名的历史与现状。

二、本志主要记述水系、政区、聚落、交通设施、文物古迹、生产建筑、公共建筑等有代表性的地名，以及部分历史地名，重点介绍地名来历、演变过程及人文特点，同时收录部分地名研究文章、地名管理文件、历史地图。

三、本志综合运用述、记、志、图、表、录等体裁；以章、节统领，最低层设目，以条目为主体。

四、本志上限追溯事物发端，下限至2014年12月31日。

五、本志以第二次全国地名普查资料为地名标准化的依据。

六、地名读音，以汉语读音为准。地名的汉语拼音拼写，以中国地名委员会、中国文字改革委员会、国家测绘局1984年联合颁布的《中国地名汉语拼音字母拼写规则（汉语地名部分）》为依据。

七、地名的含义、由来及历史沿革演变，以现有文字记载为准，属传说、虚构的内容不记。

八、本志数据以《北京市通州区统计年鉴》公布的数据及政府有关职能部门统计的数据为准。凡使用数据未标明年份的，均为2014年底的数据；凡非2014年底数据，均标明年份。

九、中华民国成立前的纪年，使用朝代年号纪年，括注公元年份；中华民国成立后的纪年，均使用公元纪年。“新中国成立前（后）”以中华人民共和国成立日1949年10月1日为界。

十、本志数字用法、标点符号用法分别采用国家标准《出版物上数字用法》（GB/T 15835—2011）、《标点符号用法》（GB/T 15834—2011），计量单位采用国家技术监督局1993年12月发布的《量和单位》系列国家标准。历史上使用的计量单位，如斗、石、里、尺、磅、华氏度等，在引文时可照录。考虑到社会使用习惯，全书中亩不统一换算。

◎ 大运河森林公园湿地（2010 年摄）

◎ 京杭大运河通州段（2014 年摄）

◎ 中仓街道居民小区（2005 年摄）

◎ 大稿村自住楼（2010 年摄）

◎ 武疃村（2012 年摄）

◎ 史东仪村（2014 年摄）

◎ 国道京塘线与北京六环路（2003 年摄）

◎ 通州北关桥（2007 年摄）

◎ 玉带河东街（2007 年摄）

◎ 省道通顺路（2008 年摄）

◎ 新华西街（2008 年摄）

◎ 地铁八通线（2010 年摄）

◎ 玉带河大桥（2011 年摄）

◎ 北苑桥（2011 年摄）

◎ 东关大桥（2011 年摄）

◎ 省道通香路（2012 年摄）

◎ 通州站（2014 年摄）

◎ 潞湾橡胶坝（2004 年摄）

◎ 北关分洪闸（2009 年摄）

◎ 中关村科技园区通州园光机电一体化产业基地（2010 年摄）

◎ 北京市碧水污水处理厂（2010 年摄）

◎ 潞河国际教育学园（2007 年摄）

◎ 国家法官学院（2010 年摄）

◎ 新城东里幼儿园（2012 年摄）

◎ 西集镇中心小学（2013 年摄）

◎ 通州区中医医院（2011 年更名为北京中医药大学东直门医院东区。2011 年摄）

◎ 首都医科大学附属北京潞河医院（2014 年摄）

◎ 太阳花酒店（2011 年摄）

◎ 中国工商银行北京通州支行（2012 年摄）

◎ 北京市通州区博物馆（2007 年摄）

◎ 韩美林艺术馆（2008 年摄）

◎ 北京市通州区文化馆、图书馆（2013 年摄）

◎ 北京市通州区电影院（2014 年摄）

◎ 燃灯佛舍利塔（2014 年摄）

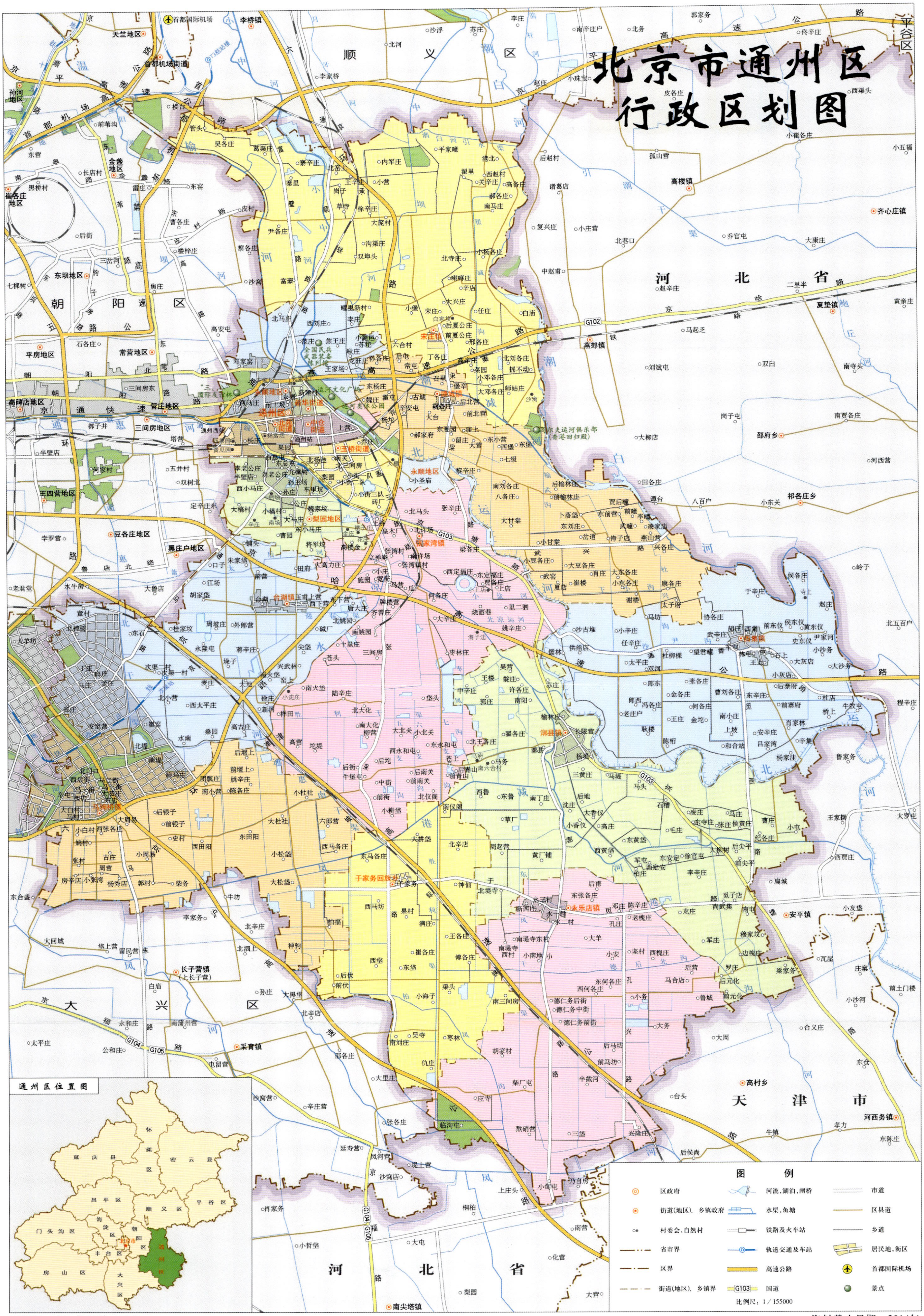


审图号：京S（2022）015号

资料截止日期：2014年

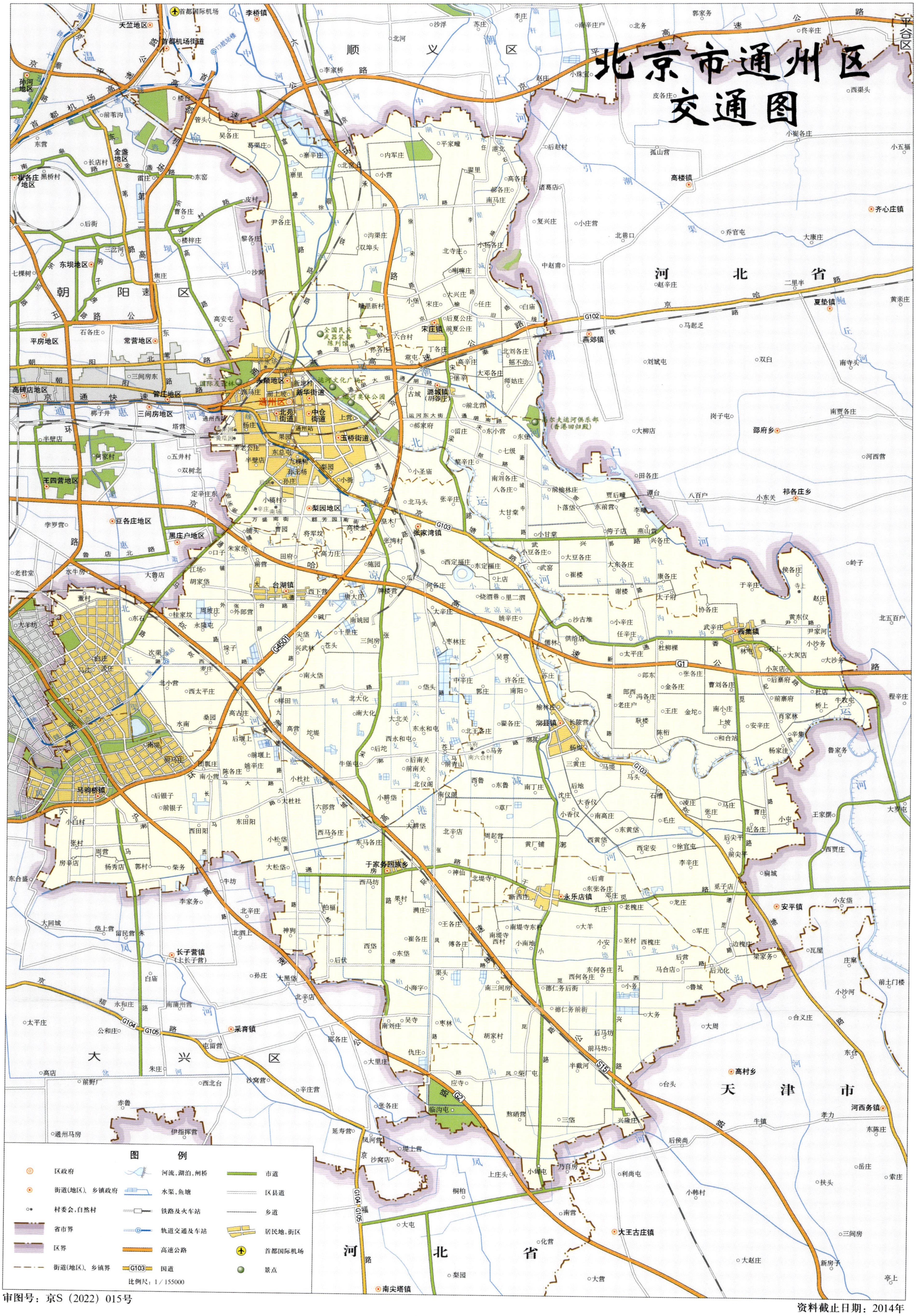


审图号：京S（2022）015号

资料截止日期：2014年

# 目 录

# 概　述

通州区位于北京市东南部，京杭大运河北端。区域地理坐标北纬39°36′～40°02′，东经116°32′～116°56′。东西宽36.5千米，南北长48千米，面积906.28平方千米。东隔潮白河与河北省三河市、大厂回族自治县、香河县相望，西邻朝阳区、大兴区，南和天津市武清区、河北省廊坊市安次区交界，北与顺义区接壤。区人民政府驻新华北路161号。

通州区历史悠久。五千年前，境内已有先民从事生产活动。西汉高祖十二年（前195）建县，称路县。王莽新朝（9—23），改路县为通路亭。更始元年（23），复称路县。东汉建武元年（25），县依水名（潞水，今北运河），改称潞县。金天德三年（1151），于潞县设刺史州，名通州，意为“漕运通济”。明洪武元年（1368），省潞县入通州。1914年改通州为通县。1958年4月，通县由河北省划归北京市，改为通州区。1960年2月，撤销通州区恢复通县建置。1997年4月，国务院批准撤销通县设立通州区。

历史上，通州境域多变，行政区划亦多变。两汉时，路（潞）县域含今三河市、大厂回族自治县，境域呈东西向“矩形”。北魏太平真君七年（446）平谷县（今平谷区）、安乐县（今顺义区境内）并入潞县。唐武德二年（619）析潞县东部置临泃县。贞观六年（632）临泃复入潞县。开元四年（716）析潞县东部置三河县（今三河市）。契丹太平中（1021—1031），析潞县南部和武清县北部置漷阴县。清顺治十六年（1659）裁漷县入通州。至清末境域已呈南北向“楔形”。1935年，通州境域面积1134.32平方千米。此后，通州周边的一些村庄归属多次发生变化。1948年为1120平方千米。新中国成立后，1950年、1953年、1954年、1956年、1958年，通州辖域分别进行了调整。至1958年，始成现域，呈南北长、东西窄的“菱形”。

路县，为通州有文字记载的地名之始，因县治设在今潞城镇古城村，位于当时的蓟襄驰道旁，故名。东汉初期，境内又出现了有文字可查的沿古潞水形成的霍村（今漷县村）、路（潞）城（今古城）等聚落地名。汉代通州的开发已具雏形，成为人类活动和繁衍生息的重要地区。先后出现了人类长期定居的聚落，境内发现的多处汉代古墓，即是佐证。如德仁务汉墓群，坨堤、大台等汉墓。唐太宗时，有大量高丽人迁入幽州，散居各地，今大高力庄（时称高丽庄）即因该地为高丽人所建而得名。唐代还出现了庞村（今大庞村）等聚落地名。辽升幽州为五京之一南京后，辽主经常游猎，每季春弋猎于延芳淀（今漷县西北），遂出现了随行嫔妃驻跸地神潜宫（今神仙）、望幸里（今台湖）以及牌楼营行宫等。由于游猎活动的开展，在该地还相继出现了永乐店（时称前村、后店和北店）及延芳淀北侧之郭庄和北运河南岸的马头、曹庄等聚落地名。金定都中都（北京）后，其所需给养均仰仗于潞河，漕运为国脉所系，金天德三年（1151）始有通州之名。元朝时，通州地名有较大发展。至元二十九年（1292），都水监郭守敬主持开挖大都至通州运河，引白浮诸泉水以济运，水运可直抵大都积水潭。水运促进了大都的繁荣，也带动了通州迅速发展。在一百多年的时间内，通州这块土地上，相继出现了管头、白庙、召里、张家湾、枣林庄、李二寺、大杜社等 40 余个聚落地名。明永乐元年（1403），北平改称北京。由于聚集了大批官僚、富豪巨商，驻扎几十万军队，必须首先解决南方粮食、物资进京问题。永乐十三年（1415），运河畅通，京城的粮食、物资问题得到解决，也促进了通州较为普遍的开发，新出现的聚落地名星罗棋布。据统计，明代新出现的聚落地名有胡各庄、西集、牛堡屯、侉子店、觅子店、东鲁、前寨府、燕山营、前银子、大营、李辛庄等近 300 个。清朝，统治者按每十名壮丁为一庄，设一庄头编庄生产，领地七百二十亩，使明代已形成的聚落重新组合、分离、更名。在此后的二百多年中，先后出现了罗庄、大台、寨辛庄、金坨、壮丁屯、奚庄等 160 多个聚落名称。1912 年至 1948 年，通州增加了 8 个聚落地名。1948 年 12 月，通州全境解放，社会日趋安定，至 1958 年，除因区划调整因素出现的聚落名称变化外，域内聚落地名基本稳定。改革开放以后，特别是进入 21 世纪以来，由于经济的快速发展，城镇建设的加快以及为适应人民改善居住环境的需要，一部分聚落被拆除并重新规划建设，名称消失；同时建成了大批居民住宅小区，新的地名大量出现，如新华联小区、京贸国际公馆、珠江丽景家园、通广嘉园、玉兰湾等。

通州自古水陆交通发达，曾为京东交通要道。秦代，著名的蓟襄驰道从境内通过。明、清两代漕运的发展，为通州城内街道名称的形成奠定了基础，出现了以漕粮仓场管理衙门名称命名的街巷四员厅，以漕仓命名的街巷中仓、后南仓，以酿酒作坊命名的大烧酒胡同、小烧酒胡同等。清光绪二十七年（1901），境内修筑京（北京）通（通州）铁路。1917 年始，境内先后修筑京榆（山海关）公路、京古（古北口）铁路和通唐（唐山）、通密（密云）公路。新中国成立后，现代交通设施建设迅猛发展。1952 年，建成长 3750 米、宽 50 米的新华大街。1953 年至 1979 年，分段完成新华南、北路建设，形成城镇主干道。至 1983 年，城区完成 10 条道路的修筑工程。1984 年形成了有京秦、京承铁路，京塘、京哈、通顺、通黄公路构成的交通枢纽。1992 年实现村村通柏油路。1997 年至 2010 年，先后实施新华东街、新华西街、运河大街、新华南路、新华北路、北苑高架桥、北关高架桥等城市交通设施建设、改造，基本形成新的城市主干道和城区与周边的环形线路；实施市、区、乡镇三级路网建设，打造区域交通基础设施体系。至 2014 年，全区公路总里程 2483.1 千米，基本形成了内外相连、辐射周边的开放式路网。

通州地处古代民族融合地域，民智早开。燃灯佛舍利塔，始建于北周，成为通州的象征，清代王维珍有诗句“一支塔影认通州”。唐代，当时通州地区已经出现了见于史书的净业寺、林皋寺等。辽代，辽主为“春水秋山”“四时捺钵”之需要，在延芳淀附近建有游猎服务性设施，如晾鹰台、放鹰台等。金元明清建都北京，作为京师屏障、漕运枢纽、水陆都会的通州，留下众多古建筑、石雕、石刻及其他名胜古迹（遗址），诸如衙署、会馆、书院、庙宇、楼亭、仓廒、城池、运河、码头、碑刻、墓志、匾额等等。至 2014 年，通州区有全国重点文物保护单位 2 处，市级文物保护单位 4 处，区级文物保护单位 44 处。

通州地处水陆要津，商贾云集，文化积淀丰厚。元大德二年（1298）境内建有通州儒学和漷县儒学。明清时期建有州学、书院，通州贡院为顺天府 24 州县的科举考试场所，清代潞河书院为京东 10 州县的最高学府。清光绪四年（1878）始建潞河医院。清光绪二十六年（1900）创建小楼饭店。新中国成立后，通州大力加强公共设施建设，教育、文化、卫生、体育及各类服务设施遍及城乡。2014 年，有驻区高等院校，有中学、小学、幼儿园、文化馆、图书馆、影院，有各级各类医院、体育场馆以及商场、饭店、银行等等。

新中国成立后，通州大力发展农业，兴修农田水利设施，修建了众多沟渠及闸坝，如胜利干渠、东风干渠、丰字沟、武兴沟、通惠闸、杨洼闸等，实现了农田的旱能浇，涝能排。近年来，全区农业现代化步伐加快，出现了一批种植业、养殖业的示范园区。工业企业发展迅速，大量的工业地名相继出现，特别是形成了一批配套设施齐全的工业园区和产业基地。

两千多年来，通州人民在这片土地上创造了辉煌的历史，留下一个个响亮的地名，犹如一串串闪光的足迹，又如一幅幅壮丽的画卷。它是通州人民智慧的结晶，也是通州人民乡情、乡愁的凝聚。

# 大事记

## 汉

**西汉高祖十二年**（前195）建县，称路县，治所在今潞城镇古城村。

**王莽新朝**（9—23），改路县为通路亭。

**更始元年**（23），复称路县。

**东汉建武元年**（25），县从水（潞水，今北运河）名，改路为潞，称潞县。

**建武二年**（26），潞县治所因战火焚毁，由古城村迁至城子（今河北省三河市城西南西城子村）。

**建武十三年**（37），上谷太守王霸开温水（今温榆河）漕运。

## 南北朝

**北魏太平真君七年**（446），平谷县（今平谷区）、安乐县（今顺义区境内）并入潞县。同年，潞县治所自城子迁军下（今河北省三河市军下村）。

**北齐年间**（550—577），潞县治所迁至今通州城。

## 唐

**武德二年**（619），析潞县东部置临泃县。

**贞观元年**（627），临泃县复入潞县。

**贞观年间**（627—649），因水患，潞县治所迁至安乐故城（今顺义区西南古城村北）。

**开元二年至天宝六载**（714—747），潞县治所复移今通州城。

**开元四年**（716），析潞县东部设三河县。

## 辽 宋 金

**辽太平年间**（1021—1031），析潞县、武清县各一部设置漷阴县，隶析津府。

**北宋宣和四年**（1122）二月，潞县、漷阴县入宋，隶燕山府。

**宣和七年**（1125）十二月，潞县、漷阴两县入金，隶大兴府。

**金天德三年**（1151），于潞县设刺史州，命名通州，取“漕运通济”之意，领潞、三河两县。

**大定元年**（1161）十二月，金世宗完颜雍至通州，始设太仓等三座国庾。

**大定五年**（1165）正月，疏浚高梁河（今通惠河），沿河设闸节水。此河后称“闸河”。

**（蒙古）窝阔台三年**（1231），通州城北建漕仓。

## 元

**至元十三年**（1276）八月，升漷阴县为漷州，领武清、香河两县。

**至元十六年**（1279）六月，枢密院发军5000人，官府雇用千人开浚通州坝河水路并设坝河运粮提举司。

**至元二十九年**（1292），郭守敬主开新漕河，沿河设普济等24闸，翌年七月竣工，忽必烈赐名“通惠河”。

**大德二年**（1298），于通州治迤西建文庙。

**至大元年**（1308）七月，发军1500人，于漷州泽中筑呼鹰台（今唐头村处）。

## 明

**洪武元年**（1368），撤销潞县入通州。是年，孙兴祖督修通州城。

**洪武十四年**（1381）二月，漷州民贫赋薄，降漷州为漷县，隶属通州。通州管辖三河、武清、宝坻、漷县四县。

**建文三年**（1401），通州东门外白河上建排船浮桥。

**永乐元年至永乐二十二年**（1403—1424），通州东关河西岸置潞河驿（也称潞河水马驿）；今和合站村置合河驿。

**永乐五年**（1407），在张家湾运河中码头侧设皇木厂。

**永乐七年**（1409），于州城内外始建大运西、中、东三座国仓。

**正统十一年**（1446）八月至十二月，永通桥（俗称八里桥）建成。

**正统十四年**（1449）八月，总督粮储太监李德督建通州新城。

**天顺七年**（1463）四月，浑河（今凉水河）上新建弘仁石桥［清乾隆三十八年（1773）改建，称马驹桥］。

**天顺年间**（1457—1464），南仓建成，位于西仓之南。

**正德元年**（1506），筑漷县土城。

**正德六年**（1511），巡抚李贡增修通州新城，加高五尺，建炮台一座。

**嘉靖七年**（1528）二月，巡按御史吴仲主持重修通惠河，五月告竣。自普济闸下弃元代旧有河道，改从州城北入运河，并于州城北建石坝码头。

**嘉靖二十七年**（1548），巡仓御史阮鹗于州治右侧创建通惠书院。

**嘉靖二十九年**（1550）十月，再筑通州新城。

**嘉靖四十三年**（1564）春，因边警始筑张家湾城。

**万历六年**（1578），州城北关外通惠河上建通济桥，两侧护栏端各雕一只卧虎戗栏，又称卧虎桥。

**崇祯三年**（1630），总兵杨国栋增修通州新城。

# 清

**顺治十六年**（1659），裁漷县入通州。通州领三河、武清、宝坻三县。

**康熙三十六年**（1697），建滚水坝于州北门外葫芦头。

**康熙五十九年**（1720），仓场总督令知州在天恩胡同创办潞河书院。

**雍正六年**（1728），通州不再领县，为散州。

**雍正七年**（1729）八月，朝阳门至通州石道工程兴工，长5588丈有奇，次年五月告竣。

**雍正十一年**（1733），御制通州石道碑立于城西石道北侧，记载修筑石道事况。

**乾隆四十八年**（1783），重修通州清真寺。

**咸丰十年**（1860）九月十一日，英法联军侵入通州境。二十一日爆发八里桥之战。

**同治六年**（1867），美国基督教牧师于州城西街设耶稣教堂传教，于北后街办男童寄宿学校。

**同治七年**（1868），美国基督教公理会于后南仓处建证道堂，并陆续在燕郊（今属河北省）、西集、永乐店、牛牧屯、张家湾、富豪、草寺设福音堂。

**同治十二年**（1873），贾后疃、牛牧屯、州城西门外建天主教堂。

**光绪十八年**（1892），通州设电报子店。

**光绪十九年**（1893），八境神学院改称潞河中学。

**光绪二十七年**（1901），北京正阳门至通州东关铁路修成通车。北运河停漕，漕运衙署一律裁撤。

是年，美国牧师都春辅利用《辛丑条约》清政府赔偿的白银10万两及另向通州地方政府索赔白银6万两，在通州新城南门外迤西强行购买土地2000亩，建学校、医院、墓地等，并命名“复兴庄”。

# 中华民国

**1914 年**

6 月，通州改称通县。

是年，京兆第三中学易为男子师范学校。创建潞贞女学堂和普育女子回民小学。

**1915 年**

10 月，通县乡村师范学校成立。

**1916 年**

11 月，设立农工银行。

是年，北京电话局在县城设立分局。

**1919 年**

5 月，潞河中学进步学生组织若干“十人团”深入学校、街道和张家湾、燕郊（今属三河市）等地，宣传十月革命，反对巴黎和会。

**1920 年**

3 月 4 日，京兆师范学校自卢沟桥迁来通县，原京兆第三中学并入。

是年，修筑平津公路斜贯县境。

**1924 年**

2 月，北京电车公司于运河西岸小圣庙村旁兴建发电厂。1928 年建成通电。

**1927 年**

是年，城内万寿宫处设汽车站，汽车通往北京。

**1928 年**

5 月，县电灯公司成立。

**1929 年**

1 月，中共通州区委成立。

**1931 年**

10 月，建立县环境电话局。

**1934 年**

2 月，县简易师范学校成立。

**1935 年**

11 月 25 日，日本特务机关煽动汉奸殷汝耕在通县成立伪冀东防共自治委员会，12 月 25 日改称“冀东防共自治政府”。

**1937 年**

8 月，伪冀东防共自治政府机关迁往唐山。

**1944 年**

7 月，中共三（河）通（县）香（河）、三（河）通（县）顺（义）抗日民主联合县分别成立。

**1946 年**

6 月，中共通县县委在全县 150 个村开展土地改革。

**1948 年**

12 月 13 日，驻通县国民党军队全部弃城逃往北平。14 日，通县全境解放。是月，析通州城及关厢农村另设通州市（县级）。

**1949 年**

1 月，通县党政机关从西集迁驻张家湾。

8 月 1 日，通县专区成立，专区机关驻通州镇，辖 14 个县镇。是月，通州市改称通县镇（县级）。

## 中华人民共和国

**1950 年**

6 月至 1951 年 10 月，通县镇降为通县下辖镇，改称通镇。

6 月，顺义县管辖的徐辛庄、翟里等 76 个行政村（共 107 个自然村）划归通县管辖，同时将潮白河以东 8 个行政村（共 11 个自然村）划归三河县管辖。

**1951 年**

11 月，通镇从通县析出，建县级镇，称通县镇。

**1952 年**

6 月 27 日至 11 月 24 日，改造万寿宫“臭沟”，下建砖拱，上建马路，定名新华大街。

**1953 年**

5 月，通县设 9 个区，128 个乡。通县镇建 15 个居民委员会。

**1954 年**

1 月，通县镇复称通州市。

**1956 年**

3 月，西部的上辛堡、崔各庄等 7 个乡划归朝阳区。

8 月，撤销区级建置，将 120 个乡合并为 44 个乡。

**1958 年**

4 月 1 日，通县、通州市合并，由河北省划归北京市，称通州区。

8月29日，区委传达中共中央“关于大办人民公社”的指示，会后三天全区实现人民公社化，组建9个人民公社。

**1960年**

2月，撤销通州区复称通县。

**1968年**

11月，拆毁通县钟鼓楼，其材料用于在潮白河东岸建通县五七干校。

**1974年**

2月4日，恢复县委党校。

**1981年**

1月18日至23日，通县第七届人民代表大会第一次会议召开，会议决定取消“革命委员会”名称，设置通县人民政府。

3月，撤销各公社革命委员会，恢复人民公社管理委员会。

**1983年**

3月，撤销人民公社管理委员会，建立乡人民政府；成立乡农工商联合总公司，保留村级经济合作组织；实行党、政、企分设的管理体制。

是年，根据《北京市地名管理办法》，为避免一地多名、一名多地现象，对域内多处地名做出调整。

**1985年**

11月30日，县政府召开“怀念爱国将领，恢复佟麟阁街、赵登禹大街名称”大会。

**1986年**

3月1日，玉带河盖板路一期工程开工，10月30日举行通车剪彩仪式。

**1990年**

2月6日，城关、梨园、徐辛庄、宋庄、西集、牛堡屯、马驹桥、漷县、张家湾、次渠10个乡改为镇。

**1992年**

8月28日，侉子店乡易名甘棠乡。

9月，第一部记述通县地名的专业志书《北京市通县地名志》出版发行，该书资料截至1989年。

**1997年**

4月29日，国务院批复同意北京市撤销通县，设立北京市通州区，以原通县行政区域为通州区的行政区域，区人民政府驻通州镇。

9月28日，北京市通州区成立大会在通州会堂举行。

10月24日，区委、区政府决定：撤销西城、东城、南城、北城、新建、运河、北苑7个办事处，成立通州区中仓、新华、玉桥、北苑街道办事处及工委。

10月30日，区委、区政府决定：撤销城关镇、梨园镇建置和党政机构，设立中共通州区永顺地区工委和通州区永顺地区办事处、中共通州区梨园地区工委和通州区梨园地区办事处。

**1998年**

9月2日，北京市政府决定撤销永乐店区。原属该区的永乐店乡、小务乡、柴厂屯乡、渠头乡、于家务乡、草厂乡及原永乐店地区涉农机构、永乐店经济开发区移交通州区管辖。

是年，实施村名标准化管理，完成350个村标设置工作。

**2000年**

7月25日，区委、区政府发出《调整部分乡镇区域范围和调整后党政机构更名的通知》，撤销胡各庄乡等7个乡，设立胡各庄镇等7个镇；撤销草厂乡并入漷县镇；撤销永乐店乡、小务乡，合并设立永乐店镇；撤销渠头乡并入于家务回族乡；在永顺、梨园地区分别建立建制镇，实行一个机构，两块牌子。各乡镇党政机构名称，随行政区域变化而变更。

**2001年**

12月1日，区委、区政府发出《关于调整部分乡镇行政区域范围和调整后党的组织关系划转及党政机构更名的通知》，决定撤销徐辛庄镇，其行政区域并入宋庄镇；撤销次渠镇，其行政区域并入台湖镇；撤销牛堡屯镇，其行政区域并入张家湾镇；撤销郎府镇，其行政区域并入西集镇；撤销大杜社镇，其行政区域并入马驹桥镇；撤销觅子店镇，其行政区域并入漷县镇；撤销柴厂屯镇，其行政区域并入永乐店镇；撤销甘棠镇、胡各庄镇，合并建立潞城镇，潞城镇政府设在原胡各庄镇政府所在地。所涉及乡镇的党政机构相应撤销或更名。

是年，区规划局完成了建立地名库工作，录入地名数据16类、1203个。

**2002年**

6月，社区居委会调整工作结束。原68个居委会、97个家委会合并为38个社区居委会。

8月1日，原佟麟阁街、新城南路更名为新华南路，原新华北街更名为新华北路。

是年，通州区制定《地名命名、更名核准程序》《标准地名使用核准程序》。

**2004年**

2月29日，市规划委通州分局下发《关于马驹桥镇新海北里、新海南里居住区命名和新海东路、兴华大街等街道命名、更名及海户屯、河北段等村庄名称注销的通知》。依据北京市地名管理有关规定，注销马驹桥镇的海户屯等4个村名称。

6月，调整新华大街名称，以银地路口为界，东段名称调整为新华东街；西段名称调整为新华西街。调整玉带河大街名称，以潞河医院路口为界，东段名称调整为玉带河东街；西段名称调整为玉带河西街。

**2005年**

4月27日，区政府批准成立星河、三元、中山街、复兴南里、北苑桥、锦园等6个社区居委会。

11月18日，区政府举办纪念通州建置2200周年活动。

是年，通州地名数据库实现数字化。

**2008年**

5月16日，北京市文物局批复通州区成立韩美林艺术馆。韩美林艺术馆为公立性质，展示内容为韩美林书法、绘画、陶瓷、雕塑和民间工艺等艺术作品。

**2009年**

10月12日，马驹桥镇实施北海等五村“撤村建居”工作。全面完成村级集体资产处置兑现，确保村级集体账户额归零，撤销北五村村民委员会建制，成立新海南里、新海北里、新海祥三个社区居委会。

**2010年**

9月25日，大运河森林公园开园。公园位于北运河两侧，占地面积1.07万亩，是全市首个建成的万亩滨河森林公园。公园秉承“以绿为体，以水为魂，林水相依”的设计理念，形成“一河、两岸、六园、十八景”的整体布局。

**2011年**

年内，启动新城范围外宋庄、张家湾、西集等9个镇乡地名编制工作。

是年，通州区获得民政部颁发的“全国地名公共服务工程示范区”荣誉称号。

**2012年**

7月，通州首个门户网站——“大运通州网”正式开通。

12月，通州区荣获“2012中国最具生态竞争力城市”称号。

年内，漷县镇、宋庄镇、张家湾镇、潞城镇、西集镇、于家务回族乡地名规划获北京市规划委员会批复。

**2013年**

4月，大运河森林公园获批成为国家AAAA级旅游景区。

6月，北京韩美林艺术馆南展区开馆。

10月，通州区文化中心落成典礼举行。

**2014年**

1月，区政务协同办公系统主体上线运行。

6月，中国大运河获准列入世界文化遗产名录。京杭大运河通州段为其中一部分，北起永顺镇范庄村、温榆河与小中河二水会流处，南至西集镇牛牧屯村，全长42千米。

# 第一章　水　系

通州域内现有河流13条，分属潮白河水系、北运河水系。古代的通州多河富水，自秦以来，历代利用天然河道或开凿运河，以通水运。北运河、通惠河、萧太后运粮河、笥沟（今港沟河）等皆因水运而名。历史上，一些河流名称多变，不同时期名称不同，其中北运河名称最多。众多河流，在给通州带来漕运兴盛和灌溉便利之外，也给通州人民带来了深重的水患灾难，一些河流多次改道，两岸人民深受其害。新中国成立后，对各条河道实施了多次大规模治理工程，水患得到了根治。

## 第一节　潮白河水系

### 潮白河
Cháobái Hé

位于通州区东部。于通州区东北部与顺义区、河北省三河市交界处的港北村入通州区界。后沿通州区与三河市、大厂回族自治县、香河县边界南流，流经通州区宋庄、潞城、西集三镇，于西集镇大沙务村出境。境内河道长41.7千米，堤防长36.6千米，河床均宽350米，河底均宽200米，流域面积69.6平方千米，防洪除涝面积21.4万亩。常年汛期6月1日至9月15日。

潮白河发源于冀北山区，主源有二：其一为潮河，因其流经山区，河道纵坡大，水流湍悍，其声如潮而得名。《汉书·地理志》称鲍丘水，源于河北省承德市丰宁县草碾沟南山，流经滦平县后南流，于密云区古北口进北京市界后入密云水库。其二为白河，以两岸皆白沙寸草不生，而名，又名白遂河。《汉书·地理志》称沽水，《魏氏土地记》称潞河，唐代称潞水。源于河北省张家口市沽源县境内，南流入长城内至赤城县折向东流复出长城，在延庆区白河堡西北进北京市域内入白河堡水库，再东流至怀柔区汤河口南折入密云水库。潮、白二河出密云水库后沿故道南流，于密云区城南河槽村东汇合，以下河道称潮白河。经怀柔区、顺义区，进入通州境。历史上潮白河为漕运要冲北运河的重要源流。但因两岸低平，无明确河槽，经常改道，素有“逍遥自在河”之称。其东原有一条溉溉河（又名箭杆河），潮白河多次决口夺溉溉河南下。为保证漕运，朝廷遇决即堵。1939年6月山洪暴发，潮白河再次改道完全注入溉溉河，形成今境内河道。1950年为根治潮白河，增辟了潮白新河，导潮白河主流进入潮白新河，下泄至八台港，分洪入黄庄洼、里自沽洼滞蓄，分流洪水经导流引河、七里海及东引河于北塘入海，而不直接入北运河，从而减轻潮白河水对北京市、天津市的威胁。同时整修堤防，到1962年，修筑各种类型水坝77道，套堤6900米，重点加固顺义及通州境内小杨各庄、后榆林庄、燕山营、港北等险工段。1958年和1960年，先后建成怀柔、密云及白河堡等大中型水库。1966年4月，京密引水渠建成通水。1979年3月，密云、顺义、怀柔、通州对潮白河堤防进一步加固，通州36.6千米河段分两期施工，于10月5日工毕，共投资335万元，完成土方301.3万立方米，翻建进、排水闸6座，穿堤涵管23处。1997年修建于辛庄橡胶坝，坝长300米，坝高2.4米，蓄水量350万立方米，年可回补地下水800万立方米，改善农田灌溉面积5.5万亩。2006年实施潮白河综合整治工程，完成5千米滩地平整恢复和5千米河道护坡以及绿化平台建设工程。2007年完成潮白河水源地保护、潮白河二期绿化、潮白河港北至白庙橡胶坝段河道整治工程。2009年完成于辛庄橡胶坝改造工程。

## 运潮减河
## Yùncháo Jiǎnhé

位于通州东北部。西起通州北关闸，东到潞城镇东堡村北入潮白河。为人工开挖连接北运河与潮白河的河道，以分减北运河洪水入潮白河，故名。是通州大型水利工程之一，北京东郊防洪排涝的主要分洪河道，属潮白河水系。1963年建成。河道全长11.5千米，流域面积20平方千米，河床均宽128米，河底均宽80米，深5～6米，堤防长20千米，防洪除涝面积30余万亩，流经永顺、宋庄、潞城3镇。常年汛期6月1日至9月15日。

1959年，北京东南平原地区发生严重沥涝灾害。根据中央提出的《海河水系北四河龙凤、北运、潮白、蓟运各河中下游防洪、除涝规划纲要（草案）》，北京市政工程设计院提出了《运潮减河设计方案》。从1960年1月始，开挖运潮减河，1963年汛期前竣工。该项工程由拦河闸桥、分洪闸桥和拦河大坝构成。河底起点标高为17米，终点与潮白河深水河槽平接，标高14.14米，设计正常河道水深4.2米，平均流速每秒1.23立方米，分洪流量每秒500立方米。沿线建有龙旺庄、古城、召里和东堡4座大桥。运潮减河北岸，修建9处待机排水涵闸，以渲泄该河流域的沥水，防止洪水倒灌。2007年9月至2009年7月建成北关分洪枢纽工程的重要组成部分——北关分洪闸。2009年建成师姑庄橡胶坝。该坝建成后，可截取北运河来水2000万立方米，并通过翟减沟、减运沟、丰字沟为运潮减河南部地区增加农业灌溉用水。

# 第二节　北运河水系

## 北运河
## Běi Yùnhé

纵贯通州区中东部地区，为京杭大运河起始河段，海河水系四大河流之一。《汉书•地理志》称鲍丘水。《水经注》称潞河、潞水。元代“取两岸皆白沙寸草不生”之意称白河。明代，京杭大运河全线疏通北自通州、南至杭州河道，以利漕粮运输，故名京杭大运河，俗称运粮河。因通惠河称里漕河，与之相对应北运河又称外漕河。清雍正四年（1726），将直隶诸河分为南运河、北运河、畿南诸河和永定河四局，设专官管辖，该河段位于天津至通州之间，为京杭大运河最北河段，故名北运河。此外还有沽水、通济河、白遂河、通流河等名称。境内河道长42千米，堤防长 69 千米，河床宽 200 米，河底宽 60 米至 100 米，流域面积 164.5 平方千米。常年汛期 6 月 1 日至 9 月 15 日。

源头在燕山南麓昌平、海淀一带山区，于昌平区沙河镇汇合后称温榆河，南流入通州境，先后纳入坝河、小中河、中坝河，此为北运河起点北关拦河闸以上主要源流。南流后再纳入通惠河，经张家湾镇梁各庄村、潞城镇武窑村，沿西集镇、漷县镇界继续南流至苏庄村南纳入凉水河，经榆林庄村、杨堤村东南流，于马堤村东折过马头村后进入漷县镇、西集镇，在西集镇牛牧屯村南折向东南出境。北运河自金建都北京后，历经元、明、清三代，虽屡经疏浚，以维持漕运，但从未根治，致使河道坡缓曲折，堤防残破，险口较多，一遇洪水即冲破堤岸泛滥成灾。1958 年起先后修建了十三陵、桃峪口、王家园等上游水库，控制山区流域面积 400 平方千米，减少上游河水注入北运河。1960 年在北运河起点修建拦洪闸。1963 年运潮减河开挖完成并修建分洪闸。1967 年建成榆林庄闸。1970 年 10 月至 1974 年汛前，先后对河道进行全线疏浚，兴建杨家洼闸、武窑大桥等 8 座闸桥、涵闸等，并扩建榆林庄闸。2002 年，北运河第一座橡胶坝潞湾橡胶坝建成。2004 年 11 月至 2005 年 5 月，对北运河城市段实施河道清淤、主槽拓宽、堤防调整。2007 年，开展北运河河道生态治理二期过程，治理长度 6.6 千米，主要是疏挖和拓宽河道，主河槽按照 20 年一遇洪水标准设计，扩宽至 200 米。2007 年至 2008 年，对北运河北关分洪枢纽进行改建。工程完成后，河道洪水设计标准由原 20 年一遇提高到 50 年一遇，河道洪水校核标准由原 50 年一遇提高到 100 年一遇。2013 年 3 月至 7 月，对北运河城市段进行清淤和堤防加固工程，清淤土方 260.65 万立方米，浆砌石护坡 5.6 千米，村堤加固 1.1 千米。在通州城市段建运河文化广场；在张家湾镇、潞城镇段建大运河森林公园。

## 温榆河
## Wēnyú Hé

位于通州区西北部。为北运河上游河道，属北运河水系。源于昌平区北部山区的东沙河、南沙河、北沙河三条河流，汇流于沙河水库。自沙河水库流出后，至通州北关闸止，称温榆河。沿流域纳入蔺沟河、清河、坝河、小中河、中坝河等支流，流经昌平区、朝阳区、顺义区，于宋庄镇管头村入通州境，南流经宋庄镇、永顺镇至北关闸入北运河。《水经注》称漯余水（即古漯水余脉）。《汉书•地理志》名温余水。辽代始有温馀河之称，榆与馀同音，故于金代起称今名。明代又有富河、果渠之名。境内全长 14.5 千米，流域面积 25.23 平方千米，河床均宽 168 米，河底均宽 86 米至 124 米，堤防长 18 千米。常年汛期 6 月 1 日至 9 月 15 日。

历史上，温榆河曾为西接大都，北济边关的重要漕运通道。元代曾治理坝河及温榆河下游，作为水运通道，直抵大都光熙门。明代因北京城廓南移和水源不足而废坝河，但长城一带及天寿山处（即十三陵）驻有重兵，所需粮草陆运费时费银，且多弊端，故于隆庆六年（1572），疏浚温榆河，以利水运，一年后浚成，年运粮四万石。但因元、明二代修建北京城，过量采伐北山树木，水土流失严重，河道淤塞，汛期洪水渲泄不畅而外溢，沿岸人民深受其苦。1958 年在上游山区，先后修建十三陵等中小型水库，修建分洪闸。1963 年运潮减河开挖完成，为渲泄温榆河水创造了有利条件，但未能根本解决沥涝和洪水威胁。1970 年冬至 1972 年春，对温榆河进行全面治理，深挖调直，加高堤防 66 千米，共完成土方400万立方米。先后建上庄、沙河、曹碾、鲁疃、辛堡、金盏（即苇沟）6座拦河闸。2001年11月，按照10年一遇疏挖主河槽和50年一遇筑堤治理标准，实施温榆河通州段疏挖和复堤工程，工程治理长度14.5千米。2002年春，对温榆河通州区段进行绿化，植树301万株，绿化面积4.6万亩。

## 小中河
Xiǎozhōng Hé

位于通州区北部，为温榆河支流，属北运河水系。发源于怀柔区桥梓镇山区，向南流经顺义区赵全营镇、马坡镇、李桥镇，于通州区宋庄镇葛渠村北入境，后再南流至永顺镇北关入温榆河。因位于温榆河、潮白河之间，且河流窄小，故名。境内河道长13.5千米，堤防长27千米，河床均宽35米，河底均宽15米，流域面积181平方千米，最大排洪能力每秒58立方米。常年汛期6月1日至9月15日。

小中河曾为古潞水故道，后因改道而淤废。清代，上游之水沿故道而下，形成今河道。1965年按5年一遇洪水流量每秒58立方米进行疏挖。1976年9月，于城关乡（今永顺镇）西刘庄村西建闸1座，截流蓄水。1990年春，对小中河再次调直加宽清淤。1998年11月至2000年6月，对小中河通州区段进行治理，治理长度12.6千米。工程按照10年一遇洪水排涝和20年一遇洪水防洪治理标准，护坡4.28平方米，新建方圆涵闸43座，新建扩建跨河桥梁4座，拆闸改橡胶坝1座。2014年5月至2015年10月，对小中河通州段河道实施疏挖及护砌工程，疏挖河道12.4千米，修筑堤防19.8千米，改建节制闸、桥梁各1座。使河道达到20年一遇洪水标准，跨河桥梁底高程高于50年一遇。

## 中坝河
Zhōngbà Hé

位于通州区北部，为温榆河支流，属北运河水系。北起通州区与顺义区界，接潮白引水渠后南流，经宋庄镇大庞村，于永顺镇西刘庄村北汇入小中河。因地处坝河、东坝河之间，故名。河道全长9千米，堤防长16千米，河床均宽33米，河底均宽25米，流域面积20平方千米。常年汛期6月1日至9月15日。

历史上，潮白河一直经中坝河入北运河。1939年洪水暴涨，潮白河水冲毁顺义县（今顺义区）苏庄大铁闸18孔，洪水主流直夺箭杆河道南下，而潮白河原河道则终年干涸，故又名潮白河故道。1958年，在中坝河道修建徐辛庄水库（1961年废除）。1964年，为改变潮白河故道生态环境，于港北村、平家疃村北，开挖潮白引水渠，并对原潮白河故道进行疏挖，将潮白河水引入，始成中坝河。1980年后，因水源不足经常断流。1997年，按20年一遇防洪标准，对该河进行了清淤治理，完成施工土方58.7万立方米。

## 通惠河
Tōnghuì Hé

位于通州区西北部，永顺镇境内，属北运河水系。起源于北京市东便门。上游水系包括金河、长河、南旱河。流经朝阳区高碑店乡、双桥乡、管庄乡杨闸村，于八里桥入通州境，自西向东经通州城北，在通济桥（卧虎桥）处入北运河。古称高粱河，金代建闸，称闸河。元至元三十年（1293）元世祖忽必烈赐名“通惠”，故名。通州境内长5千米，流域面积20平方千米，河床均宽50米，河底均宽35米，堤防长度5千米，河道最大排洪量每秒 350 立方米。常年汛期 6 月 1 日至 9 月 15 日。

金贞元元年（1153），金将都城从上京迁至燕京，改名为中都（今北京）。为解决中都与通州之间的水路交通问题，于泰和四年（1204）开通此河，沿河设闸截水，故曾名闸河，但不久便淤塞废弃。元至元九年（1272）改中都新城为大都后，所需各种物资多仰仗于江南，水运至通州后再陆路运入大都（北京），需时之长、成本之高、人马之劳极甚，故于元至元二十九年（1292）春，由都水监郭守敬主持兴工，引昌平白浮诸泉水，西折南转入瓮山泊（今昆明湖），沿金闸河故道东南流入大都积水潭（什刹海），出文明门（崇文门）东折至通州西门、杨家洼、小街于张家湾、里二泗之间入北运河（时称白河），三十年秋告成。全长 164 里 140 步，设闸 24 座，节水过舟。告成之日，东南漕舟直抵大都积水潭。元世祖忽必烈经积水潭，见“舳舻蔽水”，大悦，即赐名“通惠”，故名通惠河。明代迁都北京，大兴土木，但通惠河淤塞，虽屡疏故道，总是暂通即止，大量物资仍靠陆运。吴仲等人于明嘉靖七年（1528），采取深挖上游河道，减少落差，控制水流等措施，沿金闸河下游河道，自杨闸引通惠河水至通州城北入运河，始成今河道。因京粮运抵大通桥（今朝阳门南），故又名大通河。对运河漕运而言，又称里漕河。因漕运自通州石坝起运京粮，以济北京，又曾名通济河。清光绪二十六年（1900），京津铁路通车，漕运渐止，元明时期建成的闸坝废置，不通舟楫，而成为排泄城市污水、洪水的重要河道。1965 年疏浚上游河道，改宽庆丰闸口。1963 年至 1977 年，先后改建、新建了通济桥（卧虎桥）、八里桥、花园闸、普济闸和通惠闸。1997 年至 1998 年，疏挖治理通惠河通州段，共开挖土方 36 万立方米，回填土方 20 万立方米，河道清淤 5 万立方米，河道连锁板护砌 2.8 万平方米，河坡六角砖护砌 4.2 万平方米，直墙混凝土浇筑 1.8 万立方米。2008 年至 2010 年，实施通惠河北部城区污水截流工程，工程包括通惠河北岸段和温榆河西路段两部分，通州城北部区域污水全部通过污水截流管线进入碧水污水处理厂，总汇水面积达到 13.3 平方千米。从 2012 年 5 月起，实施通惠河水环境综合整治一期工程，整治后河道防洪标准达到 50 年一遇标准，并且改善了周边生态环境。

## 玉带河
## Yùdài Hé

位于通州区中部，属北运河水系。北起通惠河，经通惠南路、玉带河西街、东街，至今南小园小区东南折，流至梨园东里折而东南，再经砖厂村、土桥村、张家湾村东南流，至张湾镇村东入凉水河。玉带河之称始见于清，因河道弯曲，状如玉带而名。河道全长 14.1 千米，河床均宽 10 米，河底均宽 4 米，流域面积 10 平方千米。常年汛期 6 月 1 日至 9 月 15 日。

该河为明代所挖，系护城河及漕运舢板通道，故又有护城河之称。1970 年第一次疏浚。1986 年自北三间房至砖厂段调直清淤。1986 年至 1987 年，对西、南护城河段疏挖清淤调直，并在河上铺盖板路，建为通惠南路和玉带河大街，玉带河上游得到根治，成为地下排污河道。1999 年对下游河道进行疏挖治理，治理河道长 9.6 千米，新建闸 1 座、桥 2 座、穿堤涵 14 处，改建建筑物 4 座。2008 年，实施玉带河应急综合整治工程。工程北起运河西大街，南至通环南路，长 1343.2 米。工程保留了 363.4 米原状砖砌双孔方沟，将其余 979.8 米旧河道改造为双孔雨水方涵。

## 萧太后河
Xiāotàihòu Hé

位于通州区南部，属北运河水系，凉水河支流。其源自北京市左安门东南，经朝阳区南磨房乡、十八里店乡、双桥乡，于台湖镇口子村进入通州境，东流经台湖镇朱家垡村、梨园镇将军坟村，于张家湾镇村东入凉水河。该河通州境内长 9 千米，流域面积 20 平方千米，堤防长 12 千米，河床均宽 31 米，河底均宽 8 米，排洪能力每秒 55 立方米。常年汛期 6 月 1 日至 9 月 15 日。

相传，辽定都南京（今北京）后，萧太后为漕运疏挖此河，故名萧太后运粮河，简称萧太后河（但根据目前学术界研究，是否由萧太后主持所开，至今尚无确切证据）。侯仁之《步芳集》认为：此河为元代金口新河）。清代，因其在通州城南与牧羊台相近，故名饮羊河。明代，因东南出文明门（今崇文门），又名文明河。1957 年 11 月，开挖通惠北干渠，沟通凉水河、萧太后河与通惠河水，以利排灌，为北京市朝阳区东南部和通州区中西部地区主要排水河道。2000 年，按照 20 年一遇防洪标准设计、50 年一遇洪水校核，对该河进行分段疏挖治理，完成施工土方 126 万立方米，改善农田排灌面积 5 万亩。2001 年至 2009 年，先后修建了田府、朱家垡、张家湾和大高力闸。

## 凉水河
Liángshuǐ Hé

位于通州区中南部，属北运河水系。其源头为石景山区后泥洼村。曾为永定河下游分支河道，因是独立于永定河的新河道，故曾名新河；因水质清澈，又名清泉河。明代，因洪水倾泻，自看丹口冲开堤坝，浑河水注入凉水河，因泥沙俱下，故曾名浑河，分段又称漷河、黄沤河。清康熙三十七年（1698），在治理浑河中，将凉水河水源口一看丹口堵闭，其源头移至北京右安门外水庄头的凤泉，始有凉水河之称。20 世纪 50 年代，水庄头凤泉逐渐干涸，故凉水河源头改今址。经石景山、丰台，过大红门，从小红门进入大兴区，向东南流经旧宫，于马驹桥镇西北入通州境，又经台湖镇、张家湾镇，至漷县镇苏庄村附近入北运河。境内全长 28.38 千米，流域面积 263 平方千米，右堤防长 28 千米，左堤防长 25 千米，河床均宽 100 米，河底均宽 65 米，排洪能力每秒 460 立方米，是通州境内一条重要排灌河道。常年汛期 6 月 1 日至 9 月 15 日。

历史上，凉水河曾经北何各庄村、上店村，于里二泗村入北运河，下游在元代曾为漕运通道，于仓头转陆运进广渠门，后经通惠河直抵大都积水潭。但因河道废治，年久为患，到清宣统三年（1911）恐运河水溢，将入北运河的河口堵闭，凉水河水改入港沟河。但终因治理不善，泥沙淤塞，河身日窄，尤其水南至新河段以北河身，芦苇丛生，荆棘满坡，河宽不过数尺，堤防残破，每遇汛期，阻水严重，行洪不畅，河水四溢，村庄农田常被水淹浸，两岸人民深受其苦。20 世纪 50 年代，对凉水河全线进行疏挖治理。新建和整修桥梁 24 座，涵洞 2 处，过水路面 3 处。将莲花河改入凉水河，凉水河之源改为今址，河道形成今日走向。1961 年，对凉水河进行第二次疏挖排涝综合治理，培堤建桥，相继改建马驹桥闸、新河桥闸、马营桥闸等中型闸坝及其他建筑 147 处。1976 年春，再次对凉水河部分河段进行疏挖复堤。使凉水河进入了比较稳定时期。1991 年，对凉水河全线进行加宽调直，排水能力达每秒 600 立方米，最大行洪能力每秒 1000 立方米。为治理前的 20 倍。2005 年，完成对凉水河马驹桥闸至北运河出口共 27.6 千米河道的疏浚，部分河段主河槽拓宽以及对部分狭窄河道和弯道冲刷面进行护砌加固等工程。2009 年，新建水南橡胶坝，总蓄水能力 163 万立方米，总蓄水面积 57 万平方米。

## 港沟河
## Gǎnggōu Hé

位于通州区东南部，属北运河水系。北起漷县镇军屯村，沿漷县镇与永乐店镇边界南流，于漷县镇前元化村出境，入天津市武清区后东南流，于牛镇附近入凤河。通州境内长 8.8 千米，河床均宽 40 米，河底均宽 15 米，防洪效益 6 万亩。常年汛期 6 月 1 日至 9 月 15 日。

历史上，港沟河为沽水（北运河）故道之一。北起张家湾，南流经漷县、田村、前元化出境入武清区。秦汉时期因用于运输粮秣接济边关，而名笥沟。辽萧太后运粮河开凿后，用以转运辽东税粮以接济南京（今北京），始有港（河北省丰润白龙港）沟（笥沟）河之名，也称减沟。清光绪九年（1883 年），运河西岸河堤溃决，洪水于苏庄北直入此河，所冲河口宽大，愈远愈窄，状如鲇鱼，俗称鲇鱼沟。清宣统三年（1911）将河口堵闭，引凉水河之水直入港沟河。1954 年，引凉水河于苏庄南入北运河，港沟河起点南移至漷县镇许各庄。1958 年至 1959 年，利用漷县以北河槽较宽修建漷县水库。港沟河起点又南移至漷县东门石桥。1961 年冬凤港减河西段建成，又在漷县镇西黄垡处截流，引港沟河上游之水和凤港减河之水东流，港沟河起点再次南移至今址。1970 年冬疏浚港沟河通州段，为防止污水进入北运河，在西黄垡建拦污闸 1 座，于港沟河起点建污水闸 1 座，排污流量设计为每秒 50 立方米。1979 年在田村拦河建闸，截流漷县水库余水和凤港减河之水。2008 年，对起点以下 4.94 千米河段进行清淤，开挖土方量 22.5 万立方米。

## 凤港减河
## Fènggǎng Jiǎnhé

位于通州区南部，属北运河水系。西起大兴区青云店镇凤河左岸老观里村，于马驹桥镇房辛店村入通州境，向东流经于家务回族乡、漷县镇，于漷县镇小屯村出境，至河北省香河县王家摆村南入北运河。因是人工开挖连接凤河、港沟河，分减凤河洪水的重要河道，故名。该河通州境内长 39.2 千米，流域面积 191 平方千米，堤防长 50.8 千米，河床均宽 50 米，河底均宽 37 米，设计排洪能力为每秒 148 立方米。常年汛期 6 月 1 日至 9 月 15 日。

该河全河工程分两段进行，上段由老观里至南丁庄，竣工于 1960 年冬；下段由南丁庄入北运河，1962 年汛前完成。全河长 41 千米，流域面积 223 平方千米。主河道建有牛坊、于家务、田村、军屯等闸桥，截流蓄水灌溉农田。1971 年至 1972 年间，大兴、通州曾对减河上段进行清淤。1972 年北运河治理后，凤港减河出口之水不再受回水顶托影响，可以畅泄北运河，减免了流域内沥涝灾害。1991 年春再次清淤。2008 年 4 月，作为北京市东南郊水网工程的一部分，对凤港减河 23.7 千米河道进行了清淤治理。

## 凤河
## Fèng Hé

位于通州区南部，属北运河水系。为北

京市东南郊主要排水河道。发源于大兴区南苑地区，东南流经大兴区长子营、采育、凤河营后东南流，于永乐店镇小甸屯村西入通州区境，村东出境。因其形如凤，故名。凤河在通州境内长1.7千米，堤防长3.5千米，河底均宽25米，设计排洪能力为每秒165立方米。常年汛期6月1日至9月15日。

凤河在历史上本为永定河下游多条分支河道之一，因无堤防，洪水经常泛滥成灾，河道不断变迁南移。1950年上游修建官厅水库等设施，下游各支流才逐渐稳定下来。凤河流域是北京市地势最洼、盐碱较重之域，水害多发。为根治凤河，1962年首先局部疏浚自通州临沟屯至河北安次乃自房的约8千米主河道，建桥涵13座，封闭兴隆庄、马房、梁家务3个扬水站，疏挖了通县大兴边沟，使通州、大兴边界排水问题基本获得解决。1970年冬至1971年汛前，按20年一遇排水设计，对侯上村以上424.5平方千米全部流域面积进行全面整治，对大兴县（今大兴区）采育桥以下至安次县（今安次区）堤口村等处河道裁弯取直疏浚，可确保20年洪水不出槽，除个别低洼地外，较好地解决了凤河两岸排水问题，共疏挖主河道20.1千米，修建桥闸等18座。1975年至1977年，1979年至1980年冬春季，对凤河其余河段及主要排水沟进行整治，使凤河流域全面排水配套，河北省、北京市边界，通州、大兴边界，通州、大兴、朝阳边界排水问题得到较好解决。2009年，按照20年一遇防洪标准，对境内河道进行清淤和水环境治理，完成土方8.85万立方米。

# 第二章 政区

西汉高祖十二年（前195），通州区境内始置路县。2000多年来，建置、境域、行政区划多次发生变化。1958年形成现域。1997年设立通州区。2001年12月形成现行政区划。2014年，全区设4个街道、10个镇、1个回族乡。

## 第一节 区

### 通州区
### Tōngzhōu Qū

北京市辖区。区域地理坐标北纬39°36′～40°02′，东经116°32′～116°56′。位于北京市东南部，北与顺义区接壤，东隔潮白河与河北省三河市、大厂回族自治县、香河县相望，南和天津市武清区、河北省廊坊市安次区交界，西邻朝阳区、大兴区。面积906.28平方千米。户籍人口70.6万人，常住人口135.6万人。民族以汉族为主，还有回族、满族等少数民族。辖4个街道、10个镇、1个回族乡。区人民政府驻新华北路161号。通州区之名为1997年撤县改区时定名，承历史上“通州”之名而来。

上古时代，今通州区境属幽州（幽陵、幽都）域。夏商时期，此为古蓟国地。西周中，燕灭蓟，此属之。战国，燕昭王（前311—前279）设渔阳郡，此属之。汉高祖十二年（前195）始置路县，属渔阳郡。王莽新朝（9—23）改路县为通路亭，属通路郡。更始元年（23）复称路县。东汉建武元年（25），县从水（潞水，今北运河）名，改路县为潞县，属渔阳郡，郡治设此。唐武德二年（619），于潞置玄（元）州，潞改属玄州，同时，析潞县东部地区置临沟县。贞观元年（627），废玄州，潞属河北道幽州，同时，裁临沟，复入潞。开元四年（716）再析潞东部置三河县。辽太平年间（1021—1031），析潞县南部、武清县北部置漷阴县，潞县、漷阴县属析津府管辖。金天德三年（1151），于潞县设刺史州，取“漕运通济”之意称通州，领潞、三河两县。元至元十三年（1276），升漷阴县为漷州，领武清、香河两县。明洪武元年（1368）省潞县入通州，为州直辖区；洪武十四年（1381），降漷州为漷县，属通州。永乐元年（1403），通州领三河、宝坻、武清、漷县。清顺治十六年（1659）裁漷县入通州，通州领三河、宝坻、武清三县。雍正六年（1728），三河、宝坻、武清直属顺天府，通州不再领县。民国初，沿用旧制，通州仍属顺天府。1914年，通州改称通县，顺天府改为京兆特别区，通县归其管辖。1928年，撤直隶省改设河北省，通县归河北省管辖。1933年5月，根据中日签订的《塘沽协定》，冀东22县设蓟密、滦榆两个停战区，通县属蓟密区。1935年11月，殷汝耕在通县建立伪政权冀东防共自治委员会，12月改称“冀东防共自治政府”，通县属其管辖。1938年2月，“冀东防共自治政府”与“华北临时政府”合并，设河北省冀东道，1940年又改设燕京道，通县先后属之。1944年7月，燕京道改划为冀东特别行政区，通县为其管辖。1945年9月，通县划归国民政府河北省第五专区。1940年7月，中国共产党领导的抗日武装开辟解放区，建蓟（蓟县）宝（宝坻）三（三河）抗日联合县，通县潮白河以东、通唐（唐山）公路以北地区属之。是年底，此地归属平（平谷）密（密云）兴（兴隆）抗日联合县。1941年底，通县潮白河以东与通（县）唐（山）公路以南地区隶属蓟（县）宝（坻）三（河）抗日联合县四区。1943年夏，通县上述地区又隶属平（谷）三（河）蓟（县）抗日联合县。1944年7月，通县东南部解放区与北部解放区分别隶属三（河）通（县）香（河）和三（河）通（县）顺（义）抗日联合县。1945年10月，中共冀东区委第十四地委决定，撤销三（河）通（县）香（河）联合县，成立通县民主政府，辖通（县）唐（山）公路以南地区。1948年12月，通县全境解放。析通州城及其关厢地区设通州市（县级），与通县同属冀东十四专区。中华人民共和国成立前夕，撤销解放区建制，设立河北省通县行政督察专员公署（简称通县专区），辖通县、通州市、顺义、怀柔、密云、平谷、三河、蓟县、香河、大兴、房山、良乡、昌平、宛平14个县市。1949年2月至8月，通州市划为北京市第21区，属北京军事管制委员会东北区分会管辖。是年8月至1950年5月，通州市改称通县镇，为河北省通县专区管辖。1950年6月至1951年10月通县镇降为通县辖镇，改称通镇。1951年11月至1953年12月，通镇复称通县镇，升为县级镇。1954年1月通县镇复称通州市。1958年4月，撤销河北省通县专区，通县、通州市合并，划归北京市，称通州区。1960年2月，撤销通州区，恢复通县建置。1997年9月28日，撤销通县，设立通州区。

汉至辽金时期，县以下设乡、里、村，元代村名称社、庄，城中称坊。明代以当地居民编里，以移民编屯，里、屯下设甲。明永乐十年（1412），通州为27里（屯），原漷县为20里（屯），共47里（屯）。永乐二十年（1422）增移民9屯。宣德七年（1432）再增移民8屯，归并当地居民3里，通漷共61里（屯）。后又归并为45里（屯）。至万历元年（1573），又归并11里（屯），通漷共34里（屯）。万历二十一年（1593），通州为32里（屯），原漷县为15里（屯），共47里（屯）。清代设乡、屯、坊、里。清初，乡、屯、坊、里一再归并，到康熙三十六年（1697），稍有稳定，通州（包括原漷县）共34乡、屯、坊、里，下辖村、庄。乾隆四十八年（1783），通州（包括原漷县）划分为11路，辖619个村庄。光绪五年（1879）统计，通州共35乡、屯、坊、里。民国时期，1914年通州改称通县，1916年全县划分为13个自治区。1929年将13个自治区合并为8个自治区，编乡402个。1934年，又将8个自治区划分为5个自治区，重新编乡389个，辖683个自然村。1935年，大兴县驹子房（今属朝阳区）等7村、三河县樊村等3个村划归通县管辖，同时，将马合店与回回营（今称南营，时属武清县），小屯与陈辛庄（时属香河县）对换。1935年至1945年，将5个自治区改划为5个警区，辖693个自然村。1946年1月，撤销5个警区，全县划分为24个乡、1个镇，辖722个自然村。1948年，潮白河以东燕郊、西南各庄、东南各庄等52个村划归三河县；京山（山海关）路以北赵村、珠宝屯、东地等87个村划归顺义县；香河县所属候各庄、赵庄等6个村划归通县。

1948年12月，通县与通州市（县级）并列，时通县设9个区，通州市设5个区。1949年10月，通县设8个区。1950年，潮白河以东谭台、窑坡、田各庄等11个自然村划归三河县，顺义县所辖的宋庄、平家疃、管头等107个自然村划归通县。是年，全县区划调整，撤销第八区。全县设7个区、1个镇，共辖655个村。1952年12月，增设8区、9区。1953年4月和1954年3月，沙子营、南辛店、鲁家务、王指挥庄、平安小街等17个自然村划归临县。1953年5月、6月，区下设乡，全县设128个乡，辖518个行政村。1955年3月，各区由以数字序列命名改为以政府驻地命名，设9个区：宋庄区、西集区、马头区、永乐店区、牛堡屯区、张家湾区、马驹桥区、咸宁侯区、楼梓庄区。1956年3月，孙河、金盏等7个乡、22个村划归北京市东郊区（今朝阳区）管辖。1956年7月，县以下撤销区建置，全县120个乡合并为44个乡，辖482个自然村。1958年4月，通县、通州市同时划入北京市，合并建立北京市通州区，增设城关乡和通州镇建置，全区设45个乡、1个镇。5月，长营、楼梓庄等4个乡划归朝阳区管辖，大羊坊、南双桥等4个村划归朝阳区、南苑区管辖；9月，将划出的西马庄、竹木厂、邓家窑、纪庄、许家场5村划回通县。是年，区划再次调整，全县合并为23个乡、1个镇。1958年9月，撤销23个乡、1个镇，组成9个人民公社。10月，双桥人民公社划归朝阳区管辖。至此，通州区形成现域。是年，全县辖8个人民公社，下设34个管理区，同时，村改大队称谓。1960年2月，撤销通州区，恢复通县建制。1961年7月，除通州镇公社外，将其余7个公社重新划分为32个公社，并设置7个工委管区：宋庄工委管区、西集工委管区、张家湾工委管区、马头工委管区、永乐店工委管区、牛堡屯工委管区、马驹桥工委管区。1965年5月，将全县33个人民公社合并为15个人民公社，通州镇改设镇建制。1972年，增设梨园公社、大杜社公社，全县辖17个公社、1个镇，448个大队。1983年3月，撤销人民公社建制和大队称谓，恢复乡、村称谓；同时，在原永乐店公社辖域范围设立县辖区，下设永乐店、小务、草厂、柴厂屯、渠头、于家务6个乡。1990年，城关、梨园、宋庄、徐辛庄、西集、漷县、张家湾、牛堡屯、次渠、马驹桥10个乡改为镇。1997年4月，撤销通县，设立通州区。同年10月，撤销通州镇建制及所属7个办事处，设立北苑、新华、中仓、玉桥4个街道办事处；撤销城关镇、梨园镇，分别成立永顺、梨园地区办事处。是年，全区辖2个地区、8个镇、4个街道、12个乡。1998年9月，撤销永乐店区建制，其所辖6个乡划归通州区管理。2000年7月，撤销胡各庄乡、甘棠乡、郎府乡、台湖乡、大杜社乡、觅子店乡、柴厂屯乡，分别设立胡各庄镇、甘棠镇、郎府镇、台湖镇、大杜社镇、觅子店镇、柴厂屯镇；撤销草厂乡，其行政区域并入漷县镇；撤销永乐店乡、小务乡，合并设立永乐店镇；撤销渠头乡，其行政区域并入于家务回族乡；在永顺、梨园地区办事处设立建制镇。是年，全区辖18个镇、1个回族乡、4个街道。2001年12月，通州区行政区划再次调整，撤销徐辛庄镇，其行政区域并入宋庄镇；撤销次渠镇，其行政区域并入台湖镇；撤销牛堡屯镇，其行政区域并入张家湾镇；撤销郎府镇，其行政区域并入西集镇；撤销大杜社镇，其行政区域并入马驹桥镇；撤销觅子店镇，其行政区域并入漷县镇；撤销柴厂屯镇，其行政区域并入永乐店镇；撤销甘棠镇、胡各庄镇，合并设立潞城镇。至此，全区辖4个街道、10个镇、1个回族乡。至2014年通州区行政区划一直未变。

辖域地处永定河、潮白河冲积洪积平原，地势平坦，自西北向东南倾斜，海拔最高点27.6米，最低点8.2米。东西宽36.5千米，南北长48千米。属暖温带大陆性半湿润季风气候区。受冬、夏季风影响，形成春季干旱多风、夏季炎热多雨、秋季天高气爽、冬季寒冷干燥的气候特征。境域内分布有北运河、潮白河、温榆河、凉水河、通惠河、港沟河、小中河、玉带河、萧太后河、中坝河、凤河、凤港减河、运潮减河13条河流，总长约245.3千米。域内有北京工业大学实验学院、北京物资学院、北京现代音乐学院、中国人民解放军陆军航空兵学院等高等院校8所，成人教育机构（单位）12个，中等职业学校3所，中小学校123所，特殊教育中心1个，幼儿园136所。有电影院7个，公共图书馆1个，文化馆1个，博物馆1座。体育场馆19个，医院19个，社区卫生服务中心（站）102个、村卫生室344个。有国家级文物保护单位2处：京杭大运河通州段、通州近现代学校建筑群；北京市级文物保护单位4处：燃灯佛舍利塔、李卓吾墓、通州清真寺、通州兵营旧址；通州区级文物保护单位44处。国家级非物质文化遗产保护项目1项：花丝镶嵌制作工艺；北京市级非物质文化遗产保护项目6项："面人汤"面塑制作技艺、通州大风车制作技艺、通州骨雕制作技艺、大顺斋糖火烧制作技艺、通州运河龙灯、通州运河船工号子。通州区实施以商务服务、文化旅游带动三产，以高科技、创新型企业带动二产，以园区农业、数字农业带动一产的经济结构优化，三次产业结构更加合理。2014年，全区地区生产总值548.9亿元，其中，第一产业增加值22亿元，第二产业增加值272.6亿元，第三产业增加值250.3亿元。城镇居民人均可支配收入3.71万元，农村居民人均纯收入2.01万元。全区公路总里程2483.1千米，其中乡道1312.7千米，村道537.6千米。

# 第二节 街 道

## 中仓街道
Zhōngcāng Jiēdào

通州区所辖街道。位于区境北部。北至新华大街，东至水仙西路，南至京秦铁路，西至新华南街。办事处驻中仓小区14号楼。辖17个社区，面积约4.7平方千米，户籍人口4.7万人，常住人口9.8万人。因明代在此设大运中仓而得名。

明清时期，此地主要为通州旧城南部及周边区域，域内主要分布有漕运管理机构、仓储区、军事机关、商业市集、居住区以及军队驻地等，其中仓储区有大运中仓和大运东仓。1914年，通州改称通县，此为通县辖域。1948年12月，通州城及关厢农村建县级市，改称通州市，此属通州市辖域。1949年2月通州市属北京市军事管制第21区，此地属之。同年8月通州市划归河北省通县专区所辖，改为省辖县级镇，名通县镇，此地属之。1950年6月，通县镇改为通县辖镇，称通镇，此地属镇辖域。1951 年 11 月，通镇复称通县镇，此地属镇辖域。1954 年 1 月，通县镇复称通州市，此地属通州市辖域。1958 年 4 月，通县、通州市划归北京市，县、市合并为通州区，设通州镇，并成立通州镇西城和南城工作指导站，此地属其辖域。1965 年，西城和南城工作指导站改称南城街道办事处。1992 年 7 月，此地分设东城办事处。1997 年 10 月，南城与东城街道合并，设中仓街道。辖区内有市级文物保护单位通州清真寺、冯玉祥军驻通营盘，区级文物保护单位中仓仓墙遗址（89924 部队院内）、三义庙、万字会院。境内南大街有闻名于京东的小楼饭店，其特有的烧鲇鱼为通州区非物质文化遗产，也是通州“三宝”之一。南大街东侧有 18 个半截胡同是仅次于北京牛街的回民聚集区。域内车站路沿街有多家餐饮门店，有“餐饮一条街”称号。2004 年曾设餐饮文化街区管理处。

## 新华街道
## Xīnhuá Jiēdào

通州区所辖街道。位于区境北部。北至北运河，东至温榆河、北运河，南至新华东街，西至新华北路、通顺路。办事处驻吉祥园 17 号。辖 7 个社区，面积约 2.35 平方千米，户籍人口 1.7 万人，常住人口 0.5 万人。因临近新华大街，故名。

秦代所修蓟襄驰道经此。北齐至唐大部分时间［贞观年间（627—649）潞县治曾迁安乐故城（今顺义区古城村北）］为潞县县治所在地。金天德三年（1151）后，通州州治在此。元代京杭大运河形成，此地设漕运码头。明清时期，朝廷将大运河作为国家经济命脉、流动的国仓，将漕运作为巩固首都地位、保障国家统一、促进经济文化繁荣发展的重要国策，通州成为首都的“左辅雄藩”，进而使此地成为通州的政治、经济、文化中心。1914 年，通州改称通县，此地为通县辖域。1948 年 12 月，通州城及关厢农村建县级市，改称通州市，此属通州市辖域。1949 年 2 月通州市属北京市军事管制第 21 区，此地属之。同年 8 月通州市划归河北省通县专区所辖，改为省辖县级镇，更名通县镇，此地属之。1950 年 6 月，通县镇改为通县辖镇，称通镇，此地属镇辖域。1951 年 11 月，通镇复称通县镇，此地属镇辖域。1954 年 1 月，通县镇复称通州市，此地属通州市辖域。1958 年 4 月，通县、通州市划归北京市，县市合并为通州区，设通州镇和城关乡，并成立通州镇北城街道工作指导站，此地属通州镇北城街道工作指导站和城关乡管辖。1965 年北城街道工作指导站改为北城街道办事处，此地为城关镇人民公社和通州镇北城街道办事处辖地。1990 年，成立新建街道办事处，此地为新建街道办事处和北城街道办事处辖地。1997 年 10 月，新建、北城 2 个街道合并，设新华街道。域内有市级文物保护单位燃灯佛舍利塔、李卓吾墓；区级文物保护单位紫清宫、文庙遗存、石像生群、通州起义指挥部旧址、通州城北城垣遗址、程家大院、宝通银号暨日寇慰安妇旧址。有西海子公园、通州电影院、通州区游泳馆等。

## 北苑街道
## Běiyuàn Jiēdào

通州区所辖街道。位于区境北部。北至通惠河，东至新华南北路，南至通朝大街，西与朝阳区接壤。办事处驻新仓路 33 号。辖 18 个社区，面积约 6.3 平方千米。2014 年，户籍人口 4.3 万人，常住人口 7.6 万人。清代此地有菜园，看园之人居此，逐渐于南北两处形成两个很小聚落，此处位于北，故曾名北菜园（南菜园已不存在），1949 年前后依同音改称北苑。1992 年 7 月，设立街道时，遂用北苑之名。

明清时期，此地主要为通州新城西部及城周边地区，分布有漕运仓储区、漕运管理机构，大运西仓和大运南仓及粮厅署、巡仓公署、巡漕公署、工部营缮分司等均在域内。1914 年，通州改称通县，此为通县辖域。1948 年 12 月，通州城及关厢农村建县级市，改称通州市，此属市辖域。1949 年 2 月通州市属北京市军事管制第 21 区，此地属之。同年 8 月通州市划归河北省通县专区所辖，改为省辖县级镇，更名通县镇，此地属之。1950 年 6 月，通县镇改为通县辖镇，称通镇，此地属镇辖域。1951 年 11 月，通镇复称通县镇，此地属镇辖域。1954 年 1 月，通县镇复称通州市，此地属通州市辖域。1958 年 4 月，通县、通州市划归北京市，县市合并为通州区，设通州镇，并成立通州镇西城街道工作指导站，此地为其辖区。1965 年改称西城街道办事处，仍属之。1992 年 7 月，由西城街道析出一部，设立北苑街道。1997 年 10 月，北苑、西城两街道合并为北苑街道。辖区内有全国重点文物保护单位通州近代学校建筑群（潞河中学、通州区第二中学、北京护士学校）；北京市文物保护单位清雍正御制通州石道碑，通州区文物保护单位王芝祥故居、京兆男子师范学校教室；文物普查登记项目叶烈妇墓碑、京津公路路亭、二四九炮校旧址、二四九炮校住宅楼旧址、中山街关帝庙等。境内有 1925 年为纪念孙中山逝世而命名的中山大街、首都师范大学初等教育学院通州分部（原北京通州师范学校）、李德全故居以及具有民族特色的西关清真寺等。

## 玉桥街道
Yùqiáo Jiēdào

通州区所属街道。位于通州区北部。北至京秦铁路，东至六环路，南至九棵树东街，西至新华南路。办事处驻玉桥北里小区 42 号。辖 17 个社区，面积约 10.38 平方千米，户籍人口 4.11 万人，常住人口约 7.57 万人。因古时在此地玉带河上修建了许多桥梁，遂将该地区命名为玉桥而沿用至今。

此处明代已有村落出现。1914 年属通县第一自治区。1936 年改属第一警区。1948 年 12 月，通州城及关厢农村建县级市，称通州市，此属市辖域。1949 年 2 月通州市属北京市军事管制第 21 区，此地属之。同年 8 月通州市划归河北省通县专区所辖，改为省辖县级镇，更名通县镇，此地属之。1950 年 6 月，通县镇改为通县辖镇，称通镇，此地属镇辖域。1951 年 11 月，通镇复称通县镇，此地属镇辖域。1954 年 1 月，通县镇复称通州市，此地属通州市辖域。1958 年 4 月，通县、通州市划归北京市，县市合并为通州区，设城关乡，此地属其管辖。1958 年 9 月，成立人民公社，城关乡撤销，此地属通州镇人民公社辖域。1965 年 5 月，设立城关人民公社，此地属之。1983 年 3 月，撤销人民公社建制恢复乡建制，此地为城关乡辖地。1990 年 2 月，乡改镇建制，为城关镇辖地。1992 年成立运河大街街道办事处，此地属运河大街街道和城关镇辖地。1997 年，成立玉桥街道，始成现域。明代所挖通州护城河——玉带河流经域内。

# 第三节 镇 民族乡

## 宋庄镇
Sòngzhuāng Zhèn

通州区辖镇。位于区境北部。北至顺义区李桥镇，东至潮白河，南至潞城镇，西至永顺镇。镇政府驻宋庄村。辖47个行政村，面积约114.8平方千米。户籍人口6.75万人，常住人口12.25万人。1990年建镇，前身为宋庄乡，镇名沿用乡名。

距今四五千年前，镇域内已有人类活动（20世纪60—90年代，境内曾出土新石器时代晚期的青砂岩石斧）。夏、商时期，镇域属于蓟。西周中期，镇域归属燕国。春秋，镇域曾是燕畿重地。燕昭王时，属于渔阳郡辖域。秦，此仍属渔阳郡。汉高祖十二年（前195）建路县，此属之。王莽新朝（9—23），改路为通路亭，此属之。更始元年（23）复称路，仍属之。自东汉建武元年（25）改路为潞，至隋朝此为潞县地。唐武德二年（619）于潞置玄（元）州，同时析潞县东部地区置临泃县，此为玄州城东要地。贞观元年（627），废玄州，同时裁临泃复入潞，此为潞县地。明洪武元年（1368），省潞县入通州，此为通州辖地。清，仍属通州。1914年，通州改称通县，镇域为通县第八自治区、第十二自治区和第十三自治区的所辖。1929年改属第七自治区和第八自治区。1934年自治区合并，改属第二自治区。1936年属第二警区。1946年撤销警区，为大兴庄乡和双埠头乡辖地。1948年12月，为顺义县和通县辖地。1950年6月，此地北部多数村庄复归通县，属一区和新三区辖地。1952年12月，改属一区和九区辖地。1956年7月撤区并乡，此地为翟里、辛店、邢各庄、徐辛庄、尹各庄5个乡所辖范围。1958年9月成立宋庄人民公社，此地属其管辖。1960年10月，人民公社划小，此地由北寺庄、高辛庄、徐辛庄、尹各庄4个人民公社所辖。1965年5月北寺庄、高辛庄2个人民公社合并为宋庄人民公社，徐辛庄、尹各庄2个人民公社合并为徐辛庄人民公社，为宋庄、徐辛庄人民公社辖地。1983年7月28日，在宋庄、徐辛庄人民公社范围基础上改建为乡，此地为两乡辖地。1990年2月乡改镇建制，仍属之。2001年12月，撤销徐辛庄镇，其行政区域并入宋庄镇，形成现域。镇域有以小堡村为中心的艺术家群落，在宋庄生活的艺术家5000余人，有大型美术馆22家、画廊113家、艺术家工作室约4500个，展览、经营面积约10万平方米。宋庄原创艺术与卡通产业聚集区为北京市首批10个文化创意产业聚集区之一，被国家广电总局确定为国家动漫产业基地。域内有区级文物保护单位平津战役前线指挥部旧址、乾隆御制徐元梦碑。有北京市地下文物埋藏区菜园地下文物埋藏区。

## 张家湾镇
Zhāngjiāwān Zhèn

通州区辖镇。位于通州区中部。北至玉桥街道，东至潞城，南至于家务回族乡，西至台湖镇。镇政府位于光华路西侧。辖57个行政村，面积约105.4平方千米。户籍人口6.1万人，常住人口8.25万人。1990年建镇，前身为张家湾乡，镇名沿用乡名。

秦代，此地为转运中原粮物供应北部守边军队的水陆要冲。西汉高祖十二年（前195）设路县、泉州县，镇域属路县、泉州县。北朝北魏太平真君七年（446）省泉州入雍奴，镇域属潞县、雍奴县。唐天宝元年（742），雍奴县改称武清县，镇域属潞县、武清县。辽太平年间（1021—1031），设漷阴县，镇域属潞县、漷阴县。明洪武元年（1368），省潞县入通州，镇域属通州、漷阴县。清顺治十六年（1659）裁漷县入通州，镇域属通州。1914 年改通州为通县，属通县第四、第六自治区。1934 年属第四自治区、第五自治区。1935 年属第四、第五警区。1946 年 1 月，为牛堡屯乡、三间房乡、大耕垡乡、张家湾乡辖域。1948 年 12 月，属通县五区、六区。1949 年 1 月至 1950 年 6 月，通县人民政府驻此。1950 年，六区公所（政府）迁驻张家湾。1955 年 3 月，六区因区公所（政府）驻张家湾，改称张家湾区。1956 年 7 月撤区并乡，此地为牛堡屯乡、陆辛庄乡、张家湾乡、土桥乡辖地。1958 年成立人民公社，为张家湾公社、牛堡屯公社辖域。1961 年为牛堡屯、陆辛庄、大杜社、张家湾、土桥、上店 6 个人民公社辖域。1965 年牛堡屯、陆辛庄、大杜社 3 个人民公社合并为牛堡屯人民公社，张家湾、土桥、上店 3 个人民公社合并为张家湾人民公社，此地为张家湾公社、牛堡屯公社辖域。1983 年改建为张家湾乡、牛堡屯乡，此地属之。1990 年改建为张家湾镇、牛堡屯镇，此地仍属之。2001 年，撤销牛堡屯镇，并入张家湾镇，形成现域。张家湾镇曾是京杭大运河北起点上重要的水陆交通枢纽，有“大运河第一码头”和“漕运古镇”之称。域内有国家级文物保护单位京杭大运河通州段、通运桥及张家湾城墙遗址。有区级文物保护单位三士庙、张家湾清真寺、土桥镇水兽、通惠河故道及 3 座石桥、萧太后运粮河故道、大辛庄关帝庙以及日本侵华战机机窝及暗堡、水牢；有明嘉靖十四年（1535）由嘉靖皇帝赐名的里二泗村“佑民观”；有曹雪芹墓碑、皇木厂古槐、琉球国墓遗址等。有区级非物质文化遗产保护项目陆辛庄少林武术、里二泗小车会、里二泗高跷会、大辛庄剪纸、青铜器复制与制作。2014 年，“张家湾葡萄” 获得国家地理标志农产品认证。

## 漷县镇
## Huǒxiàn Zhèn

通州区辖镇。位于通州区境东南部。北至张家湾镇，东至河北省香河县安平镇，南至永乐店镇，西至于家务回族乡。镇政府位于京津公路与漷马路交会处。辖 61 个行政村、3 个社区居委会，面积约 113 平方千米，户籍人口 5.60 万人，常住人口 5.64 万人。1990 年建镇，前身为漷县乡，镇名沿用乡名。

新石器晚期漷县地区就已经有人类生息繁衍。夏商时期，此为古蓟国地。西周中，燕灭蓟，此属之。战国，燕昭王设渔阳郡，此属之。秦，此仍属渔阳郡。西汉初期，设泉州县，此为泉州地；此时，在泉州域内（今漷县村处）形成一个较大的聚落名霍村。北朝北魏太平真君七年（公元 446）省泉州入雍奴，此地属雍奴县。唐天宝元年（742），雍奴县更名为武清县，此属之。辽会同元年（938），霍村改称漷阴镇，因位于漷河之南故名。辽太平年间（1021—1031），析潞县、武清县各一部置漷阴县，县治设在漷阴镇。元至元十三年（1276），升漷阴县为漷州。明洪武十四年（1381），降漷州为漷县。清顺治十六年（1659 年）裁撤漷县，并入通州。1914 年通州改称通县，分属通县第三、四、六、九自治区辖地。1929 年属第三、四、六自治区管理区域。1936 年为第三、四警区辖地。1946 年，属觅子店、马头乡和永乐店乡辖地。1948年12月改为通县三区、四区所辖。1950年2月三区撤销，改为二区和四区辖域。1952年9月复设三区于马头，为三区和四区辖地。1956年7月撤区并乡，属漷县乡、马头乡、觅子店乡、侯黄庄乡、永乐店乡管辖范围。1958年9月属永乐店、马头人民公社辖地。1961年10月公社划小，此域改为漷县、马头、觅子店、侯黄庄、永乐店5个人民公社管辖。1965年，漷县、马头2人民公社合并为马头人民公社，觅子店、侯黄庄2人民公社合并为觅子店人民公社，此地为马头人民公社、觅子店人民公社和永乐店农场草厂分场辖地。1981年，因马头人民公社机关迁址漷县村，马头人民公社改称漷县人民公社。1983年，觅子店人民公社改建为觅子店乡，草厂分场改建为草厂乡，次年漷县人民公社改建为漷县乡，此地为三乡辖地。1990年2月，漷县乡改镇建制。2000年7月草厂乡并入漷县镇，同时撤销觅子店乡设立觅子店镇。2001年12月，撤销觅子店镇，其行政区域并入漷县镇，形成现域。镇域内有区级文物保护单位漷县东门石桥、笥沟故道、曹氏祠、垡头菩萨庙。境内漷县村是北京地区唯一明确知道为汉代形成的村落。古迹有大运河滚水坝遗址、漷县城护城河遗址、港沟河故道、放鹰台遗址以及明代以前古墓群等。市级非物质文化遗产保护项目有张庄运河龙灯会，区级非物质文化遗产保护项目有靛庄景泰蓝制作技艺、徐官屯路灯老会、李辛庄李氏续家谱习俗。

## 马驹桥镇
## Mǎjūqiáo Zhèn

通州区辖镇。位于区境西南部。北至台湖镇，东至张家湾镇和于家务回族乡，南至大兴区长子营镇，西至大兴区瀛海镇。镇政府驻西店村。辖45个行政村、3个社区，面积约88.10平方千米，户籍人口4.91万人，常住人口10.70万人。1990年建镇，前身为马驹桥乡，镇名沿用乡名。

夏商时期，为古蓟国地。西周中，燕灭蓟，此属之。战国，燕昭王设渔阳郡，此属之。秦，仍属渔阳郡。西汉高祖十二年（前195），析渔阳郡南部广阔地域分别设置路县和泉州县，镇域属路县和泉州县。王莽新朝（9—23），路县易名通路亭，泉州县易名泉州亭，镇域属通路亭和泉州亭。更始元年（23），恢复路县、泉州县名称，仍属之。东汉建武元年（25），路县改名潞县，此地属仍潞县、泉州县。北朝北魏太平真君七年（446）省泉州入雍奴，镇域改属潞县、雍奴县。唐天宝元年（742），雍奴县易名武清县，镇域属潞县、武清县。辽太平年间（1021—1031），析武清县北部、潞县南部设置漷阴县，镇域属潞县、漷阴县。元至元十三年（1276），漷阴县升置漷州，镇域属通州潞县、漷州辖域。明洪武元年（1368），省潞县入通州，镇域属通州、漷州。十四年（1381），漷州降为漷县，此地属通州、漷县所辖。清顺治十六年（1659），裁撤漷县入通州，镇域全部属通州。1914年通州改称通县，属通县第五自治区。1936年改属第五警区。1946年属马驹桥乡、大耕垡乡、东栲栳垡乡。1948年12月，改为通县五区、七区管辖。1956年7月，撤区并乡，为马驹桥、姚村、西田阳、大杜社4个乡辖域。1958年9月，成立人民公社，为牛堡屯人民公社、马驹桥人民公社辖域。1961年公社划小，此地为马驹桥人民公社、西田阳人民公社、牛堡屯人民公社辖域。1965年5月，马驹桥、西田阳2个人民公社合并称马驹桥人民公社。1973年大杜社人民公社成立，属大杜社、马驹桥2个人民公社。1983年大杜社人民公社改建为乡，1984年，马驹桥人民公社改建为乡，此地属二乡辖域。1990年2月马驹桥乡改镇建制。2000年大杜社乡改镇建制。2001年12月，撤销大杜社镇，其行政区域并入马驹桥镇，形成现域。历史上，马驹桥为通州西南边镇，是京东南人士及商旅出入京必经之地，与通州城、张家湾城共同组成北京东南水陆要冲，防御重地，为通都要路。明代，马驹桥由原来的木桥改为石桥，成为拱卫京师四大桥之一。域内有区级文物保护单位黄带子坟、永济渠故道。有区级非物质文化遗产保护项目郭村蹦蹦戏、西后街夯歌、大松垡高跷会、柴务单琴大鼓。有为纪念在解放马驹桥战斗中牺牲的革命烈士陵园。

## 西集镇
## Xījí Zhèn

通州区辖镇。位于区境东部。北与潞城镇接壤，东临潮白河，西、南隔北运河与张家湾镇、漷县镇相望。镇政府驻金各庄村。辖 57 个行政村，镇域面积约 91.1 平方千米。户籍人口 4.26 万人，常住人口约 2.46 万人。1990 年建镇，前身为西集乡，镇名沿用乡名。

五帝时，镇域属幽州之界。周武王灭商建周，镇域为诸侯国蓟国所辖。西周中，燕灭蓟，改属燕。战国燕国时（前 311—前 279），镇域易为渔阳郡所辖。秦，仍属渔阳郡。汉高祖十二年（前 195），设路县，镇域为路县辖地。王莽新朝（9—23）改路县为通路亭，镇域为通路亭所属。更始元年（23）复称路县，仍属之。东汉建武元年（25）路县改称潞县，至唐朝，镇域为潞县所属。辽太平年间（1021—1031），析潞县南部、武清县北部置漷阴县，镇域属漷阴县。元至元十三年（1276），升漷阴县为漷州，镇域属漷州。明洪武十四年（1381），降漷州为漷县，仍属之。清顺治十六年（1659）裁撤漷县，并入通州，为通州辖地。1914 年通州改称通县，属通县第二、第十一自治区。1929 年为第二自治区所辖。1936 年改属通县第三警区。1946 年为西集乡、小辛庄乡、和合站乡管辖。1948 年 12 月至 1949 年 3 月西集乡为通县人民政府驻地，此域时属二区辖地。1956 年 7 月撤区并乡，为西集、大灰店、上坡、郎府四乡辖域。1958 年 9 月成立人民公社，为西集人民公社辖域。1961 年人民公社划小，改属西集、后寨府、郎府、杜柳棵四个人民公社。1965 年 5 月，西集、后赛府两个人民公社合并为西集人民公社，郎府、杜柳棵两个人民公社合并为郎府人民公社，此地属二公社辖域。1983 年 7 月，在公社管辖范围基础上建乡，成立西集乡、郎府乡。1990 年 2 月，乡改镇建制，称西集镇；2000 年郎府乡改镇建制，称郎府镇。2001 年 12 月，撤销郎府镇，其行政区域并入西集镇，形成现域。域内有汉、元代墓群等古迹。武辛庄梁俊风车项目被列入北京市级非物质文化遗产名录，王庄村王文敏团花剪纸为区级非物质文化遗产保护项目。有书画装裱技艺、尹家河高跷会吵子曲。

## 台湖镇
## Táihú Zhèn

通州区辖镇。位于区境西南部。北与梨园镇相连，东与张家湾镇接壤，南与马驹桥镇搭界，西与朝阳区、大兴区为邻。镇政府驻台湖村。辖 46 个行政村，镇域面积约 81.3 平方千米，户籍人口 5.19 万人，常住人口约 11.12 万人。2000 年建镇，前身为台湖乡，镇名沿用乡名。

西汉高祖十二年（前 195），建路县，此地属之。王莽新朝（9—23）改路县为通路亭，此地属其辖域。更始元年（23），复称路县，仍属之。自东汉建武元年（25）改路为潞，至元代此为潞县地。明洪武元年（1368），省潞县入通州，此为通州辖地。

清，属通州。1914年，通州改称通县，镇域为通县第五、六自治区所辖。1936年改属第五警区。1946年，为三间房乡和次渠乡辖地。1948年12月改为六区、七区辖地。1956年7月撤区并乡，为台湖乡、郑庄乡、麦庄乡所辖。1958年5月，麦庄、郑庄两乡合并改称次渠乡，9月成立人民公社，为马驹桥、张家湾人民公社辖域。1961年，为台湖、麦庄、丁四庄3个人民公社所辖。1965年5月，麦庄、丁四庄人民公社合并为麦庄人民公社。1981年，麦庄人民公社改称次渠人民公社。1983年7月，次渠、台湖人民公社改建为次渠乡、台湖乡，此地属之。1990年2月，次渠乡改镇建制，称次渠镇。2000年7月，撤销台湖乡，设立台湖镇。2001年12月，撤销次渠镇，其行政区域并入台湖镇，形成现域。域内有区级文物保护单位永济渠故道、金口新河故道、萧太后运粮河故道。镇内料器制作技艺为区级非物质文化遗产保护项目，有“料器之乡”之称。有战国至汉代古墓群。

## 永乐店镇
## Yǒnglèdiàn Zhèn

通州区辖镇。位于区境南部。北、东与漷县镇交界，南与天津市武清区和河北省廊坊市安次区为邻，西与于家务回族乡接壤。镇政府驻永乐大街9号。辖38个行政村，面积约104.3平方千米。户籍人口4.21万人，常住人口约4.26万人。2000年建镇，为永乐店乡与小务乡合并而成，镇名沿用永乐店乡之名。

战国至秦，镇域属渔阳郡。西汉初年置泉州县，镇域属泉州县。唐天宝元年（742），雍奴县更名为武清县，镇域属武清县。辽太平年间（1021—1031），析潞县南部、武清县北部置漷阴县，镇域属漷阴县。元至元十三年（1276）漷阴县升为漷州，镇域属漷州。明洪武十四年（1381）漷州降为漷县，镇域属漷县。清顺治十六年（1659）裁漷县入通州，镇域直属通州。1914年，通州改称通县，镇域属通县第九、第十自治区。1929年属第三、第四自治区。1934年第三自治区港沟河西侧，划归第四自治区辖域。1936年为第四警区所辖。1946年为永乐店乡、应寺乡和德仁务乡所辖。1948年12月为通县四区辖地。1956年撤区并乡，此域属永乐店乡、柴厂屯乡、小务乡。1958年成立人民公社，此地属永乐店人民公社。1961年公社划小，为永乐店、柴厂屯和小务3个人民公社所属。1964年，此地划归北京市农场局，建立永乐店分场、柴厂屯分场、小务分场，此地为三个分场辖域。1983年6月22日，在分场范围基础上建乡，称永乐店乡、柴厂屯乡、小务乡。2000年7月，永乐店乡与小务乡合并设立永乐店镇，同时撤销柴厂屯乡设立柴厂屯镇。2001年12月，撤销柴厂屯镇，其行政区域并入永乐店镇，形成现域。境内有区级文物保护单位晾鹰台、三大冢和永济渠故道等遗址。区级非物质文化遗产保护项目有半截河武跷会、半截河道教音乐。古迹有永乐店清真寺、汪云章神道碑、南堤寺村天齐庙等。

## 潞城镇
## Lùchéng Zhèn

通州区辖镇。位于区境东部。北与宋庄镇接壤，东隔潮白河与河北省三河市、大厂回族自治县相望，南和西集镇交界，西依北运河与永顺镇、张家湾镇为邻。镇政府驻胡各庄村（2018年迁址小豆各庄村）。辖54个行政村、3个社区，镇域面积约70.9平方千米。户籍人口4.54万人，常住人口8.50万人。2001年建镇，为胡各庄镇与甘棠镇合并而成，因域内古城村为东汉初年潞县治所，建有土城，称潞城，故名。

西汉高祖十二年（前195）建路县，此地属之，县治设在今境内古城村。王莽新朝（9—23），改路为通路亭，此地属通路亭，治所仍在此。更始元年（23）复称路，此地为其辖域，治所未变。东汉建武元年（25），改路为潞，此地仍属之，治所仍在古城村（时称潞城），渔阳郡治也一度移至此。建武二年（26），渔阳太守彭宠反，光武帝刘秀遣兵讨伐彭宠，战于潞城，城毁于战火，县治迁至城子（今河北省三河市城西南西城子村）。至元代此地一直为潞县所辖。明洪武元年（1368），省潞县入通州，此地属通州。明、清，均为通州辖地。1914年，改通州为通县，镇域为通县第十一、十三自治区辖地。1929年划归第二、七自治区。1934年并归第二自治区。1936年改属第二、三警区。1946年1月，属胡各庄乡、榆林庄乡和小辛庄乡。1948年12月，改属通县一区、二区。1956年7月撤区并乡后，为古城、南刘各庄、侉子店、马坊4个乡辖域。1958年9月成立人民公社，属宋庄、西集2个人民公社。1961年10月，胡各庄、侉子店人民公社成立，为二公社辖地。1983年7月28日，在胡各庄、侉子店人民公社管辖范围基础上建乡，成立胡各庄乡、侉子店乡。1992年8月侉子店乡更名为甘棠乡。2000年7月，撤销胡各庄乡设立胡各庄镇，撤销甘棠乡设立甘棠镇，此地为二镇管辖。2001年12月，撤销胡各庄镇与甘棠镇，合并设立潞城镇，其行政区域为原胡各庄镇和甘棠镇所辖区域。镇域内有汉代路（潞）县县治故城遗址及战国至清代墓葬1000余座。

## 永顺镇
Yǒngshùn Zhèn

通州区辖镇。位于区境北部。北和宋庄镇接壤，东与潞城镇为邻，南与张家湾镇、梨园镇相连，西和朝阳区交界。镇政府驻新华北路55号。辖21个行政村、22个社区，镇域面积约27.7平方千米。户籍人口6.24万人，常住人口15.1万人。2000年在永顺地区设立建制镇，镇依地区名而名。

上古时代，属幽州（幽陵、幽都）域。夏商时期，此为古蓟国地。西周中，燕灭蓟，此属之。战国，燕昭王设渔阳郡，此属之。秦，此仍属渔阳郡。西汉高祖十二年（前195）建路县，此属之。王莽新朝（9—23），改路为通路亭，此属之。更始元年（23）复称路，仍属之。自东汉建武元年（25）改路为潞，至元朝此为潞县地。明洪武元年（1368）省潞县入通州，此为通州辖域。清，仍属通州。1914年，改通州为通县，镇域属通县第一自治区。1936年改属第一警区。1948年12月，通县解放，析通州城及关厢农村另置通州市，镇域为通州市属地。1958年9月，为通州镇人民公社辖地。1965年5月成立城关人民公社，与通州镇脱离，为城关人民公社辖域。1983年7月28日，在城关人民公社管辖范围基础上，建立乡级政权组织，称城关乡。1990年2月乡改镇建制，称城关镇。1997年10月，撤销城关镇，设立永顺地区，组建地区办事处。2000年7月，在永顺地区设立建制镇—永顺镇，保留永顺地区办事处牌子。域内有全国重点文物保护单位京杭大运河通州段。有区级文物保护单位通县发电厂自来水塔、金代闸河遗址、北齐土长城遗址。有市级非物质文化遗产保护项目通州运河船工号子。古迹有北关二道闸、明通济桥遗址等。

## 梨园镇
Líyuán Zhèn

通州区辖镇。位于区境中部。北靠通州城区，东与张家湾镇、永顺镇为邻，南与张家湾镇、台湖镇交界，西和朝阳区接壤。镇政府驻云景东路 80 号。辖 26 个行政村、22 个社区。镇域面积约 19.2 平方千米。户籍人口 5.46 万人，常住人口约 17.6 万人。2000 年在梨园地区设立建制镇，镇依地区名而名。

上古时代，属幽州（幽陵、幽都）域。夏商时期，此为古蓟国地。西周中，燕灭蓟，此属之。战国，燕昭王设渔阳郡，此属之。秦，此仍属渔阳郡。西汉高祖十二年（前 195）建路县，此属之。王莽新朝（9—23），改路为通路亭，此属之。更始元年（23）复称路，仍属之。自东汉建武元年（25）改路为潞，至元代此为潞县地。明洪武元年（1368），省潞县入通州，此为通州辖地。清，仍属通州。1914 年，改通州为通县，镇域为通县第六、七自治区辖地。1934 年改属第五自治区。1936 年属第五警区。1946 年此地为张家湾、大稿村乡辖域。1948 年 12 月，此域西属八区，东属六区。1950 年 5 月，均归六区所辖。1956 年 7 月撤区并乡，改属土桥乡，局部属大稿村乡。1958 年 9 月成立人民公社，此地为张家湾人民公社辖域。1961 年 10 月，公社划小，此域改属土桥、大稿村人民公社。1965 年 5 月，土桥、大稿村二人民公社撤销，将土桥人民公社所属小街、梨园、北杨洼 3 个村，大稿村人民公社所属刘老公庄、西小马庄等 11 个村，划归城关人民公社所辖，其余归张家湾人民公社所辖。1972 年，设梨园人民公社，将张家湾人民公社西北部 18 个自然村，城关人民公社西南部 14 个自然村划归其辖域。1983 年 7 月，在梨园人民公社所辖范围基础上，改建为乡，因乡人民政府驻梨园村，故名梨园乡。1986 年乡人民政府迁驻车里坟，乡名未变。1990 年 2 月，乡改镇建制，称梨园镇。1997 年 10 月，撤销梨园镇，设立梨园地区，组建地区办事处。2000 年 7 月，在地区设立梨园镇，行政区域不变，与地区办事处实行一个机构、两块牌子。域内有区级文物保护单位谕祭碑、文孚碑、日本侵华罪证碑、张家门楼。有小街地下文物埋藏区。有市级非物质文化遗产保护项目骨雕制作技艺、通州咯吱饸制作技艺。

## 于家务回族乡
Yújiāwù Huízú Xiāng

通州区辖乡。位于区境南部。北临凤港河与张家湾镇隔河相望，东与漷县镇、永乐店镇为邻，南与永乐店镇、大兴区交界，西与马驹桥镇接壤。乡政府驻于家务村。辖 23 个行政村。面积约 65.4 平方千米。户籍人口 2.4 万人，常住人口 2.7 万人。因乡人民政府驻于家务村，且为回民聚居地，故名。

战国至秦，乡域属渔阳郡。汉，属泉州县。北朝北魏太平真君七年（446）省泉州入雍奴，乡域属雍奴县。唐天宝元年（742），雍奴县更名为武清县，乡域属武清县。辽太平年间（1021—1031），析潞县、武清县各一部置漷阴县，乡域属漷阴县。元至元十三年（1276）漷阴县升为漷州，乡域属漷州。明洪武十四年（1381）漷州降为漷县，乡域属漷县。清顺治十六年（1659）裁漷县入通州，乡域直属通州。1914 年，改通州为通县，乡域属通县第十自治区和第四、九自治区一部分。1929 年改属第四自治区。1936 年改属第四警区。1946 年为应寺乡、大耕垡乡、东梣梽垡乡所辖。1948 年 12 月，为五区、四区所辖。1956 年撤区并乡，此域为于家务、马坊、永乐店、牛堡屯、渠头五乡辖地。1958 年 9 月成立人民公社，分属牛堡屯、永乐店人民公社。1961 年 10 月，分别为于家务、永乐店、牛堡屯、渠头人民公社辖地。1964 年渠头人民公社辖域划归北京市农场局，为渠头分场辖域。1965 年将牛堡屯人民公社所辖的于家务、大耕垡、南仪阁、西马坊、东马各庄 5 个村，划归永乐店农场，与果村、神仙、北辛店3个村组建于家务分场。1983年6月22日，在分场范围基础上改建为乡政权组织，成立渠头乡、于家务回族乡。2000年7月，撤销渠头乡，其行政区域并入于家务回族乡，形成现域。域内有13个少数民族，其中回族人口最多，是北京市5个少数民族乡之一，也是通州区唯一的少数民族乡。区级文物保护单位有于家务清真寺、真武庙正殿、永济渠故道。区级非物质文化遗产保护项目有“六月初六节”习俗。

# 第三章 聚 落

通州区地处永定河与潮白河冲积洪积平原之上，多河富水，气候适宜，早在新石器晚期已有人类在此从事生产活动。秦汉时期，随着人类抗拒自然能力的提高，域内一些宜居之地开始形成为数不多和规模有限的聚落。西汉初置路县，东汉改路县为潞县，城市聚落开始形成，行政区划的出现把聚落的发展向前推进了一步。此后，隋唐时期永济渠的开凿，辽、宋时期的“捺钵”，金、元时期将燕京（今北京）改为中都、大都以及开通漕运，都极大地提升了通州的历史地位，促进了地域经济和城乡聚落的发展。明代永乐年间，为实京师，除军屯外先后9次大规模移民至华北地区种田、屯田，域内聚落进入大发展时期。清初，实行大规模圈地，使明代已经形成的村落重新组合、分离、更名。明清两代漕运的发展，使通州城内的商业、运输业、手工业发展迅速，为今天城内街道胡同名称的形成奠定了基础。1912年至1948年，通州的聚落没有更多的增加。

新中国成立以后，特别是改革开放以后，随着经济、社会的快速发展和城乡大规模建设的兴起，聚落发生了巨大的变化。尤其是通州城区、城乡接合部及部分地处交通要道的乡镇，兴建了大量的新型住宅区，许多传统的街巷胡同、传统的自然村进行了拆迁改造。

## 第一节 社 区

### 中仓街道

#### 上营社区
Shàngyíng Shèqū

属通州区中仓街道。位于中仓街道东部。北至劳动局职业技术学校，东至滨河中路，南至玉带河东街，西至粮食市路。因地处上营，故名。2011年，辖区作为北京市棚户区实施拆迁改造，2014年尚在建设中。

#### 小园社区
Xiǎoyuán Shèqū

属通州区中仓街道。位于中仓街道中部。北至玉带河东街，东至玉桥中路，南至京秦铁路，西至玉桥西路。因辖域为小园地区，故名。2002年成立。面积30万平方米。辖区有居民楼22栋，人口约3200人。社区设有图书阅览室、文艺队排练室、居民活动室、民事调解室、体质检测室、党员现代远程教育室、指间公益工作室。境内有通州区质量技术监督局、市级文物保护单位冯玉祥军驻通营盘。主要交通干道有玉桥中路、西营前街、玉带河东街。

## 中仓社区
Zhōngcāng Shèqū

属通州区中仓街道。位于中仓街道中部。北至新华东街，东至中仓路，南至玉带河东街，西至车站路。因域内有中仓小区，故名。2003年成立。面积81万平方米。辖中仓小区、263家属院、东方化工厂生活区和西大街87号院。有楼房53栋，人口约7400人。境内有北京市通州区投资促进局、北京市潞洲公证处、东方小学、通州区第六中学、北京市通州区中仓街道办事处、北京市通州区司法局等单位。主要交通干道有西顺城街、中仓路、西大街等。

## 中上园社区
Zhōngshàngyuán Shèqū

属通州区中仓街道。位于中仓街道东南部。北至通州区教师研修中心，东至赵登禹大街，南至玉带河东街，西至上园路。因位于上园区域，位置在中间，故名。2006年4月成立。面积30万平方米。辖中上园5号院、上园200号院、香林郡小区19栋楼房及上园平房区1处，人口约1600人。主要交通干道有玉带河东街、赵登禹大街、上园路等。

## 白将军社区
Báijiāngjūn Shèqū

属通州区中仓街道。位于中仓街道中部。北至白将军胡同，东至原北京锻压机床厂，南至玉带河东街，西至南大街。因域内有白将军胡同，故名。2002年5月成立。面积20万平方米。辖白将军胡同、头条胡同、二条胡同、三条胡同、小营房、东顺城街、东营中街、东营后街和北小园小区、玉带河东街385号楼、玉带河东街387号楼、东顺城街甲5号楼、东顺城街7号楼、东营中街35号楼。人口约4900人。社区建有家风家训文化墙。境内有南关小学。主要交通干道有南大街、玉带河东街等。

## 东里社区
Dōnglǐ Shèqū

属通州区中仓街道。位于中仓街道南部。北至玉带河东街，东至车站路、南至京秦铁路，西至新华南路。因位于新城东里，故名。2002年7月成立。面积16万平方米。辖东里二区、三区。有楼房31栋、平房院落98处，人口约5300人。社区建有体育锻炼一条街，配有多套体育锻炼设施。有区级文物保护单位三义庙。境内有通州区成人教育中心等单位。主要交通干道有西营前街、车站路、玉带河东街。曾被评为首都文明社区。

## 东关社区
Dōngguān Shèqū

属通州区中仓街道。位于中仓街道中部。北至新华东街，东至滨河路，南至通州区教师研修中心实验学校，西至故城东路。因地处东关，故名。2003年成立。面积120万平方米。2009年8月，辖域实施拆迁改造，2014年尚在建设中。

## 四员厅社区
Sìyuántīng Shèqū

属通州区中仓街道。位于中仓街道西部。北至新华东街，东至车站路，南至玉带河东街，西至新华南路。因境内有四员厅街，故名。2003年成立。面积90万平方米。辖同心嘉园小区、铜材厂小区、潞河名苑小区、新华南路60号院、红旗小区、摩卡空间小区、新华东街274号院、车站路小区、车站路71号院和水月院16、18、甲2号院，以及水月院平房区、新街下坡平房区、中山街平房区。有楼房50栋，平房院落32处，人口约4600人。境内有东方小学低年级部、区住房和城乡建设委员会、潞河医院、区文化委等单位。主要交通干道有四员厅街、新街下坡、车站路、中山大街。曾获北京市先进社区、北京市基层双拥工作示范单位称号。

## 西上园社区
## Xīshàngyuán Shèqū

属通州区中仓街道。位于中仓街道东部。北至原老冰窖胡同，东至上园路，南至玉带河东街，西至故城东路。因辖域有西上园小区，故名。2002年成立。面积83万平方米。辖西上园小区、上园129号院。有楼房43栋，平房32处，人口约3800人。境内有通州区教师研修中心实验学校等单位。主要交通干道有玉带河东街、上香胡同、故城东路、上园南街。曾被评为首都文明社区。

## 西营社区
## Xīyíng Shèqū

属通州区中仓街道。位于中仓街道南部。北至玉带河东街，东至玉桥西路，南至京秦铁路，西至车站路。因辖域内有西营小区，故名。2002年成立。面积24万平方米。辖西营小区、东里东区、皓月园小区、供电局家属院、市政化六家属院、财政局家属院、塑料二厂、二毛家属楼和小庄平房区。有楼房39栋，平房院落5处，人口约4400人。有以“家和文化、24孝”为主题的文化街和“社区故事、身边榜样”文化长廊。境内有东里幼儿园、北京市通州区社会管理服务中心等单位。主要交通干道有西营前街、玉带河东街、车站路。曾被评为首都文明社区。

## 运河湾社区
## Yùnhéwān Shèqū

属通州区中仓街道。位于中仓街道东南部。北至东果园南街，东至芙蓉东路，南至京秦铁路，西至北运河。因辖运河湾居住区，故名。2014年成立。面积26万平方米。辖运河湾南区、北区。有楼房21栋，人口约2700人。境内有通州区教工幼儿园、北京博瑞康门诊部等单位。主要交通干道有水仙西路、潞通大街、通辛路。曾被评为首都文明社区、北京市健康社区、全国综合减灾示范社区。

## 运河园社区
## Yùnhéyuán Shèqū

属通州区中仓街道。位于中仓街道东部。北至通胡大街，东至运河园路，南至京秦铁路，西至北运河。因辖域有运河园小区，故名。2006年4月成立。面积120万平方米。辖运河园小区、运河嘉园小区以及副食品公司家属院。有楼房10栋，平房区1处，商住两用楼1栋，人口约1500人。社区有益民书屋。境内有通州区文化馆、通州区图书馆、奥体公园。主要交通干道有运河园路、通胡大街。曾被评为首都文明社区。

## 星河社区
## Xīnghé Shèqū

属通州区中仓街道。位于中仓街道东部。北至通胡大街，东至水仙西路，南至京秦铁路，西至运河园路。因社区毗邻北运河，故名。2006年7月成立。面积80万平方米。辖BOBO自由城小区、百合湾小区、运河园8号院。有楼房57栋，人口约2900人。2008年成为科普社区。曾被评为北京市市民讲外语活动优秀社区、全国防灾减灾示范社区、首都文明社区、北京市优秀创新型科普社区、首都绿化美化花园式社区。境内有通州区财政局培训中心、通州区动物卫生监督所、芙蓉小学。主要交通干道有潞通大街、水仙西路。

## 莲花寺社区
Liánhuāsì Shèqū

属通州区中仓街道。位于中仓街道中部。北至新华东街，东至原北京锻压机床厂，南至白将军胡同，西至南大街。因域内有莲花寺胡同，故名。2002年7月成立。面积19万平方米。辖南大街、回民胡同、新华东街、清真寺胡同、北二条胡同、安家大院、刘菜园胡同、马家胡同、中街、熊家胡同、紫竹庵胡同、蔡老胡同、白将军胡同、莲花寺胡同、太平庄胡同、半截胡同和2栋楼房。人口约5000人。有北京市文物保护单位通州清真寺，有百余年历史的老字号小楼饭店，有通州区民族小学、华联商厦、人民商场。主要交通干道有莲花寺胡同。曾被评为首都文明社区。

## 悟仙观社区
Wùxiānguàn Shèqū

属通州区中仓街道。位于中仓街道中部。北至新华东街，东至南大街，南至玉带河东街，西至东方生活区。因域内有悟仙观胡同，故名。2003年，由原西南街和南关两个居委会辖区合并而成。面积40万平方米。有楼房11栋，平房院落373处，人口约5400人。境内有通州区卫生局、通州区文物管理所、通州区博物馆等单位。有区级文物保护单位中仓仓墙遗址、万字会院。主要交通干道有南大街。

## 新华园社区
Xīnhuáyuán Shèqū

属通州区中仓街道。位于中仓街道中部。北至新华东街，东至故城东路，南至玉带河东街，西至原北京锻压机床厂。因毗邻新华大街，故名。2002年7月成立。面积20万平方米。辖新华小区、新华东街48号院、新华东街30号楼和故城东路11号院。有楼房32栋，人口约2700人。境内有北京通州供电公司。主要交通干道有故城东路、新华东街等。曾被评为首都文明社区。

## 滨河社区
Bīnhé Shèqū

属通州区中仓街道。位于中仓街道东部。北至玉带河东街，东至北运河，南至京秦铁路，西至玉桥中路。因濒临北运河，故名。2006年4月成立。辖玉桥中路2号院、玉桥中路甲2号院和运河明珠家园小区。人口约1400人。境内有京通医院。主要交通干道有玉带河东街、滨河中路等。曾被评为首都文明社区。

# 新华街道

## 天桥湾社区
Tiānqiáowān Shèqū

属通州区新华街道。位于新华街道西南部。北至通惠河，东至西海子西路，南至新华东街，西至新华北路。因辖天桥湾小区，故名。2002 年成立。面积约 32 万平方米。辖天桥湾小区。有楼房 14 栋，人口约 2700 人。境内有通州区体育场、通州区游泳馆、通州区体育局等。主要交通干道有新华北路、新华东街等。曾被评为首都文明社区。

## 北关社区
Běiguān Shèqū

属通州区新华街道。位于新华街道北部。东北至温榆河、北运河，南至通惠河北岸，西至永顺东街东侧。因位于北关地区，故名。2006 年成立。面积约 80 万平方米。辖水利局家属楼 1 栋和永顺东街、大悲林、牛作坊、姜厂子、新建、桂子胡同、通榆大街、下关、北皇木厂、盐滩等平房区。2010 年，辖域实施拆迁改造，2014 年尚在建设中。

## 东大街社区
Dōngdàjiē Shèqū

属通州区新华街道。位于新华街道东部。北至滨河路，东至北运河，南至新华东街，西至北大街。因位于东大街地区，故名。2002 年成立。辖域面积约 32 万平方米，为平房区。2010 年 4 月辖区实施拆迁改造，2014 年尚在建设中。

## 司空社区
Sīkōng Shèqū

属通州区新华街道。位于新华街道中部。北至通惠河，东至北大街，南至司空分署街，西至西海子公园。因辖司空分署街，故名。2002 年成立。面积约 7.88 万平方米。2010 年 4 月，对辖域内西塔胡同、里河沿等实施危旧房改造。2014 年 10 月，区政府对境内司空小区进行征收。境内有通州区电影院及紫清宫、文庙、佑胜教寺、燃灯佛舍利塔等古迹。主要交通干道有北大街等。

## 如意社区
Rúyì Shèqū

属通州区新华街道。位于新华街道中部。北至司空分署街，东至北大街，南至新华东街，西至西海子西路。因由如意、西海子、堂子居委会和东方化工厂家委会所辖区域合并成立，遂沿用如意之名。2002 年成立。面积约 24 万平方米。2010 年辖区内西海子棚户区、北大街、鱼市胡同、黄桥胡同、沟沿胡同拆迁。2014 年辖如意园、吉祥园 2 个居民小区。有楼房 37 栋，人口约 5600 人。域内有新华社区卫生站、区市政管理委员会、区消费者协会等单位。主要交通干道有北大街、新华东街等。曾被评为首都文明社区、首都花园式社区。

## 贡院社区
Gòngyuàn Shèqū

属通州区新华街道。位于新华街道东部。北至大光楼附近，东至滨河路，南至靳家胡同，西至北大街东侧。因由贡院和东塔两居委会所辖区域合并而成，遂沿用贡院之名。2002 年 7 月成立。境域面积约 22 万平方米。曾被评为首都文明社区。2010 年辖域实施拆迁改造，2014 年尚在建设中。

## 新建社区
Xīnjiàn Shèqū

属通州区新华街道。位于新华街道北部。北至新建小区，东至北关社区，南至通惠河，西至新华北路。因毗邻永顺镇新建村，故名。2002年成立。辖域面积约60万平方米。2010年辖域实施拆迁改造，2014年尚在建设中。

# 北苑街道

## 长桥园社区
Chángqiáoyuán Shèqū

属通州区北苑街道。位于北苑街道西北部。北至通惠河南岸，东至京承铁路，南至通州化工仓库南墙，西至朝阳区与通州区界。因域内有长桥园公寓，故名。2003年成立。面积约36万平方米。辖长桥园公寓、西站铁路小区。有楼房15栋，平房区1处，人口约4300人。社区成立有舞蹈队、太极拳队、治安巡逻队、党员卫生志愿者服务队。域内有清雍正御制通州石道碑。主要交通干道有八里桥南街等。曾被评为首都文明社区。

## 天时名苑社区
Tiānshímíngyuàn Shèqū

属通州区北苑街道。位于北苑街道西部。北至八里桥南街，东至京津路及轻轨八通线，南至规划路，西至杨庄路。因辖天时名苑小区，故名。2012年成立。面积约12.18万平方米。辖天时名苑小区。有楼房16栋，人口约5300人。主要交通干道有八里桥南街、杨庄路等。曾被评为首都文明社区。

## 五里店社区
Wǔlǐdiàn Shèqū

属通州区北苑街道。位于北苑街道西部。北至八里桥南街，东至杨庄路以西，南至原区煤炭公司家属院以北，西至京承铁路。因辖域属五里店地区，故名。2002年成立。面积约46万平方米。辖华兴园小区、杨庄41号院、八里桥南街52号院、五里店平房区。有楼房25栋，平房区1处，人口约4400人。主要交通干道有杨庄路等。

## 中山街社区
Zhōngshānjiē Shèqū

属通州区北苑街道。位于北苑街道东部。北至新华西街，东至新华南路，南至中山街路，西至中山大街与通惠南路交会处。因辖中山街小区，故名。2005年成立。面积约56万平方米。辖中山街小区。有楼房17栋，人口约6700人。境内有区级文物保护单位京兆男子师范学校教室。有中山街小学、通州区教育委员会等单位。主要交通干道有新华西街等。曾被评为首都文明社区。

## 北苑桥社区
Běiyuànqiáo Shèqū

属通州区北苑街道。位于北苑街道西部。北至通惠河南岸，东至北苑北路，南至八里桥南街，西至北京大唐高新技术创业园。因紧邻北苑桥，故名。2003年成立。面积约80万平方米。辖通典铭居小区。有楼房8栋，人口约2400人。主要交通干道有京通快速路。曾被评为首都花园式社区。

## 帅府社区
Shuàifǔ Shèqū

属通州区北苑街道。位于北苑街道中部。

北至新华西街，东至后南仓小区，南至玉带河西街，西至通惠南路。因辖帅府小区，故名。2003 年成立。面积约 90 万平方米。辖帅府 1 期、帅府园小区、帅府园甲 37 号院、官园胡同 1 号院、珺芳苑小区、金帅府小区、斗子营 23 号院、新仓路 27 号院、中山街 102 号院、通惠南路 28 号院、中山街 108 号楼等。有楼房 57 栋，人口约 11100 人。境内有后南仓小学、官园小学等单位。主要交通干道有通惠南路、玉带河西街等。

## 玉带路社区
Yùdài Lù Shèqū

属通州区北苑街道。位于北苑街道南部。北至玉带河西街，东至新华南路，南至京秦铁路，西至北苑南路。因毗邻玉带河西街，故名。2003 年成立。面积约 90 万平方米。域内有楼房 54 栋，平房院落 12 处，人口约 11000 人。域内有潞河中学、通州第二中学、北京卫生职业学院、北苑学校等单位。有全国文物保护单位通州近代学校建筑群。主要交通干道有玉带河西街等。曾被评为首都文明社区。

## 后南仓社区
Hòunáncāng Shèqū

属通州区北苑街道。位于北苑街道东部。北至新城南街，东至新华南路，南至玉带河西街，西至新仓路。因辖后南仓小区，故名。2002 年 7 月成立。面积约 80 万平方米。辖后南仓 1 个居民小区。有楼房 29 栋，平房区 1 处，人口约 5000 人。境内有中共通州区委党校、中共通州区委党史办公室等单位。主要交通干道有玉带河西街等。曾被评为首都文明社区。

## 西关社区
Xīguān Shèqū

属通州区北苑街道。位于北苑街道西部。北至新华西街，东至通惠南路，南至玉带河西街，西至北苑南路。因位于西关地区，故名。2005 年成立。面积约 80 万平方米。辖万方家园小区、旅游新村小区、水泵厂小区、光华印刷厂小区。有楼房 19 栋，平房区 2 处，人口约 2100 人。社区建有图书室、电子阅览室。主要交通干道有玉带河西街等。曾被评为首都文明社区。

## 果园西社区
Guǒyuánxī Shèqū

属通州区北苑街道。位于北苑街道南部。北至京秦铁路，东至果园环岛，南至北苑南路，西至通州木材厂宿舍。因社区位于果园村西，故名。2002 年 4 月成立。面积约 50 万平方米。辖果园北区、果园南区。有楼房 42 栋，平房院落 36 处，人口约 6800 人。主要交通干道有通朝大街、北苑南路等。

## 京贸国际社区
Jīngmào Guójì Shèqū

属通州区北苑街道。位于北苑街道西部。北至京通快速，东至货场路，南至京承铁路，西至重兴寺。因辖京贸国际公寓小区，故名。2006 年成立。面积约 4 万平方米。辖京贸国际公寓小区。有楼房 7 栋，人口约 3000 人。社区设有电子图书室、楼门图书架。境内有永顺镇中心小学分校。主要交通干道有京通快速路。曾被评为首都文明社区。

## 复兴南里社区
Fùxīngnánlǐ Shèqū

属通州区北苑街道。位于北苑街道南部。北至京秦铁路以南，东至果园1号院以西，南至八通轻轨以北，西至北苑南路以东。因位于复兴里南，故名。2005年5月由果园西社区划出后而成立。面积约30万平方米。辖复兴南里1—6号楼、公安局宿舍、复兴南里3号院、北苑南路42号院、北苑南路38号院、北苑南路40号院。有楼房27栋，平房区2处，人口约5400人。主要交通干道有北苑南路等。曾被评为首都文明社区。

## 滨惠南三街社区
Bīnhuìnán 3 jiē Shèqū

属通州区北苑街道。位于北苑街道北部。北至滨惠南三街，东至通惠南路，南至新华西街，西至北苑北路。因临滨惠南三街，故名。2005年成立。面积约60万平方米。辖北苑乙55号院、北苑55号院、北苑42号院、河和居、华西街131号院、通惠苑、新华西街145院。有楼房15栋，平房区4处，人口约1900人。主要交通干道有通惠南街、新华西街、滨惠南三街等。

## 锦园社区
Jǐnyuán Shèqū

属通州区北苑街道。位于北苑街道西部。北至杨庄15号院，东至杨庄路，南至运河西大街，西至京秦铁路。因辖新华联锦园小区，故名。2005年成立。面积约70万平方米。辖新华联锦园小区，五里店西路平房，煤炭公司家属院，工商楼宿舍楼。有楼房38栋，平房区2处，人口约6400人。主要交通干道有杨庄路、运河西大街。

## 新北苑社区
Xīnběiyuàn Shèqū

属通州区北苑街道。位于北苑街道西部。北至天时名苑市政景观路，东至北苑南路西侧，南至京秦铁路以北，西至杨庄路中心线以东。因是新成立的社区，且临近北苑，为与北苑区别，故名。2002年7月成立。面积约80万平方米。辖北苑南路63、105、107号院，杨庄北街1、2、3、4、6、19、21号院，杨庄路72号院，朗峰小区，杨庄北街平房区。有楼房35栋，平房区4处，人口约7700人。主要交通干道有北苑南路等。曾被评为首都文明社区。

## 新城南街社区
Xīnchéngnánjiē Shèqū

属通州区北苑街道。位于北苑街道中部。北至中山大街，东至新华南路，南至后南仓小区北侧，西至新仓路。因毗邻新城南街，故名。2005年成立。面积80万平方米。辖金禧花园小区、中山街52号楼。有楼房7栋，平房院落9处，人口约3000人。境内有首都师范初等教育学院。主要交通干道有中山大街等。曾被评为首都文明社区。

## 新华西街社区
Xīnhuáxījiē Shèqū

属通州区北苑街道。位于北苑街道北部。北至通惠河南岸与滨惠南二街，东至新华北路，南至新华西街，西至通惠南路。因毗邻新华西街，故名。2002年成立。面积约50万平方米。辖区政府宿舍楼、怡佳家园小区、北光厂宿舍小区、世图厂宿舍小区、四中家属楼、新华北街平房区、新华西街平房区。有楼房 29 栋，平房区 2 处，人口约 5500 人。境内有区委、区人大、区政府、区政协、发改委、北京市公安局通州分局等单位。主要交通干道有新华西街、新华南路等。

### 新华联家园北区社区
Xīnhuáliánjiāyuán Běiqū Shèqū

属通州区北苑街道。位于北苑街道西部。北至京秦铁路南侧，东至北苑南路，南至通朝大街，西至杨庄路东侧。因居委会位于新华联家园北区，故名。2005 年成立。面积 50 万平方米。辖新华联家园北区、天元小区。有楼房 39 栋，人口约 6200 人。主要交通干道有北苑南路等。曾被评为首都文明社区。

## 玉桥街道

### 土桥社区
Tǔqiáo Shèqū

属通州区玉桥街道。位于玉桥街道南部。北至小街之春嘉园，东至金隅香溪家园，南至九棵树东路，西至永安大厦。因位于土桥，故名。2002 年成立。面积约 530 万平方米。辖制线厂小区、方恒东景小区、砖厂中路 201 号院。有楼房 12 栋，人口约 4100 人。主要交通干道有九棵树东路。

### 艺苑西里社区
Yìyuànxīlǐ Shèqū

属通州区玉桥街道。位于玉桥街道西部。北至京秦铁路，东至玉桥中路，南至运河西大街，西至潞河面粉厂东墙。因辖域内有艺苑西里小区，故名。2002 年成立。面积约 43 万平方米。辖艺苑西里小区、艺苑西街 9 号院、运河西大街 105、115、137 号院、艺苑东街 2—8 号院、玉桥中路 23、55 号院和 2 处平房区。有楼房 31 栋，人口约 3900 人。境内有运河中学、通州少年宫等单位。主要交通干道有玉桥西路。

### 玉桥北里社区
Yùqiáoběilǐ Shèqū

属通州区玉桥街道。位于玉桥街道北部。北至乔庄北街，东至玉桥东路，南至运河西大街，西至玉桥中路。因位于玉桥居住区北部，故名。2002 年成立。面积约 15 万平方米。辖玉桥北里小区、好东东小区、10 号院小区。有楼房 56 栋，人口约 7600 人。境内有玉桥小学。主要交通干道有玉桥中路。曾被评为首都文明社区、北京市平安社区。

### 玉桥南里社区
Yùqiáonánlǐ Shèqū

属通州区玉桥街道。位于玉桥街道中部。北至运河西大街，东至玉桥东路，南至梨园北街，西至玉桥中路。因位于玉桥居住区南部，故名。2002 年成立。面积约 25 万平方米。辖玉桥南里小区、欣艺景园小区。有楼房 30 栋，人口约 5700 人。社区建有约 2500 平方米的文化广场。境内有通州区农业局、邮局、玉桥派出所、玉桥中学。主要交通干道有玉桥东路、玉桥中路。

### 玉桥南里南社区
Yùqiáonánlǐnán Shèqū

属通州区玉桥街道。位于玉桥街道南部。北至梨园北街，东至玉桥东路，南至史家小学，西至玉桥中路。因位于玉桥南里社区南侧，故名。2006年成立。面积约30万平方米。辖玉桥南里50号院，玉桥南里25、26、27、29、30、31号楼，甲31-36号楼，甲38-43号楼，地税局家属院，梨园北街6号楼。有楼房24栋，人口约5300人。主要交通干道有玉桥中路、玉桥东路等。曾获首都社区志愿服务组织之星、北京市三八红旗集体奖等荣誉。曾被评为首都文明社区。

## 玉桥东里社区
Yùqiáodōnglǐ Shèqū

属通州区玉桥街道。位于玉桥街道中部。北至运河西大街，东至乔庄南路，南至梨园中街，西至玉桥东路。因位于玉桥居住区东部，故名。2002年成立。面积37万平方米。辖幸福艺居北区、美然百度城、京艺天朗嘉园、京艺天朗雅园、玉桥东里44号院。有楼房39栋，人口约8800人。获得首都文明社区、全国优秀五四团支部、全国学雷锋示范站点、全国最美志愿服务社区奖项。主要交通干道有梨园中街、运河西大街等。

## 玉桥东里南社区
Yùqiáodōnglǐnán Shèqū

属通州区玉桥街道。位于玉桥街道东部。北至梨园中街，东至乔庄南路，南至梨园南街，西至玉桥东路。因位于玉桥东里南侧，故名。2011年成立。面积约16.95万平方米。辖幸福艺居南区、源泉苑小区、玉桥东里小区100-115号楼。有楼房23栋，人口约8850人。主要交通干道有乔庄东路、玉桥东路、梨园南街、梨园中街等。

## 乔庄北街社区
Qiáozhuāngběijiē Shèqū

属通州区玉桥街道。位于玉桥街道北部。北至京秦铁路，东至乔庄村，南至运河西大街，西至玉桥中路。因位于乔庄北街，故名。2002年成立。面积约13万平方米。辖乔庄北街1号院、3号院、6号院、8号院和玉桥东路30号院、34号院、36号院、38号院。有楼房22栋，人口约3700人。主要交通干道有乔庄北街。

## 运河东大街社区
Yùnhé Dōngdàjiē Shèqū

属通州区玉桥街道。位于玉桥街道北部。北至运河西大街，东至梨园路，南至梨园北街，西至当代名筑小路。因毗邻原运河东大街，故名。2002年成立。面积约56.62万平方米。辖格兰晴天小区、玉桥西里70号院、葛布店东里小区、葛布店东里100号院、玉桥西路66和68号楼、运河西大街242号楼和3处平房区。有楼房47栋，人口约7500人。境内有运河小学高年级部。主要交通干道有运河西大街。

## 净水园社区
Jìngshuǐyuán Shèqū

属通州区玉桥街道。位于玉桥街道中部。北至运河西大街，东至大运河西岸，南至潞阳桥西路，西至易达路。因居委会位于净水园小区，故名。2012年成立。面积16万平方米。辖净水园小区、亚大塑胶平房宿舍区、电厂平房宿舍区、压延厂职工宿舍区。有楼房12栋，平房区3处，人口约4600人。境内有通州区七零九零幼儿园。主要交通干道有运河西大街、潞阳桥西路等。

## 柳岸方园社区
## Liǔànfāngyuán Shèqū

属通州区玉桥街道。位于玉桥街道中部。北至玉桥西里中街，东至玉桥中路，南至梨园北街，西至梨园路。因辖柳岸方园小区，故名。2006年成立。面积约6.5万平方米。辖柳岸方园小区。有楼房14栋，人口约5000人。主要交通干道有玉桥西里中街。2012年获北京市生活垃圾分类贡献奖。曾被评为首都文明社区。

## 柳馨园社区
## Liǔxīnyuán Shèqū

属通州区玉桥街道。位于玉桥街道东部。北至乔庄后街，东至滨河中路，南至运河西大街，西至运乔嘉园小区。因取柳岸景园之“柳”与荞馨园之“馨”，故名。2006年成立。面积约15.62万平方米。辖柳岸景园小区、荞馨园小区、运河居小区。有楼房22栋，人口约3500人。境内有运河中医院、新华医院门诊部、北京市公安局通州分局老干部活动中心等单位。主要交通干道有运河西大街等。曾被评为首都文明社区。

## 梨花园社区
## Líhuāyuán Shèqū

属通州区玉桥街道。位于玉桥街道西部。北至梨园北街，东至梨园路，南至九棵树东路，西至杨家洼路。因辖区内有梨花园小区，故名。2003年7月成立。面积30万平方米。辖梨花园小区、梨园小镇、中建二局家属楼、卫生局家属楼、梨园54、55、58号楼。有楼房24栋，人口约5295人。境内有北京卫生职业学院、通州结核病研究所、通州区新华医院口腔诊疗中心、北京市通州区供销合作总社等多个单位。主要交通干道有九棵树东路。曾被评为首都文明社区。

## 葛布店南里社区
## Gěbùdiànnánlǐ Shèqū

属通州区玉桥街道。位于玉桥街道西部。北至运河西大街，东至梨园北街，南至九棵树东路，西至果园环岛。因辖葛布店南里，故名。2002年成立。面积约70万平方米。辖肉联厂家属院、铸石厂宿舍、510宿舍、五所家属院、石油公司家属院、葛布店南里小区、景欣园、当代名筑、大有建材小区、中建二局宿舍、中地煤小区。有楼房42栋，平房区3处，人口约7100人。境内有明代所建杨家洼菩萨庙、区级文物保护单位张家门楼等文物古迹。有运河小学低年级部等单位。主要交通干道有运河西大街。2013年获北京市魅力社区、北京市先进社区称号。

## 葛布店北里社区
## Gěbùdiànběilǐ Shèqū

属通州区玉桥街道。位于玉桥街道西部。北至京秦铁路，东至艺苑西里，南至运河西大街，西至新华南路。因辖葛布店北里，故名。2002年成立。面积约1.4万平方米。辖蓝山国际公寓、葛布店北里小区、同仁堂药酒厂宿舍楼、协辛庄 1 号楼、果园小区和两处平房区。有楼房 23 栋，平房 86 处，人口约 5320 人。通州区楼门文化始创于该社区。主要交通干道有运河西大街等。2009 年获北京市魅力社区称号。

## 新通国际社区
Xīntōngguójì Shèqū

属通州区玉桥街道。位于玉桥街道中部。北至梨花园小区，东至梨园村，南至梨园南街，西至九棵树东路。因其辖域内有新通国际小区而名。2010 年成立。面积 9.45 万平方米。辖新通国际小区、原变压器厂宿舍楼。有楼房 20 栋，人口约 6800 人。主要交通干道有玉桥中路、九棵树东路。曾被评为首都文明社区。

## 潞阳桥社区
Lùyángqiáo Shèqū

属通州区玉桥街道。位于玉桥街道东部。北至玉带河，东至花石匠小区，南至北京金海燕玻璃棉有限公司，西至砖厂北里。因毗邻潞阳桥，故名。2012 年成立。面积 15 万平方米。辖金隅通和园小区、花石匠小区一期。有楼房 16 栋，人口约 5100 人。境内有北京实验二小通州分校、通州区花石匠幼儿园。主要交通干道有砖厂中路。

# 永顺镇

## 天赐良园社区
Tiāncìliángyuán Shèqū

属通州区永顺镇。位于永顺镇西北部。北至榆景苑一区，东至榆纪路，南至新建 3 号院，西至物资学院。因辖域内有天赐良园小区，故名。2006 年成立。面积 54.6 万平方米。辖天赐良园一期、二期、西三期、东三期，西富河园 2 号院，西富河园 3 号院，物资学院家属院，榆景苑一区，8 哩岛小区。有楼房 168 栋，人口约 10350 人。境内有北京物资学院、爱格堡幼儿园、8 哩岛幼儿园等单位。主要交通干道有朝阳北路等。

## 永顺西里社区
Yǒngshùnxīlǐ Shèqū

属通州区永顺镇。位于永顺镇中部。北至通燕高速，东至永顺路，南至永顺南街，西至通惠北路。因在永顺村之西，又与永顺东里相对，故名。2007 年成立。面积约 70 万平方米。辖永顺西里甲 36 号、38 号院，永顺西里 2—5 号楼，永顺南街 113、141、143 号院，北关大街 88 号院，通惠北路 12、20 号楼，永顺东里 1、2 号院，永顺北街 1 号楼，通惠小区，新华北路 17、59 号院，新华北路 51 号楼。有楼房 74 栋，人口约 9800 人。境内有北京财贸职业学院、解放军 263 医院。主要交通干道有新华北路等。

## 永顺南里社区
Yǒngshùnnánlǐ Shèqū

属通州区永顺镇。位于永顺镇中部。北至永顺南街，东至新华北街，南至通惠河，西至通惠北路。因位于永顺村南部，故名。2006 年成立。面积 40 万平方米。辖修械所家属院，微电机家属院，永泰小区，中房技校，永顺南街 136 号院，永顺南街 34 号院 18 号楼，北关中学 190 号院，干休所 236 号院，在水一方小区，永顺南里 2 号院 3、5 号楼，永顺南街 230、232、234 号楼，304 号院 306 号楼，

308 号院 1 号楼。有楼房 44 栋，人口约 4600 人。境内有北关中学，蓝色未来幼儿园、华杉剑声幼儿园。主要交通干道有永顺南街等。

## 艺苑东里社区
Yìyuàndōnglǐ Shèqū

属通州区永顺镇。位于永顺镇南部。北至京秦铁路，东至艺苑东街小区北区，西至玉桥西路，南至艺苑东街。因辖域为艺苑东里小区，故名。2008 年成立。面积约 6.7 万平方米。辖艺苑东里小区。楼房 12 栋，人口约 2100 人。主要交通干道有玉桥西路、玉桥中路、运河西大街等。

## 东潞苑西区社区
Dōnglùyuànxīqū Shèqū

属通州区永顺镇。位于永顺镇东北部。北至焦王庄街，东至焦王庄村，南至圣元乳业，西至陈列馆路。因位于东潞苑西部，故名。2007 年 5 月成立。面积约 10 万平方米。辖枫露花园小区，东潞苑 1 号院，东潞苑 2 号院，东潞苑五区，东潞苑八区。有楼房 16 栋，别墅 59 栋，人口约 2800 人。主要交通干道有潞苑四街等。

## 龙旺庄社区
Lóngwàngzhuāng Shèqū

属通州区永顺镇。位于永顺镇东北部。北至京榆旧线，东至潞邑西路，南至龙孙路，西至芙蓉东路。因由龙旺庄村拆迁改造而成，故社区依村名。2007 年 4 月成立。面积约 36.6 万平方米。辖龙旺庄小区。有楼房 46 栋，人口约 7500 人。境内有永顺镇卫生服务中心。主要交通干道有通燕高速、通榆大街等。

## 世纪星城兴业园社区
Shìjìxīngchéngxīngyèyuán Shèqū

属通州区永顺镇。位于永顺镇西南部。北至京秦铁路，东至北机市场路，南至通朝大街，西至杨庄路。因辖域内有世纪星城居住区，故名。2007 年 5 月成立。面积约 20 万平方米。辖世纪星城一期、世纪星城三期、长城国际。有楼房 26 栋，人口约 10700 人。主要交通干道有杨庄路、通朝大街等。2011 年被评为首都绿化美化花园式社区。

## 西马庄社区
Xīmǎzhuāng Shèqū

属通州区永顺镇。位于永顺镇西部。北至京通快速路，东临西马庄村，南至通惠河，西临竹木厂村。因辖域有西马庄小区，故名。2007 年成立。面积约 32 万平方米。辖西马庄小区、朝通嘉园小区、惠铭苑小区。有楼房 51 栋，人口约 13000 人。主要交通干道有建国路等。

## 竹木厂社区
Zhúmùchǎng Shèqū

属通州区永顺镇。位于永顺镇西部。北至朝阳路，东至西马庄，南至通惠河，西至八里桥。因社区由竹木厂村改建成立，故依村而名。2008 年成立。面积约 2.67 万平方米。辖竹木厂小区。楼房 17 栋，人口约 1830 人。主要交通干道有京榆旧线、竹木厂路、滨惠北四街等。

## 苏荷雅居社区
Sūhéyǎjū Shèqū

属通州区永顺镇。位于永顺镇西南部。

北至通朝大街，东至培智学校，南至翠屏北里，西至翠屏西路。因辖苏荷雅居小区，故名。2007 年成立。面积约 9.4 万平方米。辖苏荷雅居小区和葵花社小区。有楼房 9 栋，人口约 3600 人。主要交通干道有翠屏西路、通朝大街等。

## 杨庄南里南区社区
Yángzhuāngnánlǐnánqū Shèqū

属通州区永顺镇。位于永顺镇西南部。北至北苑街道杨庄路 72 号楼，东至杨庄小区，南至京秦铁路，西至杨庄路。因位于杨庄居住区南部，故名。2008 年成立。面积约 5 万平方米。辖杨庄路 106 号院、杨庄路 99 号楼。楼房 16 栋，人口约 3000 人。主要交通干道有杨庄路等。

## 杨庄南里西区社区
Yángzhuāngnánlǐxīqū Shèqū

属通州区永顺镇。位于永顺镇南部。北至杨庄北街，东至新北苑社区，西至杨庄路，南至京秦铁路。因位于杨庄居住区西部，故名。2007 年成立。面积约 15.6 万平方米。辖杨庄小区、杨庄 75 号院、鑫苑小区。有楼房 24 栋，人口约 4600 人。主要交通干道有杨庄路、北苑南路等。

## 杨庄通广嘉园社区
Yángzhuāngtōngguǎngjiāyuán Shèqū

属通州区永顺镇。位于永顺镇西南部。北至通朝大街，东至探矿机械厂，南至探矿机械厂，西至通州、朝阳交界。因辖通广嘉园小区，且属杨庄村，故名。2013 年成立。面积约 3 万平方米。有高层住宅楼 7 栋。人口约 2300 人。主要交通干道有北苑南路等。

## 杨富店社区
Yángfùdiàn Shèqū

属通州区永顺镇。位于永顺镇南部。北至玉带河西街，东临通州区第二中学，南至中国农业出版社印刷厂，西邻北苑南路。因地处杨富店村而名。2005 年 4 月成立。面积约 6.42 万平方米。辖 110 个平房院落。人口约 340 人。主要交通干道有玉带河西街等。

## 运乔嘉园社区
Yùnqiáojiāyuán Shèqū

属通州区永顺镇。位于永顺镇东南部。北至京秦铁路，东至时代中学，南至运河西大街，西至乔庄商业街。因辖域内有运乔嘉园小区，故名。2001 年成立。面积约 44.9 万平方米。辖运乔嘉园小区、博客园小区。有楼房 37 栋，人口约 5000 人。境内有乔庄小学、运乔蓝天幼儿园、领跑者幼儿园等单位。主要交通干道有运河西大街等。

## 运通园社区
Yùntōngyuán Shèqū

属通州区永顺镇。位于永顺镇东北部。北至潞苑南大街，东至芙蓉东路，南至通燕高速，西至运潮减河。因辖域内有运通花园小区，故名。2007 年 4 月成立。面积为 34.06 万平方米。辖运通花园、澜花语岸、古韵新居、牧机家属楼、清水湾小区。人口约 8180 人。主要交通干道有潞苑南大街等。

## 岳庄社区
Yuèzhuāng Shèqū

属通州区永顺镇。位于永顺镇中部。北至永顺派出所，东至新华北路，南至永顺南街，西至永顺路。因地处岳庄村，故名。2007 年 5 月成立。辖永顺路 31、33 号楼。人口约 1000 人。主要交通干道有新华北路等。

## 盛业家园社区
Shèngyèjiāyuán Shèqū

属通州区永顺镇。位于永顺镇东部。北至月亮河度假村，东至芙蓉路，南至通胡大街，西至运河文化广场。因所辖小区加华印象开发商名含“盛业”，故名。2006 年成立。面积约 11.92 万平方米。辖加华印象、河畔丽景、213 号院 3 个小区。楼房 27 栋，平房区 1 处，人口约 8800 人。境内有通州区血站、天使宝贝幼儿园等单位。主要交通干道有通胡大街等。

## 富河园社区
Fùhéyuán Shèqū

属通州区永顺镇。位于永顺镇北部。北至朝阳北路，东至通顺路，南至通燕高速，西至京承铁路。因辖域有富河园小区而得名。2006 年成立。面积约 110 万平方米。辖富河园小区、碧水明珠小区、胸科医院家属院。有楼房 30 栋，平房区 2 处，人口约 5600 人。社区建有以“通州文化”“志愿明星”“运河风采”“社区文化展示”为主题的文化楼门。主要交通干道有通顺路等。曾被评为首都文明社区。

## 潞苑南里社区
Lùyuànnánlǐ Shèqū

属通州区永顺镇。位于永顺镇东部。北至潞苑五街，东至潞邑西路，南至潞苑南大街，西至陈列馆路。因位于潞苑南里，故名。2007 年成立。面积约 45.12 万平方米。辖珠江丽景、东亚逸品阁、潞苑南里 1 号院、潞苑南里 3 号院、至善家园、潞潮佳苑、珠江旭景。有楼房 95 栋，人口约 11500 人。境内有永顺镇中心幼儿园。主要交通干道有潞邑西路等。2012 年被评为首都花园型社区。

## 潞邑社区
Lùyì Shèqū

属通州区永顺镇。位于永顺镇东北部。北至潞苑五街，东至六环西侧路，南至潞苑南大街，西至潞邑西路。因位于小潞邑村，故名。2007 年 5 月成立。面积 27.2 万平方米。辖新潮嘉园小区、东逸佳苑小区。有楼房 41 栋，人口 5537 人。社区建有图书阅览室、身边榜样宣传栏。境内有龙旺庄中小学、永顺成人文化技术学校等单位。主要交通干道有京榆旧路等。

## 潞苑嘉园社区
Lùyuànjiāyuán Shèqū

属通州区永顺镇。位于永顺镇东部。北至靶场路，东至陈列馆路，南至京榆旧路，西至小中河。因辖域有潞苑嘉园小区，故名。2008 年成立。面积 30 万平方米。辖潞苑嘉园小区、北通集团家属院、新华联家属院、枫露皇苑别墅区。共有楼房 26 栋，别墅 151 栋，人口约 4000 人。主要交通干道有陈列馆路等。

# 梨园镇

## 大方居社区
Dàfāngjū Shèqū

属通州区梨园镇。位于梨园镇西南部。北至怡然世家，东至花盛香醍，南至京洲南街，西至运河中学南校区。因辖大方居小区，故名。2008 年成立。面积约 17.5 万平方米。辖大方居小区。有楼房 12 栋，人口约 21300 人。境内有大方居幼儿园。主要交通干道有京洲南街等。

## 万盛北里社区
Wànshèngběilǐ Shèqū

属通州区梨园镇。位于梨园镇西部。北至云景南大街，东至日新路，南至万盛南街，西至九棵树西路。因取吉语“结交万方朋友，兴盛通州经济”中的“万”与“盛”二字，并与万盛南里相对应，故名。2006 年成立。面积约 105.8 万平方米。辖旗舰凯旋小区、通大家园小区。有 67 栋居民楼，人口约 7000 人。主要交通干道有九棵树西路等。

## 云景里社区
Yúnjǐnglǐ Shèqū

属通州区梨园镇。位于梨园镇中部。北至五所南街，东至云景东路，南至云景南大街，西至云景西里。因居委会位于云景里小区，故名。2014 年成立。面积约 35 万平方米。辖云景里小区、市政家属院、农机家属院。人口约 5300 人。境内有通州区动物卫生监督管理局梨园所。主要交通干道有云景东路。曾被评为首都文明社区。

## 云景北里社区
Yúnjǐngběilǐ Shèqū

属通州区梨园镇。位于梨园镇中部。北至九棵树东路，东至时尚街区，南至待开发地段，西至渔场。因位于云景里北侧，故名。2009 年成立。面积约 18 万平方米。辖核化冶院五所家属院、新城阳光小区、云景西里南区、映翠居小区。有楼房 51 栋，平房院落 2 处，人口约 10000 人。社区设有健康、科普宣传栏，建有文化活动中心、篮球场、乒乓球场、羽毛球场。主要交通干道有九棵树东路等。

## 云景东里社区
Yúnjǐngdōnglǐ Shèqū

属通州区梨园镇。位于梨园镇中部。北至九棵树东路，东至九棵树东路，西至云景东路，南至五所南路。因位于云景里东侧，故名。2008 年成立。面积约 14 万平方米。辖园景阁东区、园景阁西区、泉蕾佳苑小区、农机公司宿舍。有楼房 37 栋，人口约 10000 人。主要交通干道有云景东路、九棵树东路。

## 龙鼎园社区
Lóngdǐngyuán Shèqū

属通州区梨园镇。位于梨园镇中部。北至梨园渔场，东至孙王场村，南至云景南大街，西至九棵树西路。因辖域内有龙鼎园小区，故名。2006 年成立。面积约 20 万平方米。辖龙鼎园小区、新翠景园小区。有楼房 19 栋，人口约 4770 人。主要交通干道有云景南大街、九棵树西路等。2013 年被评为首都花园式社区。

## 金侨时代家园社区
Jīnqiáoshídàijiāyuán Shèqū

属通州区梨园镇。位于梨园镇中部。北至新城嘉园，东至八通城铁，南至花涧溪，西至云景东路。因辖域内有金侨时代家园小区，故名。2006 年成立。面积约 20.2 万平方米。辖金侨时代家园、花涧溪、新城嘉园、燕保梨园家园、云景豪庭、洼子1号。有楼房42栋，人口约12000人。主要交通干道有云景南大街等。

## 京洲园社区
Jīngzhōuyuán Shèqū

属通州区梨园镇。位于梨园镇西南部。北至京洲北街，东至九棵树西路，南至万盛中三街，西至大方居。因域内有京洲企业集团，故名。2008年成立。占地面积42.73万平方米。辖中泽馨园、中泽雅园、中泽家园、龙湖花盛香醍、氮肥厂宿舍楼。有居民楼52栋，人口约6500人。主要交通干道有九棵树西路等。

## 欣达园社区
Xīndáyuán Shèqū

属通州区梨园镇。位于梨园镇南部。北至群芳中二街，东至云景东路，南至大马庄，西至九棵树中路。因取吉语“欣欣向荣、兴旺发达”中的“欣”与“达”二字，故名。2009年成立。面积约18万平方米。辖桃花岛、绣江南、荟萃园3个小区。有居民楼32栋，人口约4200人。主要交通干道有九棵树中路、群芳南街等。

## 格瑞雅居社区
Géruìyǎjū Shèqū

属通州区梨园镇。位于梨园镇西北部。北至翠屏北里南侧，东至通州区第一实验小学，南至怡乐中街，西至翠屏西路。因居委会位于格瑞雅居小区，故名。2007年成立。辖格瑞雅居、翠屏里、蓝调沙龙、怡乐北街、龙湖蔚澜香堤5个居民小区。人口约12000人。境内有通州区第一实验小学、东直门医院东区。主要交通干道有怡乐北街、翠屏西路等。

## 梨园东里社区
Líyuándōnglǐ Shèqū

属通州区梨园镇。位于梨园镇东北部。北至梨园中路，东临玉桥中路，南至梨园南街，西临挂车七厂。因位于梨园村东，故名。2006年成立。面积9.6万平方米。辖梨园东里南区、光明小区。人口约3500人。主要交通干道有梨园南街、玉桥中路等。

## 曼城家园社区
Mànchéngjiāyuán Shèqū

属通州区梨园镇。位于梨园镇西南部。北至万盛北街，东至九棵树中路，南至云景南大街，西至通大家园小区。因寄寓小区美好的外域美景，故名。2009年成立。面积21万平方米。辖阿尔法B区、C区、D区。有楼房42栋，人口约5000人。主要交通干道有日新路等。

## 靓景明居社区
Liàngjǐngmíngjū Shèqū

属通州区梨园镇。位于梨园镇西部。北至怡乐中街，东至翠屏西路，南至京洲北街，西至怡乐南街。因居委会位于靓景明居小区，故名。2006年成立。面积约4.68万平方米。辖靓景明居、怡然世家、京贸国际公馆、冷冻厂家属院。人口约14000人。辖区内有潞河中学附属学校。主要交通干道有怡乐南街、怡乐中街、怡乐中路等。

## 葛布店东里社区
Gĕbùdiàndōnglǐ Shèqū

属通州区梨园镇。位于梨园镇北部。北至南关，东至玉桥西路，南至梨园西里，西至葛布店南里。因位于葛布店居住区东侧，故名。2008 年成立。面积 18.6 万平方米。辖北杨洼小区、玉桥西里。有楼房 36 栋，人口约 4300 人。主要交通干道有玉桥西路、梨园北街。

## 群芳园社区
Qúnfāngyuán Shèqū

属通州区梨园镇。位于梨园镇中部。北至云景南大街，东至梨园镇中心小学，南至群芳南街，西至九棵树中路。因居委会位于群芳园小区，故名。2008 年成立。面积 71 万平方米。辖群芳园、幸福时光、群芳三园、群芳三园新区、戎泰苑、梨园水务所家属院、久居雅园、海棠湾等 9 个小区。有 68 栋住宅楼，人口约 12100 人。辖区内有梨园镇中心小学、梨园中学、梨园镇中心幼儿园、梨园镇养老院。主要交通干道有九棵树中路等。

## 新华联家园南区社区
Xīnhuáliánjiāyuánnánqū Shèqū

属通州区梨园镇。位于梨园镇西北部。北至通朝大街，东至翠屏西路，南至怡乐中街，西至怡乐中路。因居委会位于新华联家园南区，故名。2007 年成立。面积 53.7 万平方米。辖新华联家园南区、北机家属院、挂车厂家属院、交通局家属院、陆航家属院、巴克寓所、探矿家属院 7 个小区。有楼房 102 栋，平房 4 排，人口约 15900 人。境内有通州区交通局。主要交通干道有通朝大街、翠屏西路等。曾被北京市人民政府授予“金牌社区”称号。

## 颐瑞西里社区
Yíruìxīlǐ Shèqū

属通州区梨园镇。位于梨园镇东部。北至群芳中二街，东至加州小镇，南至群芳南街，西至东小马庄。因辖颐瑞西里小区，故名。2008 年成立。面积约 16.8 万平方米。辖颐瑞西里南区、北区。有 25 栋居民楼，人口约 3000 人。主要交通干道有颐瑞中二路等。

## 颐瑞东里社区
Yíruìdōnglǐ Shèqū

属通州区梨园镇。位于梨园镇东部。北至九棵树东路，东至土桥，南至群芳南街，西至颐瑞中二路。因位于颐瑞东里地区，故名。2008 年成立。面积约 26.8 万平方米。辖加州小镇 B 区、C 区。有居民楼 44 栋，人口约 7800 人。主要交通干道有群芳南街。曾被评为首都花园式社区。

## 翠屏北里社区
Cuìpíngbĕilǐ Shèqū

属通州区梨园镇。位于梨园镇西部。北至通朝大街，东至东总屯，南至怡乐北街，西至翠屏西路。因辖翠屏北里，故名。2009 年成立。面积 18.6 万平方米。辖翠屏北里、翠屏北里高层、翠屏北里西区。有楼房 26 栋，人口约 5200 人。主要交通干道有翠屏西路、北苑南路等。

## 翠屏南里社区
Cuìpíngnánlǐ Shèqū

属通州区梨园镇。位于梨园镇西部。北至小马 A1 居住区，东至九棵树西路，南至九棵树西路，西至翠屏西路。因在翠屏北里南侧，故名。2013 年成立。面积约 19 万平方米。辖通景园、世爵源墅 2 个小区。有居民楼 3 栋，别墅 54 栋，人口约 4100 人。主要交通干道有九棵树西路等。

# 漷县镇

## 金三角社区
Jīnsānjiǎo Shèqū

属通州区漷县镇。位于漷县镇觅子店中心区。北至京塘路与德觅路交叉点，东至京塘路，南至永觅路，西至德觅路。金三角是由京塘路、德觅路、永觅路三条重要交通干道所围成的三角形区域，有扎实的商业基础和便捷的交通而使其成为商业“金区”，因该社区位于此，故名。2010 年成立。面积约 22 万平方米。辖金三角工贸城、金地嘉苑小区、觅子店中学教师家属楼。有居民楼 6 栋，人口约 2200 人。境内有觅子店中学、东方语英幼儿园。主要交通干道有德觅路、永觅路、京塘路等。

## 绿茵小区社区
Lǜyīnxiǎoqū Shèqū

属通州区漷县镇。位于漷县小城镇中心区。北至漷马路，东至京津公路，南至漷兴五街，西至漷城路。因辖域内有绿茵小区，故名。2010 年成立。面积约 102 万平方米。辖绿茵小区、雅阁春天、万驰家园、绿茵别墅区、雅士居。有楼房 74 栋，人口约 2600 人。主要交通干道有漷大路、漷兴一街、漷兴二街、京塘路等。

## 绿茵西区社区
Lǜyīnxīqū Shèqū

属通州区漷县镇。位于漷县镇中心西部。北至漷马路，东至漷城路，南至漷兴五街，西至漷永路。因辖绿茵西区小区，故名。2010 年成立。面积约 68 万平方米。辖绿茵西区。有楼房 21 栋，人口约 3000 人。境内有漷县小学。主要交通干道有漷兴二街、漷大路等。

# 马驹桥镇

## 新海南里社区
Xīnhǎinánlǐ Shèqū

属通州区马驹桥镇。位于马驹桥镇西北部。北至兴华中街，东至中心三路，南至兴华南街，西至北五村小区路。因辖新海南里小区，故名。2010 年成立。面积 3.27 万平方米。辖新海南里小区。有楼房 11 栋，人口约 2150 人。主要交通干道有兴华中街、兴华南街等。

## 新海北里社区
Xīnhǎiběilǐ Shèqū

属通州区马驹桥镇。位于马驹桥镇西北部。北至新海祥和小区，东至中心一路，南至兴华中街，西至新海市场。因辖新海北里小区，故名。2010 年成立。面积约 8.43 万平方米。辖新海北里小区。有楼房 19 栋，人口约 2900 人。主要交通干道有兴华中街等。

## 新海祥和社区
Xīnhǎixiánghé Shèqū

属通州区马驹桥镇。位于马驹桥镇西北部。北至米拉公园，东至米拉小镇，南至新海北里社区，西至新海建材城。因辖新海祥和小区，故名。2010 年成立。面积约 3.68 万平方米。辖新海祥和小区。有楼房 11 栋，人口约 1500 人。主要交通干道有中心一路等。

# 潞城镇

## 水仙园社区
Shuǐxiānyuán Shèqū

属通州区潞城镇。位于潞城镇西部。北至通胡大街，东至水仙东路，南至福田建材，西至三元村。因辖域内有水仙园小区，故名。2006 年成立。面积约 38 万平方米。辖水仙园小区、牡丹园小区、水恋晶城小区、通胡大街 13、15 号院。有楼房 67 栋，人口约 9000 人。社区有太极拳队。境内有北京二中通州分校。主要交通干道有通胡大街等。曾获“首都花园式社区”称号。

## 紫荆雅园社区
Zǐjīngyǎyuán Shèqū

属通州区潞城镇。位于潞城镇西部。北至运潮减河，东至月季园，南至通胡大街，西至牡丹园。因辖域内有紫荆雅园小区，故名。2006 年成立。面积约 11.01 万平方米。辖紫荆雅园小区、月季雅园小区。有楼房 17 栋，人口约 5100 人。主要交通干道有通胡大街等。

# 第二节　住宅区

### 1958—2014 年通州区（通县）住宅区一览表

表 1

| 位置 | 标准名称 | 命名原因 | 命名时间 | 四至 |
|---|---|---|---|---|
| 新华街道 | 如意园<br>Rúyìyuán | 因临近原如意胡同，故名 | 1994 年 | 东至北大街西侧，西至如意路，南至新华东街，北至司空分署街 |
| | 天桥湾<br>Tiānqiáowān | 因位于天桥湾地区，故名 | 1995 年 | 东至西海子湖，西至通州区水务局，南至京杭广场，北至新北京中心 |
| | 吉祥园<br>Jíxiángyuán | 因临近吉祥胡同，故名 | 1994 年 | 东至如意园，西至西海子湖，南至如意社区，北至司空小区 |
| 中仓街道 | 东方化工厂生活区<br>Dōngfāng Huàgōngchǎng Shēnghuóqū | 因属于东方化工厂生活住宅区，故名 | 1990 年 | 东至西营后街小区，西至车站路，南至玉河带东街，北至东方小学 |
| | 世纪星河名苑<br>Shìjìxīnghémíngyuàn | 因意寓 21 世纪开发建设的具有时代感的小区，故名 | 2003 年 | 东至紫运中路，西至通辛路，南至三元村一街，北至东果园北街 |
| | 新华南路 34 号院<br>Xīnhuánánlù 34 hàoyuàn | 因位于新华南路 34 号，故名 | 1990 年 | 东至新街下坡 30 号院，西至新华南路，南至四员厅街，北至中山大街 |

续表 1

| 位置 | 标准名称 | 命名原因 | 命名时间 | 四至 |
| --- | --- | --- | --- | --- |
| 中仓街道 | 北小园<br>Běixiǎoyuán | 因玉带河大街以南为南小园，故将玉带河大街以北命名为北小园 | 2002 年 | 东至故城东路，西至白将军社区，南至玉带河东街，北至北京锻压机床厂 |
| | 祥云天地家园<br>Xiángyúntiāndì Jiāyuán | 取吉祥和美好生活新天地之意，故名 | 2005 年 | 东至新华大街 160 号居民楼，西至通州区电信局，南至中山大街，北至新华东街 |
| | 东营前街小区<br>Dōngyíngqiánjiē Xiǎoqū | 因邻东营前街，故名 | 2000 年 | 东至南小园小区，西至玉桥西路，南至西营前街，北至玉带河东街 |
| | 皓月苑<br>Hàoyuèyuàn | 因取皓月当空之意，故名 | 2002 年 | 东至玉桥西路，西至市政宿舍楼，南至京秦铁路，北至北京市双鹿艺术幼儿园 |
| | 潞河名苑<br>Lùhémíngyuàn | 因通州有潞河，又因该小区开发商为北京潞河房地产开发有限公司，故名 | 1999 年 | 东至水月院，西至四员厅街 36 号院，南至潞河医院，北至新华南路 34 号院 |
| | 潞河园<br>Lùhéyuán | 因毗邻潞河中学，故名 | 2001 年 | 东至新城东里西区，西至新华南路，南至西营前街，北至玉带河东街 |
| | 南小园<br>Nánxiǎoyuán | 因地处小园南部，故名 | 1991 年 | 东至玉桥中路，西至北京市通州区地方税务学会，南至玉桥家园，北至玉带河东街 |
| | 上园 129 号院<br>Shàngyuán 129 hàoyuàn | 因小区位于上园，故名 | 1958 年 | 东至上香胡同，西、南、北与西上园小区相邻 |
| | 水月院<br>Shuǐyuèyuàn | 此地明代曾建有水月庵，后逐渐形成院落，故名 | 2001 年 | 东至北京交通运输职业学校，西至潞河名苑南区，南至如意中心幼儿园潞河园，北至四员厅街 |
| | 西大街 51 号院<br>Xīdàjiē 51 hàoyuàn | 因小区地临西大街，故名 | 1983 年 | 东至通州区博物馆，西至中仓路，南至西大街，北至北京通州区旅游局 |
| | 西上园<br>Xīshàngyuán | 因地处上园西侧，故名 | 1998 年 | 东至上香胡同，西至故城东路，南至玉带河东街，北至赵登禹大街 |
| | 西营前街小区<br>Xīyíngqiánjiē Xiǎoqū | 因邻近西营前街，故名 | 1991 年 | 东至玉桥西路，西至车站路，南至西营前街，北至玉带河东街 |
| | 新城东里西区<br>Xīnchéngdōnglǐxīqū | 因地处新城东里西部，故名 | 2001 年 | 东至车站路，西至新华南路，南至西营前街，北至玉带河东街 |
| | 运河湾家园<br>Yùnhéwān Jiāyuán | 小区因地处风景优美的古运河畔，故名 | 2009 年 | 东至紫运中路，西至通辛路，南至京秦铁路，北至三元村一街 |
| | 新华南路 60 号院<br>Xīnhuánánlù 60 hàoyuàn | 因毗邻新华南路，故名 | 1997 年 | 东至潞河名苑北区，西至新华南路，南至四员厅街，北至新华南路 34 号院 |
| | 新华小区<br>Xīnhuá Xiǎoqū | 因毗邻新华大街，且寓意崭新中华，故名 | 1999 年 | 东至故城东路，西至通州区工贸职业技能培训学校，南至北人集团，北至故城东路 11 号院 |

续表 1

| 位置 | 标准名称 | 命名原因 | 命名时间 | 四至 |
| --- | --- | --- | --- | --- |
| 中仓街道 | 新街下坡 30 号院<br>Xīnjiēxiàpō 30 hàoyuàn | 因位于新街下坡 30 号，故名 | 2000 年 | 东至新街下坡，西至新华南路 34 号院，南至四员厅街，北至东方小学 |
| | 运河明珠家园<br>Yùnhémíngzhū Jiāyuán | 因意寓小区为运河畔的一颗明珠，故名 | 2005 年 | 东至滨河中路，西至北京京通医院，南至京秦线，北至玉带河东街 |
| | 运河园<br>Yùnhéyuán | 因紧邻运河，故名 | 2000 年 | 东至运河园路，西至运河公园，南至 M5 运河 1 号，北至通胡大街 |
| | 运河园路 8 号院<br>Yùnhéyuánlù 8 hàoyuàn | 因小区临运河园路，故名 | 2002 年 | 东至芙蓉小学，西至运河公园，南至 BoBo 自由城，北至通州富新工贸有限公司 |
| | 中仓路 7 号院<br>Zhōngcānglù 7 hàoyuàn | 因临中仓路，故名 | 1998 年 | 东至中仓路，西、南、北临中仓小区 |
| | 中上园 5 号院<br>Zhōngshàngyuán 5 hàoyuàn | 因小区地处中上园，故名 | 1998 年 | 东至赵登禹大街，西至上香胡同，南至中上园，北至北京教育学院通州分院 |
| | 中上园 9 号院<br>Zhōngshàngyuán 9 hàoyuàn | 因小区位于中上园，故名 | 2000 年 | 东至赵登禹大街，西至香林郡小区，南至上园南街，北至东上园 |
| | 香林郡运河<br>Xiānglínjùnyùnhé | 小区名称寓意美好、受欢迎，且毗邻北运河，故名 | 2003 年 | 东至赵登禹大街，西至上香胡同，南至玉带河东街，北至中上园 |
| | 周仓庵胡同小区<br>Zhōucāng'ānHútongXiǎoqū | 因邻近周仓庵胡同，故名 | 1986 年 | 东至南大街，西至中仓路，南至悟仙观二条，北至西大街 |
| | 百合湾嘉园<br>Bǎihéwānjiāyuán | 小区名称寓意为对美好生活的希望和追求，故名 | 2010 年 | 东至紫运中路，西至百合湾小区西区，南至北京通州芙蓉小学，北至通胡大街 |
| | 农行家属院<br>Nóngháng jiāshǔyuàn | 因属于农业银行职工及家属居住区，故名 | 1990 年 | 东至中上园小区，西至上香胡同，南至上园南街，北至中上园 5 号院 |
| | 车站路小区<br>Chēzhànlùxiǎoqū | 因小区位于车站路旁，故名 | 1997 年 | 东至车站路，西至新街下坡，南至住房和建设委员会，北至西大街 |
| | 河东果园小区<br>Hédōngguǒyuánxiǎoqū | 位于东果园地区，又因毗邻北运河，故名 | 2004 年 | 东至运河园路，西至运河园小区，南至北运河，北至通州区动物卫生监督所 |
| | 中仓小区<br>Zhōngcāng Xiǎoqū | 因位于中仓地区，故名 | 1991 年 | 东至中仓路，西至车站路，南至西顺城街，北至西大街 |
| | 玉桥中路甲 2 号院<br>Yùqiáozhōnglùjiǎ 2 hàoyuàn | 因临玉桥中路，故名 | 1993 年 | 东至运河明珠家园，西至通源农贸市场，南至京秦铁路，北至西上园 |
| 北苑街道 | 朗峰嘉园<br>Lǎngfēngjiāyuán | 因意为该住宅区如俊朗的高峰，体现项目俊朗、挺拔的整体形象；同时也是一种积极向上的精神气质的具象表达，以及对项目美好未来的坚定信念，故名 | 2010 年 | 东至杨庄北街 21 号院，西至杨庄路，南至杨庄北街 21 号院，北至庄北街 |

续表 1

| 位置 | 标准名称 | 命名原因 | 命名时间 | 四至 |
|---|---|---|---|---|
| 北苑街道 | 金帅府家园<br>Jīnshuàifǔ Jiāyuán | 因该住宅区位于帅府地区，取品质珍贵，居住高端之意，故名 | 2013 年 | 东至新仓路，西至 1 芳苑，南至西营房胡同，北至中山街 |
| | 长桥园<br>Chángqiáoyuán | 因体现通州八景之一“长桥映月”，故名 | 2002 年 | 东至京承铁路，西至北京华通泰丰卫星网络有限公司，南至八里桥南街，北至滨惠南四街 |
| | 后南仓<br>Hòunáncāng | 因位于后南仓旧址，故名 | 1983 年 | 东至佟麟阁街，西至西营房胡同，南至玉带河大街，北至新城南街 |
| | 帅府园<br>Shuàifǔyuán | 因临近帅府街、官园胡同，故名 | 1994 年 | 东至新仓路，西至通惠南路，南至玉带河西街，北接中山大街小区 |
| | 五里店<br>Wǔlǐdiàn | 因地处原五里店村旧址，故名 | 1983 年 | 东至杨庄路，西至市场北路，南至京秦铁路，北至八里桥南街 |
| | 果园北区<br>Guǒyuánběiqū | 因位于果园村北，故名 | 1993 年 | 东至新华南路，西至果园路，南至果园东、西区，北至京秦铁路 |
| | 华兴园<br>Huáxīngyuán | 因寓意中华经济振兴之意，故名 | 1998 年 | 东至杨庄路，西至五里店西路，南至西果园，北至八里桥南街 |
| | 达富雅园<br>Dáfùyǎyuán | 因此处为“达富园”系列建设项目名称之一，取雅致之意，故名 | 2003 年 | 东至复兴庄 36 院，西至复兴路（规划路），南至京秦铁路，北至复兴北里住宅楼、第二中学、护士学校 |
| | 新城南关<br>Xīnchéngnánguān | 因位于新城南关地区，故名 | 2004 年 | 东至新华南路，西至复兴北里，南至京秦铁路，北至玉带河西街 |
| | 怡佳家园<br>Yíjiā Jiāyuán | 因取快乐美好的居住家园之意，故名 | 2001 年 | 东至邮政局，西至通惠南路，南至新华西街，北至通惠河 |
| | 新华联锦园<br>Xīnhuáliánjǐnyuán | 因取建筑公司名称及祝愿家园锦上添花之意，故名 | 2001 年 | 东至杨庄路，西至五里店西路，南至西果园旧村，北至华兴园 |
| | 天时名苑<br>Tiānshímíngyuàn | 因该小区由北京天时房地产开发有限公司承建，故名 | 2004 年 | 东至北苑南路，西至杨庄路，南至杨庄北街，北至八里桥南街 |
| | 通典铭居<br>Tōngdiǎnmíngjū | 其寓意表明此小区为通州的经典建筑，将永远铭铸在通惠河畔，故名 | 2003 年 | 东至北苑北路，西至大唐高新技术创业园主楼，南至京通辅路，北至滨惠南三街 |
| | 复兴里小区<br>Fùxīnglǐ Xiǎoqū | 因小区位于复兴里，故名 | 1997 年 | 东至新华南路，西至复兴里西路，南至京秦铁路，北至玉带河西街 |
| | 新华联家园<br>Xīnhuálián Jiāyuán | 因该住宅区为“新华联”公司所建，故名 | 2000 年 | 东至翠屏西路，西至怡乐中路，南至怡乐北街，北至通朝北街 |
| 玉桥街道 | 葛布店北里<br>Gěbùdiànběilǐ | 因位于葛布店北部，故名 | 1985 年 | 东至景春园，西至新华南路，南至运河西大街，北至同仁堂药酒厂 |
| | 葛布店南里<br>Gěbùdiànnánlǐ | 因位于葛布店南部，故名 | 1985 年 | 东至通州冷冻厂，西至果园环岛，北至运河西大街，南至九棵树东路 |
| | 柳岸景园<br>Liǔ'ànjǐngyuán | 因位于运河西岸，南临运河西大街，柳树绵延，故名 | 2002 年 | 东至通三铁路，西至北京时代中学，南至运河西大街，北至运河居小区 |

续表 1

| 位置 | 标准名称 | 命名原因 | 命名时间 | 四至 |
|---|---|---|---|---|
| 玉桥街道 | 荞馨园<br>Qiáoxīnyuán | 因小区紧邻乔庄，取谐音“荞”字，附上“馨”字后，寓意荞麦本是养生之物，花开朴实无华、馨香馥郁，暗指园区住房为高品质、低价位，为百姓之首选，故名 | 2000 年 | 东至通三铁路，西至博客园小区，南至运河居小区，北至北京铁路人民警察训练学校 |
| | 艺苑西里<br>Yìyuànxīlǐ | 因位于艺苑西里片区，故名 | 1998 年 | 东至玉桥西路，西至北京市通州粮食收储库，南至玉桥西路 37 号院，北至京秦铁路 |
| | 艺苑东里<br>Yìyuàndōnglǐ | 因位于艺苑东里片区，故名 | 2000 年 | 东至玉桥中路小区，西至南关窑厂 182 号，南至艺苑东街，北至京秦铁路 |
| | 玉桥南里<br>Yùqiáonánlǐ | 因与玉桥北里相对，故名 | 2004 年 | 东至玉桥中学，西至玉桥中路，南至梨园北街，北至运河西大街 |
| | 运河居<br>Yùnhéjū | 因位于北运河旁，故名 | 2001 年 | 东至通三铁路，西至北京时代中学，南至柳岸景园小区，北至荞馨园小区 |
| | 京艺天朗雅园<br>Jīngyìtiānlǎngyǎyuán | “京艺”取精益求精；“天朗”寓意晴朗的天空下；“雅园”取曲径通幽的小区环境，故名 | 2008 年 | 东至美然百度城，西至京艺天朗嘉园，南至幸福艺居，北至易初莲花超市 |
| | 景欣园<br>Jǐngxīnyuán | 意寓小区景象万千，充满生机活力，故名 | 2000 年 | 东至当代名筑家园，西至葛布店南里，南至九棵树东路，北至葛布店南里 |
| | 柳岸方园<br>Liǔ'ànfāngyuán | 因小区位于北运河岸边，绿柳成荫，景色宜人，故名 | 2005 年 | 东至玉桥中路，西至梨园路，南至梨园北街，北至玉桥西里中街 |
| | 欣艺景园<br>Xīnyìjǐngyuán | 寓意小区景色宜人，居民生活愉快，欣欣向荣，故名 | 2008 年 | 东至玉桥东路，西至海军工程总队，南至玉桥中学，北至运河西大街 |
| | 源泉苑小区<br>Yuánquányuàn Xiǎoqū | 因该小区为北京市亚华源泉工贸有限公司所建，且建于绿色田园之间，故名 | 1999 年 | 东至幸福艺居小区，西至玉桥东路，南至玉桥东里南小区，北至幸福艺居小区 |
| | 运乔嘉园<br>Yùnqiáojiāyuán | 因“运”表毗邻运河之意；“乔”之意为乔庄；“嘉”有善、美、幸福的含义，也表达了小区宜居之意，故名 | 2000 年 | 东至北京时代中学，西至运乔嘉园北区，南至运乔嘉园北区，北至运乔嘉园北区 |
| | 运乔嘉园北区<br>Yùnqiáojiāyuánběiqū | 因位于运乔嘉园北部，故名 | 2005 年 | 东至北京时代中学，西至乔庄商业街，南至运河西大街，北至乔庄东区 |
| | 方恒东景小区<br>Fānghéngdōngjǐng Xiǎoqū | 因该住宅区为方恒置业所建，且寓意日出东方般美丽的景象，美好的愿景，故名 | 2011 年 | 东至临河里路，西至北京制线厂，南至京塘公路，北至迎喜家园 |

续表 1

| 位置 | 标准名称 | 命名原因 | 命名时间 | 四至 |
|---|---|---|---|---|
| 玉桥街道 | 雅景嘉园<br>Yǎjǐngjiāyuán | 因寓意高雅别致的景色，居民美好的家园，故名 | 2002 年 | 东至同仁堂药酒厂，西至新华南路，南至葛布店北里，北至葛布店北里 |
| | 美然百度城<br>Měiránbǎidùchéng | “美然”是承建公司开发项目的品牌；“百度城”意为接纳人们百日度假的场所，故名 | 2001 年 | 东至乔庄南路，西至京艺天朗雅园，南至幸福艺居小区，北至运河西大街 |
| | 京艺天朗嘉园<br>Jīngyìtiānlǎngjiāyuán | “京艺”取精益求精之意；“天朗”寓意晴朗的天空；“嘉园”表美好家园之意，故名 | 2002 年 | 东至京艺天朗雅园，西至玉桥东路，南至玉桥东里，北至运河西大街 |
| | 金隅花石匠<br>Jīnyúhuāshíjiàng | 因“金隅”为该住宅区建设公司统一标识；“花石匠”意为精雕细琢的园林工艺，以及坚如磐石的建筑质量，体现鸟语花香、环境优雅的精品社区形象，故名 | 2010 年 | 东至东六环，西至德森暖通设备有限公司，南至土桥中街，北至金隅自由筑 |
| | 景馨家园<br>Jǐngxīn Jiāyuán | 寓意小区景色宜人、温馨宜居，故名 | 2001 年 | 东至玉桥东路，西至玉桥中路，南至北京市史家小学通州分校，北至梨园中街 |
| | 梨园北小区<br>Líyuánběi Xiǎoqū | 因位于梨园北部，故名 | 2000 年 | 东至荒地，西至梨花园小区，南至梨园中路，北至梨园北街 |
| | 阳光好东东小区<br>Yángguānghǎodōngdōng Xiǎoqū | 因意寓小区温暖、宜于居住，故名 | 2003 年 | 东至玉桥小区，西至玉桥中路，南至玉桥小区，北至乔庄北街 |
| | 玉桥小区<br>Yùqiáo Xiǎoqū | 因位于玉桥北里地区，故名 | 1991 年 | 东至玉桥东路，西至玉桥中路，南至运河西大街，北至乔庄北街 |
| | 玉桥东里小区<br>Yùqiáodōnglǐ Xiǎoqū | 因该区位于玉桥居住区东部，故名 | 2009 年 | 东至乔庄南路，西至玉桥东路，南至梨园南街，北至源泉苑小区 |
| | 净水园<br>Jìngshuǐyuán | 因小区毗邻通州污水处理厂，故名 | 2008 年 | 东至通三铁路，西至净水东路，南至北京市通州区污物处理站，北至交通事故违章车辆暂扣停车场 |
| | 幸福艺居<br>Xìngfúyìjū | 因寓意生活幸福，居民安居乐业，故名 | 2002 年 | 东至乔庄南路，西至源泉苑小区和玉桥东路，南至玉桥东里小区和源泉苑小区，北至美然百度园、京艺天朗雅园和京艺天朗嘉园 |
| | 当代名筑家园<br>Dāngdàimíngzhù Jiāyuán | 因寓意为有内涵的、持续生命力的作品，表达该住宅建筑公司建设一流住宅的愿望，故名 | 2003 年 | 东至北杨洼小区，西至景欣园，西南至九棵树东路，北至葛布店东里 |
| | 金隅自由筑<br>Jīnyúzìyóuzhù | 因“金隅”为该住宅区建设公司统一标识“自由筑”表现了此建筑不拘一格的建筑风格，故名 | 2012 年 | 东至金隅花石匠小区和金隅通和园小区，西至森德（北京）暖通设备有限公司，南至金隅花石匠小区，北至玉带河 |
| | 梨园东里北区<br>Líyuándōnglǐběiqū | 因位于梨园东里北部，故名 | 1999 年 | 东至玉桥中路，西至梨园路，南至梨园中路，北至梨园北街 |

续表 1

| 位置 | 标准名称 | 命名原因 | 命名时间 | 四至 |
| --- | --- | --- | --- | --- |
| 永顺镇 | 至善家园<br>Zhìshàn Jiāyuán | 因取“至善至美”之意，意为业主提供一个非常完善十分美好的住宅及服务，故名 | 2000 年 | 东至潞苑南里，西至陈列馆路，南至潞苑南大街，北至圣元国际 |
| | 苏荷雅居<br>Sūhéyǎjū | “苏荷”是美国现代艺术的代名词；“雅”意为户型小巧、清新、典雅，故名 | 2003 年 | 东至翠屏路，西至翠平西路，南至翠屏北里西区，北至通朝大街 |
| | 富河园<br>Fùhéyuán | 因临温榆河，故名 | 1995 年 | 东至通顺路，西至京承铁路，南至结研所，北至温榆河西路 |
| | 天赐良园<br>Tiāncìliángyuán | 因取营造美景，自然天成，喻天赐之意，故名 | 2000 年 | 东至朝阳北路与温榆河北河堤路交会处，西至国际广播电台，南至物资学院路 3 号院，北至北京物资学院 |
| | 万福家园<br>Wànfú Jiāyuán | 取在此生活幸福美满之意，故名 | 2005 年 | 东至新华北路，西至永顺路，南至北京市公安局通州分局永顺派出所，北至永顺北街 |
| | 永顺南里<br>Yǒngshùnnánlǐ | 因位于永顺村原址南部，故名 | 1998 年 | 东至新华北路，西至通惠北路，南至通惠河，北至永顺街 |
| | 永顺东里<br>Yǒngshùndōnglǐ | 因位于永顺村原址东部，故名 | 1994 年 | 东至新华北路，西至永顺路，南至永顺南街，北至后窑、通燕高速 |
| | 永顺西里<br>Yǒngshùnxīlǐ | 因位于永顺路两侧，且与永顺东里相对应，故名 | 1994 年 | 东至永顺路，西至通惠北路，南至解放军 263 医院，北至北京市财政学院 |
| | 芙蓉园<br>Fúróngyuán | 因小区建筑好似出水芙蓉一样，故名 | 1995 年 | 东至芙蓉东路，西至月亮河城堡公寓，南至河畔丽景，北至运潮减河 |
| | 潞苑南里<br>Lùyuànnánlǐ | 因位于潞苑居住区南部，故名 | 2004 年 | 东至潞邑西路，西至陈列馆路，南至潞苑南大街，北至潞苑五街 |
| | 潞苑北里<br>Lùyuànběilǐ | 因位于潞苑居住区北部，故名 | 2004 年 | 东至潞苑东路，西至陈列馆路，南至潞苑四街，北至潞苑北大街 |
| | 东潞苑小区<br>Dōnglùyuàn Xiǎoqū | 因位于东潞苑，故名 | 2004 年 | 东至潞苑东路，西至陈列馆路，南至潞苑五街，北至陈列馆北街 |
| | 悦山水小区<br>Yuèshānshuǐ Xiǎoqū | 因寄寓好山好水好风光的美好意愿，故名 | 2015 年 | 东至焦王庄，西至通顺路，南至朝阳北路，北至殡仪馆 |
| | 榆景苑<br>Yújǐngyuàn | 取该小区为温榆河西侧增添一道靓丽景色之意，故名 | 1995 年 | 东至滨榆西路，西至榆纪路，南至物资学院，北至小场沟 |
| | 珠江丽景家园<br>Zhūjiānglìjǐng Jiāyuán | 因开发商为北京珠江房地产开发有限公司，故名 | 2010 年 | 东至潞苑东路，西至潞苑南里，南至潞苑南大街，北至潞苑五街 |
| | 珠江国际家园一区<br>Zhūjiāngguójìjiāyuán 1 qū | 因由北京珠江房地产开发有限公司开发，按顺序为一区，故名 | 2003 年 | 东至东亚逸品阁，西至潞苑东路，南至潞苑南大街，北至潞苑五街 |
| | 东潞苑西区<br>Dōnglùyuànxīqū | 因位于东潞苑西，故名 | 1996 年 | 东至龙旺庄西路，西至东潞苑，南至潞苑四街，北至西刘庄 |

续表 1

| 位置 | 标准名称 | 命名原因 | 命名时间 | 四至 |
|---|---|---|---|---|
| 永顺镇 | 金融街园中园 Jīnróngjiēyuánzhōngyuán | 因位于通州新城金融服务园区内，故名 | 2011 年 | 东至温榆河西路，西至榆景东路，南至榆西二街，北至榆景东路 6 号院 |
| | 杨庄小区 Yángzhuāng Xiǎoqū | 因位于杨庄村，故名 | 1999 年 | 东至北苑南路，西至杨庄路，南至京秦铁路，北至杨庄北街 |
| | 朝通嘉园 Cháotōngjiāyuán | 因此地位于通州区与朝阳区交界处，故名 | 2002 年 | 东至三八国际友谊林，西至北京航空工艺研究所，南至朝阳区朝阳路，北至朝阳区草房 |
| | 东阁雅舍 Dōnggéyǎshè | 因出自《汉书》“开东阁以延贤人”，意为礼待贤人的优雅楼阁，故名 | 2003 年 | 东至后窑，西至北京财贸职业学校，南至永顺北街，北至后窑 |
| | 碧水明珠小区 Bìshuǐmíngzhū Xiǎoqū | 因意为碧水中的一颗璀璨明珠，比喻小区优美的居住环境和文化内涵，故名 | 2003 年 | 东至通顺路，西至富河园，南至通燕高速，北至温榆河 |
| | 馨通家园 Xīntōng Jiāyuán | 因“馨”“新”同音，意为新通州的温馨家园，故名 | 2002 年 | 东至解放军 263 医院，西至通惠北路，南至永顺南街，北至永顺西里 |
| | 加华印象街 Jiāhuáyìnxiàngjiē | 因取美好印象之意，故名 | 2004 年 | 东至芙蓉东路，西至北运河，南至通胡大街，北至芙蓉园 |
| | 京贸家园 Jīngmào Jiāyuán | 因该小区为京贸公司开发的京贸国际公寓项目的系列产品，故名 | 2009 年 | 东至北京小学通州分校，西至芙蓉东路，南至通胡大街，北至运潮减河 |
| | 西马庄园 Xīmǎzhuāngyuán | 因毗邻西马庄村，故名 | 2009 年 | 东至西马庄，西至竹木厂，南至通惠河，北至天成桥 |
| | 西富河园 Xīfùhéyuán | 因位于富河园西侧，故名 | 1997 年 | 东至天赐良园，西至通州区与朝阳区交界，南至富河大街，北至物资学院 |
| | 果园西区 Guǒyuánxīqū | 因位于果园村西，故名 | 1993 年 | 东至果园东区，西至果园路，南至果园大街，北至果园北区 |
| | 杨庄南里 Yángzhuāngnánlǐ | 因位于杨庄村南部，故名 | 2004 年 | 东至杨庄路，西至北苑南路，南至通朝大街，北至京秦铁路 |
| | 西潞苑 Xīlùyuàn | 因位于潞苑西部，故名 | 1996 年 | 东至小中河，西至通顺路，南至青年之家公寓，北至朝阳北路 |
| | 枫露皇苑别墅区一区 Fēnglùhuángyuànbiéshùqū 1 qū | 因“枫露”代表枫叶、露珠，具有大自然之意；“皇苑”代表着高雅华贵，且序号为一，故名 | 1994 年 | 东至潞苑嘉园，西至枫露皇苑别墅区三区，南至枫露皇苑别墅区二区，北至潞苑四街 |
| | 运通花园 Yùntōnghuāyuán | 因取好运通顺之意，故名 | 1993 年 | 东至清水湾，西至运潮减河，南至通燕高速，北至北京工业大学通州分校、澜花语岸 |
| | 枫露皇苑别墅区二区 Fēnglùhuángyuànbiéshùqū 2 qū | 因“枫露”代表枫叶、露珠，具有大自然之意；“皇苑”代表着高雅华贵，且序号为二，故名 | 2004 年 | 东至潞苑嘉园，西至小中河，南至陈列馆南街，北至枫露皇苑别墅区三区 |

续表 1

| 位置 | 标准名称 | 命名原因 | 命名时间 | 四至 |
|---|---|---|---|---|
| 永顺镇 | 枫露皇苑别墅区三区<br>Fēnglùhuángyuànbiéshùqū 3 qū | 因“枫露”代表枫叶、露珠，具有大自然之意；“皇苑”代表着高雅华贵，且序号为三，故名 | 2004 年 | 东至潞苑嘉园，西至小中河，南至枫露皇苑别墅区二区，北至潞苑四街 |
| | 京通新潮嘉园<br>Jīngtōngxīncháojiāyuán | 因“京通”为北京通州之意；“新潮”即体现新时代的社会潮流，是居住者美好的家园，故名 | 2002 年 | 东至潞邑，西至潞邑西路，南至潞苑南大街，北至京东驾校 |
| | 枫露花园<br>Fēnglùhuāyuán | 因取枫叶、露珠自然之意，故名 | 2004 年 | 东至焦刘路，西至陈列馆路，南至潞苑五街，北至东潞苑 |
| | 果园东区<br>Guǒyuándōngqū | 因位于果园村东，故名 | 1993 年 | 东至新华南路，西至果园西区，南至果园大街，北至果园北区 |
| | 安顺北里<br>Ānshùnběilǐ | 因邻通顺路，平安顺利之意，故名 | 2003 年 | 东至通顺路，西至温榆河，南至源盛东街，北至榆东二街 |
| | 东亚逸品阁<br>Dōngyàyìpǐngé | 因寓意高品质、适宜生活居住的小区，让人具有舒适而闲逸、悠然自得的感觉，故名 | 2011 年 | 东至潞邑，西至耿庄，南至龙旺庄，北至苏坨 |
| | 清水湾<br>Qīngshuǐwān | 因项目大量运用“水”的流线造型搭建园林景观，营造“清水”的轻盈和流动之感，体现对优质生活品质的追求，故名 | 2009 年 | 东至龙旺庄西路，西至运通花园，南至运潮减河，北至龙旺西里 |
| | 澜花语岸<br>Lánhuāyǔ’àn | 因依水而居，似浪花与水岸轻声说话，故名 | 2002 年 | 东至龙旺西里，西至小中河，南至运通花园，北至北京工业大学通州分校 |
| | 古韵新居<br>Gǔyùnxīnjū | 因“古韵”为“古运”的谐音，强调了靠近运河；新居指为古老的运河增添了光彩，故名 | 2007 年 | 东至潞苑南里，西至澜花语岸，南至运通花园，北至潞苑南大街 |
| | 新地国际家园<br>Xīndìguójìjiāyuán | 因小区属新地国际集团，故名 | 2014 年 | 东至金地格林格林 6 号院，西至商通大道，南至翠福园小区，北至榆东一街 |
| | 珠江拉维小镇<br>Zhūjiānglāwéixiǎozhèn | 因开发商为北京珠江房地产开发有限公司，故名 | 2009 年 | 东至潞邑西路，西至驾校中路，南至苏坨，北至潞邑西路 9 号院 |
| | 李庄佳苑<br>Lǐzhuāngjiāyuàn | 因该小区为李庄村民回迁房，且有美好之意，故名 | 2009 年 | 东至驾校中路，西至潞苑北里，南至东潞苑小区，北至李庄佳苑北区 |
| | 珠江东都国际<br>Zhūjiāngdōngdūguójì | 因该住宅区为北京珠江房地产开发有限公司所建，且位于北京东，故名 | 2012 年 | 东至潞邑西路，西至潞苑南里 1 号院，南至潞苑南大街，北至潞苑五街 |
| | 东逸佳苑<br>Dōngyìjiāyuàn | 因取美好家园之意，故名 | 2002 年 | 东至潞邑，西至潞邑西路，南至新潮嘉园，北至京东驾校 |
| | 九间堂小区<br>Jiǔjiāntáng Xiǎoqū | 因寓意小区景观优美多样，故名 | 2009 年 | 东至龙旺庄西路，西至运通花园，南至通燕高速，北至潞苑南大街 |

续表 1

| 位置 | 标准名称 | 命名原因 | 命名时间 | 四至 |
|---|---|---|---|---|
| 永顺镇 | 月亮河七星公馆<br>Yuèliànghéqīxīnggōngguǎn | 因位于月亮河度假村附近，故名 | 2003 年 | 东至芙蓉园，西至芙蓉西路，南至通州运河公园，北至运潮减河 |
| | 月亮河城堡公寓<br>Yuèliànghéchéngbǎo Gōngyù | 因位于月亮河度假村附近，且建筑外形似城堡，故名 | 2003 年 | 东至芙蓉园，西至芙蓉西路，南至月亮河七星公馆，北至运潮减河 |
| | 翠福园小区<br>Cuìfúyuán Xiǎoqū | 因取环境优美，居住幸福之意，故名 | 2002 年 | 东至安顺路，西至商通大道，南至北马庄路，北至新地国际小区 |
| | 新地国际·阳光城<br>Xīndìguójì·Yángguāngchéng | 因寓意新地国际开发的洒满阳光的居住之地，故名 | 2014 年 | 东至安北一路，西至商通大道，南至榆东一街，北至潞苑北大街 |
| | 金地格林格林小区 6 号院<br>Jīndìgélíngélínxiǎoqū 6 hàoyuàn | 因由金地集团投资开发，且序号为 6，故名 | 2014 年 | 东至通顺路，西至安北一路，南至翠福园，北至榆东一街 |
| | 金地格林格林小区 1 号院<br>Jīndìgélíngélínxiǎoqū 1 hàoyuàn | 因由金地集团投资开发，且序号为 1，故名 | 2014 年 | 东至通顺路，西至安北一路，南至榆东一街，北至潞苑北大街 |
| | 在水一方家园<br>Zàishuǐyīfāng Jiāyuán | 因小区位于通惠河北岸，取地理位置优越之意，故名 | 2002 年 | 东至永顺南街 236 号院，西至永顺南街 308 号院，南至通惠河，北至永顺南街 |
| | 后窑小区<br>Hòuyáo Xiǎoqū | 因位于后窑村，故名 | 2005 年 | 东至新华北路，西至永顺路，南至永顺北街，北至通燕高速 |
| | 8 哩岛小区<br>8-lidǎo Xiǎoqū | 因寄寓小区有巴厘岛那样的优美风情和美好环境，故名 | 2009 年 | 东至温榆河西路，西至榆景苑，南至榆纪路，北至沙窝 |
| 梨园镇 | 天地美墅家园<br>Tiāndìměishù Jiāyuán | 因寓意小区为天地之间美好的生活空间，故名 | 2003 年 | 东至九棵树中路，西至日新路，南至群芳中二街，北至云景南大街 |
| | 欣达园<br>Xīndáyuán | 因取“欣欣向荣、兴旺发达”之意，故名 | 2003 年 | 东至云景东路，西至九棵树中路，南至大马庄，北至群芳中三街 |
| | 龙湖·蔚澜香醍<br>Lónghú·Wèilánxiāngtí | “龙湖”意为该小区为龙湖地产公司所建；“蔚蓝香醍”意指小区景色像蓝天与海洋一样美好，环境像清澈的浅赤色酒一样清香扑鼻，故名 | 2008 年 | 东至九棵树西路，西至北京中医药大学东直门医院东区，南至翠屏南里，北至怡乐中街 |
| | 靓景明居<br>Liàngjǐngmíngjū | 小区名称出自诗句“隔溪春色成靓景，近水明居似邻花”，故名 | 2003 年 | 东至翠屏西路，西至怡乐中路，南至怡乐南街，北至怡乐中街 |
| | 北杨洼小区<br>Běiyángwā Xiǎoqū | 因位于北杨洼村，故名 | 1996 年 | 东至北京市通州区林业局，西至当代名筑家园，南至梨园小镇，北至葛布店东里 |
| | 映翠居<br>Yìngcuìjū | 因位于翠景公园旁，取楼景映于水和公园之中，故名 | 2003 年 | 东至孙王场路，西至梨园渔场，南至云景南大街北部，北至孙王场 |

续表 1

| 位置 | 标准名称 | 命名原因 | 命名时间 | 四至 |
|---|---|---|---|---|
| 梨园镇 | 中泽家园 Zhōngzé Jiāyuán | “中泽”指小区为中泽房地产开发有限公司建设；“家”取温馨、温暖之意，故名 | 2000 年 | 东至九棵树西路，西至大稿新村，南至京洲南街，北至蓝谷竹园 |
| | 中泽雅园 Zhōngzéyǎyuán | “中泽”指小区为中泽房地产开发有限公司建设；“雅”意即小区外观美好大方、雅致，故名 | 2003 年 | 东至九棵树西路，西至中泽馨园，南至辛庄，北至京洲南街 |
| | 中泽馨园 Zhōngzéxīnyuán | “中泽”指小区为中泽房地产开发公司所建；“馨”取温馨舒适之意，故名 | 2007 年 | 东至怡乐中路，西至大稿菜市场，南至九棵树西路，北至京洲南街 |
| | 园景阁 Yuánjǐnggé | 因位于梨园云景东路西侧，取其中“园”“景”二字，表示景色优美之意，故名 | 2002 年 | 东至泉蕾佳苑，西至云景北里，南至电信局，北至八通轻轨 |
| | 龙湖·花盛香醍 Lónghú·Huāshèngxiāngtí | “龙湖”为该住宅区为龙湖公司开发建设；“花盛香醍”意为盛开的鲜花和飘香的美酒，表明小区环境优美，故名 | 2009 年 | 东至怡乐中路，西至大方居，南至京洲南街，北至京洲北街 |
| | 格兰晴天家园 Gélánqíngtiān Jiāyuán | “格兰晴天”寓意一种美丽如画的生活环境，故名 | 2004 年 | 东至梨园路，西至玉桥西路，南至玉桥西里中街，北至北京市交通委员会通州公路分局委员会 |
| | 龙鼎园 Lóngdǐngyuán | 因取龙盘虎踞之意，故名 | 2002 年 | 东至孙庄村南路，西至九棵树西路，南至云景南大街，北至翠景南里 |
| | 群芳园小区 Qúnfāngyuán Xiǎoqū | 因位于群芳园社区，为与“群芳园”区别，故名 | 2003 年 | 东至荟萃东路，西至九棵树中路，南至群芳南街，北至云景南大街 |
| | 群芳一园 Qúnfāng 1 yuán | 因位于群芳园社区，排序为一，故名 | 1998 年 | 东至梨园中学，西至云景东路，南至东小马庄，北至云景南大街 |
| | 群芳二园 Qúnfāng 2 yuán | 因位于群芳园社区，排序为二，故名 | 1998 年 | 东至荟萃东路，西至云景东路，南至群芳南街，北至群芳中二街 |
| | 桃花岛 Táohuādǎo | 寓意小区像桃花盛开的小岛一样美丽，故名 | 2003 年 | 东至云景东路，西至九棵树中路，南至大马庄，北至公庄 |
| | 曼城家园 Mànchéng Jiāyuán | 因对新小区寄寓美好的外域美景，故名 | 2005 年 | 东至云景东路，西至九棵树中路，南至大马庄，北至公庄 |
| | 远洋东方嘉园 Yuǎnyángdōngfāngjiāyuán | 意为远洋地产愿借京东地区经济迅猛发展态势，打造品质优秀的宜居社区，故名 | 2012 年 | 东至王桥中路，西至北京京华客车有限责任公司技术中心，南至梨园南街，北至梨园东里 |
| | 东方玫瑰家园 Dōngfāngméiguī Jiāyuán | 体现了小区东方文化与西方情调相结合的优雅气质，富含美好生活的寓意，故名 | 2009 年 | 东至临河里路，西至小街第二村，南至小街路，北至梨园南街 |

续表 1

| 位置 | 标准名称 | 命名原因 | 命名时间 | 四至 |
|---|---|---|---|---|
| 梨园镇 | 京洲园<br>Jīngzhōuyuán | 该住宅区属大稿村，因京洲是大稿村对外宣传和交往使用的名称，故名 | 2003 年 | 东至九棵树西路，西至怡乐西路，南至九棵树西路，北至怡乐南街 |
| | 翠景北里<br>Cuìjǐngběilǐ | 因该区域位于规划的翠景公园北侧，故名 | 2004 年 | 东至云景北里，西至九棵树西路，南至梨园渔场，北至北苑南路 |
| | 格瑞雅居<br>Géruìyǎjū | 因取风格各异，祥瑞雅致之意，故名 | 2003 年 | 东至九棵树小学，西至翠屏西路，南至翠屏南里，北至翠屏北里 |
| | 迎喜家园<br>Yíngxǐ Jiāyuán | “迎喜”寓意迎来喜悦、迎来喜事，表达了小区居民渴望安居乐业、喜庆祥和的心愿，故名 | 2001 年 | 东至 78 墅，西至九棵树东街，南至方恒东景小区，北至临河里小学 |
| | 金隅香溪家园<br>Jīnyúxiāngxī Jiāyuán | “金隅”意为该小区为金隅嘉业房地产开发有限公司开发；“香溪”寓意小区环境优美，潺潺溪流，芳香满园，故名 | 2013 年 | 东至玉桥东路，西至土桥西路，南至通州长途汽车站，北至小街三队居委会 |
| | 怡乐园一区<br>Yílèyuán 1 qū | 因取怡然自得，乐在其中的美好愿望之意，且排序为一区，故名 | 1997 年 | 东至翠屏西路，西至怡乐中路，南至怡乐北街，北至通朝大街 |
| | 嵩潞苑小区<br>Sōnglùyuàn Xiǎoqū | 寓意小区景色优美，为宜居之地，故名 | 2006 年 | 东至梨园东里小区，西至北京公交集团保修分公司九厂，南至梨园东里小区，北至梨园中路 |
| | 北杨洼小区 24 号院<br>Běiyángwāxiǎoqū 24 hàoyuàn | 因该小区位于北杨洼地区，排序为第 24 号，故名 | 1998 年 | 东至葛布店东里 67 号楼，西至北京大有建材公司，南至华夏银行，北至北杨洼小区 |
| | 北杨名居<br>Běiyángmíngjū | 因位于杨家洼村北，且小区位置、建筑、环境条件优越，享誉一方，故名 | 2003 年 | 东至北杨洼小区 12 号楼和 14 号楼，西至北杨洼小区 20 号楼，南至北京卫生职业学院学生公寓，北至杨家洼卫生室 |
| | 颐瑞西里<br>Yíruìxīlǐ | 因取“颐神养性、祥瑞安康”之意，又因此处位于西，故名 | 2003 年 | 东至颐瑞中二路，西至颐瑞中三路，南至群芳南街，北至群芳中二街 |
| | 颐瑞东里<br>Yíruìdōnglǐ | 因取“颐神养性、祥瑞安康”之意，又因此处位于东，故名 | 2003 年 | 东至高楼金，西至颐瑞西里，南至群芳南街，北至九棵树东路 |
| | 葛布店东里<br>Gěbùdiàndōnglǐ | 因位于葛布店居住区东部，故名 | 1991 年 | 东至运河小学、北京市通州区林业局，西至当代名筑家园，北至运河西大街，南至北杨洼小区 |
| | 小街之春嘉园<br>Xiǎojiēzhīchūnjiāyuán | 因属小街三队村委会，又寓意小区的环境如同春天一般繁花锦簇，故名 | 2004 年 | 东至砖厂北里，西至临河里路，南至香溪家园，北至北京铝材厂 |
| | 新翠景园<br>Xīncuìjǐngyuán | 因位于翠景南里小区东区，故名 | 2002 年 | 东至车里坟，西至孙庄，南至云景南大街，北至孙王场 |

续表 1

| 位置 | 标准名称 | 命名原因 | 命名时间 | 四至 |
|---|---|---|---|---|
| 梨园镇 | 砖厂新村<br>Zhuānchǎngxīncūn | 砖厂村因明代建北京城所用之砖大部分经运河漕运存放此处而得名，2004年因拆迁改造建新小区，故称今名 | 2004 年 | 东至华远铭悦园，西至华远铭悦雅园，南至九棵树东路，北至华远铭悦园 |
| | 华远铭悦园<br>Huáyuǎnmíngyuèyuán | “华远”意为该小区为华远地产所开发；“铭悦”寓意为真正具有历史标杆价值的精工品质住宅，经受时间的历练与洗礼，方可作为恒久的铭记与收藏，故名 | 2011 年 | 东至六环，西至潞阳桥西路，南至砖厂南里，北至土桥中街 |
| | 华远铭悦雅园<br>Huáyuǎnmíngyuèyǎyuán | “华远”意为该小区为华远地产所开发；“铭悦”意为形成高品质住宅产品，同时便于传记和识别；“雅园”取其高雅、雅致之意，故名 | 2014 年 | 东至砖厂新村，西至潞阳桥西路，南至九棵树东路，北至华远好天地商业区 |
| | 怡乐园二区<br>Yílèyuán 2 qū | 因取怡然自得，乐在其中的美好愿望之意，且排序为二区，故名 | 1997 年 | 东至翠屏西路，西至怡乐中路，南至怡乐中街，北至怡乐北街 |
| | 翠屏北里<br>Cuìpíngběilǐ | 因位于翠屏里北侧，故名 | 1995 年 | 东至东总屯，西至西总屯，南至怡乐北街，北至通州区培智学校 |
| | 翠屏北里西区<br>Cuìpíngběilǐxīqū | 因位于翠屏北里西部，故名 | 1995 年 | 东至翠屏北里东区，西至翠平西路，南至怡乐北街，北至通朝大街 |
| | 大方居<br>Dàfāngjū | “大方”意指大度包容，方正博爱；“居”字既表示住有所居，又有安居乐业，和谐发展的意义，故名 | 2008 年 | 东至怡乐中路，西至朝阳区幺铺村，南至京洲南街，北至万盛街 |
| | 海通・梧桐苑<br>Hǎitōng・Wútóngyuàn | 因位于通州区，开发商来自辽宁海城，且小区附近路旁均栽梧桐树，故名 | 2002 年 | 东至日新路，西至九棵树西路，南至万盛北街，北至云景南大街 |
| | 海棠湾嘉园<br>Hǎitángwānjiāyuán | 因该项目园林规划中有大量的海棠树和大面积的水景设计，营造舒缓、闲适、宜居的社区环境，故名 | 2009 年 | 东至荟萃南路，西至云景东路，南至群芳中二街，北至群芳中一街 |
| | 云景里<br>Yúnjǐnglǐ | 相传云南土司来京朝觐，因病去世葬于此地，该土司是云南景颇族，故名 | 1995 年 | 东至云景东路，西至云景西里，南至云景南大街，北至云景北里 |
| | 蓝谷竹园<br>Lángǔzhúyuán | 因“蓝”代表小区水系倒映蓝色天空；“谷”代表小区水系和楼体之间，宛如山涧流水，自然、舒适，放松的感觉；“竹”代表植物，以竹配合成景，故名 | 2004 年 | 东至万盛北里，西至花盛香醍，南至中泽园，北至晟世嘉园 |

续表 1

| 位置 | 标准名称 | 命名原因 | 命名时间 | 四至 |
|---|---|---|---|---|
| 梨园镇 | 新城嘉园<br>Xīnchéngjiāyuán | 因寓意该小区为新城基业公司打造的温馨和谐社区嘉园，具有温馨之感和对和谐的期盼，故名 | 2011 年 | 东至九棵树东路，西至云景东里，南至五所南街，北至云景东里 |
| | 万盛北里<br>Wànshèngběilǐ | 因取“结交万方朋友，兴盛通州经济”中的“万”和“盛”二字，并对应万盛南里，故名 | 2003 年 | 东至月异西路，西至九棵树西路，南至万盛北街，北至旗舰路 |
| | 群芳三园<br>Qúnfāng 3 yuán | 因位于群芳园社区，且排序为三，故名 | 1998 年 | 东至云景东路，西至九棵树中路，南至群芳中二街，北至云景南大街 |
| | 金成府家园<br>Jīnchéngfǔ Jiāyuán | “金成”为金隅大成开发公司缩写，意寓该项目为金隅大成公司所建，故名 | 2011 年 | 东至葛布店东里，西至九棵树，南至玉兰湾嘉园，北至九棵树东路 |
| | 旗舰凯旋<br>Qíjiànkǎixuán | 因取凯旋取胜归来之意，故名 | 2003 年 | 东至云景南大街，西至九棵树西路，南至旗舰路，北至云景南大街 |
| | 玉兰湾嘉园<br>Yùlánwānjiāyuán | 因玉兰花为我国特有的名贵园林花木之一，象征完美、高洁、芬芳、纯洁；“湾”意为“家庭的港湾”，故名 | 2012 年 | 东至孙王场路，西至翠景北里，南至孙王场，北至梨园金融街 |
| | 云景西里南区<br>Yúnjǐngxīlǐnánqū | 因位于云景里以西，故名 | 1997 年 | 东至云景里，西至翠景南里，南至云景南大街，北至云景西里北区 |
| | DBC 加州小镇<br>DBC Jiāzhōuxiǎozhèn | 因寄予小区有如南美加州风韵悠闲生活小镇的美好愿望，故名 | 2008 年 | 东至高楼金，西至颐瑞中二路，南至群芳南街，北至颐瑞中里 |
| | 怡乐园三区<br>Yílèyuán 3 qū | 因取怡然自得，乐在其中的美好愿望之意，且排序为三区，故名 | 1997 年 | 东至翠屏西路，西至怡乐西路，南至怡乐南街，北至怡乐中街 |
| | 京贸国际公馆<br>Jīngmàoguójìgōngguǎn | 因取将小区建设成“面向世界的北京现代时尚旅游目的地”之意，故名 | 2013 年 | 东至怡乐中街，西至半壁店，南至怡乐南街，北至李老公庄 |
| | 翠屏南里<br>Cuìpíngnánlǐ | 因在翠屏里小区南侧，故名 | 1997 年 | 东至九棵树西路，西至翠屏西路，南至九棵树西路，北至怡乐中街 |
| | 群芳四园<br>Qúnfāng 4 yuán | 因位于群芳园社区，且排序为第四，故名 | 1998 年 | 东至云景东路，西至九棵树中路，南至群芳南街，北至群芳中二街 |
| | 怡然世家<br>Yíránshìjiā | 因小区体现了在悠闲平淡中蕴含温馨的经济适用住房的特点，故名 | 2009 年 | 东至怡乐中路，西至北京市电线电缆总厂，南至京洲北街，北至怡乐南街 |
| | 蓝调沙龙·雅园<br>Lándiàoshālóng·Yǎyuán | 意为小区具有优雅、舒适、可自由交流的生活居住环境，故名 | 2003 年 | 东至九棵树西路，西至西总屯村，南至怡乐中街，北至怡乐北街 |

续表 1

| 位置 | 标准名称 | 命名原因 | 命名时间 | 四至 |
|---|---|---|---|---|
| 梨园镇 | 万盛南里 Wànshèngnánlǐ | 因取“结交万方朋友，兴盛通州经济”中的“万”和“盛”二字，并对应万盛北里，故名 | 2003 年 | 东至九棵树中路，西至九棵树西路，南至万盛南街，北至万盛中二街 |
| | 云景北里 Yúnjǐngběilǐ | 因位于云景里北部，故名 | 1995 年 | 东至云景东路，西至孙王场路，南至新城阳光小区，北至九棵树东路 |
| | 云景东里 Yúnjǐngdōnglǐ | 因位于云景里东部，故名 | 2003 年 | 东至九棵树东路，西至云景东路，南至五所南路，北至九棵树东路 |
| | 通景园 Tōngjǐngyuán | 因小区囊括了通州景观园林特色而建起的高档居住场所，故名 | 2010 年 | 东至九棵树西路，西至蓝谷竹园，南至九棵树西路，北至京洲北街 |
| | 金侨时代家园 Jīnqiáoshídài Jiāyuán | “金侨”属开发项目名称；“时代”指小区建筑为体现时代精神的法式风格住宅，故名 | 2003 年 | 东至规划路，西至云景东路，南至通环南路，北至云景北大街 |
| | 花涧溪（小区） Huājiànxī (Xiǎoqū) | 因小区环境优美，景色宜人，鲜花遍地，溪水潺潺，故名 | 2003 年 | 东至荟萃东路，西至云景东路，南至群芳中一街，北至云景南大街 |
| | 梨园东里 Líyuándōnglǐ | 因位于梨园村东，故名 | 1997 年 | 东至玉桥中路，西至北京公交集团保修分公司九厂，南至梨园南街，北至梨园中路 |
| | 梨花园 Líhuāyuán | 因邻梨园村，故名 | 1998 年 | 东至梨园北小区，西至北京卫生职业学院，南至新通国际花园，北至梨园北街 |
| 宋庄镇 | 疃里南区 Tuǎnlǐnánqū | 因位于疃里新村南侧，故名 | 2006 年 | 东至潞邑西路，西至六环路，南至小潞邑村，北至疃里大街 |
| | 疃里东区 Tuǎnlǐdōngqū | 因位于疃里新村东侧，故名 | 2006 年 | 东至疃里新村，西至六环路，南至疃里大街，北至丛林庄大街 |
| | 丛林庄别墅 Cónglínzhuāngbiéshù | 因取丛林浓郁、环境幽静之意，故名 | 1995 年 | 东至六环路，西至汽车教练场，南至疃里新村，北至中坝河 |
| | 融科千章墅 Róngkēqiānzhāngshù | 因小区为融科智地公司所开发的高端别墅区，故名 | 2011 年 | 东至小中河，西至寨里村，南至窑管路，北至小中河 |
| | 首开香溪郡 Shǒukāixiāngxījùn | 因小区属首都开发股份有限公司所建，又因临近小中河，故名 | 2014 年 | 东至小中河，西至寨辛庄，南至窑管路，北至小中河 |
| 潞城镇 | 古月佳园 Gǔyuèjiāyuán | “古”和“月”合起来即为“胡”字，意为胡各庄村美丽的家园，故名 | 2012 年 | 东至宋梁路，西至胡各庄南路，南至规划 0604-02-17 和 0604-02-20 地块，北至规划玉带河大街东延线 |
| | 水仙园 Shuǐxiānyuán | 因该住宅区开发商为福建武夷集团，水仙是福建的代表花卉，故名 | 2002 年 | 东至水仙东路，西至三元村，南至福田建材，北至通胡大街 |
| | 月季雅园 Yuèjìyǎyuán | 因月季为北京市的市花，故名 | 2002 年 | 东至东六环西侧路，西至紫荆雅园，南至通胡大街，北至堡龙路 |

续表 1

| 位置 | 标准名称 | 命名原因 | 命名时间 | 四至 |
| --- | --- | --- | --- | --- |
| 潞城镇 | 紫运园<br>Zǐyùnyuán | 因该小区位于运河东部，取紫气东来之意，故名 | 2002 年 | 东至六环辅路，西至桦秀路，南至紫运南街，北至紫运北街 |
| | 牡丹雅园<br>Mǔdānyǎyuán | 因寓意该住宅区像牡丹一样华贵、大方、美丽，故名 | 2002 年 | 东至紫荆雅园，西至武夷液化站，南至通胡大街，北至运潮减河 |
| | 水恋佳庭<br>Shuǐliànjiātíng | “水恋”取紧临运潮减河之意；“佳庭”取项目品质优秀之意，故名 | 2004 年 | 东至水恋晶城，西至芙蓉东路，南至通胡大街，北至规划路 |
| | 紫运西里<br>Zǐyùnxīlǐ | 因小区位于紫运园西侧，故名 | 2004 年 | 东至荔景园，西至水仙西路，南至京秦铁路，北至紫运北街 |
| | 紫运南里<br>Zǐyùnnánlǐ | 因该小区位于紫运园以南，故名 | 2004 年 | 东至东六环西侧路，西至北运河，南至北运河，北至京秦铁路 |
| | 水恋晶城<br>Shuǐliànjīngchéng | 该小区紧临运潮减河，且建筑风格高雅，故名 | 2001 年 | 东至牡丹园，西至芙蓉东路，南至通胡大街，北至北京小学通州分校 |
| | 荔景园<br>Lìjǐngyuán | 因该住宅区投资人来自盛产荔枝的福建莆田，故以“荔”字代表；又因“荔景”与“丽景”同音，表示景色美丽，故名 | 2004 年 | 东至紫运园，西至荔景园二期，南至京秦铁路绿化带，北至水仙园南侧规划路 |
| | 紫荆雅园<br>Zǐjīngyǎyuán | 因该住宅区投资商为香港武夷集团，为纪念香港回归，特以香港特别行政区区花紫荆花为名，原名为“紫荆园”，因重名，改为现名 | 2002 年 | 东至月季园，西至牡丹园，南至通胡大街，北至运潮减河 |
| | 荔景园新区<br>Lìjǐngyuánxīnqū | 因该住宅区投资人来自盛产荔枝的福建莆田，故以“荔”字代表；又因“荔景”与“丽景”同音，表示景色美丽，且为新一期住宅区，故名 | 2008 年 | 东至荔景园一期，西至北京二中通州分校，南至紫运南街，北至紫运北街 |
| | 上河美墅<br>Shànghéměishù | 因该小区为别墅区，坐落于减河北侧，古时以北为上，故名 | 2005 年 | 东至潞城镇宋庄镇交界，西至宋梁路，南至运潮减河，北至堡狮路 |
| 张家湾镇 | 欣桥家园小区<br>Xīnqiáojiāyuán Xiǎoqū | 因小区位于土桥，“欣桥”意为欣欣向荣的土桥，故名 | 2001 年 | 东至六环路，西至张采路，南至张采路，北至九棵树东路 |
| | 张家湾芳草园二期<br>Zhāngjiāwān Fāngcǎoyuán 2 qī | 因小区位于张家湾，取芳草萋萋、草木茂盛、环境幽雅之意，且为第二期建设项目，故名 | 2005 年 | 东至光华路，西至张凤路，南至张家湾镇中心小学，北至北许场 |
| | 芳草园小区<br>Fāngcǎoyuán Xiǎoqū | 取小区芳草萋萋、草木茂盛，环境幽雅之意，故名 | 1993 年 | 东至光华路，西至张家湾中学，南至张家湾镇中心小学，北至芳草园二期 |

续表 1

| 位置 | 标准名称 | 命名原因 | 命名时间 | 四至 |
|---|---|---|---|---|
| 张家湾镇 | 月亮湾晓镇 Yuèliàngwānxiǎozhèn | 因寓意小区是一个舒适、安静宜居之所，故名 | 2006 年 | 东至北何各庄，西至张凤路，南至京哈高速，北至凉水河 |
| | 佑民雅居 Yòumínyǎjū | 因小区位于佑民观后，取保佑居民的美好生活之意，故名 | 2008 年 | 东至京塘路，西至烧酒巷，南至里二泗，北至沿河路 |
| | 祥和乐园 Xiánghélèyuán | 寓意小区一片祥和景象，如生活在乐园里一样，故名 | 2006 年 | 东至瓜厂路，西至张采路，南至京沈高速公路，北至凉水河 |
| | 环湖小镇 Huánhúxiǎozhèn | 因小区东侧有一环形湖，故名 | 2006 年 | 东至云杉路，西至西定福庄村，南至贾各庄路，北至张梁路 |
| | 欢乐嘉苑小区 Huānlèjiāyuàn Xiǎoqū | 因此名为“欢乐家园”的谐音，象征居住在这里充满欢乐、祥和，故名 | 2009 年 | 东至牛堡屯农贸市场，西至牛堡屯电信局，南至牛堡屯中街小区，北至后坨村 |
| | 芳草院小区 Fāngcǎoyuàn Xiǎoqū | 因芳草指香草，亦比喻美德，寓意小区人人具有美德，故名 | 1989 年 | 东至农业银行张家湾分理处，西至张家湾中学，南至北许场新村，北至张家湾派出所 |
| 漷县镇 | 雅士居 Yǎshìjū | 因意指高尚的人居住的场所，故名 | 2005 年 | 东至长凌营，西至京塘路，南至长凌营，北至通州交警支队长凌营大队 |
| | 万驰家园 Wànchí Jiāyuán | 因取四通八达、万马奔驰、广阔前程等美好寓意，故名 | 2006 年 | 东至广场及敬老院，西至漷城路，南至中心小学及幼儿园，北至漷兴北大街 |
| | 绿茵小区 Lùyīn Xiǎoqū | 因该住宅区环境清新美好、绿草如茵，故名 | 2004 年 | 东至京津公路，西至漷城路，南至漷兴五街，北至漷马路 |
| | 金三角 Jīnsānjiǎo | 因该住宅区位于漷县镇金三角地区，故名 | 2000 年 | 东至京塘路，西至德觅路，南至永觅路，北至觅康加油站 |
| 台湖镇 | 东亚家园东区 Dōngyàjiāyuándōngqū | 因位于东亚印象台湖小区东侧，故名 | 2012 年 | 东至台湖镇田府南小区 6 号院，西至前营，南至东亚印象台湖，北至前营 |
| | 东亚印象台湖 Dōngyàyìnxiàngtáihú | “东亚”为小区开发商统一冠名；“印象台湖”寓意台湖的自然风光，故名 | 2012 年 | 东至台湖镇田府南小区 6 号院，西至台湖北里，南至台湖，北至东亚家园东区 |
| | 台铭国际企业花园小区 Táimíngguójìqǐyèhuāyuán Xiǎoqū | 因小区为“北京坤鼎台铭投资管理有限公司”所建，且有美丽之意，故名 | 2013 年 | 东至铺西路，西至通台路，南至渠羊路，北至萧太后河 |
| | 东亚尚品台湖 Dōngyàshàngpǐntáihú | “东亚”为小区开发商统一冠名；“尚品台湖”寓意台湖的臻品建筑，故名 | 2013 年 | 东至台湖，西至胡家垡，南至外郎营，北至萧太后河 |
| | 润枫领尚小区 Rùnfēnglǐngshàng Xiǎoqū | 因小区采用托斯卡纳风格，取领导时尚之意，故名 | 2012 年 | 东至嘉创二路，西至潞西路，南至兴光三街，北至兴光二街 |

续表 1

| 位置 | 标准名称 | 命名原因 | 命名时间 | 四至 |
|---|---|---|---|---|
| 台湖镇 | 经略天则<br>Jīnglüètiānzé | 因该建筑采用德式风格，以源自德国包豪斯建筑的实用美学精神，建筑设计简约，流露着传统与现代的共融，体现出独有的严谨创新风格，故名 | 2013 年 | 东至铺外路，西至铺西路，南至张台路，北至京哈高速 |
| | 德邑新时空小区<br>Déyìxīnshíkōng Xiǎoqū | 因意寓高尚品德之人居住的时尚场所，故名 | 2004 年 | 东至田府，西至铺头村，南至台湖镇，北至萧太后河 |
| | 定海园三里<br>Dìnghǎiyuán 3 lǐ | 因位于定海园，序列号为三，故名 | 2008 年 | 东至次渠南里，西至光机电一体化基地，南至光机电一体化基地，北至定海园一里 |
| 马驹桥镇 | 定海园一里<br>Dìnghǎiyuán 1 lǐ | 因位于定海园，序列号为一，故名 | 2008 年 | 东至定海园二里，西至光机电一体化基地，南至定海园三里，北至光机电一体化基地 |
| | 定海园二里<br>Dìnghǎiyuán 2 lǐ | 因位于定海园，序列号为二，故名 | 2008 年 | 东至敬园小区，西至定海园一里，南至经海七路 100 号院，北至光机电一体化基地 |
| | 次渠北里<br>Cìqúběilǐ | 因位于台湖镇次渠村北部，故名 | 2011 年 | 东至次渠，西至光机电一体化基地，南至敬园小区，北至东石村 |
| | 次渠南里<br>Cìqúnánlǐ | 因位于台湖镇次渠村南部，故名 | 2011 年 | 东至玉江家园，西至定海园二里，南至崔家窑，北至府东苑 |
| | 天和嘉园<br>Tiānhéjiāyuán | 因取和谐、和睦、欢乐、幸福之意，故名 | 2011 年 | 东至神龙潼关三区，西至新海南里，南至新海南里，北至辛屯 |
| | 富力尚悦居<br>Fùlìshàngyuèjū | 因该项目为富力地产开发有限公司所建；“尚悦”即项目定位为时尚 、科技、灵活的悦动人心之意；“居”有自然环境好，吸引人们安居之意，故名 | 2013 年 | 东至水南，西至首开国风美仑，南至驸马庄，北至凉水河 |
| | 合生悦都中心<br>Héshēngyuèdūzhōngxīn | 因小区由北京合生北方房地产开发有限公司所建，且寓意为喜悦、欢乐之都，故名 | 2011 年 | 东至姚村，西至同义庄，南至张村，北至小白村 |
| | 运通家园<br>Yùntōng Jiāyuán | 因取运气通顺之意，故名 | 2013 年 | 东至物流园区，西至北门口，南至二街，北至壮丁屯 |
| | 星悦中心<br>Xīngyuèzhōngxīn | 因代表项目低调奢华的质感，不浮华于世的气质表征和蕴含于内心的喜悦之意，故名 | 2011 年 | 东至驸马庄，西至物流园区，南至后银子，北至龙州公寓 |
| | 融科钧廷<br>Róngkējūntíng | 因“融科”为公司品牌；“钧”暗合项目法式经典建筑理念；“廷”对应项目厚重典雅的法式宫廷风格，故名 | 2010 年 | 东至小白村，西至六环路，南至景盛中街，北至六环路 |

续表 1

| 位置 | 标准名称 | 命名原因 | 命名时间 | 四至 |
|---|---|---|---|---|
| 马驹桥镇 | 合生世界村<br>Héshēngshìjiècūn | 因位于合生世界，故名 | 2009 年 | 东至姚村，西至同义庄，南至张村，北至小白村 |
| | 宏仁家园<br>Hóngrén Jiāyuán | 因该项目为两限房项目，“宏仁”体现了政府惠民、仁爱、以人为本的政策理念，故名 | 2011 年 | 东至后银子，西至马村，南至张各庄，北至东店 |
| | 天鹅堡<br>Tiān'é bǎo | 因以“天鹅”体现小区的风格高贵、圣洁，故名 | 2005 年 | 东至格林小镇，西至新凤河，南至融科香雪兰溪，北至新凤河 |
| | 格林小镇<br>Gélínxiǎozhèn | 因取尊贵之意，故名 | 2006 年 | 东至新海南里，西至天鹅堡，南至景盛北二街 3 号院，北至天和嘉园 |
| | 米拉小镇<br>Mǐlāxiǎozhèn | 因取高端洋气之意，故名 | 2010 年 | 东至神龙辛屯小区，西至新海北里祥和社区，南至神龙潼关一区，北至河北段 |
| | 新海南里<br>Xīnhǎinánlǐ | 因该此处为安置海户屯村拆迁村民新建的小区，且位于南部，故名 | 2004 年 | 东至大白村，西至新凤河，南至景盛北二街 3 号院，北至新海北里 |
| | 珠江逸景家园<br>Zhūjiāngyìjǐng Jiāyuán | 因小区为珠江公司开发，采用欧式风格，环境优雅，故名 | 2007 年 | 东至温馨家园，西至同义庄，南至合生世界村，北至东亚瑞晶苑 |
| | 莲水怡园<br>Liánshuǐyíyuán | 因该住宅区为北京怡园伟业房地产开发有限公司所建，取清幽之意，故名 | 2003 年 | 东至西后街，西至凉水河，南至神龙辛屯小区，北至凉水河 |
| | 一世情园<br>Yīshìqíngyuán | 因意为舒适、浪漫之意，故名 | 2003 年 | 东至兴华嘉园，西至神龙潼关三区，南至兴华嘉园 b 区，北至一街村 |
| | 融科香雪兰溪<br>Róngkēxiāngxuělánxī | 因“融科”为公司品牌，又因该住宅区配有 10 万平方米生态休闲公园，公园绿树成荫，故名 | 2008 年 | 东至小白村，西、南至同义庄，北至六环路 |
| | 东亚瑞晶苑<br>Dōngyàruìjīngyuàn | “东亚”为小区开发商统一冠名，且有祥瑞之意，故名 | 2009 年 | 东至小白村，西至同义庄，南至珠江逸景家园，北至格林小镇 |
| | 首开国风美仑<br>Shǒukāiguófēngměilún | 因该住宅区为北京首都开发股份有限公司所建，且有美观、大气之意，故名 | 2011 年 | 东至富力尚悦居，西至南堤，南至驸马庄，北至南堤 |
| | 富力尚悦居 A 区<br>Fùlìshàngyuèjū A qū | “富力”为小区开发商统一冠名；“尚悦居”意为时尚、和悦的居住环境，序列为 A，故名 | 2013 年 | 东至水南，西至首开国风美仑，南至驸马庄，北至凉水河 |
| | 富力尚悦居 C 区<br>Fùlìshàngyuèjū C qū | “富力”为小区开发商统一冠名；“尚悦居”意为时尚、和悦的居住环境，序列为 C，故名 | 2013 年 | 东至水南，西至首开国风美仑，南至驸马庄，北至凉水河 |

续表 1

| 位置 | 标准名称 | 命名原因 | 命名时间 | 四至 |
| --- | --- | --- | --- | --- |
| 马驹桥镇 | 富力尚悦居 B 区<br>Fùlìshàngyuèjū B qū | “富力”为小区开发商统一冠名；“尚悦居”意为时尚、和悦的居住环境，序列为 B，故名 | 2013 年 | 东至水南，西至首开国风美仑，南至驸马庄，北至凉水河 |
| 于家务乡 | 于家务西里<br>Yújiāwùxīlǐ | 因位于于家务村西，故名 | 2013 年 | 东至新月东路，西至新月西路，北至于家务中街，南至于家务大街 |
| | 首开·缇香郡<br>Shǒukāi·Tíxiāngjùn | “首开”意为该小区是首都开发股份有限公司所建；“缇香”寓意对美好生活的向往，故名 | 2013 年 | 东至张采路，西至于家务中学路，南至通房路，北至于家务中学路 |
| | 紫峰九院嘉园<br>Zǐfēngjiǔyuànjiāyuán | 小区名称意为紫峰房地产开发有限公司所建，拥有大爱、永恒、温馨的家园，故名 | 2015 年 | 东至渠头中学，西至张凤路，南至栢德路，北至王各庄 |
| | 首开·缇香鑫园<br>Shǒukāi·Tíxiāngxīnyuán | “首开”意为该小区由首都开发股份有限公司所建；“缇香”寓意对美好生活的向往；“鑫园”意思是该公司在于家务回族乡开发的第三个金融用地项目，故名 | 2014 年 | 东至于家务路，西至中心西二路，南至通房路，北至于家务中学路 |
| | 首开·缇香雅园<br>Shǒukāi·Tíxiāngyǎyuán | “首开”意为该小区由首都开发股份有限公司所建；“缇香”寓意对美好生活的向往；“雅”有高雅之意，又与“亚”字谐音，意为该公司在于家务回族乡开发的第二个住宅项目，故名 | 2013 年 | 东至于家务中学，西至新月西路，南至中心北路，北至新月西路 |

# 第三节 自然村

## 宋庄镇

### 葛渠村
Gěqú Cūn

通州区宋庄镇辖村。位于镇域西北部，温榆河东、窑管路与葛渠路交会处北侧。北至区界，东至寨辛庄村，东南至寨里村，西至吴各庄村。面积约 2.28 平方千米。户籍人口 2586 人，常住人口 3983 人。1983 年 7 月设立村委会。明代，果姓首至此地定居建村，因村南有温榆河旧河渠，故以姓和地貌而名果渠。清中期改称葛渠。（清乾隆《通州志》载：“葛渠，离城十八里。”）清晚期复称原名。（清光绪《通州志》载：“果渠村，城北十八里。”）民国间复称葛渠至今。明、清间，该村地处通县、顺义和大兴的交界处，是北京东北部地区行旅进京必经之地。清末曾一度形成集市，农历逢一、五、九日集期，沿街两侧分布着店铺、油坊、客栈、烧锅等，此种情况一直延至 1939 年。据 1928 年重印的《民国顺义县志》所载，该村作为顺义县第四区第四乡曾分属于三县，即村西部属大兴，村中部属顺义，村东部属通县。1948年后，该村由顺义县所辖，1950 年 6 月后划归通县。该村东南部街北侧遗有关帝庙一座，明建清修，南向，两进院落，今仅余正殿三间；村西遗有道教庙宇真武庙，明建清修，今余正殿三间，东西配殿为后改建。上述两项均为镇内不可移动文物。1953 年 5 月至 1956 年 7 月，为九区（楼梓庄区）葛渠乡政府驻地。驻村单位有通州区葛渠小学。交通干道有壁（半壁店）富（豪）路。

### 吴各庄村
Wúgèzhuāng Cūn

通州区宋庄镇辖村。位于镇域西北端，温榆河北、窑管路与吴各庄路交会处。北至区界，东至葛渠村，西至管头村。面积约 1.11 平方千米。户籍人口 701 人，常住人口 1205 人。1983 年 7 月设立村委会。明代，吴姓至此地定居建村，以姓成村称吴各庄，俗称吴各庄(zhǎng)。清初，吴姓迁往他地村名未变。该村历属顺义县所辖，民国初始划归通县。村北有在解放战争中光荣牺牲的吴耀民烈士墓，为镇内不可移动文物。驻村单位有通州区蓝馨双语幼儿园。交通干道有壁（半壁店）富（豪）路。

### 管头村
Guǎntóu Cūn

通州区宋庄镇辖村。位于镇域西北端，温榆河北、窑管路与管头路交会处，通州区、顺义区和朝阳区交界处。东至吴各庄村，西、北至区界。面积约 1.82 平方千米。户籍人口 1122 人，常住人口 3400 人。1983 年 7 月设立村委会。元代，管姓首至此地定居建村，为基层行政单位“社”的所在地。其时，岗山、龙山、桃山三村（今属顺义区）事务均由该村出头打理，故曾名管头社。明代，“社”被取消后而称今名。该村历来属顺义县管辖，1950 年 6 月划归通县。村东古东陵御道之北曾遗有清乾隆间太子太保徐元梦墓一座，“文化大革命”期间被毁，墓碑尚存，2000年被移立于草寺村北观文堂院内。村东南角处遗有药王庙，清初所建，今仅余残破的前后两重殿堂和已有300年树龄的古楸树2株以及古柏树1株，为镇内不可移动文物。交通干道有壁（半壁店）富（豪）路。

## 邢各庄村
Xínggèzhuāng Cūn

通州区宋庄镇辖村。位于镇域东南部，宋梁路与邢各庄路交会处东侧。北至任庄村，东至白庙村，南至高辛庄村，西至六合村。面积约2.15平方千米。户籍人口2851人，常住人口5000人。1983年8月设立村委会。元代，邢、张、孙、殷、李五姓至此定居，因邢姓为大户，形成聚落后以姓成村称邢各庄。（清乾隆《通州志》载：“邢各庄，离城十二里。”）1953年5月后，为一区（宋庄区）邢各庄乡政府驻地；1956年7月至1958年4月，为邢各庄乡政府驻地。清康熙十八年（1679）三河地震所造成的压性断裂带经此村南。交通干道有宋（庄）梁（各庄）路。

## 北刘各庄村
Běiliúgèzhuāng Cūn

通州区宋庄镇辖村。位于镇域东南部，右堤路与北刘路交会处东南侧。北至白庙村，东至摇不动村，南至师姑庄村，西至菜园村。面积约1.63平方千米。户籍人口1167人，常住人口1912人。1983年8月设立村委会。明代，刘、靳二姓相继迁此定居，故曾名刘靳庄。清初，因刘姓渐成大户，村南已有刘各庄，故更名为北刘各庄至今。（清乾隆《通州志》载：“北刘各庄，离城十五里。”）该村曾遗有元时所建佛教庙宇兴隆寺一座，今不存，仅余明时所植古槐一株。清康熙十八年（1679）三河地震所造成的压性断裂带经此。驻村单位有通州区宋庄镇徐辛庄中心幼儿园北刘各庄分园。交通干道有右堤路。

## 高各庄村
Gāogèzhuāng Cūn

通州区宋庄镇辖村。位于镇域东北部，潮白河西、右堤路与高各庄路交会处西侧。北至港北村，南至南马庄，西至关辛庄村。面积约1.05平方千米。户籍人口430人，常住人口530人。1983年8月设立村委会。原下辖高各庄、西赵、关辛庄、郝各庄、南马庄、港北6个自然村，1998年分别单独建制。明代，高姓首至此地定居，形成聚落后以姓成村称高各庄。（清乾隆《通州志》载：“高各庄，离城二十五里。”）1948年后，该村由顺义县所辖，1950年6月后划归通县。1953年5月至1956年7月，为一区（宋庄区）高各庄乡政府驻地。交通干道有右堤路。

## 西赵村
Xīzhào Cūn

通州区宋庄镇所辖自然村。位于镇域东北部，京秦高速公路与任李路交会处。北至港北村，东至高各庄村，南至关辛庄村，西至翟里村。面积约1.01平方千米。户籍人口572人，常住人口714人。原隶属高各庄村委会，1998年单独建制设立村委会。元代，赵姓自潮白河河东赵村（今属三河市）迁此定居，形成聚落后因位于河西而名西赵村至今。（清乾隆《通州志》载：“西赵村，离城二十五里。”）1948年后，该村由顺义县所辖，1950年6月后划归通县。该村东北角处遗有辽代菩萨庙经幢一，艾叶青石幢身，座完整，幢身磨沏严重；村北遗有汉代墓地一处。上述两项均为镇内不可移动文物。交通干道有任（庄）李（遂）路。

## 关辛庄村
Guānxīnzhuāng Cūn

通州区宋庄镇所辖自然村。位于镇域东北部，京秦高速公路与任李路交会处西南侧。北至西赵村，东至高各庄村，南至南马庄村，西至翟里村。面积约 0.77 平方千米。户籍人口 475 人，常住人口 672 人。原隶属高各庄村委会，1998 年单独建制设立村委会。明代，关姓至此定居，形成聚落后以姓成村称关家庄。清晚期，因关姓系由翟里迁出，又紧邻翟里，故更名为翟里辛庄。（清光绪《通州志》载：“翟里辛庄，城东二十五里。”）民国初年始称关辛庄至今。1948 年后，该村由顺义县所辖，1950 年 6 月后划归通县。该村曾遗有七圣庙一座，今不存，仅余古槐一株。另遗有清代王殿英旧宅一处，为镇内不可移动文物。交通干道有任（庄）李（遂）路。

## 郝各庄村
Hǎogèzhuāng Cūn

通州区宋庄镇所辖自然村。位于镇域东北部，潮白河西、右堤路与徐尹路交会处北侧。西北至高各庄村，西南至南马庄村，南至小杨各庄村。面积约 0.81 平方千米。户籍人口 539 人，常住人口 560 人。原隶属高各庄村委会，1998 年单独建制设立村委会。明代，郝姓首至此地定居，形成聚落后以姓成村称郝各庄至今。（清乾隆《通州志》载：“郝各庄，离城二十五里。”）1948 年后，该村由顺义县所辖，1950 年 6 月后划归通县。交通干道有右堤路。

## 南马庄村
Nánmǎzhuāng Cūn

通州区宋庄镇所辖自然村。位于镇域东北部，潮白河西、徐尹路与任李路交会处东侧。东北至高各庄村，南至小杨各庄村，西北至关辛庄村。面积约 1.01 平方千米。户籍人口 541 人，常住人口 671 人。原隶属高各庄村委会，1998 年单独建制设立村委会。清代，马姓至此定居，民国初年形成聚落，因位于顺义县马庄村南而名南马庄。在 1981 年调整县域内村名时，因此村重名且原属高各庄所辖，曾拟将其更名为高马庄，但此议并未实行而继续使用原名至今。1948 年后，该村由顺义县所辖，1950 年 6 月后划归通县。该村曾遗有清时所建七圣庙一座，今不存，仅余古柏一株。交通干道有任（庄）李（遂）路。

## 港北村
Gǎngběi Cūn

通州区宋庄镇所辖自然村。位于镇域东北部，潮白河西、右堤路与港北路交会处西北侧。北至区界，南至高各庄村，西至平家疃村。面积约 1.24 平方千米。户籍人口 531 人，常住人口 565 人。原隶属高各庄村委会，1998 年单独建制设立村委会。元代，此地因近潮白河，为转运漕粮至边关的必经之地，并设有转运港口，且为基层行政单位“里”之所在，故曾名港北里。（清乾隆《通州志》载：“港北里，离城二十五里。”）清晚期撤“里”设“庄”而改称港北庄。（清光绪《通州志》载：“港北庄，城东二十五里。”）民国初年简称港北，其中“港”字在作为地名时也可读“jiǎng”音，当地人俗称港（jiāng）北。1948 年后，该村由顺义县所辖，1950 年 6 月后划归通县。该村内曾遗有清时所建关帝庙一座，今庙无，仅存关帝庙石刻及门枕石一对，为镇内不可移动文物。交通干道有右堤路。

## 高辛庄村
## Gāoxīnzhuāng Cūn

通州区宋庄镇辖村。位于镇域东南部，高辛庄路与高莱路交会处。北至邢各庄村，东至北刘各庄村，南至菜园村，西至丁各庄村。面积约 0.68 平方千米。户籍人口 582 人，常住人口 1412 人。1983 年 8 月设立村委会。清初，该地原为邢各庄高姓场院，住有看场护院佃户，始称高家场。清中期形成聚落后以姓成村称高各庄。（清乾隆《通州志》载：“高各庄，离城十里。”）1939 年 7 月，邻村王家辛庄被大水冲毁，村人迁入此村而改称今名。1958 年 9 月至 1961 年 7 月，为宋庄公社高辛庄管理区管委驻地。1961 年 7 月至 1965 年 5 月，为宋庄工委管区高辛庄公社管委驻地。此村处为清康熙十八年（1679）三河地震所造成的压性断裂带西端。交通干道有高（辛庄）莱（园）路。

## 大邓各庄村
## Dàdènggèzhuāng Cūn

通州区宋庄镇辖村。位于镇域东南部，运潮减河北、白师路与堡师路与交会处西侧。北至小邓各庄村，东至师姑庄村，西至堡辛村。面积约 0.66 平方千米。户籍人口 453 人，常住人口 845 人。1983 年 8 月设立村委会。明代，邓姓迁徙民首至该地定居，形成大、小两个聚落，因此聚落较大，故称大邓各庄。（清乾隆《通州志》载：“大邓各庄，离城十二里。”）清初杨姓至此，邓姓迁往他地，村名未变。交通干道有堡（辛）师（姑庄）路。

## 小邓各庄村
## Xiǎodènggèzhuāng Cūn

通州区宋庄镇辖村。位于镇域东南部，堡师路与高莱路交会处东侧。北至菜园村，东至摇不动村，南至大邓各庄，西至堡辛村。面积约 0.73 平方千米。户籍人口 504 人，常住人口 688 人。1983 年 8 月设立村委会。明代，迁徙民邓姓首至此地定居，形成大、小两个聚落，因此聚落较小，以姓成村称小邓各庄。（清乾隆《通州志》载：“小邓各庄，离城十二里。”）清初杨姓至此，邓姓迁往他地，村名未变。清康熙十八年（1679）三河地震所造成的压性断裂带经此村北。交通干道有堡（辛）师（姑庄）路。

## 师姑庄村
## Shīgūzhuāng Cūn

通州区宋庄镇辖村。位于镇域东南部，潮白河西、堡师路与白师路交会处南侧。北至北刘各庄村，东南至沙窝村，西至大邓各庄村。面积约 3.36 平方千米。户籍人口 2262 人，常住人口 2942 人。1983 年 8 月设立村委会，辖师姑庄、沙窝两个自然村。明初，山东张姓随平定北方的明军至该地定居，建有观音庵一座。其时，有一女子身患重病，传言入庵为尼姑才能痊愈，故施身于庵，因此村庄得名施姑庄。（清乾隆《通州志》载：“施姑庄，离城十三里。”）至民国间，由于该村名在长期的形成和传播过程中文字走样，“施”字逐渐被同音异写为“师”而称师姑庄至今。1953 年 5 月至 1956 年 7 月，为一区（宋庄区）师姑庄乡政府驻地。其村东潞㶟河（今潮白河）上曾有明时所建绛桥（木桥漆红而名）一座，1956 年被大水冲毁。清康熙十八年（1679）三河地震所造成的压性断裂带经此。驻村单位有通州区师姑庄小学。交通干道有白（庙）师（姑庄）路。

## 沙窝村
Shāwō Cūn

通州区宋庄镇师姑庄所辖自然村。位于镇域东南端，潮白河西岸、右堤路与白师路交会处东北侧。北至摇不动村，南至运潮减河，西北至师姑庄村。户籍人口 107 人。隶属师姑庄村委会。明初，山东郑姓随平定北方的明军至此定居务农，形成聚落后，因地处溛溛河（今潮白河）边，且四周皆沙故名沙务。（清乾隆《通州志》载："沙务，离城十五里。"）清晚期，因"务"与"窝"音近而被改为今名。（清光绪《通州志》载："沙窝，城北十二里。"）民国期间复称原名。1968 年后再称沙窝至今。1948 年后，该村由顺义县所辖，1950 年 6 月后划归通县。1939 年潮白河水发，于顺义县苏庄决口，大水夺溛溛河道南流，该村被冲毁一半，多人迁居他地。清康熙十八年（1679）三河地震所造成的压性断裂带经此。交通干道有右堤路。

## 丁各庄村
Dīnggèzhuāng Cūn

通州区宋庄镇辖村。位于镇域东南部，通燕高速公路与宋梁路交会处西北侧。北至前夏公庄村，东至高辛庄村，南至召里村，西南至常屯村。面积约 0.86 平方千米。户籍人口 701 人，常住人口 1074 人。1983 年 8 月设立村委会。明代，河南人丁姓首至此地定居，形成聚落后，以姓成村称丁各庄，俗称丁各庄（zhǎng）。（清乾隆《通州志》载："丁各庄，离城十二里。"）。该村今保存有民国间所建张家影壁一处，为镇内不可移动文物。交通干道有宋（庄）梁（各庄）路。

## 翟里村
Zháilǐ Cūn

通州区宋庄镇辖村。位于镇域东北部，京秦高速公路与宋翟路交会处东南侧。东北至西赵村，南至北寺庄村，西北至平家疃村。面积约 5.24 平方千米。户籍人口 2557 人，常住人口 3405 人。1983 年 8 月设立村委会。元代，始有人在此定居建村。明代，翟姓至此后，在元代聚落处定居，以姓成村称翟里。（清乾隆《通州志》载："翟里，离城二十四里。"）1948 年后，该村由顺义县所辖，1950 年 6 月后划归通县。1953 年 5 月后，为一区（宋庄区）翟里乡政府驻地。1956 年 7 月至 1958 年 4 月，为翟里乡政府驻地。为纪念 1948 年平津战役中牺牲的 7 名解放军战士，该村南口小广场有烈士陵园一处，为镇内不可移动文物。驻村单位有通州区翟里中学、通州区翟里小学、通州区徐辛庄中心幼儿园翟里分园。交通干道有宋（庄）翟（里）路。

## 北寺庄村
Běisìzhuāng Cūn

通州区宋庄镇辖村。位于镇域中东部，任李路与北堤路交会处西南侧。北至翟里村，东至小杨各庄村，西南至喇嘛庄村。面积约 2.61 平方千米。户籍人口 1558 人，常住人口 2078 人。1983 年 8 月设立村委会。明代，因此地建有北大寺，故以寺名村称北寺庄。清中期，因记述有误将"寺"谐音为"司"而称北司庄。（清乾隆《通州志》载："北司庄，离城十八里。"）清晚期，复称原名。（清光绪《通州志》载："北寺庄，城东十八里。"）1948 年后，该村由顺义县所辖，1950 年 6 月后划归通县。1953 年 5 月至 1956 年 7 月，为一区（宋庄区）北寺庄乡政府驻地；1958年9月后为宋庄公社北寺庄管理区管委驻地；1961年7月至1965年5月，为宋庄工委管区北寺庄公社管委驻地。清道光七年（1827）潮白河在该村附近决口，翌年修建北寺庄坝，堵住决口。以后，该河又多次发生决口。清同治十三年（1874），潮白河再次决口，东趋溷溷河。直隶总督李鸿章命人修筑潮白河大堤。大堤北起顺义县安里村，南至该村，全长2485丈，今不存。该村遗有“文化大革命”期间所建下乡知识青年宿舍旧址一处，为镇内不可移动文物。驻村单位有通州区北寺庄小学。交通干道有任（庄）李（遂）路。

## 小杨各庄村
## Xiǎoyánggèzhuāng Cūn

通州区宋庄镇辖村。位于镇域东部，潮白河西岸、任李路与北堤路交会处东南侧。北至高马庄村，南至任庄村，西至北寺庄村。面积约2.06平方千米。户籍人口1687人，常住人口2476人。1983年8月设立村委会。明代，杨、张二姓首至此地定居，后又迁入他姓，形成聚落后因杨姓为大户，聚落又较潮白河东岸的杨各庄小，故名小杨各庄至今。1948年后，该村由顺义县所辖，1950年6月后划归通县。1939年潮白河大水，夺溷溷河（今潮白河）顺流而下，将村东半部冲毁，之后聚落向西发展与北寺庄隔路相对。交通干道有任（庄）李（遂）路。

## 白庙村
## Báimiào Cūn

通州区宋庄镇辖村。位于镇域东南部，潮白河西岸、京榆旧线与潮白河大堤路交会处西侧。西至任庄村，西南至邢各庄村。面积约2.91平方千米。户籍人口2358人，常住人口6356人。1983年8月设立村委会。元代，因村内建有白马关帝庙，故以庙名村简称白庙至今。（清乾隆《通州志》载：“白庙儿，离城二十里。”）1939年7月，潮白河水发，于顺义县决口，夺溷溷河道（也称箭杆河或樀杆河）顺流而下，该村大部被冲毁，田地被沙层覆盖。由此，溷溷河不再。1948年后，该村由顺义县所辖，1950年6月后划归通县。1953年5月至1956年7月，为一区（宋庄区）白庙乡政府驻地。该村东原为溷溷河故道所经，古有渡口。1935年始建木桥，翌年建钢混结构桥梁。1939年潮白河大水夺溷溷河南下，桥被冲毁。1940年于旧址重建木桥，1956年又被冲毁。1963年再建钢混结构永久性桥梁。1990年9月于此桥南增建潮白河大桥。1994年建潞潮公园。驻村单位有通州区宋庄镇白庙幼儿园。交通干道有（北）京榆（山海关）旧线。

## 任庄村
## Rénzhuāng Cūn

通州区宋庄镇辖村。位于镇域东南部，潮白河西、京榆旧线与任李路交会处东北侧。北至小杨各庄村，东至白庙村，南至邢各庄村，西至宋庄村。面积约1.09平方千米。户籍人口1109人，常住人口2100人。1983年8月设立村委会。清初，任姓至此定居，以姓成村称任家庄。（清乾隆《通州志》载：“任家庄，离城十五里。”）民国后期简称任庄至今。1948年后，该村由顺义县所辖，1950年6月后划归通县。交通干道有（北）京榆（山海关）旧线。

## 辛店村
## Xīndiàn Cūn

通州区宋庄镇辖村。位于镇域东部，宋翟路与辛疃路交会处西南侧。北至北寺庄村，东南至任庄村，西南至大兴庄村。面积约1.70平方千米。户籍人口1552人，常住人口2087人。1983年8月设立村委会。清康熙间，因此村位于京城去往东陵的御道旁，相传康熙曾驻跸于此。后有人在此开店，以供过往行人之需，形成聚落后曾名新店。（清乾隆《通州志》载：“新店，离城十五里。”）民国初年，村名中的“新”被“辛”同音替代而称辛店至今。1948年后，该村由顺义县所辖，1950年6月后划归通县。1956年7月至1958年4月为辛店乡政府驻地。驻村单位有通州区嘉英小学。交通干道有宋（庄）翟（里）路。

## 喇嘛庄村
## Lǎmāzhuāng Cūn

通州区宋庄镇辖村。位于镇域东南部，宋翟路与辛疃路交会处北侧。东北至北寺庄村，南至大兴庄村，西至宋梁路。面积约0.80平方千米。户籍人口533人，常住人口712人。1983年8月设立村委会。相传，清代该地为京城内喇嘛寺封地，云姓长期居此催交地租，形成聚落后故名。（清乾隆《通州志》载：“喇嘛庄，离城十五里。”）1948年后，该村由顺义县所辖，1950年6月后划归通县。交通干道有宋（庄）翟（里）路。

## 大兴庄村
## Dàxīngzhuāng Cūn

通州区宋庄镇辖村。位于镇域东南部，潞苑北大街与兴榆路交会处东南侧。北至喇嘛庄村，东南至任庄村，南至宋庄村，西南至小堡村。面积约2.39平方千米。户籍人口1570人，常住人口2020人。1983年8月设立村委会。明初，迁徙民赵姓首至此地高坨之南定居，形成聚落后以姓成村称赵庄，俗称前街。后陈姓至此地高坨之上定居建村，以姓氏和地貌称陈坨子。清初，姜、刘二姓至此，在陈坨子以北定居建村，俗称后街。后三村因不断扩展渐成一体，故以兴旺发达之意统称大兴庄至今。（清乾隆《通州志》载：“大兴庄，离城十二里。”）1948年后，该村由顺义县所辖，1950年6月后划归通县。交通干道有潞苑北大街。

## 宋庄村
## Sòngzhuāng Cūn

通州区宋庄镇辖村。位于镇域东南部，京榆旧线与宋梁路交会处西北侧。镇政府所在地。北至大兴庄村，东至任庄村，南至白家坟村，西至小堡村。面积约1.36平方千米。户籍人口1221人，常住人口4015人。1983年8月设立村委会，辖宋庄、白家坟两个自然村。元代，宋姓首至此地守墓，明代迁徙民杨、任等姓相继至此定居，形成聚落后以宋姓成村称宋家庄。（清乾隆《通州志》载：“宋家庄，离城十五里。”）民国中期简称宋庄至今。1948年后，该村由顺义县所辖，1950年6月后划归通县。1950年6月至1956年7月，为一区（宋庄区）区公所和宋庄乡政府驻地；1958年4月后，为宋庄乡政府驻地；1958年9月后，为宋庄公社管委驻地；1961年7月后，为宋庄工委驻地；1965年5月后，为宋庄公社管委驻地；1983年3月后，为宋庄乡政府驻地；1990年后，为宋庄镇政府驻地；2001年12月徐辛庄镇并入，镇政府驻地未变。村内中街北侧现存平津战役指挥部旧址一处，为区级文物保护单位，为镇内不可移动文物。1948年第四野战军司令林彪、政委罗荣桓与华北野战军司令聂荣臻等在此指挥平津战役直至取得胜利。驻村单位有中国人民大学画院、通州区宋庄中学、通州区宋庄镇中心小学、通州区新未来实验学校、宋庄卫生院。交通干道有宋（庄）梁（各庄）路和（北）京榆（山海关）旧线。

## 白家坟村
## Báijiāfén Cūn

通州区宋庄镇宋庄村所辖自然村。位于镇域东南部，京榆旧线与宋庄村之间东至任庄村，西至小堡村。户籍人口241人。隶属宋庄村委会。清晚期，此地原为白姓墓地，形成聚落后以此名村称白家坟至今。（清光绪《通州志》载：“白家坟，城东十五里。”）交通干道有（北）京榆（山海关）旧线。

## 小堡村
## Xiǎopù Cūn

通州区宋庄镇辖村。位于镇域东南部，徐宋路与辛疃路交会处南侧。东北至喇嘛庄，东至宋庄村，西南至疃里村。面积约3.20平方千米。户籍人口1845人，常住人口10680人。1983年8月设立村委会。该村名的含义和由来说法有二，其一是：明代，高、李二姓迁徙民至此定居，以经营小店铺为业，形成聚落后曾名小铺。清代，村名中的“铺”字被“堡”字同音替代而称小堡至今。（清乾隆《通州志》载：“小堡，离城十里。”）其二是：明、清年间，因该村为一处周围建有土围子的村寨，且规模较小而称小堡。1948年后，该村由顺义县所辖，1950年6月后划归通县。该村为宋庄画家村所在地，全国最大的当代艺术聚集区。自1994年至今，已集聚来自全国各省市以及30多个国家的艺术家5000余人，文化机构200余家，2000平方米以上的美术馆30余家。其中主要艺术平台有中国第一家村级美术馆、第一家农民开办的韩燕画廊和国防工事艺术区等。2014年，荣获“全国魅力新农村十佳乡村”称号。驻村单位有北京市通州区精神病医院、北京私立树人·瑞贝学校。交通干道有徐（尹路）宋（庄）路。

## 六合村
## Liùhé Cūn

通州区宋庄镇辖村。拆迁前位于镇域东南部，六环路与京榆旧线交会处东侧。北至小堡村，东至前夏公庄村，南至后屯村，西南至小潞邑村。面积约1.40平方千米。户籍人口2378人，常住人口3668人。1983年8月设立村委会。清初，此处为一高坨。唐姓至此后于高坨东北部定居建村名唐家坨。（清乾隆《通州志》载：“唐家坨，离城八里。”高姓于高坨东南部定居建村称小高家庄。（清乾隆《通州志》载：“小高家庄，离城八里。”姜姓于上述二村中间定居建村名姜家庄。（清乾隆《通州志》载：“姜家庄，离城八里。”辛姓于高坨西北部定居另建新村名新庄。此外，另有他姓于该地西部今京榆旧线南北两处分别定居建村，依地貌特征和美好愿望分称堤子庄和知福庄。（清乾隆《通州志》载：“知福庄，离城六里。”“堤子庄，离城八里。”）民国中期，因6个村发展逐渐连为一体而并称为六合村至今。1953年5月至1956年7月，为一区（宋庄区）六合村乡政府驻地。该村现存区级非物质文化遗产保护项目空竹制作技艺，技艺传承人张国良。该村曾遗有明时所建关帝庙一座，现仅存磨泐严重的重修该庙碑身二。村东尚余古墓葬一处。村西尚存白河古桥遗址一处，为镇内不可移动文物。2011年因属北京挂账村而拆迁，翌年建成六合新村，村民迁入新居。驻村单位有通州区宋庄镇六合幼儿园。交通干道有（北）京榆（山海关）旧线。

## 疃里村
Tuǎnlǐ Cūn

通州区宋庄镇辖村。拆迁前位于镇域中南部，东六环西侧路与疃里大街交处处西北侧。北至中坝河，东北至小堡村，南至小潞邑村，西至李庄村。面积约2.40平方千米。户籍人口4510人，常住人口11695人。1983年8月设立村委会，辖疃里、八十亩地两个自然村。明代，此村初为一小聚落，故名小疃。（清乾隆《通州志》载：“小疃，离城六里。”）清末民初，韩姓大户至此，以韩姓成村改称韩家疃。民国中期改称今名。有明时所建佛教庙宇七圣庙，主祀释迦牟尼及以前六佛，今不存，仅余清代所植古槐一株。另外，原村旧址西曾遗有战国墓群，今不存。该村1990年进行新村规划建设，1993年村民分三批迁入疃里新村。驻村单位有北京通州华仁学校、通州区宋庄镇疃里幼儿园、通州区宋庄镇红杉溪幼儿园。交通干道有东六环西侧路。

## 八十亩地村
Bāshimǔdì Cūn

通州区宋庄镇疃里所辖自然村。位于镇域中南部。东六环西侧路与疃里大街交会处西侧。北至小堡村，东至后夏公庄村，南至六合村，西至疃里村。隶属疃里村委会。该村始为锅伙。1913年后有人在此定居，因有80亩土地而名。1949年后始作为自然村出现，1983年与疃里合并，村名不再。

## 前夏公庄村
Qiánxiàgōngzhuāng Cūn

通州区宋庄镇辖村。位于镇域东南部，京榆旧线与宋梁路交会处南侧。北至后夏公庄村，东南至邢各庄村，南至丁各庄村，西至六合村。面积约0.09平方千米。户籍人口221人，常住人口720人。1983年8月设立村委会。清代，夏姓太监在此处占有大量土地，雇佣佃户耕种，后形成大小两个聚落，因此村较大，故名大夏公庄。（清乾隆《通州志》载：“大夏公庄，离城十二里。”）民国初期与小夏公庄村合并统称夏公庄。民国后期与小夏公庄分设，因此村位于南而称前夏公庄（俗称“南”为“前”，下同）至今，俗称前夏。该村东北角现存1969年珍宝岛自卫反击战前后所修军事防御工事一处，为镇内不可移动文物。交通干道有宋（庄）梁（各庄）路。

## 后夏公庄村
Hòuxiàgōngzhuāng Cūn

通州区宋庄镇辖村。位于镇域东南部，京榆旧线与宋梁路交会处南侧。北至白家坟村，东至白庙村，南至前夏公庄村，西南至六合村。面积约0.48平方千米。户籍人口448人，常住人口1280人。1983年8月设立村委会。清代，夏姓太监在此地占有大量土地，雇佣佃户耕种，形成大小两个聚落，因该村较小，故曾名小夏公庄。（清乾隆《通州志》载：“小夏公庄，离城十二里。”）民国初期与大夏公庄合并统称夏公庄。民国后期与大夏公庄分设，该村因位于北而称后夏公庄（俗称“北”为“后”，下同）至今，简称后夏。该村东遗有元代墓群，为镇内不可移动文物。交通干道有（北）京榆（山海关）旧线。

## 菜园村
## Càiyuán Cūn

通州区宋庄镇辖村。位于镇域东南部，通燕高速公路与高菜路交会处南侧。北至高辛庄村，东至北刘各庄村，东南至小邓各庄村，西南至堡辛村。面积约 0.55 平方千米。户籍人口 452 人，常住人口 813 人。1983 年 8 月设立村委会。明代，此地原为庙产，有寺僧 1 人长期在此管理菜园。清初形成聚落后以菜园名村至今。（清乾隆《通州志》载：“菜园，离城十二里。”）该村南坨子处存有新石器时代—唐代的古墓葬，曾出土钻孔石斧（新石器时代）、束领袋足灰陶鬲（商）、侈口长身乳足绳纹红陶鬲（春秋）等，2000 年 2 月被公布为北京市地下文物埋藏区，为镇内不可移动文物。交通干道有宋（庄）梁（各庄）路。

## 摇不动村
## Yáobùdòng Cūn

通州区宋庄镇辖村。位于镇域东南部，潮白河西岸、右堤路与摇不动路交会处。西北至北刘各庄村，西南至大邓各庄村，南至师各庄村。面积约 0.63 平方千米。户籍人口 343 人，常住人口 599 人。1983 年 8 月设立村委会。明清年间，此村地处潮白河西堤外侧一处较小的高地之上，其状如窑。因其地势较高，历次潮白河（泃泃河）大水都未能撼动而使村人幸免于难，形成聚落后据此而称今名。（清乾隆《通州志》载：“摇不动，离城十五里。”）1939 年 7 月，潮白河大水，冲毁沿岸许多村庄，该村安然无恙。该村西建有自来水厂，为通州城居民饮用水的重要来源地。康熙十八年（1679）三河地震所造成的压性断裂带经此。交通干道有右堤路。

## 平家疃村
## Píngjiātuǎn Cūn

通州区宋庄镇辖村。位于镇域北部，中坝河东、徐平路与平疃路交会处东侧。北至区界，东至港北村，东南至翟里村，西南至内军庄村。面积约 6.73 平方千米。户籍人口 3656 人，常住人口 4539 人。为通州区域内最大的自然村。1983 年 7 月设立村委会。明万历年间，平姓大户至此定居建村，由于此地有一大坑（今仍在），故以姓和地貌特征而名平家坑，后因近潮白河漫滩曾改名平家滩。清代，谐音改称平家疃至今，俗称平疃（tān）。（清乾隆《通州志》载：“平家疃，离城二十五里。”）1948 年 12 月曾划归顺义管辖，为顺义县五区政府驻地。1950 年 6 月后划归通县一区（宋庄）管辖。1953 年 5 月至 1956 年 7 月，为一区（宋庄区）平家疃乡政府驻地。清代漕运时期，曾在此处设平家疃外委把总，专司河道疏浚、抢修河堤等事务。该村是通往清东陵御道上的一处站点，清康熙帝曾三次驻跸于此，并留下了“一夜建成大寺庙”的传说。该村紧临潮白河故道（今中坝河），同治十三年（1874）潮白河在此决口东趋泃泃河。直隶总督李鸿章命人修筑了潮白河大堤，以及北起顺义安里村南至该村的护堤，并在村南建金门口大坝和龙王庙（当地人称小神庙）。今堤、庙均不存，仅遗村西白河古堤旧址一处。1991 年，该村东南部居民院落间曾发现 5 座唐代独室砖墓，出土一面唐代海兽群鸟葡萄铜镜，铸造技术和工艺水平较高。村西北处遗有清光绪八年诰授奉直大夫蔺载轩和田宜人墓碑二通以及白河古堤遗址一处，均为镇内不可移动文物。1945 年 5 月 7 日，日军为搜捕隐蔽在村内的抗日干部，制造了枪杀 12 名村民的惨案。驻村单位有通州区宋庄镇平家疃幼儿园。交通干道有徐（尹路）平（家疃）路。

## 大庞村
## Dàpáng Cūn

通州区宋庄镇辖村。位于镇域中部，东六环路与徐尹路交会处西侧。北至小庞村，东至高马庄村，西南至沟渠庄村，西至徐辛庄村。面积约 5.49 平方千米。户籍人口 2868 人，常住人口 4649 人。1983 年 7 月设立村委会。该村于唐代成村并有庞村之名，隶属于高义乡。1965 年春于村东出土的唐正议大夫试怀州别驾高行晖墓志载：“以（唐）元和二年(807)，岁在丁亥，十一月朔日甲申，归附于潞县高义乡庞村之原。”辽代。该村属富豪二乡，建普通寺。（清康熙《通州志·祠庙》载：“普通寺，在富豪二乡庞村，辽乾统二年建。”）至清代，由庞村迁出部分村人于村北形成一个较小聚落，名小庞村。原庞村因聚落较大而称大庞村至今。（清乾隆《通州志》载：“大庞村，离城十六里。”）1948 年后，该村由顺义县所辖，1950 年 6 月后划归通县。1953 年 5 月至 1956 年 7 月，为九区（楼梓庄区）大庞村乡政府驻地。该村东现遗有明代白河故道古旧址一处以及唐正议大夫高行晖墓地供桌一，均为镇内不可移动文物。村东北遗有唐墓群，今半存并有石像生。交通干道有徐（辛庄）尹（各庄）路。

## 小营村
## Xiǎoyíng Cūn

通州区宋庄镇辖村。位于镇域中北部，六环路与窑平路交会处东南侧。北至内军庄村，南至小庞村，西至岗子村。面积约 2.78 平方千米。户籍人口 1329 人，常住人口 1755 人。1983 年 7 月设立村委会，辖小营、小庞村两个自然村。明代，此地原为军队屯田营驻之地，胡姓至此为通州叶姓人家看守坟地，形成聚落后依姓曾名胡家营。后王、张、曹等姓相继至此定居，因聚落较小而改称小营至今。（清乾隆《通州志》载：“小营，离城二十一里。”）1948 年后，该村由顺义县所辖，1950 年 6 月后划归通县。1953 年 5 月至 1956 年 7 月，为九区（楼梓庄区）小营乡政府驻地。该村曾发现有大片瓦渣地，村民挖菜窖时曾挖出各类陶器和带有绳印的砖块，故此地疑为古聚落遗址。交通干道有窑（北窑上）平（家疃）路。

## 小庞村
## Xiǎopáng Cūn

通州区宋庄镇小营村所辖自然村。位于镇域中北部，京秦高速公路与东六环路交会处北侧。北至小营村，东至翟里村，南至大庞村。隶属小营村委会。清代，一部分人自大庞村迁出于此建村，因聚落较小故名。（清乾隆《通州志》载：“小庞村，离城十六里。”）1948 年后，该村由顺义县所辖，1950 年 6 月后划归通县。交通干道有窑（北窑上）平（家疃）路。

## 内军庄村
## Nèijūnzhuāng Cūn

通州区宋庄镇辖村。位于镇域中北部，

徐平路与窑平路交会处东北侧。北至区界，东至平家疃村，南至小营村，西南至王辛庄村。面积约2.86平方千米。户籍人口1586人，常住人口1900人。1983年7月设立村委会。明代，因该村处属内军的封地，居民姓氏多为赐姓，形成聚落后故名。（清乾隆《通州志》载："内军庄，离城二十里。"）1948年后，该村由顺义县所辖，1950年6月后划归通县。交通干道有徐（尹路）平（家疃）路。

## 徐辛庄村
## Xúxīnzhuāng Cūn

通州区宋庄镇辖村。位于宋庄镇中部，徐尹路与徐平路交会处。北至小营村，东至大庞村，南至沟渠庄村，西至草寺村。面积约1.27平方千米。户籍人口1663人，常住人口2300人。1983年7月设立村委会。明代，邓姓首至该地定居建村，因姓而名邓辛庄。清初，徐姓大户迁此，更名为徐家辛庄。（清乾隆《通州志》载："徐家辛庄，离城十八里。"）清晚期，村名中的"新"字被"辛"字同音替代而称徐辛庄至今。（清光绪《通州志》载："徐辛庄，城北十八里。"）1948年后，该村由顺义县所辖，1950年6月后划归通县。1956年7月后，为徐辛庄乡政府驻地；1958年9月后，为宋庄公社徐辛庄管理区管委驻地；1961年7月后，为宋庄工委管区徐辛庄公社管委驻地；1965年5月后，为徐辛庄公社管委驻地；1983年3月后，为徐辛庄乡政府驻地；1990年后，为徐辛庄镇政府驻地。2001年12月后，与宋庄镇合并，镇政府迁至宋庄镇政府原址。驻村单位有通州区潞州中学、通州区徐辛庄小学、通州区徐辛庄中心幼儿园、徐辛庄卫生院。交通干道有徐（辛庄）尹（各庄）路。

## 沟渠庄村
## Gōuqúzhuāng Cūn

通州区宋庄镇辖村。位于镇域中南部，中坝河西岸、徐双路与宋通路交会处东北侧。北至徐辛庄村，西南至双埠头村，西至通顺路。面积约1.92平方千米。户籍人口1178人，常住人口1947人。1983年7月设立村委会。明代，此地位于中坝河（古潮白河故道）西岸，因村旁遗有潮白河泛滥冲刷而成的沟渠，形成聚落后，故以地貌特征名村而称沟渠庄。（清乾隆《通州志》载："沟渠庄，离城十五里。"）1948年后，该村由顺义县所辖，1950年6月后划归通县。该村北曾遗有明代侍御马经纶墓，今不存。交通干道有通（州）顺（义）路。

## 双埠头村
## Shuāngbùtóu Cūn

通州区宋庄镇辖村。位于镇域中南部，中坝河西岸、徐双路与双疃路交会处东北侧。东北至沟渠庄村，南至路苑北街，西至通顺路。面积约4.94平方千米。户籍人口2978人，常住人口7160人。1983年7月设立村委会。此地濒临潮白河故道（今中坝河），秦代以后因经此河运输军需以济边关而于此建有两座码头。元代，王、吴、常等姓族人先后至此定居建村，曾名双码头。明代，因大量船只经此，渐成商埠，故更名双埠头至今，俗称双埠（fǔ）头。（清乾隆《通州志》载："双埠头，离城十二里。"）1948年后，该村由顺义县所辖，1950年6月后划归通县。1953年5月至1956年7月，为九区（楼梓庄区）双埠头乡政府驻地。该村为中国著名书画家，奇石收藏家张源出生地。2011年，荣获"全国妇联基层组织建设示范乡（镇、街道）"

称号。该村西北遗有唐辽墓群，今半存。交通干道有徐（辛庄）双（埠头）路。

## 尹各庄村
## Yǐngèzhuāng Cūn

通州区宋庄镇辖村。位于镇域中西部，温榆河东、壁富路与徐尹路交会处西南侧。北至寨里村，东至小中河，南至富豪村。面积约 2.91 平方千米。户籍人口 2362 人，常住人口 3300 人。1983 年 7 月设立村委会。明代，尹姓首至此地定居，后傅姓相继而至，形成聚落后以尹姓名村称尹各庄至今。（清乾隆《通州志》载："尹各庄，离城十五里。"）1913 年至 1948 年，通县国民政府曾于此设骡马交易市场。1948 年 12 月后由顺义县管辖，1950 年 6 月划归通县，曾为通县三区楼梓庄区公所驻地；1956 年 7 月至 1958 年 4 月，为尹各庄乡政府驻地；1958 年 9 月后，为宋庄公社尹各庄管理区管委驻地；1961 年 7 月至 1965 年 5 月，为宋庄工委管区尹各庄公社管委驻地。该村曾遗有明代所建关帝庙一座，主祀关羽，今仅余记碑一通。该村西南耕地中安葬有在辽沈战役中负伤，入关后因医治无效光荣牺牲的几十名解放军烈士陵园一处，为镇内不可移动文物。驻村单位有通州区明星小学、通州区宋庄镇尹各庄幼儿园。交通干道有壁（半壁店）富（豪）路。

## 草寺村
## Cǎosì Cūn

通州区宋庄镇辖村。位于镇域中西部，通顺路与草尹路交会处东北侧。北至岗子村，东至徐辛庄村，东南至双埠头村，西南至尹各庄村。面积约 2.61 平方千米。户籍人口 1377 人，常住人口 2879 人。1983 年 7 月设立村委会。明初，迁徙民至此，于百草丛生的低洼之地东侧定居建村，曾以地貌特点名村称百草洼。后于村西草地建寺庙一座，因其规模较小而名草洼寺，形成聚落后村以寺名而称草寺。（清乾隆《通州志》载："草寺，离城十八里。"）清代，此寺扩建后更名为碧霞宫，而村名一直未变。1948 年后，该村由顺义县所辖，1950 年 6 月后划归通县。该村所建碧霞宫在"文化大革命"期间被拆除，今仅存重修庙碑身二。此宫俗称娘娘庙，旧时每年农历四月十七至十九举行庙会，20 世纪 50 年代初期庙拆会停。村南曾遗有清礼部尚书张允随墓，"文化大革命"期间被毁。村内中街西侧遗有明成化间焦亮墓神道石虎头。其村北遗有清乾隆御制徐元梦墓碑一通，现立于村北观文堂院内，为区级文物保护单位。以上所述焦亮墓神道石虎头以及徐元梦墓碑均为镇内不可移动文物。清代，曾设铺递于此。交通干道有通（州）顺（义）路。

## 岗子村
## Gǎngzi Cūn

通州区宋庄镇辖村。位于镇域西北部，小中河东、通顺路与窑平路交会处东南侧。北至北窑上村，东至小营村，南至草寺村。面积约 0.89 平方千米。户籍人口 372 人，常住人口 717 人。1983 年 7 月设立村委会。清初，此地为一较大土岗，迁民至此后于土岗处定居，并建起砖窑以烧制砖瓦为业。至清中期已形成聚落，因其建在土岗之上而称岗子上。（清乾隆《通州志》载："岗子上，离城二十里。"）至清光绪间该村已分化为南北两个聚落，并开始分称，该村名未变。民国初年始简称岗子至今。1948 年后，该村由顺义县所辖，1950年6月后划归通县。1953年5月至1956年7月，为九区（楼梓庄区）岗子乡政府驻地。交通干道有通（州）顺（义）路。

## 北窑上村
Běiyáoshàng Cūn

通州区宋庄镇辖村。位于镇域西北部，小中河东、通顺路与窑平路交会处东北侧。北至区界，东至王辛庄村，南至岗子村。面积约1.97平方千米。户籍人口990人，常住人口2210人。1983年7月设立村委会。清代，此地为一较大土岗。迁民至此后于土岗处定居建村，并建起土窑以烧制砖瓦为业。至清中期已形成聚落，因其建在土岗之上而称岗子上。（清乾隆《通州志》载："岗子上，离城二十里。"）至清晚期，该村已分化为南北两个聚落，此聚落因位于土窑近处而称窑子。（清光绪《顺天府志》载："治北二十里，窑子。"）民国初年因其位于土窑之北而雅称窑上。1981年因县域内重名，且此村位于北而改称今名。1948年后，该村由顺义县所辖，1950年6月后划归通县。该村南口外以东原东陵御道之侧曾遗有清惇亲王奕综（道光帝第五子）墓，此墓规制较高，抗日战争间被盗，"文化大革命"期间被毁。交通干道有通（州）顺（义）路。

## 王辛庄村
Wángxīnzhuāng Cūn

通州区宋庄镇辖村。位于镇域西北部，六环路与窑平路交会处。东至小营村，南至岗子村，西至北窑上村。面积约0.56平方千米。户籍人口215人，常住人口298人。1983年7月设立村委会。清初，此处被圈占为墓地，由王姓看守，形成聚落后以姓成村称王家辛庄。（清乾隆《通州志》载："王家辛庄，离城十八里。"）民国初，始称王辛庄至今。1948年，该村由顺义县所辖，1950年6月后划归通县。该村南古东陵御道旁曾遗有清二等镇国将军载津（惇亲王奕誴第五子）墓，抗日战争时期被盗，"文化大革命"时期被毁。交通干道有窑（北窑上）平（家疃）路。

## 寨里村
Zhàilǐ Cūn

通州区宋庄镇辖村。位于镇域西北部，壁富路与窑管路交会处东北侧。北至寨辛庄村，东至北窑上村，南至尹各庄村，西北至葛渠村。面积约0.46平方千米。户籍人口659人，常住人口900人。1983年7月设立村委会。该村名的含义和由来说法有二：其一是：明初，迁徙民至此定居建村，因聚落周围建有木寨而名寨里庄。"文化大革命"期间，于该村村北土岗出土的明荣禄大夫应城伯孙亨墓志载："以永乐二十一年（1423）五月十一日，（孙亨）葬于通州寨里庄山之原。"据此可知，墓志中所载寨里庄即为今寨里村，所谓"山"即指村北之土岗。清代始称寨里至今。（清乾隆《通州志》载："寨里，离城十八里。"）其二是，明初，北京城内一些归顺明朝的蒙古族人被朝廷安排至此放牧牛羊，因其为圈住牛羊所搭建的栅栏和围墙被称作"寨子"，加之此村建有基层行政组织"里"，故名寨里。1948年后，该村由顺义县所辖，1950年6月后划归通县。"文化大革命"时期，该村北原高岗处曾出土明杨隐及夫人墓志一合。村西格拉斯小镇内尚存明代温榆河故道古遗址一处，为镇内不可移动文物。村北曾遗有汉代墓群，今不存。交通干道有壁（半壁店）富（豪）路。

## 寨辛庄村
Zhàixīnzhuāng Cūn

通州区宋庄镇辖村。位于镇域西北部，窑管路与寨辛路交会处东侧。北至区界，东至北窑上村，南至寨里村，西至葛渠村。面积约1.41平方千米。户籍人口1297人，常住人口1770人。1983年7月设立村委会。清初，军队曾驻此以维持地方治安并协助圈地。清军撤走后，寨里村部分村民迁此定居建村，称寨里新庄。民国初始，村名中的“新”字被“辛”字同音替代而称寨里辛庄，民国晚期简称寨辛庄至今。1929年之前该村为顺义县所属，1946年以后划归通县。1948年后，复为顺义县所属，1950年6月后再为通县所辖。交通干道有壁（半壁店）富（豪）路。

## 富豪村
Fùháo Cūn

通州区宋庄镇辖村。位于镇域西南，温榆河东、通顺路与壁富路交会处北侧。北至尹各庄村，东至双埠头村，南至北马庄村。面积约5.12平方千米。户籍人口4056人，常住人口5274人。1983年7月设立村委会。该村金代成村，建龙兴寺，始称富豪。（明嘉靖《通州志略》载：“龙兴寺，在富豪一乡，天会七年建。”）因该村位于富河（温榆河别称）之滨，村以河名也称富河。明初曾称富豪庄。（清康熙《通州志》载：“隆兴寺，在州城北富豪庄，金天会七年建。”）清中期复称富河。（清乾隆《通州志》载：“富河，离城八里。”）自民国初期始，富河再称富豪至今。1948年后，该村由顺义县所辖，1950年6月后划归通县。1953年5月至1956年7月，为九区（楼梓庄区）富豪乡政府驻地。该村西南部遗有明代所建灵佑宫一座，俗称娘娘庙，今仅残存后殿及重修碑一，另存古槐一株。遗有清代所建真武庙一座，现仅存残破正殿三间。上述所遗灵佑宫及真武庙均为镇内不可移动文物。“文化大革命”期间，于村东出土清顺治间赵仁轩墓志一合，磨蚀严重。该村于金天会间所建隆兴寺，主祀千手观音，以示佛教兴隆之义，今不存，曾余磨泐严重的汉白玉幢身一，今去向不明。村北曾遗有战国墓群，今不存。驻村单位有通州区富豪小学。交通干道有壁（半壁店）富（豪）路。

# 张家湾镇

## 南大化村
Nándàhuà Cūn

通州区张家湾镇辖村。位于镇域南部，张采路与牛样路交会处西南侧。北至北大化村，东南至柳营村，西南至坨堤村，西北至陆辛庄村。面积约0.92平方千米。户籍人口568人，常住人口685人。1983年8月设立村委会。该村名的含义和由来说法有二，其一是：元代，该村位于漷州初治之西北，时称柳林地区。至元间，元世祖忽必烈曾多次至此，并建有行宫、花园。形成聚落后，因该村位于南大花园处，故以园名村，称南大花园。明时简称南大花。清初，村名中的“花”被“化”同音替代而改称南大化至今。（清乾隆《通州志》载：“南大化，离州城三十里。”）其二是：元至元十七年（1280）十月，置大都营田提举司于漷州柳林，掌管各少数民族移民至此地区屯田事宜。此后到来的少数民族移民中，来自广西的大化（今大化瑶族自治县）人不忘自己的民族和家乡，将他们的移居之地称为“大化”。又因定居在一片大水泊（今称北大洼）之南，故名南大化，俗称南大（dài）化（fū）。村内尚遗明代所建关帝庙旗杆座一，为镇内不可移动文物。驻村单位有通州区张家湾镇南大化幼儿园。交通干道有张（家湾）采（育）路。

## 北大化村
## Běidàhuà Cūn

通州区张家湾镇辖村。位于镇域中南部，张采路与潞西路交会处西侧。北至三间房村，东至潞观村，南至南大化村，西至陆辛庄村。面积约 2.67 平方千米。户籍人口 1965 人，常住人口 3700 人。下辖北大化和潞观 2 个自然村。1983 年 8 月设立村委会。该村名的含义和由来说法有二，其一是：元代，该村位于漷州初治之西北，时称柳林地区。至元年间，元世祖忽必烈曾多次至此，并建有行宫、花园。形成聚落后，因该村位于北大花园处，故以园名村称北大花园。明时简称北大花。清初，村名中的“花”被“化”同音替代而改称北大化至今。（清乾隆《通州志》载：“北大化，离州城二十里。”）其二是：元至元十七年（1280）十月，置大都营田提举司于漷州柳林，掌管各少数民族至此地区屯田事宜。在此后到来的少数民族移民中，来自广西的大化（今大化瑶族自治县）人不忘自己的民族和家乡，将他们移居之地称为“大化”。又因定居在一片大水泊（今称北大洼）之北，故名北大化，俗称北大（dài）化（fū）。交通干道有张（家湾）采（育）路。

## 潞观村
## Lùguān Cūn

通州区张家湾镇北大化村辖村。位于镇域中南部，张采路与潞西路交会处。北至三间房村，东至垡头村，南至柳营村，西至北大化村。该村名的含义和由来说法有二，其一是：元代，该地处于漷州初治与柳林行宫间的大道旁，官家在此设关检查过往行人而曾名路关。清初，因以村名中的“潞”与“观”同音替代“路”、与“关”而改称潞观至今。（清乾隆《通州志》载：“潞观，离州城二十四里。”）其二是：元代，一道士择此建造一座名为“露云观”的道观，雇佣长工耕种道观土地，形成聚落后便以观名村称露观。后“潞”同音替代“露”而改称潞观。交通干道有张（家湾）采（育）路。

## 样田村
## Yàngtián Cūn

通州区张家湾镇辖村。位于镇域西南部，凉水河东岸、潞西路与九周路交会处南侧。北至小沈庄村，东至陆辛庄村，东南至高营村。面积约 1.13 平方千米。户籍人口 814 人，常住人口 808 人。1983 年 8 月设立村委会。明代，此地为屯种之所。《明史·食货志一》：“永乐初，定屯田官军赏罚例：岁食米十二石外余六石为率，多者赏钞，缺者罚俸。又以田肥瘠不同，法宜有别，命官军各种样田，以其岁收之数相考较。”“样田”即样板田。每年岁末，朝廷均按照样板田的收成情况，来作为评定军屯的业绩和收缴税收的标准。该村处即为当时朝廷确定的“样田”所在，故名。（清光绪《顺天府志》载：“治西南二十五里，样田。”）当年，这些样田地块排列起来如同棋盘，到 1974 年时该村东仍存有被称为“大棋盘”和“小棋盘”的两块耕地，当是其时样田之遗址。交通干道有九（棵树）周（营）路。

## 姚辛庄村
## Yáoxīnzhuāng Cūn

通州区张家湾镇辖村。位于镇域东部，北运河西、京塘路与通香路交会处西北侧。

北至里二泗村，西南至吴营村，西北至烧酒巷村。面积约1.51平方千米。户籍人口741人，常住人口944人。1983年8月设立村委会。明初，在移民运动中，迁民姚姓首至此地定居屯田，建设新村，形成聚落后以姓名村称姚家新庄。（清乾隆《通州志》载："姚家新庄，离州城三十里。"）清晚期，因村名中的"新"字被"辛"字同音替代而改称姚家辛庄。（清光绪《通州志》载："姚家辛庄，城南三十五里。"）民国初年始称姚辛庄至今。村中尚遗有20世纪60年代所构筑的瞭望塔一座，为镇内不可移动文物。交通干道有（北）京塘（沽）路。

## 北许场村
Běixǔchǎng Cūn

通州区张家湾镇辖村。拆迁前位于镇域西北部，京塘路与张凤辅路交会处东南侧。镇政府驻此。北至上马头村，东北至张辛庄村，南至南许场村，西南至皇木厂村。面积约0.04平方千米。户籍人口286人，常住人口360人。1983年8月设立村委会。清末，许姓光祖、念祖、振祖三兄弟偕全家自东北至此定居务农，始在南北两处分设场院。后念祖去世，许氏分家，许振祖分得北场，形成聚落后故名北许场至今。1990年后，张家湾镇政府迁此。2001年12月后，牛堡屯镇并入，合并设立张家湾镇。2000 年实施旧村改造，2006年迁至北许场新村。驻村单位有通州区张家湾中学。交通干道有张（家湾）凤（河营）辅路。

## 南许场村
Nánxǔchǎng Cūn

通州区张家湾镇辖村。位于镇域北部，张梁路与张凤辅路交会处西北侧。北至北许场村，东至梁各庄村，南至张湾镇村，西至张湾村。面积约0.33平方千米。户籍人口463人，常住人口729人。1983年8月设立村委会。清末，许姓光祖、念祖、振祖三兄弟偕全家自东北至此定居务农，在南、北两处分设场院。不久念祖去世，许氏分家，许光祖分得南场，形成聚落后故名。交通干道有张（家湾）凤（河营）辅路。

## 马营村
Mǎyíng Cūn

通州区张家湾镇辖村。拆迁前位于镇域西北部，凉水河东、京哈高速公路与张采路交会处北侧。西北至宽街村，东至小辛庄村，南至牌楼营村。面积约0.28平方千米。户籍人口332人，常住人口1832人。1983年8月设立村委会。明初，迁民马姓首至此地定居建村，并以官府营田吏役身份，组织农民以军队屯田形式设"营"进行屯垦，形成聚落后便以马姓名村，称马家营。（清乾隆《通州志》载："马家营，离城十二里。"）清末民国初始称马营，民国后期曾有前后之分称，新中国建立后统称马营至今。今村内已无马姓。1953年5月至1956年7月，为六区（张家湾区）马营乡政府驻地。2005年，对旧村进行改造，于原址建设新村，年内迁入新址。交通干道有张（家湾）采（育）路。

## 牌楼营村
Páilóuyíng Cūn

通州区张家湾镇辖村。位于镇域中西部，凉水河东、京哈高速公路与张采路交会处东南侧。东北至瓜厂村，东南至大辛庄村，西南至齐善庄村。面积约1.23平方千米。户籍人口1075人，常住人口1340人。1983年

8月设立村委会。相传，辽时此地为辽圣宗耶律隆绪及其母萧太后屯兵点将之所，村东南曾建有点将台（今称将台地），并在此建有行宫和高大的行宫牌楼。明初迁徙民至此，于牌楼前后分别定居建村，逐渐形成两个聚落，依其所在位置分别称前牌楼营和后牌楼营。（清乾隆《通州志》载：“前、后牌楼营，离城十五里。”）清末民国初两聚落合并称牌楼营至今。1953年5月至1955年3月，为五区（牛堡屯区）牌楼营乡政府驻地。该村东曾遗有汉墓群，今半存。交通干道有张（家湾）采（育）路。

## 齐善庄村
## Qíshànzhuāng Cūn

通州区张家湾镇辖村。位于镇域中西部，凉水河东、张采路与齐善庄路交会处西侧。东北至牌楼营村，东至大辛庄村，西南至南桃园村。面积约1.02平方千米。户籍人口1035人，常住人口1240人。1983年8月设立村委会。清代，单姓首至此地东部定居，以姓成村称单家庄。（清乾隆《通州志》载：“单家庄，离城十五里。”）清末民国初，因以“善”同音替代“单”而改称善家庄，简称善庄。善庄西部为齐家场院，形成聚落后称齐家场。（清乾隆《通州志》载：“齐家场，离城十五里。”）民国中后期始称齐场。1946年前后，二村合并称今名。至今，村中仍有分称善庄和齐场的习惯。交通干道有张（家湾）采（育）路。

## 后坨村
## Hòutuó Cūn

通州区张家湾镇辖村。位于镇域南部，漷马路与后坨路交会处。东北至西永和屯村，东南至前南关村，西南至牛堡屯村。面积约0.78平方千米。户籍人口449人，常住人口560人。1983年8月设立村委会。明代，迁徙民至此高坨上定居，形成聚落后又因其位于牛堡屯之北，故名。该村东北尚遗有汉墓群，今半存。驻村单位有牛堡屯卫生院。交通干道有漷（县）马（驹桥）路。

## 前南关村
## Qiánnánguān Cūn

通州区张家湾镇辖村。位于镇域东南部，漷马路与北前后路交会处。北至后南关村，东南至北仪阁村，西南至小耕垡村，西至牛堡屯村。面积约0.43平方千米。户籍人口246人，常住人口270人。1983年8月设立村委会。元至元十三年（1276），因皇家“捺钵”之需要，升漷县为漷州，州治置于柳林镇（即今西永和屯村西和大北关村南的砖渣地一带），柳林镇史称旧州。明代，因此村位于旧州之南关，形成聚落后便以此名村而称南关。（清乾隆《通州志》载：“南关，离州城三十里。”）民国后期，因该村由南北两部分组成，此村位于南而改称前南关至今。交通干道有漷（县）马（驹桥）路。

## 后南关村
## Hòunánguān Cūn

通州区张家湾镇辖村。位于镇域东南部，漷马路与北前后路交会处。北至西永和屯村，东至后青山村，南至前南关村，西至牛堡屯村。面积约0.63平方千米。户籍人口372人，常住人口400人。1983年8月设立村委会。元至元十三年（1276），因皇家“捺钵”之需要，升漷县为漷州，州治置于柳林镇（今西永和屯村西和大北关村南的砖渣地一带），柳林镇史称旧州。明代，因此村位于旧州之南关，形成聚落后便以此名村而称南关。（清乾隆《通州志》载："南关，离州城三十里。"）民国后期，因该村由南北两部分组成，此村位于北而改称后南关至今。该村西口外以北曾有法宝寺一座，是寺明建清修，相传为京东八大寺之一，其山门远在5里之外的大耕垡村，僧徒开关山门须骑驴往返。清乾隆帝自东陵返回南苑团河行宫经此祭拜，故前殿明间楣额处曾悬"皇帝万岁万岁万万岁"金字匾一块，今寺不存，仅在村西北角处存有是寺遗址一处，为镇内不可移动文物。交通干道有漷（县）马（驹桥）路。

## 东永和屯村
Dōngyǒnghétún Cūn

通州区张家湾镇辖村。位于镇域东南部，张凤路与东西永屯路交会处北侧。西北至小北关村，东至王各庄村，东南至苍上村，西至西永和屯村。面积约1.55平方千米。户籍人口505人，常住人口505人。1983年8月设立村委会。元时该村处原为柳林行宫旧址。元末，此地曾连续遭受两次战争破坏。清初，战争过后，百姓祈盼永久和平，便将聚落称为永和屯，为漷县十五里屯之一。（明嘉靖《通州志略·坊里》载："漷县，永和屯"）明永乐年间，在大迁民运动中，随来杨、朱二姓大户分别于一水塘东西两处定居并屯田生产。至清初，以水塘为界逐渐形成两个较大聚落，杨姓家族位于东，将村名中的"和"改"河"而称东永河屯。（清乾隆《通州志》载："东永河屯，离州城三十五里。"）清晚期，村名中"河"改"和"而称东永和屯，俗称东永屯至今。（清光绪《通州志》载："东永和屯，城南三十五里。"）自元至元十三年始，漷阴县擢升为漷州，州治始设在该村西（今砖砟地处），不久南迁至今天津市武清县河西务村。该村曾遗有龙王庙一座，今不存，仅余清代所植古槐一株。村东遗有柳林海子和延芳淀遗址以及汉代砖井一，均为镇内不可移动文物。交通干道有张（家湾）凤（河营）路。

## 西永和屯村
Xīyǒnghétún Cūn

通州区张家湾镇辖村。位于镇域东南部，漷马路与东西永屯路交会处北侧。西北至小北关村，东至东永和屯村，南至后南关村，西至牛堡屯村。面积约1.61平方千米。户籍人口720人，常住人口790人。1983年8月设立村委会。元时该村处原为柳林行宫旧址。元末，此地曾连续遭受两次战争破坏。清初，战争过后，百姓祈盼永久和平，便将聚落称为永和屯，为漷县十五里屯之一。（明嘉靖《通州志略·坊里》载："漷县，永和屯"）明永乐年间，在大迁民运动中，随来杨、朱二姓大户分别于一水塘东西两处定居并屯田生产。至清初，以水塘为界逐渐形成两个较大聚落，朱姓家族位于西，将村名中的"和"改"河"而称西永河屯。（清乾隆《通州志》载："西永河屯，离州城三十五里。"）清晚期，村名中"河"改"和"而称西永和屯，俗称西永屯至今。（清光绪《通州志》载："西永和屯，城南三十五里。"）1953年5月至1956年7月，为五区（牛堡屯区）西永和屯乡政府驻地。该村之西有一块耕地，地面多碎砖块，俗称"砖渣地"。《通县地名志》称，此处曾为元至元十八年（1281）元世祖忽必烈所建柳林行宫旧址，为辽主"纳钵"之地。历史上此地曾发生两次战事。元至正十五年（1355）三月，红巾军首领毛贵率兵北伐攻克枣林（今枣林庄），进而围攻柳林不成而败回山东；明洪武元年（1368）大将徐达领兵驻此，攻陷大都（今北京）继而将行宫焚毁。该村西北尚遗有汉墓群，今半存。该村大部分村民姓朱，家族历来重视家风的承继，崇文重教，耕读传家。至今家族内仍保存有初修于明崇祯四年（1631）的《朱氏族谱》，历史上也曾出现留名桑梓的教育文化人士。在朱氏家风的影响下，族人多习书法、绘画，对子女就学读书十分重视，朱氏家族文脉薪火相传，已成为地区世家文化传承和发展的先例。该村以种植叶类蔬菜为主，为全区重要的叶类蔬菜生产区。交通干道有漷（县）马（驹桥）路。

## 柳营村
## Liǔyíng Cūn

通州区张家湾镇辖村。位于镇域南部，张采路与南大化路交会处西侧。西北至南大化村，东北至大北关村，南至牛堡屯后街。面积约 0.94 平方千米。户籍人口 544 人，常住人口 940 人。1983 年 8 月设立村委会。明初，山西柳姓迁民首至此地定居建村，并以官府营田吏役身份，组织农民以军队屯田形式设“营”进行屯垦，形成聚落后便以姓名村称柳家营。(清光绪《顺天府志》载：“治南三十里，柳家营。”）清末民国初始称柳营至今。现该村尚有 80% 以上的村民为柳姓。村内尚遗明代所建关帝庙一座，2008 年重修，今余正殿三间，保存完好，为镇内不可移动文物。交通干道有张（家湾）采（育）路。

## 贾各庄村
## Jiǎgèzhuāng Cūn

通州区张家湾镇辖村。位于镇域东北部，定福庄路与梁上路交会处西南侧。西北至东定福庄村，东南至上店村，南至烧酒巷村。面积约 0.71 平方千米。户籍人口 315 人，常住人口 420 人。1983 年 8 月设立村委会。元末，贾、武、温三姓至此地定居，形成聚落后，因贾姓为大户以姓成村称贾各庄至今。（清乾隆《通州志》载：“贾各庄，离城二十里。”）该村西南尚遗有汉墓群，今半存。交通干道有梁（各庄）上（店）路。

## 王各庄村
## Wánggèzhuāng Cūn

通州区张家湾镇辖村。位于镇域东南部，张凤路与王各庄路交会处东侧。东北至唐头村，东南至马府村，西至东永和屯村。面积约 1.37 平方千米。户籍人口 546 人，常住人口 612 人。1983 年 8 月设立村委会。明代，王、葛二姓至此地定居，形成聚落后以葛姓成村而名王葛庄。清初，因“葛”字被“各”字音近替代，加之聚落较小而改称小王各庄。（清乾隆《通州志》载：“小王各庄，离州城三十五里。”）民国末年改称王各庄，当地人俗称“小王庄”或小王庄（zhāng）。在 1981 年调整县域内村名时，因此村重名且位于北曾拟将其更名为北王各庄，但此议并未实行而继续使用原名至今。该村东北尚遗有汉元墓群，今半存。交通干道有张（家湾）凤（河营）路。

## 牛堡屯村
## Niúbǎotún Cūn

通州区张家湾镇辖村。位于镇域南部，漷马路与张采路交会处。区域内古镇之一。北至后坨村，东至前南关村，东南至小耕垡村，西至小杜社村。该村名的含义和由来说法有二：其一是，该村处位于古延芳淀西南 3 千米，元代漷州初治西南 1.5 千米，土地肥沃，水草丰盛，十分适合放牧、屯田。为此，村周筑有土围，晚间将牛圈入，故名牛堡。明代山西迁徙民至此屯田，形成聚落后故名牛堡屯。清乾隆间，邢姓大户至村北毗邻处落户，渐成街巷，因姓曾名牛堡邢家街，俗称后邢街，简称后街，为牛堡屯一部分。其二是，元代，今牛堡屯村位于柳林海子附近，是柳林行宫之所在（《读史方舆纪要》载："柳林，在〈漷〉县西。元至元十八年，如漷州，如柳林。是后，皆以柳林为游畋之地，建行宫于此。"）其中汉语之"行宫"即为契丹语的"捺钵"，也是辽代以后金元两朝皇帝出行所沿用的专用名词。"捺钵"在元朝的有关文献中谓之"纳宝"，也写作"纳钵"。按照古时记录地名记音不记字和语言大众化的习惯，"纳宝"当为"牛堡"的原始语音。另外，据有关史料记载，元初曾在柳林地区进行屯田，并建有屯田管理机构，因此逐渐形成具有地标意义的村落"纳钵屯"。后随着时间的推移，村名不断汉化，"纳堡屯"逐渐演变为"牛堡屯"至今。清中期，牛堡邢家街形成后，原牛堡屯因位于南而改称牛堡屯前街。（清乾隆《通州志》载："牛堡邢家街，离州城三十里。""牛堡屯前街，离州城三十里。"）清晚期，牛堡屯前街复称牛堡屯，牛堡邢家街改称牛堡屯邢家街。（清光绪《通州志》载："牛堡屯，城南三十里。""牛堡屯邢家街，城南三十里。"）民国初年，牛堡屯逐渐形成两个聚落，分称牛堡屯前街和中街，邢家街改称牛堡屯后街。新中国建立后分称牛堡屯前、中、后街至今。1983年8月，分别设立牛堡屯前街、中街和后街3个村委会。其中，前街面积约3.33平方千米。户籍人口2511人，常住人口2607人。中街面积约2.42平方千米。户籍人口1778人，常住人口2385人。后街面积约1.16平方千米。户籍人口735人，常住人口812人。1949年10月后，为五区（牛堡屯区）区公所驻地；1953年5月后，为五区（牛堡屯区）区公所和牛堡屯乡政府驻地；1955年3月后，为牛堡屯区公所和牛堡屯乡政府驻地；1956年7月后，为牛堡屯乡政府驻地；1958年9月后，为牛堡屯公社管委和牛堡屯管理区管委驻地；1961年7月后，为牛堡屯工委管区和牛堡屯公社管委驻地；1965南5月后，为牛堡屯公社管委驻地；1983年8月后，为牛堡屯乡政府驻地；1990年后，为牛堡屯镇政府驻地；2001年12月1日，撤销牛堡屯镇建制，并入张家湾镇。该村中街西遗有汉墓群，今半存。清道光《漷阴志略》载："牛堡屯一、五、三、八日集。"该村今仍设有集市，农历逢一、六为集期。2009年后街村因旧村改造于原址建设新村，至2014年底小部分村民入住新居。中街村于2009年因旧村改造在旧址建设新村，至2014年底小部分村民入住新居。中街村现存民国时期所建275号旧宅和清代烧锅坑遗址，均为镇内不可移动文物。驻村单位有通州区张家湾镇牛堡屯中心幼儿园、通州区牛堡屯学校、牛堡屯卫生院。交通干道有张（家湾）采（育）路和漷（县）马（驹桥）路。

## 前青山村
Qiánqīngshān Cūn

通州区张家湾镇辖村。位于镇域东南部，凤港减河北、漷马路与张凤路交会处东南侧。东北至后青山村，西南至北仪阁村，西至后南关村。面积约0.65平方千米。户籍人口363人，常住人口407人。1983年8月设立村委会。该村名的含义和由来说法有二，其一是：金代，该村北有一高台（即呼鹰台）看似如山，此台上林木繁茂，杂草丛生，故以自然环境特点名村称青山。清初，聚落形成大小两部分，分别称大、小青山。（清乾隆《通州志》载："大青山，离州城二十六里。""小青山，离州城三十里。"）民国初年，因两聚落一南一北，故分称前、后青山，该村因位于南而称前青山至今。其二是：明初，此地曾为随军伙房驻地，因膳食清简，形成聚落后名清膳村，后依谐音将"清膳村"改称青山村。据金延庆院圆照塔幢（"文化大革命"期间于该村西元代所筑呼鹰台上出土）铭文载："（圆照）年十有八岁，礼漷阴县清善村延庆院聪慧大师为师，训名为圆照……建寿幢，以为先备……时大定十八年×月×日建。"由铭文可知，今青山村在金大定十八年（1178）便已成村，且村名为"清善"而并非"清膳"。"青山"应为"清善"谐音演化而来。交通干道有张（家湾）凤（河营）路。

## 后青山村
## Hòuqīngshān Cūn

通州区张家湾镇辖村。位于镇域东南部，漷马路与张凤路交会处东南侧。北至苍上村，东至南六合村，西南至前青山村，西至后南关村。面积约 0.35 平方千米。户籍人口 147 人，常住人口 185 人。1983 年 8 月设立村委会。该村名的含义和由来说法有二，其一是：金代，该村北有一高台（即呼鹰台）看似如山，此台上林木繁茂，杂草丛生，故以自然环境特点名村称青山。清初，聚落形成大小两部分，分别称大、小青山。（清乾隆《通州志》载："大青山，离州城二十六里。""小青山，离州城三十里。"）民国初年，因两聚落一南一北，故分称前、后青山，该村因位于北而称后青山至今。其二是：明初，此地曾为随军伙房驻地，因膳食清简，形成聚落后名清膳村，后依谐音将"清膳村"改称青山村。据金延庆院圆照塔幢（"文化大革命"期间于该村西元代所筑呼鹰台上出土）铭文载："（圆照）年十有八岁，礼漷阴县清善村延庆院聪慧大师为师，训名为圆照……建寿幢，以为先备……时大定十八年×月×日建。"由铭文可知，今青山村在金大定十八年（1178）便已成村，且村名为"清善"而并非"清膳"。"青山"应为"清善"谐音演化而来。该村西遗有金元墓群，今半存。交通干道有漷（县）马（驹桥）路。

## 北仪阁村
## Běiyígé Cūn

通州区张家湾镇辖村。位于镇域东南部，凤港减河北、张凤路与北前后路交会处西侧。西北至前南关村，东北至前青山村，东南至南仪阁村，西南至小耕垡村。面积约 1.38 平方千米。户籍人口 862 人，常住人口 880 人。1983 年 8 月设立村委会。明初平定北方后，该地由重兵驻守，并因其地势较高而成为军队操练场所。为观看军事操练仪式，指挥布阵，于此操练场地南北各搭一棚阁，时称"义阁"，又因基层行政组织"里"设此也称义阁里。清初，该村曾以"义阁里"之名并入塘头里（即今漷县镇唐头）。（清康熙《通州志》载："塘头里，义阁里并入，在州城南漷县。"）清中期，在两棚阁处分别形成村落，此村位于北，且"义"为"仪"的古音而称北仪阁，俗称北仪（nì）阁至今。（清乾隆《通州志》载："北仪阁，离州城三十里。"）清顺治年间，该村刘守祯在朝做承德郎，因政绩突出，其夫妇及其父刘士美夫妇均受到皇帝的敕封。今两份祖传敕命书均由刘姓家族珍藏，至今已历经 10 代 350 余年之久。2000 年 5 月，于村南出土汉代"五铢"与"货泉"铜币 10 余千克。该村成村较早，至今仍保留着大庄户、小庄户的地名，这些地方曾为碎砖瓦砾所覆盖，并先后出土古代炼铜所用的炉灶和废渣，以及若干完整的锅灶，疑为汉代古聚落遗址。该村华兴青铜器复制加工厂的青铜器复制技艺被确定为通州区非物质文化遗产保护项目，传承人李万祥。交通干道有张（家湾）凤（河营）路。

## 坨堤村
## Tuódī Cūn

通州区张家湾镇辖村。位于张家湾镇域西南部，牛高路与三支路交会处西北侧。东北至南大化村，西至高营村，南至小杜社村。面积约 3.66 平方千米。户籍人口 1880 人，常住人口 1931 人。1983 年 8 月设立村委会。明代，南方大户至此，于凉水河支流南岸高坨上建村，后因此坨与河堤连成一体而以地貌成村称坨堤。（清乾隆《通州志》载：“坨堤，离州城三十里。”）今小河故道遗址尚存，部分已辟为养鱼塘。该村有元代漕粮运输大道遗址一处，为镇内不可移动文物。汉至辽代已有人在此村处居住，其村北曾存有汉、辽时期砖墓群遗址，今不存。该村西北尚遗有汉唐墓群，今半存。村内曾有为明真定公主敕赐名觉华寺一座，今不存。［清康熙《通州志》载：“觉华寺，在（漷）县西十八里，明真定公主请敕赐名。”］主要交通干道有牛（堡屯）高（营）路。

## 垡头村
## Fátóu Cūn

通州区张家湾镇辖村。位于镇域中东部，张凤路与垡头路交会处西侧。东北至枣林庄村，南至小北关村，西至潞观村。面积约 4.41 平方千米。户籍人口 2277 人，常住人口 2535 人。1983 年 8 月设立村委会。明代，该村地处延芳淀西北侧，地势低洼，荒草遍地。迁徙民至此后便深耕土地，晾晒土块，种植庄稼。形成聚落后，因此举谓之“垡”，又因村人居于所耕垡土地之一端，故名垡头。（清乾隆《通州志》载：“垡头，离城二十三里。”）村内尚遗清代所建菩萨庙一座，今仅存正殿三间和东西配殿各三间以及古槐一株；该村为牛堡屯地区少量回民聚集地，回民占总人口的 20%，并有建于明代的清真寺一座，1999 年重修，宗教活动正常开展；村东北角遗有民国间地堡一处。以上三项均为镇内不可移动文物。该村西北尚遗有汉墓群，今半存。主要交通干道有张（家湾）凤（河营）路。

## 陆辛庄村
## Lùxīnzhuāng Cūn

通州区张家湾镇辖村。位于镇域西南部，潞西路与四支路交会处西侧。东北至三间房村，东南至南大化村，西北至南火垡村。面积约 3.27 平方千米。户籍人口 1770 人，常住人口 2853 人。1983 年 8 月设立村委会。元代，此地为陆姓地主庄园，时称陆家花园。明初，高、葛、禹三姓至此为陆姓种田护庄，形成聚落后称陆家新庄。明末清初，山东人季潮带领家眷辛氏等至此定居，教人习武。相传此人武艺高强，因其曾为闯王义军将领而被清军抄剿，致使村子被烧。为此季潮返归故里，其妻辛氏带领乡亲重建家园。清中期，因村名中的“陆”字被“路”字同音替代曾名路家新庄。（清乾隆《通州志》载：“路家新庄，离州城二十五里。”）民国间复称陆辛庄至今。1953 年 5 月至 1958 年 4 月，为陆辛庄乡政府驻地；1958 年 9 月后，为牛堡屯公社管委和陆辛庄管理区管委驻地；1961 年 7 月至 1965 年 5 月，为牛堡屯工委管区陆辛庄公社管委驻地。该村习武传统浓厚，其传承人为 80 多岁高龄的高永堂。1978年，村里成立武术队，人员近百人。1986年，建立陆辛庄村武术馆。同年，被北京市体委命名为“武术之乡”，其少林武术被定为区级非物质文化遗产保护项目。另，村内尚遗道教庙宇“三士庙”一座。是庙创建于明初，2002年至2004年，按原规模和形制进行了重建，并保存古槐1株，1989年5月被公布为通州区文物保护单位，为镇内不可移动文物。驻村单位有通州区陆辛庄学校。交通干道有潞（观）西（直河）路。

## 三间房村
## Sānjiānfáng Cūn

通州区张家湾镇辖村。位于镇域中西部，张采路与三间房路交会处西侧。北至齐善庄村，东至枣林庄村，南至北大化村，西至苍头村。面积约1.97平方千米。户籍人口1510人，常住人口1749人。1983年8月设立村委会。明代，山西潘、蔡、林姓3户贫苦移民至此垦荒种田，共同经营豆腐坊生意。清代形成聚落后，因当初3户人家只有三间房屋而称三间房至今。(清乾隆《通州志》载：“三间房，离城二十里。”）1953年5月至1956年7月，为五区（牛堡屯区）三间房乡政府驻地。1942年，日军在该村东修建一座大型军用机场，今其村西口、东口和村中仍保留机窝3座、暗堡1座和水牢1座，均为镇内不可移动文物。中华人民共和国成立后，该机场曾作为军用机场使用。驻村单位有中国人民解放军总参谋部陆航部幼儿园。交通干道有张（家湾）采（育）路。

## 大北关村
## Dàběiguān Cūn

通州区张家湾镇辖村。位于镇域东南部，张采路与大小北关路交会处东侧。东至小北关村，西南至后坨村，西至柳营村，东北至垡头村。面积约1.70平方千米。户籍人口956人，常住人口1100人。1983年8月设立村委会。此地位于元代漷州治所柳林行宫初址，明代称此为旧州（柳林镇）。因该村位于当时旧州城西北，曾名西北关。清代因聚落较大而更名为大北关至今，俗称大北（bēi）关。(清乾隆《通州志》载：“大北关，离州城三十里。”）该村建有旅游采摘景点葡萄大观园，特产葡萄。交通干道有张（家湾）采（育）路。

## 小北关村
## Xiǎoběiguān Cūn

通州区张家湾镇辖村。位于镇域东南部，张凤路与大小北关路交会处西侧。北至垡头村，东至王各庄村，南至西永和屯村，西至大北关村。面积约1.33平方千米。户籍人口542人，常住人口578人。1983年8月设立村委会。此地位于元代漷州治所柳林行宫初址，明代称此为旧州（柳林镇）。因该村位于旧州城东北，故曾名东北关。清代因聚落较小而更名小北关至今，俗称小北（bēi）关。（清乾隆《通州志》载：“小北关，离州城三十里。”）村内有旅游采摘景点碧海园，特产葡萄。交通干道有张（家湾）凤（河营）路。

## 小耕垡村
## Xiǎogēngfá Cūn

通州区张家湾镇辖村。位于镇域南端，凤港减河北、张采路与小耕垡路交会处东侧。东北至北仪阁村，西北至牛堡屯前街村。面积约1.52平方千米。户籍人口703人，常住人口710人。1983年8月设立村委会。明代，该村处荒草遍地，荆棘丛生，地势低洼。迁徙民至此后便开垦荒地，晾晒土块，种植庄稼。清中期，此地渐成两个聚落，此聚落因较邻村大荆垡小，故名小荆垡。（清乾隆《通州志》载：“小荆垡，离州城三十里。”）民国间，因该村生产条件大有改观，再用“荆”字作为村名已实属不雅，故改称小耕垡至今，俗称小耕（jīng）垡至今。交通干道有张（家湾）采（育）路。

## 南火垡村
Nánhuǒfá Cūn

通州区张家湾镇辖村。位于镇域西南部，凉水河南岸、九周路与南火垡路交会处东北侧。东北至苍头村，东南至陆辛庄村，西南至小沈庄村。面积约 2.02 平方千米。户籍人口 1291 人，常住人口 2790 人。1983 年 8 月设立村委会，下辖南火垡、小沈庄两个自然村。该村名的含义和由来说法有二，其一是：明代，此村处地势低洼，荒草遍地。移民郑、李、陈、顾、韩 5 姓人家至此，于凉水河南北两岸定居，放火烧荒，耕垡土地，种植庄稼。形成聚落后因此村处位于河南故名南火垡。其二是：明洪武、永乐年间，山西洪洞县移民至此屯田，为保全自己，不受当地人欺负，便结成异姓兄弟，合伙开垦荒地，一起生产经营，形成聚落后称伙垡。清代，采用古时“同音通假”的用字方法，以“火”通“伙”，加上此村落位于凉水河南而称南火垡至今。（清乾隆《通州志》载：“南火垡，离州城二十二里。”）该村东南有一土台俗称“萧家台子”，台之西北有大片洼地，乃延芳淀淤塞后所形成，据说此台为辽代萧太后至此游幸而名。村西南“山岗子”（黄土岗）曾遗有战国至东汉间墓群，并出土各类文物 100 余件，其中包括战国三翼锥形铜镞、战国马头、西汉彩绘黑陶壶、东汉灰红陶博山器盖等。土岗上面为金姓家族墓，墓地祖茔所埋葬者为清初金姓宗室人物，满清入关后即封地（跑马占圈）于该村之南，其墓曾出土一件二龙戏珠笔洗以及一方砖刻墓志等。村东曾遗有明南京都督府千军都督戚斌墓，俗称戚家坟，1974 年毁，1988 年 9 月出土墓志铭一合与铭文铜镜一面。交通干道有九（棵树）周（营）路。

## 小沈庄村
Xiǎoshěnzhuāng Cūn

通州区张家湾镇南火垡村所辖自然村。位于镇域西南部，凉水河南岸、九周路与沈高路交会处西南侧。东至南火垡村，西南至样田村。隶属南火垡村委会。清代始有沈姓族人至此定居。民国间形成聚落称沈家庄、沈庄，曾为高营附村。民国后期单独建制。新中国成立后改属南火垡村。1981 年因区域内重名且聚落较小而更今名。交通干道有九（棵树）周（营）路。

## 南姚园村
Nányáoyuán Cūn

通州区张家湾镇辖村。位于镇域中西部，凉水河南岸、张采路与齐姚路交会处西南侧。东北至齐善庄村，东南至三间房村，西南至十里庄村。面积约 0.60 平方千米。户籍人口 306 人，常住人口 320 人。1983 年 8 月设立村委会。明代，姚姓首至此地定居建村，以经营菜园为业，形成聚落后以姓成村称姚家园，简称姚园。清初，在疏挖凉水河时，因将河道裁弯取直而使该村分为南北两部分，统称南北姚园。（清乾隆《通州志》载：“南北姚园，离城十七里。”）清晚期，两聚落开始分称单独建制，此村因位于南而称南姚园至今。（清光绪《通州志》载：“南姚园，城南十七里。”）该村遗有汉代古井一，为镇内不可移动文物。该村西南曾遗有汉墓群，今无存。交通干道有张（家湾）采（育）路。

## 瓜厂村
## Guāchǎng Cūn

通州区张家湾镇辖村。位于镇域西北部，凉水河南、张采路与瓜厂路交会处东南侧。东南至何各庄村，西南至牌楼营村，西至马营村。面积约0.76平方千米。户籍人口484人，常住人口504人。1983年8月设立村委会。明代，8户人家首至此地定居，经营存放和销售自南方运来的木瓜，形成聚落后曾名木瓜厂。清初，该村处被圈为恭亲王庄园，称瓜厂至今。（清乾隆《通州志》载：“瓜厂，离城十四里。”）交通干道有张（家湾）采（育）路。

## 皇木厂村
## Huángmùchǎng Cūn

通州区张家湾镇辖村。位于镇域西北部，六环路与京塘路交会处南侧。东北至北许场村，南至张湾村，西北至土桥村。面积约1.01平方千米。户籍人口677人，常住人口777人。1983年8月设立村委会。明初，此地位于张家湾中码头之侧，来自南方各地营造北京皇宫的大木（即皇木）需经此中转至京师。永乐五年（1407），朝廷在此始设皇木厂，用于皇木的加工储存，并敕命宦官、佑司把总署驻此。后运木的脚夫、车户日增，渐成聚落，便以厂名村称皇木厂。民国初始，皇木厂、江米嘴、骆驼巷、小张湾等7个自然村合并组成同一行政村，称皇木厂至今。该村紧邻古代大运河张家湾码头，漕运遗址及文物较多。明、清间建北京所需之皇木、花板石以及供应北方各地的食盐等，均需在此加工存放。当年的皇木厂、花板石场、上下盐场、江米店、骆驼店等遗址处尚可辨认，部分遗址尚存。至今仍保存有出土的46块花板石、3件石权和盐船跳板等。同时，该村曾遗有明时由管理皇木官吏所建关帝庙一座，今不存，仅遗古槐一株，1985年被列为通州区文物保护单位。该村为明万历二年（1574）进士，官至户部尚书的李三才故里。据清光绪《通州志》载，为表彰乡贤李三才政绩，张家湾曾建有“积德昌后坊”，但具体位置、规制、材质均已无考。该村现存有民国间惜字局石匾、大运河北端码头盐厂石刻以及花板石厂遗址，均为镇内不可移动文物。1997年4月，该村实施旧村改造于原址新建。2013年，荣获“全国敬老文明号”称号。驻村单位有阳光双语幼儿园。交通干道有（北）京塘（沽）路。

## 上马头村
## Shàngmǎtóu Cūn

通州区张家湾镇辖村。位于镇域北端，京塘路与六环路交会处东北侧。东北至小圣庙村，东南至张辛庄村。面积约1.32平方千米。户籍人口1768人，常住人口1920人。1983年8月设立村委会。元、明时期，为适应漕运需要，于此处白河（今北运河）东、西两侧各建一座码头，使之成为漕运货物集散地之一。因位于土桥的中码头和张家湾的下码头之北，故分称东上码头和西上码头。清初，两码头处逐渐形成聚落，便分别以码头名村，并以“马”同音替代“码”而分称东、西上马头。（清乾隆《通州志》载：“东、西上马头，离城八里。”）清嘉庆六年（1801），北运河改道东移，二村合为一村。民国初期始称上马头。在1981年调整县域内村名时，因此村与漷县镇马头村易混且位于北，曾拟将其更名为北马头，但此议并未实行而继续使用原名至今。交通干道有（北）京塘（沽）路。

## 张辛庄村
## Zhāngxīnzhuāng Cūn

通州区张家湾镇辖村。位于镇域北部，北运河西岸、宋梁路与京塘路交会处西北侧。东南至梁各庄村，西至上马头村，西北至小圣庙村。面积约 2.53 平方千米。户籍人口 1995 人，常住人口 3916 人。1983 年 8 月设立村委会。明初，张姓至此地北部定居建村，以做鸡毛掸子为生，故曾名鸡翎庄。相传，明末一场大风席卷黄沙从天而降，将村庄掩埋，故迁今址另建新村，以姓成村称张家新庄。（清乾隆《通州志》载：“张家新庄，离城十里。”）清晚期，因村名中的“新”字被“辛”字同音替代而改称张辛庄至今。（清光绪《通州志》载：“张辛庄，城南十二里。”）驻村单位有通州区张辛庄小学。交通干道有宋（庄）梁（各庄）路。

## 梁各庄村
## Liánggèzhuāng Cūn

通州区张家湾镇辖村。位于镇域东北部，北运河西岸、京塘路、宋梁路、武兴路交会处西侧。南至东定福庄村，西至南许场村，西北至张辛庄村。面积约 0.82 平方千米。户籍人口 1530 人，常住人口 1810 人。1983 年 8 月设立村委会。元末，梁姓首至此地定居建村，以姓成村称梁各庄至今。（清乾隆《通州志》载：“梁各庄，离城十二里。”）1953 年 5 月至 1955 年 3 月，为六区（张家湾区）梁各庄乡政府驻地。交通干道有（北）京塘（沽）路。

## 西定福庄村
## Xīdìngfúzhuāng Cūn

通州区张家湾镇辖村。拆迁改造前位于镇域东北部，张凤路与张梁路交会处东南侧，环湖小镇之西。东北至梁各庄村，东至东定福庄村，南至何各庄村，西至张湾镇村。面积约 1.03 平方千米。户籍人口 1236 人，常住人口 2013 人。1983 年 8 月设立村委会。明代，因有护漕千户居此始称千户屯。清代，赵姓定居此地，为求得安定幸福的美好生活取吉语改称为定福庄，也称定富庄。（清乾隆《通州志》载：“定富庄，离城十八里。”）清晚期复称定福庄。（清光绪《通州志》载：“定福庄，城南十五里。”）民国初期，因聚落为东、西两部分组成，曾分称东、西定福庄。民国中期两村合并称定福庄。民国晚期始二村分置，该村位于西而复称西定福庄至今，俗称西定。2006 年，对旧村实施拆迁改造，至 2014 年村民大部分迁至环湖小镇东、西区。驻村单位有通州区张家湾镇张家湾中心幼儿园、张家湾敬老院。交通干道有张（家湾）凤（河营）路。

## 东定福庄村
## Dōngdìngfúzhuāng Cūn

通州区张家湾镇辖村。位于镇域东北部，定福庄路与环湖路之间。北至梁各庄村，东南至贾各庄村，西至西定福庄村。面积约 0.39 平方千米。户籍人口 260 人，常住人口 465 人。1983 年 8 月设立村委会。清初，自定福庄（今西定福庄）迁出数户人家，于村东另建新村，但未形成实体地名，仍为定福庄一部分。民国初期，因聚落为东、西两部分组成，曾分称东、西定福庄。民国中期两村合并复称定福庄。民国晚期始二村分置，该村位于东而复称东定福庄至今，俗称东定。1956 年，因建设需要村落东移至今址。该村南尚遗有汉墓群，今半存。交通干道有（北）京塘（沽）路。

## 土桥村
## Tǔqiáo Cūn

通州区张家湾镇辖村。拆迁前位于镇域西北端，京塘路与张采路交会处东侧。北至砖厂村，东至上马头村，南至岗家坟村，西北至小街村。面积约 0.36 平方千米。户籍人口 1248 人，常住人口 2156 人。1983 年 8 月设立村委会，辖土桥、岗家坟两个自然村。元代，此地位于张家湾至通州的大道旁，郭守敬所开通惠河经此。为方便行旅，于河上架木桥一座，桥面铺以灰土，故称土桥，形成聚落后以桥名村称土桥至今。明初，将木桥改建为石桥（明嘉靖《通州志略》载："土桥，在张家湾，旧以土名，今以石为之。"）桥虽改为石桥但村名未变。（清乾隆《通州志》载："土桥，离城九里。"）今桥已被填埋，但原桥雁翅上的镇水兽饕餮尚存，1959 年 7 月被公布为通州区文物保护单位。在该村至张湾村间的通惠河故道上，存有元、明、清时所建 3 座石桥遗址。遗有元代所建菩萨庙一座，2008 年重修，正殿三间，东西耳房各一间，现保存完好。以上石桥遗址、镇水兽以及菩萨庙均为镇内不可移动文物。另据 1995 年 6 月于梨园镇高楼金村出土的明处士戴芳墓志所载，明成化年间（1465—1487），村东侧不仅建有张家湾上马头，且建有中马头。该村原通惠河南岸，广（通）利桥南端曾有三官庙一座，为明万历间李太后捐帑所建，俗称福德庙，以赐福施德故名，今不存。另有元建明修的通济寺。（明嘉靖《通州志略》载："通济寺，在南城土桥，古刹也。明嘉靖癸未太监辛通等修。"）有宋时所建海藏寺。（明嘉靖《通州志略》载："海藏寺，在城南十三里，宋天圣八年建。"）今均不存。2001 年于该村西考古发现 16 座东汉砖窑与一座唐代砖窑，同时发掘汉、唐古墓 260 余座，出土了铜镜、"五铢"铜币、灰红陶壶等。明代，张家湾巡检司署置此，护漕与镇守地方。1953 年 5 月后，为六区（张家湾区）土桥乡政府驻地；1956 年 7 月后为土桥乡政府驻地；1958 年 9 月后，为张家湾公社土桥管理区管委驻地；1961 年 7 月后，为张家湾工委管区土桥公社管委驻地。1999 年该村实施旧村改造于原址新建，2008 年村民迁入自住楼。交通干道有（北）京塘（沽）路和张（家湾）采（育）路。

## 岗家坟村
## Gǎngjiāfén Cūn

通州区张家湾镇土桥村所辖自然村。位于镇域北端，京塘路与张采路交会处南侧。北至土桥村，东南至皇木厂村。隶属土桥村委会。清初，此处本为一黄土岗，上有冈姓坟茔（所葬何人不详），形成聚落后以此名村称冈家坟。（清乾隆《通州志》载："冈家坟，离城九里。"）民国初年据其地貌特征，以"岗"同音替代"冈"而名岗子村，同时并入土桥。民国晚期复称岗家坟至今，俗称岗坟。1999 年该村实施旧村改造并于原址新建。2008 年村民迁入自住楼。交通干道有张（家湾）采（育）路。

## 高营村
## Gāoyíng Cūn

通州区张家湾镇辖村。位于镇域西南部，九周路与牛高路交会处东北侧。西北至样田村，东至坨堤村，西南至前堰上村。面积约1.97平方千米。户籍人口1348人，常住人口1689人。1983年8月设立村委会。明代，高、董、吕、段四姓人家首至此地定居，之后首户高姓以官府营田吏役身份，组织农民以军队屯田形式设“营”进行屯垦，形成聚落后便以姓名村称高家营。(清乾隆《通州志》载：“高家营，离州城三十五里。”）新中国成立后简称今名。1958年，位于村西南部的白各庄并入。1953年5月至1956年7月，为五区（牛堡屯区）高家营乡政府驻地。交通干道有九（棵树）周（营）路。

## 大高力庄村
## Dàgāolìzhuāng Cūn

通州区张家湾镇辖村。拆迁前位于镇域西北部，萧太后河南岸、张台路与大高力庄路交会处。东至立禅庵村，南至东下营村，西南至田府村。面积约2.25平方千米。户籍人口2828人，常住人口2823人。1983年8月设立村委会。该村名的含义和由来说法有二，其一是：隋、唐时，高丽流民迁徙至幽州（今北京）后，分散到各地定居建村，该村即在此时形成。为不忘故土，流民便以“高丽庄”名村。明代，于此设有邮铺。（明嘉靖《通州志略》载：“高丽庄铺，在州城南一十里。”）清初圈地中，在该庄东北处又形成另一小聚落，两聚落分称大、小高丽庄，并以“力”同音替代“丽”而改称大小高力庄。（清乾隆《通州志》载：“大小高力庄，离城十三里。”）清晚期，两聚落分称大高力庄和小高力庄。（清光绪《通州志》载：“大高力庄，城南十三里。”“小高力庄，离城十三里。”）该村因聚落较大而称大高力庄至今。其二是：据《通县志》所载，唐贞观十九年（645）四月，唐太宗为维护大唐的统一，挥师东征高丽，自幽州（今北京西南）出发途经通县境。十月，将俘获的万余高丽人带回幽州，并安置于州内各地散居。其中一支高丽族人便来到该村处始建高丽庄。元代张家湾所建的高丽寺，就是因此而得名。大约最晚至明中期，高丽人已在这里生活了800余年，生活习俗已完全汉化，以“力”同音替代“丽”而称高力庄至今。1995年6月出土于梨园镇高楼金的明处士戴芳墓志铭载：“成化己亥冬十月一日，处士戴公以疾卒于家。逾四年癸卯，其子升自淮扬回，卜以是年九月十二日，葬高力庄之原。”该村北曾遗有汉墓群，今无存。此处另遗有明代大理寺左寺副李僜隍墓，并出土墓志一合。明代，于该村附近的萧太后河南支和北支上分别建有弥陀石桥（鲜鱼桥）和通利石桥，今无存。明、清年间，曾置邮铺、设烽堠于此。2013年，因开发建设文化旅游区项目拆迁，2014年底村民迁至高丽园小区。交通干道有大高力庄路。

## 施园村
## Shīyuán Cūn

通州区张家湾镇辖村。位于镇域西北部，张台路与唐施路交会处东侧。东北至立禅庵村，东至宽街村，西南至唐大庄村，西北至大高力庄村。面积约0.78平方千米。户籍人口720人，常住人口890人。1983年8月设立村委会。清初，施姓首至此地定居，并负责管理其时为“旗地”的菜园，形成聚落后以姓成村称施家园。（清乾隆《通州志》载：“施家园，离城十三里。”）民国中期简称施园至今。1953年5月至1955年3月，为六区（张家湾区）施园乡政府驻地。交通干道有张（家湾）台（湖）路。

## 立禅庵村
## Lìchán'ān Cūn

通州区张家湾镇辖村。位于镇域西北部，萧太后河南岸、张台路与唐施路交会处西南侧。东南至唐小庄村，西南至施园村，西至大高力庄村。面积约 0.30 平方千米。户籍人口 246 人，常住人口 289 人。1983 年 8 月设立村委会。该村处为唐大历间所建净业院（后改称净业寺和立禅庵）旧址。清乾隆《通州志》载："立禅庵，在州张家湾西门外西店，即唐大历间（766—779）净业院故址。明宣德三年（1428）因址重建改名净业寺。嘉靖（1522—1566）中，僧时宝募修，陆光祖撰记。今名立禅庵。"清初，因此庵临近运河北端客船码头，为进京的水路交汇处，不久便在庵旁形成区域内唯一一座以庵名村的聚落称立禅庵至今。（清乾隆《通州志》载："立禅庵，离城十三里。"）该村东南角外曾遗有琉球国人墓地一处，初葬者为琉球国副贡使杨联桂（汉名），清康熙五十六年（1717）葬，且立有康熙帝谕祭碑。至光绪十四年（1888）此墓地共葬有都通官、陈情都通官、官生等 14 位琉球国人。所葬之人均有较高官职，每座墓前均立有汉字墓碑，今均无存。该村东尚存辽至清代张家湾运河码头遗址一处，为镇内不可移动文物。其村西尚遗汉墓群，今半存。交通干道有张（家湾）台（湖）路。

## 唐小庄村
## Tángxiǎozhuāng Cūn

通州区张家湾镇辖村。位于镇域西北部，张台路与唐施路交会处东南侧。北至立禅庵村，东南至宽街村，西至施园村。面积约 0.08 平方千米。户籍人口 242 人，常住人口 252 人。1983 年 8 月设立村委会。清初，在"圈地"中，唐姓首至此地负责管理"旗地"，并分别在南北两处定居建村，形成大、小两个聚落。因此村居北，聚落较小，故以姓成村称唐家小庄。（清乾隆《通州志》载："唐家小庄，离城十三里。"）民国初期两聚落合称大小唐庄。民国中期单独建制，此村始称唐小庄至今。该村东口以北处遗有辛亥革命时期通州起义司令部负责人王治增墓。1911 年辛亥革命爆发，其积极参与筹划起义事宜。由于叛徒告密，不幸被毅军逮捕并杀害于通州东门外石坝，时年 56 岁。就义后即葬于此，今存其遗物数件于通州博物馆内。交通干道有张（家湾）台（湖）路。

## 宽街村
## Kuānjiē Cūn

通州区张家湾镇辖村。位于镇域西北部，凉水河西岸、张台路与唐施路交会处南侧。西至施园村，西北至唐小庄村。面积约 0.56 平方千米。户籍人口 537 人，常住人口 540 人。1983 年 8 月设立村委会。清代，相传因村中有条较宽的街道而得名宽街。（清光绪《顺天府志》载："治南十三里，宽街。"）交通干道有张（家湾）台（湖）路。

## 十里庄村
## Shílǐzhuāng Cūn

通州区张家湾镇辖村。位于镇域中西部，凉水河南岸、凉水河大堤与四支路交会处。东北至南桃园村，东南至三间房村，西南至苍头村。面积约 0.38 平方千米。户籍人口 180 人，常住人口 213 人。1983 年 8 月设立村委会。明初，牛、赵、李三姓随平定北方部队首至此地定居，形成聚落后，因种植大片石榴树曾名石榴庄。清代，张家湾至苍头大道经此，此村因距张家湾城十里，故更名为十里庄。（清乾隆《通州志》载："十里庄，离城二十里。"交通干道有四支路。）

## 苍头村
## Cāngtóu Cūn

通州区张家湾镇辖村。位于镇域中西部，凉水河南岸、三苍路与三支路交会处。东北至十里庄村，东至三间房村，西南至南火垡村。面积约1.90平方千米。户籍人口1016人，常住人口1186人。1983年8月设立村委会。明初，军士屯田至此，以青巾裹头，形成聚落后名苍头屯。《辞海》释义"苍"作"青"解；又，古时称"士兵"为"苍头"。1987年1月，于张家湾镇南火垡村戚家坟地出土的明南京前军都督府都督佥事戚斌墓志载："公讳斌……成化壬辰十二月一日，殁于正寝。其子旺，卜以明年二月九日，附葬于顺天府通州漷县新河里苍头屯先茔之次。"清晚期，采用古时"同音通假"的用字方法，以"仓"通"苍"而称仓头。（清光绪《通州志》载："仓头，城南二十三里。"）自民国始，"苍"与"仓"每多互讹，直至1983年后，村名才正式确定为苍头至今。清时，通州坐粮厅曾设局在此查税。交通干道有张（家湾）采（育）路。

## 上店村
## Shàngdiàn Cūn

通州区张家湾镇辖村。位于镇域中东部，北运河西、梁上路与小沿河路交会处东北侧。南至里二泗村，西南至烧酒巷村，西北至东定福庄村。面积约2.76平方千米。户籍人口1330人，常住人口1724人。1983年8月设立村委会。该村名的含义和由来说法有二，其一是：元代，白河（今北运河）及京津古道均经于此。上姓首至此地并在河道旁开店，为过往商旅提供食宿供应各种日常用品。后张、王、祁、车四姓相继至此，形成聚落后以上姓成村称上家店。后上姓迁走，名称未变。清初简称上店至今。（清乾隆《通州志》载："上店，离城二十里。"）其二是：至元二十六年（1289）运河漕运开通后，里二泗村建天妃宫，奉祀海神妈祖。为方便过往客商登岸祭祀，宫前曾设有码头，河北岸也相继开设了多家旅店。其中，在两家较大旅店处逐渐形成聚落，夏姓店铺所在聚落称夏家店，简称夏店，因位于东也称下店（即今潞城镇夏店）。另一店铺所在聚落即今村处，因位于西而称上店至今。2008年，在修建梁上路时将村西少许住户隔在路西，俗称小上店，隶属关系未变。该村1956年7月至1958年4月，为上店乡政府驻地；1958年9月后，为张家湾公社上店管理区管委驻地；1961年7月至1965年5月，为张家湾工委上店公社管委驻地。该村为乡贤戴凤池出生地，光绪十八年（1892）运河水溢，是村受灾严重，其由京筹款若干散济贫民；光绪二十年（1894）恩科擢升五品顶戴，宣统元年（1909）赐四品。该村主要特产有樱桃、葡萄等，有京彩之韵旅游采摘园。驻村单位有通州区上店小学。交通干道有（北）京塘（沽）路。

## 里二泗村
## Lǐ'èrsì Cūn

通州区张家湾镇辖村。位于镇域中东部，

北运河西、梁上路与小沿河路交会处东南侧。北至上店村，东南至姚辛庄村，西至烧酒巷村。面积约3.96平方千米。户籍人口2216人，常住人口5500人。1983年8月设立村委会。该村名的含义和由来说法有二，其一是：相传，元时，该村一名为李二的人刚正不阿，死后村民为其建寺纪念，故以寺名村称李二寺。清初，不知何因村名改为里氵二泗。（清乾隆《通州志》载："里氵二泗，离城十七里。"）清晚期，"里氵二泗"中的"氵二 "改为"二"，村名始称里二泗，俗称"里儿泗"。（清光绪《通州志》载："里二泗，城南十七里。"）村名由"李二寺"改为"里二泗"当为"泗"同音替代"寺"的结果。（清光绪《顺天府志》载："里二泗亦以水氏，或谓李二寺，以同声字伪也。"）其二是：元、明清漕运时期，因该村被泗河（即北运河、凉水河、萧太后河、通惠河于张家湾汇流后流经漷县以东的一段河道）及其汉河港沟河两河所夹，村名始改为"里二泗"。清嘉庆十三年（1808）运河改道后，"四水会流"不再，但里二泗的村名却一直未变。1953年5月至1956年7月，为六区（张家湾区）里二泗乡政府驻地。该村建有佑民观，也称天妃宫，俗称娘娘庙。明嘉靖十四年（1535），建玉皇阁，塑河神像，嘉靖皇帝取"保佑民众"之义赐名佑民观。清顺治八年（1651）重修佑民观，光绪《通州志》有"佑民观，在州张家湾，即天妃庙，旧名里二泗。凡运船往来在此修醮……明嘉靖十四年道官周从善奏请赐额，观曰'佑民'，阁曰'锡禧'"的记载。今尚遗重修佑民观金花圣母殿碑、佑民观无字碑两通。佑民观庙会更是远近闻名，当地民间有"西有白云观，东有里二泗的"说法。《漷阴志略》载："佑民观在县（漷县）北十五里之里二泗，祀碧霞元君，岁豐则正月初至元宵必举香会，合邑若狂，其会有钟幡、高跷、秧歌、少林等目，以及弄狮、舞灯、跑马、跳驼诸技无不必至。"另据《燕京岁时纪胜》载，里二泗每年农历四月初四和五月初一都要举行庙会。其中四月初四庙会主要是祭祀河神和海神，由江浙的船商出资组织。里二泗的庙会一直持续到20世纪40年代。1958年开始对此观进行拆改，至1990年观内建筑皆无存，只余少量残缺石刻及古槐一株。2003年在主路遗址处重建，翌年4月25日开始恢复庙会。今宗教活动正常开展，2015年荣获"北京市'和谐寺观教堂'创建先进场所"称号。该村村南遗有大面积汉墓群，1993年9月被北京市政府公布为地下文物埋藏区。该埋藏区先后出土战国时期燕国刀币和汉代灰、红陶器等多件。该村佑民观和汉代墓群均为镇内不可移动文物。村北曾遗有清代完颜氏墓，并存有谕记碑一通。明清间，为保障运河河道畅通，此村处曾设有里二泗浅，"以时挑浚河道，指引河洪"。村北遗有北运河故道遗址。清嘉庆年间北运河改道后改称小盐河，今称小沿河。今村设有集市，农历每月逢四、九为集。该村小车会和高跷会历史悠久，闻名乡里，并一直延续至今，为通州区非物质文化遗产保护项目。2008年，该村实施旧村改造于原址新建，至2014年部分村民迁入佑民雅居小区。交通干道有（北）京塘（沽）路。

## 烧酒巷村
## Shāojiǔxiàng Cūn

通州区张家湾镇辖村。位于镇域中东部，凉水河东、梁上路与小沿河路交会处西南侧。东北至上店村，东至里二泗村，西北至环湖小镇。面积约0.89平方千米。户籍人口512人，常住人口540人。1983年8月设立村委会。元代，此村北滨运河，东临里二泗码头。漕船至此后，为供给行旅之需，此处建有酿制和经销烧酒的场所，形成聚落后故名。（清乾隆《通州志》载：“烧酒巷，离城十六里。”）该村东尚遗有汉墓群，今半存。村北遗有北运河故道遗址。清嘉庆年间北运河改道后改称小盐河，今称小沿河。交通干道有（北）京塘（沽）路。

## 何各庄村
Hégèzhuāng Cūn

通州区张家湾镇辖村。位于镇域中北部，凉水河西岸、京哈高速公路与张凤路交会处东侧，南至大辛庄村，西至牌楼营村，西北至瓜厂村。面积约 1.14 平方千米。户籍人口 776 人，常住人口 734 人。1983 年 8 月设立村委会。元代漕运时期，和姓等搬运工至此地分两处定居。至清初形成聚落后统称前后和各庄。（清乾隆《通州志》载：“前后和各庄，离城十五里。”）清晚期，二聚落成为一体，同时村西又形成一较小聚落，两聚落不知何因将“和”改“何”而分称东、西何各庄。（清光绪《通州志》载：“东何各庄，城南十五里。”“西何各庄，城南十五里。”）民国初年，二村合并统称何各庄至今。在 1981 年调整县域内村名时，因此村重名且位于北曾拟将其更名为北何各庄，但此议并未实行而继续使用原名至今。元代曾于村东北凉水河上设有河门闸，疑为当年港沟河的源头，今不存。2006 年始，实施旧村改造，2014 年迁至月亮湾晓镇。交通干道有张（家湾）凤（河营）路。

## 大辛庄村
Dàxīnzhuāng Cūn

通州区张家湾镇辖村。位于镇域中北部，凉水河西、京哈高速公路与张凤路交会处东南侧。北至何各庄村，东南至枣林庄村，西北至牌楼营村。面积约 1.76 平方千米。户籍人口 820 人，常住人口 1100 人。1983 年 8 月设立村委会。明初，詹、房二姓至此定居，并负责管理迁民屯田事务，形成聚落后而名新庄。后在其近处又形成一较小聚落，名小新庄。因此村较大而称大新庄。清初，因村名中的“新”字被“辛”字同音替代而改称大辛庄至今。（清乾隆《通州志》载：“大辛庄，离城十五里。”）该村有明代所建关帝庙一座，今仅余正殿三间、东西配殿各三间和古槐一株，为镇内不可移动文物。该村民间剪纸技艺为通州区级非物质文化遗产保护项目，至今已有 100 多年的历史，其代表人物为李淑华。主要特产有苹果、桃等。交通干道有张（家湾）凤（河营）路。

## 枣林庄村
Zǎolínzhuāng Cūn

通州区张家湾镇辖村。位于镇域中东部，凉水河西、张凤路与枣林庄外围路交会处东侧。西北至大辛庄村，西南至垡头村。面积约 4.49 平方千米。户籍人口 2350 人，常住人口 3350 人。1983 年 8 月设立村委会，下辖枣林庄、海子洼两个自然村。元代，该村处为古道所经之地。（明《一统志》称：“枣林在通州南，故漷县西北，元时为畿甸要路。”）形成聚落后，因村旁有大片枣树林而称枣林庄至今。（清乾隆《通州志》载：“枣林庄，离城十五里。”）元至正年间，此地曾发生过“枣林之战”[2003 年版《通县志》载：“至正十八年三月，红巾军东路军总指挥毛贵率领红巾军一部，攻漷州枣林（今枣林庄）杀枢密副使达国珍；又攻柳林，被元军击败，退回济南。”]1953 年 5 月后，为五区（牛堡屯区）枣林庄民族乡政府驻地；

1956年7月至1958年4月，为枣林庄乡政府驻地。该村为域内回民聚集地之一，回民占全村人口33%。村内有元代所建清真寺一座，1997年重修，宗教活动正常开展，该寺为镇内不可移动文物。村北遗有汉墓群，今半存。村东凉水河分支上曾有清同治六年所建枣林庄石桥一座，今无存。驻村单位有通州区枣林庄民族小学。交通干道有张（家湾）凤（河营）路。

## 海子洼村
## Hǎiziwā Cūn

通州区张家湾镇枣林庄村所辖自然村。位于镇域中东部，凉水河西岸、京哈高速公路与凉水河右堤交会处西侧。西北至大辛庄村，西南至枣林庄村，南至吴营村。隶属枣林庄村委会。清代，郭、孙二姓首至此地以烧制瓦盆为生，后渐成聚落。民国初期，因此处为元时马家庄飞放泊旧址，地势低洼，村南有片俗称海子的水洼地，以地理环境特征名村称海子洼，俗称海子洼（wàr）至今。该村处曾是元代马家庄飞放泊故址。（清乾隆《通州志》载：“马家庄飞放泊，旧志云在州南漷县北八里，今泊湮。”）今村南仍存有水塘和洼地遗迹。1991年11月疏挖凉水河时村址西移100米。该村于20世纪60年代前后隶属枣林庄村。清代曾置烟墩、瓦拨于此。交通干道有张（家湾）凤（河营）路。

## 苍上村
## Cāngshàng Cūn

通州区张家湾镇辖村。位于镇域东南部，张凤路与漷马路交会处东侧。东北至王各庄村，东至马府村，南至后青山村，西北至东永和屯村。面积约0.86平方千米。户籍人口433人，常住人口588人。1983年8月设立村委会。此村地处辽代古延芳淀西南隅，元时漷州泽中的呼鹰台北侧。[清道光《漷阴志略》载：“元至大元年（1308）七月，筑呼鹰台于漷州泽中，发军三千五百人助其役……相传，县（漷县）南五里仓上村有名鹰台者疑即其迹，而则久为平陆矣。”] 明初平定北方时，明军将随军仓库设在此处高坨之上，形成聚落后以此名村称仓上。（清乾隆《通州志》载：“仓上，离州城三十里。”）1983年设立村委会后，不知何因将“仓上”改为（苍上）至今，俗称苍儿上，从而失去其地名之本意。该村现为全区重要的叶类蔬菜生产区。交通干道有漷（县）马（驹桥）路。

## 张湾村
## Zhāngwān Cūn

通州区张家湾镇辖村。位于镇域北部，凉水河与萧太后河交汇处西北侧。北至皇木厂村，东至南许场村，西南至小西甸村，西至周庄村。面积约1.64平方千米。户籍人口2407人，常住人口5850人。1983年8月设立村委会，辖张家湾、小西甸、周庄、后庄4个自然村。元代，此地地处白河、凉水河、萧太后河汇流处，河道环曲，万户张瑄督海运至此，始成聚落，故以其姓和自然环境而名张家湾。（清康熙《通州志》载：“张家湾，去城南十里许，即潞河下流。相传元时有万户张瑄者居此，故名。”）（清乾隆《通州志》载：“张家湾，离城十二里。”）清代也曾称张湾营。（清光绪《顺天府志》载：“东南十二里张家湾，亦称张湾营，通判、都司、把总驻焉。”）1949年后，以萧太后河为界将张家湾分成南北两部分，因此村位于河北而称张家湾村，简称张湾村至今。元至元二十九年（1292），都水监郭守敬开通惠河于此入白河，使张家湾成为大运河北端重要的水陆交通枢纽和物流集散中心，东南粟米漕运经此直抵大都（今北京）积水潭（什刹海），万国朝宗、四方贡赋、官船民舫、商贾行旅经此达大都，素有“大运河第一码头”之称。为管理漕运，明代设通判、都司官署驻此。明嘉靖七年（1528）吴仲支持复修通惠河，使通惠河自通州城北汇入白河，张家湾码头的漕粮运转功能北移至通州城。明嘉靖四十三年（1564）为护漕卫京筑城。周城九百五丈，墙厚一丈一尺，高两丈余，内外砌砖。东南濒潞河，西北环濠。设四门，各有楼。城中建屋若干楹，设有通济仓。1992年对原南门左右残留城墙按原貌进行了重修或修缮，2007年按原样重修了南门的城台和门洞。明万历三十二年（1605），因城南门外横跨萧太后河之上的南门板桥人畜多伤，故改建为石桥，名通运桥（又名萧太后桥）。2002年对此桥进行了修缮，保存较为完整。2013年，张家湾城遗址及通运桥被公布为国家级文物保护单位。今南门内尚保留明万历间《敕建通运桥福德庙碑》一通。城南门以东、以西、以南仍存有漕运期间所建漕运、客运和商业码头遗址。在原张家湾城东便门和东门外元代通惠河故道之上，曾建有虹桥和东门桥以及河门下闸，今已不存，但仍有遗迹可辨。今村内外仍存有明代所建善人桥（木桥）、广济桥（石桥）和广福桥（石桥）遗址。该村现存城遗址及通运桥、萧太后运粮河故道、通惠河故道及三座石桥、福德庙碑均为镇内不可移动文物。张家湾为京东漕运古镇，古迹遗址甚多。唐大和年间（827—835）于此建林皋寺，辽天庆十年（1120）建古城寺。元代建铁牛寺（后改称铁锚寺）、孤舟寺、高丽寺（广福寺），明建玉皇庙、三官庙、东岳庙、梓潼阁、火神庙、文昌阁、观音寺、关帝庙（山西会馆）等，今均无存。村西曾出土清代吏部尚书张士甄墓志一合。1900年八国联军进攻北京时，该地2000多名妇女惨遭杀害。在辛亥革命中光荣捐躯的通州起义的领导者王治增、王丕承出生于此。1968年秋，于村西“大扇地”出土曹雪芹墓葬刻石一块及单身男性尸骨一具，刻石正面中间纵刻“曹公讳霑墓”5个大字，右下角纵刻“壬午”两个小字。至于此石是否为其墓葬刻石今尚有争议，仍有待于今后进一步研究确认，但张家湾确有曹家产业已不容置疑。康熙五十四年（1715）七月十六日《江宁织造曹頫复奏家务家产折》称：“……奴才到任以来，亦曾细为查检，所有遗存产业，为京中住房二所，外城鲜鱼口空房一所，通州典地六百亩，张家湾当铺一所，本钱七千两……”该村历来设有集市，明嘉靖《通州志略》载：“张家湾在州城南十一里，南北水陆要会之处。人烟辐辏，万货骈集，为京东第一大马头，日日为市。”今张家湾仍设有集市，农历逢三、八为集。2011年，荣获“全国妇联基层组织建设示范乡（镇、街道）”称号。2001年3月，对旧村进行改造，村民迁至太玉园小区。驻村单位有通州区张家湾镇中心小学、通州区张家湾镇张湾村民族小学、张家湾卫生院。交通干道有张（家湾）采（育）路和张（家湾）台（湖）路。

## 小西甸村
## Xiǎoxīdiàn Cūn

通州区张家湾镇张湾村所辖自然村。位于镇域北部，张采路与萧太后河交会处东北侧。北至后庄，东北至张湾村，西北至周庄村。面积约2.40平方千米。户籍人口1530人，常住人口1875人。隶属张湾村委会。明嘉靖年间张家湾建城后，在西门外偏南设立军营，俗称边子营。后于军营处形成聚落，居民以开店为业，又因位于城西而名西店。民国后期店业停止，因城西多为草甸，且“店”与“甸”同音故改称西甸。1981 年因县域内重名，此聚落又较小而更今名。该村于 20 世纪 60 年代隶始张湾村。2001 年，因旧村改造拆迁，村民迁至太玉园小区。村南萧太后河上曾遗有明代所建烟墩桥（石桥），1958 年拆除。交通干道有张（家湾）采（育）路。

## 后庄村
Hòuzhuāng Cūn

通州区张家湾镇张湾村所辖自然村。位于镇域北部，张采路与萧太后河交会处东北侧。北至皇木厂村，东南至张湾村，南至小西甸村。面积约 2.40 平方千米。户籍人口 1530 人，常住人口 1875 人。隶属张湾村委会。明嘉靖年间张家湾建城后，几户商人为方便香客到铁锚寺进香于此开店经商，形成聚落后因位于张家湾城北（俗称以北为后），故名。1958 年，北部城墙拆除后与张湾村合并。2001 年因旧村改造拆迁，村民迁至太玉园小区。交通干道有张（家湾）采（育）路。

## 周庄村
Zhōuzhuāng Cūn

通州区张家湾镇张湾村所辖自然村。位于镇域北部，张采路与萧太后河交会处西北侧。东北至后庄村，西北至花庄村，东南至小西甸村。面积约 2.40 平方千米。户籍人口 1530 人，常住人口 1875 人。隶属张湾村委会。清代，此处为周姓大户菜园，种菜人居此，形成聚落后以姓成村称周家庄。（清光绪《通州志》载：“周家庄，城南十二里。”）民国晚期简称今名。20 世纪 50 年代始属张家湾村。2001 年因旧村改造拆迁，村民迁至太玉园小区。交通干道有张（家湾）采（育）路。

## 张湾镇村
Zhāngwānzhèn Cūn

通州区张家湾镇辖村。位于镇域北部，凉水河与萧太后河之间、张梁路与张采路交会处东南侧。西至唐小庄村。面积约 1.28 平方千米。户籍人口 2945 人，常住人口 3650 人。1983 年 8 月设立村委会，辖张湾镇村、小辛庄村两个自然村。元代，与张家湾村同属一个聚落。1949 年后，以萧太后河为界将张家湾分成南北两部分，此村位于河南而称张家湾镇。1990 年，因张家湾乡改镇后与该村重名而改称张湾镇村。明永乐至正德间户部大通关巡司署置此，征管商业税收。明万历四年（1576）合和驿署（和合驿）由今西集和合站迁此。明嘉靖七年（1528），通惠河改由通州城北入北运河。自此，漕粮、建筑材料等不再经张家湾而转至通州码头卸载，但张家湾依然是京杭大运河北端护卫漕运和客运、货运的重要码头，该村处仍店铺林立、行旅不绝。后渐成一条街巷，成为京东最为繁华的商运和客运码头，时称长店。清嘉庆十三年（1808）运河改道后日趋衰落，繁华不再。1947 年，国民党通县署置此。1949 年 1 月，中共通县县委、县人民政府机关迁此；1950 年 6 月后，为六区（张家湾区）区公所驻地；1953 年 5 月后，为六区（张家湾区）区公所和张家湾回族自治乡政府驻地；1956 年 7 月后，为张家湾乡政府驻地；1958 年 9 月后，为张家湾公社管委和张家湾管理区管委驻地；1961 年 7 月后，为张家湾工委管区和张家湾公社管委驻地；1965 年 5 月后，为张家湾公社管委驻地；1983 年 3 月后，为张家湾乡政府驻地；1986 年乡政府迁至北许场。该村为地区内回民聚集之地，村内回民占总人口的80%。今尚保留一座建于明代早期的清真古寺，宗教活动正常开展，1985年被公布为通县（今通州区）文物保护单位。明清漕运时期，张家湾水驿兴旺，明万历四年（1576），将西集和合站的和合驿移至该村西栅栏内（王家场子），并改为水驿，今不存。村落东南存有萧太后河、凉水河与玉带河三水会流景观，明清时期的码头遗迹已不存。村内曾有辽天庆十年所建古城寺及明时所建真武庙和祖斛庙各一座，今均无存。在该村南凉水河汊上，曾有清光绪四年（1878）所建通济石桥一座，今无存。交通干道有张（家湾）采（育）路、张（家湾）梁（各庄）路。

## 小辛庄村
Xiǎoxīnzhuāng Cūn

通州区张家湾镇张湾镇村所辖自然村。位于镇域西北部，凉水河西岸、张采路与瓜厂路交会处东南侧。东南至何各庄村，南至瓜厂村，西至马营村。面积约2.40平方千米。户籍人口1530人，常住人口1875人。隶属张湾镇村委会。清代，辛姓至此定居建村，因所形成聚落较小，且村南有大辛庄而名小辛庄至今。驻村单位有张家湾镇民族小学。交通干道有张（家湾）采（育）路。

# 漷县镇

## 小屯村
Xiǎotún Cūn

通州区漷县镇辖村。位于镇域东北部，漷大路与石小路交会处东南侧。北、东、南至区界，西至曹庄村。面积约1.72平方千米。户籍人口1185人，常住人口1130人。1984年2月设立村委会。明初，移民中李、倪、于三姓至此定居建村。按照当时“移民编屯”的规定，且聚落又小而名小屯至今。（清乾隆《通州志》载：“小屯，离州城四十八里。”）该村原为香河县所辖，民国晚期，将该村与通县陈辛庄调换，划归通县管辖。清代，筑北运河小屯堤于此。该村花卉生产已成规模，为区域内最大的蝴蝶兰种植基地。交通干道有纪（各庄）西（集）路。

## 马头村
Mǎtóu Cūn

通州区漷县镇辖村。位于镇域中部，北运河南岸、京塘路与马黄路交会处。东南至石槽村，西至小马头村，西北至马堤村。面积约3.76平方千米。户籍人口1960人，常住人口2340人。1984年2月设立村委会，下辖马头、小马头两个自然村。辽代，丁、庞、李三姓至此定居，因地处北运河南岸，历为交通要道和漕运必经之地，村北河边建有码头。明永乐中曾设杨村巡司于此，万历八年（1580）撤销。清代曾设州判驻此，天津关在这里设局查税。明清间形成聚落，称马头店。（清康熙《通州志》载：“重兴寺，在县东马头店。”）清中期简称马头。（清乾隆《通州志》载：“马头，离州城四十里。”）明清两代漕运鼎盛时期，此地终日为集。（清道光《漷阴志略》载：“按日早集。”）民间有“马头集——常市（事）”之说。民国初年改称马头镇。民国中期复称马头至今。1953年5月后，为三区（马头区）区公所和马头乡政府驻地；1956年7月后，为马头乡政府驻地；1958年9月后，为马头公社管委和马头管理区管委驻地；1961年7月后，为马头工委管区和马头公社管委驻地；1965年5月后，为马头公社管委驻地；1978年5月，马头公社机关迁至漷县以东京塘、漷马公路交会处，改称漷县公社，由此马头降为普通村落。明清间，为保障运河河道畅通，此村处曾设有榆林中浅，“以时挑浚河道，指引河洪”。清康熙年间，为防北运河水患，筑马头店堤（即马家堤），与两家店东堤相接，并设马头店堤铺。该村南遗有战国——汉代墓群，今半存，曾出土战国青铜鼎、汉陶壶等。村内曾遗有元时所建重兴寺和明时所建紫清祠、娘娘庙各一，今均不存，仅余紫清祠增建残碑一通（1927年，由清代最后一名状元李春霖书丹）和清时所植古槐一株。交通干道有（北）京塘（沽）路和马（头）黄（厂铺）路。

## 小马头村
## Xiǎomǎtóu Cūn

通州区漷县镇马头村所辖自然村。位于镇域中部，北运河南岸，与马头毗邻。隶属马头村委会。明代漕运兴盛时期，始有几户人家在此定居开店。民国初年，逐渐形成较小聚落，且东近马头故名。该村今已和马头村成为一体。

## 马堤村
## Mǎdī Cūn

通州区漷县镇辖村。位于镇域中北部，北运河南岸、京塘路与漷兴六街交会处东侧。西北至三黄庄村，东南至马头村，西南至后地村。面积约 1.44 平方千米。户籍人口 930 人，常住人口 1100 人。1984 年 2 月设立村委会。明代，设堤铺于此，由马姓看河护堤，形成聚落后以姓和地理环境特征名村称马家堤。（清乾隆《通州志》载：“马家堤，离州城三十五里。”）清晚期，因村南有一较大水甸与北运河临近，又曾称马河甸。（清光绪《通州志》载：“马河甸，城南三十五里。”）民国初期始称马堤，俗称马堤儿至今。清代，筑北运河马头店堤（即马家堤）于此。（清道光《漷阴志略》载：“马头店堤在县东南六里，向与两家店东堤岸相接，即今马家堤。”）该村西南遗有战国——汉代墓群，今半存，曾出土战国青铜鼎片、刀币、铜镜等。驻村单位有通州区马头小学。交通干道有（北）京塘（沽）路。

## 石槽村
## Shícáo Cūn

通州区漷县镇辖村。位于镇域中部，北运河南岸、京塘路与石毛路交会处西南侧。北至马头村，东南至凌庄村，南至毛庄村，西南至东黄垡村。面积约 2.06 平方千米。户籍人口 1016 人，常住人口 994 人。1984 年 2 月设立村委会，辖石槽、两家店 2 个自然村。元代，该处紧临京津大道，村内建有关帝庙一座。庙中道士为方便过往行旅，于庙前置一较大石槽，以满足过往车驾运畜饮水之需。形成聚落后便以此名村称石槽。今庙及石槽均已不存，而村名一直沿袭至今。（清乾隆《通州志》载：“石槽，离州城四十里。”）清代，曾置烟墩、瓦拨于此。交通干道有（北）京塘（沽）路。

## 两家店村
## Liǎngjiādiàn Cūn

通州区漷县镇石槽村所辖自然村。位于镇域中部，北运河南岸、京塘路与石毛路交会处西侧。西北至马头村，东南至石槽村。隶属石槽村委会。明代，该处为水陆交通要道。张、于两姓迁此后，为方便过往客商食宿，便各自开设旅店，形成聚落后故名两家店，俗称两（liàng）店至今。（清乾隆《通州志》载：“两家店，离州城四十里。”）明、清年间，曾设递铺于此，为传递官方文牒的重要驿站。同时，为保障运河河道畅通，此村处曾设有榆林下浅，“以时挑浚河道，指引河洪”。该村今已和石槽成为一体。

## 毛庄村
Máozhuāng Cūn

通州区漷县镇辖村。位于镇域中部，凤港减河北、石东路与石毛路交会处东侧。北至石槽村，东至东寺庄村，西至东黄垡村。面积约 1.16 平方千米。户籍人口 595 人，常住人口 592 人。1984 年 2 月设立村委会。据村民家谱载，明洪武三十五年（1402），江苏扬州大户毛普善任燕王朱棣北伐大军督粮官，为军队押运粮草至此定居，形成聚落后以姓成村称毛家庄。（清乾隆《通州志》载：“毛家庄，离州城四十五里。”）民国年间简称毛庄至今。该村曾遗有清时所建毛氏宗祠一座，“文化大革命”期间被拆除。交通干道有（北）京塘（沽）公路。

## 南高庄村
Nángāozhuāng Cūn

通州区漷县镇辖村。位于镇域中南部，凤港减河东、漷大路与马黄路交会处东南侧。东北至马头村，东南至东黄垡村，西北至大香仪村。面积约 1.01 平方千米。户籍人口 662 人，常住人口 572 人。1984 年 2 月设立村委会。明代，高姓首至此地定居建村，以姓成村曾名高家庄。（清乾隆《通州志》载：“高家庄，离州城四十里。”）民国初年始称高庄。民国中期与大香仪、小香仪、沈庄合为一村，统称“沈高香”。新中国成立后单独建制复称高庄。1981 年，因县域内重名，此村又位于南而更今名。交通干道有漷（县）大（柳树）路。

## 沈庄村
Shěnzhuāng Cūn

通州区漷县镇辖村。位于镇域中南部，凤港减河东岸、漷大路与马黄路交会处西北侧。东北至后地村，东南至小香仪村。面积约 0.98 平方千米。户籍人口 589 人，常住人口 506 人。1984 年 2 月设立村委会。明代，迁徙民沈姓首至此定居建村，以姓成村称沈家庄。（清乾隆《通州志》载：“沈家庄，离州城四十里。”）民国初年始称沈庄。民国中期与大香仪、小香仪、高庄合为一村，统称沈高香。新中国成立后单独建制复称沈庄至今。交通干道有漷（县）大（柳树）路。

## 小香仪村
Xiǎoxiāngyí Cūn

通州区漷县镇辖村。位于镇域中南部，凤港减河东岸、漷大路与马黄路交会处西北侧。北至后地村，东至大香仪村，西北至沈庄村。面积约 0.60 平方千米。户籍人口 418 人，常住人口 462 人。1984 年 2 月设立村委会。清初，因东近大香仪，聚落又较小而名小香仪。（清乾隆《通州志》载：“小香仪，离州城四十一里。”）民国中期与大香仪、沈庄、高庄合为一村，统称“沈高香”。新中国成立后单独建制，复称小香仪至今。交通干道有漷（县）大（柳树）路。

## 大香仪村
Dàxiāngyí Cūn

通州区漷县镇辖村。位于镇域中南部，漷大路与马黄路交会处东北侧。西北至后地村，东南至南高庄村，西至小香仪村。面积约 1.10 平方千米。户籍人口 791 人，常住人口 786 人。1984 年 2 月设立村委会。该村名的含义和由来说法有二，其一是：明代，潘、黄二姓至此定居建村，素有东黄、西潘之说。村内曾建有三义庙，平时香火很旺，且“村落”可作“邑落”解，故曾名香邑。因每年举行庙会，仪式隆重，依“邑”与“仪”谐音称香仪屯。（清康熙《通州志》载：“三义庙，在香仪屯。”）清中期，村西形成一较小聚落，因香仪屯较大而称大香仪。（清乾隆《通州志》载：“大香仪，离州城四十里。”）民国中期，大香仪、小香仪、沈庄、高庄合为一村，统称“沈高香”。民国晚期，大香仪曾称老香仪。新中国成立后单独建制，复称大香仪至今。其二是：明代，村内曾建有三义庙，平时香火很盛，因“义”为“仪”的古音而称香仪。清中期，对应相邻的小香仪称大香仪。1953年5月至1956年7月，为三区（马头区）大香仪乡政府驻地。该村东遗有唐辽墓群，今半存，曾出土灰陶片、白瓷片等。驻村单位有通州区漷县镇漷县中心幼儿园大香仪分园。交通干道有漷（县）大（柳树）路。

## 后地村
## Hòudì Cūn

通州区漷县镇辖村。位于镇域中南部，漷大路与马黄路交会处东北侧。北至三黄庄村，东南至大香仪村，西南至沈庄村。面积约0.53平方千米。户籍人口280人，常住人246人。1984年2月设立村委会。清末民初，大香仪村中的富户迁出，于沈（庄）、高（庄）香（大、小香仪）之北较高处另建新村，形成聚落后故名后地至今。交通干道有漷（县）大（柳树）路。

## 三黄庄村
## Sānhuángzhuāng Cūn

通州区漷县镇辖村。位于镇域中西部，京塘路与漷兴六街交会处西北侧。北至杨堤村，东至马堤村，南至后地村，西北至漷县村。面积约1.11平方千米。户籍人口942人，常住人口1020人。1984年2月设立村委会。明代，黄姓大户至此在相邻三处分别定居建村，形成聚落后按所在位置分称东黄家庄、中黄家庄和西黄家庄，统称三黄庄。至清初，东黄家庄和中黄家庄合并称东黄家庄，与西黄家庄同时共存。（清康熙《通州志》载：“东黄家庄，离州城三十五里。”“西黄家庄，离州城三十五里。”）民国中期，东、西两个黄家庄合并复称三黄庄至今。交通干道有（北）京塘（沽）路。

## 东黄垡村
## Dōnghuángfá Cūn

通州区漷县镇辖村。位于镇域中南部，凤港减河北岸、漷大路与石东路交会处东侧。西北至南高庄村，东至毛庄村，西南至西黄垡村。面积约1046平方千米。户籍人口875人，常住人口963人。1984年2月设立村委会。该村名的含义和由来说法有二，其一是：明代，山东人宋守安偕全家至此定居垦垡，为怀念故土黄泥岗而名黄垡。清初，因村西有一西黄垡而改称东黄垡至今。（清乾隆《通州志》载：“东黄垡，离州城四十里。”）其二是：明初，黄姓至此定居，深耕土地，晾晒土块，种植庄稼，形成聚落后而名黄家垡，并始有东、西之分称和简称。清代，宋姓至此但村名未变。新中国成立后，村北原有一名北岗上的小村并入。交通干道有漷（县）大（柳树）路。

## 西黄垡村
## Xīhuángfá Cūn

通州区漷县镇辖村。位于镇域中南部，

凤港减河东岸、漷大路与西黄垈路交会处西侧。东北至东黄垈村，西北至南高庄村。面积约 1.99 平方千米。户籍人口 1282 人，常住人口 1324 人。1984 年 2 月设立村委会。明初平定北方后，此地初为军屯之所，后有石姓大户至此定居并形成聚落，因位于黄垈之西故名西黄垈至今。（清乾隆《通州志》载："西黄垈，离州城四十二里。"）历史上，该村紧临原港沟河（今凤港减河）故道，因此河处于多河下游，下泄水量极大，并因洪水冲刷常常在河道内形成较深的水坑，因这类水坑形似寺庙中的"磬"而被称作"磬子"。据沿河打鱼的老人讲，当年该村西的河道内就有这样一个所谓的"黄垈磬子"，他们在打鱼时曾于其内打捞出古沉船残破的木板与竹篾，是对"笥沟"（今港沟河）之名来历的最好注释。交通干道有漷（县）大（柳树）路。

## 漷县村
## Huǒxiàn Cūn

通州区漷县镇辖村。位于镇域中北部，漷小路与漷马路交会处西侧。镇政府所在地。北至南阳村，东至长凌营村，南至南丁庄村，西至马务村。面积约 4.50 平方千米。户籍人口 4206 人，常住人口 4733 人。1984 年 2 月设立村委会。汉代，霍姓家族首至此定居建村，始称霍村、霍村镇，为北京市境唯一一个汉代成村的村落。[《辽史》称，漷阴县"本汉泉山（'泉州'之误）霍村镇。"] 辽代，此村西为延芳淀，"淀方数百里，春时鹅鹜所集，春秋多菱芡"。因此而成为理想的"捺钵"（契丹语，犹汉语的行在，即皇帝出行所在）之地。据《辽史》记载，辽统和年间，辽朝帝、后及王公大臣们多次于此进行春捺钵活动，因此使该村一带经济活动日盛，居民迅增，渐次成邑。辽太平间（1021—1031），为保障"捺钵"需求，析潞县南部和武清县北部置县，县治设此。因该村位于漷河（今凉水河）之南（古时以水之南为阴，水之北为"阳"，下同），且因"水绕城郭为漷"而称漷阴县，治所设此称漷阴镇。（《漷阴志略》载："旧志云，水绕城郭为漷。"）元至元十三年（1276）升漷阴县为漷州。明洪武十四年（1381），以民寡赋薄为由，撤州为县，改称漷县，村以县名而始称漷县至今。（清乾隆《通州志》载："漷县，离州城三十里。"）清顺治十六年（1659）因屡遭水患，民困役重，奉裁并入通州，仅设一员管河州判和递铺于此。1913 年后，州判署撤销，肆市消失，该村降为一个普通村落。1953 年 5 月后，为三区（马头）漷县乡政府驻地；1956 年 7 月后，为漷县乡政府驻地；1958 年 9 月后，为马头公社漷县管理区管委驻地；1961 年 7 月后，为马头工委管区漷县公社管委驻地；1978 年 5 月，马头公社管委迁此，1981 年改称漷县公社，为公社管委驻地；1983 年后，为漷县乡政府驻地；1990 年 2 月至今，为漷县镇政府驻地。明正德初始建土城城池，周长二里。嘉靖二十二年（1543）增修。嘉靖三十五年（1556）重修，建四门，北曰拱阙，南曰迎薰，东曰临津，西曰通都，岁久倾圮。万历四年（1577）重修，甃以砖石，建南北门二，南曰迎薰，北曰巩京，至民国间已坍塌损毁。旧时漷县城内有州治、州判署、岳文肃公祠、学宫、佑国甘泉寺、隆禧观、文昌庙、龙神庙、药王庙、火神庙、城隍庙、马神庙、土地祠、关帝庙以及驻跸、甘泉、三潮井等，今均无存。仅存东门石桥以及周边的护城河遗址、港沟河故道、放鹰台遗址等，其中东门石桥、护城河以及港沟河故道均为镇内不可移动文物。另遗有元佑国寺经幢二，为佑国寺及寺侧砖塔的见证。遗有明《漷县奉敕重建记》碑一通，由岳正书丹。村西北遗有汉墓群，2000 年发现残存汉代砖墓50余座，随葬器物或毁或失。同时发现一处铜币窖藏，出土汉代“五铢”“货泉”铜币约500斤。该村北、村南遗有汉墓群，曾出土大量灰、红陶片。今村北墓群半存，村南墓群无存。旧时村内外曾有“泮宫古槐”“禅林宝塔”“白河渔舟”“春郊烟柳”“驻跸甘泉”“晾鹰旧台”“长堤回燕”“远浦飞鸿”八景，今均不存。历史上该村一直设有集市。清道光《漷阴志略》载：“漷县城内所集场地，逢双日期，县前南街轮当。”今仍设有集市，农历逢二、七为集。驻村单位有通州区漷县中学、通州区漷县镇中心小学、通州区漷县中心幼儿园、漷县卫生院。交通干道有（北）京塘（沽）路和漷（县）马（驹桥）路。

## 杨堤村
Yángdī Cūn

通州区漷县镇辖村。位于镇域中北部，北运河西岸、京塘路与漷兴二街交会处东侧。西北至长凌营村，东南至马堤村，西南至三黄庄村。面积约0.54平方千米。户籍人口525人，常住人口508人。1984年2月设立村委会。该村紧临北运河右堤，依河伴水。清代，为保障漕运和预防水患，杨景芳携全家至此看护河堤，形成聚落后村以堤名称杨景芳堤，后改称杨家堤。（清道光《漷阴志略》载：“旧志云，杨景芳堤在县东南三里，即今杨家堤。”）民国初期始称杨堤至今。清代早期，该村村民为镇水患，于村东口运河岸边建关帝庙一座，现仅存正殿一间，为文镇内不可移动文物。交通干道有（北）京塘（沽）路。

## 长凌营村
Chánglíngyíng Cūn

通州区漷县镇辖村。位于镇域中北部，北运河西岸、京塘路与漷马路交会处东南侧。北至榆林庄村，南至杨堤村，西至漷县村。面积约0.68平方千米。户籍人口608人，常住人口504人。1984年2月设立村委会。该村名的含义和由来说法有二，其一是：相传，明代守护昌平十三陵长陵的部队曾驻此，形成聚落后故名长陵营。其二是：历史上，该村村名见诸通县各种志书的有“凌”“陵”与“淩”的三种不同情况，其中多者为“长凌营”与“长陵营”。经查，古时“凌”“陵”与“淩”三字相通，在该村名中可以使用任何一字。其次，按照古时“同音通假”的用字方法，“凌”可通“陵”。再次，长凌营村紧邻北运河河堤，堤内便是河道。明清间每岁冬季停漕期间，长长的河道内常常结成厚厚的冰凌。清管庭芬在其编著的《漷阴志略》中称，“长凌营堤在（漷）县东二里余，河身渐渐而东，土人云：‘冬月坚冰厚五六尺，堤防兵役中夜闻有声如雷，明天起视则裂数十里，若有物出入其间，频岁遇此亦可异焉。’”该村这种奇特的自然现象，也可成为其村名由来的依据。鉴于上述三种情况，再加上清代此处曾置有“漷邑分防”下的一处墩拨，并驻有马步兵若干，确为兵营之所在。因此，到1983年村委会成立时，便以此将村名确定为长凌营至今。清代，曾设墩拨、长凌营堤铺和漷县城外公馆于此。明清间，为保障运河河道畅通，此村处曾设有榆林上浅，“以时挑浚河道，指引河洪”。交通干道有（北）京塘（沽）路。

## 榆林庄村
Yúlínzhuāng Cūn

通州区漷县镇辖村。位于镇域西北部，北运河西岸、京塘公路与漷马路交会处西北侧。东南至长凌营村，西南至漷县村，西北至南阳村。面积约1.57平方千米。户籍人口956人，常住人口800人。1984年2月设立村委会。清代，因村北有榆树林，曾称北树林。相传，乾隆皇帝下江南经此歇息，问此村何名，大臣刘庸说是北树林。乾隆听后举目北望，见榆树林长势茂盛，便对刘庸说，就改叫榆林庄吧，故得此名至今。（清乾隆《通州志》载："榆林庄，离州城三十里。"）明清漕运时期，于村东所邻北运河上设有内地税关——漷县钞关。当时，因钞关课以重税盘剥过往船只，时人便将建于河道中圆形土台之上的钞关蔑称为"四爷（即王八）台"。交通干道有（北）京塘（沽）路。

## 南阳村
## Nányáng Cūn

通州区漷县镇辖村。位于镇域西北部，凉水河南岸、凉水河右堤路与小靛路交会处东南侧。北至许各庄村，东南至榆林庄村，西南至翟各庄村。面积约 1.12 平方千米。户籍人口 750 人，常住人口 470 人。1984 年 2 月设立村委会。明代，刘姓至此地于南北两处定居建村，因两村址位于古延芳淀之北，而分称南阳和北阳。当地曾流传的"穷南阳，富北阳，苏庄地方打响场"的说法，可证明二村的存在。相传，在清代的一次山洪暴发中，因凉水河改道致使北阳被冲毁，南阳却躲过此劫而存在至今。（清乾隆《通州志》载："南阳，离州城三十里。"）该村南保存有元代墓群，今半存。村北曾遗有元代大兴府尹郭汝梅墓一座，俗称姬家坟，今墓已毁，仅存经幢顶、身，其余石像生皆埋原处，为镇内不可移动文物。交通干道有凉水河右堤路。

## 苏庄村
## Sūzhuāng Cūn

通州区漷县镇辖村。位于镇域西北部，北运河与凉水河汇流处西北侧。北至小靛路。面积约 0.85 平方千米。户籍人口 542 人，常住人口 495 人。1984 年 2 月设立村委会。明代，此处土地为北京成名寺、万寿寺的庙产庄田，租给佃户耕种，由苏姓统管收租，形成聚落后，以姓名村称苏家庄。（清乾隆《通州志》载："苏家庄，离州城二十五里。"）当地曾流传"穷南阳，富北阳，苏庄地方打响场"的说法，可证明苏庄的富足。民国初年始称苏庄至今。该村自 1973 年起，历时三年，为改善村民居住条件，建起砖瓦房，为全县最早进行旧村改造的村落。村北京塘路西侧遗有清宣统二年（1910）在运河右堤处所建滚水坝和京津公路遗址各一处，均为镇内不可移动文物。交通干道有（北）京塘（沽）路。

## 马务村
## Mǎwù Cūn

通州区漷县镇辖村。位于镇域西南部，凤港减河北、漷马路与吴东路交会处西南侧。北至翟各庄村，东至漷县村，西至南六合村。面积约 2.73 平方千米。户籍人口 1475 人，常住人口 1590 人。1984 年 2 月设立村委会，辖马务、马府、南六合 3 个自然村。明代，马姓大户至此定居，形成聚落后以姓成村称马家府。清初，于村西又相继形成两个较小聚落，因三个聚落距离很近而统称马家务。（清乾隆《通州志》载："马家务，离州城三十七里。"）民国中期称马府，后期复称马家务，简称马务。由此三村开始分称，因该村较大而称大马家务，俗称大马府，又因位于小马家务和六合村两小聚落之东而称东马府。1958 年三村合并复称马家务，又因"务"与"府"音相近每多互讹也称马家府，简称马务或马府。1953 年 5 月至 1956 年 7 月，为五区（牛堡屯区）马家务乡政府驻地。该村东村西分别遗有元墓群，曾出土大量灰、红陶片和白釉铁锈花碗等，今无存。交通干道有漷（县）马（驹桥）路。

## 马府村
Mǎfǔ Cūn

通州区漷县镇马务村所辖自然村。位于镇域西南部，吴东路与吴翟路交会处西南侧，漷马路穿村而过。北至王各庄村，东南至南六合村，西至苍上村。隶属马务村委会。清代，王、杨、潘、黄四姓首至此地定居（村内原关帝庙钟铭文曾有记载），形成聚落后，因东近马家务而并称马家务，未单独称谓。清末，潘、黄二姓相继迁出，韩姓与董姓分别从大耕垡和西鲁村迁至此地，形成聚落后因较马家务小曾名小马家务。民国晚期因位于马家务西，为与此村相对应而称西马家务，简称西马务或小马务，又因“务”与“府”音相近每多互讹也称西马府或小马府。1958 年后称今名。交通干道有漷（县）马（驹桥）路。

## 南六合村
Nánliùhé Cūn

通州区漷县镇马务村所辖自然村。位于镇域西南部，凤港减河北、漷马路与吴东路交会处西南侧。西北至马府村，东至马务村。隶属马务村委会。清代，郝、安、李、马、周、吴六姓迁此定居建村，依六姓合居一地而名六合村。该村因聚落较小，一直为马家务的一部分，未单独称谓。自民国后期始独立成村称六合村。新中国成立后与马务合并。1981 年因域内重名，此村又位于南而更今名。交通干道有漷（县）马（驹桥）路。

## 翟各庄村
Zháigèzhuāng Cūn

通州区漷县镇辖村。位于镇域西部，漷马路与吴翟路交会处东北侧。东北至南阳村，东南至漷县村，南至马务村，西北至唐头村。面积约 2.25 平方千米。户籍人口 932 人，常住人口 862 人。1984 年 2 月设立村委会，辖翟各庄、唐头 2 个自然村。明初，在迁民屯田中翟姓首至此定居，形成聚落后以姓成村称翟各庄。（清乾隆《通州志》载：“翟各庄，离州城三十里。”）清代，田、冯二姓相继至此渐成大户，后翟姓迁往他地而村名一直未变。该村田氏家族于明万历年间至此定居，至今已 400 年之久。其家族重视氏族世系演变和传承，现遗有光绪三十三年（1907）重修的《田氏家谱》《田氏世系宗派谱》各一本，以及《田氏宗派祠堂挂图》一张。该村东和村北曾遗有汉墓群，曾出土“五铢”窖藏及大量灰陶片，今不存。村内曾遗有元时所建兴隆寺一座，“文化大革命”期间被拆除，今仅余经幢一，为镇内不可移动文物。交通干道有漷（县）马（驹桥）路。

## 唐头村
Tángtóu Cūn

通州区漷县镇翟各庄村所辖自然村。位于镇域西部，漷马路与吴东路交会处西北侧。北至郭庄村，东南至翟各庄村，西南至王各庄村。隶属翟各庄村委会。辽、金、元时期，此地为历代帝王“捺钵”之地，位于大面积水塘之中。又因其地势较高，疑为呼鹰台旧址。元史载：“元至大元年（1308）七月，筑呼鹰台于漷州泽中，设打捕鹰房。”元代，因聚落位于水塘的东端而名塘头，明嘉靖间曾置基层行政组织于此，称塘头里。清代因里屯的裁并不再称里而复称塘头。（清乾隆《通州志》载：“塘头，离州城三十里。”）民国初年始，因该村名在长期的形成和传播过程中文字走样，“塘”字被“唐”字同音替代而称唐头至今。交通干道有漷（县）马（驹桥）路。

## 许各庄村
Xǔgèzhuāng Cūn

通州区漷县镇辖村。位于镇域西北部，凉水河西岸、凉水河右堤路与小靛路交会处东南侧。北至靛庄村，南至南阳村，西至郭庄村。面积约 0.53 平方千米。户籍人口 228 人，常住人口 257 人。1984 年 2 月设立村委会。明代，在迁民屯田中许姓首至此地定居，以姓成村称许各庄。（清乾隆《通州志》载：“许各庄，离州城三十里。”）清代，刘、魏二姓等迁民陆续至此后，许姓迁往他地而村名未变。交通干道有凉水河右堤路。

## 靛庄村
Diànzhuāng Cūn

通州区漷县镇辖村。位于镇域西北部，凉水河西岸、凉水河右堤路与小靛路交会处南侧。北至吴营村，东至苏庄村，南至许各庄村，西至王楼村。面积约 2.56 平方千米。户籍人口 1369 人，常住人口 1945 人。1984 年 2 月设立村委会。明代，该村处地势低洼，迁徙民至此定居后，以种植靛蓝（也称靛青）并用其加工成青蓝色染料为生，形成聚落后以此特产名村称靛庄。（清乾隆《通州志》载：“靛庄，离州城二十五里。”）1953 年 5 月至 1956 年 7 月，为三区（马头区）靛庄乡政府驻地。该村花丝厂“景泰蓝制作技艺”被公布为通州区级非物质文化遗产保护项目，传承人熊振江。驻村单位有通州区靛庄小学。交通干道有小（辛庄）靛（庄）路。

## 吴营村
Wúyíng Cūn

通州区漷县镇辖村。位于镇域西北端，凉水河西岸、凉水河右堤路与小靛路交会处西北侧。西北至海子洼村，南至靛庄村，西至王楼村。面积约 1.35 平方千米。户籍人口 753 人，常住人口 890 人。1984 年 2 月设立村委会。清代，该地原为驻军之所，吴姓至此定居后曾名吴家营。（清乾隆《通州志》载：“吴家营，离城二十里。”）民国中期后简称吴营至今。交通干道有小（辛庄）靛（庄）路。

## 王楼村
Wánglóu Cūn

通州区漷县镇辖村。位于镇域北端，凉水河西岸、凉水河右堤路与小靛路交会处西侧。东北至吴营村，东至靛庄村，西南至中辛庄村。面积约 0.89 平方千米。户籍人口 461 人，常住人口 480 人。1984 年 2 月设立村委会。该村名的含义和由来说法有二，其一是：明代，山西移民王姓首至此定居，以种菜为生。后建起一座有高大门楼的住房，远眺似楼。后唐姓等人家相继至此落户，形成聚落后依姓及其房屋建筑特征而名王家楼。（清乾隆《通州志》载：“王家楼，离州城二十四里。”）民国初期始简称王楼至今。其二是：明代以前，原港沟河经此村东而流，至今其村东耕地中仍有一环形条带样的旧河道痕迹。该河道自吴营村南开始，紧贴着靛庄折向东南至南阳村北。河道走向如此，河堤必然随之。古时对所筑弯弯曲曲、又长又高的河堤称作“楼”，故以姓氏和建筑物特征而名王家楼。该村北遗有唐墓群，曾出土大量灰陶片，今不存。交通干道有小（辛庄）靛（庄）路。

## 郭庄村
Guōzhuāng Cūn

通州区漷县镇辖村。位于镇域西北部，吴东路与小靛路交会处西南侧。北至王楼村，东至许各庄村，南至唐头村，西北至中辛庄村。面积约 0.48 平方千米。户籍人口 260 人，常住人口 232 人。1984 年 2 月设立村委会。辽代，此村位于古延芳淀北侧，为辽主“捺钵”之地。为适应“捺钵”之需要，郭姓首至此地定居，形成聚落后以姓成村称郭家庄。（清乾隆《通州志》载：“郭家庄，离州城二十四里。”）民国初期始简称郭庄。民国中期发展为东西两部分，故曾有东、西郭庄之分。新中国成立后合并称今名。交通干道有小（辛庄）靛（庄）路。

## 中辛庄村
Zhōngxīnzhuāng Cūn

通州区漷县镇辖村。位于镇域西北端，张凤路与小靛路交会处东侧。北至枣林庄村，东至王楼村，东南至郭庄村，西至垡头村。面积约 1.34 平方千米。户籍人口 464 人，常住人口 450 人。1984 年 2 月设立村委会。明代，阎、康二姓最早定居于今村东北临近坑塘处（遗迹尚存）。此后外迁来的人家于此旁另建新村，因聚落较小曾名小新庄。（清乾隆《通州志》载：“小新庄，离州城二十五里。”）清末民初，村名中的“新”字被“辛”字同音替代而称小辛庄。1981 年，因县域内重名，此村又位于县域中部而称中辛庄至今。交通干道有张（家湾）凤（河营）路。

## 南丁庄村
Nándīngzhuāng Cūn

通州区漷县镇辖村。位于镇域中西部，凤港减河南岸、漷小路与田南路交会处西北侧。东南至田村，南至黄厂铺村，西至东鲁村。面积约 2.32 平方千米。户籍人口 938 人，常住人口 1329 人。1984 年 5 月设立村委会，辖南丁庄、田村 2 个自然村。明代，丁姓大户首至该地定居，崔、张、曹等姓相继迁入，形成聚落后以姓成村称丁家庄。（清乾隆《通州志》载：“丁家庄，离州城三十五里。”）后丁姓迁出而村名未变。自民国始简称丁庄。1981 年因县域内重名，此村又位于南而更今名。交通干道有漷（县）小（甸屯）路。

## 田村
Tián Cūn

通州区漷县镇南丁庄村所辖自然村。位于镇域中西部，凤港减河西岸、漷小路与田南路交会处南侧。西北至南丁庄村，西至草厂村，南至黄厂铺村。隶属南丁庄村委会。清代，田姓首至此地定居，以姓成村称田村至今。（清乾隆《通州志》载：“田村，离州城三十五里。”）清晚期，村北有一名为草沙河（俗称草河）的小聚落为其附村，20 世纪末并入南丁庄村。（清光绪《通州志》载：“田村，城南四十里，草沙河附。”）交通干道有漷（县）小（甸屯）路。

## 东鲁村
### Dōnglǔ Cūn

通州区漷县镇辖村。位于镇域西部，凤港河南岸、田南路与吴东路交会处北侧。东至南丁庄村，南至草厂村，西至西鲁村。面积约 2.82 平方千米。户籍人口 1882 人，常住人口 1564 人。1984 年 5 月设立村委会。该村名的含义和由来说法有二，其一是：明初，山东韩姓人氏等随平定北方的部队至此定居，逐渐形成东、中、西三个聚落。因山东省简称鲁，村人为不忘故土而将聚落统称为鲁村，分称东鲁村、中鲁村和西鲁村。清代，随聚落发展，中鲁、东鲁二村渐成一体而合称东鲁村。（清乾隆《通州志》载："东鲁村，离州城四十里。"）其二是：元末，此村处为脱脱丞相的封地，其封地划分为三部分，分别由汉人奴隶耕种，形成聚落后，因奴隶也称"虏"，故三村分称东、中、西虏村。明初，因村名同音雅化将"虏"改为"鲁"，东、中虏改称东、中鲁村。清初，东、中鲁村合并称东鲁至今。村南曾遗有元代脱脱丞相墓地。（清康熙《通州志》载："脱脱丞相墓，在县西南八里鲁村之南。"）该村西遗有元代墓群，曾出土大量灰、红陶片，今半存。该村历史上曾是地区纳纱手工艺品生产的重点村落之一。交通干道有田（村）南（仪阁）路。

## 西鲁村
### Xīlǔ Cūn

通州区漷县镇辖村。位于镇域西部，凤港河南岸、田南路与吴东路交会处西北侧。东至东鲁村，东南至草厂村，西南至南仪阁村。面积约 1.17 平方千米。户籍人口 739 人，常住人口 540 人。1984 年 5 月设立村委会。该村名的含义和由来说法有二，其一是：明初，山东韩姓人氏等随平定北方的部队至此定居，逐渐形成东、中、西三个聚落。因山东省简称鲁，村人为不忘故土而将聚落称为鲁村，分称东鲁村、中鲁村、西鲁村。清代，随聚落发展，中鲁、东鲁二村合称东鲁村，因该村位于东鲁村之西而称西鲁。（清乾隆《通州志》载："西鲁村，离州城三十四里。"）其二是：元末，此处为脱脱丞相的封地，其封地划分为三部分，分别由汉人奴隶耕种。形成聚落后，因奴隶也称"虏"，故三村分称东、中、西虏村。明初，因村名同音雅化将"虏"改为"鲁"，西虏改称西鲁至今。历史上，该村曾是地区苇编和纳纱手工艺品生产的重点村落，其村中的叉子会（农村花会中的一种）也曾闻名乡里。交通干道有田（村）南（仪阁）路。

## 草厂村
### Cǎochǎng Cūn

通州区漷县镇辖村。位于镇域西南部，田南路与草北路交会处西南侧。北至东鲁村，南至周起营村，东北至南丁庄村，南至周起营村，西至南仪阁村。面积约 3.59 平方千米。户籍人口 1332 人，常住人口 1290 人。1984 年 5 月设立村委会。明初，王姓等随平定北方的明军至此定居。因此处牧草茂盛，渐成畜草生产和存储之场所，形成聚落后故称草场。清代，村名中的"场"字被"厂"字同音替代而称草厂。（清乾隆《通州志》载："草厂，离州城四十里。"）后杨姓大户至此，但原村名一直未变。该村历史上曾是地区纳纱手工艺品生产的重点村落之一。驻村单位有通州区草厂小学。交通干道有田（村）南（仪阁）路。

## 周起营村
## Zhōuqǐyíng Cūn

通州区漷县镇辖村。位于镇域西南部，草北路与周黄路交会处西侧。北至草厂村，东至黄厂铺村，南至北堤寺村，西至北辛店村。面积约 1.46 平方千米。户籍人口 589 人，常住人口 592 人。1984 年 5 月设立村委会。明初，周姓率迁徙民最早至该地定居屯田，故名周起营（村内庙钟铭文有载）。清代，李姓相继至此定居，并堆起土窑以烧砖、烧盆为业，产品质量优良，远近皆知。因此村位于砖窑旁故更名窑上。（清乾隆《通州志》载："窑上，离州城四十里。"）1981 年，因域内重名而复称周起营至今。该村历史上曾是地区纳纱手工艺品生产的重点村落之一。交通干道有草（厂）北（堤寺）路。

## 北堤寺村
## Běidīsì Cūn

通州区漷县镇辖村。位于镇域西南部，于觅路与草北路交会处西南侧。北至周起营村，东至新西庄村，南至南堤寺村，西至神仙村。面积约 3.92 平方千米。户籍人口 1583 人，常住人口 2050 人。1984 年 5 月设立村委会。元代，赵姓等至该地，在古河道北堤古寺（大安寺）旁建村，村以堤寺而名北堤寺至今。（清乾隆《通州志》载："北堤寺，离州城四十五里。"）清代，该村移出一支人于村西北另建新村，称小新庄。（清乾隆《通州志》载："小新庄，离州城四十四里。"）民国末年，村名中的"新"字被"辛"字同音替代而称小辛庄。此后，小辛庄一直为北堤寺村的自然村，直至 1981 年并入北堤寺时止，村名不再。该村东北一土坨上曾遗有辽代所建大安寺，今不存，仅余一汉白玉经幢身。村北遗有唐、辽墓群，曾出土大量灰、红陶片以及铜镜等，今半存。交通干道有于（家）觅（子店）路。

## 黄厂铺村
## Huángchǎngpù Cūn

通州区漷县镇辖村。位于镇西南部，凤港减河西、漷小路与马黄路交会处西南侧。北至南丁庄村，南至永乐店村，西至周起营村。面积约 4.43 平方千米。户籍人口 1982 人，常住人口 2004 人。1984 年 5 月设立村委会。明代，因此地系荒草丛生的草场曾名荒场。该村名在长期的传播过程中，村名中的"荒场"逐渐被"黄厂"音近替代，又因明清间在该村置有邮铺而称黄厂铺至今。（清乾隆《通州志》载："黄厂铺，离州城四十五里。"）1953 年 5 月至 1956 年 7 月，为四区（永乐店区）黄厂铺乡政府驻地。该村曾遗有九神庙一座，今不存，仅余清时所植古槐一株。村西南有汉、唐墓群，曾出土大量灰、红陶片以及铜镜等，今不存。村北曾遗有明代昭勇将军墓，出土墓志一合。明、清时期，曾置邮铺于此。[ 明《通州志略·邮铺》载："黄场铺，在（漷）县南十里"。] 该村历史上曾是地区纳纱手工艺品生产的重点村落之一。驻村单位有通州区漷县中心幼儿园黄厂铺分园。交通干道有漷（县）小（甸屯）路。

## 曹庄村
## Cáozhuāng Cūn

通州区漷县镇辖村。位于镇域东北部，北运河南岸、纪西路与石小路交会处南侧。

东至小屯村，西南至纪各庄村，西至侯黄庄村。面积约 4.62 平方千米。户籍人口 1881 人，常住人口 2053 人。1983 年 8 月设立村委会。元代，南方富户曹达汗偕全家至此定居，以姓成村称曹家庄。（清乾隆《通州志》载：“曹家庄，离州城四十九里。”）清末民初始称曹庄至今。1953 年 5 月至 1956 年 7 月，为三区（马头区）曹庄乡政府驻地。明、清两代为防运河水患工部曾设堤铺于此。清代，漷县迎送上司之公馆也曾置此。（清康熙《通州志》载：“迎送上司公馆，在县东南曹家庄。”）村内现保存曹氏宗祠“曹氏祠”，为镇内不可移动文物。今祠内存有清乾隆四十九年（1784）时重修曹祠记碑一通，另有曹氏族人保存的《曹氏族谱》。元、明、清漕运兴盛时期，因该村濒北运河，曾建有船坞，现旧迹尚存。驻村单位有通州区漷县镇觅子店幼儿园曹庄分园。交通干道有纪（各庄）西（集）路。

## 纪各庄村
## Jìgèzhuāng Cūn

通州区漷县镇辖村。位于镇域东北部，凤港减河北岸、纪西路与觅西路交会处东北侧。东北至曹庄村，西南至后尖平庄村，西北至侯黄庄村。面积约 1.21 平方千米。户籍人口 835 人，常住人口 835 人。1983 年 8 月设立村委会。元代，纪、石、刘三姓至此地定居建村，因纪姓为大户故以姓成村称纪各庄至今。（清乾隆《通州志》载：“纪各庄，离州城五十里。”）该村邢德荣，在 1946 年 7 月“安平事件”中，为阻击进犯的美军车队而光荣牺牲，今村西南凤港减河北岸立有其纪念碑，为镇内不可移动文物。交通干道有觅（子店）西（集）路。

## 侯黄庄村
## Hóuhuángzhuāng Cūn

通州区漷县镇辖村。位于镇域东北部，凤港减河北岸、纪西路与觅西路交会处西北侧。东至曹庄村，东南至纪各庄村，西北至马庄村。面积约 3.15 平方千米。户籍人口 1582 人，常住人口 1506 人。1983 年 8 月设立村委会。元代，庄姓首至此地定居。明初，其表亲侯、黄二姓迁此，在东西两处分别落户建村，因姓曾分称为侯家庄、黄家庄。后曹姓自曹庄迁来，在村西北落户开店，名曹家店。（清乾隆《通州志》载：“曹家店，离州城五十里。”）明末清初，因侯、黄二庄相连，合并称侯黄庄。（清乾隆《通州志》载：“侯黄庄，离州城四十八里。”）后曹家店逐渐与侯黄庄连为一体，村名不再。1956 年 7 月至 1958 年 4 月后，为侯黄庄乡政府驻地；1958 年 9 月后，为马头公社侯黄庄管理区管委驻地；1961 年 7 月至 1965 年 5 月，为马头工委管区侯黄庄公社管委驻地。该村遗有“清光绪二十八年奉旌表节孝建立牌坊侯姜氏纪念碑”一通，现立于村西南角外耕地中，为镇内不可移动文物。驻村单位有通州区侯黄庄小学。交通干道有觅（子店）西（集）路。

## 马庄村
## Mǎzhuāng Cūn

通州区漷县镇辖村。位于镇域东北部，北运河南岸、觅西路与石小路交会处西侧。东南至侯黄庄村，西南至张庄村，西至凌庄村。面积约 1.76 平方千米。户籍人口 602 人，常住人口 608 人。1983 年 8 月设立村委会。元代，马姓首至此地定居建村，并占有部分庄田。因村北濒临北运河，河水所携大量泥沙沉淀后，经风的作用于此形成大片的沙丘，成为典型的河漫滩地貌。因村址位于沙丘之上，四周皆白沙围绕，故曾名白浮圈。（清乾隆《通州志》载：“白浮圈，离州城四十里。”）明初，迁民至此后依靠租种马姓庄田土地生活。至民国晚期，为地名雅化，又因村内马姓居多而以姓成村称马家庄，简称马庄。在1981年调整县域内村名时，因此村重名且位于南，曾拟将其更名为南马庄，但此议并未实行而继续使用原名至今。清代，为防运河水患，于此曾修筑白浮圈堤。（清道光《漷阴志略》载：“白浮圈堤，在县东南十八里，因濒圮，乾隆三十七年（1772）奉文修筑。”）明、清时期，工部曾设堤铺于此。同时，为保障运河河道畅通，此村处曾设有白阜圈浅和白阜圈下浅，“以时挑浚河道，指引河洪”。交通干道有觅（子店）西（集）路。

## 张庄村
## Zhāngzhuāng Cūn

通州区漷县镇辖村。位于镇域东部，凤港减河北、京塘路与东纪路交会处东侧。东北至马庄村，东至侯黄庄村，南至大柳树村，西至东寺庄村。面积约1.21平方千米。户籍人口1116人，常住人口1100人。1983年8月设立村委会。明代，张姓首至该地定居并占有大部庄田。后迁民陆续至此，依靠租种张姓土地生活，形成聚落后便以首户张姓成村称张家庄。（清乾隆《通州志》载：“张家庄，离州城五十里。”）清末民初简称张庄至今。该村为北京市命名的通州区唯一传统村落。2006年，该村的运河龙灯会（原名“路灯老会”）被评为北京市级非物质文化遗产保护项目。该会始建于清道光十四年（1834），距今已有180多年的历史。其蓝色双龙在通州龙灯会中独具一格，是全区起始年代最早并一直传承至今的一档龙灯会。驻村单位有通州区漷县镇觅子店幼儿园张庄分园。交通干道有（北）京塘（沽）路。

## 东寺庄村
## Dōngsìzhuāng Cūn

通州区漷县镇辖村。位于镇域中东部，凤港减河北、京塘路与东纪路交会处东侧。北至凌庄村，东至张庄村，西至毛庄村。面积约0.83平方千米。户籍人口594人，常住人口506人。1983年8月设立村委会。明代，一武姓军官战死后其亲属至此安家落户，并将山西老家的人迁来，以租种村南东大寺的田地为生。后大寺不幸毁于一场大火，修复后如前。清中期已形成聚落，便以寺名村称东寺庄至今。（清乾隆《通州志》载：“东寺庄，离州城四十四里。”）1953年5月至1956年7月，为三区（马头区）东寺庄乡政府驻地。该村曾遗有元时所建白浮寺和清时所建关帝庙各一座，今均不存，仅余关帝庙古银杏2株及国槐4株。交通干道有（北）京塘（沽）路。

## 凌庄村
## Língzhuāng Cūn

通州区漷县镇辖村。位于镇域中东部，京塘路与石小路交会处东南侧。东至马庄村，南至东寺庄村，西南至毛庄村，西北至石槽村。面积约1.62平方千米。户籍人口1113人，常住人口1100人。1983年8月设立村委会。明代，凌姓首至此地定居，形成聚落后以姓成村称凌家庄。（清乾隆《通州志》载：“凌家庄，离州城四十五里。”）清代，因开店铺方便过往行人而较有名气，故于清末民初改称凌店。民国中期始，因漕运终止，店业萧条而改称凌庄至今。交通干道有（北）京塘（沽）路。

## 前尖平村
Qiánjiānpíng Cūn

通州区漷县镇辖村。位于镇域东部，凤港减河南、京塘路与觅西路交会处西北侧。北至后尖平村，东至区界，南至觅子店村，西至李辛庄村。面积约 0.77 平方千米。户籍人口 478 人，常住人口 462 人。1983 年 8 月设立村委会。元末，周、张二姓首至该地并于土坨之上定居建村，居高临下，酷似仙境，故村内庙磬铭文有“仙人庄”三字。明初，常姓大户自曹庄迁此，将沙坨尖部削平建村，故曾名尖平庄。（清乾隆《通州志》载：“尖平庄，离州城五十里。”）后村北又形成一较小聚落，与该村统称尖平庄。民国初年，因该村居南习惯上称尖平庄前街，北面较小聚落称尖平庄后街，为同一行政村。民国晚期，两聚落单独建制，因此聚落位于南而称前尖平至今。今村内尚遗清乾隆间重兴寺正殿一处，为镇内不可移动文物。交通干道有（北）京塘（沽）路。

## 后尖平村
Hòujiānpíng Cūn

通州区漷县镇辖村。位于镇域东部，凤港减河南、京塘路与觅西路交会处西北侧。南至前尖平村，东至区界，西至大柳树村。面积约 0.74 平方千米。户籍人口 654 人，常住人口 653 人。1983 年 8 月设立村委会。明初，孙姓首至此地定居建村，因聚落较小，又与尖平庄相邻，故统称尖平庄。民国初年，因位于北也曾名尖平庄后街，与尖平庄前街为同一行政村。民国晚期，两聚落单独建制，因此聚落位于北而称后尖平至今。交通干道有（北）京塘（沽）路。

## 大柳树村
Dàliǔshù Cūn

通州区漷县镇辖村。位于镇域东部，凤港减河南、京塘路与漷大路交会处西北侧。北至张庄村，东至后尖平村、西南至李辛庄村，西至徐官屯村。面积约 0.91 平方千米。户籍人口 371 人，常住人口 376 人。1983 年 8 月设立村委会。据村内李姓家谱载，明初平定北方时，江南大户李伯仁偕全家迁此养马种地，形成聚落后，因村旁有一棵大柳树而以此名村称大柳树。永乐年间，李姓举家迁至李辛庄，但其村名一直未变。（清乾隆《通州志》载：“大柳树，离州城五十里。”）据考，古时，该村确实生长一棵较大柳树。清道光《漷阴志略》载：“漷县之南村庄有地名大柳树者，土人云村古有柳，为近京第一巨树，后为大风所折，闻乾隆中尚存空一截，儿童戏匿其中，十余人尚绰有余，则其垂阴时可想见矣。”1935 年，此古树尚存，今无。1949 年 10 月至 1950 年 6 月，为三区（大柳树区）区公所驻地。清代曾置烟墩、瓦拨于此。该村为镇内蔬菜生产专业村。交通干道有（北）京塘（沽）路。

## 徐官屯村
Xúguāntún Cūn

通州区漷县镇辖村。位于镇域中东部，运潮减河南、漷大路与李军路交会处北侧。东至大柳树村，东南至李辛庄村，西至东定安村。面积约 2.02 平方千米。户籍人口 996 人，常住人口 960 人。1983 年 8 月设立村委会。明初，徐姓一官吏居此，掌管军队屯种，形成聚落后以姓成村称徐官屯至今。（清乾隆《通州志》载：“徐官屯，离州城五十里。”）该村为设施蔬菜生产专业村，其中生菜注册了“徐官屯生菜”商标。该村的民间花会——路灯老会，起源于明朝中叶，为通州区级非物质文化遗产保护项目，传承人杨逢金。交通干道有漷（县）大（柳树）路。

## 东定安村
Dōngdìng'ān Cūn

通州区漷县镇辖村。位于镇域中南部，凤港减河南、漷大路与定龙路交会处西北侧。东至徐官屯村，西至西定安村。面积约 1.60 平方千米。户籍人口 593 人，常住人口 632 人。1983 年 8 月设立村委会。该村村名的含义和由来说法有二，其一是：元末明初，张姓至此，定居处与西定安间有一条明显的低洼水道。但由于两村地势较高，多次大水均未被冲，加之此村位于东，故以吉语“永远安定”之意名村而称东定安至今。（清乾隆《通州志》载：“东定安，离州城四十二里。”）其二是：据清明康熙《通州志》和明嘉靖《通州志略》所载，该村一直为基层行政组织定安里所在地。至光绪年间因里屯的裁并不再称里，加上位于西定安之东，故名。1953 年 5 月至 1956 年 7 月，为三区（马头区）东定安乡政府驻地。该村南遗有辽墓群，曾出土大量灰陶片、白瓷片，今无存。驻村单位有通州区东定安小学。交通干道有漷（县）大（柳树）路。

## 西定安村
Xīdìng'ān Cūn

通州区漷县镇辖村。位于镇域中南部，凤港减河南、漷大路与定龙路交会处西北侧。东至东定安村，西至军屯村。面积约 0.65 平方千米。户籍人口 366 人，常住人口 348 人。1983 年 8 月设立村委会。该村名的含义和由来说法有二，其一是：明初，白燕明与其子白焦月偕全家随平定北方部队至此，于较高处定居。因此村位于东定安之西，故名西定安至今。（清乾隆《通州志》载：“西定安，离州城四十二里。”）其二是：据明嘉靖《通州志略》和清康熙《通州志》所载，该村一直称为定安里，为农村基层行政组织所在地。至光绪间因里屯的裁并不再称里，加之位于东定安之西而称西定安至今。交通干道有漷（县）大（柳树）路。

## 军屯村
Jūntún Cūn

通州区漷县镇辖村。位于镇域中南部，凤港减河与港沟河交汇处东南侧。东至西定安村，南至柏庄村。面积约 1.58 平方千米。户籍人口 749 人，常住人口 743 人。1983 年 8 月设立村委会。明初，此地为军队屯种之所，形成聚落后故名军屯至今。（清乾隆《通州志》载：“军屯，离州城四十二里。”）该村曾遗有明时所建大悲寺一座，“文化大革命”时期被拆除，现仅遗“重修大悲寺菩萨殿碑”一通以及清时所植古槐一株，为镇内不可移动文物。村西港沟河上曾建有同治初年捐修的石桥一座，名刘公桥，为来往于香河及永乐店间的交通要道。光绪十三年（1887）重修，光绪三十四年（1908）被水冲圮。交通干道有漷（县）大（柳树）路。

## 柏庄村
Bǎizhuāng Cūn

通州区漷县镇辖村。位于镇域中南部，凤港减河与港沟河交汇处东南侧。北至军屯村，东至西定安村。面积约 0.37 平方千米。户籍人口 225 人，常住人口 298 人。1983 年 8 月设立村委会。明代，该村土地原为今永乐店镇小务村一柏姓财主庄田，租种佃户于此搭建简易房屋，始称柏家锅伙。清代形成聚落后，以柏姓成村而称柏家庄。（清乾隆《通州志》载：“柏家庄，离州城四十二里。”）清末民初简称柏庄至今。交通干道有漷（县）大（柳树）路。

## 龙庄村
## Lóngzhuāng Cūn

通州区漷县镇辖村。位于镇域东南部，港沟河东、于觅路与定龙路交会处南侧。东北至李辛庄村，东至尚武集村，东南至军庄村。面积约 1.67 平方千米。户籍人口 874 人，常住人口 690 人。1983 年 8 月设立村委会。该村名的含义和由来说法有二，其一是：清代，家住北京的龙姓皇亲圈地至此，其名下庄田雇佣佃户耕种，形成聚落后以龙姓皇亲姓氏成村而名龙家庄，简称龙庄。其二是：清代，该村一直称作隆家庄。（清乾隆《通州志》载：“隆家庄，离州城五十六里。”）清末民初简称隆庄，民国中期改称龙庄至今，原因无考。该村建有天主教堂，教务活动正常开展。交通干道有于（家务）觅（子店）路。

## 李辛庄村
## Lǐxīnzhuāng Cūn

通州区漷县镇辖村。位于镇域东部，漷大路与李军路交会处东南侧。西北至徐官屯村，东北至大柳树村，东南至尚武集村，西南至龙庄村。面积约 2.69 平方千米。户籍人口 1306 人，常住人口 1340 人。1983 年 8 月设立村委会。据村内李姓家谱载，明初迁江南大户实北方，李伯仁举家迁至今大柳树村落户建村。后发现村南有一古井，井水甘甜可口，遂转迁此处另建新村。形成聚落后因由李姓负责管理此处庄田，故名李家新庄。（清乾隆《通州志》载：“李家新庄，离州城五十里。”）清晚期，村名中的“新”字被“辛”字同音替代而改称李家辛庄。（清光绪《通州志》载：“李家辛庄，城南五十里。”）民国初年简称今名。清中晚期，该村潘姓一支人迁至村西南另建新村，称小潘庄。（清光绪《通州志》载：“小潘庄，城南五十里。”）民国间一直为李辛庄附村，1949 年后迁入李辛庄，村名不再。清代，该村在当地被称为秀才村。自清道光至光绪年间，村中李姓家族考取功名的有 27 人。乾隆太上皇为表彰李氏第十世祖李有为治家有道、教子有方而赐手书“宠锡高年”鎏金大字匾额。此匾额一直悬挂在李氏宗祠大门上方，“文化大革命”时期宗祠被拆，匾额被毁，2008 年匾额被复制。此外，李氏续家谱习俗及其传承 600 年之久的《李氏族谱》为通州区级非物质文化遗产保护项目。现村内中街南侧遗有明代古井一口，为镇内不可移动文物。在今李辛庄陵园内，遗有明代李丹樵文教碑、李永弼碑、俊□李老夫子文教碑以及通州漷邑李氏始遷（迁）祖伯仁公之墓碑各一通。交通干道有漷（县）大（柳树）路。

## 尚武集村
## Shàngwǔjí Cūn

通州区漷县镇辖村。位于镇域东南部，德觅路与于觅路交会处西侧。东至觅子店村，西南至军庄村，西至龙庄村，西北至李辛庄村。面积约 0.59 平方千米。户籍人口 287 人，常住人口 240 人。1983 年 8 月设立村委会。此村成村较早，当地曾有“走马看山门，先有尚武集，后有觅子店”之说。相传，该村处早在晋代曾建有一座名镇海寺的寺庙。辽代，又建塔一座。（清乾隆《通州志》载：“镇海寺，旧在州南漷县东南二十里觅子店塔北，今废。”）此后，每年四方游僧按规定日期前来集会，切磋武艺，各地客商游人也相继至此经商游逛，渐次发展成庙会集市，形成聚落后取崇尚武艺之意故名尚武集，今寺庙及塔无存。清乾隆年间曾称上武吉。（清乾隆《通州志》载：“上武吉，离州城五十三里。”）清晚期改称上武集。（清光绪《通州志》载：“上武集，城南五十三里。”）民国间复称尚武集至今。村西遗有关帝庙碑首一，为镇内不可移动文物。交通干道有于（家务）觅（子店）路。

## 觅子店村
## Mìzidiàn Cūn

通州区漷县镇辖村。位于镇域东南部，德觅路与于觅路交会处西侧。北至前尖平村，东南至南屯村，西至尚武集村。面积约2.21平方千米。户籍人口1317人，常住人口1645人。1983年8月设立村委会。该村名的含义和由来说法有二，其一是：相传，明以前村西尚武集处有一较大寺庙，各地寺僧于此定期聚会，渐成庙会集市，客商、游人纷至沓来，曾兴盛一时。一年，一个外地财主令管家携其幼子前来赶庙会时其幼子不慎走失，幸被当地一店主收养并纳为义子。后外地财主至此寻找，幼子失而复得。为报店主之恩，举家迁居该地，形成聚落后故名觅子店。清时因“觅”与“麦”音近替代而改称麦子店，俗称“麦店儿”。（清乾隆《通州志》载：“麦子店，离州城四十五里。”）民国间复称原名至今。其二是：金代，村中建有一座观音寺，寺中生长两株高大银杏树，故该寺也称白果寺，主祀送子观音。远近人们为觅得子嗣，都来此烧香上供，求菩萨保佑。因此该寺经常人来人往，礼佛进香者不断。于是，村人便在寺旁开设店铺，为他们提供食宿，因店铺为求子者开设，故名觅子店。1953年5月后，为三区（马头区）觅子店乡政府驻地；1956年7月后，为觅子店乡政府驻地；1958年9月后，为马头公社觅子店管理区管委驻地；1961年7月后，为马头工委管区觅子店公社管委驻地；1965年5月后，为觅子店公社管委驻地；1983年3月后，为觅子店乡政府驻地；2000年7月后，为觅子店镇政府驻地。2001年12月与漷县镇合并，镇政府迁至漷县。该村西遗有汉代墓群，曾出土大量灰、红陶片，今半存。于此墓群相隔不远处有明刑部尚书董方家族墓，“文化大革命”时期，墓地中的螭首龟趺碑、翁仲石像生等均遭破坏，今仅遗有赠通议大夫、刑部侍郎董公神道碑一、龟趺一以及碑坊构件，均为镇内不可移动文物。该村设有集市，农历单日为集。驻村单位有通州区觅子店中学、通州区觅子店小学、通州区漷县镇觅子店幼儿园、觅子店卫生院。交通干道有于（家务）觅（子店）路、德（仁务）觅（子店）路。

## 南屯村
## Nántún Cūn

通州区漷县镇辖村。位于镇域东南部，德觅路与于觅路交会处南侧。西北至觅子店村，东至区界，南至穆家坟村，西南至军庄村。面积约0.91平方千米。户籍人口597人，常住人口637人。1983年8月设立村委会。明初，大将徐达迁徙山后之民至该地，移民屯种以实北京，因位于觅子店之南，故称南屯至今。（清乾隆《通州志》载：“南屯，离州城五十二里。”）该村南遗有金代墓群，曾出土人的骨骸和铜镜、瓷碗、瓷瓶、黑釉小盆等一些随葬器物，今半存，为镇内不可移动文物。交通干道有觅（子店）凤（河营）路。

## 穆家坟村
## Mùjiāfén Cūn

通州区漷县镇辖村。位于镇域东南部，德觅路与穆家坟路交会处东侧。北至南屯村、东至区界，西南至边槐庄村，西至军庄村。面积约 0.69 平方千米。户籍人口 353 人，常住人口 360 人。1983 年 8 月设立村委会。清康熙年间，御史穆旦死后埋葬在该村西南，并立螭首龟趺碑两通，始有守墓人居此。清末民初，形成聚落后故名穆家坟，俗称穆坟。“文化大革命”期间墓碑连同螭首龟趺坐埋于地下。1984 年镇政府将碑挖出复立，并建起护栏保护，为镇内不可移动文物。交通干道有德（仁务）觅（子店）路。

## 军庄村
## Jūnzhuāng Cūn

通州区漷县镇辖村。位于镇域东南部，港沟河东岸、德觅路与李军路交会处西侧。西北至龙庄村，东至穆家坟村，东南至罗庄村。面积约 2.25 平方千米。户籍人口 865 人，常住人口 863 人。1983 年 8 月设立村委会。明初，此村处为卫所（明代军队屯田机构）屯田之地。清初，在“圈地”中土地成为皇亲庄田，形成聚落后故名军庄至今。（清乾隆《通州志》载：“军庄，离州城七十里。”）交通干道有德（仁务）觅（子店）路。

## 边槐庄村
## Biānhuáizhuāng Cūn

通州区漷县镇辖村。位于镇域东南部，港沟河东、德觅路与穆家坟路交会处南侧。东北至穆家坟村，东至区界，南至罗庄村，西北至军庄村。面积约 1.74 平方千米。户籍人口 744 人，常住人口 741 人。1983 年 8 月设立村委会。明初，山西迁徙民至此定居，村人为怀念在山西洪洞县大槐树下集合迁徙之情，加之此地位于西小槐家庄之东，故曾名东槐家庄。（清乾隆《通州志》载：“东槐家庄，离州城六十里。”）清末民初简称东槐庄，民国中期改称边槐庄至今，原因无考。1953 年 5 月至 1956 年 7 月，为三区（马头区）边槐庄乡政府驻地。该村曾遗有清时所建观音寺一座，“文化大革命”期间被拆除，仅余清时所植古槐一株。该村西临港沟河东堤，历史上因河道狭窄，每遇伏汛常常造成险情。清末民初的一次大水，在所临河堤处造成决口，冲成一个又大又深的水坑，当地人称其为“东（边）槐庄口子”，今口子坑遗址仍在。驻村单位有通州区漷县镇觅子店幼儿园边槐庄分园。交通干道有德（仁务）觅（子店）路。

## 梁家务村
## Liángjiāwù Cūn

通州区漷县镇辖村。位于镇域东南隅，京塘路与罗梁路交会处西南侧，通州区、香河县与武清区交界处。北、东、南至区界，西至罗庄村。面积约 2.26 平方千米。户籍人口 1028 人，常住人口 980 人。1983 年 8 月设立村委会。明代，梁姓自香河县梁家务迁至此地定居，崔、王二姓相继至此，形成聚落后为不忘故里，仍以梁姓原籍梁家务称之。（清乾隆《通州志》载：“梁家务，离州城六十里。”）清代，李姓大户自香河县窝坨村迁入，梁姓迁出而村名一直未变。因“务”与“府”音相近每多互讹也称梁家府，俗称梁府儿。该村西遗有汉墓群，曾出土大量灰、红陶片，今无存。交通干道有（北）京塘（沽）路。

## 罗庄村
Luózhuāng Cūn

通州区漷县镇辖村。位于镇域东南部，港沟河东岸、德觅路与港沟河交会处东侧。东北至边槐庄村，东至梁家务村，南至区界，西至后元化村。面积约 1.25 平方千米。户籍人口 667 人，常住人口 635 人。1983 年 8 月设立村委会。明时，武清县牛镇一罗姓大户在该处购置土地作为女儿陪嫁。佃户沈、白二姓首至该地定居，为罗姓耕种土地始称罗家锅伙。清晚期已形成聚落，以姓成村称罗家庄。（清光绪《通州志》载：“罗家庄，城南五十五里。”）民国间始称罗庄至今。该村原隶属武清县，1913 年后划归通县管辖。交通干道有德（仁务）觅（子店）路。

## 前元化村
Qiányuánhuà Cūn

通州区漷县镇辖村。位于镇域东南端，港沟河西岸、德觅路与前元化路交会处南侧。北至后元化村，南至区界，西至鲁城村。面积约 0.63 平方千米。户籍人口 246 人，常住人口 248 人。1983 年 8 月设立村委会。明代，山东迁徙民至该地分南、北两处定居，统称元化。（清乾隆《通州志》载：“元化，离州城七十里。”）清晚期，因村址位于州域南端而称南元化。（清光绪《通州志》载：“南元化，城南七十里。”）民国晚期，逐渐形成南北两个聚落，王姓于南，丁姓于北，因该村位于南而称前元化至今。交通干道有德（仁务）觅（子店）路。

## 后元化村
Hòuyuánhuà Cūn

通州区漷县镇辖村。位于镇域东南部，港沟河西岸、德觅路与前元化路交会处西侧。西至后营村，南至前元化村。面积约 0.40 平方千米。户籍人口 262 人，常住人口 249 人。1983 年 8 月设立村委会。明代，山东迁徙民至该地分南、北两处定居，统称元化。（清乾隆《通州志》载：“元化，离州城七十里。”）清晚期，因村址位于州域南端而称南元化。（清光绪《通州志》载：“南元化，城南七十里。”）民国晚期，逐渐形成南北两个聚落，王姓于南，丁姓于北，因该村位于北而称后元化至今。交通干道有德（仁务）觅（子店）路。

# 马驹桥镇

## 大白村
Dàbái Cūn

通州区马驹桥镇辖村。拆迁前位于镇域西部，漷马路与兴华南街交会处东北侧。北至王庄村，东北至西店村，东南至马村，西至新凤河。面积约 0.47 平方千米。户籍人口 755 人，常住人口 1614 人。1984 年 3 月设立村委会。该村名的含义和由来说法有二，其一是：明代，山东人“三王、两楚、一家于”6 户人家首至该地定居建村，以盛产山东大白菜而远近闻名，故以此名村称大白村。其二是：该村为汉代白姓族人所建，故名白家村，后简称白村。至明代，村内一支白姓族人迁出，于村南择址另建一村，仍名白村。为使新老二村相区别而分称大、小白村，因此村为老村且聚落较大故称大白村至今。（清乾隆《通州志》载：“大白村，离城四十五里。”）该村于 2005 年因旧村改造拆迁，村民迁至兴华嘉园小区。交通干道有辛（屯）房（辛店）路。

## 小白村
Xiǎobái Cūn

通州区马驹桥镇辖村。拆迁前位于镇域西部，辛房路与辛桑路交会处东南侧。北至马村，东至张各庄村，南至张村，西至区界。面积约 0.46 平方千米。户籍人口 825 人，常住人口 933 人。1984 年 3 月设立村委会。该村名的含义和由来说法有二，其一是：明代，山东人白姓首至此地定居，形成聚落后，因村北有大白村，且聚落较小而称小白村。其二是：明代，一支白姓族人由大白村迁出，于村南择址另建新村。为使新老二村相区别而分别称大、小白村，该村因属新村且聚落较小而称小白村至今。（清乾隆《通州志》载：“小白村，离城四十五里。”）2005 年，因旧村改造集体拆迁，2006 年村民迁至温馨家园西区、东区。交通干道有辛（屯）房（辛店）路。

## 大葛庄村
## Dàgězhuāng Cūn

通州区马驹桥镇辖村。位于镇域西北部，通马路与六环路交会处东北侧。西南至东店村，西北至马驹桥村。面积约 0.57 平方千米。户籍人口 839 人，常住人口 2012 人。1984 年 3 月设立村委会。清代，葛姓大户迁至此地落户定居，清末民初形成聚落，以姓成村始称大葛庄至今。该村曾遗有清代所建万善寺一座，1985 年公布为通县文物保护单位，1989 年被擅自拆除，仅遗古槐一株。村北遗有汉墓群，今半存。驻村单位有通州区育才小学。交通干道有通（州）马（驹桥）路。

## 东店村
## Dōngdiàn Cūn

通州区马驹桥镇辖村。位于镇域西北部，西周路与东店路交会处东北侧。东北至大葛庄村，西至西店村，西北至辛屯村。面积约 0.53 平方千米。户籍人口 700 人，常住人口 1036 人。1984 年 3 月设立村委会。该村名的含义和由来说法有二，其一是：清朝末年，崔、王二姓至此在路旁定居开店，后杜姓相继而来开设茶馆。形成聚落后因与西店一沟之隔，曾称东大沟，也称东店。（清光绪《顺天府志》载：“治西南四十里，东店。”）民国初期改称东庄，中期复称东店至今。其二是：辽代以后，马驹桥在历史的演进中逐渐成为京畿古镇，店铺鳞次栉比，民居遍布其间。至民国间，为便于管理，将其分成一街、二街、三街、西后街和北门口 5 个街区。其中，三街以南接连一片民居，中间贯以一条南北向的入京古道。古道两侧开设小旅店、小饭馆，后当地人习惯将道东部分称作东店，道西部分称作西店。因此村位于道东而称东店至今。该村马驹桥绿化公司院内遗有明天顺年间敕建宏仁桥碑碑身一块，为镇内不可移动文物。交通干道有西（店）周（营）路。

## 西店村
## Xīdiàn Cūn

通州区马驹桥镇辖村。位于镇域西北部，西周路与兴华中街交会处西南侧。东南至东店村，西北至辛屯村，西南至大白村。面积约 1.25 平方千米。户籍人口 1390 人，常住人口 2970 人。1984 年 3 月设立村委会，辖西店、王庄两个自然村。该村名的含义和由来说法有二，其一是：清代，许姓至此在东大沟西定居开店，形成聚落后以姓成村曾名许村。后因店小而称小店屯。又因地处沟西，俗称西大沟。民国初年因位于东店之西而改称西店。其二是：辽代以后，马驹桥在历史的演进中逐渐成为京畿古镇之一，店铺鳞次栉比，民居遍布其间。至民国间，为便于管理，将其分成一街、二街、三街、西后街和北门口 5 个街区。其中，三街以南连接一片民居，中间贯以一条入京古道。古道两侧开设小旅店、小饭馆，后当地人习惯将道东部分称作东店，道西部分称作西店。因此村位于道西而称作西店至今。该村于 2007 年因旧村改造拆迁，2009 年迁至兴华嘉园小区。驻村单位有马驹桥镇马驹桥中心幼儿园。交通干道有辛（屯）房（辛店）路。

## 王庄村
Wángzhuāng Cūn

通州区马驹桥镇西店村所辖自然村。位于镇域西北部，辛房路与兴华中街交会处东北侧。北至辛屯村，东至西店村，南至大白村，西至区界。隶属西店村委会。清代，一王姓人家至此定居并成为催粮庄头，形成聚落后成为辛屯村一部分。民国中期始单独称谓，以姓成村称王庄至今。1983 年后改为西店辖村。1953 年 5 月至 1956 年 7 月，为七区（马驹桥区）王庄乡政府驻地。交通干道有辛（屯）房（辛店）路。

## 前银子村
Qiányínzi Cūn

通州区马驹桥镇辖村。位于镇域中西部，漷马路与四凤路交会处北侧。北至后银子村，南至史村，西至大周易村。面积约 1.24 平方千米。户籍人口 624 人，常住人口 1622 人。1984 年 3 月设立村委会。明初平定北方时此处为驻军营地，后军队撤走于营地南北分别形成两个村落，此村因位于南故名前营。清代，因村内建有聚（回）银寺（今已不存），又因村名中的“营”与“银”音相近而取吉语称前银子至今。（清乾隆《通州志》载：“前银子，离州城四十里。”）交通干道有漷（县）马（驹桥）路。

## 后银子村
Hòuyínzi Cūn

通州区马驹桥镇辖村。位于镇域中西部，马大路与四凤路交会处东侧。东北至南小营村，南至前银子村。面积约 1.44 平方千米。户籍人口 988 人，常住人口 2590 人。1984 年 3 月设立村委会。相传，明初平定北方时此处为驻军营地，后军队撤走于营地南北分别形成两个村落，此村因位于北故名后营。清代因村内建有聚（回）银寺（今已不存），又因村名中的“营”与“银”音相近而取吉语称后银子至今。（清乾隆《通州志》载：“后银子，离州城四十五里。”）驻村单位有通州区后银子幼儿等。交通干道有漷（县）马（驹桥）路。

## 史村
Shǐ Cūn

通州区马驹桥镇辖村。位于镇域中西部，漷马路与四凤路交会处。北至前银子村，东至西田阳村，南至郭村，西至大周易村。面积约 1.92 平方千米。户籍人口 1308 人，常住人口 2600 人。1984 年 3 月设立村委会。明初，史姓自山西迁此落户定居，形成聚落后以姓成村称史家村。（清乾隆《通州志》载：“史家村，离州城四十里。”）民国中期始简称史村至今。1953 年 5 月至 1956 年 7 月，为七区（马驹桥区）史村乡政府驻地。1958 年 9 月至 1961 年 7 月，为马驹桥公社史村管理区管委驻地。其村北遗有汉墓群，今半存。驻村单位有通州区马驹桥镇史村幼儿园。交通干道有漷（县）马（驹桥）路。

## 姚村
Yáo Cūn

通州区马驹桥镇辖村。拆迁前位于镇域西南部，漷马路与西周路交会处西南侧。西北至小白村，东北至张各庄村，东南至古庄村，西南至张村。面积约 0.26 平方千米。户籍人口 980 人，常住人口 992 人。1984 年 3 月设立村委会。明代，姚姓至此定居，形成聚落后以姓成村曾名姚家村。（清乾隆《通州志》载："姚家村，离城四十六里。"）民国末年始简称姚村至今。1953 年 5 月后，为七区（马驹桥区）姚村乡政府驻地；1956 年 7 月至 1958 年 4 月，为姚村乡政府驻地；1958 年 9 月至 1961 年 7 月，为马驹桥公社姚村管理区管委驻地。该村东遗有汉墓群，今半存。该村于 2003 年因旧村改造拆迁，2005 年迁至温馨嘉园东区、西区。驻村单位有通州区姚村中学。交通干道有漷（县）马（驹桥）路。

## 前堰上村
Qiányànshàng Cūn

通州区马驹桥镇辖村。位于镇域中北部，凉水河南岸、七支路与支德路交会处西北侧。北至后堰上村，东北至高营村，南至姚辛庄村，西南至陈各庄村。面积约 2.70 平方千米。户籍人口 1124 人，常住人口 1148 人。1983 年 8 月设立村委会。该村名的含义和由来说法有二，其一是：明代，迁徙民至此于元代古堤堰之北定居，故曾名堰上。（清乾隆《通州志》载："堰上，离州城三十里。"）后聚落逐渐发展成为南北两部分，新中国成立后分别建制，因此村位于南而称前堰上。其二是：历史上，该村北所临凉水河经常决堤泛滥，两岸民众深受其害。清雍正间，在治理京东水利时，于此村北凉水河右岸开一河口，向南挑挖一条至凤河的凉水新河，并在河口处建一座减水石闸，以减少凉水河汛期水量。1941 年版民国《通县志要》载："（凉水新河）为凉水河支流，俗称小沙河。清初在高古庄筑有减水闸，闸虽久废，缺口仍在。水涨时必由此外溢。"当时的所谓"石闸"其实就是一处"石堰"，1979 年版《辞海》中的"堰"字作"拦河堰，系较低的挡水并能溢流的建筑物"解，该村因位于此堰南侧故有堰上之称。后又由该村分出一村，两村一南一北，此村位于南而俗称前堰上。村东遗有汉墓群，今半存。村内曾遗有元时所建万寿寺一座，今不存，仅遗铁钟一口。另有清代杜文通墓碑座一和隋唐永济渠故道，均为镇内不可移动文物。清光绪七年，绅士滕玉山曾于原村内小学处私办万寿寺义学一所。驻村单位有通州区马驹桥镇前堰上幼儿园。交通干道有马（驹桥）大（杜社）路。

## 后堰上村
Hòuyànshàng Cūn

通州区马驹桥镇辖村。位于镇域中北部，凉水河南岸、七支路与支德路交会处西北侧。东至高营村，南至前堰上村，西南至陈各庄村。面积约 1.22 平方千米。户籍人口 702 人，常住人口 901 人。1983 年 8 月设立村委会。该村名的含义和由来说法有二，其一是：明代，迁徙民至此于元代古堤堰之北定居，故曾名堰上。（清乾隆《通州志》载："堰上，离州城三十里。"）后聚落逐渐发展为前后两部分，新中国成立后分别建制，因此村位于北而称后堰上至今。其二是：历史上，该村北所临凉水河经常决堤泛滥，两岸民众深受其害。清雍正间，在治理京东水利时，于此村北凉水河右岸开一河口，向南挑挖一条至凤河的凉水新河，并在河口处建一座减水石闸，以减少凉水河汛期水量。当时的所谓“石闸”其实就是一处“石堰”，1979 年版《辞海》中的“堰”字作“拦河堰，系较低的挡水并能溢流的建筑物”解，该村因位于此堰南侧故有堰上之名。后又由该村分出一村，两村一南一北，此村位于北而俗称后堰上。驻村单位有通州区马驹桥镇后堰上幼儿园。交通干道有马（驹桥）大（杜社）路。

## 姚辛庄村
Yáoxīnzhuāng Cūn

通州区马驹桥镇辖村。位于镇域东北部，马大路与七支路交会处北侧。北至前堰上村，东南至小杜社村，南至东田阳村，西至陈各庄村。面积约 3.01 平方千米。户籍人口 1231 人，常住人口 1576 人。1983 年 8 月设立村委会。明代，姚姓至此定居建村，形成聚落后始称姚家新庄。（清乾隆《通州志》载：“姚家新庄，离州城三十里。”）清晚期，因村名中的“新”字被“辛”字同音替代而改称姚家辛庄。（清光绪《通州志》载：“姚家辛庄，城南三十五里。”）民国初年简称姚辛庄至今。在 1981 年调整县域内村名时，因此村重名且村落较大曾拟将其更名为大姚辛庄，但此议并未实行而继续使用原村名至今。驻村单位有通州区马驹桥镇姚辛庄幼儿园。交通干道有马（驹桥）大（杜社）路。

## 陈各庄村
Chéngèzhuāng Cūn

通州区马驹桥镇辖村。位于镇域中北部，马大路与马团路东段交会处东北侧。东北至前堰上村，东至姚辛庄村，西南至南小营村，西至团瓢庄村。面积约 0.45 平方千米。户籍人口 206 人，常住人口 405 人。1983 年 8 月设立村委会。明代，陈姓大户首至此地定居，以姓成村称陈各庄。（清乾隆《通州志》载：“陈各庄，离州城三十五里。”）后韩姓至此定居但村名一直未变。该村南遗有汉墓群，今半存。主要交通干道有马（驹桥）大（杜社）路。

## 团瓢庄村
Tuánpiáozhuāng Cūn

通州区马驹桥镇辖村。位于镇域中北部，六环路与马大路交会处东北侧。北至凉水河，东至陈各庄村，南至南小营村，西北至驸马庄村。面积约 2.05 平方千米。户籍人口 712 人，常住人口 1431 人。1983 年 8 月设立村委会。明代，浑河（今凉水河）泛滥无常，为防水患村民在村四周筑起土围，并于村内建起一些与蒙古包相似的圆形草屋。据《辞海》（1979 年版）中“团瓢”词条，“团瓢”作“圆形草屋”解，故以此名村称团瓢庄至今。（清乾隆《通州志》载：“团瓢庄，离州城三十五里。”）驻村单位有通州区马驹桥镇团瓢庄幼儿园。交通干道有马（驹桥）大（杜社）路。

## 南小营村
Nánxiǎoyíng Cūn

通州区马驹桥镇辖村。位于镇域中北部，漷马路与长西路交会处北侧。西北至团瓢庄村，东至姚辛庄村，南至西田阳村，西至后银子村。面积约 2.11 平方千米。户籍人口 992 人，常住人口 2500 人。1983 年 8 月设立村委会。明初，元朝降明驻军于凉水河南北两处屯田，至清中期已分别形成两个较小聚落，均称小营。（清乾隆《通州志》载：“小营，离城二十七里。”）清晚期，因该村村民主要为蒙古族人，故被蔑称为“鞑子小营”。［清光绪《顺天府志》载：“治西南三十八里，达（鞑）子小营。”］民国中期，因村落位于河南而将村名雅化为南小营至今。1953 年 5 月至 1956 年 7 月，为七区（马驹桥区）南小营乡政府驻地。交通干道有长（子营）西（田阳）路。

## 大杜社村
## Dàdùshè Cūn

通州区马驹桥镇辖村。位于镇域东部，漷马路与九周路交会处。北至姚辛庄村，东至小杜社村，南至小松垡村，西至东田阳村。面积约 1.37 平方千米。户籍人口 988 人，常住人口 1810 人。1983 年 8 月设立村委会。该村名的含义和由来说法有二，其一是：元代，该地为京东南交通要道和酒贩聚集交易之所。后为集社建庙纪念杜康，先后发展成大、小两个市场，此市场为大，故曾名大杜市，简称大市。明代，此地逐渐发展成为祭祀土地之神——社神的场所。古代，人们将土地神和祭祀土地神的场所称作“社”，即社庙。故以此改“市”为“社”称大杜社至今。其二是：元代，今村处已形成自然村落，并为地区行政单位“社”的所在地。其时又因村人在村的周围沙荒地上栽种较多的杜树，故名杜社。明代，村中富裕人家在村东北处又新建一村。为使两村有所区别，由于该村建村较早，且聚落较大而称大杜社。清代，因此地曾建有市场，且“社”与“市”音相近而改称大杜市。（清乾隆《通州志》载：“大杜市，离州城三十五里。”）民国中期复称大杜社至今，俗称大杜市。1953 年 5 月后，为五区（牛堡屯区）大杜社乡政府驻地；1956 年 7 月至 1958 年 4 月，为大杜社乡政府驻地；1958 年 9 月后，为牛堡屯公社大杜社管理区管委驻地；1961 年 7 月后，为牛堡屯工委管区大杜社公社管委驻地；1965 年 5 月后，撤销大杜社公社，并入牛堡屯公社；1972 年复设大杜社公社，该村仍为公社管委驻地；1983 年 8 月，为大杜社乡政府驻地；2000 年 7 月后，为大杜社镇政府驻地；2001 年 12 月后并入马驹桥镇。驻村单位有通州区马驹桥镇大杜社中心幼儿园、通州区大杜社小学、通州区大杜社中学、大杜社卫生院、马驹桥第二福利中心（敬老院）。交通干道有漷（县）马（驹桥）路和九（棵树）周（营）路。

## 小杜社村
## Xiǎodùshè Cūn

通州区马驹桥镇辖村。位于镇域东部，漷马路与九周路交会处东北侧。北至高营村，东至牛堡屯村，东南至六郎庄村，西北至姚辛庄村。面积约 2.46 平方千米。户籍人口 1018 人，常住人口 1535 人。1983 年 8 月设立村委会。该村名的含义和由来说法有二，其一是：元代，京东南交通要道经此，渐成酒贩聚集交易之所。为集社建庙纪念杜康，先后发展成大、小两个市场，此市场为小，故曾名小杜市，简称小市。1940 年前后更今名。其二是：明代，杜社村中富裕人家于此村处新建一村，因村落较小且成村较晚而称小杜社。清代，因此村处曾建有市场，且“社”与“市”音相近而称小杜社为小杜市。（清乾隆《通州志》载：“小杜市，离州城三十五里。”）民国年间复称小杜社至今，俗称小杜市。交通干道有漷（县）马（驹桥）路。

## 六郎庄村
## Liùlángzhuāng Cūn

通州区马驹桥镇辖村。位于镇域东部，漷柏路与六郎庄路交会处东侧。北至小杜社村，东至小耕垡村，南至西马各庄村，西南至小松垡村。面积约 2.10 平方千米。户籍人口 1071 人，常住人口 1500 人。1983 年 8

月设立村委会。该村名的含义和由来说法有二，其一是：明代，一迁徙民携其六子至此定居，形成聚落后，故名。原庄内兴济庵铁钟铭文曾有“万历二十三年大明国顺天府，通州漷县西乡永宁屯六郎庄各村善人，发心铸钟一口，于本庄兴济庵供养”之字样。其二是：该村为明初迁民所建村庄。传说此地曾为杨六郎抗辽军队驻地，并曾发现此处有大面积古代野战地野炊灰灶，故名六郎庄至今。（清乾隆《通州志》载：“六郎庄，离州城三十里。”）村内曾遗有清时所建关帝庙和兴济庵各一座，今均不存，仅遗古槐一株。驻村单位有通州区马驹桥镇六郎庄幼儿园。交通干道有漷（县）马（驹桥）路。

## 西马各庄村
## Xīmǎgèzhuāng Cūn

通州区马驹桥镇辖村。位于镇域东南部，凤港河北岸、漷柏路与西马各庄路交会处东侧。北至六郎庄村，东南至东马各庄村，西至小松垡村。面积约 2.61 平方千米。户籍人口 1451 人，常住人口 2166 人。1983 年 8 月设立村委会。元代，马姓首至此地东、西两处屯田，定居建村，因此村在西且聚落较小，曾名小马各庄。（清乾隆《通州志》载：“小马各庄，离州城四十里。”）民国年间，因此庄位于东马各庄之西而改称西马各庄至今。1953 年 5 月至 1956 年 7 月，为五区（牛堡屯区）西马各庄乡政府驻地。其村东北土岗处有土宝顶 5 座，俗称黄带子坟，清康熙帝第五代孙奕绵及其子孙葬此，1985 年 5 月通县人民政府公布其为文物保护单位，为镇内不可移动文物。村内曾遗有元时所建观音寺和清时所建关帝庙各一座，今均不存，仅余关帝庙古钟一口，古槐一株。驻村单位有通州区马驹桥镇西马各庄幼儿园。交通干道有漷（县）马（驹桥）路。

## 大松垡村
## Dàsōngfá Cūn

通州区马驹桥镇辖村。位于镇域东部，凤港河南岸、九周路与大松垡路交会处西北侧。北至小松垡村，东至东马各庄村，东南至柏福村，西至区界。面积约 3.48 平方千米。户籍人口 1410 人，常住人口 1615 人。1983 年 8 月设立村委会。明初，此处地势低洼、土地盐碱，军队曾屯田于此。清代，迁民至此定居，翻耕松土，晾晒土块，种植庄稼，时人将此称作“松垡”。后在此地南北逐渐形成大小两个聚落，因该聚落较大而称大松垡至今。（清乾隆《通州志》载：“大松垡，离州城四十里。”）“文化大革命”期间，于村东明代杨儒人墓出土墓志一合，村东南先后出土明嘉靖孺人卫氏墓志一合、明杨近斋墓志盖一和明杨某墓志底一。村东遗有汉墓群，今半存。村内曾遗有清时所建关帝庙一座，今不存，仅余古槐一株。当时为了贺庙祭神和村人娱乐，村内成立起名为“长香老会”的高跷会。从那时起，逢年过节都要在村内和周边有名的庙会上走会串演，至今已有 400 多年历史。关帝庙今虽不存，但走会历代传承，至今不泯。近年来，先后 3 次参加“龙潭湖民间花会大赛”，并获表演奖。该会为通州区级非物质文化遗产保护项目，传承人有李国政、吴士喜、周邦昌、刘庆祥 4 人。驻村单位有通州区马驹桥镇大松垡幼儿园。交通干道有九（棵树）周（营）路。

## 小松垡村
## Xiǎosōngfá Cūn

通州区马驹桥镇辖村。位于镇域东部，九周路与凤港减河交会处西北侧。北至大杜社村，东至西马各庄村，南至大松垡村，西北至东田阳村。面积约 1.99 平方千米。户籍人口1193人，常住人口1380人。1983年8月设立村委会。明初，此处地势低洼、土地盐碱，军队曾屯田于此。清代，迁民至此后，翻耕土地，晾晒土块，种植庄稼，时人称此为“松垡”。后在此地南北逐渐形成大小两个聚落，因该聚落较小而称小松垡至今。（清乾隆《通州志》载：“小松垡，离州城三十九里。”）1953年5月至1956年7月，为五区（牛堡屯区）小松垡乡政府驻地。驻村单位有通州区马驹桥镇小松垡幼儿园。交通干道有九（棵树）周（营）路。

## 柏福村
Bǎifú Cūn

通州区马驹桥镇辖村。位于镇域东南部，漷柏路、柏德路和柏福路交会处东侧。北至西马各庄村，东至西马坊村，南至后伏村，西南至神驹村。面积约2.97平方千米。户籍人口961人，常住人口961人。1983年8月设立村委会。元时，姚姓至此定居，因姓曾名姚家庄。后因村中建有白浮寺，又以寺名村称白浮里。清代，因“垡”与“浮”音近替代而称白垡。（清乾隆《通州志》载：“白垡，离州城五十里。”民国中期，因村内柏姓人居多，又取柏（百）姓得福之意而改称柏福。民国后期曾称柏福庄、柏福，俗称白福儿。1953年5月至1956年7月，为五区（牛堡屯区）柏福乡政府驻地。该村北遗有汉墓群，今半存。驻村单位有通州区马驹桥镇柏福幼儿园。交通干道有柏（福）德（仁务）路。

## 海户屯村
Hǎihùtún Cūn

通州区马驹桥镇辖村。拆迁前位于镇域西北部，京沪高速公路与通马路交会处西侧。北至郑庄村，东至壮丁屯村，南至胜利村，西至区界。1984年3月设立村委会。明代，该村紧邻皇家大型园林“南海子”（俗称“海子”“南苑”），其周围筑有“海子墙”。为看护园林和海子墙，朝廷将录用的“海户”分发到海子周边一带。据《北京历史纪年》所载，“（明）正德十一年（1516），录自宫中三千四百余人充海户，每人每月给米三斗”。当时，其地正处于南海子出入要道东大红门处，为海户聚集之地。至清初以后逐渐形成南北两个聚落，统称为海户屯。（清乾隆《通州志》载：“海户屯，离州城四十里。”）1961年，以原海户屯小学门前东西向街道为界，将该村分为南海户屯和北海户屯两个行政村，俗称南海和北海。村内曾遗有明时所建吉祥庵一座，今不存，仅保留增置香火地碑一通。2002年两村因北京经济技术开发区征占土地而拆迁，2003年分别迁至新海北里、新海南里和新海祥和社区。2009年完成集体资产处置，撤村建居。交通干道有通（州）马（驹桥）路。

## 东田阳村
Dōngtiányáng Cūn

通州区马驹桥镇辖村。位于镇域中东部，漷马路与七支路交会处西南侧。北至姚辛庄村，东至大杜社村，南至区界，西至西田阳村。面积约3.77平方千米。户籍人口1393人，常住人口3035人。1983年8月设立村委会。元代，此地曾为屯田之所，始称田垟（田地）。形成聚落后因位于古卢沟水北侧，故更名为田阳。明初，迁徙民至此于东西两处定居建村，此村位于东而名东田阳至今。（清乾隆《通州志》载：“东田阳，离州城三十八里。”）明、清时期，曾设基层行政组织田阳里于此。该村北遗有汉墓群，今半存。驻村单位有通州区马驹桥镇东田阳幼儿园。交通干道有漷（县）马（驹桥）路。

## 西田阳村
## Xītiányáng Cūn

通州区马驹桥镇辖村。位于镇域中部，漷马路与长西路交会处西南侧。北至南小营村，东至东田阳村，南至区界，西至史村。面积约4.02平方千米。户籍人口1918人，常住人口4022人。1983年8月设立村委会。元代，此地曾为屯田之所，始称田垟（田地）。形成聚落后因位于古卢沟水北侧，故更名田阳。明初，迁徙民至此于东西两处定居建村，此村位于西而名西田阳至今。（清乾隆《通州志》载：“西田阳，离州城四十里。”）1956年7月至1958年9月，为西田阳乡政府驻地；1961年7月至1965年5月，为马驹桥工委管区西田阳公社管委驻地。其村北遗有汉墓群，今半存。村内曾遗有元时所建龙兴寺一座，今不存，仅余清康熙三十九年（1700）圣祖玄烨经此入寺观赏祭拜所立祝愿碑碑身两块。另遗有老礼堂一座，为镇内不可移动文物。交通干道有漷（县）马（驹桥）路。

## 柴务村
## Cháiwù Cūn

通州区马驹桥镇辖村。拆迁前位于镇域中南部，凤港减河北岸、柴房路与四凤路交会处。北至史村，东、南至区界，西至郭村。面积约1.74平方千米。户籍人口1087人，常住人口1303人。1984年3月设立村委会。明代，柴姓首至此地定居务农，相继迁入他姓，形成聚落后以柴姓成村称柴家务至今。（清乾隆《通州志》载：“柴家务，离州城五十里。”）新中国成立后简称柴务，又因“务”与“府”音相近每多互讹也称柴府。该村为曲艺单琴大鼓的创始人翟青山（1903—1951）故里，其所创造的单琴大鼓被列为通州区非物质文化遗产保护项目。该村西南遗有汉墓群，今半存。2013年5月因奔驰大项目拆迁，2014年底迁至温馨家园南区。交通干道有柴（务）房（辛店）路。

## 郭村
## Guō Cūn

通州区马驹桥镇辖村。拆迁前位于镇域中南部，凤港减河北岸、朱大路与四支路交会处东北侧。北至史村，东至柴务村，南至区界，西至杨秀店村。面积约1.71平方千米。户籍人口882人，常住人口1245人。1984年3月设立村委会。明代，果姓首至此地定居建村，以姓成村称果家村。（清乾隆《通州志》载：“果家村，离州城六十里。”）民国中期后，果姓无人，郭姓迁此而改称郭村至今。该村曾遗有清时所建关帝庙一座，今不存，仅遗古槐一株。清朝末年，该村即建起剧团，始称“三顺和班”，后改名为“子弟会班”，新中国建立后又称“新声评剧团”，为半职业群众性艺术团体。剧团主演蹦蹦戏，演唱的剧目有70多个，传承人为杨永志，2007年该戏被列为通州区非物质文化遗产保护项目。2012年6月，因奔驰大项目拆迁，2014年底村民迁至温馨家园南区。交通干道有马（驹桥）朱（庄）路。

## 驸马庄村
## Fùmǎzhuāng Cūn

通州区马驹桥镇辖村。拆迁前位于镇域中北部，六环路与驸马庄路交会处西侧。北至南堤村，东至团瓢庄村，西南至后银子村。面积约0.42平方千米。户籍人口786人，常住人口900人。1984年3月设立村委会。相传，明时群臣各有封地，此地为明朝一驸马的官田，租给农民耕种，形成聚落后以此名村而称驸马庄至今。（清乾隆《通州志》载：“驸马庄，离州城四十里。”）2013年因旧村改造拆迁，年内村民迁至国风美仑小区。交通干道有兴贸南街。

## 房辛店村
Fángxīndiàn Cūn

通州区马驹桥镇辖村。位于镇域西南隅，凤港减河北、辛房路与柴房路交会处东南侧。北至张村，东北至小张湾村，西、南至区界。面积约1.80平方千米。户籍人口851人，常住人口2500人。1984年3月设立村委会。清代，该村位于南海子东南小门外，为出入大都城的大道旁。清晚期，房姓人家为方便行旅于道旁开设一家旅店，形成聚落后以此名村称房辛店。（清光绪《顺天府志》载：“治西南六十里，房辛店。”）交通干道有辛（屯）房（辛店）路。

## 小张湾村
Xiǎozhāngwān Cūn

通州区马驹桥镇辖村。位于镇域西南部，西周路与辛四路交会处西南侧。西北至张村，东至周营村，西南至房辛店村。面积约0.68平方千米。户籍人口512人，常住人口2110人。1984年3月设立村委会。清初，张、王二姓至此东、西两处定居建村，因中间隔有一水湾，加上聚落较小而称小张家湾。（清乾隆《通州志》载：“小张家湾，离城四十八里。”）清末简称小张湾至今。（清光绪《通州志》载：“小张湾，城南四十八里。”）村内曾有一老爷庙，今不存，仅遗古槐2株。驻村单位有通州区马驹桥镇小张湾幼儿园、通州区小张湾小学。交通干道有西（店）周（营）路。

## 杨秀店村
Yángxiùdiàn Cūn

通州区马驹桥镇辖村。位于镇域西南部，凤港减河北、马朱路与房柴路交会处西南侧。东北至小周易村，东至郭村，南至区界，西至周营村。面积约2.41平方千米。户籍人口1332人，常住人口2561人。1984年3月设立村委会。明洪武年间，南方大户杨秀迁此定居开店，形成聚落后以此名村称杨秀店至今。（清乾隆《通州志》载：“杨秀店，离城四十六里。”）清代曾设烟墩、草拨于此。驻村单位有通州区马驹桥镇杨秀店幼儿园。交通干道有房（辛店）柴（务）路。

## 张村
Zhāng Cūn

通州区马驹桥镇辖村。拆迁前位于镇域西南部，辛房路与辛四路交会处南侧。东北至姚村，东南至小张湾村，南至房辛店村，西至区界。面积约0.31平方千米。户籍人口317人，常住人口354人。1984年3月设立村委会。清代，张姓至此落户定居建村，以姓成村称张家村。（清乾隆《通州志》载：“张家村，离城四十八里。”）民国年间简称张村至今。2004年8月，因旧村改造拆迁，2005年12月迁至温馨家园小区。交通干道有辛（屯）房（辛店）路。

## 张各庄村
Zhānggèzhuāng Cūn

通州区马驹桥镇辖村。拆迁前位于镇域

中西部，漷马路与西周路交会处东北侧。东至大周易村，南至古庄村，西至小白村，西北至马村。面积约 0.06 平方千米。户籍人口 684 人，常住人口 750 人。1984 年 3 月设立村委会。明初，山西迁徙民至此落户定居，形成聚落后，因张姓居多以姓成村称张各庄。（清乾隆《通州志》载：“张各庄，离城四十里。”）在 1981 年调整县域内村名时，因此村重名且位于西曾拟将其更名为西张各庄，但此议并未实行而继续使用原名至今。该村内曾有清嘉庆间所建观音寺一座，今寺不存，尚遗记碑一通，为镇内不可移动文物。2007 年 10 月，因旧村改造拆迁，2013 年 3 月村民迁至温馨家园小区。交通干道有漷（县）马（驹桥）路。

## 古庄村
Gǔzhuāng Cūn

通州区马驹桥镇辖村。拆迁前位于镇域中西部，西周路与小古路交会处东侧。东北至大周易村，东至小周易村，西南至周营村，西北至姚村。面积约 0.04 平方千米。户籍人口 463 人，常住人口 536 人。1984 年 3 月设立村委会。该村名的含义和由来说法有二，其一是：据村内古钟铭文所记载，金大定年间，此处已有人居住，并建有文殊庵一座，后移址再建改称文殊寺。明代，山西迁徙民刘、范二姓至此于古聚落处建村故名古庄。清中期曾称孤庄，原因无考。（清乾隆《通州志》载：“孤庄，离城四十三里。”）其二是：该村成村较早，金代已有南古村之称。1985 年 7 月出土的金朝通州西道院宗主大师省诠塔记石经幢载：“师讳省诠，潞县南古村人也。俗姓王，自童幼间志乐出家，礼龙兴寺（今古庄村东西田阳的古寺，今无存）僧惠广为师。”此经幢为金大安二年二月（1210）所立，距今已有 800 余年。清代曾称南古庄。（清光绪《通州志》载：“南古庄，城南四十三里。”）民国初年始称古庄至今。2012 年 11 月，因旧村改造拆迁，2013 年 12 月迁至温馨家园小区。交通干道有西（店）周（庄）路。

## 大周易村
Dàzhōuyì Cūn

通州区马驹桥镇辖村。拆迁前位于镇域中西部，漷马路与马朱路交会处东侧。东至史村，东南至小周易村，西南至古庄村，西至张各庄村。面积约 0.47 平方千米。户籍人口 763 人，常住人口 991 人。1984 年 3 月设立村委会。明初，山东迁徙民周姓大户至此落户定居，后徐姓相继至此，渐成聚落。传说明朝定都北京后，周姓号称北京四十八家当铺总管，声名显赫。村人中曾流传《周易》即是周姓先人所作，于是将聚落称之为周易。清初，部分人迁出在聚落东南处另建新居，形成一较小聚落，因原聚落较大而称大周易。（清乾隆《通州志》载：“大周易，离州城四十五里。”）2004 年 5 月，因配合园区腾退拆迁，2007 年 1 月村民迁至温馨家园小区。交通干道有漷（县）马（驹桥）路。

## 小周易村
Xiǎozhōuyì Cūn

通州区马驹桥镇辖村。位于镇域中西部，小古一路与四凤路交会处西侧。东北至史村，东南至郭村，西至古庄村，西北至大周易村。面积约 0.52 平方千米。户籍人口 320 人，常住人口 3400 人。1984 年 3 月设立村委会。明初，山东迁徙民周姓与同乡徐姓，来此地后始居周易。清初，二姓族人迁出一支另建新村，形成一较小聚落，因聚落邻近大周易而名小周易至今。（清乾隆《通州志》载：“小周易，离州城四十里。”）2008年，荣获“全国民主法治示范村”称号。驻村单位有通州区马驹桥镇小周易幼儿园。交通干道有四（支路）凤（港减河）路。

## 马村
Mǎ Cūn

通州区马驹桥镇辖村。拆迁前位于镇域西部，漷马路与马村南路交会处东北侧。北至大白村，东南至张各庄村，南至小白村，西至区界。面积约0.03平方千米。户籍人口531人，常住人口921人。1984年3月设立村委会。清末始有人居此，以租种马姓土地为生。形成聚落后，以姓成村称马家村。（清光绪《顺天府志》载：“治西南四十二里，马家村。”）民国年间，该村一直为大白村的附村，新中国成立后单独建制简称马村至今。该村南菜园古井之侧遗有辽代古槐一株，高约9米，冠径约15米，胸径近2米，1985年被列为通县文物保护单位。2009年，因旧村改造拆迁，2010年村民迁至兴华嘉园小区。交通干道有辛（屯）房（辛店）路。

## 西后街村
Xīhòujiē Cūn

通州区马驹桥镇辖村。位于镇域西北部，凉水河南岸、漷马路与新凤河滨河路交会处南侧。东至马驹桥村，南至辛屯村。面积约0.20平方千米。户籍人口1082 人，常住人口3085人。1984年3月设立村委会。明代，白、刘、郝、周4户迁至此地落户定居，形成聚落后，因位于马驹桥村的西北处而称西后街至今。民国年间该村曾为辛屯附村，新中国成立后单独建制。该村“官夯号”被列为通州区非物质文化遗产保护项目，传承至今已有6代，健在的传承人有李金普、高吉庆和王进祥。交通干道有漷（县）马（驹桥）路。

## 北门口村
Běiménkǒu Cūn

通州区马驹桥镇辖村。位于镇域西北部，凉水河南岸、通马路与通黄路交会处东侧。西至西后街村，南至马驹桥村。面积约0.79平方千米。户籍人口1365人，常住人口3195人。1984年3月设立村委会。明代始有人在此定居，形成聚落后为马驹桥一部分。民国年间单独建制，因位于马驹桥北门外，故名北门口至今。该村为地区内回民聚集之地，村内回民占总人口的85%。今尚保留建于明代的清真古寺一座，1985年被公布为通县文物保护单位，宗教活动正常开展。此外，该村处尚遗清代碧霞元君庙泊岸遗址、明吴三桂府和马驹桥遗址三处，均为镇内不可移动文物。交通干道有通（州）马（驹桥）路。

## 南堤村
Nándī Cūn

通州区马驹桥镇辖村。拆迁前位于镇域中北部，凉水河南岸、水南南路与马南路交会处南侧。东南至驸马庄村，西南至马驹桥村。面积约0.03平方千米。户籍人口819人，常住人口955人。1984年3月设立村委会。清代，该村因位于凉水河北堤旁，故名。（清乾隆《通州志》载：“北堤上，离州城四十里。”）清末民初简称堤上。1954年疏挖凉水河时，河道因裁弯取直改由村中穿过，村落被分成河南、河北两部分，因此村位于河南而称南堤至今。村内曾遗有元时所建兴隆寺一座，今不存，仅存古槐4株。2012年5月，因奔驰大项目拆迁，年内迁至国风美仑小区。

交通干道有马南路。

## 壮丁屯村
## Zhuàngdīngtún Cūn

通州区马驹桥镇辖村。拆迁前位于镇域西北部，凉水河与通马路交会处东北侧。东北至安定营村，南至河北段村，西北至海户屯村。1984 年 3 月设立村委会。清初，北京附近有壮丁近四十万，连同其家属有一百几十万人之多。按庄编制，每十名壮丁为一庄，选一名为庄头，领地 720 至 780 亩，进行强制性生产。这些壮丁由投充人、战俘或满人服刑者组成，当时此村村民因系壮丁组成而称壮丁屯至今。（清乾隆《通州志》载：“壮丁屯，离城四十里。”）1953 年 5 月至 1956 年 7 月，为七区（马驹桥区）壮丁屯乡政府驻地。村东曾遗有民国初期于高粱河南支上所建壮丁屯石桥一座，1958 年拆除。2002 年因北京经济技术开发区征占土地拆迁，2003 年村民迁至新海北里、新海南里和新海祥和社区。2009 年完成集体资产处置，撤村建居。交通干道有通（州）马（驹桥）路。

## 河北段村
## Héběiduàn Cūn

通州区马驹桥镇辖村。拆迁前位于镇域西北部，凉水河北岸。北至壮丁屯村，东至北堤村，西南至北门口村，西至胜利村。1984 年 3 月设立村委会。该村名的含义和由来说法有二，其一是：明代始有人居此，历属马驹桥村。因位于凉水河北，修桥时留下引河一段称河北段至今。其二是：清乾隆三十七年（1772），在重修马驹桥时，于此村前留下一条引水河道。因河道旁有一座道观，故称此河道为观沟，此村称神路街。又因此村位于凉水河北而称河北段。民国年间，此村为马驹桥附村，新中国成立后单独建制。2003 年春，于该村耕地中发掘汉、唐墓葬 44 座，出土文物有汉五铢铜币，多种陶制品以及铜镜、铜簪等物，为研究汉唐时期地区农业发展与社会生活提供了实物依据。2002 年因北京经济技术开发区征占土地拆迁，2003 年村民迁至新海北里、新海南里和新海祥和社区。2009 年完成集体资产处置，撤村建居。交通干道有通（州）马（驹桥）路。

## 胜利村
## Shènglì Cūn

通州区马驹桥镇辖村。拆迁前位于镇域西北部，凉水河北岸。东北至壮丁屯村，东南至河北段村，西南至北门口村，西至区界。1984 年 3 月设立村委会。此村原为北门口一部分，因马驹桥干渠施工，于 1969 年 5 月 1 日后自北门口迁至此处另建新村，取吉语而称胜利村。2002 年因北京经济技术开发区征占土地拆迁，2003 年村民迁至新海北里、新海南里和新海祥和社区。2009 年完成集体资产处置，撤村建居。交通干道有通（州）马（驹桥）路。

## 周营村
## Zhōuyíng Cūn

通州区马驹桥镇辖村。位于镇域西南部，凤港减河北、西周路与柴房路交会处东北侧。北至古庄村，东至杨秀店村，南至区界，西至小张湾村。面积约 1.17 平方千米。户籍人口 670 人，常住人口 4648 人。1984 年 3 月设立村委会。明代，山东周、贾二姓至此地屯垦，编营生产，形成聚落后以姓成村曾称周贾营。清中期，因周姓为大户而改称周家营。（清乾隆《通州志》载：“周家营，离城四十七里。”）

民国晚期简称今名。1953年5月至1956年7月，为七区（马驹桥区）周营乡政府驻地。驻村单位有通州区马驹桥镇周营幼儿园。交通干道有西（店）周（营）路。

## 辛屯村
## Xīntún Cūn

通州区马驹桥镇辖村。位于镇域西北部，新凤河东、辛房路与兴华中街交会处东北侧。东北至马驹桥村，东南至东店村，南至王庄村，西至通黄路。面积约 0.14 平方千米。户籍人口 657 人，常住人口 1465 人。1984 年 3 月设立村委会。明代，迁徙民至此定居建新村，终年看守南海子，保护海子墙。形成聚落后曾名新屯，后因村名中的“新”字被“辛”字同音替代而称辛屯至今。村西遗有汉墓群，今半存。村内曾遗有 1931 年所建关帝庙一座，今不存，仅遗有古槐一株。交通干道有漷（县）马（驹桥）路。

## 马驹桥村
## Mǎjūqiáo Cūn

通州区马驹桥镇辖村。位于镇域西北部，凉水河南岸、通马路与驹马街交会处。镇政府所在地。东北至南堤村，东南至大葛庄村，西南至辛屯村。辽金时期，此地为驯养马驹之地，形成聚落后称马驹里。原马驹桥二街金崇教院所立经幢铭文中即有“通州潞县马驹里……（金）明昌二年（1191）建”的记载。元代，于村北浑河（今凉水河）上构建木桥（又名压浑桥），桥依村名称马驹桥。此桥的修建使该地成为京东南的交通要道，《李贤敕建宏仁桥碑记》载：“凡外郡畿内之人自南而来者，东西二途胥出此渡。”故村又以桥而名马驹桥。明天顺七年（1463），拆去木桥改建为 9 孔石桥，以广施仁政之意名弘仁桥。（明嘉靖《通州志略》载：“弘仁桥，在州城西南三十里，跨浑河，旧名马驹桥，又曰压浑桥。”）清时曾设把总于此，村名马驹桥营，后复称马驹桥至今。（清乾隆《通州志》载：“马驹桥，离城四十里。”）1949 年 10 月后，为七区（马驹桥区）区公所驻地；1953 年 5 月后，为七区（马驹桥区）区公所和马驹桥民族联合乡政府驻地；1956 年 7 月后，为马驹桥乡政府驻地；1958 年 9 月后，为马驹桥公社管委和马驹桥管理区管委驻地；1961 年 7 月后，为马驹桥工委管区和马驹桥公社管委驻地；1965 年 5 月后，为马驹桥公社管委驻地；1983 年 3 月后，为马驹桥乡政府驻地；1990 年后，为马驹桥镇政府驻地；2001 年 12 月后大杜社镇并入，合并设立马驹桥镇，镇政府驻马驹桥镇政府原址。马驹桥村在其聚落形成以后较长一段时间内一直为一个整体，1945 年，马驹桥开始有一街、二街、三街和西后街之分称。1949 年，西后街析出，独立成村。此后，马驹桥村分别以一街、二街、三街 3 个自然村独立存在至今。1984 年 3 月，设马驹桥一街、二街、三街 3 个村民委员会。其中，一街面积约 0.10 平方千米，户籍人口 1269 人，常住人口 4510 人。二街面积约 0.18 平方千米，户籍人口 1033 人，常住人口 4250 人。三街面积约 0.15 平方千米，户籍人口 863 人，常住人口 2876 人。历史上，作为京畿古镇的马驹桥村，不仅建有被称作“京南锁匙”的马驹桥，而且建有碧霞元君庙。今桥、庙已不存，仅留下明天顺七年（1463）敕建宏仁桥和清乾隆三十九年（1774）御制重修马驹桥残碑各一，现保存于通州西海子公园葫芦湖南岸，1959 年 7 月公布为通州区文物保护单位。“碧霞元君庙”为明天顺八年（1464）英宗朱祁钰去世后其子朱见深所建，坐落于宏仁桥南之右侧。该庙也称大南顶，俗称天齐庙。因农历四月十八为碧霞元君圣诞之日，故每年四月初一到十八，均要举办盛大的香场庙会。届时，远近一二百个村庄皆以此为节日，京城来者亦甚众。明《帝京景物略》称“四月一日至十八日，京城仕女倾城趋马驹桥，幡乐最盛，碧霞元君诞也。”清乾隆三十八年（1773）对庙宇进行了重修，使之焕然一新，院内松柏参天，蔚为壮观，今庙不存。历史上该镇一直设有市集。明嘉靖《通州志略》载：“宏仁桥（马驹桥）集，在州城西南四十里东石乡地方，每月四、九日集。”该村今仍设有集市，农历逢一、六开集。马驹桥二街遗有金时所建崇教院都纲大德塔经幢二，三街保存有山西会馆碑一通。1998 年 2 月，为纪念在解放马驹桥镇战斗中而光荣牺牲的 70 余名解放军官兵，在二街村东烈士牺牲遗址建陵园一处；今二街村内尚遗有福兴号后宅房，村东遗有马驹桥中学旧址；一街村内遗有福泰杂货店后宅旧址。上述 3 项均为镇内不可移动文物。驻村单位有通州区马驹桥实验小学、通州区红星小学、通州区马驹桥中心小学、通州区马驹桥学校、第二医院（马驹桥镇马驹桥社区卫生服务中心）、马驹桥镇法律服务所、马驹桥敬老院等。交通干道有通（州）马（驹桥）路和漷（县）马（驹桥）路。

## 神驹村
### Shénjū Cūn

通州区马驹桥镇辖村。位于镇域东南隅，京沪高速公路与九周路交会处北侧。北至大松垡村，东北至柏福村，东南至后伏村，西南至区界。面积约 2.98 平方千米。户籍人口 1114 人，常住人口 1270 人。1983 年 8 月设立村委会。元代，此村地处通州、大兴、安次交界处，为贩运私马的交易场所，为此而建有供奉神驹的神台一座，形成聚落后以此名村而称神驹。明时，因聚落中多为土著民，又因于此设立基层行政组织“里”而称神驹里。清代，村南生长一棵大树，长势茂盛，被视为神树，村人便以树名村改称神树。（清乾隆《通州志》载：“神树，离州城五十里。”）后因与北神树重名而改称南神树。民国年间复称神驹至今。村北遗有汉墓群，今半存。驻村单位有通州区马驹桥镇神驹幼儿园。交通干道有九（棵树）周（营）路。

# 西集镇

## 曹刘各庄村
### Cáoliúgèzhuāng Cūn

通州区西集镇辖村。位于镇域中部，觅西路与金辛路交会处西北侧。北至西集村，东至东辛庄村，南至南小庄村，西至金各庄村。面积约 1.12 平方千米。户籍人口 587 人，常住人口 615 人。1983 年 8 月设立村委会。明代，曹、刘二姓首至此地定居，形成聚落后以姓成村称曹刘各庄至今，俗称曹刘儿。（清乾隆《通州志》载：“曹刘各庄，离城五十里。”）该村内曾遗有明代所建关帝庙一座，今不存，仅存明时所植古槐两株。交通干道有觅（子店）西（集）路。

## 南小庄村
### Nánxiǎozhuāng Cūn

通州区西集镇辖村。位于镇域中部，觅西路与金辛路交会处西北侧。北至曹刘各庄村，东南至肖家林村，南至上坡村，西至金坨村。面积约 0.49 平方千米。户籍人口 293

人，常住人口 302 人。1983 年 8 月设立村委会。清代，王姓首至此地定居，以打铁为业，因聚落很小而名小庄至今。（清乾隆《通州志》载：“小庄，离城四十七里。”）1981 年因县域内重名，此村位于南而更今名。交通干道有觅（子店）西（集）路。

## 上坡村
## Shàngpō Cūn

通州区西集镇辖村。位于镇域中南部，觅西路与武杨路交会处西北侧。北至南小庄村，东至安辛庄村，西南至和合站村，西北至金坨村。面积约 1.72 平方千米。户籍人口 768 人，常住人口 788 人。1983 年 8 月设立村委会。明初，迁徙民至此于白河（今北运河）冲积成的高坡上定居屯田，形成聚落后以地貌名村称上坡至今。（清乾隆《通州志》载：“上坡，离城四十五里。”）相传清乾隆帝下江南时，因河水漫溢，曾于此暂作歇息。1953 年 5 月至 1958 年 4 月，为二区（西集区）上坡乡政府驻地。交通干道有觅（子店）西（集）路。

## 和合站村
## Héhézhàn Cūn

通州区西集镇辖村。位于镇域中南部，北运河北岸、觅西路与武杨路交会处西南侧。北至上坡村，东至吕家湾村，西至陈桁村。面积约 2.50 平方千米。户籍人口 1139 人，常住人口 1122 人。1983 年 8 月设立村委会。该村名的含义和由来说法有二，其一是：明永乐年间，因此地近北运河，水上交通方便，曾于此置传递官牒文案的水上交通站，并以白、榆、浑三河合流之义称合河驿。嘉靖间改称和合驿。（明嘉靖《通州志略》载：“和合驿，在州城东南三十五里，永乐间置。”）万历四年（1576），将和合驿改为水驿，移至张家湾。（清康熙《通州志》载：“和合驿，向在州东南三十五里，旧名合河驿，以白、榆、浑三河合流而名。明永乐中置。万历四年移至张家湾。”）之后，祖籍河南的张、徐、沈、王四姓首至此地定居建村改称和合站。（清乾隆《通州志》载：“和合站，离城五十里。”）其二是：元代，因内白河与外白河于此村附近合流，村落始称合河村，又因于此设水路驿站也称合河驿。至明初，外白河淤塞，只能靠内白河漕运。万历四年（1576）和河驿迁至张家湾。古代，“驿”与“站”功能相同，意义相通，和河驿移走后，村人附会于喜神“和合”二字将村名改称和合站，俗称和（hé）儿站至今。明清时期，为保障运河河道畅通，此村处曾设有和合驿浅，“以时挑浚河道，指引河洪”。交通干道有觅（子店）西（集）路。

## 吕家湾村
## Lǚjiāwān Cūn

通州区西集镇辖村。位于镇域东南部，北运河北、觅西路与武杨路交会处西南侧。东北至肖家林村，东南至杨家洼村，西至和合站村。面积约 1.16 平方千米。户籍人口 679 人，常住人口 781 人。1983 年 8 月设立村委会。明初，吕、刘、佟、李、王五姓随平定北方的部队至此，在北泗河（大运河流经西集段的别称）临近该村处的一段河道拐弯处定居建村，因吕姓为大户，故以姓和地理环境特征而名吕家湾，俗称吕湾。（清乾隆《通州志》载：“吕家湾，离城五十二里。”）今村南尚遗泗河故道遗址（磬子坑）一处。交通干道有觅（子店）西（集）路。

## 安辛庄村
Anxīnzhuāng Cūn

通州区西集镇辖村。位于镇域东南部，觅西路与武杨路交会处东北侧。东北至前寨府村，东至肖家林村，东南至吕家湾村，西至上坡村。面积约 1.09 平方千米。户籍人口 418 人，常住人口 487 人。1983 年 8 月设立村委会。清嘉庆初年，河北省香河县仓头村人安启荣偕全家逃难至吕家湾落户。嘉庆六年（1801）大水致村毁，安姓等几家在吕家湾村北另建新村，曾名吕家湾后街。清末的又一次大水致村庄大部房屋被冲毁。再次重建后，因对新村寄予美好愿望而名安家新庄，简称安新庄。后村名中的“新”字被“辛”字同音替代而称安辛庄，未单独建制，仍隶属吕家湾。民国晚期单独建制称安辛庄至今。交通干道有觅（子店）西（集）路。

## 杨家洼村
Yángjiāwā Cūn

通州区西集镇辖村。位于镇域东南部，北运河北岸、纪西路与北运河大堤路交会处南侧。东北至辛集村，西北至吕家湾村。面积约 1.88 平方千米。户籍人口 896 人，常住人口 896 人。1983 年 8 月设立村委会。辽代已有人居此。（明嘉靖《通州志略》载：“兴国寺，在孝行二乡杨家浅，辽大安二年建。”）元代漕运兴盛时，杨姓首至此地定居，形成聚落后因姓曾名杨家庄。明代，因此村位于运河大堤之外且地势低洼，故名杨家洼，俗称“杨洼儿（wānr）”。（清乾隆《通州》载：“杨家洼，离城五十里。”）历史上该村村民为求河神保佑，一直保留放河灯（每年农历七月十五）的习俗，直至新中国成立初期停止。明清时期，为保障运河河道畅通，此村处曾设有杨家浅，“以时挑浚河道，指引河洪”。交通干道有纪（各庄）西（集）路。

## 辛集村
Xīnjí Cūn

通州区西集镇辖村。位于西集镇东南部，北运河西岸、北运河大堤路与纪西路交会处东南侧。东北至桥上村，西北至肖家林村，西南至杨家洼村。面积约 1.42 平方千米。户籍人口 814 人，常住人口 806 人。1983 年 8 月设立村委会。明代，迁徙民至此定居建村，并逐渐形成一处新的集市，相对其北面的西仪集又成集较晚，故名新集。（清乾隆《通州志》载：“新集，离城五十六里。”）民国中期始，村名中的“新”字被“辛”字同音替代而称辛集至今。该村曾遗有明代所建关帝庙、真武庙各一座，今均不存，仅存所值古槐一株。今村内尚保留 1949 年初所建四野后方医院遗址一处。交通干道有纪（各庄）西（集）路。

## 肖家林村
Xiāojiālín Cūn

通州区西集镇辖村。位于镇域东南部，北运河大堤路与纪西路交会处北侧。东北至桥上村，西北至前寨府村，南至杨家洼村，西至安辛庄村。面积约 1.56 平方千米。户籍人口 822 人，常住人口 816 人。1983 年 8 月设立村委会。明代，萧姓首至此地定居，看护河堤，植树造林，形成聚落后而名萧家林。（清乾隆《通州志》载：“萧家林，离城五十五里。”）此后，通州现存志书一直沿用了这一村名。到 20 世纪 70 年代提出第二次汉字简化方案之后，“蕭”字的所有义项都被合并到了“肖”（不仅姓氏），该村村名自然被写成了肖家林，简称肖林至今，从而失去原村名之本意。明代，孝行三乡设此，并曾于此设有集市。明嘉靖《通州志略》载：“蕭家林集，在州城东南五十里，孝行三乡地方。每月四、九日集。”清乾隆四十八年（1783），因运河改道，码头淤废，集场归属西仪（今西集）。1953年5月至1956年7月，为二区（西集区）蕭家林乡政府驻地。该村西北遗有汉墓群，今半存。1980年至2008年，在村南运河左堤附近发现战国至汉代烧制陶器的古窑厂遗址，并出土了较多的陶片。明清间，为保障运河河道畅通，此村处曾设有蕭家林上、下浅，“以时挑浚河道，指引河洪”。驻村单位有通州区肖家林小学、通州区西集镇中心幼儿园肖林分园。交通干道有纪（各庄）西（集）路。

## 前寨府村
Qiánzhàifǔ Cūn

通州区西集镇辖村。位于镇域东南部，纪西路与双大路交会处南侧。北至后寨府村，东至杜店村，东南至肖家林村，西北至曹刘各庄村。面积约0.67平方千米。户籍人口312人，常住人口327人。1983年8月设立村委会。明初，此地原有两处驻军营寨。军队撤走后，迁徙民至此于南寨安家定居，形成聚落后称前寨家府。（清乾隆《通州志》载：“前寨家府，离城五十里。”）民国初年始称前寨甫、前寨府，俗称前府。1984年11月于村东发现汉代砖墓群一处，出土汉代鸭首足灰陶鼎等。交通干道有纪（各庄）西（集）路。

## 后寨府村
Hòuzhàifǔ Cūn

通州区西集镇辖村。位于镇域东南部，纪西路与双大路交会处东侧。东北至小灰店村，南至前寨府村，西至曹刘各庄村。面积约0.52平方千米。户籍人口380人，常住人口385人。1983年8月设立村委会。明初，此地原有两处驻军营寨，军队撤走后，迁徙民至此于北寨安家定居，形成聚落后称后寨家府。（清乾隆《通州志》载：“后寨家府，离城五十里。”）民国初期始称后寨甫、后寨府，俗称后府。1958年9月后，为西集公社后寨府管理区管委驻地；1961年7月至1965年5月，为西集工委管区后寨府公社管委驻地。该村保存有光绪三十三年（1907）郭家祠堂《宗约八条》碑两通。交通干道有纪（各庄）西（集）路。

## 东辛庄村
Dōngxīnzhuāng Cūn

通州区西集镇辖村。位于镇域东南部，纪西路与双大路交会处南侧。北至后寨府村，东南至前寨府村，西至曹刘各庄村。面积约0.60平方千米。户籍人口293人，常住人口296人。1983年8月设立村委会。民国初年部分村民自后寨府迁出至此定居，故名寨府新庄，简称新庄。民国末年，村名中的“新”字被“辛”字同音替代而称辛庄。1981年因县域内重名，此村位于东而改称东辛庄至今。交通干道有纪（各庄）西（集）路。

## 大灰店村
Dàhuīdiàn Cūn

通州区西集镇辖村。位于镇域东部，通

香路与双大路交会处北侧。北至史东仪村，东至小沙务村，南至小灰店村，西北至石上村。面积约1.24平方千米。户籍人口671人，常住人口900人。1983年8月设立村委会。明初，山东移民刘、郑、李、张四姓随平定北方的部队至此定居，形成大小两个聚落，因该地曾开过灰店，此聚落又较大，故名大灰店至今。（清乾隆《通州志》载："大灰店，离城五十里。"）1953年5月至1958年4月，为二区（西集区）大灰店乡政府驻地。该村西北遗有辽墓群，今半存。驻村单位有通州区大灰店小学、通州区西集镇中心幼儿园大灰店分园。交通干道有通（沙古堆）香（河）路。

## 小灰店村
Xiǎohuīdiàn Cūn

通州区西集镇辖村。位于镇域东部，通香公路与双大路交会处东南侧。北至大灰店村，东至大沙务村，西南至后寨府村。面积约0.68平方千米。户籍人口446人，常住人口446人。1983年8月设立村委会。明初，山东移民刘、郑、李、张四姓随平定北方的部队至此定居，形成大小两个聚落，因该村曾开过灰店，聚落又小于大灰店，故名小灰店至今。（清乾隆《通州志》载："小灰店，离城五十里。"）交通干道有通（沙古堆）香（河）路。

## 大沙务村
Dàshāwù Cūn

通州区西集镇辖村。位于镇域东部，潮白河西岸、潮白河大堤路与双大路交会处。西北至小沙务村，西至小灰店村，西南至杜店村。面积约1.63平方千米。户籍人口1124人，常住人口1075人。1983年8月设立村委会。明代，迁徙民至此，在溜溜河（今潮白河）西岸大沙地上定居，形成聚落后，因四周筑有作为屏障的土堡，故名大沙坞。后因村民以务农为本，村名中的"坞"字被"务"字同音替代而称大沙务至今。原村址历来位于潮白河右堤东，1978年迁今址。该村历属香河县，1946年划归通县所辖。村东遗有汉唐墓群，今半存。为纪念在解放战争中光荣牺牲的土改工作队武工队员白永泉、贾德正、王大宝、刘森、周孟术、小刘等六位革命烈士，在村北潮白河右岸树林中立有纪念碑一座，为镇内不可移动文物。交通干道有潮白河大堤路。

## 小沙务村
Xiǎoshāwù Cūn

通州区西集镇辖村。位于镇域东部，潮白河西岸、潮白河大堤路与双大路交会处西侧。北至尹家河村，东南至大沙务村，西至大灰店村。面积约0.84平方千米。户籍人口410人，常住人口422人。1983年8月设立村委会。明代，邢姓首至此地溜溜河（今潮白河）西岸落户定居，故依姓曾名邢家庄。后因四周筑有作为屏障的土堡，又临近大沙坞，聚落又小，故改名小沙坞。后因村人以务农为本，村名中的"坞"字逐渐被"务"字同音替代而称小沙务至今。该村历属香河县，1946年划归通县所辖。交通干道有潮白河大堤路。

## 牛牧屯村
Niúmùtún Cūn

通州区西集镇辖村。位于镇域东南部，牛牧屯引水渠西岸、通香路与牛牧屯路交会处南侧。西至杜店，西南至桥上村。面积约1.77平方千米。户籍人口1110人，常住人口1115人。1983年8月设立村委会。该村名的含义和由来说法有二，其一是：明初，牛姓随平定北方的部队至该地定居，以为朝廷牧马为生，故名。其二是：该村处于大运河与潞潞河（今潮白河）泛滥区，地势低洼，杂草丛生。元初，牛姓迁民至此以放牧牛羊和垦田耕种为业，形成聚落后便以此名村称牛牧屯。该村历属香河县，1946年划归通县。今村东口外牛牧屯引水渠现存滚水坝（也称海漫）遗迹及护村堤、小石桥遗址各1处以及通县界碑座1件，均为镇内不可移动文物。村内有建于光绪二十五年（1899）的天主教堂1座，全村有天主教徒200多名，有专职神父，教务活动正常开展。村东建有牛牧屯引河河道景观公园一处。交通干道有通（州）香（河）路。

## 桥上村
Qiáoshàng Cūn

通州区西集镇辖村。位于镇域东南部，北运河北岸、通香路与牛牧屯路交会处西南侧。北至杜店村，东北至牛牧屯村，西南至辛集村。面积约1.62平方千米。户籍人口910人，常住人口926人。1983年8月设立村委会。明初，鞠姓兄弟随平定北方的部队首至此地定居，后刘、田等姓相继至此。因周围地势低洼，房屋都建在小桥北较高处，房基以小桥的桥面为准，形成聚落后故名桥儿上。（清乾隆《通州志》载：“桥儿上，离城五十五里。”）民国年间始称桥上至今。1953年5月至1956年7月，为二区（西集区）桥上乡政府驻地。该村特产有东储大白菜。交通干道有通（州）香（河）路。

## 杜店村
Dùdiàn Cūn

通州区西集镇辖村。位于镇域东南部，通香路与杜店路交会处南侧。北至大沙务村，南至桥上村，西至前寨府村。面积约0.86平方千米。户籍人口521人，常住人口531人。1983年8月设立村委会。明代，山东杜姓首至该地于大道旁建房定居，后贾姓相继至此落户开店，形成聚落后依姓曾名杜贾店。明末贾姓迁走后更名为杜家店。（清乾隆《通州志》载：“杜家店，离城五十五里。”）新中国成立后简称今名。交通干道有通（沙古堆）香（河）路。

## 前东仪村
Qiándōngyí Cūn

通州区西集镇辖村。位于镇域东北部，潮白河右岸、西尹路与侯肖路交会处西侧。北至侯东仪村，东至史东仪村，南至大灰店村，西至西集村。面积约0.77平方千米。户籍人口333人，常住人口345人。1983年8月设立村委会。该村名的含义和由来说法有二，其一是：明初，李姓首至此地，因在迎接燕王朱棣所设仪仗队东端定居建村，故曾名李家东仪。民国初年，因其位于南而始称今名。其二是：明初，在迁民高潮中，此地逐渐形成聚落，因其西已有西仪而称东仪。后因人口增长迅速，原聚落很快便分化为前、史、侯、薛四个聚落。该村因为李姓首至，故名李家东仪。（清乾隆《通州志》载：“李家东仪，离城五十一里。”）民国初年，又因该村位置靠南而改称今名。该村为西集地区“河八村”之一（即位于潮白河河道与右堤之间的村落，下同）。1959年6月，于该村东南角处发现清赵王傅森墓神道前所立螭首龟趺碑一通，今墓、碑均已不存。1952年，在农业合作化运动中，该村村民吕忠获得河北省通县专区授予的“甲等劳动模范”称号，奖大白马一匹；1958年被授予北京市劳动模范称号，并被选为出席北京市第四届人代会代表；1959年10月，出席了全国群英会，获“金星奖章”，受到党和国家领导人的接见。该村1976年7月28日，受唐山地震波及，村内房屋损毁严重。在1977重建家园中与侯、黄、史东仪合并统称新东仪。1986年析出复今名。交通干道有西（集）尹（家河）路。

## 史东仪村
Shǐdōngyí Cūn

通州区西集镇辖村。位于镇域东北部，潮白河右岸、西尹路与侯肖路交会处北侧。北至黄东仪村，东至尹家河村，南至大灰店村，西至前东仪村。面积约0.56平方千米。户籍人口330人，常住人口369人。1983年8月设立村委会。该村名的含义和由来说法有二，其一是：明初，史姓首至此地，在迎接燕王朱棣所设仪仗队东端定居建村，故曾名史家东仪。民国初年始称今名。其二是：明初，在迁民高潮中，此地逐渐形成聚落，因其西已有西仪而称东仪。后因人口增长迅速，原聚落很快便分化为前、史、侯、薛四个聚落。该村因为史姓首至，故名史家东仪，简称史东仪至今。（清乾隆《通州志》载：“史家东仪，离城五十三里。”）该村为西集地区“河八村”之一。1976年7月28日，受唐山地震波及，村内房屋损毁严重。1977重建家园中与侯、黄、前东仪合并统称新东仪。1986年析出复今名。交通干道有西（集）尹（家河）路。

## 侯东仪村
Hóudōngyí Cūn

通州区西集镇辖村。位于镇域东北部，潮白河右岸、西尹路与侯肖路交会处西北侧。北至寺上村，东至赵庄村，西南至前东仪村，西北至于辛庄村。面积约1.97平方千米。户籍人口906人，常住人口931人。1983年8月设立村委会。该村名的含义和由来说法有二，其一是：明初，侯姓首至此地，在迎接燕王朱棣所设仪仗队东端定居建村，故曾名侯家东仪。民国初年始称今名。其二是：明初，在迁民高潮中，此地逐渐形成聚落，因其西已有西仪而称东仪。后因人口增长迅速，原聚落很快便分化为前、史、侯、薛四个聚落。该村因为侯姓首至，故名侯家东仪。（清乾隆《通州志》载：“侯家东仪，离城五十二里。”）民国初期始称今名。该村为西集地区“河八村”之一。1976年7月28日，受唐山地震波及，该村房屋损毁严重。1977年在重建家园中与黄、前、史东仪合并统称新东仪。1986年析出复今名。该村村民侯景奇领导建立的“九州揽月床具厂”，其床垫产品曾荣获“国家免检产品”。其本人于1995年4月被市政府评为北京市劳动模范，同年12月被民政部、国务院复员退伍军人和退休干部安置办公室评为“建功立业，成才报国，优秀复员退伍军人”，并受到了党和国家领导人的接见。交通干道有西（集）尹（家河）路。

## 黄东仪村
Huángdōngyí Cūn

通州区西集镇辖村。位于镇域东北部，潮白河右岸、西尹路与侯肖路交会处北侧。北至寺上，东北至赵庄村，南至史东仪村，西北至侯东仪村。面积约0.70平方千米。户籍人口390人，常住人口400人。1983年8月设立村委会。该村名的含义和由来说法有三，其一是：明初，黄姓首至此地，在迎接燕王朱棣所设仪仗队东端定居建村，故曾名黄家东仪。其二是：明初，在迁民高潮中，此地逐渐形成聚落，因其西已有西仪而称东仪。后因人口增长迅速，原聚落很快便分化为前、史、侯、薛四个聚落。该村因薛姓首至，故曾名薛家东仪。（清乾隆《通州志》载："薛家东仪，离城五十四里。"）民国初年，薛家东仪改称吕家东仪。新中国成立后改称黄东仪至今。该村为西集地区"河八村"之一。1953年5月至1956年7月，为二区（西集区）黄东仪乡政府驻地。1976年7月28日，由于唐山地震的波及，房屋损毁严重。1977重建家园时与侯、前、史东仪合并统称新东仪。1986年析出复今名。该村村东南遗有明永乐间所建道教庙宇鲁仙观。主体建筑分东西两院，东院四进大殿，依次为关公、"三皇"娘娘和"三清"殿；西院有大雄宝殿。观前建有大戏楼一座，今不存。每年农历四月二十一日至四月二十三日举行三天庙会，为通县农村四大庙会之一，庙会一直延续新中国成立初期。驻村单位有通州区新东仪小学。交通干道有西（集）尹（家河）路。

## 尹家河村
Yǐnjiāhé Cūn

通州区西集镇辖村。位于镇域东部，潮白河西岸、西尹路与侯肖路交会处东侧。北至赵庄村，南至小沙务村，西至史东仪村。面积约1.39平方千米。户籍人口931人，常住人口950人。1983年8月设立村委会。明代，尹姓自福建漳州龙溪七十二沟村迁至此地，在溺溺河（今潮白河）西岸定居，后郑姓相继至此，形成聚落后依姓和地理环境特征而名尹家河，俗称尹河儿。（清乾隆《通州志》载："尹家河，离城六十里。"）1945年10月，中共三通香代表大会曾在该村召开。通县单独建县后，1946年1月县委县政府与西集（二区）政府曾驻此。该村为西集地区"河八村"之一。该村民俗文化根基深厚，早于清道光年间就成立了高跷会，1940年成立了大头会，现遗有非物质文化遗产高跷会19支吵子曲工尺谱，传承人郑桂志。村西曾遗有大面积元代墓群，今不存。该村与河北香河隔潮白河相望，早年间河上曾建有石桥一座，后被大水冲毁。为沟通两岸往来，于该村河岸设有摆渡至今。今遗有石桥旧址一处，为镇内不可移动文物。交通干道有西（集）尹（家河）路。

## 赵庄村
Zhàozhuāng Cūn

通州区西集镇辖村。位于镇域东北部，潮白河右岸、西尹路与侯肖路交会处东北侧。西北至侯各庄村，南至尹家河村，西至侯东仪村。面积约0.80平方千米。户籍人口456人，常住人口475人。1983年8月设立村委会。清代，赵姓首至此地定居，形成聚落后以姓成村称赵家庄。新中国成立后简称今名。该村为西集地区"河八村"之一，历属香河县，1948年始划归通县所辖。该村紧靠潮白河，为沟通与香河县两岸往来，于1942年在村东潮白河建摆渡口，今仍存。交通干道有侯（各庄）肖（家林）路。

## 侯各庄村
Hóugèzhuāng Cūn

通州区西集镇辖村。位于镇域东北部，西尹路与侯肖路交会处北侧，通州区、香河县和大厂回族自治县交界处，西、北、东三面被潮白河环绕。南至寺上村。面积约2.28平方千米。户籍人口950人，常住人口985人。1983年8月设立村委会，辖侯各庄和寺上两个自然村村。明代，侯姓迁徙民首至此地定居建村，形成聚落后称侯家哥庄。后简称为侯哥庄，继而又将侯哥庄音转今名。该村为西集地区“河八村”之一，历属香河县，1946 年划归通县所辖。1945 年 10 月抗战胜利后，通县和西集（二区）党政机关均驻该村。1946 年 1 月，在该村召开县委、县政府成立大会，宣布通县单独建县。该村原有古建圆通庵一座，明建清修，主祀观音菩萨，1945 年 10 月通县民主政府机关曾驻此，现仅余正殿三间及狮首门鼓子一对，为镇内不可移动文物。交通干道有侯（各庄）肖（家林）路。

## 寺上村
Sìshàng Cūn

通州区西集镇侯各庄村所辖自然村。位于镇域东北部，潮白河右岸、西尹路与侯肖路交会处北侧。北至侯各庄村，东南至赵庄村，西南至侯东仪村。民国年间，于姓首至此地定居，形成聚落后因位于寺庙之北而称寺上（今寺不存）。该村历属香河县，1946 年划归通县，与赵庄统称赵寺上，后复称寺上至今。交通干道有侯（各庄）肖（家林）路。

## 于辛庄村
Yúxīnzhuāng Cūn

通州区西集镇辖村。位于镇域东北部，潮白河右岸、西大路与橡胶坝路交会处东侧。西南至协各庄村，东南至黄东仪村。面积约 1.71 平方千米。户籍人口 683 人，常住人口 692 人。1983 年 8 月设立村委会。明代，于姓自山东水柏坡迁此定居建新村，名于家新庄。后村名中的“新”字被“辛”字同音替代而称于家辛庄，简称于辛庄至今。相传该村原为两个聚落组成，位于窝头河（潮白河）东岸的为东于辛庄，西岸的为于辛庄，即村人所说的东门与西门。1935 年前，两聚落均属河北省三河县小东关乡所辖。中华人民共和国成立后，东于辛庄改名为宋各庄，今为河北省大厂回族自治县所辖，于辛庄划归通县所辖。该村为西集地区“河八村”之一。村东有汉墓群，今半存。该村现遗有旌表节妇李太君墓碑一座，为镇内不可移动文物。交通干道有西（集）大（潮白河大堤）路。

## 车屯村
Chētún Cūn

通州区西集镇辖村。位于镇域中东部，通香路与小车路交会处北侧。西北至胡庄村，东至西集村，南至曹刘各庄村，西至武辛庄村。面积约 0.13 平方千米。户籍人口 222 人，常住人口 239 人。1983 年 8 月设立村委会。明初，车姓随平定北方部队至此定居建村，因姓而名车家屯。（清乾隆《通州志》载：“车家屯，离城四十八里。”）民国初年简称车屯至今。交通干道有通（沙古堆）香（河）路。

## 武辛庄村
Wǔxīnzhuāng Cūn

通州区西集镇辖村。位于镇域中北部，通香路与协杨路交会处东北侧。北至协各庄村，东至车屯村，西南至望君疃村。面积约 0.56 平方千米。户籍人口 515 人，常住人口 525 人。1983 年 8 月设立村委会。明初，刘、黄、史、屈、夏五姓至此地定居，故名五姓庄。后武姓大户至此，更村名为武家新庄。（清乾隆《通州志》载：“武家新庄，离城四十六里。”）清晚期，因村名中的“新”字被“辛”字同音替代而称武家辛庄，简称武辛庄至今。（清光绪《通州志》载：“武辛庄，城南四十六里。”）该村有北京市级非物质文化遗产“通州大风车”保护项目，传承人梁俊。该村曾遗有关帝庙一座，今不存，仅余清时所植古槐一株。村西北遗有汉墓群，今半存。驻村单位有西集镇残疾人活动中心。交通干道有通（沙古堆）香（河）路。

## 胡庄村
## Húzhuāng Cūn

通州区西集镇辖村。位于镇域中东部，西尹路与于岳路交会处西北侧。西北至协各庄村，东南至西集村，西南至武辛庄村。面积约0.86平方千米。户籍人口439人，常住人口609人。1983年8月设立村委会。明初，山西胡姓迁徙民至此定居，形成聚落后以姓成村称胡家庄。（清乾隆《通州志》载：“胡家庄，离城四十五里。”）民国初期简称胡庄至今。交通干道有西（集）尹（家河）路。

## 协各庄村
## Xiégèzhuāng Cūn

通州区西集镇辖村。位于镇域中北部，协杨路与太协路交会处西北侧。东北至于辛庄村，南至武辛庄村，西北至太子府村。面积约2.43平方千米。户籍人口1202人，常住人口1215人。1983年8月设立村委会。该村名的含义和由来说法有三，其一是：明代，谢姓等移民至此地定居建村，形成聚落后各姓人家取合作建村之意故名协各庄，俗称协各庄（zhāng）至今。（清乾隆《通州志》载：“协各庄，离城四十里。”）其二是：相传，明初，朱棣一行人等自南京赴京途经此地，曾在村内观音寺驻足饮马歇息，后便以此事件名村称歇马庄。至万历间，谢、田、高、白四姓毗邻而居，和谐相处多年，共觉原村名俗而不雅，遂取“同心协力共建家园”之意改名为协哥庄。至清初，更村名为协各庄。交通干道有通（沙古堆）香（河）路。

## 西集村
## Xījí Cūn

通州区西集镇辖村。位于镇域中东部，通香路与觅西路交会处北侧。镇政府所在地。北至胡庄村，东至史东仪村，南至曹刘各庄，西至车屯村。面积约1.62平方千米。户籍人口2011人，常住人口2144人。1983年8月设立村委会。该村名的含义和由来说法有二，其一是：明初，平定北方的大军沿运河北上至此，为迎接朱棣过河而设仪仗队，此地为仪仗队的西端，形成聚落后而得名西仪。又因此地历来为交通要道且设有集市，故曾名西仪集。至清中期已有西集之称。（清乾隆《通州志》载：“西集，离城五十里。”）其二是：历史上，西集地区多河富水，土质肥沃，物产丰富。至明代，为“以其所有易其所无”，于该村处逐渐形成一较大集市——西义集。（明嘉靖《通州志略》载：“西义集，在州城南四十里，孝行二乡地方，每月二七日集。”）明末清初，因“义”为“仪”之古字，且在通假字中“义”通“仪”，故更名为西仪集。[清康熙《通州志》载：“在州东南四十里，每月每月二七日（集）。”]清康熙四十八年（1783）萧林集并入，规模进一步扩大。至清末民初始称西集至今。1948年10月至1949年3月为通县人民政府驻地；1949年10月后，为二区（西集区）区公所和西集乡政府驻地；1956年7月后，为西集乡政府驻地；1958年9月后，为西集公社管委和西集管理区管委驻地；1961年7月后，为西集工委管区和西集公社管委驻地；

1965年5月后，为西集公社管委驻地；1983年3月后，为西集乡政府驻地；1990年后，为西集镇政府驻地；2001年12月后郎府镇并入，设立西集镇，镇政府驻西集镇政府原址。该村历来设有集市，今集市犹存，农历逢二、五、八、十为集。2006年版《通州文物志》称，清光绪二十五年（1899），于该村南、西、东曾建有七座石桥，排列如星，称七星桥，1958年拆除。1976年7月28日唐山地震波及该地，房屋损毁严重，1978年于原村北重建。历史上，该村南曾有一较大土坨，称作高坨。自明代起始有人在此定居建村，至民国初年已有高屯之称，独立建制。1947年2月中旬，通县县委曾在该村孙振基家召开全县土地会议，传达中共冀热辽军区《关于检查与深入土地改革的指示》，并决定在解放区立即开展土地改革运动。1958年人民公社化后与西集合并，曾为西集大队第一生产小队。今聚落尚存，位于通（州）香（河）路南侧，东近林屯，村名不再。该村为京剧表演艺术家纪玉良出生地。其生前为上海京剧院著名演员，工老生，以唱功取胜。20世纪60年代，曾在现代京剧《智取威虎山》中，成功塑造了少剑波形象。驻村单位有通州区西集中学、通州区西集镇中心小学、西集卫生院、西集镇法律服务所、通州区西集镇西集中心幼儿园。交通干道有通（沙古堆）香（河）路和觅（子店）西（集）路。

## 石上村
## Shíshàng Cūn

通州区西集镇辖村。位于镇域中东部，通香路与纪西路交会处东南侧。西北至岳上村，西南至王上村，东南至大灰店村。面积约0.53平方千米。户籍人口218人，常住人口223人。1983年8月设立村委会。该村名的含义和由来说法有二，其一是：明代，石姓首至该地定居建村，后郑、孙二姓相继至此。因聚落地势较高曾称石家上村。（清乾隆《通州志》载："石家上村，离城五十二里。"）民国年间，因与王上、岳上相距甚近，曾为同一村级行政组织，统称石王岳上村。新中国成立后析出简称石上。其二是：清初圈地时，满族旗人雇佣石姓为庄头，负责管理其田庄事务。后因石姓建起高大的砖瓦房，形成村落后故名石家上村，后简称今名。交通干道有通（沙古堆）香（河）路。

## 王上村
## Wángshàng Cūn

通州区西集镇辖村。位于镇域中东部，通香路与纪西路交会处东南侧。北至岳上村，东至大灰店村，东南至后寨府村，西北至林屯村。面积约0.45平方千米。户籍人口474人，常住人口484人。1983年8月设立村委会。该村名的含义和由来说法有二，其一是：清代王姓至此高坡上定居，形成聚落后曾称王家上村。（清乾隆《通州志》载："王家上村，离城四十八里。"）民国年间，因与石上、岳上相距甚近，为同一村级行政组织，统称石王岳上村。新中国成立后析出简称王上。其二是：清初圈地时，满族旗人雇佣王姓为庄头，负责管理其田庄事务。后因王姓建起高大的砖瓦房，形成村落后故名王家上村，后简称今名。该村王连玉自新中国成立以来，将毕生精力投入乡村企业的发展之中，为西集地区经济振兴，农村致富做出了重要贡献。1987年被县政府评为农民企业家，1989年被县政府评为优秀企业经营者、农民企业家，同年被评为北京市劳动模范。交通干道有觅（子店）西（集）路。

## 岳上村
## Yuèshàng Cūn

通州区西集镇辖村。位于镇域中东部通香路与纪西路交会处东南侧。东南至石上村，南至王上村，西南至林屯村。面积约0.68平方千米。户籍人口338人，常住人口351人。1983年8月设立村委会。该村名的含义和由来说法有二，其一是：清末民初，岳姓至此地较高之处定居建村，形成聚落后而名岳家上村，简称岳上。民国年间，因与石上、王上相距很近，为同一村级行政组织，统称石王岳上村。新中国成立后析出简称岳上。其二是：清初圈地时，满族旗人雇佣岳姓为庄头，负责管理其田庄事务。后因岳姓建起高大的砖瓦房，形成村落后故名岳家上村，后简称岳上，俗称岳（yào）上至今。交通干道有通（沙古堆）香（河）路。

## 林屯村
## Líntún Cūn

通州区西集镇辖村。位于镇域中东部，通香路与觅西路交会处西南侧。东北至岳上村，东南至王上村，西南至张各庄村，西北至西集村。面积约0.55平方千米。户籍人口728人，常住人口806人。1983年8月设立村委会。明代，林姓迁民首至此地定居，形成聚落后曾名林家屯。（清乾隆《通州志》载："林家屯，离城五十里。"）民国年间简称林屯至今。交通干道有觅（子店）西（集）路。

## 郎府村
## Lángfǔ Cūn

通州区西集镇辖村。位于西集镇西南部，京哈高速公路与胡郎路交会处南侧。北至小屯村，东至金各庄村，南至冯各庄村，西至老庄户村。金代，郎姓大户至此定居，形成聚落后以姓成村称郎家府，也称郎家务。清初称郎家铺。（清乾隆《通州志》载："郎家铺，离城四十五里。"）光绪五年（1879）称郎家甫。（清光绪《通州志》载："郎家甫，城南四十五里。"）光绪十二年称郎家府。（清光绪《顺天府志》载："东南四十里，郎家府。"）1956年撤区并乡间始称郎府至今。1965年前后划分为郎东和郎西两个大队，1983年8月分别设立郎东、郎西两个村委会。其中，郎东村面积约3.21平方千米。户籍人口1744人，常住人口1790人。郎西村面积约1.80平方千米。户籍人口670人，常住人口696人。1953年5月后，为二区（西集区）郎府乡政府驻地；1958年9月后，为西集公社郎府管理区管委驻地；1961年7月后，为西集工委管区郎府公社管委驻地；1965年5月后，为郎府公社管委驻地；1983年8月后，为郎府乡政府驻地；2000年7月后，为郎府镇政府驻地；2001年12月，撤销郎府镇，并入西集镇，镇政府迁至西集镇政府原址。该村西遗有元代古墓葬，为镇内不可移动文物。驻村单位有通州区郎府中学、通州区郎府小学、西集镇郎府敬老院、通州区西集镇郎府幼儿园、郎府卫生院。交通干道有胡（各庄）郎（府）路和通（沙古堆）香（河）路。

## 老庄户村
## Lǎozhuānghù Cūn

通州区西集镇辖村。位于镇域西南部，北运河东、新堤路与景元路交会处东南侧。东北至郎西村，东南至耿楼村。面积约2.52平方千米。户籍人口1026人，常住人口940人。1983年8月设立村委会。历史上，此地为牧羊之地，牧羊人暂居于此。明初，从山西迁来部分老佃户（也称庄户）至此为庄田大户种地。至清末已形成聚落，并以此名村称老庄户至今。（清光绪《通州志》载：“老庄户，城南四十里。”）该村为京剧花脸表演艺术家马永安出生地。其生前为北京京剧院国家一级演员，师承京剧表演艺术家郝寿臣，工架子花脸。20 世纪 60 年代，曾在现代京剧《杜鹃山》中成功塑造了雷刚形象。交通干道有新堤路。

## 冯各庄村
## Fénggèzhuāng Cūn

通州区西集镇辖村。位于镇域西南部，胡郎路与郎西东路交会处南侧。东北至金各庄村，东南至王庄村，南至耿楼村，西至郎西村。面积约 0.77 平方千米。户籍人口 433 人，常住人口 440 人。1983 年 8 月设立村委会。明代，冯姓首至该地定居，形成聚落后以姓成村称冯各庄。（清乾隆《通州志》载：“冯各庄，离城五十里。”）清代，冯姓迁往他地，村名未变。交通干道有胡（各庄）郎（府）路。

## 耿楼村
## Gěnglóu Cūn

通州区西集镇辖村。位于镇域西南部，北运河北、运河大堤路与胡郎路交会处西北侧。北至冯各庄村，东北至王庄村，东南至陈桁村，西北至老庄户村。面积约 2.94 平方千米。户籍人口 1138 人，常住人口 1191 人。1983 年 8 月设立村委会。明初，山东人随明军北上至此定居，因系牧羊之地，设有羊圈，形成聚落后曾以此名村称羊圈。（清乾隆《通州志》载：“羊圈，离城五十三里。”）清晚期，在一次大水中村庄被冲毁，耿姓人于原址西北土坨上另建新村，因房建在高处，远观似楼，故名耿家楼。（清光绪《通州志》载：“耿家楼，城南五十三里。”）新中国成立后简称耿楼至今。交通干道有胡（各庄）郎（府）路。

## 陈桁村
## Chénhàng Cūn

通州区西集镇辖村。位于镇域西南部，北运河北岸、运河大堤路与胡郎路交会处东北侧。北至王庄村，东至和合站村，西北至耿楼村。面积约 0.86 平方千米。户籍人口 254 人，常住人口 232 人。1983 年 8 月设立村委会。该村名的含义和由来说法有二，其一是：清代，此地紧邻北运河，陈姓迁至此地，于护堤柳树桁处定居，负责植树与管理，形成聚落后因姓与植被特征而名陈家桁，也称陈柳巷（hàng）。（清光绪《顺天府志》载：“四十五里，陈柳巷。”）新中国成立后始称今名。其二是：清代，陈姓迁此后，为防止洪水冲决河堤，便于河堤上下植有成行成片柳树。在当地，排列成行的树木或小树林被称作“树行（hàng）子”，形成聚落后故名陈家行。（清光绪《通州志》载：“陈家行，离城五十三里。”）清末民初，为地名雅化又不失其本意，便以同音别字“桁”代替“行”而称陈桁至今。交通干道有胡（各庄）郎（府）路。

## 小屯村
## Xiǎotún Cūn

通州区西集镇辖村。位于镇域中西部，胡郎路与小车路交会处西侧。东北至杜柳棵村，西北至太平庄村，南至郎东村。面积约 0.37 平方千米。户籍人口 241 人，常住人口 237 人。1983 年 8 月设立村委会。明代，该地为军队屯种之所，形成聚落后因规模较小，故称小屯。（清乾隆《通州志》载："小屯，离城三十六里。"）在1981年调整县域内村名时，因重名且村外又曾有两条南北向的小河绕村而过，曾拟将其更名为双河村，但此议并未实行而继续使用原名至今。交通干道有胡（各庄）郎（府）路。

## 何各庄村
## Hégèzhuāng Cūn

通州区西集镇辖村。位于镇域中部，武杨路与金辛路交会处西南侧。北至张各庄村，东南至金坨村，西南至王庄村，西北至金各庄村。面积约0.45平方千米。户籍人口241人，常住人口235人。1983年8月设立村委会。该村名的含义和由来说法有二，其一是：元代，何姓居此地，形成聚落后以姓成村称何各庄。其二是：清初，该村称合各庄。（清乾隆《通州志》载："合各庄，离城四十五里。"）清末民初，村名中的"合"字被"何"字同音替代称何各庄至今，原因无考。该村东遗有汉代古墓葬一处，为镇内不可移动文物。交通干道有金（各庄）辛（东辛庄）路。

## 金各庄村
## Jīngèzhuāng Cūn

通州区西集镇辖村。位于镇域中部，胡郎路与金辛路交会处东北侧。东北至张各庄村，东南至何各庄村，南至新王庄村，西至郎东村。面积约1.58平方千米。户籍人口1136人，常住人口1080人。1983年8月设立村委会。明代，金良臣偕全家首至此地定居，形成聚落后以姓成村称金各庄至今。（清乾隆《通州志》载："金各庄，离城四十五里。"）1976年7月28日，唐山地震波及此村，造成房屋大部分倒塌，村址西移至宋郎路南端东侧重建。1982年4月，该村出土一窖藏，内有西汉"半两""五铢"和大唐"开元通宝"以及北宋各种铜币约350公斤。交通干道有胡（各庄）郎（府）路。

## 张各庄村
## Zhānggèzhuāng Cūn

通州区西集镇辖村。位于镇域中部，苏望路与金各庄路交会处东南侧。北至望君疃村，东至曹刘各庄村，南至何各庄村，西至郎东村。面积约3.86平方千米。户籍人口2282人，常住人口2229人。1983年8月设立村委会。明代，张姓首至此地定居建村，以姓成村称张各庄，俗称张各庄（zhāng）至今。（清乾隆《通州志》载："张各庄，离城五十里。"）村南遗有清中宪大夫张庆熙墓碑一通；村东南遗有汉墓群，今半存。均为镇内不可移动文物。1984年4月，该村发现一窖藏，出土清代晚期和民国年间制造的瓷器、料器108件。交通干道有苏（庄）望（君疃）路。

## 望君疃村
## Wàngjūntuǎn Cūn

通州区西集镇辖村。位于镇域中北部，通香路与创益西五路交会处西侧。东至武辛庄村，南至张各庄村，西至杜柳棵村。面积约2.10平方千米。户籍人口1285人，常住人口1168人。1983年8月设立村委会。相传，辽代末期有一名称王近的人携家眷至此定居，形成聚落后以其名命村，称王近疃。（明嘉靖《通州志略》载："寿安寺，在孝行二乡王近疃。辽天庆十年建。”）清中期，出于对王近首户的尊重，又因聚落由前后两部分组成，故分称前王君疃和后王君疃。（清乾隆《通州志》载：“前王君疃，离城三十五里。”“后王君疃，离城三十五里。”）清末，按照明代曾有一君王东巡经此，村民登高远望之传说，两村合并依谐音称今名。明末，村内人口渐增，部分村民迁出于村南又建一村，与原村分称前、后王君疃。至清中晚期，因王姓家族很有名望，二村合并后改称望君疃，俗称望疃。（清光绪《通州志》载：“望君疃，城南三十五里。”）民国年间，该村西、南两近处曾存在两个小聚落，分别依姓而名祁辛庄和曹孔街，新中国成立前后并入望君疃。辽时，村内曾建有佛教庙宇寿安寺，今不存（清康熙《通州志·祠庙》载：“寿安寺，在王近疃，辽天庆十年建。”）。1953年5月至1956年7月，为二区（西集区）望君疃乡政府驻地。交通干道有通（沙古堆）香（河）路。

## 马坊村
Mǎfáng Cūn

通州区西集镇辖村。位于镇域北部，胡郎路与沙马路交会处。西北至谢楼村，东北至太子府村，东南至杜柳棵村，西南至小辛庄村。面积约2.10平方千米。户籍人口1072人，常住人口1162人。1983年8月设立村委会。明代，此地为养马之所，马户定居于此，形成东西2个聚落，故曾称东西马坊。（清乾隆《通州志》载：“东西马坊，离城三十四里。”）清晚期始分称东、西马坊。（清光绪《通州志》载：“东马坊，城南三十四里。”“西马坊，城南三十四里。”）民国初始，因两村相距甚近，合并称马坊至今。1956年7月至1958年4月，为二区（西集区）马坊乡政府驻地。明清时期，为保障运河河道畅通，此村处曾设有马房浅，“以时挑浚河道，指引河洪”。交通干道有胡（各庄）郎（府）路。

## 小辛庄村
Xiǎoxīnzhuāng Cūn

通州区西集镇辖村。位于镇域西北部，沙马路与小老路交会处东北侧。东北至马坊村，东南至任辛庄村，西至沙古堆村。面积约2.23平方千米。户籍人口950人，常住人口1026人。1983年8月设立村委会。明初，杨、王、胡、聂四姓至此地定居，建立新村，因聚落很小故称小新庄。清中期，村名中的“新”字被“辛”字同音替代而称小辛庄。（清乾隆《通州志》载：“小辛庄，离城三十一里。”）1958年村东郎家场并入。在1981年调整县域内村名时，因此村重名且位于西，曾拟将其更名为西辛庄，但此议并未实行而继续使用原名至今。1953年5月至1956年7月，为二区（西集区）小辛庄乡政府驻地。交通干道有通（沙古堆）香（河）路。

## 供给店村
Gōngjǐdiàn Cūn

通州区西集镇辖村。位于镇域西部，通香路与儒供路交会处西侧。西北至沙古堆村，西至儒林村，东至太平庄村。面积约1.70平方千米。户籍人口799人，常住人口788人。1983年8月设立村委会。该村名的含义和由来说法有二，其一是：此村临近北运河，明代于此地建庙一座，船家客商经此多至庙内焚香上供以求平安。于是，开始有人在此开店，供给过往船客所需物品。后车姓至此落户定居，形成聚落后称供（Gōng）给（jǐ）店，也称供给（Gònggěi）店。俗称供（gòng）店。（清乾隆《通州志》载:“供给店,离城三十三里。”)又因村落由东西两部分组成,素有东供给店和西供给店之称。其二是:传说该村曾建庙一座,并于正殿屋脊中央供奉一只用金子制成的公鸡,村人及过往船客为求金鸡保佑纷纷携带供品前来祭奠,因此该村曾称公鸡店。对此,明万历《通粮通志》中的《白河源流图》有“公鸡店浅”的标注,清康熙《通州志·设浅》也有明确的记载。清光绪《顺天府志·河渠志》更有详尽的记述。(“据通州高志。按:任家庄西为供给店,《道里记》谓之‘公鸡店’”。)至清末民初谐音雅称供给店至今。明清间,为保障北运河漕运正常进行,于此设置公鸡店浅,“以时挑浚河道,指引河洪”。交通干道有通(沙古堆)香(河)路。

## 儒林村
Rúlín Cūn

通州区西集镇辖村。位于镇域西北部,北运河东岸、通香路与运河大堤路交会处南侧。北至沙古堆村,东至供给店村。面积约1.53平方千米。户籍人口585人,常住人口566人。1983年8月设立村委会。该村名的含义和由来说法有二,其一是:清时儒姓至此,人称其家族长者为儒大人,此人有权有势,在林木茂密依河傍水之地建坟地辟花园,形成聚落后以此名村称儒家林,简称儒林。(清光绪《通州志》载:“儒林,城南三十五里。”)其二是:此村地处北运河沿岸,儒姓首至此地定居。形成聚落后,村人为防止水患便在河堤上广植柳树,以致形成大片柳林,故名儒家林。民国后期始称儒林。1936年,当代著名乡土文学作家刘绍棠出生于此。其幼年成才,13岁发表作品,20岁成为中国作家协会最年轻会员,被誉为50年代中国文坛的“神童作家”,曾被载入《世界名人录》《世界作家名人录》《中国共产党名人录》。其一生为世人留下了大量文学作品。曾先后任中国作家协会副主席、北京作家协会副主席、中国文联全国委员会委员。1983年起,连续三届当选为北京市人大常委会委员。1991年荣获国务院颁发的“为我国文化艺术事业做出突出贡献”专家证书。1992年,被通县人民政府授予“人民作家,光耀乡土”荣誉牌。1997年逝世,葬于该村西运河左堤内。通州区档案馆设有“刘绍棠文库”。交通干道有北运河大堤路和通(州)香(河)路。

## 沙古堆村
Shāgǔduī Cūn

通州区西集镇辖村。位于镇域西北部,北运河东岸、通香路与运河大堤路交会处东北侧。北至崔家楼村,东至小辛庄村,南至儒林村。面积约2.81平方千米。户籍人口1311人,常住人口1137人。1983年8月设立村委会。史上,北运河(秦称沽水)自里二泗东流至此,为减缓河水流速以存蓄充足水量便与漕运,河道围绕今村处转了一个较大的弯子。因此,漕船行至此河段时必须绕弯而过,该地至今仍流传有“三望沙古堆”的说法。弯曲的河道虽减缓了水速,却造成了泥沙的大量沉积,因此在沿岸形成一些或大或小、或高或低的沙丘。今日的沙古堆就是建在一大沙堆上的古村落。沙丘为沽水(北运河)所堆,故此村落便以此地貌而称沙沽堆。明代,因该村名在长期的形成和传播过程中文字走样,“沽”字曾被“姑”字替代而称“沙姑堆”。明嘉靖年间村内所建佛教庙宇少姑庵的庵钟铭文中曾有“沙姑堆”的记载。至清初,“姑”字又被“古”字同音替代而称沙古堆至今。(清乾隆《通州志》载:“沙古堆,离城三十二里。”)该村东遗有大面积汉墓群，今半存。村内遗有韩家门楼一座，具有一定历史、艺术价值，为镇内不可移动文物。2010年该村组建“大樱桃合作社”，成为域内知名的樱桃村，并获得“全国一品一村示范村，国家地理标志”称号。该村为已故京剧表演艺术家梁益鸣出生地。其生前为“鸣华京剧团”（北京风雷京剧团前身）团长，初习武生，后改老生，因痴迷京剧马派老生表演艺术，苦心钻研，曾有“天桥马连良”之称。驻村单位有通州区沙古堆小学。交通干道有通（沙古堆）香（河）路。

## 太平庄村
Tàipíngzhuāng Cūn

通州区西集镇辖村。位于镇域西部，通香路与新堤路交会处东南侧。东北至任辛庄村，东南至小屯村，西至供给店村。面积约0.53平方千米。户籍人口311人，常住人口360人。1983年8月设立村委会。清初，该地为郎府董姓场院，董、武二姓居此看场护院，1940年前后渐成聚落依美好愿望而名太平庄。1981年因县域内重名，且形成历史较短，曾拟改称新太平庄，但此议并未实行而继续使用原名至今。交通干道有通（沙古堆）香（河）路。

## 王庄村
Wángzhuāng Cūn

通州区西集镇辖村。位于镇域中南部，胡郎路与金辛路交会处南侧。北至金各庄村，东至金坨村，南至陈桁村，西南至耿楼村。面积约1.98平方千米。户籍人口904人，常住人口883人。1983年8月设立村委会。清代，王开基偕全家至此定居，形成聚落后以姓成村称王家庄。（清乾隆《通州志》载：“王家庄，离城五十里。”）民国初年简称王庄至今。1976年7月28日，受唐山地震波及，村内房屋损毁严重，村址移到200米外今址重建新村。在1981年调整县域内村名时，因此村重名且为重建曾拟将其更名为新王庄，但此议并未实行而继续使用原名至今。该村原有始建于光绪二十七年（1901）的天主教堂一座，1949年停止活动，“文化大革命”期间被毁。但宗教活动正常开展，有信教群众165人。该村团花剪纸技艺为通州区级非物质文化遗产保护项目，传承人王文敏。村内原有关帝庙一座，今不存，仅余明时所植古槐一株。交通干道有胡（各庄）郎（府）路。

## 杜柳棵村
Dùliǔkē Cūn

通州区西集镇辖村。位于镇域中北部，通香路与胡郎路交会处东南侧。西北至马坊村，东至望君疃村，西南至小屯村，西至任辛庄村。面积约1.41平方千米。户籍人口872人，常住人口814人。1983年8月设立村委会，原辖杜柳棵、柳辛屯、花园村3个自然村。20世纪70年代，花园村因规划拆迁并入杜柳棵村，现辖杜柳棵与柳辛屯两个自然村。明代，杜、白二姓至此，在成片的柳树棵子旁定居，形成聚落后，便以环境特征名村而称柳棵。（清乾隆《通州志》载：“柳棵，离城三十六里。”）清晚期，因杜姓为村内大姓，故以姓名村称杜家柳棵。（清光绪《通州志》载：“杜家柳棵，城南三十六里。”）民国年间简称杜柳棵至今。1958年9月后，为西集公社杜柳棵管理区管委驻地；1961年7月至1965年5月，为西集工委管区杜柳棵公社管委驻地。驻村单位有通州区杜柳棵小学、通州区西集中心幼儿园杜柳棵分园。交通干道有通（沙古堆）香（河）路。

## 柳辛屯村
Liǔxīntún Cūn

通州区西集镇杜柳棵村所辖自然村。位于镇域中北部，通香路与胡郎路交会处东北侧，与杜柳棵村毗邻。隶属杜柳棵村委会。民国初期，自杜柳棵迁出臧姓等几户至此建新村名柳辛店。民国中期，改称柳辛屯，为杜柳棵附村。民国晚期又改称柳辛庄。新中国成立后复称柳辛屯至今。交通干道有通（沙古堆）香（河）路。

## 任辛庄村
Rénxīnzhuāng Cūn

通州区西集镇辖村。位于镇域北部，通香路与胡郎路交会处西北侧。东至杜柳棵村，西南至太平庄村，西北至小辛庄村。面积约 0.86 平方千米。户籍人口 523 人，常住人口 530 人。1983 年 8 月设立村委会。明代，此村处原为小辛庄杨姓场院，由一任姓人居此看守。后迁入他姓，形成村落后以姓成村称任家新庄。（清乾隆《通州志》载：“任家新庄，离城三十三里。”）后村名中的“新”字被“辛”同音替代而称任家辛庄，民国末年简称任辛庄至今。交通干道有通（沙古堆）香（河）路。

## 金坨村
Jīntuó Cūn

通州区西集镇辖村。位于镇域中南部，武杨路与何金路交会处南侧。东至南小庄村，东南至上坡村，西北至何各庄村。面积约 0.65 平方千米。户籍人口 348 人，常住人口 356 人。1983 年 8 月设立村委会。明代，金姓大户至此，在一高坨上定居建村，以姓和地貌特征而名金家坨，俗称坨子。（清乾隆《通州志》载：“金家坨，离城四十五里。”）民国晚期简称金坨至今。该村北有较大汉墓群，今半存。交通干道有武（窑）杨（家洼）路。

# 台湖镇

## 周坡庄村
Zhōupōzhuāng Cūn

通州区台湖镇辖村。位于镇域中部，铺外路与周坡路交会处西南侧。西北至胡家垡村，东北至外郎营村，西南至永隆屯村。面积约 0.51 平方千米。户籍人口 285 人，常住人口 675 人。1983 年 8 月设立村委会。该村名的含义和由来说法有二，其一是：清代，周姓首至此地一土坡上定居，以租种土地为生。形成聚落后以地貌名村称周坡庄。其二是：周坡庄原名实为周家破庄。经查，该村最早有记载的成村年代为清乾隆年间。（清乾隆《通州志》载：“周家破庄，离城二十二里。”）以后的清光绪《通州志》《民国通县志稿》记载的都是“周家破庄”。1942 年民国版《通县志要》记载的是“周小庄”（外郎营的附村）；2003 年版的《通县志》“区划”中的“民国时期（1946）”作了“小营（周坡庄）”的记载。也是在同一部志书中，在 1965 年 5 月“台湖人民公社”项下的辖村中才首次出现了“周坡庄”的村名。可见，该村当是以姓和村落的破败而成村，并非因地貌所成。直到新中国成立后，因村落面貌发生较大变化才将村名雅化为周坡庄至今。交通干道有铺（头）外（郎营）路。

## 大地村
Dàdì Cūn

通州区台湖镇辖村。拆迁前位于镇域中

部，潞西路与大地路交会处南侧。北至蒋辛庄村，东至窑上村，东南至徐庄村，西至麦庄村。面积约 0.39 平方千米。户籍人口 321 人，常住人口 706 人。1983 年 8 月设立村委会。明代，该地为邻村窑上商姓所开垦的土地，为便于管理，于地边盖了简易房屋供人暂住。清代，商姓锡田夫妇分得该地并于此长期居住。因此地原系荒地，形成聚落后以此名村而称荒厂。（清光绪《顺天府志》载：“治西南二十五里，荒厂。”）民国年间，因此地位于窑上之西，且荒地已变成大块耕地，故更名为西大地，后简称大地至今。2011 年 11 月，因土地一级开发拆迁，至 2014 年底迁至次渠南里、次渠北里和次渠嘉园。交通干道有潞（观）西（直河）路。

## 玉甫上营村
Yùfǔshàngyíng Cūn

通州区台湖镇辖村。位于镇域东北部，九周路与台湖大街交会处东侧。北至田府村，东南至碱厂村，南至尖垡村，西至台湖村。面积约 0.98 平方千米。户籍人口 1107 人，常住人口 3912 人。1983 年 8 月设立村委会。明代，因该地曾为驻军营地，三个兵营自西向东按照上、中、下顺序依次排列，因该村址原在最西端，故名上营，其余二营系今日的东、西下营。后玉姓大户至上营旁建村，依姓曾名玉甫，后村名中的“甫”字被“府”字同音替代而称玉府。（清乾隆《通州志》载：“玉府，离城十五里。”）民国初年复称玉甫。民国后期，玉甫与上营合并称玉甫上营至今。1983 年始，先后于原址建成二层住宅楼 159 栋和各种公共设施，街巷路面全部硬化，村民全部上楼，为全区最先实现村民住宅楼房化的村落。1989 年至 2008 年，著名作家浩然曾任该村名誉村长。驻村单位有台湖镇敬老院。交通干道有九（棵树）周（营）路。

## 外郎营村
Wàilángyíng Cūn

通州区台湖镇辖村。位于镇域中部，铺外路与周坡路交会处东侧。东北至台湖村，东南至蒋辛庄村，南至垛子村，西至周坡庄村。面积约 1.00 平方千米。户籍人口 825 人，常住人口 1099 人。1983 年 8 月设立村委会。该村名的含义和由来说法有二，其一是：相传，明代南方大户方姓迁至该地营田建村。形成聚落后，其为取得权势而买得朝廷“员外郎”一职，故以其官职名村为员外郎营，清代简称外郎营至今。（清乾隆《通州志》载：“外郎营，离城二十里。”）其二是：因朝廷某部员外郎的职田（也称官田）在此，租给农民耕种，故名。1953 年 5 月至 1956 年 7 月，为六区（张家湾区）外郎营乡政府驻地。驻村单位有通州区台湖中心幼儿园外郎营分园。交通干道有铺（头）外（郎营）路。

## 口子村
Kǒuzi Cūn

通州区台湖镇辖村。位于镇域西北部，萧太后河北岸、通马路与口小路交会处东北侧。东至朱家垡村，南至江场村，西、北至区界。面积约 1.46 平方千米。户籍人口 1501 人，常住人口 4625 人。1983 年 8 月设立村委会。明代，此处南濒萧太后河，由于此段河道河床水面较宽曾名小海子。清初，连年的洪水暴涨致村南河堤决口，因村子位于河堤决口处之北而更名口子上。（清乾隆《通州志》载：“口子上，离城十五里。”）清晚期改称口子庄。（清光绪《顺天府志》载：“治西南十五里，口子庄。”）民国末年改称口子至今。该村东曾遗有汉墓群，今无存。交通干道有通（州）马（驹桥）路。

## 胡家垡村
## Hújiāfá Cūn

通州区台湖镇辖村。位于镇域中北部，萧太后河南、口小路与铺胡路交会处东侧。北至江场村，东至台湖村，东南至周坡庄村，西至区界。面积约2.29平方千米。户籍人口1920人。常住人口5900人。1983年8月设立村委会。元代，萧太后河通航时，胡姓首至该地定居，以编竹筏为生，形成聚落后以此成村称胡家筏。明代，河道淤塞水运停止后，村人转以耕垡种地为生，故改称胡家垡至今。（清乾隆《通州志》载："胡家垡，离城十五里。"）清代，于村西北形成一较小聚落高王坟，1949并入胡家垡。高王坟处曾为清时一墓地，1974年和1984年于此先后出土清康熙宜人林大人和清翰林学士墓志各一合，1985年出土一顶凤冠，为国家一级文物。该村北曾遗有汉墓群，今无存。建于该村的北京金福艺农农业科技发展有限公司，集设施种植、观光采摘、科技示范、科普教育、生产生活、生态于一体，为现代大型都市生态农业园，国家级设施蔬菜标准园。驻村单位有通州区台湖中心幼儿园胡家垡分园。交通干道有铺（头）胡（家垡）路。

## 江场村
## Jiāngcháng Cūn

通州区台湖镇辖村。位于镇域西北部，萧太后河南岸、口小路与铺胡路交会处东北侧。北至口子村，东北至朱家垡村，南至胡家垡村，西至区界。面积约0.49平方千米。户籍人口354人，常住人口1611人。1983年8月设立村委会。清代，此地原为胡家垡村高家场院，有姜姓等居此看场护院。民国末年形成聚落后，以姓成村称姜家场，也称江家场。1996年后称今名。交通干道有铺（头）胡（家垡）路。

## 田府村
## Tiánfǔ Cūn

通州区台湖镇辖村。拆迁前位于镇域北部，九周路与京哈高速公路交会处东侧。东北至将军坟村，南至玉甫上营村，西至前营村。面积约2.42平方千米。户籍人口2592人，常住人口2587人。1983年8月设立村委会。明代，田姓首居此地渐成聚落，以姓成村称田家务。1995年5月，于梨园镇将军坟村东出土明明威将军、指挥佥事樊靖墓志一合，志铭载："故明威将军、指挥佥事樊公卒，以是年（嘉靖二十四年）四月八日，厝州城南田家务。"清初，索姓大户至该地，以姓更名索家府。后一名称索三的人因私铸铜钱触犯王法而入狱，索性自此败落，该村改称田家甫。（清乾隆《通州志》载："田家甫，离城十六里。"）民国初年，因村名中的"甫"字被"府"字同音替代而改称田家府，简称田府至今。1949年10月至1950年6月，为六区（田家府区）区公所驻地。其村内曾遗有金天会八年时所建佑胜寺和明时所建关帝庙革一座，今无存，仅余古槐两株。该村南遗有汉墓群，今半存。2013年12月，因文化旅游区建设征地拆迁，至2014年底村民未予安置。交通干道有九（棵树）周（营）路。

## 台湖村
## Táihú Cūn

通州区台湖镇辖村。拆迁前位于镇域中

东部，铺西路与张台路交会处西侧。镇政府所在地。北至前营村，东至玉甫上营村，南至蒋辛庄村，西至胡家垡村。面积约 1.84 平方千米。户籍人口 2775 人，常住人口 5418 人。1983 年 8 月设立村委会。辽代，该村因北近萧太后河，地势低洼，附近有一名为台湖的湖泊，故村以此而名台湖。自辽统和八年(990)起圣宗多次到此“捺钵”，十年(992)将台湖更名为望幸里，设役使常住于此管理人户，故又名台户。（清乾隆《通州志》载：“台户，离城十六里。”）民国晚期复称台湖至今。1953 年 5 月后，为六区（张家湾区）台湖乡政府驻地；1956 年 7 月后，为台湖乡政府驻地；1958 年 9 月后，为张家湾公社台湖管理区管委驻地；1961 年 7 月后，为张家湾工委管区台湖公社管委驻地；1983 年 8 月后，为台湖乡政府驻地；2000 年 7 月后，为台湖镇政府驻地；2001 年 12 月，次渠镇并入，合并设立台湖镇，镇政府迁至台湖镇政府原址。1985 年 4 月，于村西北 400 米处高王坟南端挖掘一宫女坟，出土明代金凤冠、金手镯等品位极高的金饰物，经专家确认，饰物系皇宫制品。该村北遗有汉墓群，今半存。其村内曾遗有元时所建兴国寺和清时所建关帝庙各一座，今均无存，仅余古槐 2 株。自 2005 年始，该村改造传统农业，实施“星湖园、科普园、采摘园”和“葡萄采摘节、金秋捉蟹节”农业生态观光旅游项目建设，建有台湖第五生产队旅游观光园。该村村民牛文祥在其担任村党支部书记的 34 年中，历经坎坷、呕心沥血、无私奉献，带领全村干部群众，把贫穷落后的台湖建设成一个集体经济实力强、群众生活富裕的新农村。其间，其多次被评为乡、县、市的优秀共产党员、优秀党支部书记、农民企业家、农村优秀经营者。1989 年和 1995 年两次被评为北京市劳动模范。2007 年，因旧村改造拆迁，至 2014 年底已迁至台湖东、西区。驻村单位有通州区台湖中心幼儿园、通州区台湖中学、通州区台湖学校、台湖卫生院、台湖镇法律服务所。交通干道有张（家湾）台（湖）路和九（棵树）周（营）路。

## 安定营村
## Andìngyíng Cūn

通州区台湖镇辖村。拆迁前位于镇域南端，凉水河北、京沪高速公路与凉水河交会处西北侧。北至孟庄村，东至崔家窑村，东南至北堤村，西北至郑庄村。户籍人口 1066 人，常住人口 1078 人。1983 年 8 月设立村委会。明初，此地为驻军屯垦之所，因士兵均为青年男子未曾成家，故曾称童子营。清中期，因驻军上下工以哨为号，又曾名哨子营。（清乾隆《通州志》载：“哨子营，离城三十六里。”）嘉庆年间，屯军参与保卫北京的战斗，后留下一些伤残兵士就地屯垦。因所留者多为跛足，且以南方江淮人为主，吴语称“跛”为“骚”，故又曾名骚子营。（清光绪《通州志》载：“骚子营，城南三十六里。”）另有一说是，“骚”字系“哨”字音近字转而来。1981 年，因村名雅化而改称今名。2009 年，因土地征用拆迁，2009 年迁至定海园一里、二里、三里。交通干道有通（州）马（驹桥）路。

## 麦庄村
## Màizhuāng Cūn

通州区台湖镇辖村。拆迁前位于镇域中南部，潞西路与口小路交会处东南侧。东北至垛子村，东至大地村，西南至西太平庄村，西北至次渠村。面积约 0.11 平方千米。户籍人口 1848 人，常住人口 2154 人。1983 年 8 月设立村委会。明代，此地为屯兵营地，形成聚落后以此名村称德胜营，又因盛产小麦也称麦庄。（清乾隆《通州志》载：“麦庄，离城二十五里。”）明宣德年间，此处土地皆为官庄庄地，由官府设庄召民租佃，并设基层行政组织“里”于此，也称麦庄里。（明《宛署杂记》载：“朝天宫庄地，八十七顷有奇。地在通州，地名麦庄里。”）1953 年 5 月后，为七区（马驹桥区）麦庄乡政府驻地；1956 年 7 月至 1958 年 4 月，为麦庄乡政府驻地；1958 年 9 月后，为马驹桥公社麦庄管理区管委驻地；1961 年 7 月至 1965 年 5 月，为马驹桥工委管区麦庄公社管委驻地。元、明、清三代此地为通往北京广渠门的交通要道，清代曾置烟墩、草拨于此。2011 年 11 月，因村民宅基地和集体土地征占拆迁，2014 年迁至次渠南里、次渠北里和次渠家园。驻村单位有私立博羽小学。交通干道有潞（观）西（直河）路。

## 西太平庄村
## Xītàipíngzhuāng Cūn

通州区台湖镇辖村。拆迁前位于镇域西南部，口小路与次渠大街交会处南侧。东北至麦庄村，南至水南村，西至北小营村。户籍人口 884 人，常住人口 883 人。1983 年 8 月设立村委会。清代，刘姓首至此地定居，形成聚落后，以过太平日子的美好愿望而称太平庄。（清乾隆《通州志》载：“太平庄，离城二十五里。”）1981 年因县域内重名，此村位于西而更今名。2011 年 11 月，因土地开发拆迁，2014 年迁至次渠南里、次渠北里和次渠家园。交通干道有口（子）小（民屯）路。

## 前营村
## Qiányíng Cūn

通州区台湖镇辖村。位于镇域西北部，萧太后河南岸、铺大路与萧太后河交会处南侧。东至田府村，南至台湖村，西至江场村。面积约 1.28 平方千米。户籍人口 1237 人，常住人口 4048 人。1983 年 8 月设立村委会。明代，此处原为驻军营地，朱姓迁徙民至此后，在萧太后河南北两岸分别开荒种地，逐渐形成两个聚落，因该聚落位于河南而称前朱家垡。（清乾隆《通州志》载：“前朱家垡，离城十二里。”）清晚期改称前营至今。（清光绪《通州志》载：“前营，城南十二里。”）交通干道有铺（头）大（地）路。

## 朱家垡村
## Zhūjiāfá Cūn

通州区台湖镇辖村。位于镇域西北部，萧太后河北岸、铺大路与朱家垡南街交会处西侧。北至铺头村，东北至曹园村，西至口子村。面积约 0.91 平方千米。户籍人口 672 人，常住人口 1350 人。1983 年 8 月设立村委会。明代，朱姓迁徙民首至此地，在萧太河南北两岸分别开荒种地，逐渐形成两个聚落，因此村位于河北而名后朱家垡。（清乾隆《通州志》载：“后朱家垡，离城十二里。”）民国初年始，因前朱家垡已更名为前营，该村故改称朱家垡至今。清代曾置烟墩、草拨于此。交通干道有铺（头）大（地）路。

## 马庄村
## Mǎzhuāng Cūn

通州区台湖镇辖村。位于镇域西部，通马路与潞西路交会处西南侧。东北至白庄村，西北至丁庄村，东南至孟庄村，西至区界。户籍人口560人，常住人口1831人。1983年8月设立村委会。明初，马姓随平定北方部队首至该地定居，形成聚落后以姓成村称马家庄。（清乾隆《通州志》载："马家庄，离城三十二里。"）民国初年简称马庄。1958年9月后，该村与丁庄、白庄、孟庄四村统称丁四庄管理区，隶属马驹桥公社；1961年后改称为丁四庄公社，隶属马驹桥工委；1965年5月后单独建制，复称马庄至今。交通干道有通（州）马（驹桥）路。

## 窑上村
## Yáoshàng Cūn

通州区台湖镇辖村。位于镇域南部，凉水河北岸、铺大路与铺窑路交会处东南侧。东北至兴武林村，西北至北火垡村，南至徐庄村，西至大地村。面积约0.86平方千米。户籍人口552人，常住人口729人。1983年8月设立村委会。该村名的含义和由来说法有二，其一是：明代，商姓迁徙民首至此地定居，形成聚落后曾以姓成村称商家庄。由于村小且穷，村人便于村南建窑烧制砖瓦以求兴旺，因村落位于窑之北而更名窑上。清代，因近北火垡并与其同为一村而称北火垡窑上。（清乾隆《通州志》载："北火垡窑上，离城十二里。"）民国初年始单独建制复称窑上至今。其二是：相传，该村原名商新庄，后村民于村南建窑烧制砖瓦日渐富足，但因"商新"与"伤心"谐音，为避讳这一不吉利的名字而将村名雅称为窑上。交通干道有铺（头）大（地）路。

## 东下营村
## Dōngxiàyíng Cūn

通州区台湖镇辖村。位于镇东部，东六环路与张台路交会处东侧。北至大高力庄村，东至唐大庄村，西南至碱厂村，西至西下营村。面积约0.75平方千米。户籍人口536人，常住人口1280人。1983年8月设立村委会。明代，此地原有三处驻军营地，此营地居于东，故曾名下营。（清乾隆《通州志》载："下营，离城十五里。"）清末民初，因村西邻近西下营而改称东下营至今。驻村单位有通州区台湖中心幼儿园东下营分园。交通干道有张（家湾）台（湖）路。

## 西下营村
## Xīxiàyíng Cūn

通州区台湖镇辖村。位于镇域东部，京哈高速公路与六环路交会处西南侧。东至东下营村，南至碱厂村，西至玉甫上营村。面积约0.74平方千米。户籍人口631人，常住人口2307人。1983年8月设立村委会。明代，此地原有三处驻军营地，因此营地居于中间，形成聚落后，故曾名中营。（清乾隆《通州志》载："中营，离城十五里。"）清末民初，因位于下营之西而称西下营至今。1953年5月至1956年7月，为六区（张家湾区）西下营乡政府驻地。交通干道有张（家湾）台（湖）路。

## 唐大庄村
## Tángdàzhuāng Cūn

通州区台湖镇辖村。位于镇域东部京哈高速公路与六环路交会处东南侧。东北至施园村，东南至北姚园村，西至东下营村。面积约0.79平方千米。户籍人口386人，常住人口451人。1983年8月设立村委会。清代，唐姓家眷迁至此地于南北两处定居，分别形成大、小两个聚落，因此聚落较大而以姓成村称唐家大庄。（清乾隆《通州志》载：

“唐家大庄，离城十五里。”）清晚期曾名大唐庄。（清光绪《顺天府志》载：“治南十三里，大唐庄。”）民国初年，与另一小聚落小唐庄合称大小唐庄。民国晚期，因聚落街道宽阔笔直，曾更名大唐街。新中国成立前夕改称唐大庄至今。1978 年于该村东耕地中出土明承事郎杭宗鲁墓志铭一合，由墓志可知，明时通州神武中卫曾设在张家湾。今墓志不存，仅余拓片。其村东遗有汉墓群，今半存。自 20 世纪末始，该村大力发展观赏鱼生产，成为北京市养殖观赏鱼示范村，全区第一批标准化养殖基地。交通干道有张（家湾）台（湖）路。

## 北火垡村
## Běihǔofá Cūn

通州区台湖镇辖村。位于镇域东南部，凉水河北岸、铺大路与铺窑路交会处东侧。东北至兴武林村，东南至窑上村，西至大地村，西北至蒋辛庄村。面积约 1.10 平方千米。户籍人口 871 人，常住人口 1574 人。1983 年 8 月设立村委会。该村名的含义和由来说法有二，其一是：明代，此村处地势低洼，荒草遍地。移民郑、李、陈、顾、韩 5 姓人家至此，于凉水河南北两岸定居，放火烧荒，耕垡土地，种植庄稼。形成聚落后因此村处位于河北故名北火垡。其二是：明初，迁民至此地屯田，为保全自己不受当地人欺负，便结成异姓兄弟，合伙开垦荒地，一起生产经营，形成聚落后称伙垡。清代，因采用古时“同音通假”的用字方法，以“火”通“伙”，加上村落位于凉水河北而称北火垡至今。（清乾隆《通州志》载：“北火垡，离城十七里。”）明、清间该村曾与窑上同为一村，民国初年始两村单独建制。村西遗有战国汉墓群，今半存。交通干道有铺（头）大（地）路。

## 兴武林村
## Xīngwǔlín Cūn

通州区台湖镇辖村。位于镇域东南部，凉水河西岸、九周路与兴武林路交会处东南侧。北至尖垡村，西南至北火垡村。面积约 0.87 平方千米。户籍人口 499 人，常住人口 827 人。1983 年 8 月设立村委会。明初，罗、马、杨、卞、钱、卜六姓随平定北方军队至该地定居建村，因罗姓为大户，曾依姓而名罗家庄。清初，因该村南有一片树林，村民常至林中打拳习武，并曾兴盛一时，故改称兴武林至今。（清乾隆《通州志》载：“兴武林，离城十七里。”）交通干道有九（棵树）周（营）路。

## 尖垡村
## Jiānfá Cūn

通州区台湖镇辖村。位于镇域东南部，六环路与九周路交会处南侧。东北至碱厂村，南至兴武林村，西北至蒋辛庄村。面积约 1.09 平方千米。户籍人口 771 人，常住人口 1400 人。1983 年 8 月设立村委会。明代，此处荒草遍地，地势低洼。迁徙民至此后便深耕土地，晾晒土块，种植庄稼。形成聚落后，因其所耕种土地比周边村落的好、拔尖，因“尖”作“尖端，最上品”解，故名尖垡。（清乾隆《通州志》载：“尖垡，离城十六里。”）1953 年 5 月至 1956 年 7 月，为六区（张家湾区）尖垡乡政府驻地。清乾隆三十九年（1774）文林郎肃迟公死后，其子择此地土岗作为坟圈（坟山），将墓冢置于岗前，立碑一通。此墓为砖室悬棺，属地区罕见之墓葬形制，今不存。该村北口 300 米处一土岗南侧，曾遗有汉代墓群，今不存。交通干道有九（棵树）周（营）路。

## 蒋辛庄村
## Jiǎngxīnzhuāng Cūn

通州区台湖镇辖村。位于镇域中南部，六环路与铺大路交会处北侧。北至台湖村，东至尖垡村，西南至大地村，西至永隆屯村。面积约 1.59 平方千米。户籍人口 932 人，常住人口 1223 人。1983 年 8 月设立村委会。明代，蒋姓大户至该地屯田定居建设新村，形成聚落后以姓成村曾名蒋家新庄。（清乾隆《通州志》载："蒋家新庄，离城十八里。"）民国初年，因村名中的"新"字被"辛"字同音替代而改称蒋辛庄至今。交通干道有铺（头）大（地）路。

## 碱厂村
## Jiǎnchǎng Cūn

通州区台湖镇辖村。位于镇域东南部，凉水河西、西碱路与六环路交会处南侧。北至西下营村，东北至北姚园村，西南至尖垡村。面积约 1.49 平方千米。户籍人口 979 人，常住人口 1950 人。1983 年 8 月设立村委会。明代，吴姓首至此地定居建村，以姓成村称吴新庄。清初，因村民认为此名谐无心"不雅，且村南土地盐碱程度较高，朝廷于此设有制碱作坊，故以此名村称碱厂至今。（清乾隆《通州志》载："碱厂，离城十五里。"）交通干道有西（下营）碱（厂）路。

## 桂家坟村
## Guìjiāfén Cūn

通州区台湖镇辖村。拆迁前位于镇域中北部，京津高速公路与东永路交会处东侧。北至区界，东南至永隆屯村，南至次渠村，西南至东石村。面积约 0.38 平方千米。户籍人口 600 人，常住人口 1103 人。1983 年 8 月设立村委会。清代，此地为清朝皇亲桂胜、桂太墓地，桂姓雇人在此守墓耕种，形成聚落后称桂家坟至今。该村历来为大鲁店（今属朝阳区）附村，1958 年大鲁店划归朝阳区后而单独成村，为通县所辖。2007 年荣获"全国平安家庭创建活动先进示范社区（村）"称号。2011 年 11 月，因土地开发拆迁，至 2014 年底已迁至次渠南里、次渠北里和次渠家园。交通干道有张（家湾）台（湖）路。

## 水南村
## Shuǐnán Cūn

通州区台湖镇辖村。拆迁前位于镇域西南部，凉水河北岸、口小路与水南路交会处北侧。北至西太平庄村，东至桑园村，西至北堤村。面积约 1.03 平方千米。户籍人口 2170 人，常住人口 2435 人。1983 年 8 月设立村委会。元代，此村因位于浑河（今凉水河）古河道南而名水南庄。明代，河道移至村南，村名未变。清初简称水南至今。（清乾隆《通州志》载："水南，离城三十里。"）原村庄以一条水沟为界分为两部分，西南部分俗称小水南，以东主体部分俗称大水南，统为一村。该村北遗有汉墓群，今半存。村内曾遗有明时所建关帝庙一座，今无存，仅余明代所植古槐一株。清雍正间村北凉水河上曾建有一座跨河木桥，称水南村桥，1954 年拆除，1978 年改建为钢混梁桥。2013 年，为纪念在解放战争中光荣牺牲的张久和、李文斗，于村南口分别建有烈士墓园，为镇内不可移动文物。2011 年 11 月，因土地开发拆迁，至 2014 年底已迁至次渠南里、次渠北里和次渠家园。交通干道有水南北路。

## 桑园村
Sāngyuán Cūn

通州区台湖镇辖村。拆迁前位于镇域中南部，凉水河北岸、潞桑路终点处。北至麦庄村，东至高古庄村，西至水南村。户籍人口425人，常住人口542人。1983年8月设立村委会。明代，桑姓迁徙民至此定居并经营菜园，形成聚落后以姓成村称桑园。（清乾隆《通州志》载：“桑园，离城二十五里。”）2011年11月，因土地开发拆迁，2014年迁至次渠南里、次渠北里和次渠家园。交通干道有潞（观）西（直河）路。

## 徐庄村
Xúzhuāng Cūn

通州区台湖镇辖村。位于镇域中南部，凉水河西岸、九德路与潞西路交会处西北侧。东北至窑上村，西南至新河村，西北至大地村。面积约0.49平方千米。户籍人口285人，常住人口867人。1983年8月设立村委会。据该村村民家谱载，清顺治年间徐钦兄弟二人自北京沙河至此定居建村，形成聚落后以姓成村称徐家庄。（清乾隆《通州志》载：“徐家庄，离城二十五里。”）民国初年简称徐庄至今。交通干道有潞（观）西（直河）路。

## 东石村
Dōngshí Cūn

通州区台湖镇辖村。拆迁前位于镇域西北部，通马路与通惠北灌渠交会处北侧。北至区界，东北至桂家坟村，东南至次渠村，西至北神树村。面积约0.39平方千米。户籍人口2408人，常住人口2534人。1983年8月设立村委会。明代，迁徙民在古金口新河东侧交通要道处定居建村，曾名东石。（明嘉靖《通州志略》载：“州城南与西南，东石乡……”）清代，此地逐渐形成集市，村名改称东市。（清乾隆《通州志》载：“东市，离城二十五里。”）民国末期肆市消失而复称东石至今。1954年在兴挖通惠北干渠工程中，于该村西渠道中出土一色“五铢”铜币500公斤。该村西遗有汉墓群，今半存。2011年11月，因土地开发拆迁，2014年迁至次渠南里、次渠北里和次渠家园。驻村单位有通州区台湖镇培彦学校。交通干道有通（州）马（驹桥）路。

## 孟庄村
Mèngzhuāng Cūn

通州区台湖镇辖村。拆迁前位于镇域西部，通马路与潞西路交会处西南侧。西北至马庄村，西南至郑庄村，南至安定营村。户籍人口470人，常住人口473人。1983年8月设立村委会。明代，孟姓迁至该地定居，形成聚落后曾以姓成村称孟家庄，后孟姓迁往他地村名未变。（清乾隆《通州志》载：“孟家庄，离城三十二里。”）民国初年始称孟庄。1958年9月后，该村与丁庄、白庄、马庄四村统称丁四庄管理区，隶属马驹桥公社；1961年后改为丁四庄公社，隶属马驹桥工委；1965年5月后单独建制复称孟庄至今。2009年因征地拆迁，年内迁至定海园一里、二里、三里。交通干道有通（州）马（驹桥）路。

## 北神树村
Běishénshù Cūn

通州区台湖镇辖村。拆迁前位于镇域西北部，潞西路与嘉创二路交会处西侧。北至董村，东至东石村，南至丁庄村，西至区界。面积约 0.82 平方千米。户籍人口 2768 人，常住人口 2780 人。1983 年 8 月设立村委会。相传，明以前自梁山泊来了两个道士，带来桃树苗在此地南北两处分别栽种，成树后果实累累，因此树系道士所栽便称其为神树，形成聚落后便以此名村而称神树。（清乾隆《通州志》载："神树，离城二十五里。"）民国年间，其南面有一名神驹的也称神树，因此村位于北而改称北神树至今。1953 年 5 月至 1956 年 7 月，为七区（马驹桥区）北神树乡政府驻地。该村东曾遗有清豫良亲王修龄之墓，"文化大革命"期间被毁，无遗存。村西遗有汉墓群，今半存。2011 年 8 月，因旧村改造拆迁，2014 年迁至次渠南里、次渠北里和次渠家园。交通干道有潞（观）西（直河）路。

## 北堤村
## Běidī Cūn

通州区台湖镇辖村。拆迁前位于镇域西南部，凉水河北岸、通惠北灌渠与凉水河交汇处西北侧。北至崔家窑村，东至水南村，西至安定营村。户籍人口 489 人，常住人口 494 人。1983 年 8 月设立村委会。清代，因该聚落地处凉水河北堤旁，故曾名北堤上。（清乾隆《通州志》载："北堤上，离城四十里。"）清末民初简称堤上。1954 年疏挖凉水河时将该聚落分为南北两部分，因此聚落位于北而更名北堤至今。今村西口至东石村西口存有清代凉水新河（通惠北灌渠遗址），为镇内不可移动文物。村北遗有汉墓群，今半存。2009 年，因征地拆迁，年内迁至定海园一里、二里、三里。交通干道有科创十七街。

## 新河村
## Xīnhé Cūn

通州区台湖镇辖村。位于镇域中南部，凉水河北岸、京津高速公路与六环路交会处东南侧。北至徐庄村，东至梓田村，西南至高古庄村。面积约 1.15 平方千米。户籍人口 1053 人，常住人口 1100 人。1983 年 8 月设立村委会。元代，此地濒临浑河（今凉水河），至正间为解决通州至大都间的漕运问题而开通金口新河，此河口位于该村东，故村以水名称新河。（《明史·地理志》漷县条载："有漷河，一名新河，东入于白河，即卢沟之下流。"）明嘉靖年间，此村处因开设店铺曾名新河店，又因此设有基层行政组织"里"而称新河里。清中期复称新河至今。（清乾隆《通州志》载："新河，离城二十五里。"）该村紧临凉水河，为京东南地区的交通要道。元代，河上曾建有天津桥。清雍正间，此桥废后再建新桥，名新河店桥。（清康熙《通州志》载："新河店桥，即天津桥，在县西北二十五里，元总管郭汝梅建，今废。"）1976 年改造为钢混拱桥。该村曾有明时所建药王庙一座，每年五月初一于此设香场庙会，今不存，仅余明代所植古槐一株。清代曾置草拨、烟墩于此。村西疑有元代金口新河故道遗址，为镇内不可移动文物。2011 年 11 月，因土地开发拆迁，2014 年迁至次渠南里、次渠北里和次渠家园。交通干道有潞（观）西（直河）路。

## 高古庄村
## Gāogǔzhuāng Cūn

通州区台湖镇辖村。拆迁前位于镇域中南部，凉水河北岸、六环路与高古庄路交会处南侧。东北至新河村，西至桑园村。面积约 1.64 平方千米。户籍人口 1815 人，常住人口 1920 人。1983 年 8 月设立村委会。明初，山东高姓随平定北方的军队首至此地定居，形成聚落后以姓成村曾称高家庄。清初举庄迁走，只留墓地于此。清末迁来他户，复成聚落，改称高古庄至今。1953 年 5 月至 1956 年 7 月，为七区（马驹桥区）高古庄乡政府驻地。该村西遗有汉墓群，今半存。村东南建有在解放战争中光荣牺牲的孙希望烈士墓，为镇内不可移动文物。2011 年 11 月，因土地开发拆迁，2014 年迁至次渠南里、次渠北里和次渠家园。交通干道有高古庄路。

## 永隆屯村
Yǒnglóngtún Cūn

通州区台湖镇辖村。拆迁前位于镇域中部，京津高速公路与口小路交会处北侧。东北至周坡庄村，东南至垛子村，西南至次渠村，西北至桂家坟村。面积约 1.41 平方千米。户籍人口 1288 人，常住人口 1688 人。1983 年 8 月设立村委会。明初，山东民崔、杨二姓随平定北方部队至此定居，按迁民编屯规制成屯后取吉语永远兴隆之意称永隆屯。（明嘉靖《通州志略》载：“州城南与西南……，永隆屯……”至清中期已更名为小民屯，原因无考。（清乾隆《通州志》载：“小民屯，离城二十二里。”）1993 年恢复其原名至今。1989 年 5 月，该村南出土明故中顺大夫、湖广按察司副使张琏墓志一盒，墓志铭中有其生平及死后“营葬于永隆屯祖茔之侧”的记述。村内曾遗有明时所建七圣庵和三官庙各一座，今不存。2011 年 11 月，因土地开发拆迁，2014 年迁至次渠南里、次渠北里和次渠家园。交通干道有口（子）小（民屯）路。

## 北小营村
Běixiǎoyíng Cūn

通州区台湖镇辖村。拆迁前位于镇域西南部，潞西路与东小路交会处南侧。东至西太平庄村，东南至水南村，西南至崔家窑村，西北至次渠村。户籍人口 1260 人，常住人口 1265 人。1983 年 8 月设立村委会。明初，元朝降明驻军于凉水河南北两处屯田，至清中期已分别形成两个较小聚落，均称小营。（清乾隆《通州志》载：“小营，离城二十七里。”）清晚期，因该村村民主要为蒙古族人，故被蔑称为“鞑子小营”。（清光绪《顺天府志》载：“治西南三十八里，达〈鞑〉子小营。”）民国中期，因村落位于河北而将村名雅化为北小营至今。2011 年 11 月，因土地开发拆迁，至 2014 年底已迁至次渠南里、次渠北里和次渠家园。交通干道有潞（观）西（直河）路。

## 垛子村
Duǒzi Cūn

通州区台湖镇辖村。拆迁前位于镇域中部，潞西路与铺外路交会处东北侧。东北至蒋辛庄村，东南至大地村，西南至麦庄村，西北至永隆屯村。面积约 2.94 平方千米。户籍人口 1910 人，常住人口 4132 人。1983 年 8 月设立村委会。明初，马姓大户首至此地定居，形成聚落后以姓成村曾名马家屯。清康熙十四年（1675），本村关帝庙内的铁钟铭文曾载有“马家屯”字样。相传，清康熙十六年（1677）春的一天夜里，狂风携带大量黄沙，将村子大半掩埋（一说是，康熙十八年突发地震，该村处地裂喷沙，将村北半部掩埋），只有村南部崔、洪、柏、单四姓数十人幸免于难。之后幸存下来的人在沙丘（方言称“垛子”）之南侧重建家园，因沙丘位于村北而以地貌和方位名村称垛子上。（清乾隆《通州志》载：“垛子上，离城二十里。”）民国初始简称垛子至今。该村西北遗有汉墓群，为镇内不可移动文物。2011年11月，因土地开发拆迁，2014年迁至次渠南里、次渠北里和次渠家园。交通干道有铺（头）外（郎营）路。

## 崔家窑村
Cuījiāyáo Cūn

通州区台湖镇辖村。拆迁前位于镇域西南部，通惠北灌渠与凉水河交汇处东北侧。东北至北小营村，东南至水南村，南至北堤村，西南至安定营村。户籍人口641人，常住人口644人。1983年8月设立村委会。该村名的含义和由来说法有二，其一是：清乾隆十五年（1750），崔姓至该地定居，并建起土窑烧制砖瓦为业。1913年后渐成聚落，故以姓成村称崔家窑，简称崔窑至今。其二是：经查，此村自明嘉靖二十五年（1546）始，经清代和民国，通州的全部志书中均无此村的记述。直到2003年版的《通县志·建置区划》中才首次出现该村名，时间为1965年5月。因此，对于该村的成村时间及其沿革有待进一步确认。村东遗有唐代古井，为镇内不可移动文物。村北遗有汉墓群，今半存。2009年因征地拆迁，年内村民迁至定海园一里、二里、三里。交通干道有通惠干渠路。

## 郑庄村
Zhèngzhuāng Cūn

通州区台湖镇辖村。拆迁前位于台湖镇西南隅，京沪高速公路与凉水河交会处北侧。东北至孟庄村，东南至安定营村，西、南至区界。户籍人口1220人，常住人口1303人。1983年8月设立村委会。该村名的含义和由来说法有二，其一是：明初，迁徙民郑姓至该地定居建村，形成聚落后以姓成村称郑家庄。（清乾隆《通州志》载：“郑家庄，离城二十五里。”）民国初年简称郑庄至今。其二是：在清初圈地中，庄头郑姓在所圈旗地旁建村，将地租给迁民耕种，形成聚落后以姓成村称郑家庄。1953年5月至1958年4月，为七区（马驹桥区）郑庄乡政府驻地。1956年7月至1958年4月，为郑庄乡政府驻地。该村内曾遗有明时所建兴隆寺一座，今无存，仅余明代所植古槐一株。2009年，因征地村庄拆迁，年内迁至定海园一里、二里、三里。交通干道有通（州）马（驹桥）路。

## 丁庄村
Dīngzhuāng Cūn

通州区台湖镇辖村。位于镇域西部，通马路与潞西路交会处西南侧。北至北神树村，东至白庄村，南至郑庄村，西至区界。面积约0.06平方千米。户籍人口566人，常住人口2250人。1983年8月设立村委会。该村名的含义和由来说法有二，其一是：明代，该地为皇亲墓地，由丁姓看守，后他姓迁来形成聚落，以姓成村称丁家庄。（清乾隆《通州志》载：“丁家庄，离城三十二里。”）民国初年简称丁庄。其二是：清初圈地中，庄头丁姓在所圈旗地旁建村，将地租给迁民耕种，形成聚落后以姓成村称丁庄。1958年9月后，该村与白庄、马庄、孟庄四村统称丁四庄管理区，隶属马驹桥公社；1961年后改为丁四庄公社，隶属马驹桥工委；1965年5月后单独建制，复称丁庄至今。交通干道有通（州）马（驹桥）路。

## 白庄村
## Bǎizhuāng Cūn

通州区台湖镇辖村。位于镇域西部，通马路与潞西路交会处西南侧。北至北神树村，东至次渠村，南至马庄村，西至丁庄村。面积约0.07平方千米。户籍人口739人，常住人口1775人。1983年8月设立村委会。该村名的含义和由来说法有二，其一是：明代，白姓首居该地，后石、王、李姓相继至此，形成聚落后，因白姓为首户故以姓成村称白家庄。（清乾隆《通州志》载："白家庄，离城三十二里。"）民国初期简称白庄。其二是：在清初圈地中，庄头白姓在所圈旗地旁建村，将地租给迁民耕种，形成聚落后以姓成村称白庄。1958年9月后，该村与丁庄、马庄、孟庄四村统称丁四庄管理区，隶属马驹桥公社；1961年后改为丁四庄公社，隶属马驹桥工委，公社管委驻此；1965年5月后单独建制，复称白庄至今。交通干道有通（州）马（驹桥）路。

## 次渠村
## Cìqú Cūn

通州区台湖镇辖村。拆迁前位于镇域中西部，通马路与潞西路交会处东侧。东北至桂家坟村，东至垛子村，南至崔家窑村，西至白庄村。元代，迁徙民至该地在沟渠旁定居，形成聚落后因沟渠中茨藜丛生，荷花（又称芙蕖）盛开，故曾名茨渠庄。（清乾隆《通州志》载："茨渠庄，离城二十五里。"）民国中期以后，因村名中的"茨"字被"次"字音近替代而改称次渠至今。1959年1月，因村落较大，为便于管理而划分为次一和次二两个大队。1983年8月，大队改称村，分别设立次一和次二村委会。其中，次一村面积约0.02平方千米。户籍人口2041人，常住人口2858人；次二村面积约0.38平方千米。户籍人口2151人，常住人口3804人。1953年5月后，为七区（马驹桥区）次渠乡政府驻地；1956年7月，撤销次渠乡，并入麦庄乡；1958年4月，麦庄乡和郑庄乡合并设立次渠乡，该村为乡政府驻地；1958年9月后，为马驹桥公社次渠管理区管委驻地；1965年5月，麦庄与丁四庄合并设麦庄公社，管委驻麦庄；1966年7月麦庄公社管委驻地迁至该村；1981年，因麦庄其名与驻地之名不符，遂改称次渠公社，管委驻地未变；1983年3月后，为次渠乡政府驻地；1990年3月，次渠乡改设次渠镇，为镇政府驻地；2001年12月，次渠镇并入台湖镇，镇政府迁至台湖村。该村原有一座始建于元代的宝光寺（原名法华寺），寺后为一座喇嘛式定光佛舍利塔。（明嘉靖《通州志略》载："宝光寺，在城西南次渠，元大德元年（1297）建。"）明正统五年（1440）重修，英宗赐名"宝光禅寺"，且立碑以志。景泰间在其前院增建钟楼一座，并铸铜钟一口。1959年7月，该寺公布为通州区文物保护单位，1976年震圮，今仅存砖塔地宫、两碑方座及铜钟一口，其余皆不存，铜钟现保存于通州博物馆内。其中，定光佛舍利塔遗址和宝光寺碑座，均为镇内不可移动文物。该村南遗有汉墓群，今半存。该村设有市集，农历每月逢五开集。2011年11月，次一、次二村因土地开发拆迁，2014年迁至次渠南里、次渠北里和次渠嘉园。驻村单位有通州区台湖镇中心小学、通州区台湖镇次渠家园幼儿园、通州区瀚林华馨幼儿园、通州区次渠家园小学、通州区次渠中学、通州区月河学校。交通干道有通（州）马（驹桥）路、潞（观）西（直河）路。

## 董村
Dǒng Cūn

通州区台湖镇辖村。位于镇域西北端，潞西路与董北路交会处南侧。北、西、东至区界，南至北神树村。面积约 0.82 平方千米。户籍人口 898 人，常住人口 7080 人。1983 年 8 月设立村委会。元代，董姓至该地定居，形成聚落后以姓成村称董村至今。（清乾隆《通州志》载：“董村，离城二十四里。”）据《元史》载，脱脱丞相力主重开金口河，引浑河水东流经董村北入通州境。另据《台湖镇志》载，清嘉庆十八年（1813）九月，白莲教（天理教）起义集结此地，村民积极响应。朝廷闻讯派兵前来镇压，全村除关帝庙外民房全部毁于大火。幸存者逃亡他地后，迁来新户重建家园。新村建成后，以天下太平之意而称太平庄。后复原称。清代曾置烟墩、草拨于此。交通干道有潞（观）西（直河）路。

## 北姚园村
Běiyáoyuán Cūn

通州区台湖镇辖村。位于镇域东部，凉水河北岸、北姚园路与凉水河北堤路交会处。北至唐大庄村，西北至东下营村，西南至碱厂村。面积约 0.42 平方千米。户籍人口 193 人，常住人口 234 人。1983 年 8 月设立村委会。明代，姚姓首至此地定居，以经营菜园为业，形成聚落后以姓成村称姚家园，简称姚园。清初，因疏挖凉水河时河道裁弯取直，将该村分为南北两部分，统称南北姚园。（清乾隆《通州志》载：“南北姚园，离城十七里。”）清晚期，两聚落分称，单独建制，此村因位于北而名北姚园。（清光绪《通州志》载：“北姚园，城南十七里。”）交通干道有凉水河北堤西路。

## 铺头村
Pùtóu Cūn

通州区台湖镇辖村。位于镇域东北端，铺大路与通马路交会处东南侧。东北至小稿村，东至曹园村，东南至朱家垡村，西至区界。面积约 1.33 平方千米。户籍人口 1337 人，常住人口 1342 人。1983 年 8 月设立村委会。明代，因此地为通州城至马驹桥方向的邮铺首站，故名铺头至今。（清乾隆《通州志》载：“铺头，离城十里。”）1953 年 5 月至 1956 年 7 月，为六区（张家湾区）铺头乡政府驻地。该村西南黄土岗曾遗有东汉砖墓，“文化大革命”时期被毁，随葬器物尽遭破坏。此墓平面布局为篆书“羊”字形，其形制为地区内所独有，为镇内不可移动文物。2013 年 12 月，因土地征用村庄拆迁，至 2014 年底村民未安置。交通干道有铺（头）大（地）路。

# 永乐店镇

## 永乐店村
Yǒnglèdiàn Cūn

通州区永乐店镇辖村。位于镇域北部，漷小路与于觅路交会处西侧。镇政府所在地。北至黄厂铺村，东至东张各庄村，南至小南地村，西至新西庄村。辽代，辽主游猎多经于此，渐成三个相近的聚落，始称前村、后店和北店。明初，设基层行政组织“里”于此，三村取吉语统称永乐里。（明嘉靖《通州志略》载：“漷县，永乐里。”）清代，得仁里并入，名称未变。（清康熙《通州志》载：“永乐里，得仁里并入。”）嘉靖年间，该村一民女李氏被选入宫。隆庆元年（1567）朱载垕（穆宗）登基，进封李氏为皇贵妃，后生皇子朱翊钧。朱翊钧继位后尊封其生母李氏为慈圣皇太后。万历三十六年（1608），朱翊钧在该村内兴建一批皇家建筑。自此，村内，开市设集，店铺日渐增多，逐步成为地区政治、经济、文化中心，故改称永乐店至今。（清乾隆《通州志》载：“永乐店，离州城四十二里。”）永乐店原为一个行政村。1965年5月，将其划分为永一、永二、永三3个大队。1984年5月，分设永乐店一村、永乐店二村、永乐店三村3个村委会。永乐店一村面积约1.22平方千米。户籍人口1658人，常住人口3100人。永乐店二村面积约2.31平方千米。户籍人口1406人，常住人口1532人。永乐店三村面积约1.51平方千米。户籍人口1142人，常住人口1380人。1949年10月后，为四区（永乐店）区公所驻地；1953年5月后，为四区（永乐店区）区公所和永乐店乡政府驻地；1955年3月后为永乐店区公所驻地；1956年7月后，为永乐店乡政府驻地；1958年9月后，为永乐店公社管委和永乐店管理区管委驻地；1961年7月后，为永乐店工委管区和永乐店公社管委驻地；1964年2月后，为国营北京市永乐店农场（公社）和永乐店分场机关驻地；1982年，永乐店农场（公社）机关迁至德仁务；1984年5月后，为永乐店分场（乡）机关驻地；1998年10月场乡体制改革后，为永乐店乡政府驻地；2000年7月后，小务与永乐店二乡合并设立永乐店镇，为镇政府驻地；2001年12月后，柴厂屯镇并入永乐店镇，镇政府驻永乐店镇政府原址。永乐店镇为明代万历皇帝生母李太后出生之地，明神宗朱翊钧为颂母德、祈福寿，按皇家建筑风格和规制，在其母诞育之地永乐店镇建起了景命殿、保国慈孝华严寺、敕建护国崇宁至德真君庙、李庄简墓、文庙和魁星楼等殿宇楼阁、祠庙塚墓等，今均不存。仅遗景命殿石狮一，至德真君庙残碑二（现埋于地下），另有李伟墓汉白玉雕文武翁仲各一对、艾叶青石马一对、骆驼一对、獬豸一（现保存在西海子公园葫芦湖南岸，供游人观赏）。清末，永乐店曾筑有土城。（清光绪《通州志》载：“店旧无城。同治七年，州判胡士华捐助土城六里余，并建四门吊桥。”）每年自农历九月二十三日始，此地都在护国崇宁至德真君庙前举行为期三天的盛大香场庙会，至中华人民共和国成立初期止。同时集市也很兴旺，清康熙《通州志·市集》载：“永乐店集，每月一、四、七日。”至今，永乐店仍设有市集，农历逢一、三、六、八为集期。永三村西尚有清初所建清真寺一座，2003年重修，宗教活动正常开展，为镇内不可移动文物。驻村单位有通州区永乐店中学、通州区永乐店中心小学、通州区永乐店镇中心幼儿园、通州区永乐店镇永一幼儿园、永乐店卫生院、永乐店镇法律服务所。交通干道有漷（县）小（甸屯）路、于（家务）觅（子店）路。

## 新西庄村
Xīnxīzhuāng Cūn

通州区永乐店镇辖村。位于镇域西北部，于觅路与漷小路交会处西北侧。北至黄厂铺村，东至永乐店村，南至南堤寺东村，西至北堤寺村。面积约1.26平方千米。户籍人口1085人，常住人口1089人。1984年5月设立村委会。明代，山东迁徙民至此定居，为永乐店大户耕种土地，形成聚落后因位于永乐店西曾名西庄。（清乾隆《通州志》载：“西庄，离州城四十五里。”）1981年因县域内重名而更今名。在光绪二十六年（1900）兴起的义和团运动中，该村袁氏兄弟曾率领团民揭竿而起。交通干道有于（家务）觅（子店）路。

## 南堤寺村
Nándīsì Cūn

通州区永乐店镇辖村。位于镇域西北部，漷小路与柏德路交会处西北侧。东北至永三村，东南至小南地村，西南至富各庄村，西至王各庄村。元代，康、田、潘、李等几姓十余户人家，因在古河道（隋唐时永济渠）堤南处建村，并以此名村称南堤。清乾隆《通州志》将“堤”误写为“德”而称“南德”。（清乾隆《通州志》载：“南德，离州城五十里。”）1981年因县域内重名，且为与北堤寺相对应而更名为南堤寺。1984年5月设立村委会。1991年将南堤寺划分为南堤寺东村和南堤寺西村两个行政村，分别设立村委会。南堤寺东村面积约3.18平方千米。户籍人口961人，常住人口1100人。南堤寺西村面积约2.63平方千米。户籍人口1119人，常住人口1164人。1953年5月至1956年7月，为四区（永乐店区）南堤乡政府驻地。西村北遗有元代墓群，今半存。村内遗有明代所建天齐庙，位于村东侧，主祀东岳泰山之神。2014年重修，该庙现存正殿3间，古槐1株，记碑1通。上述墓群与天齐庙均为镇内不可移动文物。东村所遗元代所建佛教庙宇华严寺今不存，仅余重修碑一通。交通干道有漷（县）小（甸屯）路。

## 小南地村
Xiǎonándì Cūn

通州区永乐店镇辖村。位于镇域西北部，漷小路与柏德路交会处北侧。北至永二村，东北至大羊村，南至德仁务后街村，西北至南堤寺东村。面积约0.35平方千米。户籍人口130人，常住人口129人。1984年5月设立村委会。明时，山东籍刘、闫、伍三姓四户人家至此定居，合伙耕种永乐店李姓皇亲土地，始称锅伙，并未立村。清时，因只有三姓，曾名三合屯。后闫、刘迁回祖籍，伍姓迁居新西庄而无人居此。民国初期始，新迁几户至此定居，因位于南堤村之东，永乐店村之南，聚落又较小，曾先后有南堤、小南堤、南地等名称。1983年后正式定名为小南地至今。交通干道有漷（县）小（甸屯）路。

## 大羊村
Dàyáng Cūn

通州区永乐店镇辖村。位于镇域东北部，漷小路与大羊南路交会处东北侧。东北至孔庄村，东南至小安村，西南至小南地村，西北至永一、二村。面积约2.24平方千米。户籍人口1039人，常住人口1100人。1984年5月设立村委会。元代，因村东建有佛教庙宇大安寺而以寺名村称大安。清代，因该村西为永定河支流经此所形成的大片水洼而更名大洋。清康熙《通州志》将“洋”同音误写为“杨”而称大杨村。（清康熙《通州志》载：“大安寺，在大杨村。”）清中期将其更正为大洋村。（清乾隆《通州志》载：“大洋，离州城五十一里。”）清末民初，村西水洼渐淤，水面缩小，故将“洋”同音简写为“羊”而称大羊至今。至20世纪70年代村西仍遗有当年水洼遗迹，当地人称其为“大羊沟子”。又因聚落由南北两部分组成曾有前、后大羊之分，民国后期统称大羊至今。村内原有元代所建大安寺和明代所建娘娘庙，今均不存。村西北耕地中原存有汪家墓地一处，并置有清雍正间中宪大夫、巡视北城监察御史汪公字云章府君神道碑等。“文化大革命”期间，碑与龟趺均被埋于地下，今仍存原处，为镇内不可移动文物。该村养殖业发展突出，建有国家级生猪养殖专业示范合作社。交通干道有于（家务）觅（子店）路。

## 孔庄村
## Kǒngzhuāng Cūn

通州区永乐店镇辖村。位于镇域东北部，于觅路与孔兴路交会处西南侧。北至邓庄村，东至老槐庄村，南至小安村，西至永一、二村。面积约 1.33 平方千米。户籍人口 790 人，常住人口 793 人。1984 年 5 月设立村委会。明代，迁徙民孔姓首至此地定居，形成聚落后以姓成村称孔家庄。（清乾隆《通州志》载：“孔家庄，离州城五十里。”）清末民初，陈姓迁入孔姓迁出，村名未变。民国初年简称孔庄至今。1976 年 7 月 28 日，因受唐山、丰南强烈地震影响，村内房屋损毁严重，迁今址重建。历史上，村东一块园地所产红心美萝卜在当地小有名气，被称为“孔庄萝卜”，今不存。交通干道有于（家务）觅（子店）路。

## 邓庄村
## Dèngzhuāng Cūn

通州区永乐店镇辖村。位于镇域东北部，于觅路与孔兴路交会处西北侧。东至陈辛庄村，南至孔庄村，西至东张各庄村。面积约 0.97 平方千米。户籍人口 411 人，常住人口 411 人。1984 年设立村委会。清代，该地原为觅子店乡军庄村邓姓墓地，邓姓首居于此，形成聚落后以姓成村称邓各庄。（清乾隆《通州志》载：“邓各庄，离州城五十里。”）清末民初始称今名。1976 年 7 月 28 日，因受唐山、丰南强烈地震影响，村内房屋损毁严重，将村址移至今处重建。交通干道有于（家务）觅（子店）路。

## 老槐庄村
## Lǎohuáizhuāng Cūn

通州区永乐店镇辖村。位于镇域东北部，港沟河西岸、于觅路与孔兴路交会处东南侧。北至陈辛庄村，南至坚村，西至孔庄村。面积约 1.88 平方千米。户籍人口 980 人，常住人口 1044 人。1984 年 5 月设立村委会。明代，山西移民在港沟河西岸一棵老槐树下定居，故名老槐树庄。清乾隆间更名为老槐家庄。（清乾隆《通州志》载：“老槐家庄，离州城四十六里。”）清末民初始称今名。1976 年 7 月 28 日，因受唐山、丰南强烈地震影响，村内房屋损毁严重，将村址移至今处重建。驻村单位有通州区永乐店镇老槐庄幼儿园。交通干道有于（家务）觅（子店）路。

## 陈辛庄村
## Chénxīnzhuāng Cūn

通州区永乐店镇辖村。位于镇域东北部，港沟河西岸、于觅路与孔兴路交会处东北侧。南至老槐庄村，西至邓庄村。面积约 0.90 平方千米。户籍人口 434 人，常住人口 435 人。1984 年 5 月设立村委会。清代，此处土地为陈姓所有，雇佣孙、李、王、刘、高、董六姓十二户人家为其耕种，形成聚落后以姓成村称陈家新庄。（清乾隆《通州志》载：“陈家新庄，离州城五十三里。”）清末民初，村名中的“新”字被“辛”字同音替代而称陈辛庄至今。据民国《通县志要》载，该村西曾有砖瓦五堆，为明纪黄太监旧宅；东口外东沙坑以西有地名东仓，多瓦砾，相传为萧太后存粮之仓；其西仓在村中十字街。上述古迹今均不存。在 1976 年 7 月 28 日的唐山、丰南强烈地震中，村舍受损严重，迁至今址重建。该村为食用菌种植专业村。交通干道有于（家务）觅（子店）路。

## 东张各庄村
## Dōngzhānggèzhuāng Cūn

通州区永乐店镇辖村。位于镇域北部，

于觅路与漷小路交会处东北侧。北至后甫村，东至邓庄村，南至大羊村，西至永一村。面积约 2.46 平方千米。户籍人口 1636 人，常住人口1530人。1984年5月设立村委会。明代，张姓大户至此于东、西、南三处定居，形成聚落后以姓成村分称东、西、南张各庄。清初，东、南张各庄合并，形成东、西两个张各庄。（清乾隆《通州志》载：“东张各庄，离州城五十里。”“西张各庄，离州城四十八里。”）清晚期，东、西张各庄合并统称张各庄。（清光绪《通州志》载：“张各庄，城南五十里。”）1981 年因县域内重名，此村又位于东而改称东张各庄，俗称张各庄（zhāng），简称张庄（zhāngzhuāng）。1953 年 5 月至 1956 年 7 月，为四区（永乐店区）张各庄乡政府驻地。该村历来有种植蔬菜的传统，主要特产大白菜。交通干道有于（家务）觅（子店）路。

## 后甫村
## Hòufǔ Cūn

通州区永乐店镇辖村。位于镇域东北部，漷小路与漷东路交会处东侧。东北至港沟河，东南至邓庄村，南至东张各庄村，西至永一村。面积约 0.4 平方千米。户籍人口 240 人，常住人口 244 人。1984 年 5 月设立村委会。该村名的含义和由来说法有二，其一是：明初，随平定北方明军而来的难民，在张各庄村北较高处落户定居建村，形成聚落后称后府，清代以“甫”同音替代“府”而改称后甫。其二是：明代，随平定北方而来的难民在张各庄北较高处落户定居建村后，其村前的张各庄村以种植蔬菜为主，村子四周遍布大片菜园。中国古时称此为“圃田”，而“甫”又通“圃”，故形成聚落后称后甫至今。（清乾隆《通州志》载：“后甫，离州城四十里。”）交通干道有漷（县）小（甸屯）路。

## 东河村
## Dōnghé Cūn

通州区永乐店镇辖村。位于镇域中部，德觅路与孔兴路交会处西侧。北至小安村，东南至小务村，南至后马坊村，西至西河村。面积约 1.30 平方千米。户籍人口 607 人，常住人口 686 人。1984 年 5 月设立村委会。元代，侯姓至此地于一条小河西侧定居，曾名侯各庄。明初军队平定北方时，随来的何、张、辛、李四姓人家分别在原址东西两处定居重建新村，形成聚落后以大户何姓成村统称何家哥庄。清中期简称何各庄。（清乾隆《通州志》载：“何各庄，离州城四十二里。”）清晚期，始有东西何各庄之称。（清光绪《通州志》载：“东西何各庄，城南四十五里。”）民国年间，二聚落发展渐大并开始分称，此村因位于东而称东何各庄。经查，见之于通州现有全部志书的只有“何各庄”一名。但是，由于村内“何”姓早已不存，且二村的形成确与村东一条小河（此河上游河道为当时小安村北的“小河湾”，下游为今小务村中的“永太河”）有关。因此，该村名在长期的形成和传播过程中，村人及当地人便据此将其口口相传为“河各庄”，此村因位于东而称东河各庄，简称东河至今，从而失去原村名之本意。交通干道有德（仁务）觅（子店）路。

## 西河村
## Xīhé Cūn

通州区永乐店镇辖村。位于镇域中部，德觅路与孔兴路交会处西侧。北至大羊村，东至东河村，南至后马坊村，西至德仁务后街村。面积约 0.95 平方千米。户籍人口 321 人，常住人口344人。1984年5月设立村委会。元代，侯姓至此地于一条小河西侧定居，曾名侯各庄。明初军队平定北方时，随来的何、张、辛、李四姓人家分别在原址东西两处定居重建新村，形成聚落后以大户何姓成村统称何家哥庄。清中期简称何各庄。（清乾隆《通州志》载：“何各庄，离州城四十二里。”）清晚期，始有东西何各庄之称。（清光绪《通州志》载：“东西何各庄，城南四十五里。”）民国年间，二聚落发展渐大并开始分称，此村因位于西而称西何各庄。经查，见之于通州现有全部志书的只有“何各庄”一名。但是，由于村内“何”姓早已不存，且二村的形成确与村东一条小河（此河上游河道为其时小安村北的“小河湾”，下游为今小务村的“永太河”）有关。因此，该村名在长期的形成和传播过程中，村人及当地人便据此将其口口相传为“河各庄”，此村因位于西而称西河各庄，简称西河至今，从而失去原村名之本意。交通干道有德（仁务）觅（子店）路。

## 小务村
## Xiǎowù Cūn

通州区永乐店镇辖村。位于镇于中东部，德觅路与孔兴路交会处东南侧。北至坚村，东至鲁城村，东南至大务村，西北至东河村。面积约 4.74 平方千米。户籍人口 1607 人，常住人口 1625 人。1984 年 5 月设立村委会。明代，韩、佟、汤、胥、仰、卢、福、柏八姓至该地定居务农，因东南有大务，此聚落又较小，故名小务。（清乾隆《通州志》载：“小务，离州城六十里。”）民国中期，因聚落由前后两部分组成，曾分称前小务和后小务。民国末年统称原名。1953 年 5 月后，为四区（永乐店区）小务乡政府驻地；1956 年 7 月后，为小务乡政府驻地；1958 年 9 月后，为永乐店公社小务管理区管委驻地；1961 年 7 月后，为永乐店工委管区小务公社管委驻地；1964 年 2 月后，为永乐店农场小务分场（公社）机关驻地；1984 年 5 月后，为永乐店区小务乡（分场）政府驻地；1998 年 10 月，场乡体制改革后为小务乡政府驻地；2000 年 7 月，小务乡政府撤销，并入永乐店镇。村东遗有汉墓群，今半存。该村自 1983 年起开始大面积养殖鱼苗，为市级水产养殖专业村，标准化淡水鱼养殖基地。驻村单位有通州区小务中学、通州区小务小学、通州区永乐店镇小务幼儿园、永乐店社区卫生服务中心小务服务站。交通干道有德（仁务）觅（子店）路。

## 大务村
## Dàwù Cūn

通州区永乐店镇辖村。位于镇域东部，孔兴路与孔大路交会处东南侧。东北至鲁城村，东、南至区界，西南至后马坊村，西北至小务村。面积约 4.38 平方千米。户籍人口 1286 人，常住人口 1292 人。1984 年 5 月设立村委会。明代，此地已形成四个聚落，南北两聚落依枣树林分别称南枣林庄和北枣林庄，东西两聚落依枣树林分别称永和屯和西大务。由于西大务聚落较大且土地较多，迁徙民相继至此，使四个聚落逐渐连成一体并联合务农，故称大务。（清乾隆《通州志》载：“大务，离州城七十五里。”）1953 年 5 月至 1956 年 7 月，为四区（永乐店区）大务乡政府驻地。该村早年成立评剧团，且坚持活动至今。该村为通州区重要的果类蔬菜生产区。交通干道有孔（庄）兴（隆庄）路。

## 鲁城村
## Lǔchéng Cūn

通州区永乐店镇辖村。位于镇域东部，

德觅路与鲁城路交会处南侧。北至后营村，东至前元化村，南至区界，西南至大务村。面积约 2.44 平方千米。户籍人口 1119 人，常住人口 1131 人。1984 年 5 月设立村委会。明初，平定北方后，鲁、张、于、李等姓将士至此古道所经之地屯兵建设土城，因此城为鲁姓主持建造，故名鲁城至今。（清乾隆《通州志》载："鲁城，离州城五十五里。"）今村内只有一户鲁姓人家。村西存有一片较大水域（当地人称其为"小井儿"），相传为当年建城取土所为，今已改造成养鱼池。交通干道有德（仁务）觅（子店）路。

## 马合店村
## Mǎhédiàn Cūn

通州区永乐店镇辖村。位于镇域东部，德觅路与西马路交会处西侧。东北至后营村，东至后元化村，东南至鲁城村，西南至小务村。面积约 1.85 平方千米。户籍人口 809 人，常住人口 810 人。1984 年 5 月设立村委会。明初，迁徙民马姓首至此定居于河旁，以开店铺为业，故名马河店。清代马姓迁出，店铺改由梁姓经营，当地人俗称其为"梁小店儿"，村名未变。民国年间，因河道淤塞消失，村名已失去"河"之本义，故取"同心合力"之意，并以"合"字同音替代"河"字而称马合店至今。该村历属武清县所辖，明清间属坊一里。（《武清县志》载："坊一里……马河店。"）民国年间划归武清县第二区高村乡管辖，改称马合店。1941 年末因与通县南营（又称回回营）相对换而划入通县。（民国《通县志要》载："武清县属之马合店与本县属之南营……拟对换，划拨现正商洽中。"）1953 年 5 月至 1956 年 7 月，为四区（永乐店区）马合店乡政府驻地。该村原有一条小河自西向东从村中穿过，村西口曾遗有一座小龙王庙和一片较大水域（俗称西坑或龙庙坑），今水塘遗迹尚在，庙已不存。21 世纪初，于该村刘姓墓地（俗称刘坟山子）出土一四耳陶罐，内装清顺治铜钱两枚，由此可推断该村成村最晚不会晚于清代。交通干道有德（仁务）觅（子店）路。

## 后营村
## Hòuyíng Cūn

通州区永乐店镇辖村。位于镇域东部，港沟河西岸、德觅路与西马路交会处北侧。东至后元化村，南至鲁城村，西南至马合店村，西北至西槐庄村。面积约 2.33 平方千米。户籍人口 1080 人，常住人口 1055 人。1984 年 5 月设立村委会。明初平定北方后，该地为屯兵之所，属燕山后卫营。后留守兵士连同家眷居此渐成聚落，简称后营。（清乾隆《通州志》载："后营，离州城五十四里。"）村东口曾遗有道教庙宇娘娘庙，主祀云霄、碧霄、琼宵"三宵"娘娘，以及送子和眼光娘娘，庙后生长一棵高约 20 米、直径近 2 米的大杨树，今均不存。是庙于每年农历正月十五举行三天香场庙会，一直延续至新中国成立初期。该村东临港沟河西堤，历史上因河道狭窄，每遇伏汛常常造成险情。光绪年间，两次大水在其堤处连续造成两次决口，并进行两次堵闭，于是在决口处形成两个紧紧相连又大又深的水坑，村人称之为"旧口子"；1939 年，于"旧口子"之东不远处大堤也被大水冲决，形成一个有十亩之巨、两丈多深的大坑，相对"旧口子"而被称之为"新口子"。这次大水冲毁了鲁城地界内的姑子庵，留下了满地的碎砖烂瓦，至今鲁城村东北的一块地仍被称作"姑子庵"。今口子坑遗址仍在，已被改作鱼塘。交通干道有德（仁务）觅（子店）路。

## 西槐庄村
Xīhuáizhuāng Cūn

通州区永乐店镇辖村。位于镇域东部，孔兴路与西槐庄路交会处东侧。西北至老槐庄村，东南至后营村，西南至小务村，西至坚村。面积约 1.18 平方千米。户籍人口 595 人，常住人口 596 人。1984 年 5 月设立村委会。明代，山西迁徙民至此定居，形成聚落后，因聚落较小，且村北有老槐家庄、村东有东槐家庄，故名西小槐家庄。（清乾隆《通州志》载："西小槐家庄，离州城六十里。"）清末民初简称小槐庄。又因村东有东槐庄（今边槐庄），曾名西小槐庄，简称西槐庄至今。该村特产萝卜，在当地有一定名气。交通干道有孔（庄）兴（隆庄）路。

## 小安村
Xiǎoān Cūn

通州区永乐店镇辖村。位于镇域东部，孔兴路与大羊南路交会处西南侧。东北至坚村，南至东河村，西至小南地村，西北至大羊村。面积约 1.51 平方千米。户籍人口 698 人，常住人口 714 人。1984 年 5 月设立村委会。金代，因村北有大安村（今大羊村）而名小安。元代，因村落位于村北一小河湾处之南而名小湾。明代小河湾不存，取平安之义复称小安至今。（清乾隆《通州志》载："小安，离州城六十里。"）20 世纪初，小河湾遗迹尚存。该村建村较早，村北原有一较大土台，台上杂草丛生，遍布砖瓦碎片，20 世纪 70 年代初，平整土地时将其平整。经考，此处为金代崔礼园亭处。（清康熙《通州志》载："崔氏园亭在漷县南小安村。相传邑人崔礼仕金，为四乡教谕。金亡隐居于此。"）交通干道有孔（庄）兴（隆庄）路。

## 坚村
Jiān Cūn

通州区永乐店镇辖村。位于镇域东部，孔兴路与西槐庄路交会处东侧。北至老槐庄村，东至西槐庄村，南至小务村，西南至小安村。面积约 1.88 平方千米。户籍人口 873 人，常住人口 789 人。1984 年 5 月设立村委会。明时坚姓首至该地定居，以姓成村称坚村。清代志书将其记作尖村，原因无考。（清乾隆《通州志》载："尖村，离州城六十里。"）民国中期复称坚村至今。聚落原由东、西两部分组成，民国晚期曾有东、西坚村之分称，新中国成立后统称坚村。1953 年 5 月至 1956 年 7 月，为四区（永乐店区）坚村乡政府驻地。村西北遗有明兴化知府岳正家族墓。（清康熙《通州志》载："明岳文肃墓。名正，正统戊辰会元，翰林院侍讲入阁，谪降兴化府。在县西南二十五里坚村。"）今墓已不存。2004 年出土岳正之母太淑人刘氏、之妻宋夫人和周儒人三合墓志。2005 年又相继出土岳正族人岳梁及其夫人刘氏墓志。村西遗有辽墓群，今半存。该村以种植果类蔬菜为主，现已成为全区重要的果类蔬菜生产区。交通干道有孔（庄）兴（隆庄）路。

## 德仁务村
Dérénwù Cūn

通州区永乐店镇辖村。位于镇域中西部，漷小路与德觅路交会处东南侧。东北至西河村，东南至后马坊村，西南至胡村，西北至三间房村。该村成村较早，为区域南部地区一古老而较大的村落。据现存的古汉墓及晾鹰台可以推断，该村成村不会晚于辽代。明清间，德仁务曾一直称作得仁务，并设基层行政组织“里”。（清乾隆《通州志》载：“得仁务，离州城五十六里。”）（清康熙《通州志》载：“永乐里，得仁里并入。”）清晚期，为弘扬儒家“为政以德”“仁者爱人”的思想，因采用古时“同音通假”的用字方法，以“得”通“德”而称德仁务至今。（清光绪《通州志》载：“德仁务，城南五十六里。”）民国年间曾有前、后德仁务之分称。新中国成立后统称为德仁务村至今。德仁务也称德仁府。（刘锡信：《潞城考古录》载：“‘务’与‘府’音相近，每多互讹……”《州志》及《燕山丛录》载：“‘漷县有得仁务，《钱塘遗事》作德仁府。’”）1963 年 1 月，北京市永乐店农场成立，德仁务村始划分为前、中、后三个大队。1984 年 5 月后，德仁务村 3 个大队单独建制，分别建立德仁务前、中、后街村 3 个村委会。其中，前街面积约 2.33 平方千米。户籍人口 762 人，常住人口 787 人。中街面积约 3.35 平方千米。户籍人口 1627 人，常住人口 1686 人。后街面积约 3.33 平方千米。户籍人口 1840 人，常住人口 2466 人。1953 年 5 月至 1956 年 7 月，为四区（永乐店区）德仁务乡政府驻地。1982 年 9 月后，永乐店农场场部迁此。1984 年 5 月至 1998 年 10 月，为永乐店农场场部和永乐店区公所驻地。隋唐时该村地处桑干河（永定河）分支北岸，元代南濒南新庄飞放泊大片水域，地势低洼。1956 年于村南修建半截河水库，1961 年因灌溉不利而废除。村东遗有汉墓群，今半存。村内有晾鹰古台，为“漷县八景”之一，现遗址尚存。［明嘉靖《通州志略》载：“晾鹰台，在县（漷县）西南二十五里，前代游猎驻跸行宫也。”］古台首尾分别建有观音寺和镇国寺，旧时每年农历二月十九日举办三天香场庙会。该地汉墓较多，村东南遗有三座汉墓，称“三大冢”，现仅存其一。晾鹰台与三大冢均为通州区文物保护单位，为镇内不可移动文物。明清时期曾置邮铺于此，并设有集市。清康熙间得仁里并入永乐里后集市随迁至永乐店，集市不存。今该村建有海棠园，主要生产食用百合、白灵菇、灵芝及大麦苦叶青汁等。2009 年为弘扬空竹文化，带动村民参与空竹活动，建起村内空竹活动站。驻村单位有通州区德仁务小学。交通干道有德（仁务）觅（子店）路、漷（县）小（甸屯）路。

## 临沟屯村
## Língōutún Cūn

通州区永乐店镇辖村。位于镇域西南隅，京沪高速公路与临沟屯路交会处西侧。东北至应寺村，东南至熬硝营村，西、南至区界。面积约 2.32 平方千米。户籍人口 1194 人，常住人口 1220 人。1984 年 5 月设立村委会。明代，铁、赵、王三姓迁徙民至该地，因临永定河下游支流（今凤河）定居建村故名，村内曾流传有“铁一角，赵半边，王家胡同九道湾”之说。（清乾隆《通州志》载：“临沟屯，离州城六十一里。”）清宣统三年（1911），村人李永茂、张志俊、胡庆元等劝捐重修村东首的凤河万善石桥，今不存。该村为风筝制作专业村，2007 年其风筝制作技艺被列为通州区非物质文化遗产保护项目。交通干道有觅（子店）凤（河营）路。

## 应寺村
## Yìngsì Cūn

通州区永乐店镇辖村。位于镇域西南部，凤德路与临沟屯路交会处西侧。东北至胡村，东至柴厂屯村，南至临沟屯村，西北至仇庄村。面积约7.00平方千米。户籍人口2837人，常住人口2880人。1984年5月设立村委会。辽时，该地建有“显应寺”(一说为“显灵寺”)，以为有求必应。明代，迁徙民至此定居，形成聚落后以寺名村称应寺屯。清代改称应寺村，俗称应（nìng）寺。（清乾隆《通州志》载：“应寺，离州城五十九里。”）1953年5月至1956年7月，为四区（永乐店区）应寺乡政府驻地。辽代以后，此村先后建有显应寺、南大寺、玉皇庙、真武庙、关帝庙、三官庙、庵庙、菩萨庙、土地庙等9座寺庙，今均无存。村北遗有汉墓群，今半存。交通干道有凤（河营）德（仁务）路。

## 柴厂屯村
## Cháichǎngtún Cūn

通州区永乐店镇辖村。位于镇域南部，凤德路与柴半路交会处西侧。西北至胡村，东至半截河村，南至熬硝营村，西至应寺村。面积约5.03平方千米。户籍人口1875人，常住人口1991人。1984年5月设立村委会。明代，迁徙民至此以经营柴草和大车店为业，朝廷在此设立柴厂，形成聚落后曾名柴禾厂。后村民渐增，改以屯田垦荒为主业而更今名。（清乾隆《通州志》载：“柴厂屯，离州城六十里。”）1956年7月后，为柴厂屯乡政府驻地。1958年9月后，为永乐店公社柴厂屯管理区管委驻地。1961年7月后，为永乐店工委管区柴厂屯公社管委驻地。1963年1月后，国营北京市永乐店农场（原柴厂屯地区）成立，为农场场部（公社）机关驻地。1964年2月后，农场扩大到永乐店地区，场部迁至永乐店村，下设4个分场，该村为柴厂屯分场（公社）机关驻地。1984年5月后，为永乐店区柴厂屯乡（分场）机关驻地。1998年10月场乡体制改革后，为柴厂屯乡政府驻地。2000年7月后，为柴厂屯镇政府驻地。2001年12月，并入永乐店镇，镇政府迁至永乐店今址。村北遗有汉墓群，今半存。村西口路北有座明代所建观音庵，因庵内曾住有一名比丘尼（即姑子），故又称姑子庵，主祀观音菩萨，现仅存正殿三间，为镇内不可移动文物。驻村单位有通州区柴厂屯中学、通州区柴厂屯小学、永乐店社区卫生服务中心柴厂屯服务站。交通干道有凤（河营）德（仁务）路。

## 胡村
## Hú Cūn

通州区永乐店镇辖村。位于镇域西南部，凤德路与胡村路交会处西侧。北至南三间房村，东南至柴厂屯村，西南至应寺村，西至枣林村。面积约2.73平方千米。户籍人口711人，常住人口713人。1984年5月设立村委会。明代，胡姓大户自大兴胡家营（今大皮营）首至该地定居，冯、周二姓自山西相继而至，形成聚落后以大户胡姓成村称胡家村。（清光绪《顺天府志》载：“治南五十六里，胡家村。”）民国晚期曾称胡家庄，新中国成立后简称今名。交通干道有凤（河营）德（仁务）路。

## 熬硝营村
## Aóxiāoyíng Cūn

通州区永乐店镇辖村。位于镇域南部。漷小路与熬硝营路交会处西北侧。北至柴厂屯村，东至三垡村，东南至小甸屯村，西北至临沟屯村。面积约3.22平方千米。户籍人口1302人，常住人口1284人。1984年5月设立村委会。明初，山西移民王、沈、杜、曹四姓至此地，于凤河支流故道之东定居，形成聚落后，曾名东河屯。由于此地地势低洼，为重盐碱区，粮食产量低，人们常以熬硝弥补生活之不足，故称今名。（清乾隆《通州志》载：“熬硝营，离州城七十五里。”）1953年5月至1956年7月，为四区（永乐店区）熬硝营乡政府驻地。该村特产山药。驻村单位有通州区永乐店镇熬硝营幼儿园。交通干道有漷（县）小（甸屯）路。

## 小甸屯村
Xiǎodiàntún Cūn

通州区永乐店镇辖村。位于镇域南端，凤河南岸、通州区与河北省廊坊经济技术开发区交界处。东至乃自房村，南至南营村，西至堤口村。面积约0.82平方千米。户籍人口1213人，常住人口1300人。1984年5月设立村委会。明代，迁徙民商、侯、张三姓至该地，在近水草淀子处定居，素有“东商、西侯、中间老张家”之说。形成聚落后，因村落较小，又因“淀”通“甸”，且同音，故名小甸屯至今。（清乾隆《通州志》载：“小甸屯，离州城六十八里。”）交通干道有漷（县）小（甸屯）路。

## 三垡村
Sānfá Cūn

通州区永乐店镇辖村。位于镇域南部，漷小路与老孔兴路交会处东北侧。北至半截河村，东至兴隆庄村，南至小甸屯村，西至熬硝营村。面积约4.10平方千米。户籍人口1636人，常住人口1675人。1984年5月设立村委会。明初，该村处荒草遍地，地势低洼，土地盐碱。任、蒲、史、于四姓随明军平定北方至此，分别在东、西、北三处定居，后史姓无人，其余三姓各居一处，深耕土地，晾晒土块，种植庄稼，形成聚落后故名三垡至今。（清乾隆《通州志》载：“三垡，离州城七十里。”）明清时期，曾置邮铺于此。村内原有元代所建观音寺一座，今不存，仅余明时所植古槐一株。1961年，试办国营永乐店农场，场址曾设于该村南。交通干道有漷（县）小（甸屯）路。

## 半截河村
Bànjiéhé Cūn

通州区永乐店镇辖村。位于镇域东南部，觅三路与柴半路交会处东侧。东北至前马坊村，西南至三垡村，西至柴厂屯村，东至区界。面积约7.04平方千米。户籍人口2215人，常住人口1894人。1984年5月设立村委会。元代，此地紧临南新庄飞放泊，形成聚落后以此名村称南新庄，相传村内庙钟铭文曾有“南新庄”的记载。明代，古永定河道下游分支新庄河经此。（清康熙《通州志》载：“新庄河在县南二十五里，即浑河〈今永定河〉下流，入武清县韩村，不通舟楫。”）至清中期，因永定河连年发水，此河至此淤塞，故更名为半截河至今。（清乾隆《通州志》载：“半截河，离州城六十里。”）1953年5月至1956年7月，为四区（永乐店区）半截河乡政府驻地。历史上，该村地势低洼盐碱，每逢雨季积潦遍地，“稗子饽饽马尾（yǐ）罗，有闺女不嫁半截河”便是当年村民生活的真实写照。1956年，为改变落后的自然条件，通县第一座平原水库于村北建成，后因造成周边土地反碱于1961年废弃。该村以河为界，一直分为河南、河北两部分，并以桥相连，至今村内仍有“河南”与“河北”之称。今村内和村东尚余旧河道遗迹，为镇内不可移动文物。村武跷会和老道会均被列为通州区非物质文化遗产保护项目。村西遗有唐墓群，今半存。交通干道有漷（县）小（甸屯）路。

## 兴隆庄村
## Xīnglóngzhuāng Cūn

通州区永乐店镇辖村。位于镇域东南隅，孔兴路与老孔兴路交会处东侧。西北至半截河村，西至三垡村，东、南至区界。面积约1.71平方千米。户籍人口351人，常住人口289人。1984年5月设立村委会。清代，该地为海户李姓的庄田，由佃农耕种，其家境败落后，将400余亩庄田卖给北京九门提督杨姓王爷，杨姓门人至此看守，后陈姓等相继迁入，清同治元年（1862）前后形成聚落，取吉语称兴隆庄至今。（清光绪《通州志》载：“兴隆庄，城南六十五里。”）交通干道有孔（庄）兴（隆庄）路。

## 前马坊村
## Qiánmǎfáng Cūn

通州区永乐店镇辖村。位于镇域东南部，京津高速公路与孔兴路交会处北侧。北至后马坊村，东至区界，西南至半截河村。面积约1.34平方千米。户籍人口439人，常住人口449人。1984年5月设立村委会。明初，山东移民刘、赵、杨三姓随平定北方的明军至此定居，以养马为业。后分别在马棚前后建村，并于村西建马王庙，曾统称南马房。（清乾隆《通州志》载：“南马房，离州城六十里。”）因此村位于马棚之南，又称马房前街。清晚期，因域内重名两村统称东马房。（清光绪《顺天府志》载：“治南五十八里，东马房。”）民国初期又复称南马房。民国后期，村名中的“房”字被“坊”字同音替代，并按所处位置分称前、后马坊，该村因位于南而称前马坊至今。交通干道有孔（庄）兴（隆庄）路。

## 后马坊村
## Hòumǎfáng Cūn

通州区永乐店镇辖村。位于镇域东南部，京津高速公路与孔兴路交会处北侧。北至小务村，东北至大务村，南至前马坊村，西北至德仁务前街。面积约1.88平方千米。户籍人口444人，常住人口435人。1984年5月设立村委会。明初，山东移民刘、赵、杨三姓随平定北方的明军至此定居，以养马为业。后分别在马棚前后建村，并建马王庙于村西，曾统称南马房。（清乾隆《通州志》载：“南马房，离州城六十里。”）因此村位于马棚之北，又称马房后街。清晚期，因域内重名两村统称东马房。（清光绪《顺天府志》载：“治南五十八里，东马房。”）民国初期又复称南马房。民国后期，村名中的“房”字被“坊”字同音替代，并按所处位置而分称前、后马坊，该村因位于北而称后马坊至今。交通干道有孔（庄）兴（隆庄）路。

# 潞城镇

## 武窑村
## Wǔyáo Cūn

通州区潞城镇辖村。位于镇域西南部，北运河东岸、武兴路辅路与大武路交会处东南侧。北至小豆各庄村，东南至夏店村。面积约1.75平方千米。户籍人口758人，常住人口1132人。1983年8月设立村委会。明初，武姓随平定北方的部队至此定居建村，村人建起土窑以烧制砖瓦为业，故名武家窑。（清乾隆《通州志》载：“武家窑，离城二十四里。”）民国晚期始称今名。该村有北京松江果园以及樱桃采摘园等观光休闲农业园区。交通干道有武（窑）兴（各庄）路。

## 辛安屯村
## Xīn'āntún Cūn

通州区潞城镇辖村。位于镇域北部，玉带河东街与东六环路交会处东南侧。北至古城村，东至大台村，东南至郝家府村，西南至杨坨村。面积约0.32平方千米。户籍人口436人，常住人口642人。1983年8月设立村委会。明代中期，该村处曾为明朝宦官郝巡的封地，佃户至此租种土地，并于南侧土坨上构建新屯，安家落户，故名新安屯。清初，此处土地被圈占，归肃王府所有，同时村名中的“新”被“辛”同音替代而称辛安屯至今。（清乾隆《通州志》载：“辛安屯，离城四里。”）交通干道有玉带河东街。

## 郝家府村
## Hǎojiāfǔ Cūn

通州区潞城镇辖村。位于镇域北部，北运河北、运河东大街与东六环路交会处东南侧。北至古城村，东至留庄村，西北至杨坨村。面积约1.42平方千米。户籍人口1376人，常住人口2854人。1983年8月设立村委会。明代中期，宦官郝巡偕吏役至此，占有东从大台、留庄西至北运河，南自黎辛庄北至辛安屯的大片土地，形成聚落后以姓成村称郝家府。清初，该地被圈占，更名为郝家甫。（清乾隆《通州志》载：“郝家甫，离城四里。”）民国中期始复称郝家府至今。该村是著名作家、诗人、文艺评论家、书法家、摄影家高占祥的出生地。该村村北遗有元墓群，今半存。交通干道有运河东大街。

## 古城村
## Gǔchéng Cūn

通州区潞城镇辖村。位于镇域北部，运潮减河南岸、通胡路与六环路交会处东侧。东南至胡各庄村，西南至辛安屯村，西至霍屯村。面积约1.18平方千米。户籍人口1938人，常住人口4640人。1983年8月设立村委会。西汉高祖十二年（前195）置路县，县治设该村处，并夯筑土城。王莽新朝（9—23），改路为通路亭，属通路郡。更始元年（23）复称路。东汉建武元年（25），县从水（潞水，今北运河）名，改路为潞，县治未变，渔阳郡治也曾一度移至于此。东汉建武二年（26），渔阳太守彭宠反，光武帝刘秀遣邓隆讨伐彭宠，战于潞城。“火起城中，飞出城外，燔千余家”，城毁。县治东迁城子（今属河北省三河市）。由此，该城沦为普通聚落。后因其曾为路（潞）县故城，故名古城至今。（清乾隆《通州志》载：“古城，离城六里。”）1953年5月后，为一区（宋庄区）古城乡政府驻地；1956年7月至1958年4月，为古城乡政府驻地。该村东北、运潮减河南堤外侧存有西汉路县土城北垣东段古城遗址。驻村单位有通州区古城小学、通州区潞城镇古城幼儿园。交通干道有通（州镇）胡（各庄）路。

## 召里村
## Zhāolǐ Cūn

通州区潞城镇辖村。位于镇域北部，运潮减河北岸、宋梁路与召孙路交会处西南侧。北至丁各庄村，东南至堡辛村，西北至常屯村。面积约1.14平方千米。户籍人口1303人，常住人口1613人。1983年8月设村委会。元代，招姓首至该地定居建村，因设基层行政单位“社”于此，曾名招里社。明代，因村旁有蓟襄驰道所经，路旁设有店铺，又曾称召里店。（明嘉靖《通州志略》载：“召里店铺，在州城东一十里。”）清中期简称召里至今。（清乾隆《通州志》载：“召里，离城八里。”）该村原有元代元贞年间所建观音寺一座，1965年6月部分殿宇被拆除，寺碑和经幢被砸碎，2003年重修观音殿，复制了菩萨铜像。1992年春，于该村西京秦铁路以东运潮减河以北处发现汉、唐墓群，出土唐代“位至三公”铭文铜镜及喇叭口高领塔式瓷瓶等文物。上述观音殿及墓群均为镇内不可移动文物。明清时期，曾置驿站、烟墩于此。驻村单位有通州区小脚丫幼儿园。交通干道有宋（庄）梁（各庄）路。

## 堡辛村
## Pùxīn Cūn

通州区潞城镇辖村。拆迁前位于镇域北部，运潮减河北岸、宋梁路与堡东路交会处东侧。东北至菜园村，东至小邓各庄村，西至召里村。面积约0.38平方千米。户籍人口932人，常住人口1205人。1983年8月设村委会。清初，自召里村迁出数户人家，在其村东另建新村，始称新庄。（清乾隆《通州志》载：“新庄，离城四里。”）后在新庄东北又建一村，因系明代所置邮铺北侧，故名铺上。（清乾隆《通州志》载：“铺上，离城七里。”）清末，二村发展连为一体，村名中的“铺”与“新”被“堡”与“辛”同音替代而称堡辛。其时，该村并未单独称谓，因与召里相邻而统称召里。新中国成立后单独建制复称堡辛至今。2004年，因旧村改造半数村民迁至堡辛新村。交通干道有宋（庄）梁（各庄）路。

## 胡各庄村
## Húgèzhuāng Cūn

通州区潞城镇辖村。位于镇域北部，运潮减河南岸、通胡路与宋梁路交会处西侧。镇政府所在地。东至后北营村，南至大台村，西至古城村。面积约1.11平方千米。户籍人口1988人，常住人口3055人。1983年8月设立村委会。明代，该村地处皇家养马放牧之地，建房数十间，由胡姓执役，形成聚落后，以姓成村曾名胡家庄。（清乾隆《通州志》载：“胡家庄，离城五里。”）清晚期改称今名。（清光绪《通州志》载：“胡各庄，城东八里。”）1958年9月后，为宋庄公社胡各庄管理区管委驻地；1961年7月后，为宋庄工委管区胡各庄公社管委驻地；1965年5月后，为胡各庄公社管委驻地；1983年3月后，为胡各庄乡政府驻地；2000年7月后，为胡各庄镇政府驻地；2001年12月后，与甘棠镇合并设立潞城镇，镇政府驻胡各庄镇政府原址。2001年于该村南通胡南路北侧耕地中发现汉墓群，出土少量文物，为镇内不可移动文物。驻村单位有通州区第三中学、通州区潞城镇胡各庄小学、通州区潞城镇中心幼儿园、潞城卫生院。旅游景点有减河公园。交通干道有通（州）胡（各庄）路和宋（庄）梁（各庄）路。

## 大营村
## Dàyíng Cūn

通州区潞城镇辖村。位于镇域中部，胡郎路与大营路交会处南侧。东至东小营村，东南至黎辛庄村，西北至庙上村。面积约0.83

平方千米。户籍人口550人，常住人口1475人。1983年8月设立村委会。明代，此处曾为明军一处较大营地，军队撤走形成聚落后故名大营至今。（清乾隆《通州志》载：“大营，离城十里。”）1987年前，东夏园、留庄、庙上曾为此村所辖自然村，1987年后分别析出单独建制。1953年5月至1956年7月，为一区（宋庄区）大营乡政府驻地。该村为区域内新村建设的典型。1980年至1985年，按照统一标准，全村建成集沼气池、封闭厕所、猪圈、鸡舍、太阳能于一体的三合院平房。1986年至1990年，以村政和园林绿化建设为重点，基本实现了庭院花园化。1995年被评为“千佳村”。1996年开始发展旅游业。1998年，大营旅游度假村开业。村内建起占地面积50亩的仿古四合院宾馆、占地面积20亩的娱乐中心、200多栋欧陆风情别墅和中心文化广场。2003年被评为市级民俗旅游村。交通干道有胡（各庄）郎（府）路。

## 前北营村
Qiánběiyíng Cūn

潞城镇辖村。拆迁前位于潞城镇北部，运潮减河西岸、宋梁路与胡郎路交会处东侧。北至后北营村，南至庙上村，西至大台村。面积约0.86平方千米。户籍人口1073人，常住人口1480人。1983年8月设立村委会。该村唐代成村，为镇域内古老村落之一，距今已有1200年的历史。唐代中前期，此地一南一北已形成两个聚落，隶属潞县招义乡，此聚落因位于之南，相对于北尹村当称南尹村，原因无考。据于今后北营村出土的唐代吕元悦及夫人陵氏合祔墓志所载，墓主人吕元悦于“唐德宗李适贞元五年（789）正阳月（10月）十三日，逝世于幽州潞县招义乡的北尹村。”（志石现藏于北京市文物研究所）明初平定北方时，该地曾为明军营地，又因该村位于南而称前北营。清初因“北尹村”改为“后杯般”而改称“前杯般”。（清乾隆《通州志》载：“前杯般，离城十九里。”）清晚期，又将“前杯般”改称“前碑般”。（清光绪《通州志》载：“前碑般，城东十九里。”）民国初期始复称前北营至今。2013年，为配合中国人民大学东校区（通州校区）项目建设拆迁，至2014年底未迁入新址。交通干道有宋（庄）郎（府）路。

## 后北营村
Hòuběiyíng Cūn

通州区潞城镇辖村。位于镇域北部，运潮减河南岸、宋梁路与堡东路交会处东南侧。南至前北营村，西至胡各庄村。面积约0.65平方千米。户籍人口821人，常住人口1083人。1983年8月设立村委会。该村唐代成村，为镇域内古老村落之一，距今已有1200年的历史。唐代中前期，此地一南一北已形成两个聚落，隶属潞县招义乡。此聚落因位于北而称北尹村，原因无考。据于该村处出土的唐代吕元悦及夫人陵氏合祔墓志所载，墓主人吕元悦于“唐德宗李适贞元五年（789）正阳月（10月）十三日，逝世于幽州潞县招义乡的北尹村。”（志石现藏于北京市文物研究所）明初平定北方时，该地曾为明军营地，又因村落位于北而称后北营。清初“北尹”音近字转为“杯般”而改称后杯般。（清乾隆《通州志》载：“后杯般，离城十八里。”）清晚期，又将“后杯般”改称“后碑般”。（清光绪《通州志》载：“后碑般，城东十八里。”）民国初期始复称后北营至今。该村尚遗民国时期裴家门楼和清时裴家三合院各一，均为镇内不可移动文物。交通干道有宋（庄）梁（各庄）路。

## 东夏园村
## Dōngxiàyuán Cūn

通州区潞城镇辖村。位于镇域北部，宋梁路与运河东大街交会处东南侧。北至庙上村，东至大营村，南至北运河，西北至留庄村。面积约 0.60 平方千米。户籍人口 398 人，常住人口 470 人。1987 年前，该村曾为大营村所辖自然村，1987 年后析出单独建制，设立村委会。清初，孙、吴、苏、冯、宋五姓人家逃荒至此安家落户，为肃王府黎姓管理种植菜园，因其中吴姓为大户，曾以姓成村称吴家园。另据该村村民杨学宝家珍藏的《杨氏族谱》所载，清康熙年间该村称伍稼园。可见，当初村名的形成也有可能与五姓人家成村有关。至民国年间，又因夏姓大户至此而更名为夏家园，简称夏园。1981 年因县域内重名，其位置在东而称东夏园至今。交通干道有宋（庄）梁（各庄）路。

## 庙上村
## Miàoshàng Cūn

通州区潞城镇辖村。位于镇域北部，胡郎路与通胡南路交会处东南侧。北至前北营村，东南至东小营村，西南至留庄村。面积约 0.26 平方千米。户籍人口 415 人，常住人口 770 人。1987 年前，曾为大营村所辖自然村，1987 年后析出单独建制，设立村委会。明代，该村南所邻大营村原系朝廷设置的军垦营地，军中官兵因多信奉关羽，便在营地之北建关帝庙一座。清代，庙旁逐渐形成聚落，故名庙上，俗称“庙儿上”。（清乾隆《通州志》载：“庙儿上，离城十里。”）民国初年始书为庙上至今。交通干道有胡（各庄）郎（府）路。

## 留庄村
## Liúzhuāng Cūn

通州区潞城镇辖村。位于镇域中北部，宋梁路与运河东大街交会处东南侧。东北至庙上村，东南至东夏园村，西至郝家府村。面积约 0.57 平方千米。户籍人口 519 人，常住人口 1171 人。1987 年前，曾为大营村所辖自然村，1987 年后析出单独建制，设立村委会。清初，该村处驻有为肃王府所圈占土地催租的军队，后军队撤走留下部分官兵从事农业生产。民国年间演变成聚落，取其意而名留稼庄，与大营同为夏园附村。新中国成立后单独建制简称留庄至今。该村尚存清代黎家祠抱鼓石，为镇内不可移动文物。交通干道有宋（庄）梁（各庄）路。

## 东小营村
## Dōngxiǎoyíng Cūn

通州区潞城镇辖村。位于镇域北部，胡郎路与东营路交会处东北侧。东至西堡村，南至黎辛庄村，西至大营村，西北至庙上村。面积约 1.57 平方千米。户籍人口 1491 人，常住人口 2092 人。1983 年 8 月设立村委会。明代，此地原为一较小军营，因位于大营之东，形成聚落后故名小营。（清乾隆《通州志》载：“小营，离城十二里。”）1981 年因县域内重名，此地又位于东而改称今名。交通干道有胡（各庄）郎（府）路。

## 李疃村
## Lǐtuǎn Cūn

通州区潞城镇辖村。位于镇域东南部，潮白河西岸、武兴路与贾武路交会处东北侧。

北至前疃村，西至武疃村，东南至凌家庙村。面积约 0.21 平方千米。户籍人口 197 人，常住人口 262 人。1983 年 8 月设立村委会。该村名的含义和由来说法有二，其一是：明代，李姓至此定居，因姓而名李家疃（“疃”作“村庄”或“屯”解，下同）。清代，因聚落较小而归入武家疃。民国年间，又因聚落由武、李二姓组成而统称武李疃。新中国成立后，由武李疃析出称李疃，改为凌家庙所辖。1983 年单独建制。其二是：明代，李姓至此地定居，清末民初形成聚落，以姓成村称李疃。民国中期并入武（家疃）李（疃）前疃。民国后期与武疃合并称武李疃。新中国成立后由武李前疃析出，单独建制复称李疃至今。交通干道有武（窑）兴（各庄）路。

## 武疃村
## Wǔtuǎn Cūn

通州区潞城镇辖村。位于镇域中东部，潮白河西岸、武兴路与贾武路交会处东北侧。西北至前疃村，东至李疃村，东南至凌家庙村，西南至侉店村。面积约 0.30 平方千米。户籍人口 156 人，常住人口 241 人。1983 年 8 月设立村委会。该村名的含义和由来说法有二，其一是：明代，武姓至此地定居，形成聚落后因姓而名武疃。清代李疃并入。民国初年因聚落系武、李二姓组成而称武李疃。新中国成立初期复原名，与李疃统由凌家庙所辖，1983 年单独建制至今。其二是：明代，武姓至此地定居，形成聚落后称武家疃。（清光绪《通州志》载：“武家疃，城东二十五里。”）民国中期并入武（家疃）李（疃）前疃。民国末期与李疃合并称武李疃。新中国成立后，由武李疃析出，单独建制称武疃至今。交通干道有武（窑）兴（各庄）路。

## 前疃村
## Qiántuǎn Cūn

通州区潞城镇辖村。位于镇域东南部，潮白河西岸、武兴路与贾武路交会处东北侧。西北至东前营村，东南至武疃村，西南至侉店村。面积约 0.48 平方千米。户籍人口 275 人，常住人口 295 人。1983 年 8 月设立村委会。金代，已有人定居于此。明初，贾姓兄弟四人携全家至此定居，形成聚落后以姓成村称贾家疃。（清乾隆《通州志》载：“贾家疃，离城三十里。”）清初，部分村人分别迁至村北村南另建新村。分别形成聚落后，村北者称贾家后疃，原贾家疃改称中疃。（清乾隆《通州志》载：“中疃，离城三十里。”）又因此村位于南而称前疃。（清乾隆《通州志》载：“前疃，离城三十里。”）清晚期，为与贾家后疃相区分而改称贾家前疃。（清光绪《通州志》载：“贾家前疃，城东三十里。”）民国初期始称前疃至今。金代，村内曾建有延庆寺一座，为域内古老寺庙之一。（清康熙《通州志》载：“延庆寺，在州白河东贾家疃，金天会三年建。”）今寺不存，仅遗经幢两件，现收藏于区文物局。交通干道有胡（各庄）郎（府）路。

## 贾后疃村
## Jiǎhòutuǎn Cūn

通州区潞城镇辖村。位于镇域东部，潮白河西岸、武兴路与胡郎路交会处东北侧。东南至东前营村，西至卜落垡村。面积约 3.16 平方千米。户籍人口 1378 人，常住人口 1720 人。1983 年 8 月设立村委会。金代，已有人在此居住。（清康熙《通州志》载：“延庆寺，在白河东贾家疃，金天会间建。”）

明初，贾姓兄弟四人携全家至此，形成聚落后以姓成村称贾家疃。(清乾隆《通州志》载："贾家疃，离城三十里。")清初，部分村人分别迁至村北村南另建新村。形成聚落后，村南者改称为贾家前疃，村北者改称为贾家后疃，贾家疃改称为中疃。(清光绪《通州志》载："贾家后疃，城东三十里。")民国年间，贾家中疃与贾家后疃发展成为一体，统称贾家后疃。新中国成立后简称贾后疃至今。1953年5月至1956年7月，为二区（西集区）贾后疃乡政府驻地。该村有始建于清光绪二十四年（1898）的天主教堂一座，为北京郊区最大者，教务活动正常开展，村民多信奉天主教。教堂另遗古刺槐5株。驻村单位有通州区潞城镇贾后疃幼儿园。交通干道有胡（各庄）郎（府）路。

## 燕山营村
Yànshānyíng Cūn

通州区潞城镇辖村。位于镇域东部，潮白河西岸、武兴路与贾武路交会处东侧。西北至凌家庙村，西至侉店村，东南至兴各庄村。面积约0.74平方千米。户籍人口452人，常住人口491人。1983年8月设置村委会。明初平定北方后，燕山右卫营（明代军队编制名称）在此驻军屯田，后河南、山西移民至此定居，形成聚落后，曾以此名村称燕山右卫营。清代简称燕山卫营。(清乾隆《通州志》载："燕山卫营，离城十八里。")民国年间始称今名。1953年5月至1956年7月，为二区（西集区）燕山营乡政府驻地。交通干道有武（窑）兴（各庄）路。

## 卜落垡村
Bǔluòfá Cūn

通州区潞城镇辖村。位于镇域中东部，胡郎路与后卜路交会处。东北至贾后疃村，南至东刘庄村，西北至前榆林庄村。面积约1.93平方千米。户籍人口949人，常住人口1300人。1983年8月设立村委会。明代，该村处荒草遍地，地势低洼。卜姓迁徙民至此择址落户建村，深耕晒垡，开荒种地，形成聚落后以姓成村称卜落垡，俗称卜（pǔ）落垡至今。(清乾隆《通州志》载："卜落垡，离城二十五里。")该村西北曾遗有清代教授生徒的詹荣和詹桂墓，现存有二人墓碑各一通。村内遗有清咸丰年间詹家所建三合院一座，现客厅内所保存壁画为通州区级文物保护单位，为镇内不可移动文物。驻村单位有通州区卜落垡小学。交通干道有胡（各庄）郎（府）路。

## 大甘棠村
Dàgāntáng Cūn

通州区潞城镇辖村。位于镇域中西部，北运河东、武兴路与甘武路交会处西北侧。北至八各庄村，东至东刘庄村，东南至小甘棠村。面积约2.89平方千米。户籍人口1616人，常住人口2415人。1983年8月设立村委会。该村名的含义和由来说法有二，其一是：早在汉魏时期，此地曾建有甘泉寺。(明嘉靖《通州志略》载："甘泉寺，在甘棠乡。汉魏以来古刹，唐尉迟恭重修。")又因寺内生长一株高大甘棠树（棠梨），形成聚落后便以树名村称甘棠。[清乾隆刘锡信《潞城考古录·甘棠乡考》载："通州东十五里有甘棠乡，十六国春秋，慕容儁观兵近郊，见甘棠于道周，从者不识。儁曰：'此诗（树）所谓甘棠。'于是，内外臣僚并上《甘棠颂》。"]清初曾称大甘棠庄。(清乾隆《通州志》载："大甘棠庄，离城二十五里。")清晚期称大甘棠。(清光绪《通州志》载："大甘棠，城东二十二里。")其二是：该村为一古老村落，早在唐代就是乡一级政府所在地，到了明清时期依然如此。（明嘉靖《通州志略》载："州城东南……甘棠乡。"）古时曾用"甘棠"来称颂地方官吏之有惠政于民者，可见此寺此村称之为"甘棠"，当是因乡府吏员们的政绩突出或教化后来从政者而得名。该村汉魏时所建甘泉寺已不存，仅遗有经幢座一、门枕石一和清代所植古槐一株，均为镇内不可移动文物。村东北曾遗有战国至汉代墓群，今无存。2011 年，荣获"全国妇联基层组织建设示范乡（镇、街道）"称号。交通干道有武（窑）兴（各庄）路。

## 小甘棠村
## Xiǎogāntáng Cūn

通州区潞城镇辖村。位于镇域中南部，潞城中路与武兴路交会处东侧。东至岔道村，东南至小豆各庄村，西北至大甘棠村。面积约 1.02 平方千米。户籍人口 537 人，常住人口 2718 人。1983 年 8 月设立村委会。清初，李、梁、陈三姓自大甘棠迁出至此另建新村，因所形成聚落较小而名小甘棠庄。（清乾隆《通州志》载："小甘棠庄，离城二十五里。"）清晚期始称小甘棠。（清光绪《通州志》载："小甘棠，城东二十五里。"）1947 年 7 月 22 日，在土地改革运动中，村妇联主任杨秀英，惨遭国民党驻通州自卫队、壮丁队杀害，今村东有为其所建烈士墓碑；村东南有李荣烈士墓碑。上述两烈士墓碑均为镇内不可移动文物。交通干道有武（窑）兴（各庄）路。

## 岔道村
## Chàdào Cūn

通州区潞城镇辖村。位于镇域中南部，武兴路与胡郎路交会处西北侧。北至东刘庄村，东至侉店村，南至曹坨村，西至小甘棠村。面积约 0.39 平方千米。户籍人口 252 人，常住人口 401 人。1983 年 8 月设立村委会。明代，为躲避社会动乱，王姓兄弟三人偕全家由今北京市延庆区关沟（也称岔道）迁至此地定居，形成聚落后为不忘家乡便以岔道名村至今。（清乾隆《通州志》载："岔道，离城二十二里。"）交通干道有武（窑）兴（各庄）路。

## 大豆各庄村
## Dàdòugèzhuāng Cūn

通州区潞城镇辖村。位于镇域中东部，大武路与小崔路交会处东北侧。东北至曹坨村，东南至奚庄村，西北至小豆各庄村。面积约 1.17 平方千米。户籍人口 614 人，常住人口 2990 人。1983 年 8 月设立村委会。金、元时期，窦姓至此地落户定居，形成聚落后始称窦家庄。（明嘉靖《通州志略》载："永庆寺，在孝行一乡窦家庄，金大定十九年（1179）建。"）明初，村西北又形成一较小聚落。因窦家庄村较大，又因在汉语语音的发展演变中，古家"的声母为"g"，故改称大窦各庄。（清乾隆《通州志》载："大窦各庄，离城三十里。"）清晚期，村名中的"窦"字被"豆"字同音替代而改称大豆各庄至今。（清光绪《通州志》载："大豆各庄，城东三十里。"）1953 年 5 月至 1956 年 7 月，为二区（西集区）大豆各庄乡政府驻地。驻村单位有通州区大豆各庄小学、通州区潞城镇大豆各庄幼儿园。交通干道有武（窑）兴（各庄）路。

## 小豆各庄村
## Xiǎodòugèzhuāng Cūn

通州区潞城镇辖村。位于镇域西南部，

北运河东、小豆路与曹大路交会处西侧。东南至大豆各庄村，西南至武窑村，西北至小甘棠村。面积约 1.09 平方千米。户籍人口 419 人，常住人口 910 人。1983 年 8 月设立村委会。明初，陈姓首至此地定居。清乾隆间已形成聚落，因近大窦各庄，聚落又较小，故名小窦各庄。（清乾隆《通州志》载：“小窦各庄，离城三十里。”）清晚期，邻村大窦各庄改称大豆各庄，为与其相对应而改称小豆各庄至今。（清光绪《通州志》载：“小豆各庄，城东三十里。”）交通干道有武（窑）兴（各庄）路。

## 夏店村
## Xiàdiàn Cūn

通州区潞城镇辖村。位于镇域西南部，北运河东、小崔路和康夏路交会处西侧。东北至大豆各庄村，东至崔家楼村，西北至武窑村。面积约 0.61 平方千米。户籍人口 278 人，常住人口 278 人。1983 年 8 月设立村委会。该村名的含义和由来说法有二，其一是：明初，郭姓随平定北方的部队至此落户定居，并在路旁开设店铺，形成聚落后以姓成村称郭家店。后夏姓至此渐成大户，聚落更名为夏店。清中期，为与河西上店相对应而改称下店。（清乾隆《通州志》载：“下店，离城二十里。”）民国晚期，因村名同音雅化复称夏店至今。其二是：北魏时期，潞城镇南部各村均在夏泽水域范围之内，其南为佩谦泽。北魏末期以后，因地壳变动两泽逐渐萎缩成若干小的湖泊乃至逐渐干涸。该村因地处夏泽遗址西部边缘，加上开有店铺而名夏店。（清代顾炎武《京东考古录•考夏谦泽》载：“疑‘夏店’之名因古夏泽。”）交通干道有小（豆各庄）崔（家楼）路。

## 康各庄村
## Kānggèzhuāng Cūn

通州区潞城镇辖村。位于镇域东南部，潮白河西、康夏路与兴太路交会处东侧。北至兴各庄村，东南至太子府村，西至小东各庄村。面积约 1.09 平方千米。户籍人口 449 人，常住人口 480 人。1983 年 8 月设立村委会。明代，江南大户康、张二姓首至此地定居，形成聚落后，因康姓为大户故称康各庄。（清乾隆《通州志》载：“康各庄，离城三十五里。”）清晚期，该村已形成东、西两个聚落，分称东、西康各庄。（清光绪《通州志》载：“西康各庄，城东三十里。”“东康各庄，城南［东］三十里”。）民国中期二村合并统称东西康各庄。新中国成立后称康各庄至今。该村曾建有土地庙一座，今不存，仅余明时所植古槐一株。村内原有民国初期张姓所建两所并列的三合院，20 世纪 80 年代，原院舍因改建尽毁，仅余门楼一座。1985 年，因此门楼建筑艺术价值较高，被公布为通县文物保护单位，1995 年被整体移至梨园镇北杨洼三叉街代做了菩萨庙山门。交通干道有兴（各庄）太（子府）路。

## 凌家庙村
## Língjiāmiào Cūn

通州区潞城镇辖村。位于镇域东南部，潮白河西岸、武兴路与贾武路交会处东北侧。西北至李疃村，东南至燕山营村，西至侉店村。面积约 0.14 平方千米。户籍人口 212 人，常住人口 255 人。1983 年 8 月设立村委会。明初，山东凌姓族人随平定北方的明军至此定居，并建有家庙，形成聚落后村以姓氏和庙名村而称凌家庙至今。在清代的志书中曾称该村为林家庙，原因无考。（清乾隆《通州志》

载："林家庙，离城二十七里。"）（清光绪《通州志》载："林家庙，城东二十七里。"）村内尚遗清代古砖井一，为镇内不可移动文物。交通干道有武（窑）兴（各庄）路。

## 杨坨村
## Yángtuó Cūn

通州区潞城镇辖村。拆迁前位于镇域西北部，北运河东岸、玉带河东街与芙蓉东路交会处东南侧。东北至辛安屯村，东南至郝家府村，西北至魏庄村。面积约 0.25 平方千米。户籍人口 1562 人，常住人口 1582 人。1983 年 8 月设村委会。明代，迁徙民周姓首至该地，建村于土坨之上，故曾名周家坨。清中期，杨姓至此村旁定居，形成聚落后称杨家坨。后周家坨并入，村名未变。（清乾隆《通州志》载："杨家坨，离城三里。"）民国初期简称杨坨至今。该村因靠近运河，历史上曾建有码头，后因京秦铁路的开通而废止。1998 年冬，于该村西南、京秦铁路桥南 150 米处发现一艘清代客船沉船残体。村内曾建有关帝庙，"文化大革命"时期被毁，尚余明代古槐一株。2001 年村南建运河生态公园。2013 年因配合运河三号地项目建设拆迁，翌年迁至紫运南里小区。交通干道有玉带河东街。

## 前榆林庄村
## Qiányúlínzhuāng Cūn

通州区潞城镇辖村。位于镇域中东部，胡郎路与榆武路交会处东南侧。北至后榆林庄村，东南至卜落垡村，西南至大甘棠村，西至八各庄村。面积约 1.45 平方千米。户籍人口 798 人，常住人口 883 人。1983 年 8 月设村委会。辽代，一些外来人至此在一片榆树林前定居，植树护林，形成聚落后故名前榆林庄，简称前榆至今。（清乾隆《通州志》载："前榆林庄，离城二十里。"）1953 年 5 月至 1956 年 7 月，为一区（宋庄区）前榆林庄乡政府驻地。交通干道有胡（各庄）郎（府）路。

## 后榆林庄村
## Hòuyúlínzhuāng Cūn

通州区潞城镇辖村。位于镇域中东部，潮白河西侧、胡郎路与榆武路交会处东北侧。南至前榆林庄村，东南至卜落垡村，西北至七级村。面积约 0.76 平方千米。户籍人口 579 人，常住人口 631 人。1983 年 8 月设立村委会。明初，平定北方时随迁之人至此，在一片榆树林后定居，植树护林，因南有前榆林庄，故名后榆林庄，简称后榆至今。（清乾隆《通州志》载："后榆林庄，离城二十里。"）村北建有潞城药艺公园。交通干道有胡（各庄）郎（府）路。

## 大东各庄村
## Dàdōnggèzhuāng Cūn

通州区潞城镇辖村。位于镇域南部，胡郎路与大武路交会处南侧。北至侉店村，东北至兴各庄村，南至小东各庄村，西至肖庄村。面积约 1.54 平方千米。户籍人口 615 人，常住人口 690 人。1983 年 8 月设立村委会。元代，东姓首至此地定居建村，建宝林寺，以姓成村称东家庄。（明嘉靖《通州志略》载："宝林寺，在孝行一乡东家庄，元大德九年建。"）明代，在村南形成一较小聚落，因此村较大故名大东家庄。清初，因在汉语语音的发展演变中，古音“家”的声母为“g”，故改称大东各庄至今。（清乾隆《通州志》载：“大东各庄，离城三十里。”）村西北遗有唐、宋、辽、金时期墓群，为镇内不可移动文物。驻村单位有通州区大东各庄小学。交通干道有胡（各庄）郎（府）路。

## 小东各庄村
## Xiǎodōnggèzhuāng Cūn

通州区潞城镇辖村。位于镇域南部，胡郎路与康夏路交会处西北侧。北至大东各庄村，东至康各庄村，东南至谢楼村，西至崔家楼村。面积约 1.54 平方千米。户籍人口 523 人，常住人口 633 人。1983 年 8 月设立村委会。明代，因聚落较小又位于大东各庄之南，故名小东各庄至今。（清乾隆《通州志》载：“小东各庄，离城三十里。”）村东曾遗有清末三银号经理捐务员姚权墓，“文化大革命”初期被毁，今仅余自撰墓碑一通；村内小学校曾遗有元代可心庵立塔记经幢身二，应为元代可心庵女主持圆寂后建塔时所立，今仅余其一；另遗有明代井中庵门鼓子一对。以上三项均为镇内不可移动文物。交通干道有胡（各庄）郎（府）路。

## 七级村
## Qījí Cūn

通州区潞城镇辖村。位于镇域中北部，胡郎路与东南路交会处西北侧。北至西堡村，东至运潮减河，南至南刘各庄村，西至黎辛庄村。面积约 0.91 平方千米。户籍人口 635 人，常住人口 1910 人。1983 年 8 月设村委会。该村名的含义和由来说法有二，其一是：明代，该村前有一水潭，称其为七级龙潭。（清乾隆《通州志》载：“七级龙潭，在州城东二十里，广袤一顷，深处不可测，每雨时风云压潭，俗传龙降取水。遇岁旱祷雨，辄应。按张维基考云即《方舆备考》所载之百花潭也，今城东南运河东窝坨庙即此。”）形成聚落后，建兴安寺，村以潭而名七级屯。（明嘉靖《通州志略》载：“兴安寺，在甘棠乡七级屯。唐贞观元年建。”）清代简称七级至今。（清乾隆《通州志》载：“七级，离城十五里。”）其二是：明初，随平定北方军队而来的 7 户人家齐集此处定居，始称七家集，后简称七集。清代，村名中的“集”字被“级”字同音替代而改称七级。该村成村较早，曾遗有唐贞观元年所建兴安寺一座，今不存。2002 年镇政府于该村投资兴建“大运河水梦园”公园。村南现存元代潞河故道遗址，为镇内不可移动文物。驻村单位有通州区潞城镇中心小学。交通干道有胡（各庄）郎（府）路。

## 崔家楼村
## Cūijiālóu Cūn

通州区潞城镇辖村。位于镇域南部，康夏路与曹肖路交会处西北侧。东北至肖庄村，东至小东各庄村，南至沙古堆村，西至夏店村。面积约 1.22 平方千米。户籍人口 495 人，常住人口 850 人。1983 年 8 月设立村委会。该村名的含义和由来说法有二，其一是：明代，崔姓至此定居，形成聚落后，因村中有远眺似楼的高房一座，故因姓和房屋建筑特征而名崔家楼，俗称崔楼儿至今。（清乾隆《通州志》载：“崔家楼，离城三十里。”）其二是：古时为防洪水泛滥，沿河两岸都筑有弯弯曲曲、狭窄而长的河堤，其时将此称为“楼”。因该村曾濒临北运河河堤，又是以崔姓成村，故名。清代，该村处建有码头。

康熙三十三年（1694）夏，康熙帝第二次视察北运河时，曾在此登船阅河，监察庄稼，并驻跸于此；康熙三十四年（1695）夏和康熙三十七年（1698）夏，又分别两次于此登舟和停泊。清代曾设水拨（管理河道的治所）于此。交通干道有武（窑）兴（各庄）路。

## 肖庄村
Xiāozhuāng Cūn

通州区潞城镇辖村。位于镇域南部，大武路与曹肖路交会处东南侧。北至曹坨村，东至大东各庄村，南至康夏路，西南至崔家楼村。面积约 1.16 平方千米。户籍人口 108 人，常住人口 550 人。1983 年 8 月设立村委会，辖肖庄、奚庄、曹坨 3 个自然村。明代，萧姓首至此地落户定居，形成聚落后故名萧家庄，简称萧庄。（清乾隆《通州志》载：“萧家庄，离城二十里。”）民国中期，村名中的“萧”字被“肖”字同音替代而称“肖庄”，从而失去原村名之本意。在 1981 年调整县域内村名时，因此村重名且位于北曾拟将其更名为北肖庄，但此议并未实行而继续使用原村名至今。交通干道有武（窑）兴（各庄）路。

## 奚庄村
Xīzhuāng Cūn

通州区潞城镇肖庄所辖自然村。位于镇域南部，大武路与曹肖路交会处西南侧。北至大豆各庄村，东至肖庄村，南至崔家楼村，西至武窑村。户籍人口 135 人。隶属肖庄村委会。清初，奚姓至肖庄村旁定居，形成聚落后，以姓成村称奚家庄。（清乾隆《通州志》载：“奚家庄，离城二十五里。”）民国年间始称奚庄至今。交通干道有武（窑）兴（各庄）路。

## 曹坨村
Cáotuó Cūn

通州区潞城镇肖庄所辖自然村。位于潞城镇南部，武兴路与曹肖路交会处南侧。北至岔道村，东至兴各庄村，南至肖庄村，西南至大豆各庄村。户籍人口 191 人。隶属肖庄村委会。明代，程姓至此在一高坨上定居建村，以姓成村曾名程家坨。（清乾隆《通州志》载：“程家坨，离城三十里。”）民国年间，曹姓渐成大户而改称曹坨至今。交通干道有武（窑）兴（各庄）路。

## 谢楼村
Xièlóu Cūn

通州区潞城镇辖村。位于镇域南端，康夏路与胡郎路交会处南侧。东北至康各庄村，东南至马坊村，西北至小东各庄村。面积约 1.69 平方千米。户籍人口 720 人，常住人口 968 人。1983 年 8 月设立村委会。该村名的含义和由来说法有二，其一是：明代，谢姓至此定居建村，因房子建在高处，远眺似楼，故依姓和建筑物特征名村称谢家楼。（清乾隆《通州志》载：“谢家楼，离城三十五里。”）1983 年 8 月后简称谢楼至今。其二是：古时为防洪水泛滥，沿河两侧都筑有弯弯曲曲、狭窄而长的河堤，其时将此称为“楼”。因该村濒临北运河堤，又是以谢姓成村，故名。1953 年 5 月至 1956 年 7 月，为二区（西集区）谢家楼乡政府驻地。清代曾设水拨（管理河道的治所）于此。交通干道有胡（各庄）郎（府）路。

## 东刘庄村
Dōngliúzhuāng Cūn

通州区潞城镇辖村。位于镇域中部，胡

郎路与刘大路交会处西北侧。北至卜落垡村，东至武家疃村，南至岔道村，西至大甘棠村。面积约 0.70 平方千米。户籍人口 383 人，常住人口 535 人。1983 年 8 月设立村委会。清初，刘姓至此定居，形成聚落后以姓成村称刘家庄。（清乾隆《通州志》载：“刘家庄，离城二十二里。”）民国初期始简称刘庄。1965 年与于坨合并，统称刘庄至今。1981 年因县域内重名，此地位于东而更今名。交通干道有胡（各庄）郎（府）路。

## 东堡村
Dōngpù Cūn

通州区潞城镇辖村。位于镇域中北部，运潮减河西岸、堡东路与潞城中路交会处西北侧。西南至七级村，西至西堡村。面积约 2.28 平方千米。户籍人口 1991 人，常住人口 2350 人。1983 年 8 月设立村委会。明初，明军平定北方后，于溜溜河（今潮白河）西岸此村处屯驻军队，并据险筑二堡以自固。因此村位于东，形成聚落后故名东堡至今。（清乾隆《通州志》载：“东堡，离城十四里。”）村西南遗有汉代古墓群和东汉故道遗址，均为镇内不可移动文物。交通干道有潞城中路。

## 西堡村
Xīpù Cūn

通州区潞城镇辖村。位于镇域中北部，东营路与南刘路交会处西侧。东至东堡村，南至七级村，西至东小营村。面积约 0.39 平方千米。户籍人口 273 人，常住人口 390 人。1983 年 8 月设立村委会。明初，明军平定北方后，于溜溜河（今潮白河）西岸此村处屯驻军队，并据险筑二堡以自固。因此村位于西，形成聚落后故名西堡至今。（清乾隆《通州志》载：“西堡，离城十三里。”）交通干道有通胡南路。

## 南刘各庄村
Nánliúgèzhuāng Cūn

通州区潞城镇辖村。位于镇域中部，胡郎路与南刘路交会处南侧。北至七级村，东南至八各庄村，西至北运河，西北至黎辛庄。面积约 2.69 平方千米。户籍人口 1445 人，常住人口 2311 人。1983 年 8 月设立村委会。元代，刘姓首至此地定居，形成聚落后以姓成村称刘家庄。明初，安、王、马 3 户至此落户，改名刘各庄。清初，因村北已有一刘各庄，此村位于南而称南刘各庄至今。（清乾隆《通州志》载：“南刘各庄，离城十五里。”）1949 年 10 月至 1950 年 6 月，为一区（南刘各庄区）区公所驻地；1953 年 5 月后，为一区（宋庄区）南刘各庄乡政府驻地；1956 年 7 月至 1958 年 9 月，为南刘各庄乡政府驻地。村内曾遗有金时所建崇兴寺一座，今不存，仅存石塔刹一座；曾遗有药王庙一座，今不存，仅存民国年间重修药王庙碑身、旗杆座和明时所植古槐一株；存有白河遗址一处；遗有民国年间王处士墓碑一通；村西南北运河河堤旁立有郭少伯烈士墓碑。上述五项遗存均为镇内不可移动文物。交通干道有胡（各庄）郎（府）路。

## 黎辛庄村
Líxīnzhuāng Cūn

通州区潞城镇辖村。位于镇域中西部，北运河东岸、胡郎路与减运路交会处西南侧。西北至大营村，东北至七级村，东南至南刘各庄村。面积约 0.45 平方千米。户籍人口 397 人，常住人口 700 人。1983 年 8 月设立村委会。清代，该村土地为皇室肃王府所占有的庄田，以出佃或雇工耕种。特派黎姓官吏为内宅庄使（官名，掌管皇室庄田与其他产业），兼管经营和收税。为管理方便，黎姓与佃农相继于今村处定居建村。形成聚落后因由黎姓管理且为新建故称黎家新庄。（清乾隆《通州志》载："黎家新庄，离城十五里。"）清末民初，村名中的"新"字被"辛"字同音替代而称黎家辛庄，简称黎辛庄至今，今村内仅有一户黎姓人家。村西有大运河森林公园。交通干道有胡（各庄）郎（府）路。

## 常屯村
Chángtún Cūn

通州区潞城镇辖村。位于镇域北部，运潮减河北、通燕高速公路与六环路交会处东侧。西北至后屯村，东北至丁各庄村，西南至霍屯村，东南至召里村。面积约 0.27 平方千米。户籍人口 312 人，常住人口 806 人。1983 年 8 月设立村委会。明代常姓至此定居，形成聚落后，以姓成村称常家屯。（清乾隆《通州志》载："常家屯，离城六里。"）民国初年始简称常屯至今。交通干道有通燕高速公路。

## 后屯村
Hòutún Cūn

通州区潞城镇辖村。位于镇域北端，通燕高速公路与召孙路交会处西北侧。西北至六合村，东至丁各庄村，东南至常屯村，西至孙各庄村。面积约 0.79 平方千米。户籍人口 1076 人，常住人口 1826 人。1983 年 8 月设村委会。明代，该村处曾为前卫所屯田之地，村内九圣庙钟铭文曾有"前所屯"字样。清初，因此地位于常屯和霍屯之北，故名后屯至今。（清乾隆《通州志》载："后屯，离城六里。"）村东口曾遗有明户部侍郎刘中敷墓，"文化大革命"时期被毁，今仅存石供桌一张，为镇内不可移动文物。其人曾奉命参与督修通州新城，对保护大运西仓做出一定贡献。景泰五年（1454）卒，葬于通州城东安德乡，可见明时该村一带曾为安德乡属地。驻村单位有通州区后屯小学、通州区潞城镇后屯幼儿园。交通干道有召（里）孙（各庄）路。

## 孙各庄村
Sūngèzhuāng Cūn

通州区潞城镇辖村。位于镇域北端，运潮减河北、东六环西侧路与召孙路交会处西北侧。北至小潞邑村，东至后屯村，西至龙旺庄村。面积约 0.87 平方千米。户籍人口 1240 人，常住人口 2355 人。1983 年 8 月设立村委会。明代，山西移民孙、郭、张 3 户在此落户定居，开荒种地，形成聚落后，因孙姓为首户，故以姓成村称孙各庄至今。（清乾隆《通州志》载："孙各庄，离城五里。"）明万历十六年（1588），为祈求财神关羽保佑，由村民倡导建关帝庙一座。清康熙三十六年（1697）此庙由孙成明重修，今不存，仅遗清康熙间重修关帝庙碑一通。交通干道有东六环西侧路。

## 太子府村
Tàizifǔ Cūn

通州区潞城镇辖村。位于镇域东南端，潮白河西、兴太路与谢太路交会处东侧。西北至康各庄村，东南至协各庄村，西南至马坊村。面积约 2.82 平方千米。户籍人口 1218 人，常住人口 1430 人。1983 年 8 月设立村委会。该村名的含义和由来说法有二，其一是：明代，此地为皇太子封地，土地雇人耕种，并于聚落外围修筑起作为屏障的土围墙，设土堡，古时称其为"坞"，故曾名太子坞。清初，因聚落分为前后两部分，曾分称前、后泰子府。（清乾隆《通州志》载：“前泰子府，离城四十里。”“后泰子府，离城四十里。”）清晚期统称太子府至今。（清光绪《通州志》载：“太子府，城南四十里。”）其二是：该村为镇域内古老村落之一。清刘锡信《潞城考古录》载：“通州东南四十里，有村名太子府（今分前后二村）。州西二十二里有村名大王庄……。考《金史·胥持国传》，上书者言：‘民间冒占官地，如太子务、大王庄，非私家所宜有。’持国言：‘此地自异代已为民有，不可取也。’务与府音相近每多互讹（如州志牛家务，土人呼曰牛家府。《州志》及《燕山丛录》载：‘瀔县有得仁务，《钱塘遗事》作德仁府’）。则二村得名当自辽代始。”由此可见，该村为金代以前成村，其时此处土地已非官有，应为京都某太子府所有，或于此另建有府第。后迁民至此形成聚落后即以此名村而称太子府。辽代，该村地处夏泽和佩谦泽水域范围之内，为辽主“捺钵”之地，至今仍有“北河沟子”和“东桥口”等地名以及兴隆庄和小庄两村名的传说。1953 年 5 月至 1956 年 7 月，为二区（西集区）太子府乡政府驻地。该村曾遗有金时所建崇兴寺，今不存，仅余经幢顶一。村西遗有大片汉墓群，今半存。清代曾置左司把总署并设烟墩、草拨于此。主要交通干道有胡（各庄）郎（府）路。

## 八各庄村
## Bāgèzhuāng Cūn

通州区潞城镇辖村。位于镇域中部，胡郎路与潞城中路交会处西南侧。西北至南刘各庄村，东至前榆林庄村，南至大甘棠村，西至北运河。面积约 1.84 平方千米。户籍人口 961 人，常住人口 1313 人。1983 年 8 月设立村委会。明时，刘、李、王等八户人家首至此地定居，形成聚落后，曾名八家庄、八家哥庄，清代改称今名。（清乾隆《通州志》载：“八各庄，离城十六里。”）交通干道有潞城中路。

## 侉店村
## Kuǎdiàn Cūn

通州区潞城镇辖村。位于镇域东南部，武兴路与胡郎路交会处北侧。北至东前营村，东至燕山营村，南至大东各庄村，西至岔道村。面积约 1.57 平方千米。户籍人口 710 人，常住人口 1331 人。1983 年 8 月设立村委会。明初平定北方时，随来的山东人至此落户定居，以开店为业，因其口音与当地不同而被称为“侉子”，形成聚落后故名侉子店。（清乾隆《通州志》载：“侉子店，离城二十五里。”）1983 年 8 月后简称侉店至今。1953 年 5 月后，为二区（西集区）侉子店乡政府驻地；1956 年 7 月后，为侉子店乡政府驻地；1958 年 9 月后，为西集公社侉子店管理区管委驻地；1961 年 7 月后，为西集工委管区侉子店公社管委驻地；1965 年 5 月后，为侉子店公社管委驻地；1983 年 3 月后，为侉子店乡政府驻地；1992 年 8 月后，为甘棠乡政府驻地；2000 年 7 月后，为甘棠镇政府驻地。2001 年 12 月甘棠镇与胡各庄镇合并设立潞城镇，镇政府迁至胡各庄政府原址。驻村单位有通州区潞城镇甘棠中心幼儿园、甘棠卫生院。交通干道有胡（各庄）郎（府）路和武（窑）兴（各庄）路。

## 大台村
## Dàtái Cūn

通州区潞城镇辖村。位于镇域北部，宋

梁路与运河东大街交会处西侧。东北至胡各庄村，东至前北营村，西南至郝家府村，西至辛安屯村。面积约0.40平方千米。户籍人口386人，常住人口830人。1983年8月设村委会。清代，此地为肃王府封地，黎姓大户和周、李二姓先后至此定居，并于高大土台处建村，修造王爷府，形成聚落后，以地貌特征名村称大台庄，佃户居住之所称小台庄。（清乾隆《通州志》载：“大台庄，离城八里。”“小台庄，离城八里。”）民国初期始，小台庄并入大台庄，称大小台。民国晚期始称大台至今。1953年5月至1956年7月，为一区（宋庄区）大台乡政府驻地。1981年10月，于村北土岗处发掘一座西汉砖墓，出土马衔、当颅、伞具零件以及釉陶狗俑等文物。村南遗有汉墓群，今半存。交通干道有宋（庄）梁（各庄）路。

## 东前营村
Dōngqiányíng Cūn

通州区潞城镇辖村。位于镇域东部，潮白河西岸、武兴路与贾武路交会处东北侧。西北至贾后疃村，东南至前疃村，西至卜落垡村。面积约0.51平方千米。户籍人口459人，常住人口483人。1983年8月设村委会。明初平定北方时，随迁户每十三户为一营，居住在此地临建棚内，编营生产。形成聚落后，因属前卫营，故简称前营。（清乾隆《通州志》载：“前营，离城三十里。”）1981年因县境内重名，此地位于东而更今名。交通干道有武（窑）兴（各庄）路。

## 兴各庄村
Xīnggèzhuāng Cūn

通州区潞城镇辖村。位于镇域东南部，潮白河西岸、武兴路与兴太路交会处东南侧。西北至燕山营村，南至康各庄村，西南至大东各庄村。面积约2.50平方千米。户籍人口1542人，常住人口1842人。1983年8月设村委会。明代，山西迁徙民辛姓首至此地落户定居，形成聚落后以姓成村曾名辛家庄。清初改称辛各庄。（清乾隆《通州志》载：“辛各庄，离城三十里。”）清晚期，取兴旺发达之义以“兴”代“辛”更名为兴各庄至今。（清光绪《通州志》载：“兴各庄，城东三十里。”）该村北潮白河上建有兴各庄橡胶坝和友谊大桥，并建有交通安全检查站。交通干道有武（窑）兴（各庄）路。

## 东杨庄村
Dōngyángzhuāng Cūn

通州区潞城镇辖村。拆迁前位于镇域西部，运潮减河南、通胡大街与芙蓉东路交会处东北侧。北至孙各庄村，东至霍屯村，西南至魏庄村。面积约0.05平方千米。户籍人口445人，常住人口997人。1983年8月设立村委会，辖东杨庄、魏庄、霍屯3个自然村。1987年魏庄、霍屯2个村析出，单独建制。明时，此地为朝中杨姓太监封地，由租佃人耕种，始称杨老公庄。清代改称杨家庄。（清乾隆《通州志》载：“杨家庄，离城三里。”）民国初期始称杨庄。1981年，因县域内重名，此村位于东而更名东杨庄至今。该村遗有清代关帝庙上马石，为镇内不可移动文物。2000年因旧村改造拆迁，年内村民迁至三元村小区、紫运园小区和古城小区。交通干道有通（州镇）胡（各庄）大街。

## 魏庄村
Wèizhuāng Cūn

通州区潞城镇辖村。拆迁前位于镇域西

部，北运河东岸、通胡大街与芙蓉东路交会处东南侧。东北至东杨庄村，东至古城村，东南至杨坨村。面积约 0.15 平方千米。户籍人口 500 人，常住人口 1089 人。1983 年始曾为东杨庄村委会辖村，1987 年单独建制，设立村委会。明代，此处为魏家坟地，魏姓在此守墓，形成聚落后称魏家庄。（清乾隆《通州志》载：“魏家庄，离城五里。”）民国初期始称魏庄至今。1995 年因配合通胡路和芙蓉路修建拆迁，年内迁至三元村小区。交通干道有芙蓉东路。

## 霍屯村
Huòtún Cūn

通州区潞城镇辖村。拆迁前位于镇域西北部，运潮减河南、通胡大街与芙蓉东路交会处东北侧。北至后屯村，东至古城村，南至杨坨村，西至东杨庄村。面积约 0.24 平方千米。户籍人口 711 人，常住人口 1460 人。1983 年后曾为东杨庄村委会辖村，1987 年后单独建制，设立村委会。清初，因在该地制造和储存火药而渐成聚落，故名火硝屯。（清乾隆《通州志》载：“火硝屯，离城四里。”）民国初期简称火屯。民国中期始，村名中的“火”字被“霍”音近替代而雅称霍屯至今。2002 年因房地产开发拆迁，年内迁至紫运园小区。交通干道有水仙东路。

# 永顺镇

## 上营村
Shàngyíng Cūn

通州区永顺镇辖村。拆迁前位于镇域东南部，北运河西岸、玉带河东街与赵登禹大街交会处北侧。北至江米店，西至东上园。面积约 0.25 平方千米。户籍人口 1366 人，常住人口 1895 人。1983 年 8 月设立村委会。明、清两代漕运兴盛时，此地紧邻剥运漕粮以及转运各种物资的重要水陆码头——土、石二坝，随漕运而来自南方的商旅多聚居于此。明清时期曾称该村为“蛮子营”。（清乾隆《通州志》载：“蛮子营，离城三里。”）新中国成立前后，此村人多为来自南方的“北上”之人，故将村名改化为上营至今。原村址处尚存晚清古槐一株，其树冠硕大、状若巨伞，冠径达 20 米有余。2000 年至 2009 年因棚户区改造拆迁，2013 年村民迁至中上园小区。交通干道有玉带河东街。

## 果元村
Guǒyuán Cūn

通州区永顺镇辖村。拆迁前位于镇域南部，京承铁路与新华南路交会处西南侧。南至通朝大街，西至北苑南路。面积约 0.25 平方千米。户籍人口 1220 人，常住人口 2558 人。1983 年 8 月设立村委会。清初，此地原是一处果园，为一王姓果木庄头所有，始有看管人员居此，渐成聚落，并以姓成村称王果园。（清乾隆《通州志》载：“王果园，离城一里。”）清晚期始改称果园。（清光绪《通州志》载：“果园，离城一里。”）1983 年后，以“元”同音替代“园”，将“果园”改写为“果元”，从而失去原村名之本意。该村西曾遗有美国耶稣教（基督教新教）墓地一处，此墓为美国传教士都春圃利用通州地方政府赔款，为传教士与教民所建，今墓及墓碑等均不存。1986 年该村实施旧村改造，2003 年建成果园村小区。交通干道有新华南路。

## 小圣庙村
## Xiǎoshèngmiào Cūn

通州区永顺镇辖村。位于镇域东南部，北运河西岸、六环路与滨河南路交会处东南侧。西北至大棚村，南至上马头村，西至小街村。面积约 2.15 平方千米。户籍人口 1913 人，常住人口 8500 人。1983 年 8 月设立村委会，下辖小圣庙、大棚两个自然村。明代，此村位于北运河畔，紧邻运河客运码头。相传，为镇水怪曾于此建庙一座，因庙中供奉一尊骑独眼龙名为小神爷的河神塑像，故称作小神庙。漕运时期，各路船客商旅至此后，为求河神保佑平安返回故里，纷纷登岸前往庙内焚香上供，特别是每年的祭祀河神和庙会期间更是热闹异常。由此，该村处居民日增，形成聚落后以庙名村称小神庙。至清晚期，村名在长期传播中因“神”与“圣”音近义同而导致用字异写，小神庙被改称为小圣庙至今。（清光绪《顺天府志》载：“治东南六里，小圣庙。”）该村于漕运时期形成的每年一度的祭祀河神活动和庙会随着运河停漕而废止，小神庙也在“文化大革命”时期被毁。驻村单位有通州区发电厂小学。交通干道有滨河南路。

## 大棚村
## Dàpéng Cūn

通州区永顺镇小圣庙村所辖自然村。拆迁前位于镇域东南部，北运河西岸、六环路与滨河南路交会处西北侧。西北至乔庄村，南至小圣庙村，西至北三间房村。隶属小圣庙村委会。明清两代漕运时期，此地建有关帝庙（也称茶棚庵）一座。（清康熙《通州志·祠庙》载：“梨园茶棚庵，在南关外。”）因紧邻运河客运码头，故南来北往的船客很多，特别是在每年祭祀河神和庙会期间，更是商贾云集，香客纷至，热闹非凡。为方便行旅，此处关帝庙僧人便搭起大棚施舍茶水，形成聚落后便以此名村而称茶棚关帝庙，也称茶棚庵。（清乾隆《通州志》载：“茶棚，离城五里。”）1913 年改称大棚村。1925 年于该村旁建通县发电厂，今不存。仅保留当年发电厂自来水塔一座，2007 年被公布为通州区文物保护单位，水塔为镇内不可移动文物。2005 年该村因六环西侧路占地拆迁，村民利用拆迁补偿款自行安置。交通干道有滨河南路。

## 乔庄村
## Qiáozhuāng Cūn

通州区永顺镇辖村。拆迁前位于镇域东南部，北运河西、运河西大街与滨河中路交会处西北侧。北至京秦铁路，东南至大棚村，西南至北三间房村。面积约 1.09 平方千米。户籍人口 4163 人，常住人口 9846 人。1983 年 8 月设立村委会。明代，迁徙民乔姓至此定居，渐成聚落，并以姓成村称乔家庄。（清乾隆《通州志》“乔家庄，离城三里。”）清末民初简称今名。1978 年，原村东的冯河坡子，村西的乔庄西园子，村南的大梁场和小梁场几个小聚落并入，统称乔庄。该村曾遗有清时所建关帝庙一座，今不存，仅余古槐一株。另存有明代僧寿瓮龛一，为镇内不可移动文物。1991 年因旧村改造拆迁，1995 年村民迁至乔庄西区、北区、东区。驻村单位有通州区乔庄小学。交通干道有运河西大街和乔庄北街。

## 前上坡村
## Qiánshàngpō Cūn

通州区永顺镇辖村。拆迁前位于镇域北部，通惠河北沿河路与前上坡村路交会处北侧。北至岳庄村，东至新建村，南至通惠河，西至永顺南里。面积约0.17平方千米。户籍人口1385人，常住人口3850人。清代，迁徙民至此于岳庄南上坡处定居，形成聚落后以地貌名村称前上坡。霍姓至上坡南定居，因聚落较小而名小霍庄。1949年将附近一带十余个小村组成两个基层行政组织，分称永顺村和胜利村。1953年二村合并成立永顺乡，辖12个自然村，乡公所设前上坡。1958年改称永顺大队，大队部仍设前上坡。1981年因永顺大队驻地与实体地名不符，遂将前上坡与小霍庄合并称永顺村。1983年8月设永顺村委会。1985年3月，成立京州（取“北京”和“通州”尾字而称）、滨河（因辖村靠近通惠河而名）两个村委会（实业公司）。将原永顺村委会所辖的永顺、贾庄、观音庵划归滨河村委会，僧官园划归京州村委会。1990年5月京州并入滨河。1995年滨河村委会改称前上坡村委会至今，辖前上坡、观音庵、贾庄、僧官园4个自然村。1986年8月于此村南出土的明代山西右布政使汪获麟墓志一合，志文称，今前上坡一带曾为永贵屯之所在。（墓志铭载：“兹文腾辈将以公卒之年十一月初十日，合葬郡城西永贵屯之原。”）1992年开始对旧村实施改造，1997年村民迁至滨河小区（永顺南里2号院）。交通干道有新华北路。

## 贾庄村
Jiǎzhuāng Cūn

通州区永顺镇前上坡村所辖自然村。拆迁前位于永顺镇北关，通惠河北岸，新华北路之东，永顺东街之南。1985年前隶属永顺村委会。1985年3月后隶属滨河村委会。1995年后隶属前上坡村委会。清代，贾姓首至此地定居，渐成聚落，并以姓成村称贾家庄。（清乾隆《通州志》载：“贾家庄，离城一里。”）清末民初简称贾庄至今。1949年，河北省通县专署于该村西曾建通州烈士陵园一处，1982年迁出，174名烈士骨灰现保存在通州区殡仪馆内革命烈士纪念堂。2010年，因棚户区改造拆迁，迁至永顺南里1.2号院。交通干道有新华北路。

## 观音庵村
Guānyīnān Cūn

通州区永顺镇前上坡村所辖自然村。拆迁前位于永顺镇北关，新华北路与永顺东街交会处北侧。隶属前上坡村委会。1985年前为永顺村委会所辖。1985年3月后为滨河村委会所辖。1995年后为前上坡村委会所辖。清末民初成村，因村址处原有观音庵一座，故以庵名村称观音庵至今。2014年因棚户区改造拆迁，至年底村民未安置。交通干道有新华北路。

## 僧官园村
Sēngguānyuán Cūn

通州区永顺镇前上坡村所辖自然村。拆迁前位于永顺镇北关，新华北路与永顺西街交会处。隶属前上坡村委会。清代，此地为大悲林法华禅林的菜园，形成聚落后故名。（清乾隆《通州志》载：“僧官园，离城三里。”）1985年前为永顺村委会所辖。1985年3月后为滨河村委会所辖。1995年后为前上坡村委会所辖。2014年因棚户区改造拆迁，至年底村民未安置。交通干道有新华北路。

## 杨庄村
Yángzhuāng Cūn

通州区永顺镇辖村。拆迁前位于永顺镇西关，京承铁路与杨庄路交会处北侧。北至杨庄北街，东至北苑南路，南至京秦铁路，西至西果园村。面积约0.09平方千米。户籍人口4616人，常住人口5166人。1983年8月设立村委会，下辖杨庄、西果园、杨富店、复兴庄、黄瓜园5个自然村。明代，杨姓首至此地定居，渐成聚落，并以姓成村称杨家庄（清乾隆《通州志》载：“杨家庄，离城五里。”）清末民初简称杨庄至今。1993年开始旧村改造，2003年村民迁入杨庄、复兴里、通广嘉园小区。驻村单位有通州区永顺镇中心小学。交通干道有杨庄路。

## 复兴庄村
## Fùxīngzhuāng Cūn

通州区永顺镇杨庄村所辖自然村。拆迁前位于镇域西南部，京秦铁路路与北苑南路交会处东侧。北至玉带河西街，西北至杨富店村，东至新城南关。隶属杨庄村委会。明清漕运时期，此处临近大运西仓，为晾晒大米之地，曾名晒米厂。（清乾隆《通州志》载：“晒米厂，离城二里。”）光绪二十六年（1900），在义和团运动中，通州部分仰仗教会欺压百姓的传教士及教徒被杀。光绪二十七年（1901），《辛丑条约》签订后，美国传教士以公理会名义，用庚子赔款和通州地方政府赔款将此地购买建房，用以安置被杀传教士及教徒家属，成村后以复兴基督教之意称复兴庄至今。该村为著名爱国人士、冯玉祥夫人、中华人民共和国第一任卫生部长、政协第四届全国委员会副主席李德全的出生地。1994年因房地产开发拆迁，1995年后村民迁入复兴南里和复兴北里小区。交通干道有玉带河西街。

## 黄瓜园村
## Huángguāyuán Cūn

通州区永顺镇杨庄村所辖自然村。拆迁前位于镇域西南部，通朝大街与杨庄路交会处西北侧。北至京秦铁路，西、南至区界。隶属杨庄村委会。明清两代，因此地所种植的黄瓜色鲜味美，清脆可口，可与水果相媲美，形成聚落后，以此特产而名黄果园。（清乾隆《通州志》载：“黄果园，离城五里。”）新中国成立后更今名。1987年与西果园组建一村属农场。2011年因房地产开发拆迁，2012年至2013年村民迁入通广嘉园。交通干道有杨庄路。

## 西果园村
## Xīguǒyuán Cūn

通州区永顺镇杨庄村所辖自然村。拆迁前位于永顺镇西关，京秦铁路与杨庄路交会处西北侧。北至新华联锦园，东至杨庄村，南至黄瓜园村，西至京承铁路。隶属杨庄村委会。明代，迁徙民至此定居建村，因村边有一片红果（山楂）园，故以此名村称红果园。（清乾隆《通州志》载：“红果园，离城五里。”）1981年因县域内重名而改称西果园至今。该村原由两部分组成，分称红前和红后。村东原有一聚落白家坟，1949年并入。1987年与黄瓜园组成村属农场。1966年于村西土岗处出土战国时期燕国刀币，重约15公斤。2011年因房地产开发拆迁，2012年村民迁入通广嘉园。交通干道有杨庄路。

## 杨富店村
## Yángfùdiàn Cūn

通州区永顺镇杨庄村所辖自然村。位于镇域西南部，北苑南路与玉带河西街交会处东南侧。北至玉带河西街，东至通州区第二中学，南至复兴庄村，西至京塘公路。面积约0.02平方千米。隶属杨庄村委会。明初，山东杨姓首至此地定居开店，形成聚落后取吉语称杨福店。（清乾隆《通州志》载：“杨福店，离城一里。”）清晚期始称杨富店至今。（清光绪《通州志》载：“杨富店，城南五里。”）（距离有误）该村于1990年成立杨富店股份合作社，经济上独立，但仍为杨庄下属自然村。交通干道有玉带河西街。

## 竹木厂村
## Zhúmùchǎng Cūn

通州区永顺镇辖村。拆迁前位于镇域西部，通惠河北岸、京榆旧线与竹木厂路交会处西南侧。北至西马庄村，东至取中庄村，西至区界。1983年8月设立村委会。面积约0.11平方千米。户籍人口453人。明代，因此地有一莲花池与通惠河相通，为防南方漕运来的竹子爆裂而于此浸泡存放，形成聚落后曾名竹子厂。（清乾隆《通州志》“竹子厂，离城七里。”）民国晚期，又因同时浸泡木头而改称竹木厂至今。1958年4月划归朝阳区，是年9月复归通县。该村南西起八里桥东至通济桥的通惠河段为金时的闸河故道，1998年曾于村东南通惠河底发现闸河旧闸址，2007年被公布为通州区文物保护单位。1994年6月撤村建居，1995年成立竹木厂社区居委会。1998年进行旧村改造，2000年村民迁入竹木厂小区。交通干道有京榆旧线。

## 南关村
## Nánguān Cūn

通州区永顺镇辖村。拆迁前位于永顺镇南关。北至旧城东、西顺城街，东至故城东路，南至运河西大街，西至车站路。面积约0.17平方千米。户籍人口780人，常住人口3110人。1983年8月设立村委会。辖南关、小三间房、协辛庄、南营房4个自然村。清代，该村因位于通州旧城南门外，旧时多将城外靠近城门一带的地区称之为“城关”或“关厢”，故称南关至今。1997年旧村改造拆迁，1998年至2015年村民陆续迁入艺苑东里、玉桥嘉园、艺苑西街7号院、玉桥西路37号院小区。交通干道有玉桥西路和运河西大街。

## 小三间房村
## Xiǎosānjiānfáng Cūn

通州区永顺镇南关村所辖自然村。拆迁前位于镇域南部，运河西大街与玉桥中路交会处南侧。北至运河西大街，东至玉桥东路，南至梨园南北街，西至玉桥西路。隶属南关村委会。清朝末年，原有一户守墓人家居此，后相继迁来两户，一家做鸡毛掸子，一家修鞋，聚落形成初期因只有三家故曾名三家房，后又因三家共有三间房（每家一间）而改称三间房。1973年，在调整城关公社与梨园公社管理范围时，将该村北部少数住户划归城关公社南关大队管辖。1981年，因县域内重名聚落又小而更名为小三间房至今。1998年旧村改造拆迁，2007村民迁入玉桥西里小区。交通干道有玉桥中路。

## 南营房村
## Nányíngfáng Cūn

通州区永顺镇南关村所辖自然村。位于永顺镇南关，运河西大街与玉桥西路交会处西北侧。西北至协辛庄村。隶属南关村委会。清代，此地始为军队驻地，形成聚落后曾名营房。（清乾隆《通州志》载：“营房，离城一里。”）新中国成立后因聚落较小而称小营房。1981年又因县域内重名，且此地位于南而更今名。交通干道有运河西大街。

## 协辛庄村
### Xiéxīnzhuāng Cūn

位于镇域南部，京秦铁路与新华南路交会处东侧。东南至南营房村。清代，始为军队驻地，清光绪初年协姓至此建新村，称协新庄，后将“新”同音异写为“辛”而称协辛庄至今。该村原为通州区永顺镇南关村所辖自然村，1997年后随运河街道划归玉桥街道所辖。交通干道有运河西大街。

## 邓家窑村
### Dèngjiāyáo Cūn

通州区永顺镇辖村。拆迁前位于镇域西部，滨榆西路与富河大街交会处西南侧。北至温榆河，东至纪庄村，南至西马庄村，西至区界。面积约0.82平方千米。户籍人口912人，常住人口2150人。1983年8月设立村委会。明代，邓姓首至此地建窑以烧制砖瓦和瓦盆为业，形成聚落后以此名村称邓家窑至今。（清光绪《通州志》载：“邓家窑，城北五里。”）1948年，该村由顺义县所辖，1950年6月后划归通县。1958年4月划归朝阳区，是年9月复归通县。1980年，村东小村破店并入。1995年，因旧村改造拆迁于原址新建，翌年村民迁入邓家窑村民自住楼。交通干道有富河大街。

## 纪庄村
### Jǐzhuāng Cūn

通州区永顺镇邓家窑所辖自然村。拆迁前位于镇域西部，温榆河西路与京承铁路交会处西南侧。南至许家场村，西至邓家窑村。隶属邓家窑村委会。清代，此地为纪姓土地，形成聚落后以姓成村称纪家庄。（清乾隆《通州志》载：“纪家庄，离城五里。”）清末民初简称纪庄至今。1958年4月划归朝阳区，是年9月复归通县。1995年因旧村改造拆迁于原址新建，翌年村民迁入邓家窑村民自住楼。交通干道有温榆河西路。

## 范庄村
### Fànzhuāng Cūn

通州区永顺镇辖村。拆迁前位于镇域北部，通顺路与朝阳北路交会处东南侧。东至焦王庄村，南、西至温榆河。面积约0.34平方千米。户籍人口1242人，常住人口6828人。1983年8月设立村委会。清代，范姓首至此地定居建村，以姓成村称范家庄。（清乾隆《通州志》“范家庄，离城三里。”）清末民初简称范庄至今。1948年，该村由顺义县所辖，1950年6月后划归通县。1993年因旧村改造拆迁，2010年村民迁入西潞苑小区。驻村单位有通州区范庄小学。交通干道有通（州）顺（义）路。

## 北马庄村
### Běimǎzhuāng Cūn

通州区永顺镇辖村。拆迁前位于镇域北部，温榆河东、通顺路与富河大街交会处西北侧。北至富豪村，东南至范庄村，西至温榆河。面积约0.25平方千米。户籍人口1100人，常住人口10639人。1983年8月设立村委会。明代，马姓首至此地定居，形成聚落后以姓成村称马家庄。（清乾隆《通州志》“马家庄，离城三里。”）清末民初简称马庄。新中国成立后，因县域内重名，此村位于北而更今名。1948年，该村由顺义县所辖，1950年6月后划归通县。1980年，村南小村西刘坟并入。1996年因旧村改造拆迁于原址新建，2002年村民迁入翠福园小区。

驻村单位有通州区起航双语艺术幼儿园。交通干道有通（州）顺（义）路。

## 焦王庄村
## Jiāowángzhuāng Cūn

通州区永顺镇辖村。拆迁前位于镇域东北部，陈列馆路与焦王庄街交会处东南侧。北至西刘庄村，东南至苏坨村，南至王家场村，西至范庄村。面积约1.45平方千米。户籍人口2725人，常住人口5610人。1983年8月设立村委会。清代，焦、王二姓在此地东西各自定居，焦姓于西，王姓于东，形成聚落后以姓成村分称焦家庄和王家庄。（清乾隆《通州志》载："焦家庄，离城五里。""王家庄，离城五里。"）民国初期分别简称王庄与焦庄。民国中期始因域内重名，焦庄位于西而改称西焦庄。1958年后因二村不断扩展而连成一体，合并称焦王庄至今。1948年，该村由顺义县所辖，1950年6月后划归通县。1953年5月至1956年7月，为一区（宋庄区）焦王庄乡政府驻地。2004年因旧村改造拆迁，年内村民迁入潞苑嘉园、枫露皇苑小区。驻村单位有通州区焦王庄小学。交通干道有陈列馆路。

## 耿庄村
## Gěngzhuāng Cūn

通州区永顺镇辖村。拆迁前位于镇域东部，潞苑南大街与芙蓉东路交会处南侧。东南至龙旺庄村，西南至王家场村。面积约0.12平方千米。户籍人口525人，常住人口710人。1983年8月设立村委会。清初，耿姓首至此地定居，因姓成村称耿家庄。（清乾隆《通州志》载："耿家庄，离城五里。"）清末民初始称耿庄至今。1948年，该村由顺义县所辖，1950年6月后划归通县。2001年因旧村改造拆迁择址新建，2002年村民迁入龙旺西里。交通干道有潞苑南大街。

## 龙旺庄村
## Lóngwàngzhuāng Cūn

通州区永顺镇辖村。拆迁前位于镇域东部，运潮减河北岸、潞苑南大街与芙蓉东路交会处东南侧。东北至六合村，东至孙各庄村。面积约0.29平方千米。户籍人口915人，常住人口990人。1983年8月设立村委会。元代，潮白河经此村一带流过，沿途携带大量泥沙沉积于此，以致造成河流改道，泛滥成灾，形成沙龙。《民国通县志稿》载："在县东五里小潞邑、焦、王、刘、耿各庄外，有沙坨（龙）数道，约长四里宽二里。"该村位于潮白河东岸，村人为镇水消灾建起龙王庙一座，形成聚落后以庙名村称龙王庄。明清间，以美好愿望改称隆旺庄。（清乾隆《通州志》载："隆旺庄，离城二里"。）民国初年，"隆"被同音异写为"龙"而称龙旺庄。1965年5月，并社时将其合并到城关公社，复称龙王庄。1983年8月，复称龙旺庄至今，但仍有称龙王庄的。1953年6月后，为一区（宋庄区）龙旺庄乡政府驻地。1956年7月至1958年4月，为龙旺庄乡政府驻地。2005年，荣获"全国文明村"称号；2008年，荣获"全国文明村镇工作先进村"称号。1994年因旧村改造拆迁，1998年村民迁入龙旺庄小区。驻村单位有通州区龙旺庄双语艺术幼儿园、通州区龙旺庄小学、通州区龙旺庄中学、永顺社区卫生服务中心。交通干道有芙蓉东路。

## 小潞邑村
XiǎoLùyì Cūn

通州区永顺镇辖村。拆迁前位于镇域东部，潞邑南大街与潞邑西路交会处东北侧。北至疃里新村，东北至六合村。面积约0.59平方千米。户籍人口774人，常住人口1530人。1983年8月设立村委会。明代，通州境内即有“潞邑”之名。（明嘉靖《通州志略》载：“州城东与东北，潞邑一乡，潞邑二乡。”）其中，“潞邑”中的“潞”系指潞河（北运河），“邑”可作“村落”解，“潞邑”意即当时靠近潞河已有一较大村落。清乾隆《通州志》载：“大潞邑，离城五里。”相传在清顺治年间，自大潞邑迁出几户人家于今小潞邑处定居，后因形成的聚落较小故名小潞邑。（清乾隆《通州志》载：“小潞邑，离城五里。”）经查，自清乾隆以后通州的志书中已再无大潞邑的记载，而只有小潞邑一村了。至于大潞邑原在何处，何时因何原因消失无考。民国年间，该村一直为苏坨村的附村，新中国成立后单独建制至今。1948年12月后曾为顺义县所辖，1950年6月后划归通县。1998年因旧村改造拆迁，2000年村民迁入潞邑西路2号院。驻村单位有通州区永顺镇小潞邑幼儿园。交通干道有潞邑南大街。

## 顾家坨村
Gùjiātuó Cūn

通州区永顺镇小潞邑村所辖自然村。潞邑南大街与潞邑西路交会处东北侧。东北至小潞邑村。隶属小潞邑村委会。1912年前后，开始有人在靠近小潞邑村的沙坨上定居，以租种顾姓土地为生，形成聚落后以姓成村称顾家坨。1948年12月后曾为顺义县所辖，1950年6月后划归通县。以后逐渐与小潞邑村成为同一实体。

## 苏坨村
Sūtuó Cūn

通州区永顺镇辖村。拆迁前位于镇域东北部，潞苑东路与潞苑四街交会处西北侧。北至李庄村，东至小潞邑村，西至焦王庄村。面积约0.06平方千米。户籍人口611人，常住人口1040人。1983年8月设立村委会。明代，苏姓在此处较高的沙坨上定居建村，形成聚落后以姓和地貌特征成村称苏家坨。（清光绪《通州志》载：“苏家坨，城东十三里。”）清末民初简称苏坨至今。1948年12月后曾为顺义县所辖，1950年6月后划归通县。1958年9月后，为宋庄公社苏坨管理区管委驻地。1961年7月至1965年5月，为宋庄工委管苏坨公社管委驻地。2006年实施旧村改造于原址新建。2008年建成苏坨新村，村民迁入新居。交通干道有潞苑东路。

## 永顺村
Yǒngshùn Cūn

通州区永顺镇辖村。原位于永顺镇北关，通惠河北岸、新华北路与滨惠北二街交会处西北侧。镇政府所在地。北至岳庄村，西至前上坡村。面积约0.59平方千米。户籍人口3835人，常住人口9378人。清代，此地先后形成10余个小村。1949年，将10余个小村组成永顺和胜利两个基层行政组织，始有永顺之名。1953年民主建政期间将永顺、胜利合并设立永顺乡，辖12个自然村，乡公所设在前上坡。1958年改称永顺大队，所辖自然村未变。1981年因永顺大队驻地与实体地名不符，遂将前上坡与小霍庄两村合并称永顺大队，大队部设此。1983年8月永顺大队改设为永顺村委会，下辖永顺、卢庄、北辛庄、后窑、许家场、岳庄、前窑、城辛庄、取中庄、观音庵、贾庄、僧官园12个自然村。1985年3月，成立京州、滨河两个村委会，将永顺、贾庄、观音庵划归滨河，僧官园划归京州。1990年5月京州并入滨河。1995年滨河村委会改称前上坡村委会后，重新设立永顺村，永顺村委会驻地迁永顺西街北侧新建，辖永顺、卢庄、北辛庄、后窑、许家场、岳庄、前窑、筛子庄、城辛庄、取中庄10个自然村。2010年因棚户区改造拆迁，2014年大部村民迁入永顺家园。驻村单位有通州区永顺小学、通州区北关中学。交通干道有新华北路。

## 卢庄村
## Lúzhuāng Cūn

通州区永顺镇永顺村所辖自然村。拆迁前位于永顺镇北关，永顺路与永顺北街交会处西南侧。东北至后窑村，东南至岳庄村，南至取中庄村。隶属永顺村委会。清代，卢姓首至此地定居，形成聚落后以姓成村称卢家庄。（清光绪《顺天府志》载：“治西北八里，卢家庄。”）民国后期简称卢庄至今。1982年，于村东口外路北发掘一东汉砖墓，出土砖墓石门及少量青瓷明器等。1985年5月，于村北出土明进士宁河为其子宁平所撰墓志铭一合，志文称今西海子一带当年曾称“璧湖”，为通州地名变迁提供了依据。2013年12月因旧村改造拆迁，至2014年底村民尚未安置。交通干道有永顺北街。

## 许家场村
## Xǔjiācháng Cūn

通州区永顺镇永顺村所辖自然村。拆迁前位于镇域中西部，通燕高速公路与物资学院路交会处东侧。西南至西马庄村。隶属永顺村委会。清代，此地曾为许姓菜园，故名许家园子。1946年前后成为许姓场院，住有看场护院之人，形成聚落后以姓成村称许家场。1958年4月划归朝阳区，是年9月复归通县。2013年12月，因新城建设拆迁，至2014年底村民尚未安置。交通干道有物资学院路。

## 岳庄村
## Yuèzhuāng Cūn

通州区永顺镇永顺村所辖自然村。拆迁前位于永顺镇北关，新华北路与永顺南街交会处西北侧。北至北辛庄村，南至永顺村，西北至卢庄村。面积约0.09平方千米。隶属永顺村委会。清代，岳姓首至此地定居，形成聚落后以姓成村曾名岳家庄。（清乾隆《通州志》载：“岳家庄，离城三里。”）清末民初简称岳庄至今。该村小学操场处曾遗有明代御马监太监于朝墓一座，今仅存墓碑一通。该碑记述了于朝为御马太监，死后葬在城北其任职处。由此可为本镇马厂和梨园镇的大马庄等一些专为官府养马村庄村名的来历提供了佐证。1986年8月，又于该村南通惠河畔出土明山西左布政使汪仁甫之妻孟安人墓志一合，志文确认了当年此地为清安屯之所在。（志铭载：“……遂以其年四月二十有八日，葬于都城东清安屯祖茔之次。”）该村还曾遗有清同治元年（1862）所建道教庙宇吕祖祠，清同治六年（1867）由通州绅士在该祠内所办私塾义学，“文化大革命”时期被毁。2000年前后改制为岳庄股份合作社。交通干道有新华北路。

## 取中庄村
## Qǔzhōngzhuāng Cūn

通州区永顺镇永顺村所辖自然村。位于

镇域中部，通惠河北岸、通惠北路与滨惠北二街交会处东北侧。北至卢庄村，东至永顺村。隶属永顺村委会。清代，因村人曾以制造贩卖取灯儿（火柴）为生，故曾名取灯庄。（清乾隆《通州志》载：“取灯庄，离城三里。”）民国后期因地名用字的谐音雅化而改称取中庄。20世纪90年代与筛子庄合并。交通干道有通惠北路。

## 城辛庄村
## Chéngxīnzhuāng Cūn

通州区永顺镇永顺村所辖自然村。拆迁前位于永顺镇北关，新华北路与永顺北街交会处西南侧。北至后窑村，南至岳庄村，西至卢庄村。隶属永顺村委会。清代，辛姓大户首居于此，为土地所有者，形成聚落后以姓成村，加之聚落较大而名大辛庄。（清乾隆《通州志》载：“大辛庄，离城三里。”）1981年，因域内重名，此村又位于城关而改称城辛庄。2013年12月，因旧村改造拆迁，至2014年底村民尚未安置。交通干道有新华北路。

## 北辛庄村
## Běixīnzhuāng Cūn

通州区永顺镇永顺村所辖自然村。位于永顺镇北关，新华北路与永顺北街交会处西南侧。北至后窑村，东至前窑村，南至岳庄村，西至卢庄村。隶属永顺村委会。清代，辛姓首至此地，并为土地所有者。形成聚落后因近大辛庄（今城辛庄），又为新建，加上聚落较小而名小辛庄。（清乾隆《通州志》载：“小辛庄，离城三里。”）1981年，因县域内重名，且位于县域北端而改称北辛庄。20世纪90年代并入城辛庄。交通干道有新华北路。

## 后窑村
## Hòuyáo Cūn

通州区永顺镇永顺村所辖自然村。拆迁前位于永顺镇北关，通燕高速公路与新华北路交会处西南侧。南至前窑村，西南至卢庄村。隶属永顺村委会。清代，此地位于烧制砖瓦的窑地之北，形成聚落后故名后窑。（清乾隆《通州志》载：“后窑，离城三里。”）20世纪90年代初前窑并入。2007年该村由永顺村析出经济独立，2010年改制为后窑社区股份合作社。2013年12月因旧村改造拆迁，至2014年底村民尚未安置。交通干道有新华北路。

## 前窑村
## Qiányáo Cūn

永顺镇永顺村所辖自然村。位于镇域中部，新华北路与永顺东街交会处东南侧。北至后窑村，南至永顺村，西至北辛庄村。隶属永顺村委会。清代，因此处位于烧制砖瓦的窑地之南，形成聚落后故名前窑。（清乾隆《通州志》载：“前窑，离城二里。”）20世纪90年代初并入后窑。

## 王家场村
## Wángjiācháng Cūn

通州区永顺镇辖村。拆迁前位于镇域东部，运潮减河北、路苑南大街与芙蓉东路交会处西南侧。东北至耿庄村，西北至范庄村。面积约0.04平方千米。户籍人口700人，常住人口1020人。1983年8月设立村委会。清代，此地本为王姓场院，住有看场护院之人，形成聚落后以姓成村称王家场至今。（清乾隆《通州志》载："王家场，离城三里。"）2005 年因旧村改造拆迁，2006 年村民迁入王家场小区。驻村单位有永顺镇敬老院。交通干道有芙蓉东路。

## 李庄村
## Lǐzhuāng Cūn

通州区永顺镇辖村。拆迁前位于镇域东北部，潞苑东路与朝阳北路交会处西北侧。东南至苏坨村，西南至焦王庄村，西北至刘庄村。面积约 0.96 平方千米。户籍人口 1210 人，常住人口3050人。1983年8月设立村委会。清代，李姓首至此地定居建村，以姓成村称李家庄。（清乾隆《通州志》载："李家庄，离州四里。"）清末民初简称李庄至今。1981 年，位于村东南的刘坨并入。1948 年，该村由顺义县所辖，1950 年 6 月后划归通县。2007 年因旧村改造拆迁，2010 年村民迁入李庄佳苑。交通干道有潞苑东路。

## 新建村
## Xīnjiàn Cūn

通州区永顺镇辖村。拆迁前位于永顺镇北关，新华北路与永顺东街交会处东北侧。北至皇木厂村，东南至牛作坊村。面积约 1.43 平方千米。户籍人口 4680 人，常住人口 7240 人。1983 年 8 月设立村委会。下辖新建、下关、大悲林、马厂、牛作坊、北皇木厂、姜厂子、盐滩、桂子胡同 9 个自然村。此地原为通州城隍爷出巡至此的祭祀之所，设有大、小两个台址，称赦孤台，后于此分别形成大、小两个聚落。民国晚期始分称大、小孤台。1953 年民主建政时，设新建乡，乡政府置此。1958 年改为新建大队。1981 年因无实体地名，将大、小孤台合并称今名。该村紧临北运河，明清漕运时期，船工多居于此。在长期的运河船运中，形成了独具特色的通州运河船工号子。至 21 世纪初共搜集、整理出 10 种 22 首船工号子，被评为市级非物质文化遗产保护项目，传承人为该村的赵庆福、孔秀荣夫妇。1960 年至 1964 年开挖运潮减河时，于该村东北运河处建起两座节制闸，俗称"二道闸"，为镇内不可移动文物。2010 年因旧村改造拆迁，至 2014 年底村民大部迁入永顺西里（42—45 号楼）、新建二期高层、物资学院 3 号院小区。驻村单位有北京七色光艺术幼儿园。交通干道有新华北路。

## 下关村
## Xiàguān Cūn

通州区永顺镇新建村所辖自然村。拆迁前位于永顺镇北关，通惠河与北运河汇流处西北侧。西至盐滩路。隶属新建村委会。明代，因此地位于通惠河与北运河汇流处的通济桥（原卧虎桥）北侧，为京粮盘驳入通惠河以抵京师的要地，又是北京至山海关的交通要冲，故在此设关检查过往客商行旅。因该村位于通惠河下游入北运河河口处，又因当时有上关，此处便称为下关至今。1988 年村旁通济桥移至通惠河口重建，古通济桥已不存，仅在古桥遗址旁留有明万历六年（1578）"新建通济桥记"残碑一块，古桥遗址及碑记均为镇内不可移动文物。2010 年因旧村改造拆迁，至 2014 年部分村民迁入永顺西里（42—45 号楼）、新建二期高层、物资学院 3 号院小区。交通干道有盐滩路。

## 大悲林村
## Dàbēilín Cūn

通州区永顺镇新建村所辖自然村。拆迁

前位于永顺镇北关，通惠河北岸、新华北路与永顺东路交会处东北侧。东北至牛作坊村，西北至观音庵村。隶属新建村委会。明代，此地建有法华庵，清代改名大悲禅林。相传在1920年前后形成聚落，以寺名村称大悲林至今。1953年，明代著名进步思想家李卓吾墓由马厂村迁至该村南，并建碑楼，1959年7月24日，通州区人委公布其为文物保护单位，1983年10月再迁至西海子公园内。2010年该村因旧村改造拆迁，至2014年部分村民迁入永顺西里（42—45号楼）、新建二期高层、物资学院3号院小区。交通干道有新华北路。

## 马厂村
## Mǎchǎng Cūn

通州区永顺镇新建村所辖自然村。拆迁前位于永顺镇北关，温榆河南侧、通顺路与通燕高速公路交会处西北侧。西北至纪庄村，西南至许家场村。隶属新建村委会。明代，按朝廷“官马民养”规定，在通州镇南北分设养马场两处，形成聚落后因此处位于北曾名北马厂。（清乾隆《通州志》载：“北马厂，离城三里。”）清晚简称马厂至今。（清光绪《顺天府志》载：“治北三里，马厂。”）1948年，该村由顺义县所辖，1950年6月后划归通县。明万历三十年（1602），著名思想家李贽（字宏甫，号卓吾）在狱中自刎而亡，好友马经纶遵其遗嘱，将其葬在该村西迎福寺侧。万历三十八年（1610）通州知州汪可授为其立“卓吾老子墓碑”，今已无存。万历四十年（1612），詹轸光为其立“李卓吾先生墓碑”，1953年墓碑迁至大悲林村。1988年7月建北关环岛时，该村大部拆除。2010年因旧村改造其余部分全部拆除，至2014年部分村民迁入永顺西里（42—45号楼）、新建二期高层、物资学院3号院小区。驻村单位有北京市结核病胸部肿瘤研究所。交通干道有通（州）顺（义）路。

## 牛作坊村
## Niúzuōfáng Cūn

通州区永顺镇新建村所辖自然。拆迁前位于永顺镇北关，通惠河北岸、新华北路与永顺东路交会处东北侧。西北至新建村，西至观音庵村，西南至大悲林村。隶属新建村委会。清代，一些回民至此定居，以宰杀牛羊为业。形成聚落后，因建有屠宰牛羊的作坊，故名。村民主要由回族、汉族组成，其中回族人口占61%左右，为通州城北关地区回族人口主要聚集地。村内原建有清真寺，“文化大革命”期间毁坏严重，2000年移至永顺后窑村处新建，更名为北关清真寺，宗教活动正常开展。2010年因旧村改造拆迁，至2014年部分村民迁入永顺西里（42—45号楼）、新建二期高层、物资学院3号院小区。交通干道有新华北路。

## 北皇木厂村
## Běihuángmùchǎng Cūn

通州区永顺镇新建村所辖自然村。拆迁前位于永顺镇北关，北运河西岸、通燕高速公路与新华北路交会处东南侧。东至盐滩村，南至新建村。隶属新建村委会。明嘉靖七年（1528）吴仲重修通惠河和疏浚张家湾以北运河后，通惠河口由张家湾移到了此处。于是，皇木便由张家湾皇木厂移至此处存放，形成聚落后故名。（清乾隆《通州志》载：“皇木厂，离城三里。”）1981年因县域内重名且位于北而更今名。1988 年 7 月，因建北关环岛及京哈公路（今称通燕高速公路）村落西部和北部拆迁。2010 年因旧村改造村落其余部分拆迁，至 2014 年部分村民迁入永顺西里（42—45 号楼）、新建二期高层、物资学院 3 号院小区。交通干道有新华北路。

## 姜厂子村
## Jiāngchǎngzi Cūn

通州区永顺镇新建村所辖自然村。拆迁前位于永顺镇北关，北运河西岸、通燕高速公路与新华北路交会处东南侧。北至盐滩村，东南至下关村，西南至新建村。隶属新建村委会。清代，由南方漕运而来的生姜多存放于此，以销往北京及北方各地。民国年间形成聚落，故名。2010 年因旧村改造拆迁，至 2014 年村民部分迁入永顺西里（42—45 号楼）、新建二期高层、物资学院 3 号院小区。交通干道有新华北路。

## 盐滩村
## Yántān Cūn

通州区永顺镇新建村所辖自然村。拆迁前位于永顺镇域中部，北运河西岸、通燕高速公路与新华北路交会处东侧。南至姜厂子村，西至北皇木厂村。隶属新建村委会。明、清时期，由南方漕运来的食盐多存放于此，成为供应北京和北方各地食盐的集散地，因食盐沿河滩堆放，形成聚落后故名盐滩至今。村中间原有一南北走向洼地，将村子分割成东西两部分，分称东盐滩和西盐滩。1985 年填平洼地建起新房，使村子成为一体。1988 年 7 月，因修筑京哈公路拆除村北部分民房，2010 年其余部分因旧村改造全部拆迁，至 2014 年基本建成永顺西里（42—45 号楼）、新建二期高层、物资学院 3 号院小区，部分村民迁入新居。交通干道有新华北路。

## 桂子胡同
## Guìzi Hútong

通州区永顺镇新建村所辖自然村。拆迁前位于永顺镇北关，通惠河北、新华北路与永顺东街交会处东北侧。北至姜厂子村，东至下关村，西至牛作坊村。隶属新建村居委会。相传，清末山东桂姓人家至此地定居，为满足来往客商之需，以卖水为业。1900 年前后渐成街巷，因桂姓家人带有山东口音，故曾名“侉子胡同”。1920 年前后，由于村名带有歧视之义而谐音雅化改为“桂子胡同”至今。该村处曾遗有明嘉靖间所建通惠祠（吴公祠），主祀重开通惠河的明代巡按御史吴仲，今不存。其村南曾有古井一口，今不存，仅遗双口井盘石一块，为辽代遗物。2010 年因旧村改造拆迁，至 2014 年村民部分迁入永顺西里（42—45 号楼）、新建二期高层、物资学院 3 号院小区。交通干道有新华北路。

## 刘庄村
## Liúzhuāng Cūn

通州区永顺镇辖村。拆迁前位于镇域北部，朝阳北路与陈列馆路交会处东南侧。北至双埠头村，东至李庄村，南至焦王庄村，西至北马庄村。面积约 1.30 平方千米。户籍人口 1547 人，常住人口 1949 人。1983 年 8 月设立村委会。清代，刘姓首至此地并成为土地所有者，形成聚落后以姓成村称刘家庄。（清乾隆《通州志》载：“刘家庄，离城四里。”）清晚期简称刘庄。（清光绪《顺天府志》载：

“治东北五里，刘庄。”）民国中期改称西刘庄。民国晚期复称刘庄。1981年因县域内重名，且此村位于西拟更名为西刘庄，但此议并未实行而继续使用原村名至今。1948年，该村由顺义县所辖，1950年6月后划归通县。2006年因旧村改造拆迁于原址新建，2007年村民迁入刘庄新村。驻村单位有通州区兴顺实验小学。交通干道有朝阳北路。

## 西马庄村
## Xīmǎzhuāng Cūn

通州区永顺镇辖村。拆迁前位于镇域西部，通惠河北、京榆旧线与竹木厂路交会处东侧。东北至卢庄村，东至八里桥市场，西南至竹木厂，西至区界。面积约0.29平方千米。户籍人口1744人，常住人口5300人。1983年8月设立村委会。明代，迁徙民马姓首至此地定居建村，因村落位于西而以姓成村曾名西马家庄。（清乾隆《通州志》载：“西马家庄，离城十二里。”）清末民初后简称西马庄至今。1958年4月划归朝阳区，是年9月复归通县。1993年因旧村改造拆迁于原址新建，2000年村民迁入新居。驻村单位有通州区童心幼儿园、通州区西马庄小学。交通干道有京榆旧线。

# 梨园镇

## 大稿村
## Dàgǎo Cūn

通州区梨园镇辖村。拆迁前位于镇域西部，通马路与万盛南街交会处东北侧。东北至后场村，东南至小稿村，西南至辛庄村，西至区界。面积约1.13平方千米。户籍人口1533人，常住人口1857人。1983年7月设立村委会。明代，张、王、李、赵、邢五姓相继至此定居始成聚落，并在草木枯槁、自然条件十分恶劣的条件下开荒种田，并以此名村而称槁村。后由于村人精耕细作，所种稻麦秆粗穗大，籽粒饱满，因“稿”可作“稻、麦的秆子”解，故将“槁”同音雅化为“稿”而称稿村。（清乾隆《通州志》载：“稿村，离城八里。”）清初，满人将此处土地圈占，先后在村子周边设置场院和投充人（失去土地的汉人）的居住地，渐成聚落。民国中期始，因此村位于北场院一带，且聚落较大，故改称大稿村至今，俗称大稿。1953年5月后，为六区（张家湾区）大稿村乡政府驻地；1956年7月至1958年4月，为大稿村乡政府驻地；1958年9月后，为张家湾公社大稿村管理区管委驻地；1961年7月至1965年5月，为张家湾工委管区大稿村公社管委驻地；1972年12月划归梨园公社。该村西南部曾有一处四合院建筑——邢家大院，其规模居全区之首，也是北京地区旧时一处典型的地主庄园。1986年公布为通县文物保护单位，1996年5月被拆除。1996年6月，于该村原址出土一窖藏，内有清代多件景德镇官窑烧制的瓷器，如青花缠枝莲大鱼缸、官窑青花折枝莲碗、锦地开光山水花盆等。村内遗有关帝庙一座，明建清修，原为南向两进院落，现仅存正殿3间，另有国家二级古树青杨二株以及古槐和刺槐各2株，为镇内不可移动文物。改革开放后，该村成为北京市闻名的富裕村。2005年、2008年和2011年连续3次荣获“全国文明村”称号；2007年荣获“全国绿色小康村”称号。1989年和1992年因旧村改造分两次拆迁，建成大稿新村小区后，村民迁入新居。驻村单位有通州区尚慧幼儿园、通州区大稿新村小学。交通干道有通（州）马（驹桥）路。

## 小稿村
## Xiǎogǎo Cūn

通州区梨园镇辖村。拆迁前位于镇域西南部，通马路与万盛南街交会处东北侧。东北至孙庄村，东南至大马庄村，西南至南场村，西北至大稿村。面积约 1.36 平方千米。户籍人口 1867 人，常住人口 2963 人。1983 年 7 月设立村委会，辖小稿、辛庄、南场和后场 4 个自然村。明初已成村，属稿村的一部分。1946 年撤销警区建乡时，与稿村脱离独立成村，因聚落较小，又西近大稿村故名小稿村至今，俗称小稿。2007 年因旧村改造拆迁，年内村民迁入小稿村小区。交通干道有通（州）马（驹桥）路。

## 辛庄村
## Xīnzhuāng Cūn

通州区梨园镇小稿村所辖自然村。位于镇域西南部，通马路与万盛南街交会处南侧。东北至大稿村，东至南场村，南至铺头村，西至区界。隶属小稿村村委会。清初，满族人至此圈占土地，强迫汉族投充人居此并为其耕种土地。形成聚落后，因此村为稿村的一部分，并无单独称谓。新中国成立后单独建制称新庄，后村名中的“新”字被“辛”字同音替代而称辛庄。20 世纪末，该村与小稿村合并。

## 南场村
## Nánchǎng Cūn

通州区梨园镇小稿村所辖自然村。位于镇域西南部，通马路与万盛南街交会处东南侧。北至大稿村，东至小稿村，西南至铺头村，西至辛庄村。隶属小稿村村委会。清初圈地中，于大稿村南、北分设两个场院，并住有看场护院之人。分别形成聚落后因此村位于南而称南场，未单独建制。新中国成立后独立成村，名称未变。20 世纪末，该村与小稿村合并。

## 后场村
## Hòuchǎng Cūn

通州区梨园镇小稿村所辖自然村。位于梨园镇西南部，通马路与万盛南街交会处东北侧。北至西小马庄村，东北至孙庄村，东南至公庄村，西南至大稿村。隶属小稿村村委会。清初圈地中，于稿村南、北各设一处场院，并住有看场护院之人。形成聚落后此村因位于北而称后场，属稿村一部分，单独建制。新中国成立后独立成村，村名未变。20 世纪末，该村与小稿村合并。

## 半壁店村
## Bànbìdiàn Cūn

通州区梨园镇辖村。拆迁前位于镇域西部，怡乐中路与京州北街交会处东南侧。东北至李老公庄村，东至西小马庄村，东南至大稿新村，西至区界。面积约 0.34 平方千米。户籍人口 756 人，常住人口 2310 人。1983 年 7 月设立村委会。明代，该村处于入京古道旁，街道两侧建有多家前为店铺，后为作坊或民居的“半边店”式房屋。清中期，以谐音雅称半壁店至今。（清乾隆《通州志》载：“半壁店，离城四里。”）2008 年因旧村改造拆迁，年内村民迁入半壁店小区。驻村单位有通州区贝乐康双语艺术幼儿园、北京探矿机械厂子弟小学、通州区梨园镇中心小学、通州区潞河中学附属学校。交通干道有怡乐中路。

## 东总屯村
## Dōngzǒngtún Cūn

通州区梨园镇辖村。拆迁前位于镇域北部，通马路与怡乐北街交会处西北侧。北至果园村，东至九棵树村，南至刘老公庄村，西至西总屯村。面积约 0.05 平方千米。户籍人口 699 人，常住人口 2246 人。1983 年 7 月设立村委会。清初，此处为直隶总督封地，因该总督又挂总布政使衔，故以此名村曾称总布屯，简称总屯。（清乾隆《通州志》载：“总屯，离城三里。”）清晚期，逐渐形成东西两个聚落，因此村位于东而称东总屯至今。（清光绪《通州志》载：“东总屯，城南三里。”）2004 年因旧村改造拆迁，年内村民迁入东总屯小区。交通干道有通（州）马（驹桥）路。

## 西总屯村
## Xīzǒngtún Cūn

通州区梨园镇辖村。拆迁前位于镇域西北部，通马路与怡乐北街交会处西北侧。北至果园村，东、南至刘老公庄村，西至李老公庄村。面积约 0.03 平方千米。户籍人口 119 人，常住人口 576 人。1983 年 7 月设立村委会。清初，此处为直隶总督封地，因该总督又挂总布政使衔，故以此名村曾称总布屯，简称总屯。（清乾隆《通州志》载：“总屯，离城三里。”）清晚期，逐渐形成东西两个聚落，因此村位于西而称西总屯至今。（清光绪《通州志》载：“西总屯，城南三里。”）2009 年因旧村改造拆迁，年内村民迁入西总屯小区。驻村单位有通州区梨园镇西总屯幼儿园。交通干道有通（州）马（驹桥）路。

## 大马庄村
## Dàmǎzhuāng Cūn

通州区梨园镇辖村。拆迁前位于镇域南部，九棵树中路与万盛南街交会处东北侧。北至公庄村，东至东小马村，南至曹园村，西至小稿村。面积约 0.69 平方千米。户籍人口 1125 人，常住人口 1359 人。1983 年 7 月设立村委会。该村名的含义和由来说法有二，其一是：明景泰年间，按顺天府规定当地农民须代官养马，养马者被称作马户。后此地按东西方向先后形成大小 3 个聚落，村人均以养马为业。此聚落位于中间而称马家庄。清代，因其聚落较大，为与另两个较小聚落相区别而称大马家庄。（清乾隆《通州志》载：“大马家庄，离城六里。”）清末民初简称大马庄至今。其二是：在清初的圈地中，此地为旗地，由马姓庄头负责管理，雇佣农民为其耕种，形成聚落后以马姓成村称马家庄。1953 年 5 月至 1956 年 7 月，为六区（张家湾区）大马庄乡政府驻地。2003 年因旧村改造拆迁，翌年村民迁入大马庄小区。驻村单位有通州区汇佳绣江南幼儿园。交通干道有九棵树中路。

## 东小马庄村
## Dōngxiǎomǎzhuāng Cūn

通州区梨园镇辖村。拆迁前位于镇域南部，万盛南街与荟萃东路交会处东北侧。东北至小街村，东南至楼子庄村，南至将军坟村，西至大马庄村。面积约 0.76 平方千米。户籍人口 1060 人，常住人口 1997 人。1983

年7月设立村委会。该村名的含义和由来说法有二，其一是：明景泰年间，按顺天府规定当地农民须代官养马，养马者被称作马户。后此地先后形成大小3个聚落，村人均以养马为业。清代，因该村位于东，且较村西大马家庄小故名马家庄。（清乾隆《通州志》载："马家庄，离城六里。"）民国晚期，为与西小马庄相对应而改称东小马庄至今。其二是：在清初的"圈地"中，此地为旗地，由马姓庄头负责管理，雇佣农民为其耕种，形成聚落后以马姓成村称马家庄。2014年该村因旧村改造开始拆迁，村民另行安置。驻村单位有通州区立华学校。交通干道有万盛南街。

## 西小马庄村
## Xīxiǎomǎzhuāng Cūn

通州区梨园镇辖村。拆迁前位于镇域西部，九棵树西路与翠屏西路交会处北侧。东北至李老公庄村，东至孙王场村，南至后场村，西至半壁店村。面积约0.35平方千米。户籍人口875人，常住人口829人。1983年7月设立村委会。该村名的含义和由来说法有二，其一是：明景泰年间，按顺天府规定当地农民须代官养马，养马者被称作马户。后此地先后形成大小3个聚落，村人均以养马为业。清代，因该村是其中最小的一个，故称小马家庄。（清乾隆《通州志》载："小马家庄，离城三里。"）民国晚期，为与东小马庄相对应而改称今名。其二是：在清初的圈地中，此地为旗地，由马姓庄头负责管理，雇佣农民为其耕种，形成聚落后以姓成村称马家庄。该村曾遗有辽墓群，今半存。2011年因土地开发拆迁，年内村民迁入西小马庄园小区。交通干道有通（州）马（驹桥）路。

## 高楼金村
## Gāolóujīn Cūn

通州区梨园镇辖村。拆迁前位于镇域东南部，大高力庄路与群芳南街交会处东侧。东北至楼子庄村，东南至花庄村，西北至金庄村。面积约1.46平方千米。户籍人口1930人，常住人口2516人。1983年7月设立村委会，辖高楼金、花庄、金庄、楼子庄4个自然村。清初，部分村人由今张家湾镇大高力庄（原为大高丽庄）迁此，形成东西两个小聚落，合称大小高力庄。（清乾隆《通州志》载："大小高力庄，离城十三里。"）与此同时，周边又相继形成了娄家庄（即楼家庄）和花家庄。清晚期，大小高力庄单独建制，分称大高力庄和小高力庄。（清光绪《通州志》载："大高力庄，城南十三里。""小高力庄，城南十三里。"）其中，小高力庄又分为东小高力庄和西小高力庄，俗称东、西小高庄。此时，小高力庄附近又形成金庄一小聚落。民国晚期，楼子庄和金庄划归小高力庄编乡所辖。1946年撤销警区建乡时，将小高力庄与楼子庄、金庄、花庄合并称"高楼金"至今。1995年6月，于村西南明代处士戴芳墓内出土墓志一合。（志铭载："……卜以是年九月十二日，葬高力庄之原。"）可见，至明代原唐代所建高丽庄已演变为高力庄。该村村民田春华，在全县农业合作化高潮中，率先成立互助组、初级社，并于1953年出席了河北省爱国丰产劳模大会，获劳动模范奖章。1954年成立"爱国社"，实行包工、包产、包开支制度和财务包干管理办法，调动了社员劳动积极性，粮棉增产。时任农业部部长的廖鲁言等曾前来考察指导工作。该社财务管理办法登报时，党和国家领导人为其写下按语。20世纪80年代该村村民刘碧莲从事生猪养殖，收入过万，获得了1984年度北京市特等劳动模范称号。

2011 年因文化旅游区建设拆迁，年内村民迁入高楼金第小区。交通干道有大高力庄路。

## 金庄村
## Jīnzhuāng Cūn

通州区梨园镇高楼金村所辖自然村。位于镇域东南部，大高力庄路与群芳南街交会处东北侧。北至小街村，西北至东小马庄村，东南至高楼金村。隶属高楼金村委会。该村名的含义和由来说法有二：其一是，清初，金姓首至此地定居建村，以姓成村称金庄。其二是，在清初“圈地”中，此地为旗地，由金姓庄头负责管理，并雇佣农民为其耕种，形成村落后便以金姓成村称金庄至今。（清光绪《顺天府志》载：“治南十里，金庄。”）20 世纪末并入高楼金村。

## 花庄村
## Huāzhuāng Cūn

通州区梨园镇高楼金村所辖自然村。位于镇域东南部，大高力庄路与群芳南街交会处东南侧。北至土桥村，东南至周庄村，西北至高楼金村。隶属高金楼村委会。该村名的含义和由来说法有二：其一是，清代，花姓首至此地定居建村，以姓成村称花家庄。（清乾隆《通州志》载：“花家庄，离城十二里。”）民国期间简称花庄至今。其二是，在清初圈地中，此地为旗地，由花姓旗人负责管理，并雇佣农民为其耕种，形成村落后便以花姓名村称花庄至今。20 世纪末并入高楼金村。

## 楼子庄村
## Lóuzizhuāng Cūn

通州区梨园镇高楼金村所辖自然村。位于镇域东南部，大高力庄路与群芳南街交会处东北侧。北至土桥村，东南至花庄村，西南至高楼金村，西北至东小马庄村。隶属高金楼村委会。该村名的含义和由来说法有二，其一是：明代，娄姓旗人首至此地定居，以姓成村称娄家庄。（清乾隆《通州志》载：“娄家庄，离城八里。”）清晚期改称娄子庄。（清光绪《通州志》载：“娄子庄，城南八里。”）民国晚期，因村内高处所建房屋远观似楼而被同音雅称今名。其二是：清初，该村为娄姓人所建村庄，又因村四周栽植梓树而名娄家梓庄，简称娄梓庄。后“娄梓”被“楼子”同音替代而改称楼子庄。20 世纪末并入高楼金村。

## 孙王场村
## Sūnwángchǎng Cūn

通州区梨园镇辖村。拆迁前位于镇域北部，通马路与云景南大街交会处东北侧。北至九棵树村，东至梨园村，南至孙庄村，西至刘老公庄村。面积约 0.22 平方千米。户籍人口 734 人，常住人口 780 人。1983 年 7 月设立村委会。清代，孙、王二姓接管明朝官田，在该处南北各设场院，并住有看场护院之人。民国年间相继形成两个聚落，分称孙家场和王家场。1955 年，因建中国科学院第五研究所，将王家场南迁，与孙家场合并称孙王场至今。2010 年该村因旧村改造拆迁，2013 年村民迁入孙王场小区。该村南有梨园镇渔场。驻村单位有中国科学院第五研究所。交通干道有通（州）马（驹桥）路。

## 车里坟村
## Chēlǐfén Cūn

通州区梨园镇辖村。拆迁前位于镇域中部，云景东路与云景南大街交会处西北侧。东北至梨园村，东至洼子村，西南至公庄村，西至孙庄村。面积约 0.10 平方千米。户籍人口 236 人，常住人口 445 人。1983 年 7 月设立村委会。该村名的含义和由来说法有二：

其一是，清代，一车里（今云南景洪）人死后葬此，由刘姓守墓，形成聚落后名车刘坟。（清乾隆《通州志》载："车刘坟，离城六里。"）民国中期，因此车里人曾任云南车里军民宣慰使司而改称车里坟。民国晚期改称车家庄。新中国成立后复称车里坟至今。其二是，"车里"是我国云南少数民族——傣族长期居住之地（今西双版纳傣族自治州一部分）。清初，车里宣慰使派使者来京进献驯化象，不幸病死在通州并安葬于此而称车里坟。后守墓人居此渐成聚落，便以坟名村。2002 年因旧村改造拆迁，年内村民迁入至云景里小区。驻村单位有通州区梨园镇新城嘉园中心幼儿园 、通州区梨园镇玉豆豆新城阳光幼儿园。交通干道有云景南大街。

## 公庄村
Gōngzhuāng Cūn

通州区梨园镇辖村。拆迁前位于镇域西北部，云景南大街与九棵树中路交会处东南侧。北至车里坟村，东至洼子村，南至大马庄村，西至孙庄村。面积约 0.26 平方千米。户籍人口 1728 人，常住人口 1064 人。1983 年 7 月设立村委会。明代，因此地田产为龚姓宦官庄田，形成聚落后，故依姓而名龚家庄。（清乾隆《通州志》载："龚家庄，离城五里。"）民国年间，将"龚"字同音异写为"公"，而称公庄至今。2004 年因旧村改造拆迁，年内村民迁入公庄小区。交通干道有云景南大街。

## 刘老公庄村
Liúlǎogōngzhuāng Cūn

通州区梨园镇辖村。拆迁前位于镇域西北部，通马路与怡乐中街交会处西南侧。北至东总屯村，东至孙王场村，西南至西小马庄村，西北至李老公庄村。面积约 0.07 平方千米。户籍人口 673 人，常住人口 985 人。1983 年 7 月设立村委会。明代，此处为刘姓太监（俗称老公）的封地，其名下的庄田租给农民耕种，形成聚落后曾名刘公庄。（清乾隆《通州志》载："刘公庄，离城四里。"）清晚期始称刘老公庄至今。（清光绪《通州志》载："刘老公庄，城南四里。"）该村西原有民国时期北京政府侨务总裁王之祥墓，墓前有碑一通，"文化大革命"期间均被毁，今不存。该村生产的饹馇饸为全区特有的传统食品，2005 年 9 月注册成立了北京亚泰福源食品有限公司，为区级非物质文化遗产保护项目。2006 年因旧村改造拆迁，年内村民迁入翠屏南里小区。驻村单位有北京市通州区中医医院、北京教育科学研究院通州区第一实验小学。交通干道有通（州）马（驹桥）路。

## 北三间房村
Běisānjiānfáng Cūn

通州区梨园镇辖村。拆迁前位于镇域东北部，玉带河西岸、玉桥中路与梨园中街交会处西侧。北至小三间房村，东至大棚村，南至梨园村，西至北杨洼村。面积约 0.15 平方千米。户籍人口 147 人，常住人口 623 人。1983 年 7 月设立村委会。清末，此地地势较高，居住着守墓、做鸡毛掸子和缝鞋的 3 户人家，始称三家房。民国年间，因 3 家人只有 3 间房而以此名村称三间房。1981 年因县域内重名，此村位于北而更今名。该村处所遗汉代以来古墓较多，今大多无存。1975 年 8 月，在该村与梨园之间的土岗处，出土两座完整石椁墓（火葬墓）、墓志及随葬物品。其墓志铭载：金代宣威将军石宗璧

（1114—1177）葬于“通州潞县台头村之新茔。”此墓志是“通州”一名之来历最早的实物见证。并由此可知，金时在今北三间房村和梨园村附近曾有一名为台头的村落，但具体位置、何时何因消失无考。另外，还曾出土元天历间潍东宣慰使李廷墓、明南京都督府都督佥事朱绪庵墓及墓志等。2002年因旧村改造拆迁，年内村民迁入梨园东里小区。交通干道有玉桥中路。

## 梨园村
## Líyuán Cūn

通州区梨园镇辖村。拆迁前位于镇域东北部，九棵树东路与梨园南街交会处东北侧。东北至北三间房村，东南至小街村，西南至车里坟村，西北至九棵树村。面积约0.34平方千米。户籍人口1651人，常住人口1726人。1983年7月设立村委会，辖梨园、洼子两个自然村。相传，早在唐代，此村处为一李姓庄园主所有，园内种植各种果木花草，曾有李家花园之称。明代迁徙民至此渐成聚落，因园中遍植梨树而称梨园至今。（清乾隆《通州志》载：“梨园，离城四里。”）该村周边曾遗有古墓多处。2005年3月，于村南出土清刑科给事中雷动之墓志一合。墓志铭载：“皇清顺治之十五年七月初十日，封给谏雷公动之卒于京，……，将以九月初八日，卜葬于州之梨原。”同时对今梨园之位置也曾做了“长山西峙，白水东旋”的记述。由此可知，清初顺治间今梨园也曾称作“梨原”，其西有“长山”——北齐长城，其东有“白水”——潞水。2004年8月，于村西收集明南京左军都督府都督佥事朱绍庆墓志一合。2005年因旧村改造拆迁，年内村民迁至梨园新村小区。驻村单位有通州区梨园镇大风车双语幼儿园、通州区东旭英华双语艺术幼儿园、通州区新通幼儿园、通州区七零九零幼儿园、通州区北星幼儿园。交通干道有九棵树东路。

## 洼子村
## Wāzi Cūn

通州区梨园镇梨园村所辖自然村。位于镇域中部，九棵树东路与梨园南街交会处南侧。北至梨园村，东至小街三村，南至魏家坟村，西至车里坟村。隶属梨园村委会。1949年后，部分村民自梨园村迁此建村渐成聚落，又因村落一带地势低洼，故名。20世纪末，该村与梨园村合并。

## 九棵树村
## Jiǔkēshù Cūn

通州区梨园镇辖村。拆迁前位于镇域北部，九棵树东路与九棵树西路交会处南侧。北至葛布店村，东至北杨洼村，南至孙王场村，西至东总屯村。面积约0.41平方千米。户籍人口617人，常住人口598人。1983年7月设立村委会，辖九棵树、葛布店两个自然村。清代，赵、张、金、苗四姓首居于此渐成聚落。因聚落所临近的进出通州旧城南门的大道旁共植有99棵树，曾名九十九棵树。（清乾隆《通州志》载：“九十九棵树，离城三里。”）清末民初简称九棵树至今。1995年5月，于该村南耕地中收集到明神武中卫正千户刘贵墓志一合。墓志载：“兹以正德年三月初三日丙午，卜葬于州城南永贵屯之原。”由此可知，明正德间，今九棵树一带曾有永贵屯之称。2005年因旧村改造拆迁，翌年村民迁入九棵树家园小区。驻村单位有通州区世纪之星艺术幼儿园、通州区瑞丁幼儿园。交通干道有九棵树东路。

## 北杨洼村
## Běiyángwā Cūn

通州区梨园镇辖村。拆迁前位于镇域北部，九棵树东路与梨园北街交会处东北侧。北至南营房村，东至北三间房村，东南至梨园村，西北至葛布店村。面积约 0.12 平方千米。户籍人口 1708 人，常住人口 630 人。1983 年 7 月设立村委会。明代，杨姓首至此地定居建村，因此地为元代通惠河故道所经，地势较为低洼，故以姓氏和地貌特征而称杨家洼。（清乾隆《通州志》载：“杨家洼，离城二里。”)后简称杨洼，俗称杨洼儿(wàr)。1981 年，因县域内重名，此村又位于北而改称北杨洼至今。该村有菩萨庙一座，位于该村居民区三叉街东侧。是庙明建清修，北向，一进院落，正殿三间，东西耳房各一。1996 年再次进行重修，且将区文物保护单位——潞城镇康各庄张家门楼迁建于此作为山门。院内正殿东次间前遗有古槐一株，为国家一级古树；院中新立“菩萨庙碑”一通，该庙及张家门楼均为镇内不可移动文物。明正德年间通州右卫千户李辉葬于此村处，曾出土墓志一合，墓已不存。1997 年因旧村改造拆迁，年内村民迁入北杨洼小区。交通干道有九棵树东路。

## 小街村
## Xiǎojiē Cūn

通州区梨园镇辖村。拆迁前位于镇域东部，九棵树东路与梨园南街交会处东南侧。东北至小圣庙村，东南至砖厂村，西南至魏家坟村，西北至梨园村。该村为镇内最大而成村较早的村落。该村域内多辽代瓦砾，且留有元时通惠河故道遗迹。元明时期，该村东滨北运河，曾名临河里。聚落形成后，因建有一条短小斜街而名小街。（清乾隆《通州志》载：“小街，离城六里。”）1983 年 6 月，在该村东南先后出土墓志两合，一为唐卢龙府折冲都尉孙如玉墓志，二为唐南阳处士公孙封墓志。据二墓墓志铭所载，唐时该村曾称“潞县潞城乡临河里”，其“东有潞河通海，西有长城蓦山，南望朱雀林兼临河古戍，北有玄武垒至潞津古关，并是齐时所置……”并明确指出其位置为“左潞水（今北运河）兮右长城（北齐长城）。”1980 年小街分为一、二、三队。1983 年 7 月分别设立小街一队、二队、三队村委会。其中，一队面积约 0.27 平方千米。户籍人口 932 人，常住人口 697 人。二队面积约 0.12 平方千米。户籍人口 740 人，常住人口 722 人。三队面积约 0.33 平方千米。户籍人口 770 人，常住人口 940 人。1953 年 5 月至 1956 年 7 月，为六区（张家湾区）小街乡政府驻地。1983 年 6 月，于该村东南发现一座唐代砖墓，墓室被破坏，随葬品被砸毁，仅保存两件唐代釉陶三节罐残品。该村处官吏墓较多，除上述所载外，迄今发现的还有清康熙间赵文麟墓及墓碑、清乾隆间云南楚姚镇总兵国柱墓及墓碑以及清道光间大学士文孚墓及墓碑等。后二者原立于该村南耕地中，现已移立于北杨洼村鱼塘旁，2001 年公布为区文物保护单位，为镇内不可移动文物。此外，村东、南曾遗有汉、北朝、唐和明、清墓群。村南曾遗有“通州事变棉花关系殉职者慰灵碑铭”一通。因碑文中有“安田秀一”名字，当地人俗称此为“安田碑”。是碑为 1938 年通县汉奸政府“建设委员会”所立，旨在纪念在“棉花事件”中被通州起义官兵杀死的日本“专家”。此碑为通州独存的日本侵华特别实物罪证，2001 年被公布为通州区文物保护单位，现于该村南京津公路北侧展陈。上述其村东墓群及日本侵华罪证碑均为镇内不可移动文物。该村向荣雕刻厂的骨雕制作技艺为市级非物质文化遗产保护项目，传承人陈国清。2008 年该村 3 个队因旧村改造拆迁，年内村民迁入小街之春小区。驻村单位有通州区临河里小学。交通干道有九棵树东路。

## 李老公庄村
## Lǐlǎogōngzhuāng Cūn

通州区梨园镇辖村。拆迁前位于镇域西北部，广渠路与怡乐中路交会处西南侧。东北至西总屯村，西南至刘老公庄村，西南至半壁店村，西北至黄瓜园村。面积约 0.08 平方千米。户籍人口 1162 人，常住人口 2450 人。1983 年 7 月设立村委会。明代，该地李姓太监（俗称老公）名下的封地租给农民耕种，形成聚落后曾名李公庄。（清乾隆《通州志》载：“李公庄，离城四里。”）清晚期改称李老公庄至今。（清光绪《通州志》载：“李老公庄，城南四里。”）1953 年 5 月至 1956 年 7 月，为六区（张家湾区）李老公庄乡政府驻地。1998 年，该村因旧村改造于原址新建，年内村民迁入李老新村。交通干道有怡乐中路。

## 孙庄村
## Sūnzhuāng Cūn

通州区梨园镇辖村。位于镇域中部，九棵树西路与云景南大街交会处东南侧。北至孙王场村，东至车里坟村，南至小稿村，西至后场村。面积约 0.15 平方千米。户籍人口 535 人，常住人口 1230 人。1983 年 7 月设立村委会。清代，朝廷赐予孙姓至此定居并接管明代官田，形成聚落后曾名孙家庄。（清乾隆《通州志》载：“孙家庄，离城五里。”）民国初年简称孙庄至今，俗称孙庄子。交通干道有云景南大街。

## 将军坟村
## Jiāngjūnfén Cūn

通州区梨园镇辖村。拆迁前位于镇域南部，萧太后河北岸、云景东路与群芳南街交会处东南侧。北至东小马庄村，东至高楼金村，西北至曹园村。面积约 0.50 平方千米。户籍人口 373 人，常住人口 360 人。1983 年 7 月设立村委会。清代，该村西口外以南曾遗有清朝两位将军墓。一为清光禄大夫、副都统兼兵部侍郎、左领阿思哈尼哈、谥勤勇的苏虏迈巴图鲁之墓，二为上者之第四子，清光禄大夫、镇守江宁（今南京）等处将军、鄂罗顺舜之墓。二者卒后均葬于此，使役看守，至民国后期此处形成聚落，故名将军坟至今。二墓曾分别立有螭首龟趺碑一通，今均不存。该村东曾遗有明代明威将军指挥佥事樊靖墓，1995 年 5 月曾出土墓志一合。同时，还出土了明神武中卫指挥佥事樊斌（樊靖之父）与其妻张氏墓志。志铭除记述了樊斌与其妻好学有识、相亲相助、在疏浚通州运河和治理皇仓中均有突出成绩外，还明确指出早在明代通州已设有“乡”的行政区划。“樊明威（即樊斌）之殁也，宜去其祖。其子靖辛勤卜宅，乃得兆于通州城南东石乡之原……”其中东石乡即今台湖镇东石村一带，当年樊斌夫妇即葬于此，后又移葬于今村东。2013 年该村因文化旅游区建设拆迁，村民利用拆迁补偿款自行安置。交通干道有云景东路。

## 曹园村
Cáoyuán Cūn

通州区梨园镇辖村。拆迁前位于镇域南部，萧太后河北、万盛南街与云景东路交会处西南侧。北至大马庄村，东南至将军坟村，西至铺头村。面积约 0.74 平方千米。户籍人口 916 人，常住人口 1046 人。1983 年 7 月设立村委会。明代，曹姓迁徙民首至该地定居，以经营菜园为主，形成聚落后曾名曹家园。（清乾隆《通州志》载：“曹家园，离城六里。”）民国初始称曹园至今。2013 年，因文化旅游区建设拆迁，年内村民迁入曹园逸家小区。驻村单位有通州区梨园镇中心小学、通州区梨园镇中心幼儿园。交通干道有云景东路。

## 魏家坟村
Wèijiāfén Cūn

通州区梨园镇辖村。拆迁前位于镇域中部，云景东路与群芳二街交会处东北侧。镇政府所在地（2000 年由今电信局处迁此）。东北至洼子村，东南至东小马庄村，西南至大马庄村，西北至公庄村。面积约 0.30 平方千米。户籍人口 587 人，常住人口 490 人。1983 年 7 月设立村委会。清末，该地为清代一魏姓官员墓地，终年使役看守，民国晚期形成聚落后故名魏家坟至今。该村南曾遗有清代精通医术的谢尊光墓，并存有墓碑一通。2006 年，该村因旧村改造拆迁，年内建成群芳二园小区，村民迁入新居。驻村单位有育才学校通州分校、梨园镇法律服务所。交通干道有群芳中二街。

## 砖厂村
Zhuānchǎng Cūn

通州区梨园镇辖村。拆迁前位于镇域东部，九棵树东路与东六环路交会处东北侧。北至大棚村，西北至小街村。面积约 0.31 平方千米。户籍人口 1493 人，常住人口 1615 人。1983 年 7 月设立村委会。明永乐五年（1407）至十八年（1420），在修建北京皇宫及都城建设中，所用之砖大部分经运河漕运至此处存放（时为北运河中码头），然后再转运至北京。为此，大批运工至此，形成聚落后故名砖厂。（清乾隆《通州志》载：“砖厂，离城八里。”）清代，该村附近曾有一称“行宫庙”的村落。（清乾隆《通州志》载：“行宫庙，离城八里。”）民国中期，此村与砖厂同为土桥附村。民国晚期，二村单独建制。新中国成立后此村并入砖厂。2010 年，因旧村改造拆迁，年内村民迁入砖厂小区。驻村单位有通州区芬芳幼儿园、通州区华远铭悦幼儿园。交通干道有九棵树东路。

# 于家务回族乡

## 于家务村
Yújiāwù Cūn

通州区于家务回族乡辖村。位于乡域北部，于觅路与张采路交会处东北侧。乡政府所在地。东北至大耕垡村，东至神仙村，西南至西马坊村，西北至东马各庄村。面积约 4.97 平方千米。户籍人口 4083 人，常住人口 4052 人。其中回族人口占总人口的 70%。1984 年 5 月设立村委会。元代，于姓首至此地定居建村，因此处为基层行政组织“里”之所在，故称于家里。清代，此处设有掌管贸易和税收的官署（俗称“务”），又是官吏办理公事的地方（俗称“府”），因此“务”与“府”每多互讹，故该村既称于家务，也称于家府，俗称于府至今。（清乾隆《通州志》载：“于家务，离州城四十里。”）1953年5月后，为五区（牛堡屯区）于家务回族自治乡政府驻地；1956年7月后，为于家务乡政府驻地；1958年9月后，为牛堡屯公社于家务管理区管委驻地；1961年7月后，为牛堡屯工委管区于家务公社管委驻地；1965年5月后，由牛堡屯公社划入国营北京市永乐店农场，为于家务分场（公社）机关驻地；1984年5月后，为于家务回族乡（分场）政府驻地；1998年9月后，为于家务回族乡政府驻地；2000年7月后，渠头乡并入，乡政府驻于家务乡政府原址。村东部街北侧曾有元代所建菩萨庙一座，主祀观音、文殊、普贤三大士像。是庙正殿南北山墙与后檐壁均为描彩悬塑，“文化大革命”初塑像、殿宇被毁。历史上，该庙每年农历二月十九至二十一举行三天香场庙会。村东原凉水新河上有清雍正间所建石桥一座，为京东南及武清等地进京所经，1958年拆除。该村为元代燕京都税司副使、正使，昭勇大将军、中都路总管兼大兴府尹郭汝梅出生地。该村设有集市。（清乾隆《通州志》载：“于家务集场，逢二、四、七、十日集期。”）今仍设集，每月农历逢五和十为集日。村内有始建于元代的清真寺，2003年按原貌重修，宗教活动正常开展。该村为何臣出生地。抗日战争中，其在担任大厂回民大队队长期间，率部英勇杀敌，光荣牺牲，1977年6月，于家务乡政府于村北为其立碑纪念。以上所述清真寺及革命烈士纪念碑，均为乡内不可移动文物。驻村单位有通州区于家务中学、通州区于家务乡中心小学、通州区于家务乡中心幼儿园、于家务卫生院和于家务乡法律服务所。交通干道有张（家湾）采（育）路和于（家务）觅（子店）路。

## 东马各庄村
## Dōngmǎgèzhuāng Cūn

通州区于家务回族乡辖村。位于乡域西北部，凤港减河南岸、张采路与东马各庄路交会处西侧。东北至大耕垡村，南至西马坊村，东南至于家务村。面积约4.90平方千米。户籍人口1663人，常住人口1962人。1984年5月设立村委会。元代，马姓首至此地分东西二处屯田，渐次形成两个聚落，统称马家庄。明初，迁民陆续至此，因此聚落较大，曾名大马各庄。（清乾隆《通州志》载：“大马各庄，离州城四十里。”）民国年间，因此庄位于西马各庄之东而改称东马各庄，俗称东马庄（zhāng）至今。该村有“六月六”节习俗。每年阴历六月初六，据说是冰雹老爷的生日。于是，从1846年开始，为祈求风调雨顺，村民每年都要在这一天举行庆祝活动，如同春节一样盛大，并一直延续至今，现已被列入通州区级非物质文化遗产保护项目。村内曾有元代所建观帝庙，今不存，仅余明时所植古槐一株。村南曾遗有汉墓群，今半存。驻村单位有通州区于家务乡东马各庄幼儿园。交通干道有张（家湾）采（育）路。

## 西马坊村
## Xīmǎfáng Cūn

通州区于家务回族乡辖村。位于乡域西北部，张采路与西马坊路交会处西南侧。北至东马各庄村，东北至于家务村，东南至果村，西南至柏福村。面积约2.81平方千米。户籍人口1341人，常住人口1485人。1984年5月设立村委会。该村名的含义和由来说法有二，其一是：明代，马姓大户至该地东部定居称东庄，傅姓至西部定居称大屯，均为朝廷养马。后二村不断发展，逐渐连成一体而统称马坊，又名傅马庄。清代，因域内重名此村位于西而称西马坊至今。其二是：明初，傅姓在“燕王扫北”时，随其族人傅友德（?—1394）北上至此安家屯田，当时因此地只有傅姓和马姓两族，形成聚落后便以姓成村称傅马庄。后因朝廷在这里设有官马坊，村人为官家养育战马，村落渐由傅马庄改称马坊屯。原村西天齐庙内大钟铭文中有“明崇祯十四年十二月吉日马坊屯立”的记载。清初曾改称西马房。（清乾隆《通州志》载：“西马房，离州城四十里。”）清末民初，村名中的“房”字被同音替代为“坊”而称西马坊至今。该村1953年5月后，为五区（牛堡屯区）马坊乡政府驻地；1956年7月至1958年4月，为马坊乡政府驻地；1965年5月划入永乐店农场。村内现有道教庙宇天齐庙，明建清修，主祀东岳泰山之神，今仅余正殿三间，为乡内不可移动文物。交通干道有张（家湾）采（育）路。

## 果村
## Guǒ Cūn

通州区于家务回族乡辖村。位于乡域中部，张采路与果村路交会处东南侧。北至于家务村，东至满庄村，南至崔各庄村，西北至西马坊村。面积约3.08平方千米。户籍人口1374人，常住人口1489人。1984年5月设立村委会。明代，果姓首至该地定居，形成聚落后以姓成村而名果家村，（清乾隆《通州志》载：“果家村，离州城六十里。”）民国年间已简称今名。该村原有元代所建正觉寺一座，寺内有明万历间铸造的1058斤重的大钟。村北建有两座古塔，其中一座因倾斜而称歪塔，两塔今均已不存。其村南曾遗有汉墓群，今半存。该村为全区重要的芹菜生产区，已注册“果村芹菜”品牌，被誉为京郊芹菜第一村。交通干道有张（家湾）采（育）路。

## 神仙村
## Shénxiān Cūn

通州区于家务回族乡辖村。位于乡域东北部，京津高速公路与于觅路交会处东侧。北至北辛店村，东至北堤寺村，南至王各庄村，西至于家务村。面积约3.01平方千米。户籍人口1055人，常住人口1329人。1984年5月设立村委会。辽代，辽主游猎时妃嫔居此，时称神潜宫。（明嘉靖《通州志略》载：“神潜宫，在县西南二十里。前代后妃从猎行宫也，遗址尚存。”）明代，村内关帝庙钟铸有“神仙洞”字样，可见此名系由神潜宫演变而来。清初，形成聚落后始有神仙之称。（清乾隆《通州志》载：“神仙，离州城四十五里。”“神潜故宫，旧志云，在州南漷县南二十里，辽后妃从猎行宫也，今无考，相传其地土人呼为神仙村。”）清晚期也曾有神仙宫之称。（清光绪《顺天府志》载：“县南四十里，神仙宫。”）民国初年始成神仙至今。村东南曾遗有一处高大土台，台顶荆棘丛生，并遗有石桌等物，当地人称之为达摩顶，相传此处便是当年神潜宫旧址。今土台仍在，但已改作工事。村西南有唐、辽时期达摩顶砖墓群；村内尚保留一座百年前所建全区仅存的农村四合院建筑。上述两项均为乡内不可移动文物。其村北遗有唐墓群，今半存。交通干道有于（家务）觅（子店）路。

## 北辛店村
## Běixīndiàn Cūn

通州区于家务回族乡辖村。位于乡域东北部，于觅路与北辛店路交会处北侧。西北至大耕垡村，东至周起营村，南至神仙村，西至大耕垡村。面积约 4.03 平方千米。户籍人口 1309 人，常住人口 1298 人。1984 年 5 月设立村委会。明代，南方大户岳姓至该地定居，并在通往今北京的古道旁开店，又因位于大兴区南新店之北，故曾名北新店。（清乾隆《通州志》载：“北新店，离州城四十里。”）清晚期，村名中“新”字被“辛”同音替代而称北辛店至今。（清光绪《通州志》载：“北辛店，城南四十里。”）1953 年 5 月至 1956 年 7 月，为四区（永乐店区）北辛店乡政府驻地。村内有道教庙宇真武庙，主祀真武帝，明建清修，2002 年曾予重修，现余正殿三间、东耳房两间及院墙；村东有烈士纪念碑。上述两项均为乡内不可移动文物。该村为明代翰林院修撰、兴化知府岳正出生之地，今村内岳姓族人为其后裔。驻村单位有通州区于家务乡北辛店幼儿园。交通干道有于（家务）觅（子店）路。

## 大耕垡村
## Dàgēngfá Cūn

通州区于家务回族乡辖村。位于乡域东北部，凤港减河南岸、新张南路与北辛店路东侧。东北至南仪阁村，东南至北辛店村，西南至东马各庄村。面积约 2.08 平方千米。户籍人口 1018 人，常住人口 1010 人。1984 年 5 月设立村委会。明代，该村处地势低洼，荒草遍地，荆棘丛生，南方大户韩姓哥仨携全家至此在南北两处定居，开垦荒地，深耕土地，晾晒土块，种植庄稼。清初，形成聚后称荆垡，并建石佛寺。（清康熙《通州志》载：“石佛寺，在荆垡村”）。清中期，渐次形成两个村落，因此村较大故名大荆垡。（清乾隆《通州志》载：“大荆垡，离州城四十五里。”）民国年间，生产条件已发生了较大改变，再用“荆”字作为村名已实属不雅，故改称大耕垡至今，俗称大耕（jīng）垡。2008 年 1 月第五季富饶（北京）生态农业园有限公司入驻该村。驻村单位有通州区大耕垡小学。交通干道有张（家湾）采（育）路。

## 南仪阁村
## Nányìgé Cūn

通州区于家务回族乡辖村。位于乡域东北部，凤港减河南岸，张凤路与田南路交会处。东至草厂村，南至北辛店村，西南至大耕垡村。面积约 1.81 平方千米。户籍人口 779 人，常住人口 810 人。1984 年 5 月设立村委会。明初平定北方后，该地由重兵驻守，并因其地势较高而成为军队操练场所。为观看军事操练仪式，指挥布阵，于此操练场地南北各搭一棚阁，时称“义阁”，又因当时基层组织“里”设此也称义阁里。清初，该村曾以“义阁里”之名并入塘头里（即今漷县镇唐头）。（清康熙《通州志》载：“塘头里，义阁里并入，在州城南漷县。”）清中期，在两棚阁处分别形成村落，此村因位于南，且“义”为“仪”的古音而称南仪阁，俗称南仪（nì）阁至今。（清乾隆《通州志》载：“南仪阁，离州城三十五里。”）1953 年 5 月至 1956 年 7 月，为五区（牛堡屯区）南仪阁乡政府驻地。该村西南部遗有清代曾担任广东惠、潮、嘉道道员，江西布政使，山西、山东巡抚，闽浙、湖广总督富明安墓，今仅存墓碑两通（损毁严重）。村东遗有汉墓群，今半存。交通干道有田（村）南（仪阁）路。

## 南刘庄村
## Nánliúzhuāng Cūn

通州区于家务回族乡辖村。位于乡域西

南部，张采路与采林路交会处东南侧。北至东垡村，东至吴寺村，东南至仇庄村，西至区界。面积约 1.08 平方千米。户籍人口 432 人，常住人口 442 人。1984 年 5 月设立村委会。该村名的含义和由来说法有二，其一是：明初，山东人刘姓随平定北方的明军至该地定居，形成聚落后，以姓成村称刘家庄。该村成村后一直为吴寺村的附村，民国后期始单独建制简称刘庄。1981 年因县域内重名，此村又位于南而更名南刘庄至今。其二是：清初，因实行“圈地”政策，此地为旗地，由刘姓庄头负责管理，并雇佣佃户为其耕种，形成聚落后便以刘姓名村而称刘家庄。交通干道有张（家湾）采（育）路。

## 吴寺村
## Wúsì Cūn

通州区于家务回族乡辖村。位于乡域西南部，张凤路与采林路交会处西侧。东北至小海字村，东至枣林村，东南至仇庄村，西至南刘庄村。面积约 2.18 平方千米。户籍人口 845 人，常住人口 980 人。1984 年 5 月设立村委会。明代，吴姓于该地建家寺一座，名七佛寺，形成聚落后以姓和佛寺成村称吴家寺。（清乾隆《通州志》载：“吴家寺，离州城五十一里。”）清末曾称吴给寺，原因无考，（清光绪《顺天府志》载：“治南五十二里，吴给寺。”）民国年间始称吴寺至今。1953 年 5 月至 1956 年 7 月，为四区（永乐店区）吴寺乡政府驻地。该村有七佛寺一座，约建于辽金时期。是寺原为三进院落，为古延芳淀南边一座较大寺庙，供奉释迦牟尼等七佛，现仅存后殿五间（2016 年修复）。旧时每年农历四月二十八为其庙会，香火很旺。辽统和年间，圣宗将其父（景宗）母（萧燕燕）石像立于延芳淀岸边（今吴寺村南），以备每年来此“捺钵”时祭奠之用。（《辽史·圣宗本纪》载：辽统和十三年（995）九月丁卯，“奉安景宗及皇太后石像于延芳淀。”）今萧燕燕石像已不存，辽景宗石像及鼎式石供桌尚在。上述七佛寺及石供桌均为乡内不可移动文物。今对该石像是否即辽景宗与萧燕燕存疑，有待进一步研究确认。交通干道有张（家湾）凤（河营）路。

## 仇庄村
## Qiúzhuāng Cūn

通州区于家务回族乡辖村。位于乡域南端，京沪高速公路与张凤路交会处北侧。北至枣林村，东南至应寺村，西至区界。面积约 2.04 平方千米。户籍人口 754 人，常住人口 1080 人。1984 年 5 月设立村委会。明代，江南大户仇姓首至该地定居建村，形成聚落后，以姓成村应为仇家庄，但因志书记述有误，而将仇家庄记为邱家庄。（清乾隆《通州志》载：“邱家庄，离州城六十里。”）民国初年始，将村名使正为仇家庄，俗称仇（qiǔ）庄至今。今村内仍有十几户仇姓人家，向无邱姓居此。该村以重视社会主义精神文明建设特别是家风孝道文化建设而闻名乡里，2008 年后，先后获得“全国文明村”“全国文明村镇工作先进村”“全国民主法治示范村”“中华孝道示范村”等六项国家级和多项市、区级荣誉称号。交通干道有张（家湾）凤（河营）路。

## 枣林村
## Zǎolín Cūn

通州区于家务回族乡辖村。位于乡域南部，张凤路与采林路交会处东南侧。北至渠头村，东南至胡村，西南至仇庄村，西至吴寺村。面积约 2.64 平方千米。户籍人口 825 人，常住人口 836 人。1984 年 5 月设立村委会。该村名的含义和由来说法有二，其一是：

明代，山西移民班、陶、李、石四姓首至此地定居。为不忘故土枣树林村而称枣林。（清乾隆《通州志》载：“枣林，离州城五十六里。”）后陶姓为官走马上任，班姓迁往河南，李姓为老户至今。其二是：元代，此地为古永定河支流冲积而成的沙荒之地，适合枣树生长。明初，迁民至此后按朝廷种植枣树之规定广栽枣树，于此形成了大片枣树林。形成聚落后，因位于枣树林旁而以此名村称枣林。该村为禹庆荣出生之地，解放战争期间，其在中共地下党领导下，成功策反国民党军飞行员并参与驾机起义，先后被中华人民共和国国防部、中央军委授予三级解放勋章、胜利功勋荣誉章。村东柏硝沟东侧曾存有旧村遗址一处，遍布砖瓦碎片，今不存。交通干道有张（家湾）凤（河营）公路。

## 小海字村
## Xiǎohǎizì Cūn

通州区于家务回族乡辖村。位于乡域南部，张凤路与柏德路交会处南侧。东北至渠头村，东南至枣林村，西南至吴寺村，西北至东垡村。面积约 2.98 平方千米。户籍人口 1160 人，常住人口 1027 人。1984 年 5 月设立村委会。明代，山东移民杨、宋、张三姓随平定北方明军至此定居，因村南有一较小水淀，古时俗称水淀为海子，形成聚落后便以此名村称小海子。（清乾隆《通州志》载：“小海子，离州城五十五里。”）经查，在通州区现有志书中均记载为“小海子”。但是，到 20 世纪 70 年代，该村自然条件发生了历史性巨变，昔日的“穷海子”已旧貌换新颜，再称“海子”已实属不雅，故将其村名谐音雅化为小海字至今，从而失去原村名之本意。该村 20 世纪 60 年代末至 70 年代，曾是通县“农业学大寨”的先进典型。1979 年被评为全国农业战线先进单位。村党支部原书记张连泽，1973 年当选为中共第十一次全国代表大会代表。元代，该村地处栲栳垡飞放泊腹地，地势低洼，今村南仍存有长 1 千米左右名“海子河”的水洼一处，为飞放泊和古河道遗址，为乡内不可移动文物。交通干道有张（家湾）凤（河营）路。

## 渠头村
## Qútóu Cūn

通州区于家务回族乡辖村。位于乡域东南部，张凤路与柏德路交会处东南侧。北至王各庄村，东至南三间房村，南至枣林村，西南至小海字村。面积约 4.27 平方千米。户籍人口 1532 人，常住人口 1670 人。1984 年 5 月设立村委会。明代，因此地位于元代栲栳垡飞放泊东侧，迁徙民至此，在渠道起点处定居建村，故名渠头屯。清初简称渠头。（清乾隆《通州志》载：“渠头，离州城五十一里。”）1953 年 5 月后，为四区（永乐店区）渠头乡政府驻地；1956 年 7 月后，为渠头乡政府驻地；1958 年 9 月后，为永乐店公社渠头管理区管委驻地；1961 年 7 月后，为永乐店工委管区渠头公社管委驻地；1964 年 2 月后，为国营北京市永乐店农场渠头分场（公社）机关驻地；1984 年 5 月后，为永乐店区渠头乡（分场）政府驻地。1998 年 9 月后，为渠头乡政府驻地；2000 年 7 月后，并入于家务回族乡。村西曾遗有汉墓群，今半存。驻村单位有通州区于家务乡渠头小学。交通干道有张（家湾）凤（河营）路和柏（福）德（仁务）路。

## 南三间房村
## Nánsānjiānfáng Cūn

通州区于家务回族乡辖村。位于乡域东

南部，京津高速公路与柏德路交会处西南侧。北至南堤寺村，东至德仁务村，南至胡村，西至渠头村。面积约 1.61 平方千米。户籍人口 429 人，常住人口 428 人。1984 年 5 月设立村委会。清代，此处原为墓地，曾建有三间房以供守墓人居住。清末民初，南堤寺村李姓迁此，其后王、吴、赵姓相继迁入。形成聚落后以原建筑物名村称三间房，也称南三间房。（清光绪《顺天府志》载：“治南五十二里，南三间房。”）清末民初复称三间房。1981 年调整村名时，因县域内重名，此村又位于南而改称南三间房至今。交通干道有柏（福）德（仁务）路。

## 富各庄村
Fùgèzhuāng Cūn

通州区于家务回族乡辖村。位于乡域中东部，京津高速公路与柏德路交会处西北侧。西北至王各庄村，东北至南堤寺西村，西南至渠头村，东南至南三间房村。面积约 1.58 平方千米。户籍人口 579 人，常住人口 592 人。1984 年 5 月设立村委会。明代，傅姓等大户首至此地定居，形成聚落后以姓名村称傅各庄。（清乾隆《通州志》载：“傅各庄，离州城五十里。”）历史上，该村村名基本上使用的是“傅各庄”的称谓。但是，由于村内傅姓人家为数不多，加上村人出于富裕的美好愿望而将村名约定俗成为富各庄至今，从而失去原村名之本意。其村东跨凉水支河民国时期曾建有石桥一座，为县域内东南部地区去往采育和廊坊所必经。今桥不存，仅余兴建石桥记碑一通，为乡内不可移动文物。交通干道有柏（福）德（仁务）路。

## 王各庄村
Wánggèzhuāng Cūn

通州区于家务回族乡辖村。位于乡域中东部，京津高速公路与张凤路交会处南侧。北至神仙村，东至南堤寺西村，南至渠头村，西至满庄村。面积约 4.39 平方千米。户籍人口 1911 人，常住人口 1850 人。1984 年 5 月设立村委会。明初，此地为王姓大户（时称“王千顷”，江苏宿迁县人）的土地和墓地，租种土地的佃户和守墓人居此。形成聚落后，以土地所有者姓氏成村而名王各庄。清初，因此聚落发展较快，规模较大而称大王各庄。（清乾隆《通州志》载：“大王各庄，离州城五十里。”）又因位于南而俗称南王各庄。民国中后期复称王各庄至今。1953 年 5 月至 1956 年 7 月，为四区（永乐店区）王各庄乡政府驻地。村内原有明代所建药王庙一座，今不存，仅余古槐两株。村东遗有汉墓群，今半存。村西有周德银烈士墓地，立有纪念碑一座。交通干道有张（家湾）凤（河营）路。

## 满庄村
Mǎnzhuāng Cūn

通州区于家务回族乡辖村。位于乡域中东部，京津高速公路与张凤路交会处南侧。北至神仙村，东至王各庄村，西南至崔各庄村，西至果村。面积约 0.92 平方千米。户籍人口 373 人，常住人口 269 人。1984 年 5 月设立村委会。明代，满姓首至此地定居，形成聚落后以姓成村称满家庄。（清乾隆《通州志》载：“满家庄，离州城五十里。”）清末民初简称满庄至今。交通干道有张（家湾）凤（河营）路。

## 崔各庄村
## Cuīgèzhuāng Cūn

通州区于家务回族乡辖村。位于乡域中部，张采路与崔各庄支路交会处东侧。北至果村，东北至王各庄村，东南至渠头村，西南至西垡村。面积约 1.16 平方千米。户籍人口 315 人，常住人口 350 人。1984 年 5 月设立村委会。元代，崔、哈、孟三姓 8 户人家居此，崔姓为大户。形成聚落后以大户崔姓成村称崔各庄至今。（清乾隆《通州志》载：“崔各庄，离州城五十里。”）该村有元代崔平章墓。（明嘉靖《通州志略》载：“元崔平章墓，在〈漷〉县南二十里。”）经查，墓主人姓崔名彧，弘州人，官至御史中丞。“文化大革命”初期，在开挖农田排沟时于村南原崔坨子处发现该墓。据当时在场人员回忆，墓为一眼近 70 厘米深的砖井，掀去石板后，发现井内仅有一台石砚、一支毛笔和一块平放在井底，上面写有崔平章名字等红色文字的方砖，今均不存。交通干道有张（家湾）凤（河营）路。

## 东垡村
## Dōngfá Cūn

通州区于家务回族乡辖村。位于乡域中部，张采路与柏德路交会处东北侧。东北至崔各庄村，东南至小海字村，西至西垡村。面积约 1.17 平方千米。户籍人口 446 人，常住人口 360 人。1984 年 5 月设立村委会。该村名的含义和由来说法有二，其一是：元代，该村始称兴垡社，为基层行政组织驻地。明代迁徙民至此，分别在此地土岗东西两处定居，并以荆条编织栲栳（盛物器具）和耕种为业，因此村位于东，故名东栲栳垡。（清乾隆《通州志》载：“东栲栳垡，离州城五十里。”）民国年间简称东垡至今。其二是：元代，此地位于栲栳垡飞放泊边缘，积潦遍地，土地盐碱。为了生存，人们深耕土地，晾晒土块，种植庄稼。如此之“耕垡”，加之编织栲栳，故名。该村为镇域内较为古老村落之一，战国时期已有人类活动。元代，村南为栲栳垡飞放泊。（清康熙《通州志》载：“栲栳垡飞放泊，在漷县西南二十五里。”）今遗址尚在。“文化大革命”时期，曾于村中土岗内出土战国时期的青铜鼎、俎豆等器物；1983 年，在土岗北侧一座土坑竖墓穴内相继出土侈口高领灰陶瓶等四件战国器物。“文化大革命”后期，又于该村东北 200 米处王家坨曾发现一座唐墓，出土了唐三彩女俑等文物。1993 年 3 月，北京市人民政府将此岗公布为北京市地下文物埋藏区，今土岗不存。交通干道有柏（福）德（仁务）路。

## 西垡村
## Xīfá Cūn

通州区于家务回族乡辖村。位于乡域中西部，张采路与柏德路交会处西北侧。北至西马坊村，东至东垡村，南至区界，西南至后伏村。面积约 2.76 平方千米。户籍人口 1158 人，常住人口 2380 人。1984 年 5 月设立村委会。该村名的含义和由来说法有二，其一是：元代，该村始称兴垡社，为基层行政组织驻地。明代迁徙民分别在此处土岗东西两处定居，并以荆条编织栲栳（盛物器具）和耕种为业。因村址位于西，故名西栲栳垡。（清乾隆《通州志》载：“西栲栳垡，离州城四十五里。”）民国年间简称西垡至今。其二是：元代，此地位于栲栳垡飞放泊边缘，积潦遍地，土地盐碱。为了生存，人们深耕土地，晾晒土块，种植庄稼。如此之“耕垡”，加之编织栲栳，故名。1953 年 5 月至 1956 年 7 月，为四区（永乐店区）西垡乡政府驻地。该村北曾有一处10余米高、面积近1顷的黄土岗，岗上有辽统和年间所建天宫寺（原名长春宫），为辽金时期帝王和后妃“捺钵”之行宫。历史上此行宫香火很盛，驰誉京南，今不存，仅余重修残碑一通。天宫寺遗址及重增修天宫寺碑均为乡内不可移动文物。村北遗有汉墓群，今半存。驻村单位有通州区西垡小学。交通干道有柏（福）德（仁务）路。

## 前伏村
## Qiánfú Cūn

通州区于家务回族乡辖村。位于乡域西部，九德路与柏德路交会处南侧。北至后伏村，东北至西垡村，西、南至区界。面积约1.37平方千米。户籍人口480人，常住人口489人。1984年5月设立村委会。明初平定北方时，阎、张、赵三姓人家随军至此定居，形成聚落后因位于后伏里以南，曾名前伏里。（清乾隆《通州志》载：“前伏里，离州城四十五里。”）清末民初简称前伏至今。村内存有明代土围遗址一处，为乡内不可移动文物。交通干道有柏（福）德（仁务）路。

## 后伏村
## Hòufú Cūn

通州区于家务回族乡辖村。位于乡域西部，九德路与柏德路交会处东北侧。北至柏福村，东北至西垡村，南至前伏村，西北至神驹村。面积约1.64平方千米。户籍人口441人，常住人口419人。1984年5月设立村委会。元代，后、伏二姓人家首至此地定居建村，故名后伏。明初平定北方时，朱姓迁入，基层行政组织“里”置此，曾名后伏里。后因后、伏二姓迁出，朱姓成为大户，曾更名为朱家伏屯。清代仍称后伏里。（清乾隆《通州志》载：“后伏里，离州城四十五里。”）清末民初简称后伏至今。该村曾有明代所建关帝庙，该庙正殿内东西山、后檐墙有工笔重彩壁画5组，为帝王将相、才士名人及《封神演义》等人物故事。1985年公布为通县文物保护单位，1989年因庙宇及壁画损毁而撤销文保单位资格。交通干道有柏（福）德（仁务）路。

### 2004年通州区注销村名一览表

表2

| 名称 | 注销原因 | 注销时间 |
|---|---|---|
| 海户屯<br>Hǎihù Tún | 建设北京经济技术开发区 | 2004年2月1日 |
| 胜利村<br>Shènglì Cūn | 建设北京经济技术开发区 | 2004年2月1日 |
| 壮丁屯<br>Zhuàngdīng Tún | 建设北京经济技术开发区 | 2004年2月1日 |
| 河北段<br>Héběiduàn | 建设北京经济技术开发区 | 2004年2月1日 |

# 第四章　交通设施

清光绪二十七年（1901），京（北京）通（通州）铁路修至北运河西岸，通州境内设通州站和通州东站，成为通州现代交通设施之始。1917年始，修筑京（北京）榆（山海关）公路、京（北京）古（古北口）铁路和通（通州）唐（唐山）、通密（密云）公路。新中国成立后，通州区的道路建设发展迅速。2014年，全区基本上形成了内外相连、辐射周边的开放式路网，有国道、市道、区道、乡级公路、村级公路，有城市道路。其中，区级以上公路489.8千米，乡级公路1312.7千米，村级公路537.6千米；有普通铁路2条，城市铁路2条。各项交通设施日益完善，有桥梁178座，总长14461米，其中大型桥梁37座；有公交车站600余座。

## 第一节　公　路

### 一、国　道

#### 京哈高速公路
Jīnghā Gāosù Gōnglù

京哈高速公路路线编号G1。起于北京，止于哈尔滨，线路全长1209千米。因是连接北京和哈尔滨的高速公路，故名。北京段西起东四环四方桥，东至通州西集镇，长39.9千米。通州段西起台湖镇普合一桥，东至西集镇大沙务村附近与河北交界处的潮白河桥，长28.1千米，路基宽35米，上下行6车道。

#### 京哈公路
Jīnghā Gōnglù

京哈公路道路编号G102。起于北京朝阳门，过通州，入河北省三河市，经山海关、沈阳，止于黑龙江省哈尔滨市，全长1245.6千米。因是连接北京和哈尔滨的国道公路，故名。北京段起于朝阳门，止于通州宋庄镇，长31.8千米。通州段起于八里桥，止于通燕高速潮白河桥，长15.7千米，途经物资学院路、通惠北路、新华北路、通顺路、滨河路、芙蓉路、宋梁路等道路。

#### 京塘公路
Jīngtáng Gōnglù

京塘线道路编号G103。起于北京市朝阳区，斜穿通州境，进入天津，止于塘沽，全长172千米。因连接北京和天津塘沽，故名。北京路段起于朝阳区建国门，止于通州区漷县镇，长50.1千米。通州段起于八里桥，止于漷县镇觅子店，长 33.4 千米，路基宽 24 ～ 64 米，路面宽 22 ～ 38 米。沥青混凝土路面。途经京承铁路、京秦铁路、通马路、九周路（云景东路）、张采路、东六环、张凤路辅线、张凤路、宋梁路（通怀路）、武兴路、原通香路（唐通线）、漷马路、漷永路、胡郎路、觅西路（通清路）等道路。

## 京沪高速公路
Jīnghù Gāosù Gonglù

京沪高速公路路线编号 G2。起于北京，止于上海，线路全长 1262 千米。因是连接北京和上海的高速公路，故名。北京段起于东南三环分钟寺桥，止于通州区永乐店镇，长 35 千米。通州段起于马驹桥镇，后进入大兴区，又从采育镇进入通州区于家务南部，于永乐店镇出境，长 18 千米。

## 六环路
6 Huánlù

路线编号 G4501，全长约 188 千米。途经顺义、通州、大兴、房山、丰台、门头沟、海淀、昌平 8 个区。通州段经宋庄、永顺、潞城、张家湾、台湖、马驹桥 6 个镇，长约 39 千米。

# 二、省　道

## 通顺路
Tōngshùn Lù

位于通州区北部。路线编号 S201。南起通燕高速北关桥与新华北路相接，北至顺义城区，全长 22.8 千米。因连接通州与顺义，故名。通州境内经富豪、草寺，于北窑上出区境，长 10.7 千米。沥青混凝土路面，一级公路。是通州至顺义及以北各地的主要公路交通干道。

## 张采路
Zhāngcǎi Lù

位于通州区南部。路线编号 S202。起于张家湾镇土桥村，止于于家务回族乡南刘庄村。因连接通州区张家湾镇与大兴区采育镇，故名。长 23.7 千米，路基宽 19 ～ 37 米，路面宽 16 ～ 25 米。沥青混凝土路面，一级公路。是通州区中部南部地区的一条南北向干线。

## 觅西路
Mìxī Lù

位于通州区东部。路线编号 S207。起于觅子店，止于通香路。因该路连接觅子店与西集，故名。长 10.5 千米，路基宽 12 ～ 21 米，路面宽 11 ～ 16 米。沥青混凝土路面，二级公路。沿线与京塘公路、通香路相交。沿途经过西集镇王上村、后寨府村、东辛庄村、肖家林村、辛集村等村庄。

## 壁富路
Bìfù Lù

位于通州区西北部。线路编号 S214。起于宋庄镇富豪村，经尹各庄村，止于顺义区李天路。因该路连通通州区富豪与顺义区半壁店，故名。通州段长 9.8 千米，路基宽 9 ～ 50 米，路面宽 7 ～ 33 米。沥青混凝土路面，分路段为一级、三级公路。为通州至顺义以北各地的主要公路交通干道。

## 孔兴路
Kǒngxīng Lù

位于通州区东南部，永乐店镇境内。线

路编号 S221。北起孔庄，南止兴隆庄。因连通孔庄与兴隆庄，故名。长 9.9 千米，路基宽 20 米，路面宽 16 米。沥青混凝土路面，二级公路。沿途经过小务、前马坊等村及德后沟等 3 条沟渠，于小务村与德觅路（原觅凤路）相交。

## 漷永路
Huǒyǒng Lù

位于通州区东南部。路线编号 S223。起于京塘路，止于小甸屯。因连接漷县与永乐店，故名。全长 21.7 千米，路基宽 9 ～ 30 米，路面宽 7 ～ 17 米。沥青混凝土路面，分路段为一级、二级、三级公路。沿线与漷马路、通房路、柏德路、德觅路等道路相交。

## 马朱路
Mǎzhū Lù

位于通州西南部。线路编号 S226。起于漷马路口，止于大兴朱庄。因连接通州马驹桥和大兴朱庄，故名。全长 13.5 千米。通州段起于漷马路口，止于大兴通州界，长 4.1 千米，路基宽 16 ～ 21 米，路面宽 14 米。沥青混凝土路面，二级公路。

## 宋梁路
Sòngliáng Lù

位于通州区北部。路线编号 S229。起于京塘路，止于宋庄。因连接宋庄与梁各庄而得名。长 10.1 千米，路基宽 33 米，路面宽 24 米。沥青混凝土路面，一级公路。沿途与京塘公路、北运河、通胡南路、通燕高速、京榆旧线、潞苑北大街相交。连接张家湾镇、潞城镇、宋庄镇。

## 通香路
Tōngxiāng Lù

位于通州区东南部。路线编号 S301。起于京塘公路沙古堆路口，止于河北省香河县城。因此路连接通州与香河，故名。通州段起于沙古堆村京塘公路路口，止于牛牧屯桥，长 14.6 千米，路基宽 25 ～ 39 米，路面宽 21 ～ 31 米。沥青混凝土路面，一级公路。沿线与胡郎路、觅西路、纪西路等道路相交。是沟通郎府、西集及河北省香河县的重要交通运输线。

## 通马路
Tōngmǎ Lù

位于通州区西南部。路线编号 S302。北起果园环岛，南至马驹桥光机电路口。因该路连通通州城区与马驹桥镇，故名。长 12.2 千米，路基宽 19 ～ 60 米，路面宽 16 ～ 40 米。为沥青混凝土路面，分路段为一级、二级公路。为原通黄路的一段。通马路在通州城区路段又称九棵树西路。

## 通房路
Tōngfáng Lù

位于通州区南部。路线编号 S304。起于九周路，止于北京、河北界。因连接通州区与房山区，故名。长 20.1 千米，路基宽 9 ～ 39 米，路面宽 7 ～ 30 米。沥青混凝土路面，一级公路。沿线与九周路、张采路、张凤路、孔兴路等道路相交。

## 武兴路
Wǔxīng Lù

位于通州区东部。路线编号 S306。起于京塘公路武窑村路口，止于潮白河友谊大桥。因连接武窑和兴各庄，故名。长 8.4 千米，路基宽 11 ～ 28 米，路面宽 9 ～ 18 米。沥青混凝土路面，分路段为一级、二级公路。为潞城镇连接京塘公路主要运输线。

### 黄马路
Huángmǎ Lù

位于通州区西部。路线编号 S322。起于大兴区黄村，止于通州区马驹桥。因该路连接大兴区黄村与通州区马驹桥，故名。全长 19.2 千米。通州段起于通州、大兴区界，止于马驹桥，长 2.8 千米，路基宽 9 米，路面宽 7 米。沥青混凝土路面，二级公路。

## 三、县　道

### 纪西路
Jìxī Lù

位于通州区东南部。因连接纪各庄与西集，故名。起于漷县镇纪各庄村，止于西集镇西集村，长 10.7 千米，路基宽度 8 ～ 10 米，路面宽度 7 ～ 9 米。沥青混凝土路面，三级公路。1980 年修建。2011 年对纪各庄至后寨府、后寨府至王上村、王上村至西集镇三路段分别进行了修整。

### 胡郎路
Húláng Lù

位于通州区东南部。因连通胡各庄与郎府，故名。起于潞城镇胡各庄村，止于京塘线漷县镇石槽村路口，长 22.1 千米，路基宽度 8 ～ 33 米，路面宽度 7 ～ 24 米。沥青混凝土路面，分路段为一级、二级、三级公路。1980 年修建。2008 年改建胡各庄至北运河新堤路路段。2013 年改建北运河新堤路至京塘线路段。

### 通胡路
Tōnghú Lù

位于通州区北部。因连通通州城区与胡各庄，故名。起于东关大桥，止于胡各庄，长 4.8 千米，路基宽 40 ～ 50 米，路面宽 32 ～ 36 米。次高级沥青路面，为一级公路。1972 年始修。2007 年重修。是通州城区通往胡各庄的主要道路。

### 通胡南路
Tōnghú Nánlù

位于通州区北部。因是通州城区至胡各庄南的路，故名。起于滨河路，止于运潮减河，长 5.5 千米，路基宽 27 ～ 56 米，路面宽 24 ～ 38 米。沥青混凝土路面，一级公路。

### 张凤路
Zhāngfèng Lù

位于通州区南部。因连接张家湾与大兴区凤河营，故名。起于京塘线张家湾开发区道口，止于凤德路，长 24.9 千米，路基宽度 9 ～ 43 米，路面宽度 7 ～ 30 米。沥青混凝土路面，分路段为一、二、三级公路。沿线与京塘线、漷马路、于觅路、凤觅路等道路相交。

### 德觅路
Démì Lù

位于通州区东南部。因连接德仁务和觅子店，故名。起于永乐店镇德仁务村，止于漷县镇觅子店村，长 13.1 千米，路基宽度 9 ～ 24 米，路面宽度 7 ～ 21 米。沥青混凝土路面，分路段为二级、三级公路段。沿线与漷永路、孔兴路、通房路、京塘路等道路相交。

## 牛样路
## Niúyàng Lù

位于通州区中部。因是牛堡屯通往样田村的道路，故名。起于牛堡屯村，止于样田村，长 4.2 千米，路基宽 16 米，路面宽 14 米。沥青混凝土路面，为二级公路。沿途经过样田村、南大化村、北大化村，与张采路相交。

## 潞西路
## Lùxī Lù

位于通州区西南部。因连通张家湾镇潞观与朝阳区西直河，故名。起于潞观，止于西直河，长 17 千米，路基宽 8 ～ 37 米，路面宽 7 ～ 26 米。沥青混凝土路面，分路段为一级、二级、三级公路。沿线与张采路、九德路等道路相交。

## 徐尹路
## Xúyǐn Lù

位于通州区北部。因该路连接徐辛庄与尹各庄，故名。起于尹各庄桥，止于潮白河右堤路，长 10.9 千米，路基宽 25 ～ 40 米，路面宽 23 ～ 28 米。沥青混凝土路面，为一级公路。沿线与壁富路、通顺路、任港路相交。1980 年修建。

## 京榆旧线
## Jīngyú Jiùxiàn

位于通州区北部。因此路为原京（北京）榆（榆关，即山海关）公路（历史上因起迄点不同，曾称通唐公路、京山公路）的一段，故名。起于八里桥，止于宋庄镇白庙，长 15.5 千米，路基宽 14 ～ 40 米，路面宽 9 ～ 29 米。沥青混凝土路面，分路段为一级、二级和三级公路。途经永顺镇、宋庄镇。沿线与通顺路、东六环路、宋梁路、任港路、右堤路等道路相交。

## 张台路
## Zhāngtái Lù

位于通州区西部。因连通张家湾镇与台湖镇，故名。起于张家湾镇，止于通马路，长 12.1 千米，路基宽度 8 ～ 32 米，路面宽度 6 ～ 24 米。沥青混凝土路面，分段为一、二、三级公路。1967 年始建，原长 7 千米，路基宽 8.5 米，路面宽 4 ～ 6 米。2003—2006 年进行改建。

## 潞城中路
## Lùchéng Zhōnglù

位于通州区东部。因此路位于潞城镇中轴线上，故名。起于运潮减河，止于武兴路，长 4.3 千米，宽 16 米。为沥青混凝土路面，二级公路。沿线与武兴路相交。1990 年修建。2012 年大修一次。

## 柏德路
## Bódé Lù

位于通州区东南部。因连通马驹桥镇柏福村与永乐店镇德仁务村，故名。起于柏福村，止于德仁务村，长 12.6 千米，路基宽度 9 ～ 20 米，路面宽度 7 ～ 16 米。为沥青混凝土路面，分为二级、三级公路段。1980 年修建。

## 武兴路辅线
## Wǔxīnglù Fǔxiàn

位于通州区北部。因为武兴路的辅助路，

故名。起于京塘旧线，止于武兴路，长 1.7 千米，路基宽 8 米，路面宽 7 米。为沥青混凝土路面，三级公路。1980 年修建。2011 年大修一次。

## 老通胡南路
Lǎotōnghú Nánlù

位于通州区东部。为了与通胡南路区别而命名为老通胡南路。起于运河东大街，止于胡郎路，长 2.6 千米，路基宽 11 ～ 18 米，路面宽 9 ～ 16 米。沥青混凝土路面，二级公路。始建于 1990 年。2002 年改建。

## 苏望路
Sūwàng Lù

位于通州区东南部。因道路两端临近苏庄与望君疃，故名。起于运河大堤路，止于京哈高速郎府出入口，长 4.2 千米，路基宽 23 ～ 40 米，路面宽 19 ～ 21 米。为沥青混凝土路面，一级公路。2014 年修建。

## 采林路
Cǎilín Lù

位于通州区南部。因该路连接采育与枣林，故名。起于大兴区采育镇，止于通州区于家务乡枣林村，全长 8.5 千米。通州境内起于南刘庄，止于枣林，长 2.1 千米，路基宽 21 米，路面宽 16 米。为沥青混凝土路面，二级公路。沿线与张凤路相交。2000 年建成。

## 九周路
Jiǔzhōu Lù

位于通州区西部。因连通梨园镇九棵树和大兴周营，故名。起于九棵树，止于大兴周营，全长 27.1 千米。通州段起于九棵树，先后与张台路、通房路相交，于通州与大兴界出境，长 22.1 千米，路基宽度 9 ～ 32 米，路面宽度 7 ～ 26 米。沥青混凝土路面，道路等级分路段为一级、二级和三级公路。沿途经过高营、小杜社、兴武林等村庄。1999 年 12 月 1 日建成命名。

## 漷马路
Huǒmǎ Lù

位于通州区南部。因连接漷县与马驹桥，故名。东起漷县镇长凌营与京塘公路衔接，西止马驹桥，全长 25.8 千米，路基宽 9 ～ 48 米，路面宽 7 ～ 37 米。沥青混凝土路面，分路段为一级、二级、三级公路。1964 年修筑，始为砂石路面。1974 年、1975 年，为运送自天津新港至房山燕山石油化工厂的 30 吨乙烯大件设备，将该路调直加宽，抬高路基，重建桥梁，铺成沥青路面，时称“大件路”。途经漷县、张家湾、马驹桥 3 镇，沿线与京塘公路、张凤路、张采路、九周路等道路相交。为通州区南部东西向主要交通干线。

## 北运河新堤路
Běiyùnhé Xīndī Lù

位于通州区北部，潞城镇西部。因其毗邻北运河，且为新的河堤路，故名。起于六环，止于武兴路辅线。长 8.4 千米，宽 12 ～ 14 米。沥青混凝土路面，为二级公路。沿途经过武窑村等。2009 年修建。

## 西尹路
Xīyǐn Lù

位于通州区东部，西集镇东部。因连通

西集与尹家河，故名。起于西集，止于尹家河。长 4.3 千米，宽 9 米。沥青混凝土路面，为三级公路。沿途经过西集中学、车屯村、西集派出所等。1980 年修建。

## 新堤路
Xīndī Lù

位于通州区中部，西集镇西部。因连通新太平庄与运河堤，故名。起于新太平庄，止于运河堤。长 4.7 千米，宽 12 米。沥青混凝土路面，为二级公路。沿途经过北京燃气西集天然气加气站等。2000 年修建。

## 张凤路辅线
Zhāngfènglù Fǔxiàn

位于通州区东南部，张家湾镇中部。因为张凤路的辅助道路，缓解张凤路的交通压力，故名。起于京塘线，止于张凤路。长 3.6 千米，宽 7 米。沥青混凝土路面，为三级公路。1980 年始建，2013 年翻修。

# 四、乡　道

2014 年通州区乡道一览表

表 3

| 标准名称 | 命名原因 | 起止地点 | 建成时间（年） | 长度（千米） | 宽度（米） |
|---|---|---|---|---|---|
| 东西垡路 Dōngxīfá Lù | 因连接东垡和西垡，故名 | 柏德路—柏德路 | | 4.17 | 10.00 |
| 于王路 Yúwáng Lù | 因属于家务村与王各庄村段，故名 | 通房路—张凤路 | 2005 | 2.90 | 6.00 |
| 南枣路 Nánzǎo Lù | 因贯通南刘庄和枣林，故名 | 南刘庄村—海子河桥 | 2013 | 3.71 | 4.00 |
| 北辛店北路 Běixīndiàn Běilù | 因位于北辛店北，故名 | 周起营村—北辛店村北 | 2008 | 2.59 | 5.00 |
| 三小路 Sānxiǎo Lù | 因位于南三间房村和小海子村之间，故名 | 张凤路—南三间房 | 2007 | 3.05 | 6.00 |
| 于小路 Yúxiǎo Lù | 因位于于家务和小耕垡之间，故名 | 于王路—小耕垡 | 2003 | 3.75 | 4.00 |
| 东神路 Dōngshén Lù | 因贯通东马各庄村和神仙村，故名 | 通房路—新张南路 | 2003 | 4.83 | 7.00 |
| 西垡西路 Xīfá Xīlù | 因位于西垡村西，故名 | 张采路—西垡村 | 2001 | 2.84 | 6.00 |
| 南仪阁路 Nányígé Lù | 因位于南仪阁，故名 | 北辛店—南仪阁 | 2002 | 1.70 | 5.00 |

续表 3

| 标准名称 | 命名原因 | 起止地点 | 建成时间（年） | 长度（千米） | 宽度（米） |
|---|---|---|---|---|---|
| 富各庄路 Fùgèzhuāng Lù | 因位于富各庄，故名 | 柏德路—王各庄 | 1995 | 2.53 | 6.00 |
| 刘庄北路 Liúzhuāng Běilù | 因位于南刘庄北边，故名 | 张凤路—张采路 | 1998 | 1.91 | 10.00 |
| 神王路 Shénwáng Lù | 因该路连接神仙和王各庄，故名 | 神仙村—王各庄 | 1995 | 2.57 | 5.00 |
| 养殖厂路 Yǎngzhíchǎng Lù | 因道路附近有养殖场，故名 | 张采路—环乡路 | 1998 | 1.65 | 6.00 |
| 创业园北一路 Chuàngyèyuán Běi 1 Lù | 因位于创业园北部，次序为一，故名 | 张采路—采林路 | 1995 | 1.75 | 16.00 |
| 创业园西路 Chuàngyèyuán Xīlù | 因位于创业园西部，故名 | 创业园—采林路 | 1995 | 1.21 | 16.00 |
| 崔各庄路 Cuīgèzhuāng Lù | 因位于崔各庄，故名 | 张凤路—张采路 | 1995 | 2.18 | 10.00 |
| 崔各庄支路 Cuīgèzhuāng Zhīlù | 因是崔各庄路的支路，故名 | 张采路—崔各庄 | 1995 | 1.45 | 5.00 |
| 崔果路 Cuīguǒ Lù | 因经过崔各庄与果村，故名 | 于王路—崔各庄支路 | 1995 | 1.90 | 5.00 |
| 张南路 Zhāngnán Lù | 因此路连接张凤路和王南路，故名 | 张凤路—王南路 | 2003 | 3.67 | 5.00 |
| 张枣路 Zhāngzǎo Lù | 因此路连接张采路和枣林，故名 | 张采路—采林路 | 2008 | 3.01 | 16.00 |
| 东垡路 Dōngfá Lù | 因位于东垡村，故名 | 张采路—西垡中路 | 1976 | 1.99 | 6.00 |
| 西马坊南路 Xīmǎfáng Nánlù | 因位于西马坊，故名 | 张采路—环乡路 | 2013 | 1.67 | 6.00 |
| 环乡路 Huánxiāng Lù | 因环绕于家务回族乡，故名 | 张采路—柏德路 | 2012 | 7.12 | 8.00 |
| 荟萃东路 Huìcuì Dōnglù | 因位于荟萃园小区东，故名 | 云景南大街—万盛南街 | 2013 | 1.43 | 7.00 |
| 荟萃南路 Huìcuì Nánlù | 因位于荟萃园小区南，故名 | 群芳中二街—万盛南街 | 2013 | 0.55 | 14.00 |
| 临河里路 Línhélǐ Lù | 因位于临河里而得名 | 京塘线—梨园南街 | 1998 | 1.48 | 27.00 |
| 九棵树中路 Jiǔkēshù Zhōnglù | 因位于九棵树东路和西路之间，故名 | 云景南大街—万盛南街 | 2004 | 1.33 | 31.00 |
| 怡乐北街 Yílè Běijiē | 因位于怡乐园北部，故名 | 怡乐中路—道路止点 | 2003 | 1.87 | 16.00 |
| 怡乐南街 Yílè Nánjiē | 因位于怡乐园南方向，故名 | 怡乐西路—翠屏西路 | 2013 | 1.38 | 22.00 |

续表 3

| 标准名称 | 命名原因 | 起止地点 | 建成时间（年） | 长度（千米） | 宽度（米） |
|---|---|---|---|---|---|
| 群芳南街 Qúnfāng Nánjiē | 因位于群芳园南侧，故名 | 张凤路—九棵树中路 | 2003 | 3.29 | 45.50 |
| 日新路 Rìxīn Lù | 因取日新月异之意，故名 | 云景南大街—万盛南街 | 2003 | 1.26 | 12.00 |
| 万盛中三街 Wànshèng Zhōng 3 Jiē | 因临近万盛里居住区，次序为三，故名 | 通马路—辛庄村 | 2013 | 0.52 | 16.00 |
| 旗舰路 Qíjiàn Lù | 因临近旗舰凯旋小区，故名 | 通马路—云景南大街 | 2013 | 0.71 | 14.00 |
| 万盛中一街 Wànshèng Zhōng 1 Jiē | 因临近万盛里居住区，次序为一，故名 | 九棵树中路—小稿村路 | 2013 | 1.50 | 16.00 |
| 怡乐中路 Yílè Zhōnglù | 因临近怡乐园小区，根据位置命名 | 通马路—通朝大街 | 2008 | 2.42 | 21.00 |
| 怡乐中街 Yílè Zhōngjiē | 因临近怡乐园小区，根据位置命名 | 通马路—怡乐中路 | 2003 | 1.83 | 26.20 |
| 万盛北街 Wànshèng Běijiē | 因位于万盛街道以北，故名 | 通马路—日新路 | 2013 | 1.03 | 16.00 |
| 万盛南街 Wànshèng Nánjiē | 因位于万盛南里居住区南侧，故名 | 通马路—九周路 | 1995 | 2.59 | 32.00 |
| 群芳中二街 Qúnfāng Zhōng 2 Jiē | 因临近群芳园小区，次序为二，故名 | 日新路—颐瑞中二街 | 2013 | 2.58 | 36.40 |
| 颐瑞中三路 Yíruì Zhōng 3 Lù | 因位于颐瑞西里中部，次序为三，故名 | 群芳中二街—群芳南街 | 2013 | 0.63 | 14.00 |
| 五所南街 Wǔsuǒ Nánjiē | 因位于中核集团北京冶金化工研究院五所之南，故名 | 二真路—孙王场路 | 2013 | 1.14 | 22.00 |
| 月异西路 Yuèyì Xīlù | 因与日新路相对取日新月异之意，故名 | 旗舰路—小稿村 | 2013 | 0.68 | 16.00 |
| 孙王场路 Sūnwángchǎng Lù | 因位于孙王场，故名 | 京塘线—九德路 | 2002 | 1.71 | 7.00 |
| 群芳中三街 Qúnfāng Zhōng 3 Jiē | 因临近群芳园小区，次序为三，故名 | 九棵树中路—荟萃南路 | 2006 | 0.73 | 16.00 |
| 驾校外环路 Jiàxiàowàihuán Lù | 因位于驾校外，故名 | 潞邑西路—陈列馆北街 | 1998 | 5.32 | 7.00 |
| 潞邑西路 Lùyì Xīlù | 因位于潞邑西侧，故名 | 京榆旧路—乡界点 | 1995 | 1.33 | 10.00 |
| 殡仪馆路 Bìnyíguǎn Lù | 因位于殡仪馆附近，故名 | 范焦路—殡仪馆 | 1995 | 0.65 | 6.00 |
| 永顺路 Yǒngshùn Lù | 因此路位于永顺，故名 | 京榆旧线—永顺南街 | 2003 | 0.84 | 12.00 |

续表 3

| 标准名称 | 命名原因 | 起止地点 | 建成时间（年） | 长度（千米） | 宽度（米） |
| --- | --- | --- | --- | --- | --- |
| 陈列馆路 Chénlièguǎn Lù | 因临近陈列馆，故名 | 潞苑北大街—京榆旧线 | 1995 | 2.67 | 10.00 |
| 物资学院路 Wùzīxuéyuàn Lù | 因道路通向物资学院，故名 | 京榆旧线—物资学院 | 2008 | 1.07 | 22.00 |
| 堡龙路 pùlóng Lù | 因连接龙旺庄和堡辛，故名 | 龙旺庄—堡辛 |  | 4.25 | 5.00 |
| 永顺南街 Yǒngshùn Nánjiē | 因位于永顺南部，故名 | 京榆旧线—新华北路 |  | 2.51 | 9.00 |
| 南刘路 Nánliú Lù | 因起始于南刘各庄村，故名 | 南刘各庄村—通胡南路 | 2003 | 1.64 | 4.50 |
| 运潮路 Yùncháo Lù | 因该路起点为运潮减河，故名 | 运潮减河—南刘各庄 | 2003 | 3.35 | 9.00 |
| 东南支路 Dōngnán Zhīlù | 为东南路的支路，故名 | 胡郎路—七级村 | 2003 | 1.30 | 9.00 |
| 东南路 Dōngnán Lù | 因起点和终点分别为东堡、南刘各庄，故各取首字“东南”而命名 | 东堡—南刘各庄 | 1997 | 1.94 | 9.00 |
| 召孙路 Zhàosūn Lù | 因为起点和终点分别为召里村和孙各庄村，故名 | 召里—孙各庄 | 1982 | 3.51 | 6.00 |
| 召里村路 Zhàolǐcūn Lù | 因此路位于召里村，故名 | 召里—召里村南 | 1989 | 0.85 | 4.00 |
| 后卜路 Hòubǔ Lù | 因此路的起点和终点分别为卜落垡村和贾后疃村，故名 | 卜落垡村—贾后疃村 | 2005 | 2.94 | 4.50 |
| 卜落垡路 Bǔluòfá Lù | 因该道路途经卜落垡村，故名 | 胡郎路—X002 | 2002 | 0.71 | 4.50 |
| 前刘路 Qiánliú Lù | 因此路的起点和终点分别为前疃村和刘武路，故名 | 东刘庄村—前疃村 | 2000 | 2.64 | 6.00 |
| 西七路 Xī 7 Lù | 因经由西堡村、七级村，故名 | 南刘各庄村—西堡村 | 1998 | 1.27 | 4.50 |
| 刘大路 Liúdà Lù | 因路经由刘庄村和大甘棠村，故名 | 刘庄村—榆武路 | 1985 | 2.04 | 4.50 |
| 贾武路 Jiǎwǔ Lù | 因此路的起点和终点分别为武兴路和贾后疃村北，故名 | 武兴路—贾后疃村北 | 2001 | 2.67 | 5.00 |
| 前疃路 Qiántuǎn Lù | 因此路的终点为前疃村，故名 | 贾武路—前疃 | 1999 | 1.55 | 4.50 |
| 武疃路 Wǔtuǎn Lù | 因该道路的终点为武疃村，故名 | 武兴路—武疃 | 1998 | 1.01 | 5.00 |
| 胡燕路 Húyàn Lù | 因该道路起于胡郎路，止于燕山营，故名 | 胡郎路—燕山营 | 2013 | 2.42 | 4.50 |

续表 3

| 标准名称 | 命名原因 | 起止地点 | 建成时间（年） | 长度（千米） | 宽度（米） |
|---|---|---|---|---|---|
| 后榆路 Hòuyú Lù | 因该道路止点为后榆林庄村，故名 | 胡郎路—后榆村 | 2002 | 0.13 | 4.50 |
| 榆武路 Yúwǔ Lù | 因该道路经沿前榆林庄村，并止于武兴路，故名 | 胡郎路北—小甘棠村入口 | 2002 | 2.46 | 5.00 |
| 前榆路 Qiányú Lù | 因该道路的止点为前榆林庄村，故名 | 东堡—南刘各庄 | 1999 | 1.06 | 4.00 |
| 刘武路 Liúwǔ Lù | 因其起点和终点分别为武兴路和东刘庄，故名 | 岔道村—刘庄村 | 2003 | 0.86 | 5.00 |
| 曹肖路 Cáoxiāo Lù | 因其起点和终点分别毗邻曹坨和肖庄，故名 | 武兴路—康夏路 | 2001 | 2.14 | 7.00 |
| 兴太路 Xīngtài Lù | 因此路起点和终点分别为武兴路和谢太路，故名 | 武兴路—谢太路 | 2008 | 3.75 | 5.00 |
| 前兴路 Qiánxīng Lù | 因起点和终点紧邻东前营村和兴各庄村，故名 | 后卜路—兴各庄 | 2013 | 4.65 | 6.00 |
| 甘武路 Gānwǔ Lù | 因其起点和终点分别为武兴路和大甘棠，故名 | 武兴路—大甘棠村 | 2003 | 1.19 | 4.50 |
| 榆兴路 Yúxīng Lù | 因连接榆武路和武兴路，故名 | 武兴路—卜落垡村 | 2008 | 4.43 | 4.00～6.00 |
| 八各庄路 Bāgèzhuāng Lù | 因位于八各庄村，故名 | 胡郎路—八各庄 | 2004 | 1.54 | 5.00 |
| 小东路 Xiǎodōng Lù | 因该路段毗邻东小营村，故名 | 胡郎路—减运路 | 1999 | 0.637 | 5.00 |
| 东营路 Dōngyíng Lù | 因其起点和终点分别为东小营村和东堡，故名 | 东小营村—东堡 | 1976 | 1.81 | 4.50 |
| 堡东路 Pùdōng Lù | 因其起点和终点分别为堡辛和东堡，故名 | 堡辛—东堡 | 1963 | 5.50 | 6.00 |
| 武窑路 Wǔyáo Lù | 因位于武窑村，故名 | 小豆各庄—武窑村 | 1998 | 1.94 | 5.00 |
| 康夏路 Kāngxià Lù | 因其起点和终点毗邻康各庄和夏店村，故名 | 康各庄—武窑 | 1998 | 6.30 | 5.00 |
| 小崔路 Xiǎocuī Lù | 因其起点和终点分别位于小豆各庄和崔家楼村，故名 | 铸造厂—运河右堤 | 2000 | 2.86 | 6.00～12.00 |
| 肖夏路 Xiāoxià Lù | 因其起点和终点分别为肖庄村和夏店村，故名 | 肖庄村南—夏店村 | 2001 | 1.48 | 5.00 |
| 曹大路 Cáodà Lù | 因其起点和终点分别毗邻曹坨村和大甘棠村，故名 | 武兴路辅路—岔道村南 | 2002 | 2.70 | 7.00 |
| 侉店路 Kuǎdiàn Lù | 因位于侉店村，故名 | 胡燕路—侉店村 | 1995 | 1.21 | 4.50～5.00 |
| 榆燕路 Yúyàn Lù | 因该路原规划连接榆武沟和燕山营而得名 | 侉店村—小甘棠 | 2002 | 2.73 | 4.50 |

续表 3

| 标准名称 | 命名原因 | 起止地点 | 建成时间（年） | 长度（千米） | 宽度（米） |
|---|---|---|---|---|---|
| 后屯路 Hòutún Lù | 因道路位于后屯村，故名 | 召孙路—后屯 | 1995 | 1.00 | 5.00 |
| 小豆路 Xiǎodòu Lù | 因位于小豆各庄，故名 | 武兴路—小豆各庄 | 1995 | 0.94 | 6.00 |
| 大武路 Dàwǔ Lù | 因其起点和终点分别为大东各庄和武窑村，故名 | 大东各庄—武窑村 | 1999 | 3.64 | 5.00 |
| 留庙路 Liúmiào Lù | 因其起点和终点分别为留庄和庙上，故名 | 留庄—庙上 | 1997 | 1.42 | 5.00 |
| 东夏园路 Dōngxiàyuán Lù | 因位于东夏园村，故名 | 老通胡南路—东夏园 | 1995 | 0.80 | 4.50 |
| 古郝路 Gǔhǎo Lù | 因其起点和终点分别为古城村和郝家府村，故名 | 古城—郝家府 | 1999 | 2.42 | 4.50 |
| 谢楼路 Xièlóu Lù | 因毗邻谢楼村，故名 | 谢楼—小东各庄 | 2000 | 2.07 | 5.00 |
| 谢太路 Xiètài Lù | 因为此路的起点和终点分别为谢楼村和太子府村，故名 | 谢楼—太子府村东 | 2008 | 2.14 | 4.00 ～ 8.00 |
| 通南路 Tōngnán Lù | 因其起点和终点分别为通胡路和通胡南路，故名 | 通胡路—通胡南路 | 2003 | 1.67 | 14.00 |
| 武曹路 Wǔcáo Lù | 因其起点和终点分别为武兴路和曹肖路，故名 | 武兴路—曹肖路 | 2008 | 1.00 | 5.00 |
| 蔬菜基地路 Shūcài Jīdì Lù | 因道路两侧有蔬菜种植基地，故名 | 东小营村—通胡南路 | 2005 | 0.31 | 4.50 |
| 兴大路 Xīngdà Lù | 因其起点和终点分别为大东各庄和前兴路，故名 | 大东各庄—前兴路 | 2008 | 3.71 | 4.00 ～ 4.50 |
| 宋郎路辅线 Sònglánglù Fǔxiàn | 因为胡郎路（原名宋郎路）的辅线，故名 | 前北营—庙上 | 1995 | 0.59 | 18.00 |
| 大营路 Dàyíng Lù | 因此道路贯穿大营村，故名 | 大营村北—老通胡南路 | 2001 | 2.06 | 5.00 |
| 金棠路 Jīntáng Lù | “棠”即指代甘棠乡，故名 | 前刘路—后榆村 | 2000 | 2.59 | 7.00 |
| 漷兴路 Huǒxīng Lù | 因是兴隆庄至漷县镇的路线，故名 | 孔兴路—兴隆庄 | 2002 | 1.12 | 6.00 |
| 漷东路 Huǒdōng Lù | 因经过漷小路与东张各庄，故名 | 东张各庄—永三村东 | 2008 | 3.22 | 4.00 |
| 漷孔路 Huǒkǒng Lù | 因起点位于孔兴路，故名 | 半截河村南—半截河村中 | 1999 | 1.63 | 4.00 |
| 陈于路 Chényú Lù | 因连接陈辛庄村和通房路（于觅路），故名 | 通房路—陈辛庄北路 | 1974 | 0.74 | 5.00 |

续表 3

| 标准名称 | 命名原因 | 起止地点 | 建成时间（年） | 长度（千米） | 宽度（米） |
|---|---|---|---|---|---|
| 漷老路<br>Huǒlǎo Lù | 因位于漷永路和老槐庄附近，故名 | 通房路—大务村西 | 2005 | 6.22 | 5.00 |
| 西槐庄路<br>Xīhuái zhuāng Lù | 因位于西槐庄，故名 | 坚村—西槐庄村北 | 2002 | 2.07 | 5.00 |
| 西大路<br>Xīdà Lù | 因连通西槐庄村与大务村，故名 | 西槐庄村—大务村 | 1975 | 3.80 | 5.00 |
| 东张各庄路<br>Dōngzhānggèzhuāng Lù | 因主要途径东张各庄，故名 | 孔东路—孔兴路延长 | 2000 | 2.41 | 24.00 |
| 半三路<br>Bàn 3 Lù | 因临近半截河村和三垡，故名 | 半截河村—漷兴西路 | 1999 | 1.48 | 5.00 |
| 觅三路<br>Mì 3 Lù | 因连通德觅路与三垡，故名 | 老孔兴路—京津高速 | 1995 | 3.93 | 5.00 |
| 孔大路<br>Kǒngdà Lù | 因连接孔兴路与大务村，故名 | 孔兴路—大务村 | 1999 | 3.95 | 4.50 |
| 孔坚路<br>Kǒngjiān Lù | 因位于孔兴路和坚村之间，故名 | 德觅路—漷老路 | 1995 | 4.13 | 4.00 |
| 临沟屯路<br>Língōutún Lù | 因位于临沟屯，故名 | 凤德路—凤德路 | 1998 | 4.45 | 5.00 |
| 兴半路<br>Xīngbàn Lù | 因此路从半截河村至孔兴路，故名 | 孔兴路—觅三路 | 2008 | 2.12 | 6.00～8.00 |
| 鲁城路<br>Lǔchéng Lù | 因位于鲁城，故名 | 德觅路—市界 | 2004 | 1.21 | 5.00 |
| 柴半路<br>Cháibàn Lù | 因连接柴厂屯与半截河，故名 | 敖硝营路—觅三路 | 2008 | 1.90 | 16.00 |
| 永黄路<br>Yǒnghuáng Lù | 因连通永乐店与黄厂铺，故名 | 通房路—乡界 | 1995 | 1.99 | 5.00 |
| 柴胡路<br>Cháihú Lù | 因连通柴厂屯与胡村，故名 | 凤德路—凤德路 | 2001 | 3.85 | 4.00 |
| 漷老路新线<br>Huǒlǎolù Xīnxiàn | 因延长了漷老路线路至德仁务，故名 | 漷小路—西大路 | 2013 | 4.38 | 4.00 |
| 大羊南路<br>Dàyáng Nánlù | 因位于大羊村南，故名 | 漷永路—孔兴路 | 1995 | 4.36 | 16.00 |
| 胡觅路<br>Húmì Lù | 因连接柴胡路与觅凤路，故名 | 凤德路—柴胡路 | 1995 | 2.00 | 5.00 |
| 邓后路<br>Dènghòu Lù | 因连通邓庄与后甫，故名 | 邓庄—后甫村北 | 2000 | 2.48 | 4.00～5.50 |
| 西马路<br>Xīmǎ Lù | 因临近西槐庄和马合店，故名 | 西大路—漷老路 | 2001 | 2.09 | 6.50 |

续表 3

| 标准名称 | 命名原因 | 起止地点 | 建成时间（年） | 长度（千米） | 宽度（米） |
|---|---|---|---|---|---|
| 熬硝营路<br>Áoxiāoyíng Lù | 因位于熬硝营，故名 | 凤德路—漷永路 | 1999 | 2.73 | 5.00 |
| 马坊路<br>Mǎfáng Lù | 因连通前马坊村与后马坊村，故名 | 孔兴路—后马坊村 | 2008 | 1.57 | 4.00 |
| 孔东路<br>Kǒngdōng Lù | 因连接孔庄与东张各庄，故名 | 永德路—漷老路 | 2003 | 4.25 | 20.00 |
| 政府路<br>Zhèngfǔ Lù | 因位于西集镇政府附近，故名 | 新堤路—曹刘各庄村 | 2013 | 2.97 | 14.00 |
| 供杜路<br>Gōngdù Lù | 因临近供给店和杜柳棵，故名 | 供给店—任郎路 | 2003 | 4.12 | 10.00 |
| 侯肖路<br>Hóuxiāo Lù | 因道路两端起始位置分别是侯各庄和肖家林，故名 | 侯各庄—K4+678 | 2008 | 4.60 | 6.00 |
| 杨吕路<br>Yánglǚ Lù | 因连通杨家洼与吕家湾，故名 | 纪西路—吕家湾村 | 1995 | 1.09 | 4.00 |
| 杜太路<br>Dùtài Lù | 因该路连接杜柳棵和太子府，故名 | 通香路—太子府 | 1995 | 1.82 | 7.00 |
| 景元路<br>Jǐngyuán Lù | 因其所在位置景色美好，故名 | 运河大堤路—郎西村 | 2008 | 1.83 | 16.00 |
| 北环路<br>Běihuán Lù | 因其所在位置，故名 | 协各庄—赵庄 | 2000 | 4.82 | 5.00 |
| 供给店路<br>Gōngjǐdiàn Lù | 因位于供给店，故名 | 通香路—政府路 | 2000 | 1.58 | 5.00 |
| 郎老路<br>Lánglǎo Lù | 因连接郎西和老庄户，故名 | 郎西村东—运河大堤 | 1999 | 2.23 | 5.00 |
| 耿楼路<br>Gěnglóu Lù | 因该路位于耿楼，故名 | 胡郎路—运河大堤 | 2000 | 1.92 | 5.00 |
| 双大路<br>Shuāngdà Lù | 因经过大灰店和大沙务，故名 | 纪西路—大沙务村 | 2005 | 1.74 | 6.00 |
| 协杨路<br>Xiéyáng Lù | 因经过协各庄和杨家洼，故名 | 通香路—潮白河大堤路 | 1999 | 2.77 | 5.00 |
| 何金路<br>Héjīn Lù | 因经过何各庄和金坨，故名 | 何各庄—金坨 | 2003 | 1.74 | 4.50 |
| 古柳路<br>Gǔliǔ Lù | 因连接沙古堆村和杜柳棵，故名 | 杜太路—沙古堆 | 2008 | 3.36 | 4.00 |
| 侯东仪路<br>Hòudōngyí Lù | 因位于侯东仪，故名 | 西尹路—西尹路 | 2008 | 1.02 | 6.00 |
| 樱桃园路<br>Yīngtáoyuán Lù | 因此路附近有樱桃园，故名 | 沙古堆—樱桃园 | 1995 | 1.78 | 4.50 |
| 潮白河大堤路<br>Cháobáihé Dàdī Lù | 因旁边有潮白河大堤，故名 | 镇界—K8+720 | 1995 | 8.72 | 5.00 |

续表 3

| 标准名称 | 命名原因 | 起止地点 | 建成时间（年） | 长度（千米） | 宽度（米） |
|---|---|---|---|---|---|
| 于岳路<br>Yúyuè Lù | 因连通于辛庄和岳上村，故名 | 于辛庄—通香路 | 2002 | 2.44 | 6.00 |
| 金辛路<br>Jīnxīn Lù | 因经过金坨村和东辛庄，故名 | 胡郎路—杜店村南 | 2008 | 7.07 | 5.00 |
| 儒供路<br>Rúgōng Lù | 因经过儒林和供给店，故名 | 通香路—儒林 | 2002 | 1.46 | 4.50 |
| 南环路<br>Nánhuán Lù | 因其地理位置，故名 | 桥上村东—南小庄 | 2008 | 4.40 | 4.00 |
| 牛桥西路<br>Niúqiáo Xīlù | 因位于牛牧屯桥西，故名 | 纪西路—牛牧屯村北 | 2008 | 3.50 | 4.00 |
| 武杨路<br>Wǔyáng Lù | 因经过武辛庄和杨家洼，故名 | 觅西路—通香路 | 2003 | 5.71 | 22.00 |
| 辛集路<br>Xīnjí Lù | 因此路位于辛集，故名 | 纪西路—辛集 | 2008 | 1.25 | 9.00 |
| 任郎路<br>Rènláng Lù | 因经过任辛庄和郎府，故名 | 任辛庄—冯各庄村南 | 1998 | 2.97 | 4.50 |
| 电管站东路<br>Diànguǎnzhàn Dōnglù | 因位于电管站东，故名 | 纪西路—新工业区西 | 2006 | 1.40 | 27.00 |
| 杨家洼路<br>Yángjiāwā Lù | 因位于杨家洼，故名 | 纪西路—吕家湾村 | 2008 | 1.18 | 4.50 |
| 小马路<br>Xiǎomǎ Lù | 因连接马坊和小辛庄，故名 | 小老路—终点 | 2003 | 2.47 | 4.50 |
| 小车路<br>Xiǎochē Lù | 因起点是小屯村，终点临近车屯村，故名 | 小屯村—新工业区 | 2008 | 3.56 | 7.00 |
| 运河大堤路<br>Yùnhé Dàdī Lù | 因位于运河大堤，故名 | 小崔路—牛牧屯 | 2003 | 20.37 | 6.00 |
| 沙务路<br>Shāwù Lù | 因位于小沙务村，故名 | 小沙务—小沙务 | 2008 | 2.17 | 4.50 |
| 漷兴二街<br>Huǒxīng 2 Jiē | 取漷县兴盛美好寓意，街道排序序号为二，故名 | 京塘公路—漷城西二路 | 2006 | 1.67 | 12.00 |
| 田南路<br>Tiánnán Lù | 因连接田村和南仪阁，故名 | 南仪阁村—漷小路 | 2005 | 4.70 | 12.00 |
| 漷城西四路<br>Huǒchéng Xī 4 Lù | 因位于漷县西，街道排序序号为第四条，故名 | 漷兴西三街—漷兴西六街 | 1995 | 0.90 | 11.00 |
| 漷兴一街<br>Huǒxīng 1 Jiē | 取漷县兴盛美好寓意，街道排序序号为一，故名 | 京塘公路—漷大路 | 2006 | 0.66 | 12.00 |
| 鑫觅西二路<br>Xīnmì Xī 2 Lù | 因“鑫觅”为“金三角”和觅子店的合称，并为鑫觅路向西的第二条道路，故名 | 鑫隅四街—鑫隅二街 | 2013 | 0.72 | 7.00 |

续表 3

| 标准名称 | 命名原因 | 起止地点 | 建成时间（年） | 长度（千米） | 宽度（米） |
|---|---|---|---|---|---|
| 漷兴五街 Huǒxīng 5 Jiē | 取漷县兴盛美好寓意，街道排序序号为五，故名 | 三黄庄—七星印刷厂 | 1995 | 0.86 | 14.00 |
| 漷兴西六街 Huǒxīng Xī 6 Jiē | 因位于漷县西，取漷县兴盛美好寓意，街道排序序号为六，故名 | 漷小路—漷城西一路 | 1995 | 1.60 | 11.00 |
| 鑫隅四街 Xīnyú 4 Jiē | 因街道位于金三角开发区，取鑫隅美好寓意，且序号为四，故名 | 京塘线—李辛庄村东 | 2008 | 1.97 | 10.00 |
| 鑫隅三街 Xīnyú 3 Jiē | 因街道位于金三角开发区，取鑫隅美好寓意，且序号为三，故名 | 京塘路—李辛庄村东 | 2010 | 1.57 | 6.00 |
| 漷城西一路 Huǒchéng Xī 1 Lù | 因位于漷县西，街道排序序号为第一条，故名 | 漷兴北一街—漷兴西六街 | 2006 | 2.42 | 21.00 |
| 漷兴六街 Huǒxīng 6 Jiē | 取漷县兴盛美好寓意，街道排序序号为六，故名 | 京塘线—漷小路 | 2012 | 2.3 | 25.00 |
| 敬老院路 Jìnglǎoyuàn Lù | 因敬老院在此条路上，故名 | 凌庄村—京徐路 | 2008 | 1.43 | 5.00 |
| 李军路 Lǐjūn Lù | 因位于李辛庄和军庄之间，故名 | 李辛庄—军庄 | 1998 | 5.28 | 6.00 |
| 鑫觅西三路 Xīnmì Xī 3 Lù | “鑫觅”为金三角和觅子店合称，并为鑫觅路向西的第三条道路，故名 | 鑫隅二街—大柳树村南 | 1995 | 1.08 | 9.00 |
| 漷大路 Huǒdà Lù | 因以连通漷县村和大柳树，故名 | 漷马路—小屯村西 | 2003 | 15.06 | 16.00 |
| 草北路 Cǎoběi Lù | 因连接草厂与北堤寺，故名 | 通房路—草厂村南 | 2008 | 3.21 | 5.00 |
| 石东路 Shídōng Lù | 因其位于石槽村与东黄垡之间，故名 | 石槽村北—东黄垡 | 2008 | 3.75 | 8.00 |
| 罗梁路 Luóliáng Lù | 因连接罗庄和梁家务，故名 | 罗庄—梁家务村 | 2003 | 2.10 | 6.00 |
| 马黄路 Mǎhuáng Lù | 因位于马头与黄厂铺之间，故名 | 马头村西—黄厂铺村东 | 2008 | 6.23 | 9.00 |
| 石毛路 Shímáo Lù | 因连通毛庄与石槽，故名 | 石槽—毛庄 |  | 0.70 | 7.00 |
| 草厂路 Cǎochǎng Lù | 因其位于草厂，故名 | 草北路—田南路 | 1990 | 1.56 | 4.50 |
| 漷小路旧线 Huǒxiǎolù Jiùxiàn | 因其修建早于漷小路，故名 | 漷小路—漷马路 | 1995 | 1.12 | 6.00 |
| 漷兴西三街 Huǒxīng Xī 3 Jiē | 因位于漷县西，起漷县兴盛美好寓意，序列排号为三，故名 | 漷小路—马务村 | 2005 | 2.02 | 18.00 |

续表 3

| 标准名称 | 命名原因 | 起止地点 | 建成时间（年） | 长度（千米） | 宽度（米） |
|---|---|---|---|---|---|
| 南丁路<br>Nándīng Lù | 因该路位于南丁庄，故名 | 张凤路—漷小路 | 2013 | 5.00 | 4.50 |
| 南漷路<br>Nánhuǒ Lù | 因该路连接漷县村和南阳村，故名 | 漷县村委会—南阳村南 | 2008 | 2.07 | 6.00 |
| 周黄路<br>Zhōuhuáng Lù | 因连接周起营与黄厂铺，故名 | 漷小路—草北路 | 2000 | 2.26 | 6.00 |
| 石小路<br>Shíxiǎo Lù | 因连接石槽与小屯，故名 | 石槽—小屯 |  | 7.56 | 5.00 |
| 西军路<br>Xījūn Lù | 因连接西黄垡和军屯，故名 | 西黄路—漷大路 | 2013 | 1.29 | 4.50 |
| 小靛路<br>Xiǎodiàn Lù | 因位于靛庄，故名 | 京塘线—镇界 | 2006 | 3.80 | 13.00 |
| 漷兴西二街<br>Huǒxīng Xī 2 Jiē | 因位于漷县西，取漷县兴盛美好寓意，序列排号为二，故名 | 漷城西三路—漷城西一路 | 2013 | 0.70 | 12.00 |
| 龙军路<br>Lóngjūn Lù | 因连接龙庄和军庄，故名 | 龙庄村北—军庄村东 | 2013 | 3.60 | 5.50 |
| 毛东路<br>Máodōng Lù | 因其联通毛庄与东定安，故名 | 毛庄—东定安 | 1995 | 1.66 | 4.00 |
| 小沿河路<br>Xiǎoyánhé Lù | 因毗邻小沿河，故名 | 京塘线—凉水河 | 2008 | 4.75 | 4.50 |
| 里二泗中路<br>Lǐ'èrsì Zhōnglù | 因贯穿里二泗村中部，故名 | 京塘线—梁上路 | 2000 | 2.50 | 10.00 |
| 里二泗东路<br>Lǐ'èrsì Dōnglù | 因位于里二泗村东部，故名 | 姚辛庄西路—小沿河路 | 2013 | 1.10 | 8.00 |
| 北凉运路<br>Běiliángyùn Lù | 因毗邻凉水河，故名 | 京塘线—凉水河大堤 | 2002 | 2.64 | 8.00 |
| 垡头路<br>Fátóu Lù | 因毗邻垡头村，故名 | 张采路—张凤路 | 1967 | 2.52 | 7.00 |
| 定福庄路<br>Dìngfúzhuāng Lù | 因毗邻东定福庄和西定福庄，故名 | 云杉路—梁上路 | 1999 | 1.90 | 7.00 |
| 梧桐路<br>Wútóng Lù | 因道路两侧种有梧桐树，故名 | 京塘线—张梁路 | 2000 | 0.94 | 14.00 |
| 小耕垡路<br>Xiǎogēngfá Lù | 因位于小耕垡村，故名 | 张采路—小耕垡村入口 | 1995 | 0.73 | 5.00 |
| 时装厂路<br>Shízhuāngchǎng Lù | 由于此前有制衣厂坐落于此地，故名 | 京塘线—时装厂 | 2008 | 2.36 | 7.00～8.00 |
| 梁上路<br>Liángshàng Lù | 因连接梁各庄村和上店村，故名 | 京塘线—北凉运路 | 2008 | 2.96 | 5.00～7.00 |

续表 3

| 标准名称 | 命名原因 | 起止地点 | 建成时间（年） | 长度（千米） | 宽度（米） |
|---|---|---|---|---|---|
| 烧酒巷路<br>Shāojiǔxiàng Lù | 因该道路位于烧酒巷村，故名 | 小沿河路—凉水河东路 | 1995 | 1.11 | 5.00 |
| 张梁路<br>Zhāngliáng Lù | 因连通张湾镇村和梁各庄村，故名 | 云杉路—张采路旧线一 | 1997 | 3.74 | 14.00 |
| 烧酒巷村南路<br>Shāojiǔxiàng cūn Nánlù | 因位于烧酒巷村南，故名 | 烧酒巷路—北凉运路 | 2013 | 0.71 | 4.00 |
| 三间房路<br>Sānjiānfáng Lù | 因毗邻三间房村，故名 | 张采路—四支路 | 1974 | 1.12 | 7.00 |
| 云杉路<br>Yúnshān Lù | 以云杉树命名 | 京塘线—环湖路 | 2008 | 1.84 | 12.00 |
| 贾各庄路<br>Jiǎgèzhuāng Lù | 因位于贾各庄村，故名 | 环湖路—梁上路 | 1997 | 0.63 | 5.00 |
| 齐善庄西路<br>Qíshànzhuāng Xīlù | 因位于齐善庄西南侧，故名 | 齐善庄路—张采路 | | 0.20 | 5.00 |
| 太玉园北路<br>Tàiyùyuán Běilù | 因位于太玉园小区北边，故名 | 六环路—玉带河 | | 0.50 | 7.00 |
| 北大化路<br>Běidàhuà Lù | 因位于北大化村，故名 | 张采路—四支路 | 1995 | 1.15 | 6.00 |
| 政府路<br>Zhèngfǔ Lù | 因毗邻张家湾镇政府，故名 | 张凤路—张凤路辅路 | 2013 | 0.52 | 16.00 |
| 北马路<br>Běimǎ Lù | 因毗邻北马头村（现名上马头），故名 | 京塘路—滨河路 | 1997 | 0.89 | 5.00 |
| 何牌路<br>Hépái Lù | 为连接何各庄和牌楼营的路，故名 | 张凤路—张采路 | 1997 | 1.97 | 6.00 |
| 南大化路<br>Nándàhuà Lù | 因位于南大化，故名 | 张采路—三支路 | 1965 | 2.52 | 5.00 |
| 齐善庄路<br>Qíshànzhuāng Lù | 因位于齐善庄，故名 | 张采路—齐姚路 | 2002 | 0.87 | 5.00 |
| 齐姚路<br>Qíyáo Lù | 因连接齐善庄和南姚园，故名 | 张采路—低压电器厂 | 2001 | 1.46 | 6.00 |
| 大北关路<br>Dàběiguān Lù | 因位于大北关村，故名 | 张采路—垡头路 | 2005 | 2.19 | 6.00 |
| 柳营路<br>Liǔyíng Lù | 因道路位于柳营村，故名 | 张采路—张采路 | 2000 | 1.09 | 4.50 |
| 前后路<br>Qiánhòu Lù | 因连接牛堡屯前街村与后街村的路，故名 | 后街村—前街村南 | 2008 | 1.65 | 4.00～5.00 |
| 后耕路<br>Hòugēng Lù | 因为连接小耕垡与后街村的路，故名 | 后街北环—小耕垡路 | 2008 | 2.82 | 4.00～4.50 |

续表 3

| 标准名称 | 命名原因 | 起止地点 | 建成时间（年） | 长度（千米） | 宽度（米） |
|---|---|---|---|---|---|
| 坨堤南路 TuódīNán Lù | 因位于坨堤村南，故名 | 牛高路—市场路 | 2005 | 0.83 | 4.00 |
| 高营路 Gāoyíng Lù | 因毗邻高营村，故名 | 九周路—牛高路 | 2000 | 1.45 | 4.50 |
| 后坨路 Hòutuó Lù | 因道路位于后坨村，故名 | 张采路—漷马路 | 1998 | 1.17 | 5.00 |
| 张采路旧线一 Zhāngcǎilù Jiùxiàn 1 | 原张采路此段路改线后，为与今张采路相区别，排序序号为一，故名 | 张采路—张采路 | 1995 | 0.96 | 8.00 |
| 张采路旧线二 Zhāngcǎilù Jiùxiàn 2 | 原张采路此段路改线后，为与今张采路相区别，排序序号为二，故名 | 张采路—张采路 | 1995 | 0.68 | 8.00 |
| 瓜厂路 Guāchǎng Lù | 因毗邻瓜厂村，故名 | 张凤路—瓜厂村 | 2001 | 1.80 | 5.00 |
| 南场路 Nánchǎng Lù | 因毗邻南许场村，故名 | 张凤路—k0+776 | 2002 | 0.78 | 6.00 |
| 云凤路 Yúnfèng Lù | 因连接云杉路和张凤路，故名 | 张凤路—云杉路 | 2007 | 1.44 | 9.00～17.00 |
| 凤桐路 Fèngtóng Lù | 因连接张凤路与梧桐路，故名 | 张凤路—梧桐路 | 2013 | 0.95 | 9.00 |
| 大小北关路 Dàxiǎoběiguān Lù | 因贯穿大北关村和小北关村，故名 | 张采路—张凤路 | 1998 | 2.81 | 5.00 |
| 牌楼营路 Páilóuyíng Lù | 因道路位于牌楼营，故名 | 张采路—张凤路 | 1999 | 2.31 | 4.00 |
| 四支路 Sìzhī Lù | 因毗邻四支渠，故名 | 牛样路—凉水河大堤 | 2008 | 3.78 | 5.00～6.00 |
| 北仪阁路 Běiyígé Lù | 因位于北仪阁村，故名 | 前街村南街—张凤路 | 2008 | 1.86 | 7.00 |
| 东西永屯路 Dōngxīyǒngtún Lù | 因路经东永屯村和西永屯村，故名 | 漷马路—王各庄村 | 2004 | 2.72 | 5.00～6.00 |
| 北前后路 Běiqiánhòu Lù | 因连接北仪阁村、前南关村、后南关村，故名 | 漷马路—前街村南街 | 2008 | 1.23 | 6.00 |
| 三支路 Sānzhī Lù | 因毗邻三支渠，故名 | 漷马路—苍头 | 2008 | 5.84 | 4.50～7.00 |
| 三苍路 Sāncāng Lù | 因连接三间房村和苍头村，故名 | 张采路—三支路 | 2008 | 2.64 | 7.00 |
| 沈高路 Shěngāo Lù | 因连接小沈庄村和高营村，故名 | 牛样路—九周路 | 2013 | 1.66 | 6.00 |
| 枣林庄外围路 Zǎolínzhuāng Wàiwéi Lù | 因位于枣林庄外围，故名 | 张凤路—枣林庄北口 | 1974 | 1.65 | 8.00 |

续表 3

| 标准名称 | 命名原因 | 起止地点 | 建成时间（年） | 长度（千米） | 宽度（米） |
|---|---|---|---|---|---|
| 南火垡路 Nánhuǒfá Lù | 因通往南火垡村，故名 | 潞西路—南火垡村 | 1987 | 0.55 | 5.00 |
| 后苍路 Hòucāng Lù | 因连接后南关村与苍上村，故名 | 漷马路—苍上村环路 | 1985 | 1.47 | 5.00 |
| 堡师路 Pùshī Lù | 因连接堡辛与师姑庄，故名 | 堡辛—师姑庄 | 1994 | 2.37 | 5.00 |
| 白师路 Báishī Lù | 因连接白庙与师姑庄，故名 | 白庙—师姑庄 | 1997 | 3.16 | 7.00 |
| 宋通路 Sòngtōng Lù | 因连通通顺路和徐宋路，故名 | 通顺路—徐宋路 | 2002 | 3.85 | 6.00 |
| 北堤路 Běidī Lù | 因连通潮白河右堤路与北寺庄村，故名 | 右堤路—北寺庄村西 | 2003 | 2.43 | 7.00 |
| 徐平路 Xúpíng Lù | 因连接徐辛庄与平家疃，故名 | 徐尹路—平家疃村 | 2003 | 6.17 | 5.00～10.00 |
| 宋翟路 Sòngzhái Lù | 因连通宋庄与翟里村，故名 | 喇嘛庄—翟里村 | 1998 | 6.30 | 5.00 |
| 宋庄路 Sòngzhuāng Lù | 因位于宋庄，故名 | 镜盒厂路—宋庄 | 1997 | 1.58 | 7.00 |
| 双疃路 Shuāngtuǎn Lù | 因道路连接双埠头村和徐疃路，故名 | 徐疃路—双埠头村 | 2008 | 5.04 | 5.00 |
| 辛疃路 Xīntuǎn Lù | 因此路从辛店至疃里新村，故名 | 右堤路—徐宋路 | 2000 | 3.37 | 12.00 |
| 徐双路 Xúshuāng Lù | 因连接徐辛庄与双埠头，故名 | 通顺路—徐尹路 | 2003 | 3.45 | 10.00 |
| 草尹路 Cǎoyǐn Lù | 因连接草寺与尹各庄，故名 | 壁富路—岗子村 | 1999 | 3.38 | 4.00 |
| 窑平路 Yáopíng Lù | 因连接北窑上与平家疃，故名 | 通顺路—平疃路 | 2003 | 4.66 | 20.00 |
| 疃里新村路 Tuǎnlǐxīncūn Lù | 因位于疃里新村，故名 | 辛疃西路—疃里 | 1975 | 1.85 | 6.00 |
| 三霍路 Sānhuò Lù | 因曾连接三元村和霍屯村，故名 | 紫运中路—潞通大街 | 2001 | 0.74 | 3.00 |
| 市场路 Shìchǎng Lù | 因此路毗邻中街村集贸市场，故名 | 九周路—后耕路 | 2008 | 3.62 | 8.00～8.50 |

# 第二节　城市道路

## 九棵树西路
Jiǔkēshù Xīlù

位于通州城区南部，梨园镇中部。因位于九棵树西，故名。1960 年建成通黄路，通黄路果园环岛至马驹桥段，又称通马路。九棵树西路为通马路在通州城区的一段，1999 年为便于城市管理和路名牌的使用，此段以城市街道命名。2000 年道路改造成城市主干路。起于果园环岛，止于西普合桥，长 4.9 千米，宽 36 米。沥青混凝土质地路面，道路等级为主干道。沿线与运河西大街、通朝大街、怡乐北街、怡乐中街、云景南大街、万盛南街、京哈高速公路等道路相交。

## 九棵树东路
Jiǔkēshù Dōnglù

位于通州城区中南部，梨园镇北部。因位于九棵树东，故名。为国道京塘公路在通州城区的一段。为便于城市管理和路名牌的使用，1999 年 11 月此段以城市街道命名。起于果园环岛，止于土桥新桥，长 4.6 千米，宽 27 米。沥青质地路面，道路等级为主干道。沿线与九棵树西路、云景东路、梨园南街、梨园北街、云景南大街、张采路、东六环路等道路相交。

## 翠屏西路
Cuìpíng Xīlù

位于通州城区西南部，梨园镇西北部。因地处翠屏里西侧，故名。2000 年建成。起于北苑南路，止于九棵树西路，长 1.5 千米，宽 34 米。沥青混凝土质地路面，道路等级为主干道。沿线与通朝大街、北苑南路、怡乐北街、怡乐中街、九棵树西路等道路相交。

## 云景东路
Yúnjǐng Dōnglù

位于通州城区南部，梨园镇中部。因位于云景里小区东侧，故名。1998 年建成。起于九棵树东路，止于万盛南街，长 2.4 千米，宽 30 米。沥青混凝土质地路面，道路等级为主干道。沿线与梨园北街、九棵树东路、云景南大街、万盛南街等道路相交。道路两侧为梨园镇主要的商业街区，有贵友大厦、蓝岛大厦、物美超市以及众多餐饮、商业门店。

## 潞苑东路
Lùyuàn Dōnglù

位于通州城区北部，永顺镇东北部。因位于潞苑小区东部，故名。2009 年建成。起于潞苑南大街，止于潞苑北大街，长 2.6 千米，宽 26 米。沥青混凝土质地路面，道路等级为主干道。沿线与潞苑南大街、潞苑四街、潞苑五街、潞苑北大街等道路相交。

## 东六环西侧路
Dōngliùhuán Xīcè Lù

位于通州城区东部。因其位于东六环西侧，故名。起于潞苑南大街，止于运河东大街，长3.9千米，宽21米。沥青混凝土质地路面，道路等级为主干道。沿线与运河东大街、玉带河东街、通胡大街、潞苑南大街等道路相交。2007年建成。

## 运河西大街
## Yùnhéxī Dàjiē

位于通州城区中部，玉桥街道北部。因位于北运河西而得名。曾名运河东大街。起于滨河中路，止于果园环岛，长3.6千米，宽32米。沥青质地路面，道路等级为主干道。沿途与新华北路、玉桥中路、玉桥东路等道路相交。1988年建成，1991年3月15日命名为运河东大街，2004年6月4日更名为运河西大街。

## 运河东大街
## Yùnhédōng Dàjiē

位于通州城区东部。因位于北运河东，与运河西大街相对，故名。原名通胡南路，2004年6月更现名。起于宋朗路，止于北运河，长5.5千米，宽17米。沥青质地路面，道路等级为主干道。沿线与芙蓉东路、宋郎路等道路相交。

## 八里桥南街
## Bālǐqiáo Nánjiē

位于通州区西部，北苑街道西北部。起于八里桥南，止于新华西街，长0.6千米，宽30米。沥青混凝土质地路面，道路等级为主干道。沿线与杨庄路、北苑南路相交。1955年在京津公路基础上加宽，始铺沥青路面。1981年建五里店立交桥时再度调直加宽，1983年建成。1985年后两侧新建工厂、企事业单位和居民住宅楼多家，渐成街道。2005年建北苑高架桥时，重新整修。

## 新华南路
## Xīnhuá Nánlù

位于通州区北部，北苑街道东部。起于果园环岛，止于新华西街与新华东街交会处，全长2.2千米，宽30～48米。沥青混凝土质地路面，道路等级为主干道。沿线与新华西街、新华东街、中山街、玉带河西街、玉带河东街、西营前街、运河西大街等道路相交。为通州城区南北向主干道。其中，新华东、西街交会处至玉带河东、西街交会处段，南段始为仓道，1953年打通西仓，修至中山街，1954年铺沥青路面，1955年延修至原新华大街（今新华东、西街交会处），曾名人民路，1981年因该街在原新华大街之南，更名为新华南街，1985年10月为纪念抗日战争胜利四十周年，更名为佟麟阁街；玉带河东、西街交会处至果园环岛段，为原京津公路一段，1921年始修，初为砂石路面，1937年至1940年铺筑单幅混凝土路面，1957年起多次加宽调直，改铺沥青路面，1981年因在新城南门之南更名为新城南路。2002年佟麟阁街与新城南路合并，改称新华南路。

## 新华北路
## Xīnhuá Běilù

位于通州区北部，新华街道西部。北起北关桥与通顺路相对，南止新华东、西街交汇处，长1.5千米，宽42米。沥青混凝土质地路面，道路等级为主干道。沿线与新华西街、新华东街、永顺东街、永顺西街、永顺北街、京榆旧线相交。1971年始筑原新华大街至通惠河段，1976年续修通惠河至永顺西街段，1979年全线打通，与通顺、京榆旧线相连，时与新华南路统称人民路。始为砂石路面，1980年全线改铺沥青路面。1981年因在原新华大街之北，更名为新华北街。2002年因与新华南路相对，更今名。为通州城区南北向主干道。

## 新华东街
## Xīnhuá Dōngjiē

位于通州区北部，新华街道南部。起于东关大桥，止于新华南、北路交会处，长1.8千米，宽35米。沥青质地路面，道路等级为主干道。沿线与滨河中路、故城东路、北大街、南大街、中仓路、西海子西街、车站路、新华南路、新华北路等道路相交；东与通胡大街相连，西与新华西街相连。1952年，将穿过城中的通惠河支脉清淤砌拱，下排污水，上以拆除城墙的土填平筑路，始成东段；后沿新城北城墙向西延伸修成西段，1955年全线贯通。路成之后，依新中华之意名新华大街。1966年曾称反修路，不久复原名。2004年将新华大街以新华北路为界，以东路段命名为新华东街。道路两侧有人民商场、华联商厦、通州区体育场等，为通州城区修筑最早横贯东西向的中心街道，曾为通州镇商业中心所在地。至2014年，路北侧沿线的银地大厦、通州百货商场等先后拆除。

## 新华西街
## Xīnhuá Xījiē

位于通州区北部，北苑街道北部。起于北苑南路，止于新华南、北路交汇处，长1.9千米，宽35米。沥青混凝土质地路面，道路等级为主干道。沿线与北苑南路、通惠南路、新仓路、新华北路、新华南路等道路相交。此路原与新华东街统称新华大街（详见新华东街条），2004年，以新华北路为界，将新华大街分为东西两段，此段位于西，故称新华西街。沿街驻有政府机关、商铺门店、银行网点、学校等单位。是通州城区通往北京市区的主要通道。

## 通朝大街
## Tōngcháo Dàjiē

位于通州区西北部，北苑街道南部。因连接通州和朝阳，故名。东起果园环岛，向西止于通州与朝阳交界，长3.5千米，宽32米。沥青混凝土质地路面，道路等级为主干道。沿线与新华南路、通马路、北苑南路、翠屏西路、怡乐中路、杨庄路等道路相交。2004年建成。

## 玉带河西街
## Yùdàihé Xījiē

位于通州区北部，北苑街道中东部。西起北苑南路，东止新华南路，长1.6千米，宽22米。水泥混凝土质地路面，道路等级为次干道。沿线与京塘路、通惠南路、新仓路、新华南路等道路相交。1986年至1988年，疏挖清淤调直玉带河河道，在河道内砌成水道，上铺水泥预制板块，再铺设沥青，建成大街。因主要路段在玉带河起始河段上盖板修筑而成，故名玉带河大街，俗称盖板路。2004年将玉带河大街以潞河医院路口为界分为东西两段，此段位于西，故名玉带河西街。

## 玉带河东街
## Yùdàihé Dōngjiē

位于通州区北部，中仓街道南部。起于滨河中路，止于新华南路。长3.2千米，宽22米，为沥青混凝土质地路面，道路等级为次干道。沿线与滨河中路、故城东路、玉桥中路、玉桥西路、车站路、新华南路相交。为通州城区横贯东西第二条主要交通道路。原属玉带河大街（详见玉带河西街条），2004年将玉带河大街以潞河医院路口为界分为东西两段，此段位于东，故名玉带河东街。

## 通惠南路
Tōnghuì Nánlù

位于通州区北部，北苑街道中部。因位于通惠河南，故名。北起通惠河筛子庄桥，南止玉带河西街，长0.9千米，宽15米。沥青质地路面，道路等级为次干道。沿线与新华西街、中山街、玉带河西街相交。1967年开始在该河段东岸铺设沥青路面道路。1987年再对该河段河道清淤、砌拱、铺装钢混结构盖板1900块。1988年命名通惠南路。

## 通惠北路
Tōnghuì Běilù

位于通州区北部，永顺镇西部。因位于通惠河北，故名。南起筛子庄桥与通惠南路相对，中与永顺西街相交，北至市场北街。沥青质地路面。1987年建成。1988年命名。原路由南向北至永顺立交桥，东北折与京榆旧路斜连，后此段改为市场北街一段。沿途经过八里桥市场等。

## 云景南大街
Yúnjǐng Nándàjiē

位于通州城区南部，梨园镇中部。因地处云景里南侧，故名。起于九棵树西路，止于九棵树东路，长2.8千米，宽34米。沥青混凝土质地路面，道路等级为次干道。沿线与九棵树西路、日新路、九棵树中路、云景东路、九棵树东路等道路相交。2000年命名。

## 梨园南街
Líyuán Nánjiē

位于通州城区东南部，梨园镇东北部。因在梨园居住区以南，故名。东起滨河中路，西南止于九棵树东路，长2.9千米，宽30米。沥青质地路面，道路等级为次干路。沿线与滨河中路、乔庄东路、玉桥东路、玉桥中路、九棵树东路等道路相交。2002年建成。2004年命名。

## 梨园北街
Líyuán Běijiē

位于通州区中部，梨园镇西部。因位于梨园村北而得名。起于九棵树东路，于北京中医学校折向东，止于玉桥东路，长1.8千米，宽8米。沥青质地路面，道路等级为次干路。沿线与九棵树东路、玉桥西路、玉桥中路、玉桥东路等道路相交。1996年建成。

## 滨河北路
Bīnhé Běilù

位于通州区北部，新华街道东部。因是通州区原滨河路北段，故名。起于京哈公路，止于新华东街，长1.9千米，宽25米。沥青混凝土质地路面，道路等级为次干道。沿线有石坝遗址公园等。2004年命名。

## 紫运中路
Zǐyùn Zhōnglù

位于通州区中部，中仓街道东部。取“紫气东来、鸿运当头”之意而名。起于潞通大街，止于通胡大街，长 1.1 千米，宽 7 米。沥青质地路面，道路等级为次干路。2004 年命名水仙西路，后改称今名。

## 故城东路
Gùchéng Dōnglù

位于通州区中部，中仓街道中部。因在通州旧城东侧，故名。起于新华东街，止于玉带河东街，长 0.9 千米，宽 7 米。沥青质地路面，道路等级为次干路。1982 年为解决通州镇东南部交通问题而建，1983 年建成。未定名前，因位于北京锻压机床厂东侧，曾称锻压路。

## 车站路
Chēzhàn Lù

位于通州区中部，中仓街道西部。因其是通往通州火车站的重要通道而得名。起于新华东街，止于京秦铁路通州站，长 1.1 千米，宽 15 米。沥青质地路面，道路等级为次干路。沿线与新华东街、西大街、中山大街、西顺城街、玉带河东街等道路相交，北与西海子西街相对。为通州餐饮门店聚集地，道路两侧有多家知名餐饮门店，有餐饮一条街之称。1983 年 2 月始建南段（西顺城街至火车站）。1986 年 3 月至 11 月，拆迁小烧酒胡同西侧平房，修筑北段。2004 年将车站路打造成餐饮一条街，吸引了多家餐饮企业先后入驻。

## 玉桥中路
Yùqiáo Zhōnglù

位于通州区中部，玉桥街道中部。因位于玉桥居住区而得名。起于玉带河东街，止于梨园南街，长 2.3 千米，宽 16 米。沥青质地路面，道路等级为次干路。沿线与玉带河东街、乔庄北街、运河西大街、梨园北街、梨园南街等道路相交。1992 年命名。

## 五所南路
Wǔsuǒ Nánlù

位于通州区北部，梨园镇东部。因位于核工业部五所附近，故名。起于云景东路，止于玉桥西路南延，长 0.6 千米，宽 21 米，为沥青混凝土质地路面，道路等级为支路。沿途经过云景豪庭综合商业广场等。2012 年建成。

## 京洲南街
Jīngzhōu Nánjiē

位于通州区北部，梨园镇西部。取地处北京，迎接五洲宾客之意，故名。起于九棵树西路，止于怡乐西路，长 1.3 千米，宽 16 米，为沥青混凝土质地路面，道路等级为支路。沿途经过大稿新村小学等。

## 群芳二路
Qúnfāng 2 Lù

位于通州区北部，梨园镇中部。因位于群芳二园，为居民提供公交出行服务，故名。起于云景东路，止于芸萃南路，长 0.5 千米，宽 21 米，为沥青混凝土质地路面，道路等级为支路。

## 梨园路
Líyuán Lù

位于通州区中部，梨园镇东部。因位于梨园村和梨园东里之间，故名。起于运河西大街，止于梨园南街，长 1.4 千米，宽 8 米，为沥青混凝土质地路面，道路等级为支路。沿途经过通州区财政局等。2002 年命名，2011 年建成现状。

## 颐瑞中二路
## Yíruìzhōng 2 Lù

位于通州区北部，梨园镇东部。因位于颐瑞里居住区中部，颐瑞西里与颐瑞东里中间，故名。起于九棵树东路，止于镇界，长 1.8 千米，宽 21 米，为沥青混凝土质地路面，道路等级为支路。沿途经过梨园镇中心小学、梨园文化服务中心等。2001 年修建京塘线至群芳南街路段，2003 年命名，2008 年修建群芳南街至镇界路段。

## 梨园金融街
## Líyuán Jīnróng Jiē

位于通州区北部，梨园地区北部。因有银行等多个金融机构驻此，故名。起于九棵树东路，止于九棵树西路，长 0.8 千米，宽 16 米，为沥青混凝土质地路面，道路等级为支路。沿途经过中国建设银行通州支行等。2005 年命名。

## 土桥中街
## Tǔqiáo Zhōngjiē

位于通州区中部，梨园镇东南部。因位于土桥中部而得名。起于砖厂中路，止于潞阳桥西路，长 0.7 千米，宽 10 米，为沥青质地路面，道路等级为支路。沿途经过北京第二实验小学通州分校等。1997 年命名。2012 年建成现状。

## 砖厂中路
## Zhuānchǎng Zhōnglù

位于通州区中部，梨园镇南部。因位于砖厂南、北里中部，故名。起于砖厂北街，止于九棵树东路，长 0.9 千米，宽 8 米，为沥青混凝土质地路面，道路等级为支路。2005 年命名。

## 砖厂西路
## Zhuānchǎng Xīlù

位于通州区中部，梨园镇南部。因地处砖厂西部而得名。起于临河里路，止于砖厂南街，长 0.6 千米，宽 16 米，道路等级为支路。2003 年命名。

## 砖厂北街
## Zhuānchǎng Běijiē

位于通州区中部，梨园镇南部。因地处砖厂北里的最北部而得名。起于六环路，止于砖厂西路，长 1.6 千米，宽 12 米，为沥青混凝土质地路面，道路等级为次支路。该街 2004 年命名。

## 玉桥西里中街
## Yùqiáoxīlǐ Zhōngjiē

位于通州区中部，梨园镇中部。因位于玉桥西里中部且东西走向而得名。起于玉桥中路，止于玉桥西路，长 0.7 千米，宽 10 米，为沥青混凝土质地路面，道路等级为支路。2005 年建成并命名。

## 金榆路
## Jīnyú Lù

位于通州区西北部，永顺镇西部。因位

于温榆河附近，故名。起于朝阳北路，止于邓家窑苗圃，长 0.6 千米，宽 30 米，为沥青质地路面，道路等级为主干道。沿途经过京能集团等。

## 滨榆东路
Bīnyú Dōnglù

位于通州区西北部，永顺镇中部。因紧邻温榆河东侧，故名。起于潞苑北大街，止于安顺路，长 3.3 千米，宽 33 米，为沥青混凝土质地路面，道路等级为支路。沿途经过北京商务公园等。2010 年建成。

## 榆景东路
Yújǐng Dōnglù

位于通州区西北部，永顺镇西北部。因位于榆景苑小区东部，故名。起于榆景北街，止于榆西三街，长 1.1 千米，宽 20 米，为沥青混凝土质地路面，道路等级为支路。

## 安北一路
Anběi 1 Lù

位于通州区西北部，永顺镇北部。因位于安顺北里，故名。起于潞苑北大街，止于榆东二街，长 0.6 千米，宽 21 米，为水泥混凝土质地路面，道路等级为支路。2010 年建成。

## 榆景中路
Yújǐng Zhōnglù

位于通州区西北部，永顺镇西部。因位于榆景苑小区附近，故名。起于榆景北街，止于中心沟，长 0.9 千米，宽 41 米，为水泥混凝土质地路面，道路等级为支路。2010 年建成。

## 朝晖西街
Zhāohuī Xījiē

位于通州区东部，永顺镇东部。因取朝阳、生辉之意，故名。起于芙蓉东路，止于河畔丽景，长 1.3 千米，宽 13 米，为沥青混凝土质地路面，道路等级为支路。沿途经过北京天使宝贝双语幼儿园等。

## 焦刘路
Jiāoliú Lù

位于通州区东北部，永顺镇东部。因连通焦王庄与西刘庄，故名。起于潞苑五街，止于范焦路，长 1 千米，宽 13 米，为沥青混凝土质地路面，道路等级为支路。沿途经过北京人文大学等。

## 胡各庄大街
Húgèzhuāng Dàjiē

位于通州区东部，潞城镇北部。因毗邻胡各庄村，故名。起于宋梁路，止于丰字沟，长 1.1 千米，宽 36 米，为沥青混凝土质地路面，道路等级为次干道。沿途经过潞城镇人民政府、古城村等。1998 年命名。

## 兴光五街
Xīngguāng 5 Jiē

位于通州区南部，台湖镇西部。因位于兴光四街南侧，故名。起于嘉创五路，止于嘉创路，长 2.1 千米，宽 8 米，为沥青质地路面，道路等级为次干道。2005 年命名。

## 站前街
Zhànqián Jiē

位于通州区西部，台湖镇西部。因位于通州亦庄地铁站前，故名。起于通马路，止于麦庄，长 5 千米，宽 42 米，为沥青质地路面，道路等级为次干路。沿途经过麦庄、亦庄站、首开万科台湖新城、东石公园等。

## 张九路
Zhāngjiǔ Lù

位于通州区东南部台湖镇东部。因连通张台路和九新路，故名。起于九德路，止于京哈高速附近，长 1 千米，宽 6 米，为沥青质地路面，道路等级为支路。

## 朱家垡南街
Zhūjiāfá Nánjiē

位于通州区西部，台湖镇西北部。因位于朱家垡村南部，故名。起于朱家垡村东口，止于朱家垡村西口，长 0.5 千米，宽 7 米，为沥青质地路面，道路等级为支路。沿途经过朱家垡村等。

## 潞西路
Lùxī Lù

位于通州区西南部，台湖镇西部。因连接潞观和西直河，故名。东起潞观，西至朝阳界。起于潞关，止于朝阳界，长 17 千米，宽 7 ～ 26 米，为沥青质地路面，道路等级为支路。沿途经过通惠灌渠、北京日报报业集团、北京化工研究院、次渠工业园等。

## 九德路辅线
Jiǔdélù Fǔxiàn

位于通州区南部，台湖镇南部。因为九德路的辅助道路，故名。起于九周路，止于潞西路，长 1.5 千米，宽 7 米，为沥青质地路面，道路等级为支路。

## 京亦街
Jīngyì Jiē

位于通州区南部，台湖镇西北部。起于九德路，止于台湖西区西口，长 1.5 千米，宽 15 米，为沥青质地路面，道路等级为支路。沿途经过台湖镇人民政府等。

## 科创街
Kēchuàng Jiē

位于通州区西南部，台湖镇西部。由镇政府参考民众意愿，采取文化优位的原则命名。因位于北京通州经济技术开发区，纵横道路网状，东西中轴道路，故名。起于嘉创路，止于经海一路，长 3.4 千米，宽 48 米，为沥青质地路面，道路等级为次干道。沿途经过京东方科技集团股份有限公司等。

## 科创五街
Kēchuàng 5 Jiē

位于通州区西南部，台湖镇西部。因位于北京通州经济技术开发区，纵横道路网状，东西走向道路，序号为五，故名。起于经海路，止于嘉创路，长 1.3 千米，宽 55 米，为沥青质地路面，道路等级为支路。沿途经过光联工业园、东创大厦等。

## 科创六街
Kēchuàng 6 Jiē

位于通州区西南部，台湖镇西部。因位于北京通州经济技术开发区，纵横道路网状，东西走向道路，序号为五，故名。起于嘉创二路，止于经海三路，长 2.2 千米，宽 27 米，为沥青质地路面，道路等级为支路。沿途经过光联工业园、北京亦庄生物医药园、经海四路等。

## 科创七街
Kēchuàng 7 Jiē

位于通州区西南部，台湖镇西南部。因位于北京通州经济技术开发区，纵横道路网状，东西走向道路，序号为七，故名。起于经海五路，止于经海一路，长 2 千米，宽 30 米，为沥青质地路面，道路等级为支路。沿途经过北京亦庄生物医药园、经海一路、经海二路、经海三路、经海四路、京开．国际企业大道等。

## 科创八街
Kēchuàng 8 Jiē

位于通州区西南部，台湖镇西部。因位于北京通州经济技术开发区，纵横道路网状，东西走向道路，序号为八，故名。起于经海一路，止于经海五路，长 2 千米，宽 22 米，为沥青质地路面，道路等级为支路。沿途经过北京京开·国际企业大道、经海四路、经海三路、经海一路等。

## 科创九街
Kēchuàng 9 Jiē

位于通州区西南部，台湖镇西南部。因位于北京通州经济技术开发区，纵横道路网状，东西走向道路，序号为九，故名。起于经海三路，止于经海八路，长 2.5 千米，宽 19 米，为沥青质地路面，道路等级为支路。沿途经过定海园、数字电视产业园等。

## 科创十街
Kēchuàng 10 Jiē

位于通州区西南部，台湖镇西南部。因位于北京通州经济技术开发区，纵横道路网状，东西走向道路，序号为十，故名。起于经海一路，止于排干渠西路，长 3.2 千米，宽 20 米，为沥青质地路面，道路等级为支路。沿途经过经海七路 100 号院、数字工厂、经海路等。

## 科创十一街
Kēchuàng 11 Jiē

位于通州区西南部，台湖镇西南部。因位于北京通州经济技术开发区，纵横道路网状，东西走向道路，序号为十一，故名。起于经海一路，止于经海九路，长 3.4 千米，宽 20 米，为沥青质地路面，道路等级为支路。沿途经过经海七路 100 号院、数字工厂、京东大厦、天骥·智谷等。

## 科创十二街
Kēchuàng 12 Jiē

位于通州区西南部，台湖镇西南部。因位于北京通州经济技术开发区，纵横道路网状，东西走向道路，序号为十二，故名。起于经海九路，止于经海一路，长 3.3 千米，宽 35 米，为沥青质地路面，道路等级为支路。沿途经过地铁经海站、京东大楼、通泰·国际公馆、天骥·智谷等。

## 科创十三街
## Kēchuàng 13 Jiē

位于通州区西南部，台湖镇西南部。因位于北京通州经济技术开发区，纵横道路网状，东西走向道路，序号为十三，故名。起于经海九路，止于经海路，长 2 千米，宽 20 米，为沥青质地路面，道路等级为支路。沿途经过云狐智慧广场、锋尚汇、移动硅谷等。

## 科创十四街
## Kēchuàng 14 Jiē

位于通州区西南部，台湖镇西南部。因位于北京通州经济技术开发区，纵横道路网状，东西走向道路，序号为十四，故名。起于经海九路，止于排干渠西路，长 1.2 千米，宽 25 米，为沥青质地路面，道路等级为支路。

## 科创十七街
## Kēchuàng 17 Jiē

位于通州区西南部，台湖镇西南部。因位于北京通州经济技术开发区，纵横道路网状，东西走向道路，序号为十七，故名。起于经海九路，止于西环南路，长 1.5 千米，宽 32 米，为沥青质地路面，道路等级为支路。沿途经过污水处理厂等。

## 排干渠西路
## Páigānqú Xīlù

位于通州区西南部，台湖镇西南部。因路旁侧有干渠，该道路位于干渠西侧，故名。起于科创十四街，止于科创九街，长 2 千米，宽 17 米，为沥青质地路面，道路等级为支路。沿途经过德为科技园区、合众思壮北斗产业园、经海七路 100 号院等。

## 经海路
## Jīnghǎi Lù

位于通州区西南部，台湖镇西部。由镇政府参考民众意愿，历史资料，采取文化优位的原则命名。依据附近主要街道、所在地理位置名称、为反应该地历史文化命名。起于科创二街，止于科创十三街，长 5.2 千米，宽 55 米，为沥青质地路面，道路等级为次干路。沿途经过京东商城集团总部、北京越海全球物流有限公司、国际企业大道等。

## 经海五路
## Jīnghǎi 5 Lù

位于通州区西南部，台湖镇西南部。因位于北京通州经济技术开发区，纵横道路网状，南北走向道路，序号为五，故名。起于科创十三街，止于科创六街，长 1.2 千米，宽 22 米，为沥青质地路面，道路等级为支路。沿途经过京东大厦、东尚·E 园、数字工厂、数字电视产业园、北京京开国际企业大道等。

## 经海六路
## Jīnghǎi 6 Lù

位于通州区西南部，台湖镇西南部，属台湖镇。因位于北京通州经济技术开发区，纵横道路网状，南北走向道路，序号为六，故名。起于科创十二街，止于通马路，长 1.8 千米，宽 18 米，为沥青质地路面，道路等级为支路。沿途经过东尚·E 园、定海园三里等。2005 年命名。

## 经海八路
Jīnghǎi 8 Lù

位于通州区西南部，台湖镇西南部。因位于北京通州经济技术开发区，纵横道路网状，南北走向道路，序号为八，故名。起于通马路，止于科创九街，长0.4千米，宽20米，为沥青质地路面，道路等级为支路。沿途经过定海园二里等。

## 次渠水南庄北街
Cìqú Shuǐnánzhuāng Běijiē

位于通州区南部，台湖镇西南部。因位于水南庄北部，故名。起于经海九路，止于北堤，长0.7千米，宽10米，为沥青质地路面，道路等级为支路。

## 东渠路
Dōngqú Lù

位于通州区西南部，台湖镇西南部，属台湖镇。起于大兴通州区界，止于潞西路，长5.8千米，宽32米，为沥青质地路面，道路等级为支路。

## 科创东二街
Kēchuàng Dōng 2 Jiē

位于通州区西南部，台湖镇西部。因位于北京通州经济技术开发区，纵横道路网状，东西走向道路，序号为二，故名。起于嘉创路，止于经海路，长1.2千米，宽18米，为沥青质地路面，道路等级为支路。沿途经过中国邮政集散中心、内蒙古乌拉特农村商业银行等。

## 兴光三街
Xīngguāng 3 Jiē

位于通州区西南部，台湖镇西南部。因位于兴光二街南侧，故名。起于康化路，止于通惠灌渠，长2.6千米，宽26米，为沥青质地路面，道路等级为支路。沿途经过北京第三开关厂、北神树等。2005年命名。

## 科创东三街
Kēchuàng Dōng 3 Jiē

位于通州区西南部，台湖镇西南部。因位于北京通州经济技术开发区，纵横道路网状，东西走向道路，序号为三，故名。起于经海路，止于嘉创二路，长2.3千米，宽45米，为沥青质地路面，道路等级为支路。沿途经过嘉创路、中国邮政物流集散中心、枢密院等。

## 嘉创二路
Jiāchuàng 2 Lù

位于通州区西南部，台湖镇西部。因位于嘉创路西侧第二条路，故名。起于董村，止于白庄，长3千米，宽14米，为沥青质地路面，道路等级为支路。沿途经过兴光二街、兴光四街、嘉创路、联东商务中心等。2005年命名。

## 经海四路
Jīnghǎi 4 Lù

位于通州区西南部，台湖镇西南部。因位于北京通州经济技术开发区，纵横道路网状，南北走向道路，序号为四，故名。起于科创十二街，止于科创六街，长3.1千米，宽23米，为沥青质地路面，道路等级为支路。沿途经过科创十一街、科创十街、科创九街、科创八街、科创七街、科创街、北京亦庄生物医药园、冠捷显示科技有限公司等。

## 经海二路
Jīnghǎi 2 Lù

位于通州区西南部，台湖镇西部。因位于北京通州经济技术开发区，纵横道路网状，南北走向道路，序号为二，故名。起于科创六街，止于科创街，长1千米，宽24米，为沥青质地路面，道路等级为支路。沿途经过郑庄村、科创七街、科创八街等。

## 兴光二街
Xīngguāng 2 Jiē

位于通州区西南部，台湖镇西部。取“振兴光机电企业”之意，因位于兴光一街（规划路）南侧，故名。起于嘉创二路，止于通惠干渠，长1.2千米，宽26米，为沥青质地路面，道路等级为支路。沿途经过中国数码港科技园等。2005年命名。

## 兴光四街
Xīngguāng 4 Jiē

位于通州区西南部，台湖镇西部。取“振兴光机电企业”之意，因位于兴光三街南侧，故名。起于嘉创二路，止于通惠灌渠，长1.3千米，宽19米，为沥青质地路面，道路等级为支路。沿途经过凯悦国际、北京玻璃研究院等。2005年命名。

## 铺西路
Pūxī Lù

位于通州区西南部，台湖镇西部。主要反映此地历史文化地理特征，故名。起于次渠大街，止于嘉创二路，长3.7千米，宽25米，为沥青质地路面，道路等级为支路。沿途经过中环动力北京重型汽车公司、凯悦国际、通马路、通惠灌渠、次渠北里等。

## 南北里中路
Nánběilǐ Zhōnglù

位于通州区西南部，台湖镇西部。因北起次渠北里，南至次渠南里，故名。起于次渠北里，止于次渠南里，长1.6千米，宽31米，为沥青质地路面，道路等级为支路。沿途经过台湖镇中心小学、次渠家园幼儿园等。

## 铺外一路
Pūwài 1 Lù

位于通州区西南部，台湖镇北部。因为铺外路北端第一条支路，故名。起于铺外村，止于朱家垡村，长0.8千米，宽9米，为沥青质地路面，道路等级为支路。沿途经过北京利奥电子公司、朱家垡村等。

## 朱家垡北一路
Zhūjiāfá Běi 1 Lù

位于通州区西南部，台湖镇北部。因位于朱家垡村北部，序号为一，故名。起于铺外路，止于经略天则东南角，长0.6千米，宽13米，为沥青质地路面，道路等级为支路。沿途经过经略天则小区等。

## 崔家窑西路
Cuījiāyáo Xīlù

位于通州区南部，台湖镇西南部。因位于崔家窑西部，故名。起于科创十二街，止于崔家窑南，长 1.3 千米，宽 10 米，为沥青质地路面，道路等级为支路。

## 嘉创四路
Jiāchuàng 4 Lù

位于通州区南部，台湖镇西部。因位于嘉创路西侧第四条路，故名。起于兴光一街，止于嘉创路，长 2.5 千米，宽 8 米，为沥青质地路面，道路等级为支路。2005 年命名。

## 嘉创五路
Jiāchuàng 5 Lù

位于通州区南部，台湖镇西部。因位于嘉创路西侧第五条路，故名。起于兴光一街，止于嘉创路，长 0.7 千米，宽 24 米，为沥青质地路面，道路等级为支路。2011 年命名。

## 崔家窑中街
Cuījiāyáo Zhōngjiē

位于通州区南部，台湖镇西南部。因位于崔家窑中部，故名。起于经海九路，止于崔家窑西路，长 0.7 千米，宽 10 米，为沥青质地路面，道路等级为支路。

## 经海九路
Jīnghǎi 9 Lù

位于通州区西部，台湖镇南部。因位于北京通州经济技术开发区，纵横道路网状，南北走向道路，序号为九，故名。起于科创十七街，止于通惠干渠路，长 7 千米，宽 28 米，为沥青质地路面，道路等级为支路。

## 朱家垡中街
Zhūjiāfá Zhōngjiē

位于通州区北部，台湖镇西北部。因位于朱家垡村中部，故名。起于朱家垡村东口，止于朱家垡村西口，长 0.5 千米，宽 5 米，为沥青质地路面，道路等级为支路。沿途经过朱家垡等。

## 园艺路
Yuányì Lù

位于通州区西部，台湖镇西部。因位于金福艺农番茄俱乐部附近，故名。起于胡家垡，止于胡家垡村东，长 0.1 千米，宽 4 米，为沥青质地路面，道路等级为支路。

## 台湖大街
Táihú Dàjiē

位于通州区西部，台湖镇西部。因途经台湖镇政府，故名。起于铺大路，止于张台路。长 1.3 千米，宽 23 米，是沥青路面，道路等级为支路。

## 北姚园路
Běiyáoyuán Lù

位于通州区西部，台湖镇东部。因位于北姚园，故名。起于迎春渠，止于唐大庄，长 0.4 千米，宽 4 米，为沥青质地路面，道路等级为支路。

## 崔家窑南街
Cuījiāyáo Nánjiē

位于通州区南部，台湖镇西南部。因位于崔家窑南部，故名。起于经海九路，止于崔家窑西路，长 0.6 千米，宽 8 米，为沥青质地路面，道路等级为支路。

## 次渠水南庄北一街
Cìqú Shuǐnánzhuāng Běi 1 Jiē

位于通州区西部，台湖镇西南部。因位于水南庄北部，序号为一，故名。起于经海九路，止于通惠北干渠，长 0.5 千米，宽 16 米，为沥青质地路面，道路等级为支路。

## 马桥北街
Mǎqiáo Běijiē

位于通州区南部，马驹桥镇西部。因位于马驹桥中心北侧而得名。起于京津塘高速公路，止于新海东路，长 1.6 千米，宽 12 米，为沥青质地路面，道路等级为次干道。2005 年命名。

## 兴华中街
Xīnghuá Zhōngjiē

位于通州区南部，马驹桥镇北部。起于马桥东路，止于新海西路，长 1.8 千米，宽 42 米，为沥青质地路面，道路等级为次干道。沿途经过通州区第二医院、马驹桥镇中心幼儿园、怡静园、北京市保安职业技能培训学校等。2004 年命名。

## 兴华南街
Xīnghuá Nánjiē

位于通州区北部，马驹桥镇北部。起于马桥东路，止于新海西路，长 0.2 千米，宽 40 米，为沥青质地路面，道路等级为次干道。沿途经过兴华嘉园等。2004 年命名。

## 马桥路
Mǎqiáo Lù

位于通州区南部，马驹桥镇西部。因位于马驹桥镇政府附近，故名。起于马桥北街，止于马桥南街，长 0.6 千米，宽 5 米，为沥青质地路面，道路等级为次干道。

## 漷马路旧线
Huǒmǎlù Jiùxiàn

位于通州区西部，马驹桥镇中部。因其是漷马路以前的线路，故名。起于漷马路，止于永昌南路，长 4 千米，宽 24 米，为沥青质地路面，道路等级为支路。沿途经过东店、大周易、西后街等。

## 小松垡路
Xiǎosōngfá Lù

位于通州区西南部，马驹桥镇南部。因位于小松垡村，故名。起于小宋垡村东口，止于小松垡村西口，长 0.8 千米，宽 5 米，为沥青质地路面，道路等级为支路。沿途经过小松垡村等。

## 柴房路
Cháifáng Lù

位于通知区北部，马驹桥镇北部。因连通柴务村和房辛店村，故名。起于辛房路，止于四凤路，长 6 千米，宽 7 米，为沥青质地路面，道路等级为支路。沿途经过房辛店、小张湾、杨秀店等。

## 景盛北三街
Jǐngshèng Běi 3 Jiē

位于通州区南部，马驹桥镇西部。因位于景盛中街北侧第三条道路，故名。起于环宇东四路，止于环景西二路，长 3.2 千米，宽 12 米，为沥青质地路面，道路等级为支路。2005 年命名。

## 融商三路
Róngshāng 3 Lù

位于通州区北部，马驹桥镇北部。因园区融汇的是物流业界知名商家，序号为三，故名。起于六环路，止于凉水河，长 1.6 千米，宽 16 米，为沥青质地路面，道路等级为支路。沿途经过驸马庄等。

## 四凤路
Sìfèng Lù

位于通州区北部，马驹桥镇北部。起于后银子村，止于柴务村，长 4.3 千米，宽 9 米，为沥青质地路面，道路等级为支路。沿途经过前银子、后银子、史村等。

## 兴贸二街
Xīngmào 2 Jiē

位于通州区西南，马驹桥镇北部，属马驹桥镇。因位于物流园区，取企业发展物流贸易，振兴园区经济之意，序号为二，故名。起于东驰路，止于西驰路，长 3.5 千米，宽 34 米，为沥青质地路面，道路等级为支路。沿途经过首开国风美伦等。2004 年命名。

## 兴贸一街
Xīngmào 1 Jiē

位于通州区西部，马驹桥镇北部。因位于物流园区，取企业发展物流贸易，振兴园区经济之意，序号为一，故名。起于融商二路，止于西驰路，长 2.4 千米，宽 34 米，为沥青质地路面，道路等级为支路。沿途经过兴茂国际物流有限公司、IN 北京、马驹桥物流中心等。2004 年命名。

## 神驹路
Shénjū Lù

位于通州区南部，马驹桥镇东南部。因位于神驹村内，故名。起于神驹村西，止于神驹村东，长 0.5 千米，宽 3 米，为沥青质地路面，道路等级为支路。

## 辛四路
Xīnsì Lù

位于通州区西南，马驹桥镇内部。因连接辛房路和四凤路，故名。起于四凤路，止于辛房路，长 5.8 千米，宽 9 米，为沥青质地路面，道路等级为支路。沿途经过小周易、小张湾、周营等。

## 郭凤路
Guōfèng Lù

位于通州区西南，马驹桥镇北部。起于周营北街，止于朱大路，长 2 千米，宽 9 米，为沥青质地路面，道路等级为支路。沿途经过郭村等。

## 辛桑路
Xīnsāng Lù

位于通州区西南部，马驹桥镇中部。起

于小白村，止于西张各庄，长 1.1 千米，宽 23 米，为沥青质地路面，道路等级为支路。沿途经过西张各庄、小白村、姚村、国家环保产业园区等。

## 杨秀店北街
Yángxiùdiàn Běijiē

位于通州区西南，马驹桥镇南部。因位于杨秀店北部，故名。起于杨秀店，止于朱大路，长 0.3 千米，宽 7 米，为沥青质地路面，道路等级为支路。沿途经过杨秀店村等。

## 七十七号路
Qīshíqīhào Lù

位于通州区北部，马驹桥镇北部。起于永昌南路，止于同济南路，长 0.6 千米，宽 11 米，为沥青质地路面，道路等级为支路。沿途经过胜利村、北京机动车排放管理中心等。

## 周营北街
Zhōuyíng Běijiē

位于通州区西南部，马驹桥镇中部。因位于周营村内北部，故名。起于西周路，止于周营，长 0.5 千米，宽 9 米，为沥青质地路面，道路等级为支路。沿途经过周营村等。

## 兴贸北街
Xīngmào Běijiē

位于通州区北部，马驹桥镇北部。因位于物流园区北侧，取企业发展物流贸易，振兴园区经济之意，故名。起于经海路，止于永昌南路，长 3.2 千米，宽 36 米，为沥青质地路面，道路等级为支路。该街巷门牌号范围为北门口物流园、北门口村、二街村。沿途经过工业园区等。

## 融商五路
Róngshāng 5 Lù

位于通州区北部，马驹桥镇北部。因园区融汇的是物流业界知名商家，序号为五，故名。起于兴贸北街，止于六环路，长 1.7 千米，宽 30 米，为沥青质地路面，道路等级为支路。沿途经过马驹桥物流中心等。

## 融商六路
Róngshāng 6 Lù

位于通州区北部，马驹桥镇北部。因园区融汇的是物流业界知名商家，序号为六，故名。起于兴贸北街，止于兴贸南街，长 1.8 千米，宽 32 米，为沥青质地路面，道路等级为支路。沿途经过马驹桥物流中心等。

## 融商七路
Róngshāng 7 Lù

位于通州区北部，马驹桥镇北部。因园区融汇的是物流业界知名商家，序号为七，故名。起于兴贸一街，止于兴贸南街，长 1.8 千米，宽 18 米，为沥青质地路面、道路等级为支路。沿途经过马驹桥物流中心等。

## 融商四路
Róngshāng 4 Lù

位于通州区西南，马驹桥镇北部。因该路位于融商五路以东，取园区融汇物流业界知名商家之意，故名。起于兴贸北街，止于兴贸南街，长 1.7 千米，宽 30 米，为沥青质地路面，道路等级为支路。沿途经过驸马庄、马桥物流园等。2008 年命名。

## 周营中街
Zhōuyíng Zhōngjiē

位于通州区西南部，马驹桥镇中部。因位于周营中部，故名。起于西周路，止于杨秀店，长1.2千米，宽9米，为沥青质地路面，道路等级为支路。沿途经过周营村、杨秀店等。

## 兴贸南街
Xīngmào Nánjiē

位于通州区西部，马驹桥镇北部。因位于物流园区南侧且与兴贸北街相对，故名。起于东驰路，止于西驰路，长4.8千米，宽23米，为沥青质地路面，道路等级为支路。沿途经过驸马庄、马驹桥物流中心等。

## 周营南街
Zhōuyíng Nánjiē

位于通州区西南部，马驹桥镇南部。因位于周营村南侧，故名。起于西周路，止于周营，长0.7千米，宽7米，为沥青质地路面，道路等级为支路。沿途经过周营村等。

## 朱辛路
Zhūxīn Lù

位于通州区西部，马驹桥镇中部。因连通辛房路和马朱路，故名。起于辛房路，止于马朱路，长3.6千米，宽12米，为沥青质地路面，道路等级为支路。沿途经过杨秀店等。

## 北五村小区路
Běiwǔcūn Xiǎoqū Lù

位于通州区北部，马驹桥镇政府驻地北部。因北五村小区而名。起于新凤河滨河路，止于漷马路，长1千米，宽23米，为沥青质地路面，道路等级为支路。沿途经过新海南里、通州区第一实验中学、金地格林小镇等。

## 中心二路
Zhōngxīn 2 Lù

位于通州区西部，马驹桥镇北部。起于北五村小区路，止于中心三路，长1千米，宽20米，为沥青质地路面，道路等级为支路。沿途经过金地格林小镇、新海南里等。

## 中心三路
Zhōngxīn 3 Lù

位于通州区西部，马驹桥镇北部，属马驹桥镇。起于中心二路，止于漷通路，长1千米，宽23米，为沥青质地路面，道路等级为支路。沿途经过新海南里、神龙潼关三区、金地格林小镇等。

## 新凤河滨河路
Xīnfènghé Bīnhé Lù

位于通州区西部，马驹桥镇中部。因位于新凤河沿岸，故名。起于黄马路，止于漷马路，长2.5千米，宽16米，为沥青质地路面，道路等级为支路。沿途经过新凤河、中国艺术教育院、天鹅堡、新海南里等。

## 北五村小区外环路
Běiwǔcūn Xiǎoqū Wàihuánlù

位于通州区西部，马驹桥镇中部。因位于北五村小区外，故名。起于漷通路，止于漷马路旧线，长 1.6 千米，宽 30 米，为沥青质地路面，道路等级为支路。沿途经过新屯村、西后街村、二街村、新海北里、莲水怡园小区等。

## 黄马路
Huángmǎ Lù

位于通州区西部，马驹桥镇中部。起于新风河滨河路，止于西周路，长 2.9 千米，宽 7 米，为沥青质地路面，道路等级为支路。沿途经过马村，小白村等。

## 马团路
Mǎtuán Lù

位于通州区西部，马驹桥镇中部。起于漷马路旧线，止于京沪高速，长 0.8 千米，宽 30 米，为沥青质地路面，道路等级为支路。沿途经过马驹桥镇实验小学、二街村等。

## 小古二路
Xiǎogǔ 2 Lù

位于通州区西部，马驹桥镇中部。起于小古路，止于辛房路，长 0.7 千米，宽 15 米，为沥青质地路面，道路等级为支路。沿途经过北京华威奥电力设备厂等。

## 小古路
Xiǎogǔ Lù

位于通州区西南部，马驹桥镇中部。起于漷马路，止于小古二路，长 1.2 千米，宽 23 米，为沥青质地路面，道路等级为支路。沿途经过同义庄等。

## 漷通路
Huǒtōng Lù

位于通州区北部，马驹桥镇北部。起于北五村小区路，止于漷马路，长 0.8 千米，宽 17 米，为沥青质地路面，道路等级为支路。沿途经过马驹桥镇百尚生活广场、新海南里、新海北里、神龙潼关等。

## 郭村新街
Guōcūn Xīnjiē

位于通州区西南部，马驹桥镇中部。因位于郭村，故名。长 0.4 千米，宽 14 米，为沥青质地路面，道路等级为支路。沿途经过大棚、凤港减河等。

## 兴贸三街
Xīngmào 3 Jiē

位于通州区西部，马驹桥镇北部。因位于物流园区，取企业发展物流贸易，振兴园区经济之意，序号为三，故名。起于物流二街，止于融商三路，长 2 千米，宽 23 米，为沥青质地路面、道路等级为支路。沿途经过马驹桥物流中心、驸马庄等。

## 周易中街
Zhōuyì Zhōngjiē

位于通州区西南，马驹桥镇中部。因位于小周易村中部，故名。起于辉煌路，止于郭凤路，长 0.8 千米，宽 7 米，为沥青质地路面，道路等级为支路。沿途经过小周易村等。

## 杨秀店南街
Yángxiùdiàn Nánjiē

位于通州区西南，马驹桥镇中部。因位于杨秀店南侧，故名。起于环保路，止于马朱路，长0.4千米，宽7米，为沥青质地路面，道路等级为支路。沿途经过杨秀店村等。

## 房西路
Fángxī Lù

位于通州区西部，马驹桥镇中部。起于郭凤路，止于柴务村东南角，长2.5千米，宽9米，为沥青质地路面，道路等级为支路。沿途经过郭村、柴务村等。

## 景盛南四街
Jǐngshèng Nán 4 Jiē

位于通州区南部，马驹桥镇西部。因位于景盛中街南侧第四条道路而得名。起于环宇东四路，止于环景西二路，长4.1千米，宽12米，为沥青质地路面，道路等级为支路。2005年命名。

## 环科西二路
Huánkē Xī 2 Lù

位于通州区南部，马驹桥镇西部。因位于环科中路西侧第二条道路而得名。起于景盛北三街，止于景盛南四街，长1.8千米，宽20米，为沥青质地路面，道路等级支路。2005年命名。

## 环景路
Huánjǐng Lù

位于通州区南部，马驹桥镇西部。因园区环境优美，故名。起于景盛北三街，止于景盛南四街，长1.8千米，宽12米，为沥青质地路面，道路等级为支路。2005年命名。

## 景盛南二街
Jǐngshèng Nán 2 Jiē

位于通州区南部，马驹桥镇南部。因位于景盛中街南侧第二条道路而得名。起于环宇东四路，止于环景西二路，长4.3千米，宽8米，为沥青质地路面，道路等级为支路。2005年命名。

## 环科中路
Huánkē Zhōnglù

位于通州区南部，马驹桥镇西部。依箍科教优势，推动环保产业示范，此道路位于园区中部而得名。起于景盛北三街，止于景盛南四街，长1.8千米，宽12米，为沥青质地路面，道路等级为支路。2005年命名。

## 环科东二路
Huánkē Dōng 2 Lù

位于通州区南部，马驹桥镇西部。因是环科中路东侧第二条路，故名。起于景盛北三街，止于景盛南四街，长1.8千米，宽16米，为沥青质地路面，道路等级为支路。2005年命名。

## 驸马街
Fùmǎ Jiē

位于通州区南部，马驹桥镇北部。因驸马村而名。起于马桥路，止于马桥东路，长0.8千米，宽6米，为沥青质地路面，道路等级为支路。

## 景盛北二街
Jǐngshèng Běi 2 Jiē

位于通州区南部，马驹桥镇西部。因该道路位于景盛中街北侧第二条道路，故名。起于环景西二路，止于环宇东四路，长 3.3 千米，宽 10 米，为沥青质地路面，道路等级为支路。2011 年命名。

## 东店路
Dōngdiàn Lù

位于通州区东部，马驹桥镇东部。因位于东店村，故名。起于头号村路，止于西周路。长 0.4 千米，宽 4 米，为水泥质地路面，道路等级为支路。

## 景盛南一街
Jǐngshèng Nán 1 Jiē

位于通州区南部，马驹桥镇西部。因是位于景盛中街的南侧的第一条东西走向的街，故名。起于环宇东四街，止于环景西一路，长 3.7 千米，宽 14 米，为沥青质地路面，道路等级为支路。2014 年命名。

## 漷兴北大街
Huǒxīng Běidàjiē

位于通州区东南部，漷县镇北部。寓意漷县小城镇开发区成为经济建设和人民生活兴旺发达的地区，又因街道位于北，故名。起于京塘公路，止于港沟河桥，长 0.8 千米，宽 14 米，为沥青混凝土质地路面，道路等级为次干道。沿途经过漷县镇人民政府、谷德玛特购物广场、漷县工商所、漷县镇中心幼儿园等。2000 年命名。

## 鑫觅西四路
Xīnmì Xī 4 Lù

位于通州区东南部，漷县镇东南部。因南北向道路以鑫觅命名，鑫觅意为金三角和觅子店之意，因此道路是以鑫觅路为中心，向西的第四条道路，故名。起于鑫隅二街，止于大柳树村南。长 0.7 千米，宽 5 米，是水泥混凝土路面。道路等级为支路。

## 广利街
Guǎnglì Jiē

位于通州区中南部，张家湾镇北部。起于垂柳路，止于翠柏路，长 5.2 千米，宽 20 米，为沥青混凝土质地路面，道路等级为快速路。沿途经过北许场、北京精工集团、梁各庄等。2000 年建成。2003 年东延 1588 米。

## 北苑南路
Běiyuàn Nánlù

位于通州区西北部，北苑街道南部。因位于北苑环岛南，故名。起于通州北苑桥，止于通朝大街，长 2 千米，宽 27 米，为沥青混凝土质地路面，道路等级为主干道。沿途经过万达广场、北苑地铁站等。1999 年建成。

## 潞河中学北街
Lùhézhōngxué Běijiē

位于通州区北部，北苑街道中部。因位于通州区潞河中学北侧，故名。起于新华南路，止于复兴北里 7# 楼东侧，长 0.9 千米，宽 6 米，为沥青混凝土质地路面，道路等级为支路。沿途经过通州区第二中学、通州区潞河中学、通州区疾病预防控制中心、玉带路社区居民委员会等。2005年建成。

## 滨惠南二街
## Bīnhuì Nán 2 Jiē

位于通州区北部，北苑街道北部。因位于通惠河南岸，第二段，故名。起于新惠桥，止于通惠桥，长1.1千米，宽5米，为沥青混凝土质地路面，道路等级为支路。沿途经过通州区水务局等。2004年建。

## 玉桥东路
## Yùqiáo Dōnglù

位于通州区中部，玉桥街道中部。因位于玉桥南北里东侧得名。起于乔庄北街，止于梨园南街，长1.7千米，宽12米，为沥青质地路面，道路等级为支路。沿途经过乔庄西区、源泉苑小区、玉桥南里等。1990年建成。1997年称今名。

## 中山大街
## Zhōngshān Dàjiē

位于通州区北部，在北苑街道中部和中仓街道西部。东起车站路与西大街相连，中与新华南路、新仓路相交，西至通惠南路与西关大街相接。全长1.5千米，宽6～10米。明代已形成街巷。清雍正七年（1729）始建通州至朝阳门的石道经此。1937年至1940年间铺筑混凝土路面。时为通县至北京的主要交通道路，京津公路也曾经此。因位于新城西门内，曾称西门大街；清光绪初（约1875年）因重名改称新城大街；1913年前后因位于新城内西仓之北、曾更名为新城北街，与西仓南新城南街相对。孙中山逝世后，为缅怀伟大的革命先行者更今名。1957年始铺沥青路面。后路面经多次修整成现状。沿途经过首都师范大学初等教育学院（通州分部）、通州区幼儿园等。

## 西海子西路
## Xīhǎizi Xīlù

位于新华街道西部，在原旧城西城墙北段内。南起新华大街，北到通惠河南岸。南北长0.7千米，宽10米，沥青路面。明代已形成。明、清二代此街本为巡城马道，自清始逐渐有人定居，因通惠河一脉经此，自西水关入通州城，此街位于西水关北，故曾名西水关胡同；1952年因该街位于西海子公园西侧，而名西海子西街。2004年，依“东西为街，南北为路”的街巷命名原则，更名西海子西路。

据清光绪《通州志》载，在旧城西门以北，曾有成志门，早已淤塞，门外有额书“成志门”三字，1952年拆除城墙时挖出，门已朽。相传，“成志门”俗称泔水门。1985年在此建成商业一条街，俗称商业街；1989年商业街命名为潞河商市。2010年商业街拆除。

## 吉祥路
## Jíxiáng Lù

位于新华街道中部，通州旧城北。因东近原吉祥胡同，今吉祥园，故名。南起新华东街，北至司空分署街，原多福巷、牌楼口一线，因旧城改造，形成南北走向笔直的道路，全长0.6千米，1994年命名。

## 如意路
## Rúyì Lù

位于新华街道中部，通州旧城北。因系

新建道路，西近原如意胡同，东临如意园，故名。南起新华东街，北至司空分署街，全长0.7千米，1994年命名。

## 新仓路
Xīncāng Lù

位于北苑街道中部，在原新城中部、新华南路与通惠南路之间。南起玉带河西街，中与新城南街、中山街相交，北至新华西街。明代已形成街巷。全长0.7千米，宽6.5～13米，沥青路面。明、清时为进西仓西门之仓道；清代在仓道南北各建大、小红牌楼一座，故曾名大、小红牌楼胡同；1952年拆除城墙，1979年兴建后南仓小区；在该处两端相继向北和南打通延长至玉带河大街和新华大街两条主街；1981年因原是新城西仓的仓道，故更今名。官园小学、后南仓小学等驻此。

# 第三节　街巷胡同

## 西关大街
Xīguān Dàjiē

位于北苑街道西部，新华西街与玉带河西街西段之间。清代已形成街巷。因位于原通州新城西门外，故曾名西关。1913年后，居民渐增，形成街巷，改称今名。东起通惠南路与中山大街相连，西至北苑南路，长643米，宽10米。清雍正七年（1729）修筑的通州至朝阳门的石道经此。1937年至1940年间改铺混凝土路面。1956年前为通州至北京必经干道。

## 西营房胡同
XīyíngFáng Hútong

位于北苑街道中部，新华西街与玉带河西街中段之间。东起新仓路与新城南街相接，西至通惠南路，长318米。清代已形成街巷。该地始为清兵驻防之地，因位于通州新城西部，曾称西营房，其西端又称小西天。1913年前后，因驻军时间久远，曾更名老营房。1949年后居民渐增，除部分军营外，多为民房，并形成一条向南不通行的胡同而称今名。1989年南小门、戴家桥、营房胡同并入，形成今格局。

## 新城南街
Xīnchéng Nánjiē

位于北苑街道东部，新华西街与玉带河西街东段之间。东起新华南路，西至新仓路，长约400米。明代形成街巷，本为仓道。因位于原新城大运西仓之南，故名。1913年前后称今名。

## 三官庙（胡同）
Sānguānmiào（Hútong）

位于中仓街道西部，四员厅街与玉带河东街之间。明万历三十四年（1606）建三官庙于此，后毁于大火。1920年重建。1949年前后渐成街巷，因庙而名。三官庙今已不存。东起水月院胡同，西至新华南路。

## 水月院胡同
## Shuǐyuèyuàn Hútong

位于中仓街道西部，车站路和新华南路之间。因明代此地曾有水月院（又名水月庵），故名。1913 年前后渐成街巷。水月院今已不存。南起三官庙胡同，北至四员厅街。

## 四员厅街
## Sìyuántīng Jiē

位于中仓街道西部，三官庙胡同与中山大街之间。明代，在新城南门内以东设户部分司，内有协助厅一所，每当漕粮涌至之时，户部量差办事进士三、四员来此协助收粮，协助厅俗称四员厅。清代，在明朝户部分司处改建为仓场总督衙门，简称仓场署。由仓场侍郎、巡仓御史四名官员统理漕运粟米，监督河道及漕运和仓储各厅署官员。署内建有理事厅一座，在此共议管理漕运、仓储事务，亦俗称四员厅。清末，此地渐成街巷，依厅名称四员厅，后改称四员厅街。东起车站路，中与新街下坡胡同、水月院胡同相交，西至新华南路。

## 新街下坡（胡同）
## Xīnjiēxiàpō（Hútong）

位于中仓街道西部，车站路与新华南街之间。清代已形成街巷。清乾隆年间拆去旧城西墙南段和西门，使新旧二城合一。因此处位于旧城西门外南侧，形成一条至仓场署、刑钱府的新街道后，曾称新街口。1913 年前后，因街道北高南低更今名。1954 年前为北京至天津必经之路。北起中山大街，南至四员厅街。

## 武定庵胡同
## Wǔdìng'ān Hútong

位于中仓街道西部，四员厅街与玉带河东街之间。因此地明代建有武定庵，1913 年前后形成街巷依庵而名。西起水月院胡同，向东不通行，长约 100 米。

## 小营房
## Xiǎoyíngfáng

位于中仓街道中部。清代曾为军队驻地，因与西营房相对，时称东营房胡同。1913 年前后形成南北街巷，部分居民定居此地。后因街巷短小更今名。东邻北京锻压机床厂，西至南三条，再向北至太平庄，长 86 米，均宽 5 米。

## 马家胡同
## Mǎjiā Hútong

位于中仓街道中部。明代已形成街巷。因自回民胡同向南，此为第三条回民居住的胡同，故曾名回回三条胡同。清乾隆初年，因马姓大户居此，故更今名。东起莲花寺，中与中街相交，西止南大街，全长 213 米，宽 3 米。民国《通县志要》载：“民国初年，在马家胡同立通州电报局，隶属北京交通部。民国二十四年，局址移于新城南街”。马家胡同 4 号院为万通酱园创始人、通州清真寺管事乡老马兆丰故居。

## 中街
## Zhōngjiē

位于中仓街道中部。清代已形成。因该街纵穿九条街巷中部，故名。南起东顺城街，中穿南二条、紫竹庵胡同、马家胡同等，北至北二条，长 321 米，宽 3 ～ 5 米。

## 毛家胡同
Máojiā Hútong

位于中仓街道中部，南大街南段西侧。1913 年前后，毛姓最先迁居此地，形成胡同后，故名。南起西顺城街，北止悟仙观，长 60 米，宽 2 米。

## 东顺城街
Dōngshùnchéng Jiē

位于中仓街道中部。明代已形成。因位于南门内以东，原系巡城马道，故始称东马道。1913 年前后，居民渐增，因自旧城南门沿城墙向东延伸，更今名。东起北京锻压机床厂，西至南大街，长 285 米，均宽 4 米。

## 东营前街
Dōngyíng Qiánjiē

位于中仓街道中部。在南关大街、玉桥西路与北小园小区和南小园小区之间，北至东营中街，南至窑厂。清代已形成。据清康熙《通州志》载，清朝设十三营，通州左卫营营房在旧城南关厢，今南关大街两侧，因此处位于东，曾名东营胡同。清乾隆初曾简称东营。1913 年后，将军营改为民宅，逐渐扩大。1946 年前后形成前、中、后三部分，因此街位于南，故名。玉带河东街横穿中部。

## 东营中街
Dōngyíng Zhōngjiē

位于中仓街道中部，南关大街东侧。据清康熙《通州志》载，清朝设十三营，通州左卫营营房在旧城南关厢，今南关大街两侧，因此处位于东，曾名东营胡同。清乾隆初曾简称东营。1913 年后，将军营改为民宅，逐渐扩大。1946 年前后形成前、中、后三部分，因此街位于中，故名。起于南关大街，东不通行，长 230 米，宽 5 米。

## 东营后街
Dōngyíng Hòujiē

位于中仓街道中部，南关大街东侧。清康熙《通州志》载，清朝设十三营，通州左卫营营房在旧城南关厢，今南关大街两侧，因此处位于东，曾名东营胡同。清乾隆初曾简称东营。1913 年后，将军营改为民宅，逐渐扩大。1946 年前后形成前、中、后三部分，此街位于北（北为后），因地处佟家坟地，故曾称佟家坟。1949 年前后更今名。起于南关大街，东不通行，长 230 米，宽 5 米。

## 头条胡同
Tóutiáo Hútong

位于中仓街道中部，白将军胡同与南二条间。明初此地是储存柴草的场所。明永乐年间在此建大运东仓，隆庆三年（1569）大运东仓并入中仓，其后逐渐有人在此地居住，形成街巷后始名草厂胡同。清初居民渐增，在此地形成大、小三条胡同，因此巷位于北，且宽大，故改称草厂大条胡同，并依次命名草厂二条、草厂三条胡同。1913 年前后，自北向南排序，此处为第一条胡同，故更名为头条胡同。东起小营房，横穿中街，西至南大街，长 185 米，均宽 5 米。

## 北二条
Běi 2 Tiáo

位于中仓街道中部，新华东街南侧、南

大街之东、回民胡同与马家胡同间。随着漕运的发展，回民相继至此，在清真寺周围定居，明代形成自回民胡同向南的三条街巷，此属第二条，故曾名回回二条胡同。1913 年前后，因与南二条胡同相对，又位于南二条胡同之北，改称北二条胡同。1981 年简称今名。起于安家大院，止于中街，长 104 米，宽 3 ～ 4 米。

## 白将军胡同
Báijiāngjūn Hútong

位于中仓街道中部，蔡老胡同与头条间。明代已形成。相传这里曾有一处白姓将军府第，故名。另一说，因糊制烧活，糊顶棚等匠人居此，以白浆（酱）糊糊制的各种活计不变色，较有名气，故称白酱儿胡同。1913 年前后因此名不雅而更今名。东起太平庄，横穿中街，西至南大街，长 285 米，均宽 4 米。

## 半截胡同
Bànjié Hútong

位于中仓街道中部，南大街东侧，熊家胡同与紫竹庵胡同东段之间。明代已形成。因西端只到中街，不通南大街，只有半截，故名。1913 年后曾称东半截胡同。东起太平庄，西至中街，长 109 米，均宽 3 米。

## 西顺城街
Xīshùnchéng Jiē

位于中仓街道中部。明代已形成。本为巡城马道，因位于南大街西侧，始称西马道。1913 年前后，居民渐增形成街巷，因沿城墙内向西延伸，故名。东起南大街，西至车站路，长 440 米，宽度不一。

## 西营前街
Xīyíng Qiánjiē

位于中仓街道南部。清代已形成。清康熙《通州志》载，清朝设十三营，通州左卫营房在旧城南关厢，即今南关大街两侧。此地位于西，故曾名西营房胡同。清乾隆初改称西营。1913 年前后将军营改为民宅，发展成南、中、北三部分，此居住区位于南，故名。2003 年将西营前街居住区南侧道路命名为西营前街。此路，东起玉桥西路，西至新华南路，长 1460 米，宽 9 米。

## 西营中街
Xīyíng Zhōngjiē

位于中仓街道中部。清代已形成。清康熙《通州志》载，清朝设十三营，通州左卫营房在旧城南关厢，即今南关大街两侧。此地位于西，故曾名西营房胡同。清乾隆初改称西营。1913 年前后将军营改为民宅，发展成南、中、北三部分。因此街居中，故名。南邻玉带河东街，北毗西营后街。

## 西营后街
Xīyíng Hòujiē

位于中仓街道中部。清代已形成。清康熙《通州志》载，清朝设十三营，通州左卫营房在旧城南关厢，即今南关大街两侧。此地位于西，故曾名西营房胡同。清乾隆初改称西营。1913 年前后将军营改为民宅，发展成南、中、北三部分。因此街居北，故名。东起南关大街，西至六中操场，南邻西营中街，北毗西顺城街。

## 回民胡同
Húimín Hútong

位于中仓街道中部，新华东街南侧、马家胡同之北。元代回民即迁来此地居住，兴建清真寺。明朝漕运兴盛时，回民迁此日甚，定居经商，充当搬运工人，相继在清真寺周围建房，自北向南形成东西走向三条胡同，此巷位于最北部，而且宽大，曾名回回大条；因巷中曾设牛羊交易市场，故俗称牛市胡同，西端巷口又称牛市口。后来牛市搬迁，于1949年左右更今名。街区呈“L”字形，北起新华东街，南行西拐至南大街与西大街相对，长477米，宽10米。

## 刘菜园
Líucàiyuán

位于中仓街道中部，回民胡同东段南侧、安家大院东侧。1913年前后渐成街巷。因该地原系刘姓菜园，故名。北起回民胡同，南到莲花寺，长199米，宽4米。

## 安家大院
Ānjiā Dàyuàn

位于中仓街道中部。此地原为空地，1913年前后，安姓大户来此定居，建成很大院落，故依姓而名。东起刘菜园，西至北二条，南邻莲花寺，北毗回民胡同，街巷呈“T”字形，长200米，均宽2米。

## 周仓庵胡同
Zhōucāng'ān Hútong

位于中仓街道中部。清代已形成。曾称周禅庵胡同、周禅林胡同。周禅庵位于南段西侧，1913年前后，因庵内供奉周仓，更今名。东起南大街，西至原中仓东墙（不通行），南自悟仙观，北到原中仓东墙转折处南侧中断。街巷近似“十”字形，南北巷道稍错开，全长284米，其中东西长100米，宽为2～3米。

## 南二条
Nán 2 Tiáo

位于中仓街道中部，在东顺城街与头条间。清代已形成。因在明代草厂胡同基础上发展成三条胡同，此胡同属第二条，故曾名草厂二条胡同。1913年前后，因北边有北二条胡同（回回二条胡同），而改称南二条胡同，以示区别。1981年简称今名。东起小营房，中与中街相交，西至南大街，长261米，均宽5米。

## 南三条
Nán 3 Tiáo

位于中仓街道中部，在南二条与东顺城街间。清代已形成。因在明代草厂胡同的基础上发展成三条胡同，此胡同属第三条，故曾名草厂三条胡同。1913年前后改称南三条胡同。1981年牛九角（牛犄角）胡同并入（今此胡同中街以西段落）。东起小营房，西穿中街后西行（不通行），长200米，均宽2米。

## 莲花寺胡同
Liánhuāsì Hútong

位于中仓街道中部。明万历二十七年（1599）建莲花寺，曾名莲花庵，是御史马经纶的别墅，明代著名思想家李卓吾曾居此。

莲花寺今已无存。1913 年前后此地形成两条街巷，因寺曾名莲花寺前街、莲花寺后街。1981 年两街合并称今名。东起刘菜园，西至马家胡同，南自半截胡同，北到安家大院。

## 悟仙观
Wùxiānguàn

位于中仓街道中部。清代已形成。因元代至正初所建悟仙观于此中段南侧，形成聚落后，依观曾名悟仙观胡同。1913 年前后简称今名。1989 年将该巷东 200 米长的南仓街并入，形成今格局。东起南大街，西至中仓小区，长 364 米，东端最窄为 4 米，西部宽 8 米。

## 清真寺胡同
Qīngzhēnsi Hútong

位于中仓街道中部。明代已形成。元代于此处创建清真寺，周围回民渐多，形成胡同后，依寺而名。南起北二条，北至回民胡同，长 40 米，宽 5 米。清真寺位于胡同 1 号，明正德、万历年间曾重修，1985 年再修，为市级文物保护单位。

## 紫竹庵胡同
Zīzhú'ān Hútong

位于中仓街道中部，蔡老胡同和熊家胡同及半截胡同之间。明代已形成。蔡姓首至此地定居，后形成南北并列两条街巷，此巷位于北，因姓曾名蔡家后（习以北为后）胡同。清乾隆初因巷内建有紫竹庵，依庵而名紫竹庵。1913 年前后改称今名。1981 年中街以西的四眼井胡同并入，形成今格局。东起太平庄，西至南大街，长 204 米，宽 4 米。

## 蔡老胡同
Càilǎo Hútong

位于中仓街道中部，白将军胡同与紫竹庵胡同之间。明代已形成。中街以东路段，因蔡姓大户居此，形成南北两条胡同，此位于南，因姓曾名蔡家前（习以南为前）胡同。清乾隆初因居民尊蔡姓长者为老叔，更名为蔡老叔胡同。1913 年前后更今名。1981 年中街以西的南史家胡同并入，而成今格局。东起太平庄，中穿中街，西至南大街，长 220 米，宽 3 ～ 6 米。

## 熊家胡同
Xióngjiā Hútong

位于中仓街道中部，马家胡同与紫竹庵胡同之间。明代熊姓大户首居此地，形成街巷后，依姓而名。东起莲花寺，中与中街相交，西至南大街，长 218 米，宽 4 米。

## 南大街
Nán Dàjiē

位于中仓街道中部。明代已形成。明洪武元年（1368）修筑通州旧城后，该街为连接各门运草输粮的骨干街道。因位于旧城南门内，故名。南起南关大街，北至新华大街与北大街相对，中部连接西顺城街、悟仙观、马家胡同、西大街等 12 条街巷，长 604 米，均宽 5.5 米。著名的回民小楼饭店位于大街北端东侧。

## 南关大街
Nánguān Dàjiē

位于中仓街道中部。明代已形成。因位

于通州旧城南门外，故名。1987 年因修筑玉带河东街被拦腰截断，用砖筑起 6 ～ 7 米高坡墙，设坡道，将南段原曾称倒座观音台划归西营前街。南起玉带河大街，北与南大街相连。长 140 米，宽 7 ～ 10 米。

## 西大街
Xī Dàjiē

位于中仓街道北部。明代已形成，当时此街是连接旧城东西二门、陆运漕粮到各仓和通往京师的主要街道。因位于原旧城西门内，故名。东起南大街，中穿中仓路，西至车站路与中山大街相对。长 558 米，宽度不一。明代始建的大运中仓旧址，位于西大街与中仓路交会处南侧。雍正七年（1729）所修自通州城东门直达北京朝阳门的石道经此。

## 中仓路
Zhōngcāng Lù

位于中仓街道中部。因位于明朝所建中仓和旧城改造后中仓小区之间，故名。曾名城隍庙街、新建街。明清时本为仓沟，以便漕粮搬运仓中。1913 年前后仓沟渐平，形成南至城隍庙的街道，故依庙曾名城隍庙街。1952 年填平加宽，重新修筑，更名新建街。2004 年因在本区内重名，改称中仓路。南起西顺城街，中穿西大街，北至新华东街。长 560 米，宽 8 米。

## 司空分署街
Sīkōngfēnshǔ Jiē

位于新华街道东部，西海子公园东侧。明代已形成。明万历二十八年（1610）工部郎中陆基恕于此街东端正中建奎星楼，楼基为方形，中有门洞，基座上建楼三层，楼中设文昌像，因此街在明代曾设有工部分署衙门，故楼基上端西侧拱门上，嵌有石匾额，刻有“司空分署街”字样，传为明朝宰相严嵩手笔，故名。因位于奎（魁）星楼之西，故又名奎星楼胡同。东起北大街，西至吉祥路，长 246 米。

## 西塔胡同
Xītǎ Hútong

位于新华街道中部，西海子公园东侧。明代已形成。因位于北大街之西，靠近燃灯佛舍利塔，故名。该巷原自北大街向西走向，与东塔胡同相对。1958 年后成今走向。南起司空分署街，北行西折再北转至西海子公园（不通行），长 273 米，均宽 6 米。

## 多福巷
Duōfú Xiàng

位于新华街道中部。清代已形成。相传，清初此地有人开设豆腐作坊，形成街巷后，曾名豆腐巷。1936 年前后依谐音改称多福巷。东起吉祥路，西至西海子西路，长约 100 米。

## 鱼市胡同
Yúshì Hútong

位于新华街道东部。明代已形成。明清漕运兴盛时，此地曾为鱼类交易市场，故曾名鱼市大街。街之东口称鱼市口。清同治六年（1867）基督教传入通州，在鱼市口设教会组织“福音堂”，继而迁入巷内，改称公理会，此巷更名公理会胡同。1981 年更名为鱼市胡同。东起北大街，西至如意路，长 280 米。

## 黄桥胡同
## Huángqiáo Hútong

位于新华街道中部。清代已形成。黄姓大户首居此地水沟旁，在沟上建桥，桥依姓而名黄家桥。此巷本为鱼市胡同一部分，1913 年前后单独称谓，依桥而名黄桥胡同。东起如意路，西至吉祥路，长 121 米。

## 北大街
## Běi Dàjiē

位于新华街道南部。南起新华东街，北至原里河沿（里河沿今已拆除，被运河商务区所覆盖）。明代已成为通州旧城南北的主要街道。因在旧城北门内与南大街相对，曾称北门内大街。清代乾隆初年称今名。1913 年后，因鼓楼（已拆除）位于该街南端，又有鼓楼大街之称。长 820 米，宽度不等。

## 太平庄
## Tàipíngzhuāng

位于中仓街道中部，在南大街东侧。南起小营房，北至莲花寺，东自北京锻压机床厂西墙，西止紫竹庵胡同、蔡老胡同东端，因该地中曾有一个大坑，环坑建宅，故呈不规则状。1913 年前后渐成聚落，取吉语，希望太平之意而得名。

# 1990—2014 年通州区（通县）拆除街巷胡同一览表

表 4

| 名　称 | 拆除后建筑 | 位　置 | 地名由来 |
|---|---|---|---|
| 东北后街<br>Dōngběi Hòujiē | 原址建成北京 one 楼群 | 位于北苑街道东部。在新华西街与新华南路交会处西南侧、中山大街中段北侧 | 明正统十四年（1449）建通州新城，在此城根处形成一条巡城马道。清代起有人定居道路两侧，因位于新城北部，曾名后街。民国初，此处因建有教堂（今中山街小学处）及教堂医所而将街封堵，分成东西两段，此段位于原新城东北，故更名东北后街 |
| 帅府街<br>Shuàifǔ Jiē | 原址被金帅府家园楼群覆盖 | 位于北苑街道中部。在中山大街与通惠南路交会处东南侧 | 一说是，隋末虎贲郎将罗艺驻守涿郡（郡治蓟县，今北京市西南）屯兵 20 万镇守北方时，曾在此建有帅府，今官园小学及其北侧曾为帅府花园居住过，帅府门外曾有红松一棵，有大铁环一个，传说为锁秦琼时所用。清末渐成街巷，故名；另一说，清朝将领马玉昆统兵驻此，曾率兵抵御沙俄侵略，统领军队赴朝，力抗日军以及抗击八国联军等，被军民称“帅”，死后，有挽联称其为“元戎”，即主将，形成街巷后，故名 |
| 官园胡同<br>GuānYuán Hútong | 原址被金帅府家园楼群覆盖 | 位于北苑街道中部。在中山大街与新仓路交会处西南侧 | 清代西仓监督署驻此，其南为坐粮厅署，二署间系原帅府花园（今官园小学处），为二官衙享用。1913 年前后花园之北渐成街巷，故名 |
| 小后街<br>Xiǎohòu Jiē | 原址被金帅府家园楼群覆盖 | 位于北苑街道中部。在中山大街与新仓路交会处西南侧 | 1913 年前后形成街巷，因位于通州新城北部，与清代形成的后街相比为小，故名 |
| 斗子营<br>Dǒuzǐyíng | 已并入西营房胡同 | 位于北苑街道中部。在中山大街与通惠南路交会处东南侧 | 清代，朝廷派驻通州的斗衙门（即权衡皇粮的官署通协副总府衙门）俗称斗子营驻此。清光绪年间（约 1875 年）此处形成街巷，故名 |
| 新城南关<br>Xīnchéng Nánguān | 现为通州区第二中学、北京护士学校、潞河中学等单位和居民楼所覆盖 | 位于北苑街道南部。 | 清代已形成。因位于新城南门外，故曾名新南关。1901 年 9 月，《辛丑条约》签订后，美国牧师都春圃利用清政府赔款，购置南关西部土地建学校、医院等教会所属机构，人们俗称为南地。1950 年前后改称今名 |
| 下香胡同<br>Xiàxiāng Hútong | 现被西上园、中上园所覆盖 | 位于中仓街道东部。在东关大街南侧 | 明代已形成胡同。清康熙《通州志》载：明朝“陈皇后，名寿，穆宗继妃神宗嫡母也。父景行，通州候选岁贡生，母张氏。里中闻异香而后生，因呼其地曰香儿胡同”。清代，该胡同分为东西、南北走向两条胡同，此位于南（习惯以南为下）故名 |
| 大河沿<br>Dàhéyán（本地“沿”字读 yàn） | 现为滨河中路北段 | 位于中仓街道东部，运河西岸。 | 清代，一些人开始沿运河右堤外侧散落居住。1913 年前后形成聚落，因位于大运河西岸，故名 |

续表 4

| 名　称 | 拆除后建筑 | 位　置 | 地名由来 |
|---|---|---|---|
| 上香胡同<br>Shàngxiāng Hútong | 现被西上园、中上园覆盖 | 位于中仓街道中部 | 据清康熙《通州志》载：明朝“陈皇后，名寿，穆宗继妃，神宗嫡母也。父景行，通州候选岁贡生，母张氏。里中闻异香而后生，因呼其地曰香儿胡同”。清代，该胡同分为南北、东西走向两条胡同，因此位于北（习惯以北为上）故称今名 |
| 白家胡同<br>Báijiā Hútong | 现被运河商务区覆盖 | 位于中仓街道东部 | 清代已形成。白姓最先到此定居，故依姓而名 |
| 老冰窖<br>Lǎobīngjiào | 现被西上园覆盖 | 位于中仓街道东部 | 清代已形成聚落。因此地建有冰窖储冰，故名1913 年前后，因其储冰时间最早，且容量最大，故称今名 |
| 后坑<br>Hòukēng | 现被西上园、中上园覆盖 | 位于中仓街道东部 | 1936 年前后渐成聚落。因聚落南面有一处大坑，故名 |
| 江米店<br>Jiāngmǐdiàn | 现被运河商务区覆盖 | 位于中仓街道东部 | 清代已形成。原为东关大街一段。江南各省漕运的糯米（北方称江米），在此地储存和设店转销他地，后形成聚落。1913 年前后将此段单独称谓，故得名 |
| 财神庙<br>Cáishénmiào | 现被运河商务区覆盖 | 位于中仓街道东部 | 此处原有财神庙，1913 年前后居民渐增形成街巷，因庙而名 |
| 沈家胡同<br>Shěnjiā Hútong | 现被中上园、运河商务区覆盖 | 位于中仓街道东部 | 沈姓大户首至此地定居，1913 年前后形成街巷，因姓而名 |
| 青龙胡同<br>Qīnglóng Hútong | 现被中上园、运河商务区覆盖 | 位于中仓街道东部 | 青龙为古代四神之一，以其称谓表示寓意风水好，吉祥如意。1913 年前后形成街巷，为与石虎胡同相对应，故名 1981 年，石虎胡同并入 |
| 药王庙<br>Yàowángmiào | 现被运河商务区覆盖 | 位于中仓街道东部 | 明崇祯九年（1636）建药王庙于此。居民在庙前后建房，故曾名药王庙口。1913 年前后，居民渐增，在庙四周建房，更名药王庙 |
| 药王庙西坡<br>Yàowángmiào Xīpō | 现被中上园覆盖 | 位于中仓街道东部 | 1913 年前后形成聚落。因位于药王庙西土坡之下，故名 |
| 顾家坡<br>Gùjiāpō | 现被西上园覆盖 | 位于中仓街道东部 | 1913 年前后顾姓首至该地，于高坡上定居，形成聚落后，因姓与地貌而名 |
| 黄家坡<br>Huángjiāpō | 现被西上园、中上园覆盖 | 位于中仓街道东部 | 1913 年前后，黄姓至此在土坡上定居，形成聚落后，依姓与地貌而名 |

续表 4

| 名　称 | 拆除后建筑 | 位　置 | 地名由来 |
|---|---|---|---|
| 常家胡同<br>Chángjiā Hútong | 现被运河商务区覆盖 | 位于中仓街道东部 | 明代已形成。明太祖朱元璋开国大将、开平忠武王常遇春，钦命攻打通州而下。死后，朱元璋命在通州建庙祭祀，名开平忠武王庙，亦称常遇春祠，有常家人看护，依时祭祀，居住此地。形成街巷后，依姓而名 |
| 粮食市<br>Liángshíshì | 现被中上园覆盖 | 位于中仓街道东部、北运河西岸 | 因东滨北运河，南方大米、北方小麦在此销售，形成粮食交易市场，市场东口逐步形成居住地，故始名粮食市口。1913 年前后居民渐增，分为东西两部分，分别称为外粮食市、里粮食市，俗称老粮食市。1981 年两市发展成为一个整体，合并而称粮食市 |
| 土坝<br>Tǔbà | 现被运河商务区覆盖 | 位于新华街道东部，北运河西岸 | 为方便漕粮转运，明万历二十二年（1594）在郎中于仕廉主持下，在此修筑排桩土坝，用于漕船泊岸。明、清时为州同督漕公廨土坝掣斗厅驻地。清代形成街巷，依坝而名 1989 年将二道堤、铜官庙、善人桥并入 |
| 大成街<br>Dàchéng Jiē | 现被运河商务区覆盖 | 位于新华街道东部 | 自北齐始（约公元 550 年前后）历为州、县府所在地。元大德二年（1298）在此建儒学文庙。1913 年后形成街巷，依孔子封号“大成至圣文宣王”命名为大成街 |
| 大寺胡同<br>Dàsì Hútong | 现被运河商务区覆盖 | 位于新华街道东部 | 元至正二年（1342）于此处建靖嘉寺，俗称大寺，旧名慈恩寺。明初曾置僧正司于内。天顺二年（1458）敕名靖嘉，弘治十年（1497）毁。以后渐成街巷，因当时胡同较小，故依寺曾名大寺小胡同。1913 年前后更名大寺胡同。1989 年红果园、花枝胡同并入 |
| 女师胡同<br>Nǚshī Hútong | 现被运河商务区覆盖 | 位于新华街道东部 | 1915 年 2 月，在此创办京兆女子师范学校，形成街巷后，故名元代管河衙署与清代的通永道署曾设于此 |
| 天后宫胡同<br>Tiānhòugōng Hútong | 现被运河商务区覆盖 | 位于新华街道东部 | 明代此地建有天妃宫，清光绪《通州志》城池图上被称为天后宫。民国初年渐成居住区，因宫（今宫已不存）而名 |
| 玉带胡同<br>Yùdài Hútong | 现被运河商务区覆盖 | 位于新华街道东部 | 相传此地附近曾设老毅军衙门，清军军官马宫保（马玉昆）居此。此巷自东向西南走向，中间拐了三个弯子，状如玉带飘荡，故依其形状特征而名 |
| 东大街<br>Dōng dàJiē | 现被运河商务区覆盖 | 位于新华街道东部 | 明洪武初年（1368）建通州旧城后，这里即为连接西、南、北三门的主要街道，为明、清两代万国朝宗、四方贡赋、商贾行旅和通粮转运各仓的必经之地。因位于旧城东门之内，故曾名东门大街。清乾隆年间改称东大街，是雍正七年（1729）修建通州至北京朝阳门石道的起始段落 |

续表 4

| 名　称 | 拆除后建筑 | 位　置 | 地名由来 |
|---|---|---|---|
| 东海子<br>Dōnghǎizi | 现被运河商务区覆盖 | 位于新华街道东部 | 相传是明初建城时，因取土筑墙而形成的大水塘，俗称海子。又因通州旧城西北角内有个西海子，故名东海子。清代中、后期有人定居此地，曾名东海子胡同。1949 年前后复名东海子。1989 年，大口袋胡同、小口袋胡同并入 |
| 东关后街<br>Dōngguān Hòujiē | 现被运河商务区覆盖 | 位于新华街道东部 | 1952 年拆除城墙后，居民渐增形成街巷，因位于东关大街之北，故名 |
| 东塔胡同<br>Dōngtǎ Hútong | 现被运河商务区覆盖 | 位于新华街道东部 | 明代已形成。该胡同本为巡城马道，居民相继至此于两侧定居，因位于燃灯佛舍利塔与北大街之东，和西塔胡同相对，故曾名东塔儿胡同。1913 年前后，称东塔胡同 |
| 石碑胡同<br>Shíbēi Hútong | 现被运河商务区覆盖 | 位于新华街道东部 | 1913 年前后形成街巷。因此地北端原有一个高大石碑，中南部有水沟通向东海子，故曾分称石碑胡同、大水胡同、小水胡同。1989 年将南部的大水胡同，西部的小水胡同并入石碑胡同 |
| 北小门<br>Běixiǎomén | 现被运河商务区覆盖 | 位于新华街道东部 | 清代在旧城东门北侧，开一个小门，使过往行人不与运粮车争路。1913 年后始有人定居于此，1952 年拆除城墙后，居民渐增形成街巷，故名 |
| 北果子市<br>Běiguǒzishì | 现被运河商务区覆盖 | 位于新华街道东部 | 明代已形成。在漕运兴盛时，因此地东邻土坝，于旧城东门内形成商业繁华之区，此地成为水果交易市场，分布于东大街东端南北，向南直达内漕河分支河岸，故曾名果子街。清乾隆初年，以东大街为界，南、北分称，此巷为北段，故名北果市，与南果市相接。1913 年前后称北果子市 |
| 外河沿<br>Wàihéyán（本地“沿”字读 yàn） | 现被运河商务区覆盖 | 位于新华街道东部 | 民国初年有人定居此地，1952 年拆除城墙后，居民渐增，因沿北运河西岸分布，北运河又称外漕河，简称外河，故名 |
| 自强胡同<br>Zìqiáng Hútong | 现被运河商务区覆盖 | 位于新华街道东部 | 1955 年前后自成街巷，食用井水。为解决饮用水，居民自己动手安装自来水和排水管道，故以自力更生，奋发图强之意而名 |
| 后安福胡同<br>Hòu'ānfǔ Hútong | 现被运河商务区覆盖 | 位于新华街道东部 | 因形成初期与前安福胡同相交于中段，状如剪子，故曾名后剪子巷。民国初年将中间堵闭，互不通行，依谐音更名为后俭慈巷。1937 年前后，侵华日军至此，以安抚人心之意，改称后安抚胡同。1949 年前后，依同音更名为后安福胡同 |
| 观音寺胡同<br>Guānyīnsì Hútong | 现被运河商务区覆盖 | 位于新华街道东部 | 1913 年前后渐成街巷，因此地曾有观音寺，依寺曾名观音寺（寺已不存）。1981 年称观音寺胡同 |

续表 4

| 名　称 | 拆除后建筑 | 位　置 | 地名由来 |
|---|---|---|---|
| 贡院胡同<br>Gòngyuàn Hútong | 现被运河商务区覆盖 | 位于新华街道东部 | 明代此地曾设有察院，清代改作试院，为清代顺天府乡试的场所，生员（秀才）在此考试，因考入国子监读书的称贡生，故称贡院。后形成胡同，故以贡院命名 |
| 贡院前街<br>Gòngyuàn Qiánjiē | 现被运河商务区覆盖 | 位于新华街道东部 | 清代已形成。街的北口外为清代顺天府乡试考取贡生的场所贡院，因此地位于贡院之南（习以南为前），故名 |
| 里河沿<br>Lǐhéyán（本地“沿”字读 yàn） | 现被运河商务区覆盖 | 位于新华街道东部 | 1913 年前后渐成聚落，因位于通惠河（又称里漕河，简称里河）南岸，故名 1989 年，因通济桥东迁新建，原通榆大街通惠河南至北大街段并入 |
| 沙竹巷<br>Shāzhú Xiàng | 现被运河商务区覆盖 | 位于新华街道东部 | 明代已形成。因地近土坝为繁华之地，居民曾多以杀猪为业，形成猪肉交易市场，与教育会胡同，共称杀猪胡同。清光绪初年，依同音曾改称砂朱胡同。1913 年前后，将东西走向之街改称沙竹胡同（今教育会胡同），南北走向之街改称沙竹巷，而分别称谓 |
| 拐棒胡同<br>Guǎibàng Hútong | 现被运河商务区覆盖 | 位于新华街道东部 | 清代已形成。居民至此定居形成街巷，因巷道拐了三个弯，状如拐棒，故名 1989 年东五道庙并入。 |
| 南果子市<br>Nánguǒzishì | 现被运河商务区覆盖 | 位于新华街道东部 | 明代已形成。明、清两代漕运兴盛时，因此地靠近土坝（通粮上岸处），于东门内南北间形成一条水果交易市场，曾名果子街。清乾隆初年，以东大街为界，分为南北两个市场单独称谓，此地位于南，故曾名南果市。1913 年前后称南果子市 |
| 前安福胡同<br>Qián'ānfú Hútong（本地“福”字读 fǔ） | 现被运河商务区覆盖 | 位于新华街道东部 | 明代已形成。因初形成时与后安福胡同中间相近可通行，状如剪子，此巷位于南，习以南为前，故依形状曾名前剪子巷。1913 年前后将中间堵塞建房，互不通行，依谐音改称前俭慈巷。1937 年前后，侵华日军至此，以安抚人心之意，更名为前安抚胡同。1949 年前后，依同音以美好愿望称前安福胡同 |
| 扁担胡同<br>Biǎndān Hútong | 现被运河商务区覆盖 | 位于新华街道东部 | 金大定十三年（1173）建静安寺于此。明代在寺前后形成两条街巷，此巷位于前，曾名静安寺前胡同。1913 年前后，因巷道两端窄，中间宽，状如扁担，依形状特征更名扁担胡同 |
| 通榆大街<br>Tōngyú Dàjiē | 现被运河商务区覆盖 | 位于新华街道北部 | 清代为北京经通州至榆关（山海关）主要交通要道和皇室祭祀东陵必经之地。原南起旧城北门，拱门上方铭刻“通榆”二字，故名 1989 年，原通济桥东移至通惠河口改建，将此街分为南北两段互不通行，故将通惠河以南划归里河沿，而通惠河北岸即成为此街起点 |
| 通州卫胡同<br>Tōngzhōuwèi Hútong | 现被运河商务区覆盖 | 位于新华街道东部 | 明建文四年（1402）燕王朱棣置通州卫于此（卫为明代军队编制，属都司率领，隶五军都督府）。清代形成街巷后，依卫所曾名通州卫。1981 年称通州卫胡同 |

续表 4

| 名　称 | 拆除后建筑 | 位　置 | 地名由来 |
|---|---|---|---|
| 教育会胡同<br>Jiàoyùhuì Hútong | 现被运河商务区覆盖 | 位于新华街道东部 | 明代已形成。因东近土坝（通粮上岸由此运往各仓），明、清两代漕运兴盛时，此地为杀猪卖肉的专业市场，故曾名杀猪胡同。清光绪初年，该地逐渐萧条，依同音改称砂朱胡同。民国初年，因胡同分东西、南北走向两段，故分别称谓，此段为东西段称沙竹胡同。1930 年前后，当时的通县教育科长杨竹轩在此购置私宅一所，觉“沙竹”二字谐杀竹”不吉利，因当时教育会（教师组织）驻此，故更名教育会胡同 |
| 添喜胡同<br>Tiānxǐ Hútong | 现被运河商务区覆盖 | 位于新华街道东部 | 清代已形成。以美好吉语“天喜”之意曾名天喜胡同。1913 年前后，依同音称今名 |
| 靳家胡同<br>Jìnjiā Hútong | 现被运河商务区覆盖 | 位于新华街道东部 | 清代已形成。靳姓大户首居此地，因姓而名清乾隆初年（约 1736 年），又名天恩胡同。其后两名并存。1913 年前后复原名 |
| 牌楼口<br>Páilóukǒu | 现被吉祥园覆盖 | 位于新华街道东部 | 1913 年前后渐成街巷。因街巷南口建有一座牌楼（牌楼已不存），故名 |
| 新德巷<br>Xīndé xiàng | 现被运河商务区覆盖 | 位于新华街道东部 | 清代以前此地本属东海子一部分，1930 年前后，为了对城内分散各处的妓女便于管理，在该地统一建房，督令东海子、西海子、城隍庙等偏僻处妓女迁此，形成街巷。当时的教育科长杨竹轩以“校书”（妓女的雅称）命名为校书里。1981 年因此名寓意不健康，以树立新的道德观念之意更名新德巷 |
| 静安寺胡同<br>Jìng'ānsì Hútong | 现被运河商务区覆盖 | 位于新华街道东部 | 金大定十三年（1173）建静安寺于此。明代在寺的前后形成两条街巷，此巷位于北，故曾名静安寺后胡同。1913 年前后，静安寺前胡同依形状更名为扁担胡同，此巷改称静安寺胡同 |
| 磁器胡同<br>Cíqì Hútong | 现被运河商务区覆盖 | 位于新华街道东部 | 清代已形成。因此地位于旧城东门内，商业繁荣，来自各地的瓷器多集于此，形成交易市场，故名 |
| 北苑<br>BěiYuàn<br>（本地读 Běiyuán） |  | 位于北苑街道西北部 | 清代此地为菜园，有看园之人居此。后于菜园南北形成两个很小聚落，此处位于北，故曾名北菜园（南菜园已不存）。1949 年前后依同音改称今名 |
| 小园<br>Xiǎoyuán | 已建成南小园小区、北小园小区 | 位于中仓街道中部 | 该地明、清时为一片小菜园。1913 年前后渐有人居此，以种菜为业，形成街巷后，故名 |

## 1994 年、1997 年通州区（通县）注销街巷胡同地名一览表

表 5

| 名　称 | 注销原因 | 注销时间 |
| --- | --- | --- |
| 大烧酒胡同<br>Dàshāojiǔ Hútong | 建设中仓小区 | 1994 年 3 月 1 日 |
| 中烧酒胡同<br>Zhōngshāojiǔ Hútong | 建设中仓小区 | 1994 年 3 月 1 日 |
| 小烧酒胡同<br>Xiǎoshāojiǔ Hútong | 建设中仓小区 | 1994 年 3 月 1 日 |
| 中仓胡同<br>Zhōngcāng Hútong | 建设中仓小区 | 1994 年 3 月 1 日 |
| 华严寺胡同<br>Huàyánsì Hútong | 建设中仓小区 | 1994 年 3 月 1 日 |
| 倪家胡同<br>Níjiā Hútong | 建设中仓小区 | 1994 年 3 月 1 日 |
| 弥陀庵<br>Mítuó'ān | 建设中仓小区 | 1994 年 3 月 1 日 |
| 东麦芋胡同<br>Dōngmàiyú Hútong | 建设中仓小区 | 1994 年 3 月 1 日 |
| 西麦芋胡同<br>Xīmàiyú Hútong | 建设中仓小区 | 1994 年 3 月 1 日 |
| 神路街<br>Shénlù Jiē | 建设中仓小区 | 1994 年 3 月 1 日 |
| 前板井<br>Qiánbǎnjǐng | 建设中仓小区 | 1994 年 3 月 1 日 |
| 后板井<br>Hòubǎnjǐng | 建设中仓小区 | 1994 年 3 月 1 日 |
| 大石板胡同<br>Dàshíbǎn Hútong | 建设吉祥如意小区 | 1997 年 1 月 1 日 |
| 小石板胡同<br>Xiǎoshíbǎn Hútong | 建设吉祥如意小区 | 1997 年 1 月 1 日 |
| 大关庙胡同<br>Dàguānmiào Hútong | 建设吉祥如意小区 | 1997 年 1 月 1 日 |
| 北史家胡同<br>Běishǐjiā Hútong | 建设吉祥如意小区 | 1997 年 1 月 1 日 |
| 出师营<br>Chūshīyíng | 建设吉祥如意小区 | 1997 年 1 月 1 日 |
| 白马关帝庙<br>Báimǎ Guāndìmiào | 建设吉祥如意小区 | 1997 年 1 月 1 日 |

续表 5

| 名 称 | 注销原因 | 注销时间 |
|---|---|---|
| 西五道庙胡同<br>Xīwǔdàomiào Hútong | 建设吉祥如意小区 | 1997 年 1 月 1 日 |
| 沟沿胡同<br>Gōuyàn Hútong | 建设吉祥如意小区 | 1997 年 1 月 1 日 |
| 神武卫胡同<br>Shénwǔwèi Hútong | 建设吉祥如意小区 | 1997 年 1 月 1 日 |
| 堂子胡同<br>Tángzi Hútong | 建设吉祥如意小区 | 1997 年 1 月 1 日 |
| 蔡家胡同<br>Càijiā Hútong | 建设吉祥如意小区 | 1997 年 1 月 1 日 |
| 监斋庙<br>Jiānzhāimiào | 建设吉祥如意小区 | 1997 年 1 月 1 日 |
| 教子胡同<br>Jiàozi Hútong | 建设吉祥如意小区 | 1997 年 1 月 1 日 |
| 如意胡同<br>Rúyì Hútong | 建设吉祥如意小区 | 1997 年 1 月 1 日 |
| 吉祥胡同<br>Jíxiáng Hútong | 建设吉祥如意小区 | 1997 年 1 月 1 日 |

# 第四节　铁　路

## 京秦铁路
Jīngqín TiěLù

位于北京市和河北省东部。因起于北京，止于秦皇岛，故名。西起北京市双桥站，接北京至大同的电气化铁路，东经通州区、三河市、蓟县、玉田县、丰润县至秦皇岛，连接京沈铁路，全长281千米。通州境内长18千米，设有通州站。清光绪二十七年（1901），修筑自北京正阳门至通州北运河西岸铁路，始称京通铁路，长24.7千米。沿途设双桥、通州南、通州东三站，以济通州小圣庙发电厂和中央铁路农场运输之用。1972年京通铁路向东延伸至河北省滦县坨子头，1975年建成通车，名通坨铁路，为单线，全长213千米。1981年9月建复线并延长至秦皇岛，1985年12月全线电气化铁路开通正式运营。京秦铁路是国家六五期间重点建设工程，设有计算机控制系统，是中国第一条引进成套供电设备的电气化铁路，为晋煤外运的主要通道。

## 京承铁路
Jīngchéng TiěLù

位于北京市与河北省东北部。因起于北京，止于承德，故名。西起北京站，沟通京（北京）广（广州）、京（北京）沪（上海）、京（北京）原（太原）、京（北京）包（包头）等铁路干线；东北经通州、顺义、怀柔、密云至河北省承德市，在上板城与锦（锦州）承（承德）铁路相连，全长166.9千米。通州境内长14.5千米，设有通州西站。1937年10月，由日本控制的满铁北支事务局营筑，起自北京双桥经通州至古北口，为单线铁路，1938年5月全线通车，时称京古铁路，长146.1千米；接着又修筑古北口至承德段，改称京承铁路，全长256千米。在抗日战争后期和解放战争期间，怀柔至承德段被毁而拆除，实际营运时间很短。1955年9月选线重筑京承铁路，将密云以北路段改经兴隆至承德，全线缩短至166.9千米，1959年9月建成通车。1978年投资6104万元，增建双桥至怀柔复线，1984年4月竣工，并先后在京塘等公路交会处修建3座铁路、公路立交桥，使该路达到1级铁路标准，为北京市通往河北省东北部和东北各地的主要铁路运输干线。

# 第五节　地　铁

## 地铁八通线
Dìtiě Bātōngxiàn

位于通州区北部，途经北苑街道、梨园镇。因其线路全程连接八王坟与通州，故名。起于朝阳区四惠站，止于通州区土桥站，长17.2千米，全线均为地面和高架线路，设站13座。通州段长6.2千米，设通州北苑站、果园站、九棵树站、梨园站、临河里站、土桥站，并在土桥站设置车辆段。2001年12月始建，2003年12月28日开通运营。

## 地铁6号线
Dìtiě 6 hàoxiàn

位于通州区北部，途经永顺镇、新华街道、中仓街道、潞城镇。因其是序列为6的地铁线路，故名。通州段属二期工程，起于物资学院路站，止于潞城站，长12.7千米，设站8座，均为地下车站。通州境内设物资学院路站、通州北关站、通运门站（暂缓开通）、北运河西站、北运河东站（暂缓开通）、东夏园站、郝家府站、潞城站。2007年12月8日一期开工建设，2012年12月30日开通运营。2011年2月28日二期开工建设，2014年12月28日开通运营。

## 地铁亦庄线
Dìtiě Yìzhuāngxiàn

位于通州区西部，途经马驹桥镇。因通过亦庄地区，故名。起于宋家庄，止于次渠，长23.3千米，设站14座，其中地下车站4座，高架车站8座。通州境内设次渠站、次渠南站、亦庄火车站（暂缓开通）。2008年始建，2010年12月28日开通运营。

# 第六节　车　站

## 一、火车站

### 通州站
Tōngzhōu Zhàn

位于中仓街道南部，车站路南端，京秦铁路所经处。为京秦铁路三等客货中间站。清光绪二十七年（1901）修筑京通铁路时始建，时称通州南站。1940 年改称通州站。1972 年修筑通坨铁路，将京通铁路延长至河北省坨子头，该站地位和作用大为增强，因系通县最重要的铁路客货运输站，故更名通县站。1997 年撤县设区，通县站改称通州站。车站最早为京通铁路的终点，时仅有 100 米土站台，2 股线，以磁石电话、拍发电报管理列车运行。新中国建立后，屡经扩建，1984 年车站全面改建，占地面积 11 万平方米，拥有 3 个停车场，23 条股道，总长 1.1 万余米。货运楼 1 座 527 平方米；旅客候车室 1 座 480 平方米；设有 4 个站台、2 个货场（东、西场），货场站台 1600 平方米，货场 6200 平方米，库房 3 座。列车运行以 6502 型大站电气集中装置，自动控制复线色灯信号闭塞。是通州西连京广、京沪、京包，东连京哈铁路客货运输的重要车站。

### 通州西站
Tōngzhōu Xīzhàn

位于通州区北苑街道西部，五里店西路 7 号，京承铁路所经处。为京承铁路三等客货中间站。因位于通州西部，故名。曾名新通州站、西站、通县西站、通县西车务段。1997 年撤县设区，改称通州西站。1937 年由日伪“满铁会社”承修，因系新建车站，故曾名新通州站；由于地处县城之西，又称西站。初建时仅 3 股车道，土站台。《通县志要》载：“1940 年除军用列车外，每天仅开行 1 对混合列车。”沿线各站乘车旅客日均 50 人至 80 人。1955 年择线重建京承铁路时，改称通县西站。1971 年 9 月在此建立通县西中心站，1973 年 7 月改称通县西车务段。1984 年复线建成后，行车线增至 7 条，计长 5.6 千米。货物线 4 条，硬面货场 1.98 万平方米。设有风雨棚 1 座 700 平方米；库房 2 座 495 平方米；货物站台 4 个，装卸龙门吊 1 台；客运站台 2 个，旅客候车室 1 座 420 平方米。占地面积 54.25 万平方米，总建筑面积 1.31 万平方米。车站信号联闭设备为半自动闭塞 8505 型色灯电锁器联锁装置。

## 二、公交场站

### 927 路公交场站
927 Lù Gōngjiāo Chǎngzhàn

位于于家务回族乡南部。因其为 927 路公交车驻车站，故名。2002 年 11 月建成投入运营。占地面积 17816 平方米。主要运营 927 路 1 条线路。属北京市公交集团第五客运分公司。

### 后伏公交场站
Hòufú Gōngjiāo Chǎngzhàn

位于于家务回族乡西部。因位于后伏，故名。2014 年 6 月建成投入运营。建筑面积

2376.6 平方米，主要运营 2 条线路，10 路、15 路。属北京恒基客运有限公司。

## 647 路公交总站
647 Lù Gōngjiāo Zǒngzhàn

位于梨园镇南部。因其具有 647 路终点站及 647 路公交停靠管理的功能，故名。2002 年 12 月建成投入运营。占地面积 8700 平方米。主要运营 647 路 1 条线路。属北京市公交集团第二客运分公司。

## 周坡庄总站
Zhōupōzhuāng Zǒngzhàn

位于台湖镇西部。因位于周坡庄，为公交总站，故名。2014 年 8 月建成投入运营。车站占地面积 400 平方米，主要运营通 12 路、通 68 路 2 条线路。属北京恒基客运有限公司。

## 尹家河客运站
Yǐnjiāhé Kèyùnzhàn

位于通州区东部。因驻尹家河村，故名。2005 年 9 月建成投入运营。车站占地面积 4853 平方米，运营通 13 路 1 条线路。属北京恒基客运有限公司。

## 辛集公交场站
Xīnjí Gōngjiāo Chǎngzhàn

位于西集镇南部。因位于辛集，故名。2004 年 7 月建成投入运营。车站占地面积 14440 平方米，主要运营 804 路、通 17 路 2 条线路。属北京市公交集团第五客运分公司。

# 三、地铁站

## 通州北苑站
Tōngzhōu Běiyuàn Zhàn

位于通州区西部，北苑街道西部。地铁八通线所设站点。因地处通州区北苑地区，故名。2001 年 12 月始建，2003 年 12 月建成。车站为侧式站台，建筑结构为高架式，车站类型为中间站。

## 果园站
Guǒyuán Zhàn

位于永顺镇南部。地铁八通线所设站点。因位于果园，故名。2001 年 12 月始建，2003 年 12 月建成。车站为侧式站台，建筑结构为高架式，车站类型为中间站。

## 九棵树站
Jiǔkēshù Zhàn

位于梨园镇北部。地铁八通线所设站点。因位于九棵树，故名。2001 年 12 月始建，2003 年 12 月建成。车站为侧式站台，建筑结构为高架式，车站类型为中间站。

## 临河里站
Línhélǐ Zhàn

位于梨园镇东部。地铁八通线所设站点。此地唐代名潞城乡临河里，元通惠河故道经此，地名规划中将此地更名为临河里，故名。2001 年 12 月始建，2003 年 12 月建成。车站为侧式站台，建筑结构为高架式，车站类型为中间站。

## 梨园站
Líyuán Zhàn

位于梨园镇北部。地铁八通线所设站点。因位于梨园，故名。2001 年 12 月始建，2003 年 12 月建成。车站为侧式站台，建筑结构为高架式，车站类型为中间站。

## 土桥站
Tǔqiáo Zhàn

位于梨园镇东部。地铁八通线所设站点。因该站位于土桥，故名。2001 年 12 月始建，2003 年 12 月建成。车站为侧式站台，建筑结构为地面式，车站类型为终点站。

## 物资学院路站
Wùzī Xuéyuànlù Zhàn

位于永顺镇西北部。地铁 6 号线所设站点。因位于物资学院路，故名。2014 年 12 月 28 日开通运营。车站为侧式站台，车站类型为中间站。

## 通州北关站
Tōngzhōu Běiguān Zhàn

位于新华街道北部。地铁 6 号线所设站点。因位于通州北关，故名。2014 年 12 月 28 日开通运营。车站为侧式站台，车站类型为始发站中间站。

## 北运河西站
BěiyùnhéXī zhàn

位于中仓街道东部。地铁 6 号线所设站点。因历史上将京杭大运河京津段称为北运河，考虑中国大运河世界文化遗产保护申遗成功成果，以及大运河北京段周边轨道交通设站的现实性，将该站站名确定为北运河西站，并与拟确定的北运河东站相呼应。规划建设时期曾称玉带河大街站。2014 年 12 月 28 日开通运营。车站建筑结构为上下两层，地下一层为站厅层，地下二层为站台层，为岛式站台设计。

## 东夏园站
Dōngxiàyuán Zhàn

位于潞城镇北部。地铁 6 号线所设站点。因临近东夏园村而得名。2013 年始建，2014 年 12 月 28 日建成开通运营。地铁站为岛式站台，设建筑结构为上下两层，地下一层为站厅层，地下二层为站台层，车站类型为中间站。

## 郝家府站
Hǎojiāfǔ Zhàn

位于潞城镇北部。地铁 6 号线所设站点。因临近郝家府村而得名。2013 年始建，2014 年 12 月 28 日建成开通运营。地铁站为岛式站台，建筑结构为地下二层车站，车站类型为中间站。郝家府村为通州的古村之一，北京市行政副中心办公区位于此地。

## 潞城站
Lùchéng Zhàn

位于潞城镇北部。地铁 6 号线所设站点。曾命名东小营站。因地铁站位于通州潞城镇而得名。2014 年 10 月始建，2014 年 12 月 28 日建成开通运营。地铁站为岛式站台，建筑结构为地下二层车站，为地铁 6 号线东端终点站。

### 次渠站
Cìqú Zhàn

位于台湖镇西南部。地铁亦庄线所设站点。2007 年 12 月始建，2010 年 12 月建成。地铁站为岛式站台，建筑结构为上下两层，地下一层为站厅层，地下二层为站台层，车站类型为中间站。

### 次渠南站
Cìqúnán Zhàn

位于台湖镇西南部。地铁亦庄线所设站点。2007 年 12 月始建，2010 年 12 月建成。地铁站为岛式站台，建筑结构为上下两层，地下一层为站厅层，地下二层为站台层，车站类型为中间站。

## 第七节　桥　梁

### 温榆河桥
Wēnyúhé Qiáo

位于永顺镇北部。在通顺路上，横跨温榆河。因温榆河而名。最大载重量 30 吨，长 219 米，宽 44.8 米，高 6.5 米，最大跨度 24 米。1976 年建成，2007 年扩建。

### 北运河大桥
Běiyùnhé Dàqiáo

位于永顺镇东南部。在宋梁路上，跨北运河。因位于北运河，故名。最大载重量 40 吨，长 660.3 米，宽 30 米，最大跨度 60 米。1980 年始建，2006 年重建。

### 邓家窑桥
Dèngjiāyáo Qiáo

位于永顺镇北部。在朝阳北路上，横跨温榆河。因位于邓家窑，故名。最大载重量 14 吨，长 311 米，宽 50 米，高 4.5 米，最大跨度 93.5 米。桥梁采用中承式提篮拱结构。2009 年 9 月建成。

### 温榆河大桥
Wēnyúhé Dàqiáo

位于永顺镇北部。在潞苑北大街上，横跨温榆河。因位于温榆河，故名。最大载重量 55 吨，长 420 米，宽 40 米，桥塔高 75 米，最大跨度 180 米。桥梁结构主跨为钢梁、边跨为钢筋混凝土混合箱梁的有背索独塔双索面斜拉桥。1939 年始建木桥。1975 年重建为钢混结构大型永久性桥梁。2009 年再次重建，2010 年 12 月建成。

### 凉水河桥
Liángshuǐhé Qiáo

位于台湖镇南部。在九周路上，跨凉水河。因位于凉水河上，故名。最大载重量 20 吨，长 132.1 米，宽 19 米，高 10 米，最大跨度 25 米。2009 年建成。

### 凉水河大桥
Liángshuǐhé Dàqiáo

位于台湖镇北部。在京津唐高速路上，横跨凉水河。因位于凉水河，故名。最大载重量 40 吨，长 160 米，宽 22 米。1999 年 12

月建，2009年10月重建。

## 北运河桥
Běiyùnhé Qiáo

位于西集镇西部。在通香路上，横跨北运河。因位于通香路，跨越北运河，故名。最大载重量40吨，长337米，宽26.5米，最大跨度30米。1967年始建，1999年重建。

## 杨洼闸桥
Yángwā Zháqiáo

位于西集镇东部。在纪西路上，横跨大运河。因该桥位于杨家洼，设有水闸，故名。最大载重量55吨，长196米，宽9.8米，高6米，最大跨度9.15米。1980年建成。

## 牛牧屯桥
Niúmùtún Qiáo

位于西集镇东部。在通香路上，横跨牛牧屯引河。因临近牛牧屯，依村得名。最大载重量55吨，长105米，宽23.4米，高4米，最大跨度96米。1973年建成。

## 榆林庄桥
Yúlínzhuāng Qiáo

位于漷县镇西北部。在京塘线路上，横跨凉水河。因位于榆林庄，故名。最大载重量55吨，长131米，宽24米，最大跨度25米。1980年建成，2007年10月重建。

## X002北运河大桥
X002běiyùnhé Dàqiáo

位于漷县镇北部。在胡郎路上，横跨北运河。因位于北运河，故名。最大载重量55吨，长447米，宽13米，高5米，最大跨度70米。

## 小靛路凉水河桥
Xiǎodiànlù Liángshuǐhé Qiáo

位于漷县镇北部。在小靛路上，横跨凉水河。因位于小靛路，横跨凉水河，故名。最大载重量15吨，长160米，宽8米，最大跨度90.2米。1995年12月建成。

## 甘棠大桥
Gāntáng Dàqiáo

位于张家湾镇东部。在武兴路上，横跨北运河。因毗邻大甘棠村和小甘棠村，故名。为三柱式薄腹T型梁结构，最大载重量20吨，长260米，宽16米，最大跨度20米，共13孔。1980年12月10日建成通车，2000年重建。

## 尹各庄桥
Yǐngèzhuāng Qiáo

位于宋庄镇西部。在徐尹路上，横跨温榆河。因位于尹各庄，故名。最大载重量55吨，长315米，宽41.6米，最大跨度35米。1980年12月建成。

## 东关大桥
Dōngguān Dàqiáo

位于中仓街道东北部，通胡路所经的北运河上。因位于通州东关，故名。长330米，宽40米，最大跨度70米，最大载重60吨。历史上此地曾为渡口，史称罗家口，东部各地出入通州城均经此渡口。1967年为改善东部地区交通，在此建成9孔钢混结构桥梁一座，全长135.4米，宽8米，高9米。1989年10月至1990年6月拆旧建新。新桥结构下为33根灌柱桩支撑，上为T梁，共10孔，桥长

150.4 米，桥宽 17.6 米，车行道宽 15 米，两侧行人道各宽 1.3 米，为钢混结构麦浪形桥栏。1999 年 8 月至 11 月，因滨河路加宽，河道东移，对东关大桥进行改造，原桥右岸拆除 2 孔，改建为 1 孔，左岸向东扩建 3 孔，改建后为 11 孔，全长 165 米，宽 17.6 米，结构与原桥相同。2005 年 12 月至 2006 年 11 月大桥再次改建，成现状。

## 玉带河大桥
Yùdàihé Dàqiáo

位于通州区中仓街道东部。在玉带河东街上，横跨北运河。因位于玉带河大街上，故名。最大载重 60 吨，长 324 米，宽 27 米。2007 年建成。

## 潮白河大桥
Cháobáihé Dàqiáo

位于宋庄镇东部，通燕高速所经的潮白河上。为交通部“七五”计划期间重点改建项目、京哈公路配套工程。1988 年 10 月 31 日动工修建，1990 年 9 月 20 日主线通车。桥长 405.9 米，宽 25 米；上部主梁为预应力钢筋混凝土梁，跨径 44.3 米，梁长 44 米，共 9 孔。该桥按百年一遇洪水设计，抗震烈度为 8 度。为京哈公路重要交通孔道。

## 友谊大桥
Yǒuyì Dàqiáo

位于潞城镇东南部，武兴路终点，兴各庄东侧潮白河上。为便利通州与大厂回族自治县之间交通运输，两地共同兴建，故名。为钢筋混凝土结构，上部为 T 梁，下部为灌注桩，共 29 孔，孔径 15 米。桥长 436.2 米，桥面净宽 7 米，两侧人行道各宽 1.3 米。设计洪水为百年一遇，水位 22.2 米；抗地震烈度为 8 度，适当考虑 9 度抗震设计措施。1989 年建成。2007 年 12 月 10 日至 2008 年 12 月，对大桥进行改建。

## 北苑桥
Běiyuàn Qiáo

位于通州区北苑街道境内。西起京通快速路，经京承铁路、杨庄路向南与京津公路相接，向东与新华西街相接，全长约 1.8 千米。由主线桥与两条定向匝道桥组成。主线桥上跨京承铁路，在北苑北路西侧与地面接平，连接新华西街，宽 33.5 米，长 584.9 米，为双向四车道。匝道桥上跨京承铁路、新华西街后与京津公路相接，匝道横断面设置为双车道，全宽 9.5 米，路面宽 8 米；两条定向匝道在南侧京津公路合流段为双向四车道，横断面全宽 19 米，两匝道桥分别长 670.3 米和 689.5 米。2005 年 11 月高架桥主路及匝道桥全线临时通车，2006 年 6 月工程全部竣工。

## 通州北关桥
Tōngzhōu Běiguān Qiáo

位于通州区永顺镇境内，在通燕高速路上，横跨新华北路。因在通州北关，故名。西起京通快速路西马庄收费站以东，东至北运河西滨河路大桥以西。桥长 1.6 千米，总宽 27.5 米，桥横断面布置为两幅路，中央隔离带宽 2 米，两侧主路各宽 12 米。道路行车速度 80 ～ 100 千米 / 小时。桥下为京榆旧线的一段，沿线与物资学院路、通惠北路、通顺路相交。2007 年建成。

# 第八节 环 岛

## 果园环岛
Guǒyuán Huándǎo

位于新华南路、运河西大街、京塘公路与通马路交会处。因临果园村，故名。1989 年 11 月 15 日建成。岛为椭圆形，占地面积 4.43 万平方米，东西直径 205 米，南北直径 105 米。机动车道宽 20 米，非机动车道宽 7 米，中设隔离带 2 米，人行步道宽 4 米。

# 第五章 文物古迹 景区

通州历史悠久，自新石器时代始有人类活动。辽、金、元、明、清建都北京，通州成为京师屏障、漕运枢纽、水陆都会。虽历经沧桑，至今仍留下众多文物古迹，有京杭大运河通州段，有近代学校建筑群，还有古塔、古桥、古寺庙等，其中很多成为通州重要地名。近年来，随着人们生活水平的提高和文化旅游事业的发展，全区建设了一批旅游景区，也成为重要地名。

## 第一节 文物古迹

### 京杭大运河通州段
Jīnghángdàyùnhé Tōngzhōuduàn

北起永顺镇范庄村南、温榆河与小中河二水会流处，途经永顺镇、潞城镇、张家湾镇、漷县镇，至西集镇牛牧屯村，全长42千米。该河段秦时称沽水，汉代称潞水，唐代称潞河，元代称白河，清代称北运河。秦至南北朝时期以此自然河流漕运，金天德三年（1151）进行修治始成运河，直至清光绪二十七年（1901）停漕。

元、明、清时期，京杭大运河是沟通南北的漕运通道。通州段地处大运河北端，特殊的地理位置，使通州成为“水陆之要会”“畿辅之噤喉”。

漕运事关国家之安危。为保障漕运，明清时期朝廷于张家湾设通济库公署，清设粮运通判、都司及驿站等诸官署。明正统年间，建通济仓，以储存漕粮。隶属通州坐粮厅，由户部仓场总署派员管理。在通州户部设坐粮厅，工部设分司，督察院设监察御史，兵部设五卫兵马，且有仓场侍郎于此都领漕运。

元至元十九年（1282）张家湾始为漕运终点，明嘉靖七年（1528）后北移至通州，并在两处先后形成两个码头群，成为拱卫京师的重要桥头堡和货物集散地。漕运期间，每年有大量漕粮和品类繁多的物资，需经运河运抵张家湾或通州，然后再经陆路、水路运至北京。为此，该河段内曾营建了一批为漕运服务的重要漕运设施。如张家湾的上码头（漕粮卸载区）、中码头（物资卸载区）和下码头（民用商货集散区）3个码头群，以及砖厂、皇木厂、花板石厂和上下盐厂等。又如通州的石坝剥运码头和土坝漕储码头，大运西仓、大运中仓、大运东仓、大运南仓等仓群，皇家专用的黄船坞、检验漕粮的大光楼、潞河驿与黄亭子、民用码头以及因漕运而建的会馆寺庙等。至今，这些设施中除为数不多的漕运遗址遗迹尚存外，还遗有沉船、铁锚、皇木、张家湾盐引批验所的石权、军粮经纪密符扇等历史文物，成为漕运文化的重要遗存。

2006年，京杭大运河被公布为全国重点文物保护单位，作为京杭大运河的重要一段——通州段在历史上占据着十分重要的位置，具有深刻的运河文化内涵。2014年，举世闻名的中国大运河申遗成功，成为北京第七处世界文化遗产和国家的重要文化符号。

## 张家湾城遗址
## Zhāngjiāwānchéng Yízhǐ

位于通州区张家湾镇张湾村旧址南口。占地面积3520平方米。辽元时期，萧太后运粮河与通惠河的开凿，使该地成为大运河北端的重要漕运码头和水陆要冲。明嘉靖四十三年（1564），为保护漕运和拱卫京师而抢筑张家湾城。工程于当年农历二月二十日动工，五月告成，历时3个月。由顺天府丞郭汝霖、通判欧阳昱督修。以诸官赎罪款和士子、庶民捐助款为经费，搜集官家营建所余木材、砖瓦和废弃桥、闸石料，发动驻通军士及富裕商人、农民修筑。

原城墙周长“九百五丈有奇，厚一丈一尺，高视厚加一丈，内外皆甃以砖”。东以潞河、元通惠河，南以萧太后河为护城河，西北挖壕为城池。城不方正，随河就势，惟北墙稍直，余均有弯曲。四面各建城门楼一座，互不直对，于东垣西折处辟便门一，又建水关3处。后于万历三十三年（1605）和四十年（1612）、崇祯四年（1631）分别进行了重修。清代也曾“间有重修”，但无记载。清嘉庆七年（1802）北运河改道，张家湾码头废弃，此城日渐衰落。至光绪九年（1883）城墙已多圮但城楼尚固，启闭如旧。1937年卢沟桥事变后，日军强占此城，并开始拆城墙建炮楼。1945年国民党军队据此，将所余城楼全部拆毁。1958年后，生产队拆城墙砖出卖创收。二十世纪六七十年代，城墙夯土被全部挖用一空。至1992年，所余城墙西段长约200米，只剩内甃砖壁，残高1至3米不等，东段长约120米，其中近南门一段仅20米。是年3月至5月间对南门左右城墙按原貌进行重修。1995年9月与通运桥一起被公布为北京市文物保护单位。2007年，南门城楼按原样重修门洞、城台。2013年合并到京杭大运河，升级为全国重点重点文物保护单位。

## 通运桥
## Tōngyùn Qiáo

位于通州区张家湾镇张家湾城遗址南门外萧太后河上。该桥原为板桥，因位于城南门外也称南门板桥。后因此桥南为大运河码头，大量货物运送悉经于此，桥不堪重负，时圮时修。于是在万历三十三年（1605）改建为石桥。（清康熙《通州志》载：“通运桥，在张家湾城南，旧名南门板桥。岁久，板腐人畜多伤，明万历三十三年太监张华题请改建石桥，建福德、文昌祠以镇之，费数万金。”）石桥竣工后，神宗赐名“通运”，故名。

是桥南北向，为三券平面石桥，全长38米，宽10米。桥身由花岗岩石块砌成，中券弦长9米，内嵌碑记两块；侧券弦长7米，外与雁翅连接。雁翅与分水尖等高，各嵌砌圆雕镇水兽一只。桥面为艾叶青条石横铺，两侧护以青砂岩石栏，各有狮子望柱18根，两面浮雕宝瓶栏板19块，瓶纹有别。桥每端东西两侧石砌平台。桥北端偏西为张家湾古城南门，桥与城门间曾并立两通南向石碑，一为敕建福德庙记碑，一为敕建通运桥记碑。清咸丰元年（1851），通州绅士丁鹤皋捐资重修桥面。咸丰十年（1860）八月和光绪二十六年（1900），英法联军和八国联军分别对此桥进行践踏，损毁严重。1953年，因张家湾村南口内设置粮库，开始有大型运粮卡车通过。1965年，桥面铺盖沥青。之后，有人将两侧护栏作为磨刀石用，桥面堆积柴草，部分栏板被推至河内，戗栏兽被砸或他移，两端堆满生活垃圾。2002年，北京“人文奥运”工程开始，张家湾古城文化景观包括通运桥被列入通州运河文化景区之中，遂由北京市文物局拨款近百万元对此桥进行修缮，2003年竣工。1959年被公布为通县（今通州区）文物保护单位。1995年9月被公布为北京市文物保护单位。2013年合并到京杭大运河，升级为全国重点文物保护单位。

## 卫氏楼
## Wèishì Lóu

位于潞河中学校内（新华南路135号）中部偏北。始建于清光绪十一年（1885），二十六年（1900）义和团运动中被焚毁。光绪二十八年（1902）美国牧师谢卫楼、都春圃用庚子通州赔款在今址重建。根据英文“William Hall”译音即美国传教士汉姓命名。

是楼南向，建筑面积2240平方米。整体建筑平面似汉字篆书宝盖部首，高两层。其正中设前后门，东西错置，高阔于两侧，置楼梯于此；两端平面多角，东西呼应。原坡顶为红色铁板瓦，“人”字梁，1976年唐山地震后，将坡顶改为圈梁楼板。顶四围作西方古城堡式，结合中国城墙特点，设有女墙垛口，檐处密砌连弧小券，各角均悬砌叠涩倒立圆锥式垂柱，融合中西方建筑风格，并以反映美国折衷主义建筑为特色。下层前设砖券走廊，上层前为砖券及砖砌护栏。嵌垛墙玻璃门窗，内挂联板窗联，透光而遮阳。楼前东西并列古槐2株，胸径两抱，西株主干顶部生构树1株，俗称怀抱构。1948年改称人民楼。2007年，潞河中学140年校庆时，复称卫氏楼。2013年，该楼作为潞河中学原教学楼，被冠以通州近代学校建筑群之名和属于近现代重要史迹及代表性建筑类，公布为国家级文物保护单位。

## 谢氏楼
## Xièshì Lóu

位于潞河中学校内（新华南路135号）。为庚子通州赔款所建，光绪二十九年（1903）竣工。根据英文Sheffield Hall译音即美国传教士汉姓命名。

是楼占地面积538.10平方米，建筑面积1076.20平方米。中部耸起，建筑平面呈“十”字形，南端突兀高起，顶层悬挂西式铜钟1口，司时传令，四壁设券式立窗，顶砌圆孔传声。下层中间为南北通道，东西为楼道，顶、窗均与卫氏楼相同。1976年唐山地震波及受损严重，1987年按原样翻建。建筑形制属近代美国折衷主义风格，部分结构带有中国传统建筑特色。1948年改名为红楼。2007年潞河中学140年校庆时复称谢氏楼。2013年，该楼作为潞河中学原教学楼，被冠以通州近代学校建筑群之名和属于近现代重要史迹及代表性建筑类，公布为国家级文物保护单位。

## 文氏楼
## Wénshì Lóu

位于潞河中学校内（新华南路135号）。1922年，由纽约文氏遗产捐建。根据英文“Wanner Hall”译音，故名。

是楼主体建筑2层，高度6.50米。占地面积480.21平方米，建筑面积960.42平方米。无廊，有地下室，其余基本与卫氏楼相同。建筑形制属近代美国折衷主义风格，部分结构带有中国传统建筑特色。1948年改名为解放楼。2007年，潞河中学140年校庆时复称文氏楼。2013年，该楼作为潞河中学原教学楼，被冠以通州近代学校建筑群之名和属于近现代重要史迹及代表性建筑类，公布为国家级文物保护单位。

## 潞友楼
## Lùyǒu Lóu

位于潞河中学校内（新华南路135号）。始建于1935年。因该楼为孔祥熙等潞河中学校友捐资所建，故名。

是楼占地面积388.72平方米，建筑面积1166.16平方米。主体3层，高9米，与文氏楼对称，形制相同。檐部遗有洋风，门窗无拱形券。门上第2、3层间额处嵌砌汉白玉一块，上横刻“潞友楼”3个楷书大字，东北角檐下亦嵌砌白石一，上横刻“1935”字样。建有地下室。建筑形制属近代美国折衷主义风格，部分结构带有中国传统建筑特色。现为潞河中学校史馆。2013年，该楼作为潞河中学原教学楼，被冠以通州近代学校建筑群之名和属于近现代重要史迹及代表性建筑类，公布为全国重点文物保护单位。

## 北京护校洋楼
## Běijīng Hùxiào Yánglóu

位于北京护校校内（玉带河西街24号）。有洋楼4座，两座为清光绪二十七年（1901）美国传教士用庚子赔款所建教士楼；两座为1922年美国传教士创办护理学校所建办公楼。因均为洋楼，故名。

是楼占地面积3108平方米。西洋风格，两层楼，平面布局多角，砖壁方券玻璃门窗，四檐挑出，设挂檐板，楼顶起脊多变，覆机平瓦；内部办公室设计自由，木楼板；偏东另有原储物平房一座，平面多角，坡顶瓦石板，有地下室，方砖券木窗，两层台基为陡砌条砖圆肩，方形雨水管道十分精致。院中白皮松列植，古藤攀架。2013年，4座洋楼被冠以通州近代学校建筑群之名和属于近现代重要史迹及代表性建筑类，公布为国家级文物保护单位。

## 原富育女校教士楼和百友楼
## Yuán Fùyùnǚxiào Jiàoshì Lóu Hé Bǎiyǒu Lóu

位于通州区第二中学校内（玉带河西街28号）。清光绪三十年（1904），美国传教士利用庚子赔款在此地建“女童蒙馆”，次年易名“富育女子学校”（简称“富育女校”），并建教士楼。1929年由该校毕业生捐资建百友楼。

是楼占地面积1036.91平方米。面东，平面基本正方形，两层，有地下室。中西结合式建筑风格。坡顶悬山，正面出廊，红色铁垄瓦。山面为正面设砖券木门，四壁设砖券方格玻璃窗。壁顶高低错落。前出垂带式石阶7级。内部设置复杂，有窄木梯上下，梯有护栏。全部木地板。周围柏树若干株，郁郁葱葱。现为第二中学办公楼。百友楼占地面积469.56平方米，建筑面积939.12平方米。为仿清建筑，东向二层楼，面阔9间，进深3间。大式作法。硬山筒瓦调大脊，排山勾滴；飞檐，通天柱，七架梁，木制楼板楼梯，木骨灰顶，券框2抹玻璃窗；台基表石下砖，前门石阶两步，后门如意石阶6级；汉白玉压线石浮雕二龙戏珠；南山前檐台基石横刻楷书“民国十八年1929”，为楼的建筑年代。明间前出抱厦一间二层，悬山筒瓦箍头脊，彻上明造，通天柱4架梁，罗锅椽；全部为苏式彩画。2013年，两座楼被冠以通州近代学校建筑群之名和属于近现代重要史迹及代表性建筑类，公布为国家级文物保护单位。

## 燃灯佛舍利塔
## Rándēngfó Shèlì Tǎ

位于通州区新华街道大成街1号。东临佑胜教寺、紫清宫，南临文庙，西、北临通州城北城垣遗址。南北朝时期，今温榆河、潮白河、高粱河（今通惠河）、小中河、潞水（今北运河）五河在通州城北汇流，经常泛滥成灾，故筑塔镇河而曾称镇河塔。因塔内供奉燃灯佛舍利故名燃灯佛舍利塔。

是塔始建于北周时期，距今已有1400多年历史。唐贞观七年（633）、辽重熙年间（1032—1055）、元大德年间（1297—1307）、明成化二十年（1484）都曾予重修。清康熙九年（1670）重修时，塔座增设砖阶，四围设八角环廊；康熙十八年七月庚申巳时（1679年9月22日上午9—11时），通州、三河发生大地震，塔身圮，发现瓦砾中有数十粒透明的橙红色舍利子与一颗佛牙；康熙三十年（1691），佑胜教寺住持照感开始募捐按原样重建塔身；至康熙三十五年（1696），仅修五层，知州吴存礼始倡议公捐速建，舍利与佛牙复置塔天宫中，越年告竣。同治年间（1862—1874）再予重修。光绪二十六年（1900）八月，八国联军侵占通州，枪击塔上法器，击落塔刹宝镜，掠走风钟千余。二十世纪六七十年代，塔身砖雕全部被毁。1976年唐山大地震将塔刹震歪，莲花砖刹座半圮，塔身微有裂缝。1985年立架勘测绘图。1987年春开始修缮，是年11月2日竣工。是塔占地面积945平方米，为八角形十三层密檐式砖木结构，实心，全高56米，基围38.4米，对面直径11.6米，由须弥座、塔身和塔刹构成。须弥座为辽代建筑，双束腰。下腰正面南嵌砌浮雕行龙、饰重；上腰围设壶门，砖雕佛教故事人物，每面三组；腰角有砖雕披甲力士像与兽头；腰上为砖制斗拱，面平身科两组，双翘九踩，角科一组，同制异形，斗拱之间浮雕莲朵或兽面；斗拱之上为砖雕仿木勾栏，三抹两层，下层为多种几何纹雕饰，上层为望柱浮雕宝瓶，栏板浮雕折枝瓶菊、二龙戏珠等图案；座顶为巨大砖砌复莲瓣若盛开状。正南面中间凹处有井式通道达地宫。塔身13层，收分小似石柱，益显挺拔雄伟，为华北诸塔之冠。基层高，正南面设券洞，有对扇乳钉木门；洞深至塔心，内砌神台，上原有燃灯佛石像，壁有简单墨彩画；角柱、望板、额檩及枋均为砖雕；砖拱与座同，灶门置灰塑佛像；仔角梁悬风钟各两枚；木制椽飞，每椽端挂风钟1枚；筒瓦攒脊，脊置望兽1只与狮子、海马等小兽3只，勾头滴水印朵花或坐龙，脊端置砖雕花鸟盘子；其正东、西、北面皆砖雕乳钉对扇门，其他四面皆砖雕仿木2抹直棂窗，其余均与正南面同。其他12层均较基层矮，无门窗，其余皆同。然第13层正面正中灶门处设透气孔，孔大如条砖横截面，不置灰塑像，以保护塔心柱不锈朽；正南面灶门处立一块条砖，方首方座，额刻“万古流芳”4字，身刻“魏巍宝塔镇潞陵，层层高耸接青云。明明光影河中现，朗朗铃音空里鸣。时赖周唐人建立，大清复整又重新。永保封疆千载古，万姓沾恩享太平”诗一首。碑阴正中纵刻“立碑僧寂玉造”。塔身悬铃2248枚，角者重2斤以上，椽者每枚重1斤左右，多为桥纽直身侈口，间或方纽折肩，平口、连弧口兼具，外壁镌刻善男信女祷语祝词。置神佛像408尊，灰塑者小，描彩；砖制者大，或砖雕或先塑后烧，有立有坐，有顶盔披甲执剑者，有身披袈裟双手合十者等。于第13层西北面接近刹座处，长有一株生长200余年的榆树，径粗17厘米、高3.7米、冠径4.2米，1987年移植于葫芦湖畔，名塔榆。塔刹分两部分，下为砖砌两层八角形须弥座式莲花台，错角而置；台中心纵立一根9米高锻铁塔心柱，加在台内部分方柱体中；底层为上下子母口空心古钱、卷草纹球一个，直径1.7米。球之上为流苏，继而为相轮五环、圆光一、宝珠四，塔尖乃避雷针。燃灯佛舍利塔是运河北端与通州古城的标志，明代所谓通州八景之一的“古塔凌云”即指于此。1979年8月21日作为古建筑，被公布为北京市文物保护单位。2002年被列为北京人文奥运——通州运河文化景区之特色景点。

## 李卓吾墓
## Lǐzhuówú Mù

位于西海子公园内（新华街道西海子西街12号）。东临民居，南至璧湖，西至通州城北垣遗址，北临通惠河故道遗址。占地面积900平方米。因墓主字号而名。

李卓吾名贽，号卓吾，又号宏甫，泉州晋江（今属福建）人，生于明嘉靖六年（1527），死于万历三十年（1602）。明代著名思想家、文学家。其为官清廉善政，著书问孔刺孟。一生著述颇多，代表作有《藏书》《焚书》等。因其反对、批判伪道学，故屡遭当权者政治迫害。万历二十九年（1601），为避难，好友马经纶将其接至通州，次年朝廷以“敢倡乱道、惑世诬民”的罪名，将其逮捕下狱。在狱中其以死抗争，夺剃发刀自刎，3日后而亡。其死后，马经纶遵其遗嘱将其收葬于通州城北马厂村西迎福寺侧，明代著名藏书家、李贽生前友人焦竑题写墓碑。民国初年，墓碑被推倒，断为3截。1926年，将断碑修复重立，并建碑楼加以保护。1953年，将此碑移至新建村中，同时用缸将李卓吾遗骨收敛。当年，在著名学者章乃器、沈雁冰等人的呼吁下，将其墓移至通惠河北畔京榆公路东侧大悲林村。1966年碑楼被拆除。1983年再将其墓迁建于西海子公园内。墓地南向，南北长30米，东西长12米。青砖元宝顶，直径2.25米，高1.5米，内葬李卓吾遗骨。三面环绕十字花墙，花池草带傍墙而设，外植松柏。墓冢前建起庑殿顶筒瓦碑楼，内嵌焦竑题字碑一通。碑为艾叶青石所制，方首方座，身高2.51米，碑阳纵刻楷书“李卓吾先生墓”6个大字，左落款为“秣陵焦竑题”5个小字。碑阴首题“李卓吾先生墓碑序”，乃詹轸光所撰，主要记述李卓吾与马经纶之间深厚友情和立碑经过，序后有詹轸光凭吊诗二首。在碑楼之前立有“一代宗师李卓吾先生墓”碑，碑文为周扬所题；题词碑左后方立有重迁墓碑，碑文为著名书法家欧阳中石所书，与之并列者为1953年初迁墓碑。1959年7月24日，被公布为通州区人民委员会文物保护单位。1984年5月24日，被公布为北京市文物保护单位。

## 通州清真寺
## Tōngzhōu Qīngzhēnsì

位于通州区中仓街道清真寺胡同1号。东临清真寺胡同，南临北二条胡同，西临小楼饭店，北临回民胡同。金元时期，因漕运兴起，大批回民至此定居，以经商、放牧、出卖苦力为生。为满足自身风俗信仰之需求，于元延祐年间在此建朝真寺。明正德十四年（1519）、万历二十一年（1593）重修，易称清真寺。该寺以规模宏大、布局严谨而名京师，为北京市著名清真大寺之一。

清康熙四十七年（1708）增建礼拜殿敞轩两侧入殿过道亭。道光年间（1821—1850）因在寺内增办义学而增建房舍。光绪元年（1875）增修。1931年重修。1933年春，一股日军于运河东岸炮轰县城，炸毁礼拜殿第一、二卷，大火殃及北教长室，之后即修复，并开办清真寺大学。1945年再修。中华人民共和国成立前，曾在寺内开设穆光小学校，教授回民子女。新中国成立后称回民小学，对一些建筑有所拆改。寺前街北口有南向牌楼1座，两柱一楼，殿式作法，悬山筒瓦调大脊，丁头拱带3幅云雀替，三翘七彩斗拱十攒，南面额挂横刻楷书“清真寺”木匾，须弥座式夹杆石2对，木戗柱4根，和玺彩画。寺东向，两进院落跨南北院。正院主体及附属建筑物有砖砌大影壁一堵，大式作法，歇山顶，筒瓦，调大脊，岔角处嵌汉白玉雕云石刻，下部汉白玉须弥座，束腰部浮雕绶带纹，壁心嵌汉白玉雕瓶花。影壁南北各有等制垂花门1座，均勾连搭式，小式作法，悬山筒瓦，前卷调大脊，后卷箍头脊，丁头拱带3幅云雀替，抱鼓石1对，苏氏彩画。邦克楼1座，大式作法，上层歇山重檐，筒瓦顶，调大脊四周带廊，设二抹木护栏，苏氏彩画，东面门额悬横刻楷书“万寿无疆”木匾一，为清康熙年间圣祖玄烨所提；下层为拔券结构一间，正交斜棂隔扇门四扇，东面门额悬横刻楷书“大哉乾元”木匾一。南北夹墙门各一，无梁，砖砌仿木结构，悬山筒瓦调大脊，券顶对扇木门。南北配殿各五间，进深3间，小式作法，硬山合瓦元宝脊，彻上明造，5架梁，北为讲堂，南作浴室。第2进主体建筑为礼拜殿，勾连搭四卷。前卷3间，敞厅，大式作法，悬山，绿琉璃筒瓦、箍头脊，排山勾滴，彻上明造，4架梁，罗锅椽，玻璃隔扇门各四扇。第二卷三间，大式，硬山筒瓦调大脊，排山勾滴，彻上明造，砖望板。第三卷3间，筒瓦庑殿顶，四坡五脊，调大脊，南北各设横向抱厦3间，进深两间，大式，硬山筒瓦卷棚顶，与第三卷勾连搭，形制特殊，均井口天花，图案为折枝花卉，四周梁枋处设坡面井口，内绘重彩博古图各一组，有数十组之多。第四卷五间，形制更为复杂，梢间为四角攒顶带宝顶，筒瓦；次间为歇山顶筒瓦，调大脊；明间为窑殿，称望月楼，明、梢间有砖券门与三卷相通，窑殿后设砖砌望月台。第一、二卷两山之侧各建砖砌仿木结构入殿过道亭一座，大式，六角攒尖带宝顶，筒瓦，周设隔扇，与第三卷侧抱厦东山相通。南北配殿各3间，勾连搭两卷，俱大式，硬山筒瓦顶，前卷为敞厅箍头脊，后卷为调大脊，前卷山墙有券门通抄手廊，北为教长室，南为讲堂。在北教长室与北讲堂之间设平台过道通北跨院，跨院东西并列两所南向三合院，每院正房5间，东西厢房各3间。另外，寺内尚保留各种刻石和记碑数块。二十世纪六七十年代，宗教活动停止，被残疾人福利厂占用，寺内建筑损毁严重。1982年工厂迁出，恢复宗教活动。1998年建仿古女寺。2003年开始筹办修缮事宜。2004年10月，修缮工作结束。1959年7月24日，被公布为通州区文物保护单位。1985年升为北京市文物保护单位。

## 通州兵营旧址
Tōngzhōu Bīngyíng Jiùzhǐ

位于通州区中仓街道东营前街64号院。东临民居，南临京秦铁路，西临北齐长城遗址，北临东营前街。1922年10月，冯玉祥将军调任北洋政府陆军检阅使后，将所部第七旅开至通州旧城南门外清代校场驻扎时所建，故名，俗称“老四营”。

此兵营南向，中间为主院，跨东、西院。占地面积 45437.12 平方米。原建筑皆为悬山仰瓦元宝脊，挑檐均设护檐板吊顶，砖券方格玻璃窗。主院四合，南排为筒子房，东、西山墙辟券门，明间为大门通道，券洞，两侧各有筒子房 9 间。通道上为两层四角攒尖重檐顶带宝顶小楼，筒瓦飞檐。上层顶悬钟，四壁设圆券窗，以便击钟传声；下层东、西两面设券窗，南设券门，门前设专栏平台，北面通值班阁楼，两山设警卫用瞭望孔。此楼既可报时行令，又可站岗放哨，亦可检阅操练，设计巧妙，造型独特。筒子房通道两侧开有内向券门通各间。其东西两排也为筒子房，各 10 间。北面为一座礼堂，钢架吊顶，又为饭厅。东西跨院与主院隔一条宽阔通道，各建南向营房 4 排，每排 10 间，砖券玻璃门窗，人字梁。整座营房舒朗对称，俱与钟警楼相呼应，为通州区保存最为完整的古建筑之一。1924 年 2 月，冯玉祥与李德全女士在兵营中举行婚礼。1926 年 9 月，又于此挥师入京，囚禁曹锟，驱逐溥仪，迎孙中山北上。此后亦有其他军阀部队驻扎于此。1948 年至 1954 年，中国人民解放军在此设立总参谋部机要局。1955 年至 1979 年，252、263 医院曾先后设在此处。1980 年转归铁道部卫生研究所使用。后被通州私立陶情中学租用，后迁出。2001 年被公布为通州区文物保护单位。2011 年 9 月，以其为近现代重要史迹及代表性建筑，被公布为北京市文物保护单位。

## 北齐土长城遗址
Běiqí Tǔchángchéng Yízhǐ

位于永顺镇窑厂村址处。呈西北—东南走向，为一长形黄土高岗，长约 150 米，基宽 15 ～ 17 米，残高 3 ～ 5 米，残顶宽 5 ～ 10 米。坡上杂树丛生，顶上建有民居。1983 年 6 月，于梨园镇小街村东南砖瓦厂内，出土平州卢龙府折冲都尉、前潞县录事乐安孙如玉墓志一合，志铭载：孙公如玉于唐贞元十四年（798）葬在“潞城乡临河里”“魂埋潞川，东有潞河通海，西有长城蓦山，南望朱雀林兼临河古戍，北有玄武垒至潞津古关，并是齐时所置。”明嘉靖《通州志略》载：“长城岗，一在州城北三四里，俗传秦蒙恬所筑遗址也。一在州城南十里，迤逦直达漷县西南，筑代莫考。”清代刘锡信在《潞城考古录》中也有相应的记述，“州城西北四里，有古长城遗址，迤北接顺义，南近通惠河北岸而止，逾河而南，复闲存一段。其址又变而东西横亘，再南为州西门外入都孔道。”以上所述表明，该村村址处的高坨当为北齐长城遗址。2001 年 9 月，被公布为通州区区级文物保护单位。

## 三大冢
Sāndàzhǒng

位于通州区永乐店镇德仁务村东中以示范农场内。明嘉靖《通州志略》载：“得（德）仁务古陵，在晾鹰台东二里。高数丈。三冢相望。”

此三冢弧形排列，彼此相望。占地面积 3279.97 平方米。南向，有东西两条墓道，17 室。墓壁皆一陡二伏相间砌法。墓道与甬道券顶，墓室四角攒尖顶，耳室盝顶。墓室、通道均墁模印乳钉菱形图案方砖，耳室墁素面方砖。该墓室早年多次被盗。1959 年 7 月 24 日被通州区人民委员会公布为区文物保护单位。1963 年至 1969 年间遭到破坏。1983 年 5 月，县文物管理所及市文物局联合对第三冢进行清理，经鉴定此墓为东汉家族墓。1989 年于冢前树立石质保护标志。

## 晾鹰台
Liàngyīngtái

位于通州区永乐店镇德仁务后街村。辽、元时期此台地处延芳淀南部，四周皆为水泊，台南紧临南新庄飞放泊，曾是国主后妃们捕猎晾鹰（海东青鹘）之所，与漷县之西的放鹰台、呼鹰台相呼应，故名。原台形似一条土龙，村民俗称其大坨子。“晾鹰旧台”为“漷县八景”之一。

台原长约500米，宽约80米，高12米，占地面积约5130平方米。台之西北端称龙头，曾建有关帝庙。台之东南为龙尾，曾修有古宇镇国寺。台内曾发现许多战国至汉代的红、黑陶片和不少汉代砖墓、土坑墓。1985年9月被公布为通县（今通州区）文物保护单位。但是，由于生产队烧砖和村民随意取土，土台已蚕食殆尽，现台西北端仅遗有一象征性的土台。

## 黄带子坟
Huángdàizi Fén

位于通州区马驹桥镇西马各庄东北600米处荒土岗上。为清代皇族宗室墓。清时，黄带子乃清室之别称，只有清太祖努尔哈赤父亲塔克世之直系子孙才能称为宗室、皇族，并以头系金黄色带子为标志，故俗称黄带子坟。

是坟原有砖砌圆冢4座、土冢1座。今墓砖无存，冢仍在。占地面积24000平方米。墓地坐北朝南，5座冢呈人字形排列。清咸丰年间（1851—1861），康熙帝第五代孙奕绵死后葬此，立为祖冢。1919年7月，奕绵之孙溥润葬埋于此。1982年9月其曾孙毓本（流寓日本）死后也埋葬于此。另二冢则不知其名。新中国成立后（除特殊历史时期期间），每年清明节毓本后代都曾前来祭扫。奕绵冢原为砖砌圆形宝顶，1969年被推平成为土坟。1985年9月，被通县（今通州区）人民政府公布为文物保护单位。1989年4月县政府在奕绵冢前立石质文物保护标志。

## 漷县东门石桥
Huǒxiàn Dōngmén Shíqiáo

位于通州区漷县镇漷县村东原港沟河上。历史上因此处河上无桥，只设摆渡，过往十分不便。光绪二十三年（1897），武清县瓦屋村人张裕顺（时称张善人）与漷县村李鸿权，为架桥事寒暑不辍募集善款。此举使当地董姓富绅和乡民深受感动，纷纷献物出力，顺利建成一座石桥，故称漷县东门石桥，俗称大石桥。

是桥东西向，长44米、宽7米，为平面方孔石桥，全部为花岗岩石块砌筑。桥面条石顺铺，两侧护以石栏，方头望柱，素面栏板；13方孔，高约3米，无分水石；雁翅用长方石块垒砌，一陡三伏。1958年利用桥北港沟河道修建漷县水库，将此桥桥洞封堵作为拦河坝使用。二十世纪六七十年代，桥栏被生产队拆用。1980年因修大件路在此桥北侧另建新桥，此桥停用。2008年，按原形制复设了石桥南侧护栏。2010年，复修了石桥北侧护栏，并用清砂岩石板重新铺砌了桥面。1985年9月被公布为通县（今通州区）文物保护单位。

## 静安寺
Jìng'ān Sì

位于通州区新华街道域内。东至民居，南临扁担胡同，西至商业局幼儿园，北临静安寺胡同。金中期所建。（清康熙《通州志·祠庙》载：“静安寺，在州治东南，金大定十三年建，明洪武年间修，万历壬午僧秒来再修。”）为通州城乡现存最早佛教庙宇之一。为体现佛家宗旨“静安”，故名。

是寺南向两进院落，占地面积1359.9平方米。主体建筑有山门殿三间，台基高约0.7米，明间为通道。硬山筒瓦箍头脊，彻上明造，前后廊，四架梁。正殿三间，大式作法，硬山筒瓦调大脊，墀头高浮雕雄狮甚为精致，前后廊推出，彻上明造，五架梁，后改玻璃门窗，台基高约1米，明间前出垂带式石阶五级，高阔为区内现存同等古建之首，颇显辽金时期风格。后殿5间，亦大式，制同山门殿，东西配殿各三间，小式作法，硬山合瓦元宝顶，前廊推出，彻上明造，5架梁，上下合步步锦窗。前院山门殿西次间北面天井处，立有汉白玉螭首龟趺重修记碑一通。后院内散置金代汉白玉经幢顶、座各一，幢身不见。旧时，是寺于每年农历七月十五日举行盛大盂兰盆会，即中元节。届时，寺内举行诵经法会、作水陆道场、放河灯等大型宗教活动，城乡居民来此施斋供僧，同时举办庙会，热闹非凡。明洪武年间曾予修缮，万历十年（1582）进行重修。清康熙十八年（1679）通州、三河大地震后又曾重建。1958年后此寺中路院落一直被北京市农业干部培训所占用，西路院落被辟作商业局用房，并作拆改。二十世纪六七十年代，拆除前院东西配殿。1985年9月被公布为通县文物保护单位。

## 陆辛庄三士庙
Lùxīnzhuāng Sānshìmiào

位于通州区张家湾镇陆辛庄村东北部。南北临街，西临民舍，东临古塘。于明初陆姓迁民至此定居不久所建。道教崇黄（帝）老（子）之学，尊黄帝为始祖，以老子为道祖。此庙据老子《道德经》中关于“三士”即“上士（士之贤者）闻道，勤而行之；中士（中等智慧之士）闻道，若存若亡；下士（下愚之人）闻道，大笑之！不笑不足以为道”之说，意即不管世间上士、中士、下士，皆可到此庙闻道，并祈祷太上老君保佑，故名。

是庙南向，三进院落。建筑面积为660平方米。山门、前殿之东西配殿早已拆除。前殿3间供奉关帝，大式作法，硬山筒瓦调大脊，脊为筒瓦砌成，似龙身鳞片，砖雕墀头，前后廊推出，彻上明造，5架梁，方砖墁地，后改砖阶两级，和玺彩画模糊；西耳房两间，小式作法，硬山筒瓦卷棚顶，均后改玻璃门窗。正殿三间，供奉娘娘，制同前殿；东西耳房各两间，制同前殿；东西配殿各两间，小式作法，硬山合瓦元宝顶，前后廊，6架梁，金柱直顶单步梁。后殿三间两层，为玉皇阁，山、脊、顶同前二重殿，正吻，望兽，5小兽；明间黄琉璃滴水，前出廊，木地板，通天柱，旋子彩画；上层设二抹直棂勾栏，五抹正交斜棂隔扇门窗各六扇，下层设帘架；东次间前设木制扶手阶梯。东西耳房各两间，与前者同。东西配殿各三间，小式，无廊，与前同。东配殿南山外东围墙设旁门一间，硬山筒瓦清水脊，对扇木门。正殿东次间前廊立有重修三士庙娘娘殿记碑一通，前院内余国槐一株。清道光十七年（1837）重修前殿。光绪二十三年（1897），重修正殿。1924年增建后罩楼玉皇阁，大乡办公处置此。新中国建立前后，部分殿堂被本村初小校舍和陆辛庄乡公所分别占用。1958年后易作生产大队办公室。二十世纪六七十年代，被小学校全部占用。1985年9月被公布为通县（今通州区）文物保护单位。1997年小学校迁走，庙舍部分租给私人企业使用，部分作为习武用房。是庙因年久失修，破毁严重，但主体尚存。2002年，由村内私企投资，区文化委员会赞助，将此庙进行重修，恢复山门与旁门三座，各殿阁瓦木作修旧如旧，殿内壁画和神像重新施彩。现为本村武术训练场地。

## 于家务清真寺
## Yújiāwù Qīngzhēnsì

位于通州区于家务回族乡于家务村三街96号院。始建于元代。自辽、金时起此地即有回鹘人至此居住放牧，至元代来此定居耕牧的回族人渐多，形成聚落后因俗而建清真寺，又因是寺建于于家务村内，故名。

是寺东向，一进院落跨北院。占地面积1044平方米。正院礼拜殿面阔3间，勾连搭四卷，大式作法，排山勾滴，山嵌砖券木窗，天沟黄琉璃滴水，皆彻上明造。第一卷为轩，作敞厅，悬山筒瓦箍头脊，倒挂楣子，4架梁，罗锅椽，六抹正交斜棂隔扇门各4扇，苏氏彩画，明间前设垂带式石阶4级，石护栏；第二卷顶式与前卷同，5架梁；第三卷为硬山筒瓦调大脊，5架梁；第四卷明间为望月楼，四角攒尖重檐顶，下层檐为民国年间后加铁皮瓦垄，黑琉璃宝顶，绿琉璃盔帽脊，黄琉璃兽，近脊黄琉璃滴水各二，每面四抹隔扇各4扇，次间为硬山筒瓦卷棚顶，琉璃垂脊。南北讲堂各3间，硬山筒瓦箍头脊，次间吞廊，彻上明造，5架梁，步步锦式横楣子，后改玻璃门窗。北跨院有六角攒尖井亭一座，灰筒瓦，黄琉璃宝顶，飞檐，万字横楣子，4抹正交斜棂隔扇窗各二，门北向。明永乐年间，清嘉庆元年（1796）及民国年间分别进行了重修。二十世纪六七十年代，停止宗教活动，易作生产大队库房，并拆除山门。1985年，村内穆斯林群众捐款，村委会资助对该寺进行局部维修。1988年重建山门。1997年在清真寺南院重建女礼拜殿。2003年区政府拨款100余万元，乡政府赞助数十万元，按原貌进行了重修，在原位基础上抬高了台基，新建垂花门一座。1985年9月，被公布为通县（今通州区）文物保护单位。

## 张家湾清真寺
## Zhāngjiāwān Qīngzhēnsì

位于通州区张家湾镇张湾镇村东西向大街西段南侧。北临街道，东、南、西皆临民居。历史上，特别是元明两代，随着张家湾漕运码头的形成与发展，大批迁徙民相继聚集此地谋生，其中自然不乏回民。回民的不断增加，使此地逐渐成为通州地区较早的回民聚居点。明代早期，当地伊斯兰民众于此创建清真寺，故名。

是寺东向，山门一间。占地面积1694平方米。砖砌仿木结构，硬山筒瓦调大脊。主体建筑有礼拜殿，面阔3间，勾连搭四卷，大式作法。第一卷为轩，敞厅，硬山筒瓦箍头脊，彻上明造，四架梁，两山设通抄手廊券门，垂带式石踏跺五级，后改为玻璃隔扇门，苏氏彩画。第二卷硬山筒瓦调大脊，正吻，望兽，3小兽，两山嵌圆券木窗各二，窗棂乃阿文一字，井口天花。第三卷明间为望月楼，四角攒尖顶，筒瓦，绿琉璃宝顶，垂兽，3小兽；次间为歇山筒瓦调大脊，绿琉璃垂兽，戗兽，小兽，套兽，两山各嵌圆券木窗一，棂如前，井口天花，界山有券门通次间。第四卷形制与第一卷同，后檐嵌圆券木窗，棂如前。北讲堂3间，硬山筒瓦箍头脊，前出廊，彻上明造，4架梁，上下合窗，上为步步锦棂，下为玻璃扇，前廊西山有券门通抄手廊。礼拜殿前轩与北配殿前廊间有曲廊相接，卷棚顶，筒瓦，4架梁，帘架。礼拜殿前有古柏3株，北配殿东山外有古槐一株，院中有石缸一。礼拜殿勾连搭四卷，有我国6种古建脊式中的箍头脊、调大脊、歇山脊和攒尖脊4种，全国罕有。殿壁所嵌6窗均圆形，全为阿拉伯文窗棂，每窗一字，为“仁、义、礼、信、念、孝”6字，这种将孔孟之道融入伊斯兰教义之举，也为全国独有。是寺明建清修。光绪二十六年（1900），当地义和团兴起，回族汉族团民在寺内演练，帮助清军抵抗八国联军入侵北京。1956年扩建礼拜殿第四卷。二十世纪六七十年代，宗教活动停止，回民小学校设此，拆除南讲堂和山门。1982年恢复宗教活动，小学校迁出，建一座北向临街大门。1985年9月被公布为通县（今通州区）文物保护单位。1998年，该寺管委会在区、镇政府的支持下集资对该寺进行重修，将礼拜殿第三、四卷形制颠倒，按原制复建南讲堂和山门。

## 万字会院
## Wànzìhuìyuàn

位于通州区中仓街道西大街9号。1923年，是院创建于古代庙宇遗址之上。万字会全称“北京万国道德会”，在通州设有分会，其标识为“卐”字，俗称万字会。因通州分会的活动场所即在此院之内，故名“万字会院”。

是院占地面积756平方米，建筑面积940平方米。南向，两进院落。大门3间，小式作法，前后廊，明间为通道；硬山筒瓦箍头脊，飞檐，墀头高浮雕折枝花，中间为大“卐”字；彻上明造，4架梁，前后设垂带式石阶4级，青砂岩门枕石，首雕狮被砸，对扇木质大门；次间做室，有坎墙木窗与门道相隔，后檐墙中间各嵌六角形窗，三交六椀窗棂。西耳房两间，硬山合瓦元宝顶，面南，西间后檐设小门通内院。前厅5间，顶与大门同，墀头仍如前雕“卐”字，强调标志，明间前设垂带式青砂岩石阶3级，设后门，方砖墁地。东西耳房各1间，硬山合瓦元宝顶。东西厢房各3间，顶同耳房，次间前吞廊，明间前设如意石阶2级，步步锦棂上下合窗。后厅及耳房、配房均与前厅同。院中间设圆形花坛，为数块青砂岩拼砌而成，直径2.35米，边宽0.41米，石面浮雕二龙戏珠纹，为清代遗物；坛中有古丁香1株，冠若巨伞。后厅新接抱厦与旧建筑勾连搭，悬山筒瓦卷棚顶，4架梁，飞檐；明间。1948年12月，为通州市政府机关所在地。1963年设为“四清”运动指挥部。1965年进行全面维修，改为“东颐饭店”。饭店关闭之后曾为老干部活动场所，部分建筑有所改动。1985年9月被公布为通县（今通州区）文物保护单位。1991年改为通州博物馆后，对建筑物做了一些必要的改造和修缮。尔后布陈展览，并定为通县（今通州区）青少年教育基地。

## 通州文庙
## Tōngzhōu Wénmiào

位于通州区新华街道大成街1号。北至佑胜教寺和紫清宫，东至通州州治遗址，南临通州区新华街道大成街，西临民舍。创建于元大德二年（1298）。因供奉至圣先师孔子而称文庙，也称学宫。

是庙坐北朝南，占地长150米，宽50米，以中轴线分为3路，中路最前面为照壁，继为射圃、南宫墙，东西各有一个角门，继为四柱三楼的牌楼，上书“如日中天”4个大字，此处西有节孝祠，东有忠义祠。向里，大宫门五间，券门东西有“德配天地”和“道冠古今”2坊，继为棂星门和泮池，池上3座泮桥，池东有“名宦祠”和朝房各3间。池西有“乡贤祠”和朝房各3间。戟门5间，东西侧门各1间。大成殿5，为文庙（学宫）主要建筑，是过去官员和读书人祭祀孔子的地方。

大成殿南向，面阔五间，殿式作法，歇山顶，筒瓦，正吻、垂兽、戗兽、3 小兽；前后廊，五架梁，通天柱，一斗三升交麻叶斗拱；明间四攒，次间三攒，梢间两攒，井口天花团鸿图，和玺彩画；明间六抹方格隔扇门 4 扇，次、梢间四抹方格隔扇窗；金砖墁地，明间墁一块艾叶青石拜石；台基表砖，围砌条石，高 1.1 米；明、次间前设杏坛，南北 5 米，东西 12.48 米，顶墁方砖条石，壁伏砌条砖，正面设垂带式台阶 7 级，宽 5.3 米，侧面近台基处各设垂带式台阶亦 7 级，宽 2.78 米。台基高大，殿宇宏阔，且用和玺彩画，金砖墁地，杏坛宽大。元、明、清多次重修或增建，规模之大冠盖京畿。1933 年，蓟密非战区行辕公署设于此。1935 年，伪冀东防共自治政府设此。1948 年 12 月，冀东十四军分区设于此。1949 年 8 月，河北省通县专署设此。1959 年，北京花丝镶嵌厂迁此，原殿宇多有改建。2001 年 9 月公布为通州区文物保护单位。2004 年起，对文庙部分建筑进行抢救性修缮和复建，2006 年竣工。

## 三义庙
## Sānyì Miào

位于通州区中仓街道玉带河东街 358 号，成人教育中心院内。创建于明晚期。（清康熙《通州志》载：“三义庙，在新城南门外，明万历九年建。”）庙内供奉以忠义著称的三国桃园结义的刘备、关羽、张飞，以此弘扬忠义仁勇，团结山东商界同仁，故名。又名“山左会馆”。

是庙坐南朝北，一进院落。占地面积 218 平方米。山门 1 间，歇山筒瓦顶，无梁，砖雕仿木结构，卷门，门额砖雕阳文“古刹三义庙”匾，东西角门各一块，硬山筒瓦清水脊。正殿 3 间，硬山筒瓦调大脊，前后廊，6 抹正交菱格隔扇门各四扇；西耳房两间，硬山合瓦过垄背；东西配殿各 3 间，形制同耳房；配殿北山侧东西平台各 1 间，东平台房过道门通东小院；正殿西天井平台房，曾有过道门通西小院。正殿前有古树两株，东柏西楸，干曲叶茂。次间前各立碑 1 通。西为《重修三义庙碑记》，东为《三义庙创立义园碑记》。清康熙十八年（1679）震圮，雍正六年（1728）由山左（今山东）人士重修，且做会馆。1935 年，国民党二十九军宋哲元部队曾驻扎于此，与城内日伪军对峙。新中国成立后一直被粮食部门占用，并拆除正殿东耳房。1999 年经修缮由区电影发行公司使用管理。2001 年 9 月公布为通州区文物保护单位。

## 通州起义指挥部旧址
## Tōngzhōu Qǐyì Zhǐhuībù Jiùzhǐ

位于通州旧城东大街北侧原旅馆处。旧址南向临街，二进院落，四合院形式。倒座房 5 间，硬山合瓦元宝顶，西 3 间后檐改为临街玻璃门窗，东次间为大门通道，前后廊，彻上明造，五架梁，界山为木隔扇。正厅 5 间，形制同前，明间为通道，东西配房各 3 间，硬山合瓦顶，上下合步步紧窗。后厅 5 间，形制同前，前出廊，东西配房各 3 间，门窗同上。后院西跨一院，存正房 3 间，硬山仰瓦顶，门窗同上。东界山 5 扇 6 抹隔扇，腰板上为步步紧棂，下为浮雕花鸟装芯板，画面布局疏密有致，花鸟形神兼备。临街西面有靠山 5 间后改倒座，形式如东者。

历史上，此处一直是军队指挥机关住所，俗称老衙门。1935 年 12 月 25 日，日军操纵成立伪冀东防共自治政府后，驻通州保安队指挥机关设此。1937 年 7 月 29 日夜，保安队第一总队队长、少将张庆余率部举行抗日武装起义，于此指挥所部杀死日军多人，迫使伪冀东防共自治政府东迁唐山。2001年，以此处即有历史价值又有纪念意义而被公布为通州区文物保护单位，并于次年树立碑式石质保护标志。

## 王之祥故居
Wángzhīxiáng Gùjū

王之祥故居，位于通州新城南街东段北侧通州教委老干部活动站处。王之祥（1856—1930），字铁珊，通县新城南街人。晚清间，其先后任过中书科中书、河南光州知州、广西按察使、广西布政使等职。宣统三年（1911），辛亥革命兴起，其与黄兴、蔡锷、李烈钧等人一道，拥护共和，在广西独立中被举为副都督，率军援助武昌起义，被任命为第3军军长，特授上将衔。1912年2月，应南京临时政府陆军总长黄兴之邀，移师南京，并加入同盟会，兼陆军部高级顾问。4月，统一共和党于南京召开成立大会，被选为干事。8月25日，共和党并于国民党，被选任理事。袁世凯统治时期，其与蔡元培等组织“法律维持会”，南北奔走，不避艰险，以和平息事，求全国统一。后因袁世凯迫害，退避桑梓。其间，其为通州辛亥革命烈士王治增等申请抚恤。1920年10月，呈请以工代赈修筑通密公路。1924年11月复出，就任京兆尹，12月又任北京政府侨务总裁。次年7月后，因年事已高，一心致力于慈善事业等。1930年7月病逝于家中。

该故居原南向二进院落，前厅5间、后厅5间及东西配房各3间。二十世纪90年代，因房屋遭白蚁危害而被拆除，木料均埋于院中，台基尚完整保留。今仅余大门厅5间，大式作法，硬山筒瓦箍头脊，前后廊，明间为通道，高槛，对扇大木门，四门簪，石门鼓子，前砌石阶3级，阶侧对设方形上马石，彻上明造，四架梁。次、稍间通，与门道有坎墙木窗相隔。前院东西配房各3间，硬山合瓦元宝顶，前出廊，步步紧棂上下合窗后改，明间前出石阶3级。抄手廊早已拆除。2001年9月，公布为通州区文物保护单位。

## 北辛店真武庙
Běixīndiàn Zhēnwǔmiào

位于通州区于家务回族乡北辛店东北角处。东临水塘，北临耕地，西临民居，南临街道。明代始建。北辛店村为辽代延芳淀淤塞后由迁民所建，其地势低洼易涝，灾害严重。为祈求真武帝除涝减灾，保佑一方生灵，于此建道教庙宇，主祀传说中的北方之神——真武（玄武）帝君，故名。

是庙坐北朝南，两进院落。建筑面积64.48平方米。正殿3间，进深3间，大式作法，前后廊推出，硬山筒瓦调大脊，明间正脊为龙凤呈祥脊，前面嵌砌浮雕二龙戏珠组砖，背面嵌砌浮雕二凤衔芝组砖；大吻浮雕龙凤，前为龙，背为凤；垂脊望兽鲜见，非为龙头，为一塑烧之四足麒麟站立前望，其头于二十世纪60年代初被砸毁，5小兽亦残毁。排山勾滴，纹饰有兽头与不同朵花及“寿”“福”字等。额枋菲木枋，透雕花鸟、折枝花及几何图案，每间四组。墀头为方砖高浮雕雄狮。彻上明造，砖望板，5架梁，梁头柱顶、倭柱角背、枋端雀替等木架结构露端均有木雕，别具特色。梁檩均苏式彩画，明间梁端两幅为本村人故事形象，为实景特写，亦属少见。前梁两山壁心残存重彩工笔人物画各一幅，内部两山象角有小幅壁画残存，似与真武修炼相关，亦有吉祥图案。明间六抹正交菱格隔扇窗四扇，次间为四抹正交菱格隔扇窗各四扇。东耳房两间，硬山筒瓦卷棚顶，彻上明造，五架梁。东、南面围墙尚存，三顺一丁砌法。是庙清修，1942 年再修。新中国成立后一直为生产队使用。至 1983 年仅余正殿及东耳房。2001 年 9 月，是庙以其特色建筑文化被公布为通州区文物保护单位。2002 年予以重修。

## 紫清宫
Zǐqīnggōng

位于通州区新华街道大成街 1 号。北临通州北城城墙遗址，东临民居，南临文庙，西临佑胜教寺。始建于明代，清同治六年（1867）和光绪年间分别进行了重修。紫清宫，即紫府清都之宫殿，“皆是神仙所居”，故名。宫内主祀道教中地位最高的玉清元始天尊、上清灵宝天尊和太清道德天尊（太上老君）3 位天神，与佑胜教寺所尊奉的佛教祖师燃灯佛，文庙所尊奉的儒教祖师孔子辈分相同。宫内曾塑有太上老君徒弟哪吒三太子像，因其能呼风唤雨，每遇旱情人们便来此宫祭拜，故此宫也称红孩儿庙。

是宫坐北朝南，一进院落。占地面积 802.38 平方米，建筑面积 352.81 平方米。山门一间，大式作法，硬山筒瓦箍头脊，彻上明造，和玺彩画；东西倒座耳房各 3 间，硬山合瓦元宝脊，步步锦上下合窗。正殿 3 间，硬山筒瓦调大脊，前廊推出，彻上明造，5 架梁，方砖墁地，前出垂带式石阶 3 级，旋子彩画，方格隔扇门窗；西耳房 3 间，后檐错出正殿后檐，为鲜见者，硬山筒瓦卷棚顶，彻上明造，与正殿有小门相通。西配殿 3 间，硬山合瓦元宝顶，上下合步步锦门窗。正殿东山墙正中嵌卧碑一块，叠涩砖框，宽 2 米，高 0.6 米，内记重建此宫始末。西配殿明间当中有一石条所砌水井。山门东侧有古槐 1 株。中华人民共和国成立后此宫为河北省通县专署公安处使用。1958 年北京花丝镶嵌厂占用。2001 年 9 月被公布为通州区文物保护单位。2004 年进行维修。

## 土桥及镇水兽
Tǔqiáo Jí Zhènshuǐshòu

位于通州区张家湾镇土桥村。该桥正名广利桥，以横跨于元代郭守敬所开通惠河之上，西近广利上闸而名，同时又以当时农夫于桥端出售鸡鹅而俗称鸡鹅桥。是桥为元时京杭大运河北端由张家湾码头至通州与大都城（北京）间重要桥梁，初为木桥，上铺灰土故名土桥。明初，土桥改建为石桥。清乾隆四十二年（1777）曾予重修。桥东南向的雁翅中间顶处嵌砌圆雕镇水兽一只，名为饕餮，传说其为龙的九子之一，放于桥头能镇水守桥，保一方平安。

是桥为单孔平面石桥，南北向，两侧设等长、等厚、异高的素面刻海棠池纹青砂岩护栏板各三块，栏端戗以如意形抱鼓石。桥面石、撞券石、金刚墙与雁翅皆用花岗岩石块砌筑。桥长 11 米，宽 6 米，矢高 2.5 米、弦长 4.32 米，雁翅长 10.1 米。东北向的雁翅中间嵌有重修刻石一快，简要记述了重修时日、捐款等事。东南向的雁翅中间顶处嵌砌的圆雕镇水兽，艾叶青石制，长 1.5 米，宽约 0.8 米，作卧伏状，大角犀利，梗项扭头，鳞片被背，长尾回蜷。1959 年 7 月被公布为通州区文物保护单位。2004 年，在六环路施工中将渣土卸在旧河道中，致使石桥桥体被埋，今只有被提升至地面的镇水兽，以及露出地表的石桥两道桥栏顶沿仍存于土桥新村楼群中。

## 石像生群
Shíxiàngshēngqún

石像生群由三部分组成。其一是原立于永乐店镇西口路北李庄简（李伟）墓神道两侧的汉白玉雕文物翁仲各1对、艾叶青石马1对、骆驼1对、獬豸1只。1959年与李庄简墓一起被公布为通州区文物保护单位。1990年，西海子公园管理处将此处石像生移立于葫芦湖南岸，供游人欣赏。其二是原通州城西门外五里店村北的王爷墓石像生，包括汉白玉制文武翁仲各1、马1对、卧羊1只。其三是原通州旧城大关庙前的石狮1对，原立于大关庙胡同北侧，后被掩埋。1992年修路时将其掘出，移立于西海子公园保护。此处石像生为艾叶青石制，雌雄各1。

## 乾隆御制徐元梦墓碑
Qiánlóng Yùzhì Xúyuánmèng Mùbēi

此碑位于今草寺村北，为乾隆表彰臣下徐元梦功德而立。徐元梦，字善长，舒赫禄氏，满洲正白旗人。康熙二十六年（1681）考取进士后，曾任户部主事、充日讲起居注官、直上书房、内阁学士、浙江巡抚、左都御史及翰林掌院学士、工部尚书、户部尚书等职。乾隆即位后，授内阁学士兼刑部侍郎、礼部侍郎等。乾隆六年秋卒，年八十六。乾隆命和亲王及皇长子前去祭奠，且发帑治丧，赠太傅，赐祭葬，谥“文定”，同时御制此碑。

此御制墓碑为汉白玉制，首高1.6米，宽1.2米，厚0.52米，方额无字；身高2.2米，宽1.12米，厚0.44米，正面周边浮雕龙、云，无首题，右纵刻楷书5行，每行48字，左刻满文5行，均系乾隆御笔；龟趺高0.88米，残长2.4米，宽1.2米，被无纹饰。此碑原立于今宋庄镇管头村东古时去东陵御道北侧，1996年移立于今址。2001年被公布为通州区文物保护单位。

## 谕祭国柱碑、文孚碑
Yùjìguózhùbēi wénfúbēi

二碑位于北杨洼村鱼塘旁，清乾隆为祭臣下国柱、道光为祭臣下文孚所立。

谕祭国柱碑，艾叶青石制，螭首龟趺，全高5.05米。螭首高130厘米，宽117厘米，厚56厘；额高39厘米，宽33厘米，深7厘米。内纵刻题额为汉、满两种文字的“圣旨曰”。碑身高246厘米，宽109厘米，厚45厘米。正面纵刻乾隆圣旨谕祭文首题楷书“皇清谕祭病故原云南楚姚镇总兵官国柱之灵曰”，落款为“乾隆三十三年四月二十日（1768年6月4日）立”。龟趺长280厘米，高102厘米，厚117厘米；基座由两块平面条石纵拼而成，长225厘米，宽164厘米，厚27厘米。

道光谕祭文孚碑，汉白玉制，螭首龟趺，全高512厘米。螭首高130厘米，宽120厘米，厚57厘米，额同国柱碑；身高253厘米，宽109厘米，厚45厘米，内纵刻道光帝谕祭圣旨，落款为“道光二十一年三月十一日（1481年4月2日）”。龟趺长290厘米，高102厘米，宽同首；基座由两块条石纵向平铺，长190厘米，宽160厘米，厚27厘米。

两碑原立于小街村南耕地中，1974年平地时就地深埋，1992年11月重新挖出，最初放置于京塘路侧，后又移立于今址。2001年被公布为通州区文物保护单位。

## 日本侵华罪证碑
Rìběnqīnhuá Zuìzhèngbēi

位于梨园镇小街村南京塘路左侧，为抗日战争期间日军为美化其侵略罪行，追悼其亡灵所立。此碑处立有“棉花事件碑”和“满洲电电社员殉职纪念碑”两座，是日军侵华罪行的有力证明。

"棉花事件碑"为花岗岩制作。方首高81厘米，宽93厘米，厚49厘米，上端部位题额纵刻篆书"通州事件棉花关系殉职者慰灵碑铭"；碑身高161厘米，宽、厚同首，纵刻楷书铭文歌颂日军侵华罪行。末款为"昭和十三年中华民国二十七年七月，通州事件棉花关系殉职者慰灵碑建设委员会建，建设总署署长殷同书"。早在抗日战争期间，日军不仅于此立有"慰灵碑"（也称安田碑），还在城内水月院建有"慰灵塔"。

"满洲电电社员殉职纪念碑"，汉白玉制，身高266厘米，宽95厘米，厚25厘米，阳面正中纵刻楷书"满洲电电社员殉职纪念碑"，阴面正中纵刻隶书铭文6行，每行31字。碑座后配，艾叶青石制，长134厘米，宽64厘米，露高29厘米。

"棉花事件碑"原立于小街村之南，"满洲电电社员殉职纪念碑"原立于通州新城大运西仓东部区域。二十世纪80年代，为揭露日本侵华罪行将二碑并立于此。2001年被公布为通州区文物保护单位。

## 张家门楼
## Zhāngjiā Ménlóu

该门楼原在今潞城镇康各庄村东部街北侧，今位于北杨洼村居民区三叉街东侧。南临居民楼，东、西、北三面临街。民国年间初建，为内院二门楼。新中国成立后，在土地改革运动中此院分给村民。二十世纪80年代，在旧房改建中该门楼被保存下来，后因出入不便，于1995年将其完整迁建到今址，作为杨家洼菩萨庙的山门。

此门楼原为南向（今北向），勾连搭两卷，悬山，筒瓦，前卷清水脊，脊端砌置砖雕花果盘子；后卷为过垄脊，博缝板头雕束花，挑间梁雕蚂蚱头，蝉肚花牙子，三面设梁架，门枕石首雕卧狮，北面木板隔扇4扇，两侧2级台阶；门楼两侧坎墙为硬山筒瓦过垄脊，仿木砖雕飞檐，正面设四框，内嵌砌高浮雕花鸟，壁心嵌砌一砖浮雕狮，其头另雕，有三角形卯榫，每逢喜庆节日可将狮头安上，门额木刻大"福"字。

此门楼是北京乡间传统三合院二门楼的代表性建筑，整座门楼木、石、砖质雕刻较多且十分精美，建筑价值较高。1985年被公布为通州区文物保和单位。

## 平津战役指挥部旧址
## Píngjīnzhànyì Zhǐhuībù Jiùzhǐ

位于通州区宋庄镇宋庄村中街北侧。南临街道，东、北临民居，西临办公楼。1948年1月2日始，中国人民解放军第四野战军司令、政委，华北野战军司令等，在这里指挥了强攻天津、围击新保安、解放张家口等几场重要战斗与和平解放北平的谈判，取得了平津战役的全面胜利，故名。

建于民国初期，南向临街，为保存完整的两座格局、形制、体量、装修、色调相同的三合院。占地面积822平方米。每院门楼一间，面阔3.15米，进深1.7米。顶式融合了箍头、歇山、庑殿三种传统脊式，为北京城郊古建罕见顶式。筒瓦，脊端置砖雕盘子，仿木砖雕椽飞，门额高宽，似原有题字，前出垂带式石阶3级。门楼两侧坎墙为硬山筒瓦卷棚顶，砖雕椽飞，檐下饰连珠纹，墙下部正中设斧剁石阴沟双花瓣孔。门内即东、西路井各两间，硬山仰瓦元宝顶，步步锦上下合窗，下合嵌玻璃。内宅门早已拆除。内院正房5间，硬山合瓦清水脊，吊顶，门窗若前，如意石阶3级。东西厢房各3间，形制、装修如上房。两院正房天井各辟过道门一，硬山筒瓦卷棚顶，对扇木门，使东西两院相通，又使每院与院外相通，内连外通，既在形式上成为一个整体，又便于实用，实为城郊古建中鲜有。中华人民共和国成立后，此院一直为宋庄乡、公社、镇机关所在地，门窗、地面多有改动。2001 年 9 月被公布为通州区文物保护单位。2012 年，本着修旧如旧的原则对旧址进行修缮，2014 年完工。

## 通州城北城垣遗址
## Tōngzhōuchéng Běichéngyuán Yízhǐ

遗址位于西海子公园、燃灯塔北墙至北大街 42 号房一线。长约 300 米，残高 1 ～ 4 米不等。约在北齐天保八年（557）于今通州旧城北部修筑土城垣后，因年久失修，至元代只能以篱寨代替城墙。明洪武元年（1368），有燕山侯孙兴组督军士重筑通州城池，且向西、南扩建，周围 5.2 千米，城墙高（含女墙）10.7 米。正统十四年（1449），为保护通州城外大型国仓——西仓（军仓），总督粮储太监李德、镇守通州指挥使陈信，请奏抢筑新城。新城周围 4.2 千米，城高 3 米有余。正德六年（1511），右都御史李贡视察通州，奏请增修新城。增修后的新城城墙增高 1.5 米，且增修高 2 米的墙垛，增建数个炮台。万历十九年（1591），密云兵备道王见宾再奏重修新城，城墙增至 11.5 米。清康熙九年（1670），知州宁完福统一新、旧二城规制，使城基宽 11.3 米，顶宽 7.6 米，壁外高 11.3 米，内高 7.6 ～ 10 米。乾隆三十年（1765），拆除旧城西门以南城垣，新旧城合二为一。1951 年，通县镇政府组织拆除城墙，1952 年修建新华大街，将所拆城砖用于砌筑道路下的排水道。“文化大革命”期间，为修防空洞又用所剩城墙夯土烧砖。至此，通州城墙全部拆除，仅余北垣部分城墙遗址。2007 年被公布为通州区文物保护单位。

## 中仓仓墙遗址
## Zhōngcāngcāngqiáng Yízhǐ

位于通州区中仓街道中仓路街 10 号。东临南大街，西临新建街（旧为仓沟），南临悟仙观胡同，(旧称南仓街)，北临西大街。明永乐年间，为储放军用粮饷，朝廷于通州创建了三座大型漕仓，总称“通仓”。因此仓居中，故称“中仓”。正统元年（1436）定名为大运中仓。

隆庆三年（1569），大运东仓并入此仓。清乾隆十八年（1753），大运南仓部分仓廒亦并入此仓，使得此仓规模在京、通 11 仓群中跃居第二（首位是通州西仓）。在清代，通仓又为北京八旗官兵及王府贵族领取俸粮之所。此仓围砌的城砖砖墙周长 1237 米，分别设有收纳水上、陆上转运漕粮的南门和东门，以及支放漕粮的北门。光绪二十六年（1900），八国联军入侵通州时驻扎于此。次年，北运河停漕，此仓废弃，后为军阀部队占用。1935 年 12 月，日军驻通特务机关设于此。中华人民共和国成立后，此仓为解放军某部所用，悉数拆改。现遗址占地面积 330 平方米，仓墙残段约 150 米。遗址内散存一些巨大古镜式柱础、石碾、台基条石等仓廒厅舍建筑构件，北墙外保存古槐一株、仓神庙碑身一块。2007 年被公布为通州区文物保护单位。

## 通惠河故道及 3 座石桥
## Tōnghuìhé Gùdào Jí 3 Zuò Shíqiáo

通惠河古称高粱河，金代建闸，称闸河。元代都水监郭守敬规划并主持修浚，引昌平县白浮泉水并纳西山诸泉入瓮山泊（今昆明湖），出而东南流，自西水门入大都城（今北京），至积水潭复折而南，于文明门（今崇文门）东折至通州西，于张家湾附近入白河（今北运河）。至元二十九年（1292）春动工，次年秋告成。今通惠河故道位于张家湾和梨园二镇域内。在张家湾镇域内段尚有明显河道，即土桥村至张家湾城东便门外河段，南北向，今称玉带河，长约 2 千米，河床宽约 10 米。在梨园镇域内段已无河形，尚有一东西向条形洼地，洼地宽 100 ～ 200 米。

元明漕运时期，曾于通惠河之上建有三座古桥，分别是土桥、虹桥和东门桥。为沟通张家湾码头与通州和大都间的交通，于今土桥村处通惠河上搭建木桥，初名广利桥。后桥面垫以灰土而称土桥。明初土桥改建为石桥，桥独券平面，长 11 米，宽 5 米。嘉靖七年（1528），吴仲将通惠河入白河地点移至通州城北。清乾隆四十二年（1777）重修，嘉庆七年（1802）以后随河道淤塞，石桥逐渐失去作用而废弃。

虹桥位于张家湾城东便门外元通惠河口处，并以状若雨后彩虹而名。明代以前，此桥南北均为运河码头，为元通惠河河门闸上游一座石桥。清嘉庆十三年（1808）后，张家湾城以东北运河改道，码头废弃，此桥只能供皇木厂村与张家湾村村民往来使用，残桥为独孔拱桥，艾叶青石砌筑，残长 13 米，残宽 4.8 米，矢高 3 米，弦长 6 米。1958 年后桥逐渐损毁。

东门桥位于张家湾城东门外元通惠河故道之上。明代前期，为便于桥东码头货物运往通州和北京，特建此桥，称东门桥。1982 年此桥主体建筑尚完整，为单券平面石桥 ，东西向，全长 16 米，宽 5.4 米，矢高 2.55 米，弦长 5.7 米。1998 年，在治理玉带河中此桥遭到严重破坏。

## 金代闸河遗址
## Jīndàizháhé Yízhǐ

位于永顺镇域内，西起永通桥（八里桥），东至通济桥（原卧虎桥），河段长约 5 千米，河床均阔 50 米。1998 年整治通惠河时，于永顺镇竹木厂村东南铁路桥东百余米处，发现几排横截河底的柏木桩。宽约 4 米，桩木径 10 厘米左右，残长 1 ～ 2 米，同时还出土一些条砖残块。经考，此处应为金代泰和五年（1205）开凿闸河所遗闸址。元代，郭守敬所开通惠河其中游河段时，曾利用今八里桥之西金闸河道，再转入潞河。而明吴仲力排众议，在主持重修通惠河时则完全使用金闸河故道，自北京东便门开始疏挖，至八里桥西，甩掉元通惠河下游河道，继续沿金闸河向东直流，至通州城北入潞河，使京通间漕运大通，故又称大通河。因此，在整治通惠河时才发现此金闸河闸座遗址。另外，金代在今西海子公园葫芦湖东岸也曾建有河门闸，疑是当年吴仲重开通惠河所建转漕石坝码头时，在金代河门闸基础上所建。

## 萧太后运粮河故道
## Xiāotàihòu Yùnliánghé Gùdào

位于台湖、梨园和张家湾镇域中。西起台湖镇口子村，经朱家垡村南、田府村北、将军坟村南、大高力庄村中、张家湾村南入潞水（今大运河故道），长约 9 千米，河床均阔 31 米，简称萧太后河，古时也称饮羊河。

辽代，为便于转运辽东海漕粮物，以巩固和发展陪都——南京（今北京宣武区一带），约于统和二十二年至二十七年（1004—1009），在萧太后主持下开凿此河。是河上原有二，一为高粱河南支出今中南海后，至崇文区龙潭湖成为萧太后河水源；二为永定河一支（明称洗马沟，今曰莲花河）出玉渊潭后，至当时南京护城河后成为萧太后河正源，明《帝京景物略》称白云观“西南五六里，为萧太后运粮河。”并于今张家湾入潞水故道笥沟（今港沟河）。历史上，萧太后运粮河为繁荣古蓟城，并使之由陪都向首都的转化曾发过重要作用 ，同时也为沿河乡村建设与发展作出巨大贡献 。2007 年被公布为通州区文物保护单位。

## 永济渠故道
Yǒngjìqú Gùdào

位于台湖、马驹桥、永乐店镇与于家务乡域。隋大业四年（608），为征服高丽，收复失地，巩固统一，征发河北诸郡百姓 100 余万人开凿永济渠，“丁男不供，始以妇人从役”。首引沁水南流入黄河，与通济渠相连，并自沁水北岸向东北使清、淇二水与白沟相通，继而利用诸河达直沽（今天津）与潞水相接，再沿清泉河（今凉水河）至侯尚村北上进入今通州区，至高古庄西折，经马驹桥西北折，最后直达今北京。

今永济渠故道遗址尚存。其一为西北起自台湖镇高古庄东南凉水河右岸，东南止于家务乡东马各庄东北凤港河左岸的故道遗址，长约 6 千米，底宽 12 米；其二为永乐店镇半截河村东残存的长近 1000 米、宽约 60 米的故道遗址。2007 年被公布为通州区文物保护单位。

## 金口新河故道
Jīnkǒuxīnhé Gùdào

故道遗址位于台湖镇域内。元顺帝至正二年（1342），为输送西山煤炭等至大都城内，且为解决京通之间漕运之急，中书参议孛罗帖木儿、都水傅佐建言开辟新河道，以接引海运漕粮至大都城。中枢右丞相脱脱上奏舜帝得准，并于二月兴工，约于当年九、十月竣工。此河于今门头沟区三家店村永定河左岸凿口取水，修引水渠至今石景山区麻峪村，过金时金口闸后沿金口河故道至今前门北，迤逦东南行，出左安门，过八里河，然后按《析津志》所载“东南至董村、高丽庄、李二寺运粮河口相合，看地形从便开挑”。

金口新河故道遗址今存于新河村西养鱼池、次渠村中东西向壕沟、东石村中条形鱼塘一带。2007 年被公布为通州区文物保护单位。

## 程家大院
Chéngjiā Dàyuàn

位于通州旧城北部贡院胡同西段北侧。为程姓一座四合院，原为三进院落，规模及标准均较通州城中四合院大而且高，故称程家大院。

据传，此院乃清代康熙间通州知州程俊所建家宅。《通州志·官师志·名宦传》载：“程俊，号朴园，镶白旗人，康熙二十八年知通州。”其抵任后，禁革火耗（在征收百姓田赋时所加征熔铸赋税银两所耗税额）和漕役陋规（坐粮厅验收漕粮时的不合理规定），并且“岁饥，设粥以赈”“又倡建文昌祠，重修东关外桥，将建明伦堂”。后家族世居于此。新中国成立后，房产被充公，部分建筑部分被拆毁改建。

是院南向临街，倒座房 7 间，进深两间，东间为通道，硬山合瓦清水脊，脊端砌置蝎子尾。彻上明造，木望板，后金柱间设素面楣板。抱鼓石 1 对，下浮雕书鼓，上圆雕堂鼓，顶雕伏狮被砸。边框设四抹死扇门二，中有活扇木门 1 对，门芯纵刻双沟楷书对联 1 副，上联为“簪缨世第”，下联为“圣学名家”。

前出垂带式石阶3级，残存。对门设贴山影壁，硬山筒瓦清水脊，仿木砖雕飞檐，四边浮雕几何纹饰，中下部分临时建筑遮挡，不明形制。余间为硬山合瓦元宝脊，前出廊，步步紧棂上下合窗。垂花门已被拆除，两侧有配房各1间，顶式同倒座。前厅7间，前出廊，东西配房各3间，前出廊，顶式如门，装饰如倒座，配房前廊北山、正房前廊两山均有券门，天井处设抄手廊，被拆改。第二进院落稍短，仅存正厅7间，形制一如前厅。第三进院落只存西配房，制如前。2007年被公布为通州区文物保护单位。

## 笥沟故道
## Sìgōu Gùdào

位于漷县镇吴营至军屯之间，长10余千米。历史上，笥沟为沽水（潞水）故道之一。东汉末年，因曹操北征乌桓曾利用此河运输粮秣接济边关而名笥沟（古代称盛饭或盛衣物的方形竹器为笥）。北朝北魏时沽水东移，笥沟尚在。五代后唐时赵德钧（卢龙节度使）曾以此河运输长芦海盐，故又有盐河之称。辽统和末年，开凿了萧太后运粮河，用以转运辽东税粮。自辽东海运至宁河的白龙港，再经潞水、香河的青龙湾、宝坻的七里海、笥沟，至张家湾后再通过萧太后河运抵南京（今北京），取白龙港与笥沟两河尾字而称港沟。其源自张家湾，曾先后为通惠河（今玉带河）、萧太后运粮河和凉水河下游河道。民国年间《通县志要》载：“（凉水河）自北京市流至马驹桥入境，东流至高古庄折向东北，经张家湾折向南入港沟。”又载：“（港沟河）由县城东南角之南（南浦）闸流出，经张家湾至元化入武清县境。”另外，港沟河也曾为北运河泄水河道。清光绪《顺天府志》转录清乾隆间通州高志云：“运河必须南流分泻，是以里二泗迤西旧有港沟一道，由漷县下注武清凤河。”迨至清末，运河每遇伏秋大汛水涨，凉水河水不能泻入，必须经由港沟河南流分泄。光绪九年（1883）大水，北运河西岸苏庄河堤溃决，“大溜直入港沟，水落后成为运河支流，沟形近河处极宽，愈远愈窄，形似鲇鱼。”此后港沟河便成为运河支流，故称减河，也称鲇鱼沟。

1954年在治理凉水河时，将港沟河张家湾至许各庄段作为凉水河下段进行治理，引凉水河于苏庄南入北运河。由此，港沟河北起点南移至许各庄，凉水河水不再直接排入港沟河。1958年，利用漷县东门桥（又称大石桥）建闸蓄水，在桥北修建漷县水库，港沟河北端起点南移至漷县大石桥。1961年开挖凤港减河，港沟河军屯以上河道成为凤港减河河道，港沟河北起点再次南移至军屯。至此，原漷县域内港沟河吴营至军屯段成为笥沟故道，今遗址尚存。2007年被公布为通州区文物保护单位。

## 京兆男子师范学校教室
## Jīngzhào Nánzi Shīfàn Xuéxiào Jiàoshì

位于通州区北苑街道中山大街163号。东西侧为学生宿舍楼，南临中山大街，北临区教委办公楼。该校创建于1914年。1928年，学校易称为河北省立通县男子师范学校，1949年更名为河北省立通州师范学校，1958年改称为北京市通州师范学校，1960年易名为北京市通县师范学校，1999年更名为首都师范大学初等教育学院。

此教室为学校创建时所建，曾分别做过教室或图书馆使用至今。原有前后两排，体量、形制相同，今仅余前排。面阔13间，45.3米，进深一间，6.7米。硬山合瓦过垄脊，前出联弧券廊，券墩下端中嵌有砖雕折枝花。7架梁，吊顶，前方柱，后圆柱，柱础随柱形。方棂式玻璃门窗。条石台基原为3步石阶。

该教室具有中西文化结合的建筑风格，为民国时期建筑的典型。2007年被公布为通州区文物保护单位。

## 通县发电厂自来水塔
## Tōngxiàn Fādiànchǎng Zìláishuǐ Tǎ

位于永顺镇小圣庙村滨河中路10号院内。东临大运河，西临滨河中路，南、北临企业车间库房。1923年，北京电车公司于此建发电厂，1925年竣工，供应北平、通州城用电。1949年初，北京市人民政府电力部门接管此厂后，继续向北京、通州送电。1964年3月，因朝阳区热电厂建成，此厂停止发电。此后，因几易厂家，厂内建筑拆改甚重，至今仅较完整地保留下来当年的自来水塔及蓄水池。

水塔全高约15米，砖砌中西合壁建筑。身呈圆形，径3.1米，顶为八角形攒尖脊绿琉璃筒瓦带宝顶。近顶端设有一方窗，窗下有钢筋嵌梯通地面。砖为特制，短厚。水塔端庄清秀，别具一格。蓄水池临河，长方形，混凝土构筑，东西长约100米，南北宽约70米，深2.5米，池壁尚坚实，无锈蚀。2007年被公布为通州区文物保护单位。

## 宝通银号暨日寇慰安妇旧址
## Bǎotōngyínhào Jì Rìkòu Wèi'ānfù Jiùzhǐ

位于新华街道北大街142号。东至油脂公司，西临北大街，南近东大街西口，北临商铺。该银号取财源滚滚、通达四方而名宝通。清代创建，民国重修。1935年12月，在日军操纵下伪冀东自治政府成立后，设立冀东政府银行，宝通银号被迫关闭。同时在日军侵华时期，此银号被日军强占，成为日军的特别妓院——慰安妇所。

该银号面西，前临北大街，为勾连搭二卷二层小楼，小式作法，面阔4间，进深4间，高约10米。硬山，前卷筒瓦箍头脊，浮雕折枝 牡丹墀头，后卷合瓦元宝脊。上层两间前出廊，外两间吞廊，挑尖梁头雕霸王拳，示款项护卫严密，后改6抹玻璃隔扇，间各6扇，后吊木骨苇箔顶，前出木质护栏，木地板。下层挑尖梁方端，端钉浮雕万字不露头纹挂檐板，上出叠涩式上展砖砌平檐，后改玻璃门窗。

整座建筑体现了老字号铺面风格，为通州仅存标准老门市。2007年被公布为通州区文物保护单位。

## 日寇机窝、暗堡、水牢
## Rìkòujīwō Anbǎo Shuǐláo

位于张家湾镇三间房村西口、东口和村中。共计3座机窝、1座暗堡、1座水牢。“机窝”为当地俗称，实为飞机掩体。1942年，日军在张家湾与牛堡屯两镇交界处修建了一座大型军用机场。机场南北长约2000米，东西宽约1000米。其间，在日本的威逼强迫之下，于此修建了一批掩体、暗堡等。新中国成立后，除三间房村的一些建筑因作库房使用而被保存下来以外，其余建筑均被砸毁。

建于村西口的3座机窝一南二北，形制相同，体量等大。半圆顶，纵切口，长26.5米，宽5米，高4米，壁厚0.4米；暗堡在村中街南侧，形似平顶房屋，四壁设枪眼，长方形；水牢在村东口水坑边，亦作暗堡，方形平顶，多室，东壁设长方形抢眼。此处建筑是日军侵华的最好见证，是对青少年进行爱国主义教育的基地。2007年被公布为通州区文物保护单位。

## 路县故城遗址
## Lùxiàn Gùchéng Yízhǐ

位于潞城镇古城村东北、运潮减河南堤外侧。为西汉路县土城北垣东段残留遗址，长 41 米，基宽 18 米，残高 4 米。黄土夯筑，夯层清晰均匀，厚约 10 厘米；夯窝密排坚固，径约 11 厘米。

据史籍载，路县“西汉初置”，约在汉高祖十二年（195）设立，筑城当在此后不久。城垣方形，“周围四里”。王莽新朝（9—23），改路为通路亭，亭治仍设于此。东汉建武元年（25），县从水名改称潞县。同时渔阳郡治自今密云县梨园村迁此，郡、县两级治所并设此城。次年，渔阳太守彭宠反。八月，刘秀派遣邓隆、祭遵前来平叛，败绩。五年（29）春，彭宠为家奴所杀，祭遵趁势挥军攻入城中，一时“火起城中，飞出城外，燔千余家”，城毁。由此，

县治东迁至今河北省三河市城子村，郡治也还迁旧址。唐中宗李显神龙元年（705），崇州、鲜州（安抚降唐奚族部落羁縻州）二州治所一并寄于此城，至唐肃宗李亨至德元年（756）方才撤走。明代，为修建通州城垣、仓场、衙署等，于此建窑烧砖，将此城东、南两面城垣熟土用尽，只余西、北垣墙于此。至清光绪年间，此城西北角楼台尚存残迹。至民国年间，北垣也因村民取土而逐渐缩小。新中国成立后，村集体继续于此烧制砖瓦。此间曾取城址长 35 厘米，宽 28 厘米，厚 10 厘米夯土一块，其质地坚硬，夯窝清晰可见。至 1959 年夏，只余北垣东段残址 50 米，当年 7 月 24 日，通州区人民委员会公布其为通州区文物保护单位。“文化大革命”时期北城垣遗址再遭损毁。1987 年夏，北京市运潮减河复堤工程将残存土城遗址掩埋于堤内。2017 年 3 月被公布为通州区文物保护单位。

## 曹氏祠
## Cáoshì Cí

位于通州区漷县镇曹庄村西北角。东为菜园，南为街道，西、北为民居。元时，南方富户曹家迁此建村。其后同族子孙为念及祖宗功德，建起曹氏宗祠即曹家祠（家庙），用以供奉并祭祀祖先，故名。

清乾隆三十六年（1771），运河泛滥决口，曹家祠被泥沙淤埋。乾隆四十六年（1781）族人集资在原址重建宗祠，四十九年（1784）告竣。新中国成立后，先后被村公所、农业社、生产队占用。生产队解体后，因无人管理而致坍塌。2014 年至 2015 年，在族人努力和政府支持下将家祠整修一新。是祠南向两进院落。建筑面积 256.13 平方米。主要建筑依次为：山门 1 间，硬山筒瓦调大脊，排山勾滴，砖雕墀头，5 架梁，彻上明造；东倒座耳房两间，硬山合瓦清水脊，后改门窗；二门 3 间，明间大，次间小，均为通道，殿宇与牌楼相结合形制，硬山筒瓦清水脊，砖雕盘子，飞檐，5 架梁，花牙子，倒挂楣子；东西配房各两间，硬山合瓦元宝顶，上下合步步锦门窗；正堂 3 间，硬山合瓦箍头脊，前廊，彻上明造，5 架梁，6 抹正交菱格隔扇门窗各 4 扇；东西耳房各两间，西配房 5 间，硬山合瓦卷棚顶，门窗后改。正堂西次间前廊立有重修曹家祠记碑一通，其中关于记述曹氏源流称：“尝阅《曹氏宗谱》，知其为宋济阳郡王、谥武惠国华之裔自有元以来，即迁其家于此，迄今历五百余年。”

## 大辛庄关帝庙
## Dàxīnzhuāng Guāndìmiào

位于通州区张家湾镇大辛庄村东口。东

为耕地，其余三面皆为民居。是村原为辽、元时期延芳淀和马家庄飞放泊故地，地势低洼易涝。明初，枣林庄村人至此垦荒种田，另建新村称大新庄（清时改称大辛庄）。村民为祈求神灵保佑消除水害，于村东古河道边建关帝庙一座，因主祀关羽故名。

是庙原为南向两进院落，建筑面积为368平方米。今仅存正殿，面阔3间，进深3间，大式作法，硬山筒瓦，调大脊后改，排山勾滴，砖雕墀头，彻上明造，五架梁，方砖墁地，原隔扇改为玻璃门窗，垂带式石阶3级，山尖有小幅工笔重彩壁画。东西耳房各一间，小式，硬山，仰瓦灰埂。东西配殿各3间，亦小式，硬山，元宝脊，近山五垄合瓦，其余为仰瓦灰埂。庙前有古井1口。清与民国年间重修。1941年将部分殿宇辟作本村初小校舍。1987年后为糕点车间所占。1993年后改为铝合金制品厂。

## 垡头村菩萨庙
FátóuCūn Púsàmiào

位于通州区张家湾镇垡头村中南北街西侧。始建无考，现存部分为清代所建。因庙内主祀菩萨，故名。

是庙原为南向两进院落。占地面积520.33平方米。周砌古钱文瓦顶砖墙。正殿五间，大式作法，硬山筒瓦调大脊，大吻，垂兽、走兽与排山勾滴均后改修，彻上明造，前后廊推出，5架梁，后改玻璃门窗，石垂带砖踏跺，旋子彩画模糊。东西配殿各3间，小式作法，硬山，元宝脊，近山处各有合瓦5垄，其余为仰瓦灰顶，后改玻璃门，上下合步步锦窗。院内有古槐1株。1941年前院改作本村初小。1958年拆除前院，山门、前殿及附属物不存，后院较为完整地保存下来。

## 佑胜教寺
Yòushèngjiào Sì

位于通州区新华街道大成街1号。北临通州北城墙遗址，东临紫清宫，南临文庙，西临燃灯佛舍利塔。清光绪《通州志》在记载佑胜教寺时，主要记述了佑胜教寺侧燃灯佛舍利塔与清同治年间修寺之事，并未载此寺建于何时。按先寺后塔的惯例，燃灯佛舍利塔创建于北周年间，以此推断此寺的建立也应不晚于此时。至于寺名的来由，亦未见文字记载。清康熙间此寺名为“胜教寺”，光绪间始称“佑胜教寺”至今。

是寺为佛教庙宇，南向一进院落。占地面积480平方米。山门殿3间，硬山筒瓦箍头脊，5架梁，6抹正交菱格隔扇门窗。正殿3间，前后廊，山式、瓦作、装修同山门殿；明间后檐设隔扇门，内奉燃灯佛。院中有古槐1株，三人合抱。树侧立“重修通县胜教寺记碑”1通。

## 召里观音寺
Zhāolǐ Guānyīnsì

位于通州区潞城镇召里村中街西口北侧。元代初期所建。（明嘉靖《通州志略》载：“观音寺，在甘棠乡召里店。元元贞元年（1295）建。”）历史上召里村南临秦代的蓟（今北京右安门一带）襄（今辽宁省辽阳市）驰道和汉代的驿路，直至清末。为便利过往行人祈祷路途平安，遂于元代在此建造观音寺，主祀观音菩萨，故名。

是庙南向三进院落。建筑面积133.14平方米。山门殿3间，大式作法，硬山筒瓦调大脊，7架梁，彻上明造，旋子彩画，六抹正交斜棂隔扇门窗，殿内供奉关羽塑像，旁置关平、周仓和赤兔马立像。正殿3间，大式作法，悬山筒瓦卷棚顶，五花山墙，彻上明造，6架梁，罗锅椽，彩画同山门殿；明间悬木匾，上刻楷书“大雄宝殿”4字，殿内奉祭泥塑横三世佛像，中为释迦牟尼佛、右为东方药琉璃佛、左为西方阿弥陀佛，两山处为十八罗汉，金柱悬塑神龙；第二重殿为观音殿，亦大式，无梁，为八角攒尖筒瓦顶带琉璃宝瓶，仿木砖砌檐檩，砖雕一斗三升斗拱，每面平身科四攒，砖券对扇木门，额嵌石匾，上刻“观音殿”3字。内半圆顶，对门后壁前砌须弥座神台，台上奉祀明代所铸青铜千手观音佛像，内壁设四龛，中置铜佛像；第三重殿为玉皇殿3间，制同山门殿，内奉玉皇大帝神像。院内立有明代重修记碑两通与元代石经幢1座。明弘治年间（1488—1504）与清代、民国时期都曾进行过重修。1959年6月，是寺主体建筑尚存。同年7月24日，寺内观音铜像连同佛殿被公布为通州区文物保护单位。1965年6月，北京文物部门将铜像迁走，寺内建筑除观音殿和台基外全部拆除，碑亦砸碎作为他用。1985年取消文物保护单位资格。建寺以来的几百年间，该寺香火很盛，每年的农历九月九日重阳节都要举行盛大庙会。2003年春，该村按原样修复观音殿。现寺内只遗有大雄宝殿和观音殿。

## 枣林庄清真寺
## Zǎolínzhuāng Qīngzhēnsì

位于通州区张家湾镇枣林庄村西南角。北临水塘，东、南、西三面皆临民居。辽金时期是村尚处于延芳淀之中，元代至元时已逐渐淤积成低洼荒地，并开始有回族民众来此定居放牧牛羊，形成聚落后于此建起清真寺，故名。

是寺东向，一进院落。占地面积910平方米。主体建筑礼拜殿，面阔3间，勾连搭3卷，俱大式作法，均为硬山筒瓦顶，皆有排山勾滴，都为彻上明造，彩画模糊。前卷箍头脊，前出廊，飞檐，6架梁，罗锅椽，山嵌圆窗，6抹步步锦隔扇门窗。中卷调大脊，大吻，5架梁，方山窗。后卷明间为望月楼，四角攒尖顶，绿琉璃宝顶；次间后添建，卷棚顶，5架梁，圆山窗。南北配殿各3间，进深3间，硬山合瓦元宝顶，5架梁，6抹步步锦隔扇门窗。南北水房各3间，形制同配殿。清康熙十八年（1679）因地震倒塌，后在原址重建，光绪时重修。二十世纪六七十年代，该寺被作为生产队库房使用，拆除山门，宗教活动停止。1982年恢复宗教活动，寺尚完整。1997年，对该寺进行重修，复建山门1座。

## 垡头清真寺
## Fátóu Qīngzhēnsì

位于通州区张家湾镇垡头村835号院。东临街道，南、西、北三面皆临民居。明代始建。回民聚居于此放牧牛羊，形成聚落后建起清真寺，故名。

是寺东向，一进院落，占地面积910平方米。山门1间，砖砌仿木结构，硬山，筒瓦顶，调大脊改造为卷棚顶。砖砌影壁一堵，残破。礼拜殿面阔3间，勾连搭两卷。前卷原为前轩敞厅，后外推，硬山筒瓦箍头脊，排山勾滴，飞檐，彻上明造，4架梁，明间六抹步步锦隔扇门四扇，次间四抹同棂隔扇窗各4扇，砖砌垂带式踏跺4级；后卷为调大脊，瓦、山同前，彻上明造，5架梁，两山各嵌直棂窗四，三圆一方；后卷明间外出望月楼，四角攒尖筒瓦顶，飞檐。北讲堂、北水房各3间，硬山，元宝顶，近山处各有三垄合瓦，余皆仰瓦灰埂，2抹直棂门窗。讲堂西次间前有古槐1株，胸径1米，为国家一级古木。南讲堂、南水房已拆而台基尚存。院中有砖井一眼。清代曾予重修。二十世纪六七十年代，礼拜殿、配殿分别被作为生产队库房和民居使用。1982年大部分建筑尚存。1999年重修。

## 马驹桥清真寺
Mǎjūqiáo Qīngzhēnsì

位于通州区马驹桥镇北门口村。北临民居，东、南、西三面临街。辽金时期，马驹桥因紧邻大兴南苑皇家游猎场，商业活动十分兴盛，并开始形成聚落。明天顺七年(1463)，在马驹桥北门外经过的浑河东支(今凉水河)上，修建了拱卫京师四大桥之一的弘仁石拱桥(马驹桥)，成为京东南的交通要道。明成化年间，又在北门外桥头西侧修建了京师周边“五顶”之一的“大南顶”——碧霞元君庙。每年农历四月十八日为碧霞元君诞辰，从四月一日起，即有北京士女来此进香，十五日至十八日最盛。附近百余村庄民众都以此为节，节日期间搭台唱戏，商贾云集，热闹非凡。特殊的地理位置和发达的商业，促成了大批人士聚此定居。其中回民在日渐增多的情况下，在马驹桥镇北门口村中兴建此寺，故名。

是寺东向，一进院落，周砌砖墙。建筑面积654.48平方米。山门殿5间，明间为通道大门，小式作法，硬山合瓦元宝顶，次、梢间为倒坐西向。礼拜殿面阔3间，勾连搭三卷后出望月楼。第1卷为轩，做敞厅，硬山筒瓦箍头脊，排山勾滴，彻上明造，4架梁，罗锅椽，6抹玻璃隔扇门；第2、3卷同制，硬山筒瓦调大脊，山嵌券窗，第3卷明间有券门通望月楼，门侧及次间正壁均有阿文对联，乃本寺特色文化。殿前设月台，高0.82米，面阔同殿，前设垂带式石阶。南北讲堂各3间，硬山筒瓦元宝顶，次间吞廊，彻上明造，5架梁，步步锦上下合窗。北讲堂内保存线装手抄本《古兰经》1套；礼拜殿前轩南山台基砌有碑身1块，阳朝上，无字。1959年此寺保留尚完整。二十世纪六七十年代，此寺被易作生产大队库房，山门被拆除。1982年恢复宗教活动。1985年9月被公布为通县(今通州区)文物保护单位。1998年，该寺管委会在区、镇政府和北京牛街清真寺支持下进行重修。

## 永乐店清真寺
Yǒnglèdiàn Qīngzhēnsì

位于通州区永乐店镇大街西口外北侧。东临民居，南至大街，西至坑塘，北近神槐沟。明隆庆年间，是村李伟之女被册封皇妃，其子登基之后，永乐店日趋发达并渐成集市，部分回民至此经商定居，形成一较小回民聚落，清初建此寺，故名。

是寺东向，一进院落。占地面积941平方米。垂花门1座。礼拜殿3间，勾连搭两卷。前卷为敞厅，硬山筒瓦箍头脊，垂兽，3小兽，彻上明造，4架梁，罗锅椽，垂花楣子，5抹步步锦隔扇门各四，山嵌圆窗各一；后卷为硬山筒瓦调大脊，大吻，彻上明造，5架梁，两山各嵌方窗一；明间后出抱厦一间。南北配殿各3间，亦大式，形制同礼拜殿后卷。院内东北角处有六角攒尖井亭1座。民国年间重修。1959年曾作为回民食堂使用，宗教活动停止，但保存基本完整。1962年恢复宗教活动。之后，易作生产队库房，拆除南北配殿与井亭，砸毁吻兽。1982年再次恢复宗教活动，并增建了一些新的设施。2003年重修此寺，旧貌多有改动，增建了垂花门与望月楼。

## 七佛寺
## Qīfó Sì

位于通州区于家务回族乡吴寺村东口。为古代延芳淀边较大的佛教寺庙，与辽圣宗于统和年间在吴寺村南所立其父皇母后石像南北相望，始建时间应为辽金时期，以寺内主祀释迦牟尼及其以前成佛的毗婆尸佛、尸弃佛、毗舍浮佛、拘留孙佛、拘那含牟尼佛和迦叶佛等7佛，故名。

清代曾予重修。原南向三进院落。1941年曾将前殿及东西配殿辟为本村初小教室。1958年后院被拖拉机站占用。二十世纪六七十年代，山门、前殿、正殿及其附属建筑被拆除。今仅余后殿五间。建筑面积113.6平方米。大式作法，硬山筒瓦箍头脊，排山勾滴，前后廊，彻上明造，五架梁，旋子彩画模糊。

## 大稿村关帝庙
## Dàgǎocūn Guāndìmiào

位于通州区梨园镇大稿村旧址处。四周为商住小高层楼房。始建于明代。明初，此处本是一片枯槁荒凉之地，迁民至此建村后便称其为槁村。后由于辛勤耕耘，不辍劳作，全村以庄稼茎秆粗壮连年丰收而闻名乡里，遂改名稿村。为祈求关帝保国护民，效法关帝仁勇忠义，村人特建关帝庙主祀关羽，故名。

是庙明建清修，清末民国初曾为天主教活动场所，南向两进院落。1941年部分殿宇辟作本村初小教室。中华人民共和国成立后扩大到完全小学，因用房紧张拆改部分庙舍。到1983年，仅余前殿及西耳房，建筑面积100.28平方米。前殿3间，大式作法，硬山筒瓦调大脊，排山勾滴，砖雕墀头，前后廊，5架梁，彻上明造，后改玻璃门窗，台基表石下砖，垂带式石阶5级。西耳房两间，进深1间。院中遗有古槐两株，为明代所值，胸径分别为155厘米和120厘米，均为国家一级古树。有刺槐3株，胸径分别为80厘米、70厘米、74厘米，为当年天主教传教士所植。另有青杨2株，民国时期所植，胸径分别为100厘米和80厘米，皆为国家二级古树。2015年重修，翌年竣工。

## 葛渠关帝庙
## Gěqú Guāndìmiào

位于通州区宋庄镇葛渠村东南部街北侧。北临民营企业，南临街道，东、西临民舍。始建于明代。是村南滨温榆河，东临小中河，既受水害，又得水利。村民为祈求富贵平安集资建起此庙，主祀关羽，故名。

是庙明建清修，南向，两进院落。新中国成立前后部分殿宇改作村初小校舍。和村公所。二十世纪六七十年代拆除山门、正殿及附属建筑。1982年易作大队副业用房，今仅余前殿3间，建筑面积98.56平方米。大式作法，硬山筒瓦箍头脊，排山勾滴，彻上明造，5架梁，明间6抹正交斜棂隔扇门两扇，次间坎墙上5抹正交斜棂隔扇窗一扇，其余为后改直棂门窗。明间后檐设门，有同样隔扇门两扇。殿内东次间后檐墙、西山墙和后檐抱头梁上山墙均存有各种壁画多幅。1985年壁画尽毁。

## 土桥菩萨庙
## Tǔqiáo Púsàmiào

位于通州区张家湾镇土桥村。东有大运河北端码头入京古道遗址，南有元郭守敬主持开凿的通惠河遗址，西、北皆为居民楼。始建于元代，本名观音寺，又因主祀南海观世音而称菩萨庙，还因前殿供奉东土禅宗初祖菩提达摩圆觉禅师（达摩）而俗称达摩庵。

是庙南向，一进院落。占地面积 101 平方米。与同时所建道教庙宇玉皇庙隔道并立。明清重修。正殿面阔 3 间 11.5 米，进深三间 6.2 米，大式作法、硬山、筒瓦、调大脊、前后廊、5 架梁，彻上明造。明间四抹正交菱格隔扇门四，次间三抹正交菱格隔扇窗各四。东西耳房各 1 间，面阔 4.25 米，进深 4.85 米，高 2.9 米。明间前有影壁一座，山门东向 1 间。1941 年时，曾于此庙前院开设本村初小，新中国成立后校舍扩大到后院。70 年代后期学校迁出，大部分建筑被拆除，其南向正殿及耳房得以幸免。1984 年生产队解体后，所余建筑损毁严重，残破不堪。2008 年重修。

## 柳营关帝庙
Liǔyíng Guāndìmiào

位于通州区张家湾镇柳营村东北角。东、北临耕地，南、西临民居。明代，是村地处元代柳林海子（水淀）处，地势低洼，十年九涝。迁民为祈求关羽保地护庄和谋生求富而建此庙，故名。

是庙一进院落。建筑面积 30 平方米。山门 1 间，硬山筒瓦箍头脊；正殿 3 间，进深 3 间，脊式同山门，大式作法，排山勾滴，前出廊，5 架梁，彻上明造，重新吊顶，改玻璃门窗。民国年间重修。新中国成立后用作本村初小校舍。二十世纪六七十年代学校迁出，被生产队做队部使用。其间，山门及东西配殿、耳房均被拆除，仅余正殿。

## 南堤寺西村天齐庙
Nándīsì Xīcūn Tiānqímiào

位于通州区永乐店镇南堤寺西村村委会院内。西临民居，其余三面临街。明代始建，为道教庙宇。主祀道教所信奉的泰山神。唐开元十三年（725），封泰山神为天齐王，在各地为其所修庙宇皆称天齐庙，故名。

是庙南向，两进院落。现山门、前殿其附属建筑皆无存，仅余正殿 3 间。建筑面积 86.09 平方米。其大式作法，硬山筒瓦箍头脊，排山勾滴，砖雕墀头，“福”“寿”字纹勾头，前后廊，彻上明造，4 架梁，后改为玻璃门窗，砖阶 4 级，建月台。山门前有古槐 1 株，胸径 1.25 米。另有旗杆石两块和记碑两块。清代重修。1941 年部分殿宇被用作本村初小校舍。新中国成立后村公所设此，以后一直为生产大队和村委会所占用。

## 西马坊天齐庙
Xīmǎfāng Tiānqímiào

位于通州区于家务回族乡西马坊村 69 号院。西临街道，北、东、南三面皆为民居。始建于明代。为道教与佛教合一的庙宇。其中，道教所信奉的东岳大帝为泰山神。唐开元十三年（725），封泰山神为天齐王，在各地为其所修庙宇皆称天齐庙。因是庙主祀碧霞元君，传说其为道教神明，又是东岳大帝的女儿，故此庙既称天齐庙也称娘娘庙。

是庙光绪二十二年（1896）重修。南向两进院落。前殿三间，供奉佛祖释迦牟尼。正殿 3 间，进深 3 间，供奉碧霞元君。东西耳房各两间。庙后西北不远处有一座砖塔和几座和尚坟。新中国成立前后占用部分殿房作为本村初小校舍。二十世纪六七十年代，学校迁出，拆除前院建筑，后院易作生产队库房。今仅余正殿和东西配殿。建筑面积 57.6 平方米。正殿 3 间，大式作法，硬山筒瓦卷棚顶，排山勾滴，砖雕墀头、博风头，飞檐，前后廊推出，彻上明造，5 架梁，一整二破旋子彩画，方砖墁地，古镜式柱础，台基表石下砖，明间6抹隔扇门四扇后改。次间坎墙上隔扇窗后改。东西配殿亦后改。

## 中山街关帝庙
## Zhōngshānjiē Guāndìmiào

位于通州区北苑街道新华西街16号，中山街小学校内。北至新华大街，南至教学楼，西至区教师进修学校，东为拆迁空地。建筑面积80.29平方米。明正统十四年(1449)通州新城建成，此街（即新城大街）便成为商贾行旅自运河北端码头入京的必经之地。沿街商户为保佑其买卖兴隆、财源不断，特于此建关帝庙主祀财神关羽，故名。

是庙明建清修，民国年间被辟为小学校，后又曾改修。今仅余正殿3间，小式作法，硬山筒瓦，后改为元宝顶，彻上明造，5架梁，玻璃门窗。院内殿前有古槐1株，胸径1.17米，冠径27米，干枝峥嵘。院落东部有古刺槐1株，胸径0.88米，高约15米，为本区内现存刺槐最大者，为清同治六年（1867）美国耶稣教教士首至通州传教时所植。

## 里二泗佑民观
## Lǐ'èrsì Yòumínguàn

位于通州区张家湾镇里二泗村西北角处，北临大运河故道。东、西临民居，南、北临街道。元时于此建立天妃宫，供奉天妃即海神妈祖林默娘。其时，宫前万艘骈集，南来北往的各色人等为保旅途平安，便登岸入观祈祷天妃保佑。明嘉靖年间在道官周从善的主持下对天妃宫进行了增修和扩建，十四年（1535）告竣，上奏朝廷后，笃信道教的嘉靖皇帝取“保佑民众”之意赐名为“佑民观”，故名。为道教庙宇。俗名天妃庙。

是庙原北向，四进院落，东边两进跨院。占地面积7130平方米。中轴线上主体建筑依次为：木制牌楼，四柱三楼，俱悬山调大脊，筒瓦顶。平身科斗拱五昂十一彩，丁头拱雀替。四柱各有两根圆体石戗柱，4组夹杆石屏雕作须弥座。北面门额匾横书两行，上者窄小为“敕赐佑民观”，下者宽大为“古迹里二泗 康熙三十九年岁次庚辰夏日 总督仓场户部侍郎石文桂重修”；南面门额横书“保障漕河”4个大字，为康熙御笔。继而乃山门殿3间，大式作法，硬山筒瓦调大脊，明间为通道，前后廊，彻上明造；东西旁门各1间，小式，无梁，砖砌仿木结构。山门后为钟、鼓二楼，分东、西对峙于旁门以外，大式歇山重檐，筒瓦顶。楼后即为四重殿宇。一重殿为关帝殿，亦大式，硬山筒瓦卷棚顶，苏氏彩画亦硬活，木架，装修同山门；东西配殿各3间，大式同山门，前出廊，平顶嵌砖雕花卉。二重殿为大雄宝殿5间，内奉十八罗汉，俗称罗汉殿，制同山门。三重殿为金花圣母殿5间，勾连搭两卷，悬山筒瓦顶，前卷箍头脊，后卷调大脊，前出廊，井口天花，六抹三交六椀隔扇各四扇，苏式彩画。四重殿为玉皇阁，5间两层，顶式装修，上层供奉三清天尊，下层奉祀四御大帝，同白云观。二、三重殿都有东西配殿各3间，亦大式，硬山筒瓦卷棚顶，前出廊。观周设围墙，玉皇阁两侧各设小式后门各1间，二、三重殿东侧围墙各设便门1间，通东跨院。东跨院分为两部分，北部分为南向两进院落，前有正门1间，后有前后殿各3间。南部分建西向房三重各3间。是观每年农历正月十五和五月初一前后均举行盛大庙会，一直持续到中华人民共和国成立初期。同时观前曾为水运码头，当年码头上货物云集，人如潮涌，一派繁忙兴旺景象，至清嘉庆十一年（1806）运河改道后盛况难再。是观分别于万历十年

（1582）、崇祯八年（1635）和清顺治八年（1651）、康熙三十九年（1700）、乾隆五十七年（1786）以及民国年间进行了重修。新中国成立初期，本村在东跨院设初级小学。1958 年于观内设里二泗中学。此后开始对观内设施进行随意拆改，到 1959 年 6 月，观内仅余牌楼、关帝殿、罗汉殿及如意坛之建筑，另有 10 块残碑仆置于地。1982 年 4 月，主路建筑皆拆除，均改建为教室，只存如意坛院和国家一级古槐一株、各种记碑、残碑数块。1990 年，小学校迁走，如意坛院随之拆除。2003 年，在主路遗址处重建，改北向为南向，其主要建筑有：牌楼一座、关帝庙及东西角门、东西钟鼓楼、罗汉殿、娘娘殿及东西配殿、玉皇阁及东西配殿等。

## 贾后疃天主教堂
## Jiǎhòutuǎn Tiānzhǔjiàotáng

位于通州区潞城镇贾后疃村中。清光绪二十四年（1898）建。因教堂位于贾后疃村内，故名。

教堂原坐西朝东，长约 40 米，宽 15 米，古罗马式建筑，砖木结构，由祭台、听道厅、唱经台与钟楼等部分组成。另附建一座修女院。1927 年至 1946 年间先后有四位神父在此传教，教徒多为今河北省大厂县谭台、三河市城子、香河县八百户及通县卜落垡、榆林庄、豆各庄、王庄、六合等村民众。新中国成立前夕，为配合做好宣传，教师曾集训于此。1955 年至 1956 年仍有神父传教。1958 年春停止活动，教堂改为小学校。“文化大革命”期间曾用作礼堂、仓库。1973 年拆除教堂，仅余神父居室数间。1984 年全部拆除。1986 年北京市天主教爱国会拨款 5 万元，通县人民政府补助 1 万元，教友集资 4 万元重建教堂。新建教堂坐北朝南，仿北京宣武门外南堂形制，但顶部砖砌锥形体装饰部分未能达到设计高度，建筑面积 600 平方米，可容纳 400 人听道，由祭台、听道厅、唱经台与钟楼四部分组成，钟楼最高为 17 米。2006 年底拆除教堂在原址再次重建，2008 年 7 月落成。

## 马驹桥遗址
## Mǎjūqiáo Yízhǐ

位于通州区马驹桥镇北门口村与河北段村之间。横跨于浑河（今凉水河）之上，俗称压浑桥。辽、金时期，为便于南北往来，曾在此架木桥 1 座。因桥南为马驹里，桥便约定俗成称马驹桥。元代以后随着交通日盛，过往车辆渐增，木桥难以承载。明天顺七年（1463）春，英宗以架桥为先务不可缓办为由，命出国帑建起石桥，并赐名“宏仁”。

宏仁桥为九券石拱桥，南北向，“长二十五丈，广三丈”，两侧护以石栏，“精致工巧，无以复加”。清乾隆三十八年（1773）春，重修此桥，次年春告竣。新桥长未变，广减为 2.5 丈，变 9 孔为 7 孔，仍为拱桥，较原桥壮固有余，变名马驹桥。1930 年再次重修。1958 年 7 月被公布为通州区文物保护单位。1960 年春拆除此桥另建新桥，原桥基保留。

# 第二节 景 区

## 大运河森林公园
Dàyùnhé Sēnlín Gōngyuán

位于北运河通州段两侧，北起六环路潞阳桥，南至武窑桥，全长约8.6千米，总面积约7.13平方千米。其中水面面积约1.67平方千米，森林面积约5.47平方千米。因公园位于大运河畔，且以森林为主，故名。为国家AAAA级旅游景区。公园于2009年4月开工建设，2010年9月开园。主要景区为“一河、两岸、六园、十八景”。一河，即北运河；两岸，即两岸堤路景观；六园，即潞河桃柳、月岛闻莺、银枫秋实、丛林活力、明镜移舟、高台平林；十八景是：桃柳映岸、榆桥春色、茶棚话夕、皇木古渡、长虹花雨、月岛画境、湿地蛙声、半山人家、银枫秋实、枫林茗香、大棚囤贮、风行芦荡、丛林欢歌、双锦天成、明镜移舟、平林烟树、枣红若涂、高台浩渺。

## 北京韩美林艺术馆
Běijīng Hánměilín Yìshùguǎn

位于通州区梨园镇境内九棵树东路68号。占地面积2.5万平方米，建筑面积1.2万平方米。因馆内展品均为韩美林创作的艺术品，故名。2008年6月25日落成并对外开放。为国家AAAA级旅游景区。艺术馆设11个展厅，展厅面积约4000平方米，包括北展区的序厅、陶瓷馆、专题馆、雕塑馆、书画馆、公教厅；南展区的设计馆、手稿馆、紫砂馆、城雕厅等。展品2600余件，包括绘画作品、书法作品、陶瓷作品、雕塑作品等。其中，九骏图、天书、钧瓷大瓶等为镇馆之宝。

## 通州运河公园
Tōngzhōu Yùnhé Gōngyuán

位于北运河通州城市段东岸沿线。北至北关闸，东至北运河防洪堤，西至滨河西路，南至六环辅路。总面积368万平方米。是在原运河文化广场、奥体公园、生态公园三个景点基础上改、扩建而成。因毗邻北运河，故名。为国家AAA级旅游景区。北部有运河千年步道、帆船灯、运河仿古钟、水源头石阵、亲水平台、滨水步道、城市雕塑、文化石等景观。其中运河千年步道为石材雕刻而成，全长226米，宽4米，刻有描述运河历史上14件大事的浮雕，直观形象地展示了运河的历史风貌。中部有樱花广场、帆影广场、鱼跃广场。其中帆影广场设有4座以群帆起航为主体的汉白玉雕塑，高6～10米；鱼跃广场设有高8米，造型独特的翻腾水浪、腾空跃起的鱼群不锈钢雕塑。最南端有人工湖、广场、长廊、拱桥、假山、园林小品、雕塑等。

## 中国民兵武器装备陈列馆
Zhōngguó Mínbīng Wǔqì Zhuāngbèi Chénlièguǎn

位于通州区永顺镇境内陈列馆路25号。占地面积5.6万平方米，建筑面积1.6万平方米。因是以展示中国民兵及武器装备发展历史为主题的大型军事展馆，故名。1991年始建，1998年10月建成开馆。为国家AAA

级景区。建有室外雕塑群、序厅、中国民兵发展史厅、轻武器博览厅、炮厅、室外炮场和激光模拟射击厅，展出武器装备和历史文物2万余件。是全国唯一以中国民兵发展历史和武器装备发展过程为主题的大型军事展馆，为北京市国防教育基地。

## 西海子公园
Xīhǎizǐ Gōngyuán

位于西海子西街12号，北运河与通惠河交汇处西南隅。北至通州北关，东至吉祥园，南至多福巷，西至天桥湾。公园占地14万平方米，水面面积5.3万平方米。因辽、金、元时期称水面较大的湖塘为海子，通州旧城之北有东西二海子，此处海子位于西，故名。西海子古称“璧湖”，因修建燃灯塔及文庙取土而形成，后成为一片池塘。1936年，汉奸殷汝耕在此修建后花园。新中国成立后，西海子正式辟为公园。1985年改建。现有南北二湖，湖面建仿古长廊；有燃灯佛舍利塔；有市级文物保护单位明代进步思想家李卓吾（李贽）墓及“塔榆”、假山等景观。

# 第六章　生产建筑

历史上，通州属农业发达地区。新中国成立后，为改变落后的生产条件，全区持续开展了农业水利建设。二十世纪50年代，疏挖和整治境内河流和自然排水沟。从1960年开始大规模进行农田除涝工程，开挖主沟32条，支沟78条。1970年以后，沟、路、林、渠统一规划，旱、涝、盐碱综合治理，改造和扩建原有灌排工程，按20年一遇标准开挖灌排两用主、支沟渠。到1996年，全区有主沟80条，支沟100余条，斗沟、农沟8000条，建排涝站32处，建闸211座、涵42座、桥560座，流域面积683平方千米，控制面积53.3万亩，达到日降雨200毫米不涝地。1997年后，先后实施橡胶坝建设、灌区改造、水网工程、节水工程，实现了旱能浇，涝能排。随着农业产业化进程的加快，从二十世纪末开始，全区逐步形成了部分种、养殖业的示范园区，这些园区集种植、养殖、品种改良、科技示范、观光旅游等于一体。

1992年，通州始建工业开发区。1997年始，在工业开发区基础上开展园区建设。各园区配备了完善的基础设施，具备了高效齐全的配套服务功能，形成了在规模、资源、管理、成本等各方面的竞争优势。

## 第一节　农　业

### 金福艺农生态农业园
### Jīnfúyìnóng Shēngtài Nóngyèyuán

位于台湖镇胡家垡村。是一家集设施种植、观光采摘、科技示范、科普教育、生产生活生态于一体的现代大型都市生态农业园。园区总面积3000余亩，主要园区面积约1000亩，其中设施面积230亩，拥有日光温室、春秋棚、自动化连栋温室等。园区有名、特、优、新10多个品系近50个瓜菜新品种，其中以西甜瓜、五彩番茄、水果黄瓜、彩色甜椒为主打产品。园区采用集约化育苗、测土配方施肥与智能滴灌相结合、绿色植保防控、智能数字化控制和对产品进行严格分级包装等商品化处理等先进技术，建立了完善的投入品管理、生产档案、产品检测、基地准出、质量追溯等跟踪记录。园区注册了“金福艺农”农产品品牌，全部产品获无公害认证，西红柿、西瓜产品获有机认证。2006年建立。

### 北京市红樱桃园艺场
### Běijīng Shì Hóngyīngtáo Yuányìchǎng

位于西集镇，总面积109.5亩，樱桃面

积 79.5 亩，其中设施樱桃面积 19.5 亩，主要品种有红艳、红灯、美早、早红宝石、先锋等。樱桃采摘时间从每年 4 月下旬开始至 6 月下旬结束。自 2006 年通州区举办樱桃品质擂台赛以来，园艺场连续 5 年获得第一名。2008 年荣获奥运推荐果品评选唯一金奖。2010 年荣获中国（北京）樱桃品质擂台赛金奖和“最受市民欢迎的观光采摘园”称号。

## 北京金盛强农业观光园
Běijīng Jīnshèngqiáng Nóngyè Guānguāngyuán

位于通州区台湖镇前营村。是一家将花卉产业与旅游产业有机结合的花卉农业观光园区。园区占地 199.5 亩，建有花卉种植温室、花卉植物观赏展厅等设施，主要品种包括一品红、红掌、丽格海棠、铁线蕨、幸福树、小椰子、小榕树等。2005 年建立。

## 鑫淼水产良种场
Xīnmiǎo Shuǐchǎn Liángzhǒngchǎng

位于通州区张家湾镇张凤路月亮湾桥北。为国内首家观赏鱼国家级良种场，具备观赏鱼品种改良、优质亲鱼、后备亲鱼与苗种供应的能力。建有精品观赏鱼展示厅 1320 平方米，现代化繁育车间 5400 平方米。2014 年孵化优质锦鲤水花 4000 万尾，草、金鱼鱼苗 1 亿尾。是集生产、出口、休闲、科普教育于一身的现代都市型渔业综合基地。

## 北关拦河闸
Běiguān Lánhézhá

位于通州区永顺镇北运河起点处。因临近北关，故名。又因桥闸合建而称北关拦洪闸桥。明清时期，此处为京师通往冀东的交通要道，曾建有浮桥（以船代桥）一座，加之位于州城以北，故名北浮桥。1935 年弃船架木桥，夏季水发桥被冲毁，仍以船为之。1939 年为沟通京东各地交通运输重建木桥。二十世纪 60 年代初，为增强北运河下游防洪抗洪能力，于此处建起了拦河闸桥。是闸 1960 年 3 月动工，当年 10 月竣工。为开敞低坝实用堰型，闸室为钢筋混凝土整体结构，弧形钢闸门，12 孔，电动启闭。设计蓄水位 20.5 米，蓄水量 790 万立方米。可为下游榆林庄等闸调节水量，设计灌溉面积 51 万亩。1976 年地震后，蓄水位和蓄水量均有所下降。

## 北关分洪闸
Běiguān Fēnhóngzhá

位于通州区永顺镇北关拦河闸东运潮减河起点处。因临近北关，用于分导温榆河洪水，故名。1962 年，为分导温榆河汛期洪水入潮白河，开挖运潮减河，并于此建分洪闸，1963 年汛前基本竣工。是闸为闸桥结合的中型永久性两用建筑。闸型为开敞式平底实用堰型，闸门为弧形钢门。保证蓄水位 23 米，保证流量 900 立方米 / 秒。

## 北关分洪枢纽拦河闸
Běiguān Fēnhóng Shūniǔ Lánhézhá

位于通州城北关通惠河、北运河与运潮减河交汇处。因位于北关，由拦河闸和分洪闸组成，故名。2007 年 11 月开工建设，2008 年 12 月 12 日通过验收。该闸关系到北京、河北、天津三省市北运河防洪安全的控制性工程。其中拦河闸采用闸、桥合一设计，分洪闸采用常规闸型。河道洪水设计 50 年一遇，洪水校核标准 100 年一遇。分洪枢纽实现了控制、监测自动化，为实现数字北运河奠定了基础。该闸的建成消除了北运河北关旧闸的安全隐患，对提高通州新城防洪能力，完善城市水系布局、合理利用水资源、重现运河源头历史风貌起到了重要作用。

## 通惠闸
Tōnghuì Zhá

位于通州区永顺镇内的通惠河上，故名。1970 年，为沟通通惠河南北两岸交通和节流蓄水，于此建闸桥一体两用的新桥闸。其闸为活动闸门，架式启闭。1980 年改建为直起固定卷扬机启闭。闸型属开敞薄壁孔，混凝土闸门，正孔 6 孔，边孔 2 孔。蓄水 35 万立方米，保证流量 388 立方米 / 秒。永顺、梨园、张家湾等镇农田受益面积 1 万亩。2012 年废弃，改建为新惠桥。

## 运潮减河闸
Yùncháo Jiǎnhézhá

位于通州区永顺镇北关分洪闸下游，京哈高速路南侧。因用于拦截运潮减河水，故名。2009 年 7 月建成。该闸是北关分洪枢纽改建工程的重要组成部分，采用桥闸合一设置，设计标准为 50 年一遇洪水，100 年一遇洪水校核。闸型为液压弧门，全闸 9 孔，净宽 90 米。闸室水流向总宽度 105.2 米，顺河向总长度 170.8 米。

## 刘庄闸
Liúzhuāng Zhá

位于通州区永顺镇小中河与中坝河汇流处南侧。因临近刘庄（今西刘庄），故名。1976 年建成，为闸桥一体的水利交通设施。闸型为开敞式宽顶堰，闸门为混凝土结构，固定卷扬机启闭。蓄水量 33.6 万立方米。1980 年后，因上游节流，基流下不来，只能利用北关闸蓄水回流于闸北，用以局部农田灌溉，保证流量 58 立方米 / 秒。今该闸由永顺镇水务所管理。

## 师姑庄闸
Shīgūzhuāng Zhá

位于通州区宋庄镇域内的运潮减河上。因临近师姑庄，故名。又因临近西堡，也称西堡闸桥。1969 年兴建，是运潮减河入潮白河处的一座大型闸桥一体的半永久性建筑设施。闸型为开敞式简易闸，混凝土结构，闸门为混凝土制成，架式启闭机。保证蓄水量 190 万立方米，保证流量 500 立方米 / 秒。1971 年疏挖翟减沟和丰字沟后，对潮白河引水入北运河起到调节和节制水位作用。

## 杨洼闸
Yángwā Zhá

位于通州区西集镇觅（子店）西（集）路所经的北运河上。因临近西集镇杨家洼，故名。始建于 1973 年 10 月。为截流榆林庄闸下泄基流和污水，以补灌溉水源之不足。是闸为大型永久性双管灌注桩钢混结构闸桥两用建筑。闸型为开敞直起平卧式平板闸，闸室为钢筋混凝土结构，钢闸门，11 孔，固定卷扬启闭机。2006 年 9 月拆除原闸，重建新闸，2008 年 6 月 12 日投入运行。重建后的新闸 15 孔，工程采用Ⅱ级建筑物，河道洪水设计标准由原 20 年一遇提高到 50 年一遇，河道洪水校核标准由原 50 年一遇提高到 100 年一遇。

## 榆林庄闸
Yúlínzhuāng Zhá

位于通州区漷县镇凉水河与北运河汇流处。因临近榆林庄，故名。建闸前，每年汛期前后当地社队都要在此处临时筑坝拦水浇地。1967年，为解决通州区中南部地区农田灌溉和防止污染天津饮水水源问题，开始筹备建闸事宜。1968年动工，1969年竣工蓄水。1973年结合北运河治理，为降低闸上游凉水河入口水位，又在此闸东侧20米处建新闸一座。两闸呈一西一东之势，中间以分水尖相连。西闸为开敞式平板闸，闸室为钢筋混凝土整体结构，平板钢闸门，10孔。架式启闭机，后改为直起平卧式固定卷扬启闭机。东闸为开敞式平板闸，闸室为钢筋混凝土整体结构，平板钢闸门，5孔。两闸建成后总蓄水量达到640万立方米，并为上游儒小沟、沙尹沟、武兴沟、枣凤沟等引水，为下游杨家洼闸、田村闸、军屯闸等调节水量发挥重要作用。

## 田村拦河闸
Tiáncūn Lánhézhá

位于通州区漷县镇域内的凤港减河上。因临近田村，故名。1970年，为拦蓄北运河与凤港减河水灌溉农田，该地曾建简易闸一座，但因河底宽，断面小，且闸底高程高出河底1.4米，使凤港减河沿岸80平方千米低洼地汛期积水顶托，造成内涝。1977年，拆除旧闸，在下游150米处另建新闸。闸型为开敞宽顶堰。蓄水位14.5米，蓄水量100万立方米，保证流量164立方米/秒。直接为永乐店地区东风干渠、胜利沟、团结沟引水，为漷县、张家湾镇域凤港减河、港沟河沿岸的扬水站补充水源。

## 军屯闸
Jūntún Zhá

位于通州区漷县镇凤港减河东段起点处。因临近军屯村，故名。1970年，为防止凤港减河西段污水通过东段进入北运河，在港沟河东岸兴建此闸，以节流蓄水灌溉农田。该闸为闸桥一体的中型永久性水利设施。混凝土结构，平板钢闸门。蓄水量30万立方米。保证流量164立方米/秒。可灌溉漷县等镇5万亩农田。

## 小屯闸
Xiǎotún Zhá

位于通州区漷县镇小屯村南凤港减河上。因临近小屯村，故名。1992年，为截流运潮减河下泄基流和污水，以补灌溉水源不足而建此闸。闸体为混凝土结构，6孔，单孔高6米，钢筋混凝土闸门，电动启闭，闸体高程8.5米，门顶高程11.2米。建成后蓄水70万立方米，设计流量167立方米/秒，相当于20年一遇行洪排涝标准。

## 马营闸
Mǎyíng Zhá

位于张（家湾）凤（河营）公路所经的凉水河上。因南近马营，故名。此处原有一座木桥，1969年拆去旧桥，建成钢混结构中型永久性闸桥。闸型为开敞宽顶堰，闸门为钢结构，双吊点螺杆电动启闭。最大蓄水量93万立方米，设计灌溉面积2.5万亩，实际灌溉面积1.5万亩，保证流量530立方米/秒。2005年，为拦蓄洪水和涵养回补地下水源，改善生态环境，提高河道防洪能力，拆除旧闸另建新的节制闸。新闸主体均为钢筋混凝土结构，采用开敞式结构形式。共7孔。该闸由凉水河管理所管理。

## 张湾闸
Zhāngwān Zhá

该闸原位于张凤路老路所跨萧太后河上，张凤路改线后，原闸（盐桥闸）拆除，下移至今张家湾村东萧太后河上。闸为7孔，长43.5米，钢筋混凝土闸板，螺旋丝杠启闭机。2005年建成，由张家湾水务一所管理。

## 牛房闸
Niúfáng Zhá

位于通州区马驹桥镇南凤港减河上。因临近大兴区长子营镇牛坊村，故名。1975年，为节流蓄水和沟通与大兴区的联系，在此建成桥闸一体的两用新桥。闸为混凝土结构，闸型为开敞宽顶堰。蓄水量15万立方米。该工程按20年一遇洪水设计，保证流量50立方米/秒。可使马驹桥镇及大兴区牛房村1万亩农田得到灌溉。

## 大高力闸
Dàgāolì Zhá

位于通州区张家湾镇大高力庄南萧太后河上。因临近大高力庄，故名。2009年，为合理配置北运河水系水资源，解决农业灌溉用水问题，增加河道蓄水能力，在实施北京市东南郊水网（通州区）工程中修建此闸。2010年底竣工并投入使用。闸共7孔，单孔净宽4米，闸室长10米，宽34.4米，顺水流长度81.5米，蓄水位19.9米。

## 新河闸
Xīnhé Zhá

位于通州区台湖镇潞（观）大（地）路所经的凉水河上。因临近新河村，故名。1976年竣工蓄水。此处元代以后一直建有木桥，称天津桥。《漷县志》载：“天津桥俗呼新和（河）店桥，元总管郭汝梅建，在县西北二十五里。”1975年，为截流蓄水灌溉农田，沟通凉水河南北两岸交通，拆除木桥，建起闸桥一体的两用新桥。闸为开敞式直起平板型，闸型为钢筋混凝土结构，11孔，平板钢筋混凝土闸门。电动卷扬机启闭。蓄水量112万立方米，灌溉面积8万亩，保证防洪流量530立方米/秒。为凉水河上最大的一座水闸。为凉水河事务中心所属。

## 田府闸
Tiánfǔ Zhá

位于通州区台湖镇田府村北萧太后河上。因临近田府村，故名。2001年，为拦蓄萧太后河下泄基流和污水，以补灌溉水源不足而建此闸。设计标准为5孔4×3钢筋混凝土结构。工程完工后增加蓄水50万立方米。由台湖水务一所管理。

## 朱家垡闸
Zhūjiāfá Zhá

位于通州区台湖镇朱家垡村西萧太后河上。因临近朱家垡，故名。2004年，为拦蓄萧太后河下泄基流和污水，以补灌溉水源不足而建此闸。闸为三级建筑，采用开敞式结构形式，共7孔，防洪标准按50年一遇洪水设计，过闸流量245立方米/秒。由台湖水务一所管理。

## 马驹桥闸
Mǎjūqiáo Zhá

位于通州区马驹桥镇通（州）黄（村）和漷（县）马（驹桥）公路交会处的凉水河上。因紧邻马驹桥村，故名。1961年建成。此处隋末唐初有一座简易木桥，明代天顺八年（1465）改建为石桥，明英宗恩赐名“宏仁”桥。1961年，在全面治理凉水河时，将此桥改建为闸桥一体的两用桥闸。闸型为开敞宽顶堰，蓄水位25.85米，保证流量317立方米/秒，蓄水量60万立方米。桥闸建成后，修建马驹桥干渠自闸前引水东流，连接各支渠，使马驹桥镇和大兴区部分地区直接受益，农田灌溉面积达15万亩。由通州区新河灌区管理所管理。

## 于家务闸
Yújiāwù Zhá

位于通州区张（家湾）凤（河营）公路所经的凤港减河上。因临近于家务村，故名。又名凤港减河闸桥。1960年在疏挖凤港减河时于此处建木桥一座。1979年，为提高通行能力和节流蓄水以利灌溉，拆掉木桥，建成桥闸一体的两用桥。闸型为开敞宽顶堰，油压启闭机。蓄水量35万立方米，保证流量90立方米/秒。为马驹桥镇和永乐店西部地区及沿河扬水站提供水源，灌溉面积7万亩。由于家务水务管理所管理。

## 刘庄橡胶坝
Liúzhuāng Xiàngjiāobà

位于通州区永顺镇北部小中河上。因临近刘庄（今西刘庄），故名。由于小中河河道加宽，原刘庄闸已失去调节水位的作用，2000年，拆除旧闸改建橡胶坝。坝为1孔斜坡式充水橡胶坝，坝底高程17.5米，坝顶高程20米，坝长55米，坝高2.5米。投入运行后，增加蓄水量100万立方米，年可回补地下水150万立方米，改善农田灌溉面积3万亩。已废弃。

## 草寺橡胶坝
Cǎosì Xiàngjiāobà

位于通州区宋庄镇小中河上。因临近草寺村，故名。1995年2月动工，当年5月竣工蓄水。该坝为斜坡式，底宽20米，坝袋长33米，坝底高程18.65米，坝顶高程21.15米，坝袋高 2.5米。蓄水量100万立方米，改善农田灌溉面积1.5万亩。已废弃。

## 白庙橡胶坝
Báimiào Xiàngjiāobà

位于通州区宋庄镇潮白河上。因临近白庙村，故名。1995年3月动工，当年6月正式蓄水投入使用。坝全长256.4米，分3孔，每孔85米，坝高3米，坝底高程18米，顶高程21米。设计防洪标准为20年一遇，50年一遇校核。蓄水量70万立方米，改善农田灌溉面积2万亩。蓄水量800万立方米，年可回补地下水1500万立方米，改善农田灌溉面积10万亩。

## 大庞村橡胶坝
Dàpáng Cūn Xiàngjiāobà

位于通州区宋庄镇中坝河上。因临近大庞村，故名。1996年3月动工，当年6月正式蓄水投入使用。坝为斜坡式，底宽15米，长25米，高2.5米，坝底高程19米，蓄水高程21.5米。蓄水量40万立方米，可改善灌溉面积 2.5 万亩。已废弃。

## 师姑庄橡胶坝
Shīgūzhuāng Xiàngjiāobà

位于通州区宋庄镇运潮减河上。因临近师姑庄，故名。该坝是北京市东南郊水网（通州区）工程的一部分，2009 年 9 月 10 日开工，12 月底完成主体工程。为充水枕式斜直墙坝，坝底长 100 米，高 4 米，坝底高程 15.5 米，总蓄水能力 327 万立方米，蓄水面积 114 万平方米。该坝建成后，可截取北运河来水 2000 万立方米，并通过翟减沟、减运沟、丰字沟为运潮减河南部地区增加农业灌溉用水。

## 兴各庄橡胶坝
Xīnggèzhuāng Xiàngjiāobà

位于通州区潞城镇潮白河友谊大桥上游 36 米处。因临近兴各庄村，故名。1994 年，为充分利用潮白河水源而兴建此坝。当年 3 月动工，7 月底正式充坝蓄水。此坝坝底高程 14.8 米，坝高 3.2 米，蓄水高程 18 米。共分 3 孔，每孔净宽 101 米，总长 304.4 米，全长 57 米。蓄水量 1200 万立方米，年回补地下水 1500 万立方米，改善农田灌溉面积 10 万亩。

## 潞湾橡胶坝
Lùwān Xiàngjiāobà

位于通州区潞城镇甘棠桥上游 150 米处。因位于潞城镇，故名。2002 年 3 月开工，年内大汛前投入试运行。坝为枕式，总长 181.6 米，分 3 孔，每孔净长 60 米，坝高 4 米。蓄水量 400 万立方米，蓄水面积 130 万平方米，改善农田灌溉面积 3 万亩，同时还可涵养回补地下水源，改善生态环境。设计行洪标准为 20 年一遇，50 年一遇洪水保坝，建设等级Ⅳ级，地震设防烈度为 8 度。

## 于辛庄橡胶坝
Yúxīnzhuāng Xiàngjiāobà

位于通州区西集镇潮白河上。因临近于辛庄，故名。1997 年建，坝长 300 米，分 3 孔，坝高 2.4 米，坝底高程 13.6 米，设计防洪标准为 20 年一遇，50 年一遇校核。坝前蓄水量 350 万立方米，并与上游兴各庄和白庙橡胶坝形成梯级蓄水，年可回补地下水 800 万立方米，改善农田灌溉面积 5.5 万亩。

## 罗庄橡胶坝
Luózhuāng Xiàngjiāobà

位于通州区漷县镇港沟河上。因临近罗庄村，故名。1995 年 5 月动工，当年 6 月竣工蓄水。蓄水量 70 万立方米，改善农田灌溉面积 2 万亩。竣工后移交当时觅子店水管站管理使用。2010 年进行维修，更换了橡胶坝体。现由漷县镇水务二所管理。

## 海子湾橡胶坝
Hǎiziwān Xiàngjiāobà

位于通州区张家湾镇凉水河上。因临近海子湾，故名。2008 年 4 月开工，当年 10 月投入运行。是张家湾镇坑塘雨洪利用工程的重要组成部分。建筑设计等级为Ⅱ等 2 级，采用枕式橡胶坝袋，坝长 100 米，坝高 3.5 米，拦水高程 18 米。蓄水量 110 万立方米。作为通州区自动化管理的首座橡胶坝，对全区水务设施实现科学化、自动化管理具有重要意义。原由凉水河管理所管理，现已拆除。

## 水南橡胶坝
Shuǐnán Xiàngjiāobà

位于通州区台湖镇通惠北排干渠入凉水河河口下游。因临近水南，故名。该坝是北京市东南郊水网（通州区）工程的一部分，2009 年开工，12 月底完成主体工程。为充水枕式直墙坝。长 90 米，高 4 米。总蓄水能力 163 万立方米，总蓄水面积 57 万平方米。已拆除。

## 大松垡橡胶坝
Dàsōngfá Xiàngjiāobà

位于通州区马驹桥镇凤港减河上。因临近大松垡村，故名。1995 年 2 月动工，当年 5 月竣工蓄水。该坝为斜坡式，底宽 22 米，坝袋长 35 米，坝底高程 15.5 米，坝顶高程 18 米，坝袋高 2.5 米。蓄水量 100 万立方米，改善农田灌溉面积 2 万亩。

## 潮白引水
Cháobáiyǐnshuǐ

位于通州区宋庄镇与顺义区交界处南侧。因引潮白河水以济潮白故道（中坝河），故名，此前也曾称平（家疃）港（北）沟。1964 年，为解决区域北部灌溉水源不足而建此引水工程。东起港北村北，即河北省三河县杨庄土坝，经平家疃，引潮白河水西流入潮白河故道，再入小中河、温榆河、北运河。引渠平时流量 15 立方米 / 秒，密云水库放水时流量可达 40 立方米 / 秒。并建进水闸 1 座，桥梁 8 座，渡槽 1 座。工程完工后，解决了沿河两岸 11 个乡、221 处扬水站和漷县灌区灌溉用水源，受益总面积达 24.4 万亩。1982 年，顺义县境内建闸，非汛期关闭，致使下游河道干涸，潮白引水废置。1985 年，进水闸交潮白河道管理所管理，潮白引水交由徐辛庄镇管理。

## 运龙引渠
Yùnlóng Yǐnqú

位于通州区漷县镇东部。因起止点分别为北运河与凤港减河（凤港减河原名龙凤减河），故名。自漷县镇南马庄村北北运河右岸，经张庄西口，再穿京津公路，至凤港减河（原称龙凤减河）左岸，穿过 3 排直径 150 厘米的水泥管倒虹吸与大梁沟连接。1973 年建，是北运河治理工程的一部分，属杨家洼闸配套工程，是排泄北运河杨家洼闸以上至榆林庄闸间所蓄污水的渠道。此渠将北运河污水导入大梁沟，排入港沟河，即可灌溉农田，又可减少污水下泄天津市。渠道全长 2.5 千米，在进水口处建进水闸 1 座，流量 8 立方米 / 秒，每年通过大梁沟灌溉农田 3 万亩。现由通州区漷县镇水务二所管理。

## 漷县一干渠
Huǒxiàn 1 Gànqú

位于通州区漷县镇中部。因是漷县镇一条开挖最早的主干引排水渠道，故名。1958 年建，渠首原在漷县水库东南角围堤，引水库水自流灌溉。水库废除后，改在漷县退水闸东侧，沿港沟河左侧东南流至穆家坟村南。干渠属半填半挖渠道，长 13.7 千米，自流灌溉面积 5 万亩。建进水闸 1 座，流量 5 立方米 / 秒。1962 年疏挖凤港河时，于西黄垡将干渠切割为南北两段，并在凤港减河建倒虹吸工程使南北两段连接，干渠进水流量 5

立方米／秒。并建支渠10条和一分干渠1条，在支渠首建10处节制闸。1980年，因水源不足，重新调整干渠的水利布局，将凤港减河以南的干渠和5条支渠废掉，以北的6千米长的干渠疏挖成灌排两用沟，5条支渠废掉。地表水灌溉面积减至1.1万亩。现无支渠，仅余1尾闸及6节制闸。

## 通惠北干渠
Tōnghuìběi Gànqú

位于朝阳区东部和通州区西南部地区。因水源引自通惠河经高碑店污水处理厂处理后的污水，故名。北起朝阳区高碑店通惠河拦河闸南侧，经朝阳区的高碑店、王四营和双桥地区南流，至台湖镇北堤村西入凉水河。1957年10月动工，1958年竣工。开挖目的是引通惠河经高碑店污水处理厂处理后的污水，解决通州区西南部地区农田灌溉问题。长17.5千米，进水口处建有进水闸1座，流量14立方米／秒，灌溉面积13.3万亩。有二支、三支、四支、五支4条支渠，每条支渠进水口均建有节制闸一座。原为自流灌溉，1972年后因地表水紧张，自流灌溉面积逐年减少，至1990年仅剩下1.2万亩。所属单位为凉水河事务中心。

## 通惠南干渠
Tōnghuìnán Gànqú

位于通州区西南部。起自凉水河高古庄叠梁闸南侧，东南流经小杜社村东、于家务村东、南堤寺村西、德仁务村西、半截河村东，至兴隆庄村东南入凤河。因其在凉水河以南（以北称通惠北干渠），故名。1957年10月动工，1958年竣工。此干渠与北干渠合称通惠干渠。开挖目的是引用通惠河经高碑店污水处理厂处理后的污水，解决通州区西南部地区农田灌溉问题。因工程较大时称“百里长渠”，是中华人民共和国成立后通州区境内开挖最早、规模最大、效益最好的一项水利工程。其中，南干渠全长19.6千米，建进水闸1座，流量10立方米／秒，灌溉面积20余万亩。南干渠建成使用后，由于干渠的一部和支渠的大部是地上渠，有的渠段水面高出地面1米多，还有的渠段为粉砂土质，土地渗漏和次生盐碱日益严重，因此干渠于1960年停用。1963年冬，开始对干渠和10条支渠进行改造。把地上渠改为地下渠，对粉砂段采取混凝土衬砌，并对干支渠的桥、闸进行了改建。改建后保留了节制闸、进水闸各5座。1979年，因水源紧张南干渠及其支渠全部废除。

## 马驹桥干渠
Mǎjūqiáo Gànqú

位于通州区马驹桥镇北部。因是马驹桥镇内一条主干渠道，故名。起于马驹桥拦河闸南侧，沿凉水河南岸东流至台湖镇高古庄南凉水河右堤止。建于1969年，1972年改建为半地下自流引渠，全长7.5千米，控制灌溉面积9万亩，实际灌溉面积5万亩。建进水闸1座，流量10立方米／秒。配套工程有南北走向的五条支沟，总长29千米。支沟首各建有节制闸或进水闸。干渠进水闸位于凉水河与新凤河汇流处右堤，1972年改建新闸，进水流量10立方米／秒。

## 胜利干渠
Shènglì Gànqú

位于通州区张家湾镇南部。干渠西起样田西凉水河右岸，经南大化，于垡头村东南入枣凤沟，为适应当时政治形势，故名。1977年，为解决当时牛堡屯镇北半部农田排灌而建，是张家湾镇一条排灌两用主干渠道。渠长8.3千米，连接7条支渠，过水流量18立方米/秒，灌溉面积5万亩。在进水处建进水闸1座，在7条支渠交会处各建节制闸一座。2003年至2014年，五支、六支节制闸分别改建为桥。在与枣凤沟会流处建退水闸1座。进水闸由新河灌区管理所管理，其余各闸由原牛堡屯乡管理。现进水闸由新河灌区管理所管理，其余各闸由张家湾水务二所管理。

## 东风干渠
Dōngfēng Gànqú

位于通州区永乐店镇西部地区。因干渠开挖于“文化大革命”期间，为适应当时的政治形势，故名。起自漷县镇东鲁村北，南流经草厂、南三间房东折，至前马坊村东南入马凤沟，为永乐店地区一条主要灌排渠道。1970年，由于原为该干渠提供水源的通惠南灌渠水源紧张，灌溉无保证，而北运河水源充足，故开挖此干渠，利用田村闸水位回水入凤港减河，然后通过此渠引水灌溉永乐店地区中东部农田。干渠长17.3千米，流量为10立方米/秒，灌排两用，流域面积29.1平方千米，灌溉面积4万亩。建引水闸1座。2007年至2012年，在通州区新河灌区再生水利用四、五期工程中，对此沟进行疏浚，新建、改建引水闸、节制闸各1座。节制闸5座。现由永乐店镇水务中心所管理。

## 翟减沟
Zháijiǎn Gōu

位于通州区宋庄镇东部。北起高古庄村北潮白河右堤，经翟里南至运潮减河，故名。1971年，为引潮白河水非汛期基流为师姑庄、榆林庄、杨家洼闸蓄水，灌溉沿岸及县域东南部农田而建。干沟，沟长11.83千米，最大流量20立方米/秒，建筑物12处（闸3座、桥9座）。此沟建成后，年引水量达3000万～5000万立方米。1982年后因潮白河在灌溉季节干涸而失去作用，管区合并，由榆林庄灌区管理。1985年，进水闸、退水闸改由潮白河道管理所管理，翟减沟交由宋庄乡（今宋庄镇）管理。现由通州区宋庄水务一所管理。

## 儒小沟
Rúxiǎo Gōu

位于通州区西集镇西部。西起榆林庄闸上左岸儒林村南，东至小屯村（双河村）东南入杜陈沟，故名。此沟为排灌两用沟，1970年建，支沟，长4.1千米，流量5.4立方米/秒。同时建小老沟、杜陈沟两条引水支沟以及北运河进水闸、新太平庄节制闸各一座。1985年以后因发展井灌停止引地表水灌溉，此沟停用，只用作排水。2012年，在进水闸新建排涝站，现由西集镇管理。

## 减运沟
Jiǎnyùn Gōu

位于通州区潞城镇中部。北起运潮减河右岸师姑庄闸西，南流至潞城镇大甘棠西入北运河，是连接运潮减河和北运河的一条灌排两用沟，故名。此沟是1979年为解决当时胡各庄与甘棠两乡农田排灌问题而挖。支沟，长5.2千米，灌溉面积1万亩。建进水闸、节制闸和退水闸各一座，流量分别为8立方米/秒。2010年，建新闸一座及3孔方涵，平板铸铁型式闸门。现节制闸已不存。由潞城镇政府管理。

## 大梁沟
### Dàliáng Gōu

位于通州区漷县镇东部。北起大柳树村北凤港减河倒虹吸南出口，南流经大柳树村西口、尚武集西口、边槐庄西口折入港沟河，故名。1970年建。1973年为配合北运河治理，将运龙引水导入港沟河扩建疏挖而成。支沟，长5.7千米，建进水闸、节制闸和退水闸各1座。2012年翻建大柳树进水闸，2013年翻建军屯退水闸。现由通州区漷县镇水务二所管理。

## 榆武沟
### Yúwǔ Gōu

位于通州区潞城镇中部。北起后榆林庄北潮白河右岸，经前榆林庄、小甘棠南流入武兴沟，故名。1974年建，是连通北运河与潮白河的一条排灌两用干沟，长3.75千米，流量10立方米/秒。配有进水闸1座、节制闸2座。1980年后因无水可引而失去作用。原由榆林庄灌区管理所管理，1985年交由潮白河道管理所管理。2010年改建小甘棠闸桥。2012年改建前榆林庄闸桥，实行桥闸分离。现沟渠由潞城镇政府管理，节制闸由潞城镇政府管理。

## 红旗沟
### Hóngqí Gōu

位于通州区于家务回族乡境内。因始挖于1971年，为适应当时的政治形势，故名。北起于家务回族乡东马各庄西凤港河右岸，往南4千米东折1.5千米，再南折4千米，再东折2千米，再南折3千米，入柏凤沟。为干沟，长14.5千米，排灌两用，流量10立方米/秒。1980年，在于家务村北凤港减河闸南侧建引水闸并开挖新沟，沿用“红旗沟”之名，原红旗沟改称西六支边沟。新沟南至南刘庄西南东折入胜利沟。全长8.6千米，灌溉面积1.5万亩。建进水闸1座，流量6立方米/秒。建节制闸2座。该沟已改称西六支边沟，进水闸由新河灌区管理所管理。

## 西排干渠
### Xīpái Gānqú

位于通州区台湖镇西部。因位于通州区台湖镇西部，故名。1958年建成通惠干渠后，将通惠河以南的半壁店、观音堂、大柳树排水沟及萧太后河拦腰斩断，致使通惠灌渠以西地区失去排水出路。为此，于1960年开挖此干渠。为干渠，长7千米，流量60立方米/秒。建进水闸1座，此后又于1962年进行了扩建，1965年完成了污水暗管工程，1982年12月至1984年3月完成了干渠衬砌工程。

## 沙尹沟
### Shāyǐn Gōu

位于通州区西集镇北部。因起于沙古堆村，至尹家河村，故名。1971年建，干沟，是连通北运河、潮白河的一条灌排两用沟，流经杜柳棵、西集。长12.2千米，流量20立方米/秒。配有杜陈沟、望金沟、协武沟、西河路边沟、于吕沟、侯肖沟等分支沟，并建有进水闸和退水闸各1座，节制闸2座。原进水闸由北运河管理事务中心管理，退水闸、望君疃节和前东仪节制闸由西集乡管理，1985年后，不再用于灌溉，只用作排水。

## 枣凤沟
Zǎofèng Gōu

位于通州区张家湾镇东部。因北起枣林庄村北的凉水河右岸，南流至后青山南入凤港减河，故名。1972年，为解决当时张家湾镇西南部和牛堡屯镇东部地区农田排灌问题而建。沟长7.3千米，流量23.5立方米/秒。建进水闸1座，节制闸3座。由张家湾水务一所管理。2006年，该沟下游仓上村东改建节制闸1座。现由张家湾水务二所管理。

## 德后北沟
Déhòuběi Gōu

位于通州区永乐店镇中部。因此沟原起于永乐店镇德仁务村西北，东流至后营村北入港沟河，故名。后此沟源头延至今于家务回族乡渠头村西北胜利沟，而名称未改。德后北沟为永乐店地区东西向的最大一条排灌河道，取地区吉语也称永乐河。1967年，为解决永乐店西部和北部地区排水灌溉问题，以及减轻南部边界排水压力所挖。为干沟，长11.5千米，流量18立方米/秒。建泄水闸1座。2007年至2012年，在通州区新河灌区再生水利用四、五期工程中，对此沟进行了疏浚，并新建、改建饮水闸、泄水闸各1座，节制闸2座。2007年至2012年，在通州区新河灌区再生水利用四、五期工程中，对此沟进行了疏浚，并新建、改建引水闸、泄水闸各1座，节制闸2座。现由永乐店镇水务中心所和于家务水务所管理。

## 柏凤沟
Bǎifèng Gōu

位于通州区于家务回族乡和永乐店镇南部。因起于马驹桥镇柏福村，东南流经小海子、胡村，至熬硝营村南入凤河，故名。1970年建，长17.9千米，流量40立方米/秒。2007年至2012年，在通州区新河灌区再生水利用四、五期工程中，对此沟进行了疏浚，并新建泄水闸1座。2007年至2012年，在通州区新河灌区再生水利用四、五期工程中，对此沟进行疏浚，本着引、蓄、灌、排的原则，新建泄水闸1座。现由永乐店镇水务中心所管理。

## 丰字沟
Fēngzì Gōu

位于通州区潞城镇西北部。因与东西走向的三条配套支沟形成一个“丰”字，故名。北起古城村东运潮减河右岸，南至郝家府村东南北运河左岸，是连通运潮减河与北运河的一条灌排两用沟。1971年，为补充榆林庄闸和杨家洼闸间北运河水量而建。干沟，沟长3.18千米，建进水闸和退水闸各一座，流量分别为20立方米/秒。2010年，建新闸1座及2孔方涵，平板铸铁型式闸门。由潮白河道管理所管理。

## 武兴沟
Wǔxīng Gōu

位于通州区潞城镇南部。因西起北运河，于兴各庄入潮白河，故名。1972年建，是连通北运河与潮白河的一条排灌两用干沟，长7.1千米，灌溉面积1.5万亩，20年一遇标准，过水流量10立方米/秒。同时疏挖了侉（子店）小（东各庄）沟和杜（柳棵）兴（各庄）沟。并建进水闸、退水闸、节制闸各1座。2010年，建新闸1座及2孔方涵，平板铸铁型式闸门。现退水闸已废弃，沟渠由潞城镇管理。

## 大军沟
Dàjūn Gōu

位于通州区漷县镇中东部。因西起军屯村西北凤港减河右岸拦河闸南侧，沿凤港减河右岸东流至大柳树村西入大梁沟，故名。1970 年建，利用军屯闸蓄水位，为大梁沟引污水灌溉农田。长 3.8 千米，建进水闸 1 座，进水量 2 立方米 / 秒。灌溉面积 1 万亩。2004 年实施半坡衬砌。2013 年对退水闸进行翻建。2004 年实施半坡衬砌。2013 年对退水闸进行翻建。现由通州区漷县水务二所管理。

## 杜兴沟
Dùxīng Gōu

位于通州区西集镇中部。因南起杜柳棵沙尹沟，北至潞城镇兴各庄，故名。1971 年建，干沟，长 4.6 千米，流量 12 立方米 / 秒。

## 牌楼营引水沟
Páilóuyíng Yǐnshuǐgōu

位于通州区张家湾镇中部。因西起牌楼营村西北凉水河右岸，入枣凤沟，故名。1980 年，为解决张家湾镇域西部农田排灌，利用张家湾闸蓄水灌溉而建，是张家湾镇西部重要引水渠道，经北何各庄西、大辛庄西、枣林庄北。沟长 5.1 千米，过水量 2 立方米 / 秒，灌溉面积 0.5 万亩。建进水闸 3 座，均为 1 孔。由张家湾水务一所管理。

## 张牛路沟
Zhāngniúlù Gōu

位于通州区张家湾镇中部。因沿张凤公路南流，经牛堡屯，故名。北起凉水河南岸齐善庄，至于家务村北入凤港减河。1969 年建，干沟，长 11 千米，流量 23 立方米 / 秒。建进水闸 1 座。2010 年，改建牛堡屯前街处退水闸。现为张家湾镇水务二所管理。

## 跃进沟
Yuèjìn Gōu

位于通州区永乐店镇东部。因开挖此沟时为改革开放之初，农村经济呈欣欣向荣的跃进景象，故名。北起漷县镇西黄垡村南港沟河，南流经永乐店镇陈辛庄、孔庄，至小安村南接马凤沟。1981 年，为解决永乐店东部地区农田排灌问题而开挖此沟。此沟为干沟，长 4.5 千米，流量 2 立方米 / 秒。建进水闸 1 座。2007 年至 2012 年，在通州区新河灌区再生水利用四、五期工程中，对此沟进行了疏浚，本着引、蓄、灌、排的原则，新建改建引水闸和节制闸各 1 座。现由永乐店镇水务中心所管理。

## 胜利沟
Shènglì Gōu

位于通州区于家务回族乡境内。为体现此沟的开挖是干部群众同心治水的胜利成果，故名。北起于家务回族乡南仪阁村西凤港减河右岸，经王各庄、小海子、枣林南流至临沟屯村西东折入柏凤沟。1979 年，由于为该地区提供水源的通惠南灌渠水源紧张，灌溉无保证，而北运河水源充足，故利用田村闸水位回水入凤港减河，再引水灌溉于家务回族乡大部农田而开挖此沟。属干沟，全长 17.5 千米，排灌两用，流量 10 立方米 / 秒，灌溉面积 3.5 万亩。并在进水口建进水闸 1 座，在渠头、仇庄、应寺各建节制闸一座。现由于家务水务所管理。

## 团结沟
Tuánjié Gōu

位于通州区漷县镇、于家务回族乡境内。因为此沟的开挖体现了团结治水的精神，故名。北起漷县镇西鲁村西北凤港碱河右岸，经西鲁村西南流，穿牛黄沟、神槐沟，在傅各庄村东南入德后北沟，并与其形成丁字交叉，故也称丁字沟。1980年，草厂、于家务和渠头三个分场紧密配合，共同开挖此沟。该沟为排灌两用渠道，利用田村闸蓄水位回水引水灌溉。为干沟，长8千米，流量2立方米／秒。建引水闸1座。现由于家务水务所管理。

# 第二节 工 业

## 北京通州经济开发区西区
Běijīng Tōngzhōu Jīngjì Kāifāqū Xīqū

位于张家湾镇北部。北至京津公路，东至翠柏路，南至广开街，西至垂柳路。面积约4.87平方千米。1992年成立，原名北京通州工业开发区。2000年12月，晋升为市级工业开发区。2006年，与北京西集开发区合并为北京通州经济开发区。因北京通州经济开发区由三个开发区合并组成，此地位置在西，故更名为北京通州经济开发区西区。建立初期，园区产业定位为发展电子、机械、汽车、建材、医药、化工等产业。1997年累计引进企业35家。2002年区政府将园区确定为北京通州新技术、新材料产业园区，主要发展电子、精细化工、建材等产业。2004年完成产值11.65亿元，实现税收0.94亿元。2008年，西区产业定位为“着力引进高端制造业总部、研发、结算中心及中试精装生产基地、新能源新材料产业、文化创意产业以及以技术、商业服务外包为主的总部型企业”。至2014年底，园区投资额48.7亿元。2014年，园区内有企业58家，完成产值58亿元，实现税收7.7亿元。主要企业有北京四环制药有限公司、北京万生药业有限责任公司、天纳克（北京）汽车减振器有限公司、北京德龙电力设备有限公司、北京通美晶体技术有限公司等。

## 北京通州经济开发区东区
Běijīng Tōngzhōu Jīngjì Kāifāqū Dōngqū

位于西集镇西南部。北至通香公路，东至创益西五路，南至京哈高速，西至杜陈路。占地面积2.45平方千米。2004年成立，原名通州轻纺服装服饰园。2006年6月，晋升为市级开发区，与北京通州工业开发区合并为北京通州经济开发区。因北京通州经济开发区由三个开发区合并组成，此地位置在东，故更名为北京通州经济开发区东区。2007年，开发区产业定位为发展光机电一体化产业链中的核心零部件和光电材料。2009年，开发区主要发展节能环保产业，包括电气节能、建筑节能、交通节能和科技节能四大板块。2010年，开发区以高端装备制造、汽车零部件和生物医药为主导产业。至2014年底，园区投资额6.13亿元。2014年，园区内有企业53家，完成产值52.1亿元，实现税收4.2

亿元。主要企业有北京汽车动力总成有限公司、北京珠江钢琴制造有限公司等。

## 北京通州经济开发区南区
## Běijīng Tōngzhōu Jīngjì Kāifāqū Nánqū

位于漷县镇。为市级开发区。由漷县镇中心区组团和觅子店组团两部分组成。前身分别为漷县小城镇和北京金三角开发区，2010年10月合并。规划面积11.5平方千米。因北京通州经济开发区由三个开发区合并组成，此地位置在南，故名。通州经济开发区南区产业定位以高端装备制造业、生物医药和现代服务业为主导产业。其中，生物医药产业为园区的特色品牌产业，现代服务业以金融服务、总部经济、商贸物流、会展服务业等为主。2014年，园区内有企业60家，完成工业总产值28.6亿元，实现税收4.3亿元。重点企业有甘李药业股份有限公司、北京春立正达医疗器械股份有限公司、北京天海工业有限公司、北京恒聚化工集团有限责任公司等。

## 北京永乐经济开发区
## Běijīng Yǒnglè Jīngjì Kāifāqū

位于通州区南部。为市级开发区。北至恒业八街，东至永开东路，南至云鹏路，西至京津塘高速公路绿化带。占地面积4.6平方千米。1992年9月由国营北京市永乐店农场建立柴厂屯经济开发区，隶属北京市农工商联合总公司。1998年9月划归通州区人民政府管辖。2000年命名为“北京永乐经济开发区”。2003年8月，与永乐店镇工业开发区合并，仍称北京永乐经济开发区。2006年开发区产业定位重点发展机械、建材和生物医药产业。2011年开发区将产业定位为重点发展精密制造、新材料、现代物流产业。2013年园区以医药产业和高端制造业为重点发展的主导产业。至2014年底，园区完成投资额7.53亿元。2014年，园区内有企业56家，完成工业总产值7.4亿元，实现税收3.36亿元。主要企业有北京联东永乐投资管理有限公司、北京加隆工程机械有限公司、北京欧亚机械设备股份有限公司、北京永乐华航精密仪器仪表有限公司、北京珠江投资开发有限公司、北京永乐佳地科技发展有限公司、北京宣威木业有限公司等。

## 中关村科技园区通州园光机电一体化产业基地
## Zhōngguāncūn Kējì Yuánqū Tōngzhōuyuán Guāngjīdiàn Yītǐhuà Chǎnyè Jīdì

位于通州区西南部。北至科创一街，东至嘉创五路，南至科创街，西至经海路。面积7.5平方千米。2001年7月，经北京市政府批准成立北京经济技术开发区光机电一体化产业基地，是北京市“十五”期间五大高新技术产业十大产业基地之一。2006年1月，经国务院批准纳入中关村科技园区，同时享受国家级经济技术开发区和国家级高新技术产业园区的双重优惠政策。2001年，基地主要以发展微电子、数控机床、印刷机械、智能仪器仪表、医疗设备、电子专用设备、激光技术、机器人等为主导产业。2006年，产业定位以发展总部经济为核心，以“三园一区”（“三园”为经开产业园、枢密院白酒总部产业园、光谷创新置业园；“一区”为运动品牌总部区。）为重点，同时，引入和重点培育“物联网”高端新兴业态。2012年，基地产业业态初具规模，初步形成以李宁、天宇朗通等为代表的大型总部型产业；以岱摩斯、比亚迪等为代表的现代制造业产业；以枢密院、北京能源总部、经开总部科技园等园中园项目为代表的总部集聚园三大产业格局。至2014年底，园区投资额90亿元。2014年，园区内有企业488家，完成工业产值187.06亿元，实现税收16.56万元。主要企业有李宁、天宇朗通、星海钢琴、岱摩斯变速器、比亚迪汽车模具、中丽制机工程技术、卓越亚马逊等。

## 中关村科技园区金桥科技产业基地
## Zhōngguāncūn Kējì Yuánqū Jīnqiáo Kējì Chǎnyèjīdì

位于通州区西南部。北至南六环，东至京沪高速，南至凤港河，西至环境西二路。面积15平方千米。2002年，在马驹桥镇星火密集工业区的基础上建立北京国家环保产业园区，为市级开发区。2006年1月，北京国家环保产业园区纳入中关村科技园区，更名为“北京金桥科技产业基地”，晋升为国家级开发区。北京国家环保产业园区定位为与北京及环渤海经济圈周边地区产业基础形成配套，成为环保产业领域技术创新、高新技术产业化、国际合作、产业发展的基地和示范园区。2003年，园区内有企业32家，协议资金30亿元，初步形成以环保产业为主体，高新技术企业和外向型经济为两翼的“一体两翼”产业格局。2008年基地产业定位为发展能源环保产业，重点发展能源环保专业服务业、能源环保制造业核心生产和总装环节，发展与能源环保产业和基地发展相配套的金融、会计、咨询、会展等商务服务业以及娱乐、餐饮等其他服务业。至2014年，地基不断促进产业结构由一般生产制造向研发、组装、文化创意、电子商务等高端产业价值链延伸和升级，逐步形成以环保新能源、汽车零部件、生物医药和新型都市产业为主导的产业结构。2014年，园区内有企业290家，完成工业产值54.9亿元，实现税收10.86亿元。主要企业有华新环保、海斯顿、婷美集团、好利来等。

## 中国农业出版社印刷厂
## Zhōngguó Nóngyè Chūbǎnshè Yìnshuāchǎng

位于通州区北苑南路16号。占地3.37万平方米，建筑面积2.31万平方米。主要设备有北大方正激光照排系统、海德堡CD102—4CP2000对开四色机、对开双色单面印刷机、对开单色双面印刷机、圆盘胶订机、覆膜机、TM型平装胶订联动线、骑马订联动线、对开折页机、马天尼锁线机、绿色喷墨CTP制版印刷等全套设备。1950年7月创建，隶属于农业部和中国农业出版社，是集排版、制版、印刷、装订、发行为一体的综合性印刷企业。农业部系统定点印刷厂。2003年1月通过ISO 9001：2000质量管理体系认证。2009年4月通过ISO 14001：2004环境管理体系认证。

## 上海烟草（集团）公司北京卷烟厂
## Shànghǎi Yāncǎo（Jítuán）Gōngsī Běijīng Juǎnyānchǎng

位于通州区万盛南街99号。占地24.7万平方米，建筑面积8.46万平方米。1970年创建北京卷烟厂，先后生产“香山”“八达岭”“流水音”“中南海”“金健”等品牌卷烟。1998年，针对日本市场，完成了“低焦油中南海（5毫克）”“双低长乐”

卷烟的研制开发。同年，与德国利士美公司合作研制开发出“醇和金健”“金装金健”混合型卷烟，并实现批量生产；“低焦油中南海”“特制红中”首次进入美国加州市场。1999年“中南海”牌香烟在美国加州、纽约、夏威夷等八个州建立了分销商。“中南海”商标无形资产价值评估达到11.69亿元。2003年并入上海烟草(集团)公司。2005年“降低卷烟烟气中有害成分的技术研究”荣获国家科学技术进步奖二等奖。同年，“中南海”牌香烟在日本被评为“消费者认知中国十大品牌第一名”。2009年11月迁入通州区万盛南街99号新址。有各类设备3354台(套)，年生产能力50万箱。采用ERP和MES等先进信息系统，形成生产决策集成管控一体化，企业管理系统化、智能化和精细化水平达到更高层次，成为国内混合型卷烟生产、研发、出口、对外技术合作基地和行业窗口企业。产品销往全国并出口美国、日本、新加坡、马来西亚。

## 北京市碧水污水处理厂
## Běijīngshì Bìshuǐ Wūshuǐ Chǔlǐchǎng

位于通州区梨园镇砖厂村北。占地面积330亩，服务面积26.5平方千米，服务人口40万。主要用于接纳并处理通州区部分生活污水。2002年10月开工建设，2005年4月正式投入运行。设计处理能力为10万吨/天，最大处理能力为15万吨/天。出水达到《城镇污水处理厂污染物排放标准（GB 18918—2002）》中的一级标准。在国内首例采用从美国引进并改良的“深地曝气污水再生与回用”生态处理技术，在建设与运行成本上明显优于国内应用的各种传统污水处理工艺。通州区生活污水经污水管网引入污水处理厂，处理后出水部分用于三河电厂冷却用水和通州区市政道路浇洒和城市绿化，其余排入玉带河并汇入北运河。

## 北京大顺斋食品有限责任公司
## Běijīng Dàshùnzhāi Shípǐn Yǒuxiàn Zérèn Gōngsī

位于芙蓉东路16号院，北运河东，通胡路北侧。因创始人刘刚，乳名大顺，故名。厂区占地面积23.16亩、建筑面积20000平方米。有生产车间6个，产品八大类、百余种。特色产品有桂花糖火烧等几十种。曾多次荣获国优、部优、市优产品证书、奖章。明崇祯十年（1637），南京上元人刘刚（回族）在通州城内安家大院开设店铺，制售糖火烧和卤火烧，店名“大顺斋”。其生产的糖火烧以精致小麦面粉、麻酱、香油、红糖、桂花为原料，用料讲究、做工精细、香甜适口、便于储存，为著名的“通州三宝”（大顺斋当火烧、小楼烧鲇鱼、万通酱豆腐）之一。1993年12月大顺斋被认定为中华老字号。2009年，糖火烧被确定为北京市级非物质文化遗产。

# 第七章　公共建筑

随着经济和社会的不断发展，通州的公共设施日益完善，有教育设施、文化设施、医疗卫生设施、体育设施及各类服务设施等。

## 第一节　教育设施

### 一、高等院校

#### 国家法官学院
Guójiā Fǎguān Xuéyuàn

位于通州区永顺镇天成桥甲1号。主要任务和职责是对中国高、中级人民法院院长、副院长，各级法院的高级法官及其后备人才进行任职、续职、晋级资格培训和审判业务专项培训，对预备法官进行岗前培训。同时，也是经教育部批准成立的成人高等法律院校，举办研究生教育、法学高起本、专升本和法律书记官专业、法律司法警官专业的高等学历教育。设有教学部、教务部、培训部、科研部、合作交流部、图书馆、电教中心等13个内设机构及基础理论、刑事审判、民事审判、商事审判、行政审判五个教研室，成立了中国司法审判、WTO与中国司法、民商事审判实务研究中心等学术研究机构。学院设立学术委员会、教材编审委员会。占地面积7.86万平方米，建有教学楼、宿舍楼等设施。1997年成立。

#### 中国人民解放军陆军航空兵学院
Zhōngguó Rénmín Jiěfàngjūn Lùjūn Hángkōng Bīngxuéyuàn

位于通州区台湖镇玉甫上营村。学院设有陆军航空兵中级指挥、航空飞行与指挥、直升机与发动机工程、航空通信与导航、航空火控系统维修工程、部队政治工作等13个专业。占地面积7.86万平方米。建有教学楼、宿舍楼、食堂等建筑设施。1999年6月30日成立，校址在张家湾镇三间房。2005年7月迁此处。

#### 北京工业大学实验学院
Běijīng Gōngyè Dàxué Shíyàn Xuéyuàn

位于通州区永顺镇潞苑南大街89号。由北京市通州区政府和北京工业大学联合举办，是一所多学科综合院校。下设信息工程系、经济管理系、信息管理系、建筑与环境系、文法系、机电工程系、基础教学部六系一部，开设有计算机科学与技术、电子信息与工程等8个本科专业及计算机信息管理、网络系统管理、市场营销、工商行政管理等10个专科专业。占地面积15.3万平方米，建筑面积6.2万平方米。建有综合楼、教学楼、实验楼、办公楼、图书馆、电教楼、体育场等建筑设施。2005年北京工业大学与北京市通州区政府合作，将北京工业大学一所本科学院与北京工业大学通州分校进行整合，组建北京工业大学实验学院。2007年1月，迁入通州办学。

## 北京财贸职业学院
## Běijīng Cáimào Zhíyè Xuéyuàn

位于永顺镇芦庄1号。是北京市属市管公立财经类普通高校。主要培养中等财经管理人才，并组织财政干部业务培训。建有教学楼、宿舍楼、图书馆、体育场、食堂等建筑设施。开设17个高职教育专业、3个中专教育专业、5个成人教育专业。学校前身为北京市财政贸易干部学院。1981年改建为北京市财贸管理干部学院，建筑面积6.6万平方米，建有财会、财税模拟实验楼3座。2001—2002年，由北京市财贸管理干部学院、中国石油天然气集团总公司物探局职工大学、北京财政学校和北京市立新会计职工大学合并成立为北京财贸职业学院。

## 北京物资学院
## Běijīng Wùzī Xuéyuàn

位于通州区永顺镇富河大街1号。是一所北京市属以物流学科为特色，以经济学科为基础，以管理学科为主干，涵盖经济学、管理学、理学、工学、文学、法学等多学科协调发展的财经类普通高等院校。拥有北京市重点实验室——物流系统与技术实验室、北京市高等学校实验教学示范中心——物流系统与技术实验教学中心、北京市人文社科研究基地——北京市现代物流研究基地。学校设有经济学院、物流学院、信息学院、商学院、劳动人事系、外语系和法政系共7个院系，另设有体育教学部和继续教育学院等教学机构。开设有经济学、管理学、工学、理学、文学、法学6个学科的公共基础课、专业基础课和专业课。占地40万平方米，建筑面积19万余平方米。建有教学楼、办公楼、宿舍楼、图书馆、体育馆、体育场、篮球场、网球场、校医院、食堂等建筑设施。其前身是1963年北京经济学院设立的物资管理系。1980年，经国务院批准，成立北京物资学院。学校先后隶属于国家物资局、物资部、国内贸易部。1998年10月划归北京市管理。

## 北京工商大学嘉华学院
## Běijīng Gōngshāng Dàxué Jiāhuá Xuéyuàn

位于通州区宋庄镇宋庄南路甲1号。从事本科层次学历教育。学院设有经济学类、工商管理类、外国语言文学类和艺术类4个学科门类9个专业，包括国际经济与贸易、金融学、保险、财务管理、市场营销、会计学、英语、广告学、艺术设计。占地面积36.49万平方米，建筑面积13万平方米，建有教学楼、宿舍楼、体育场、篮球场、食堂等建筑设施。2004年成立。

## 首都师范大学初等教育学院（通州分部）
## Shǒudōu Shīfàn Dàxué Chūděng Jiàoyù Xuéyuàn（Tōngzhōu Fēnbù）

位于中山街50号。1999年9月9日由

北京第三师范学校和通州师范学校并入首都师范大学而成立的一所二级学院。占地100亩，设有小学教育专业（中文、数学、英语、科学教育、信息技术）、美术学专业（小学教育）和音乐学专业（小学教育）3个专业。共7个专业方向。

### 北京市现代音乐研修学院
### Běijīng Shì Xiàndài Yīnyuè Yánxiū Xuéyuàn

位于通州区梨园镇云景南大街68号。学院设有流行音乐研究所、音乐传媒研究所以及北京现代音乐艺术团、北京爵士乐团等表演团体。开设流行演唱、音乐剧演唱、爵士乐演奏、音乐制作等20个专业。占地面积10万平方米，建筑总面积6.5万平方米，建有教学楼、图书馆、办公楼、宿舍楼等建筑设施，拥有国际化的实习实训基地。1993年4月成立，名北京通俗音乐培训中心。1996年6月更今名。

## 二、中　学

### 北京市通州区潞河中学
### Běijīng Shì Tōngzhōu Qū Lùhé Zhōngxué

位于通州区北苑街道新华南路135号。有72个教学班，在校学生2727人。有教职员工404人，其中，高级教师119人，一级教师96人，二级教师68人，未评职称34人，其他87人。占地面积17.1万平方米，建筑面积10万平方米。有4栋教学楼、2栋宿舍楼、1栋实验楼、1栋图书馆楼、1栋体育馆、2个体育场、4个食堂、1所学校医院等。有计算机教室6个、音乐教室3个、美术教室2个、舞蹈教室1个。学校始建于1867年，由美国基督教公理会创建，始称潞河男塾，后改称潞河书院。清光绪二十七年（1901）更名为协和书院，设有大学和中斋（中学）二部，1912年更名为华北协和大学。1917年大学部迁到北京城内与汇文大学合并，后组成燕京大学，斋部仍留在通州原址，为私立潞河中学。1951年由人民政府接管，成为公立完全中学，改称河北省立通县中学。1955年改称河北省通州一中。1958年称北京通州一中。1960年称通县一中。1988年恢复潞河中学校名。1997年更今名。1978年被北京市政府确定为首批北京市重点中学。2000年成为北京市首批国家级示范高中。1927年这里诞生通州区第一个中共党支部。著名作家刘绍棠曾在这里就读。2013年，校内历史建筑卫氏楼、谢氏楼、文氏楼、潞友楼作为通州近代学校建筑群，被评为国家级文物保护单位。

### 北京市通州区第二中学
### Běijīng Shì Tōngzhōu Qū Dì'èr Zhōngxué

位于通州区玉带河西街28号。有60个教学班，在校学生2153人。有教职员工266人，其中，高级教师59人，一级教师95人，二级教师92人，未评职称20人。占地面积4万平方米，建筑面积1.9万平方米。建有初中教学楼、高中教学楼、综合楼、学生宿舍楼、图书馆、体育场等设施，设有计算机教室、音乐教室、美术教室、舞蹈教室等功能性教室。1904年成立，时称“安士学道院”。1914年，“安士学道院”扩建，改为“女蒙馆”，招收女童。1919年，美籍女教士和．爱融（Alice Huggins）接管“女蒙馆”，改为小学。1927 年向河北省教育厅备案，正式称为“富育女子中学”。1941 年 12 月，伪河北省教育厅接管，改称为“河北省省立通县女子初级中学”。1944 年秋，河北省省立通县女子初级中学并入通县女子师范。1946 年 2 月，富育女中复校。1951 年 7 月，由河北省教育厅派通县专署教育科接管，改称“河北省通县女子初级中学”。1960 年，学校改称“北京市通县第二中学”，开始招男生，成为男女混合的初级中学。1974 年 2 月，学校增设高中部，实行高中二年制，成为完全中学。1997 年，学校更今名。2001 年，校园内现存 1904 年建的富育女校教士楼和 1929 年建的百友楼，被定为北京市文物保护单位，2013 年，作为通州近代学校建筑群被评为全国重点文物保护单位。

## 北京市通州区第三中学
Běijīng Shì Tōngzhōu Qū Dìsān Zhōngxué

位于通州区潞城镇胡各庄村南。有 50 个教学班，在校学生 1547 人。有教职员工 232 人，其中，高级教师 64 人，一级教师 83 人，二级教师 71 人，未评职称 12 人，其他 2 人。占地面积 8.9 万平方米，建筑面积 5.4 万平方米。建有教学楼、宿舍楼、实验楼、图书馆、体育馆、体育场、食堂等设施，设有计算机教室、音乐教室、美术教室、舞蹈教室等功能性教室。前身为通县女子师范学校，建于 1915 年。1963 年 3 月正式建立通县第三中学。1997 年，更今名。2003 年撤销初中部，成为普通高中校。2011 年 1 月，学校因拆迁迁入育才中学借址办学。是年 8 月，学校迁现址，胡各庄中学、南刘中学并入，并增设初中部，成为完全中学。

## 北京市通州区第四中学
Běijīng Shì Tōngzhōu Qū Dìsì Zhōngxué

位于通州区新华西街 45 号。有 48 个教学班，在校学生 1497 人。有教职工 226 人，其中，高级教师 57 人，一级教师 84 人，二级教师 75 人，未评职称教师 6 人，其他 4 人。占地面积 2.5 万平方米，建筑面积 1.9 万平方米。建有教学楼、宿舍楼、综合楼、商服楼、图书馆、体育场、食堂等。设有计算机教室、音乐教室、美术教室、通用技术教室、生物实验室、化学实验室、物理实验室等功能性教室。始建于 1964 年 9 月，一个教学班，10 名教职工，为初级中学。1974 年增设普通高中，为完全中学。1980 年设职业高中，为综合中学。1982 年撤销普通高中，保留职业高中，为综合中学。1991 年职业高中停止招生。1994 年职业高中恢复招生。1997 年更今名。

## 北京市通州区第六中学
Běijīng Shì Tōngzhōu Qū Dìliù Zhōngxué

位于通州区中仓街道境内。学校有 24 个教学班，在校学生 1026 人。有教职员工 110 人，其中，高级教师 19 人，一级教师 39 人，二级教师 47 人，未评职称 3 人，其他 2 人。占地面积 1.7 万平方米，建筑面积 0.7 万平方米。建有教学楼、综合楼、图书馆、食堂、卫生室、操场等，设有计算机教室、音乐教室、美术教室、舞蹈教室等功能性教室。1972 年 1 月成立，称北京市通县南城中学，3 月更名为北京市通县第六中学。1997 年更今名。

## 北京市通州区玉桥中学
Běijīng Shì Tōngzhōu Qū Yùqiáo Zhōngxué

位于通州区梨园北街 23 号。学校有 36 个教学班，在校学生 1397 人。有教职员工 148 人，其中，高级教师 19 人，一级教师 56 人，二级教师 57 人，未评职称 15 人，其他 1 人。学校占地面积 1.7 万平方米，建筑面积 1.2 万平方米。建有教学楼、办公楼、综合楼、体育场等，设有计算机教室、音乐教室、美术教室、物理实验室、生物实验室、化学实验室等功能性教室。始建于 1994 年 8 月，为初级中学，名北京市通县玉桥中学。1997 年更今名。

## 北京市通州区运河中学
Běijīng Shì Tōngzhōu Qū Yùnhé Zhōngxué

位于玉桥街道运河西大街 107 号。学校有 51 个教学班，在校学生 1876 人。有教职员工 251 人，其中，正高级教师 1 人，高级教师 81 人，一级教师 74 人，二级教师 69 人，未评职称 18 人，其他 8 人。占地面积 4.6 万平方米，建筑面积 2.5 万平方米。建有教学楼、电教楼、行政楼、实验楼、图书馆、宿舍楼、食堂、卫生室及 400 米塑胶跑道运动场等，设有普通教室 51 个、专用教室 11 个、实验室 13 个以及计算机教室、音乐教室、美术教室、舞蹈教室等功能性教室。前身为 1984 年建立的北京市通县新城东里中学（校址：原玉带路大街 54 号）。1991 年 9 月，迁至运河西大街，更名为北京市通县运河中学。1997 年 9 月更今名。2003 年成为北京市示范高中校。

## 北京市育才学校通州分校
Běijīng Shì Yùcái Xuéxiào Tōngzhōu Fēnxiào

位于通州区梨园镇群芳中二街 3 号。学校有 66 个教学班，其中小学 48 个班，中学 18 个班，在校生 2560 人。有教职工 229 人，其中，高级教师 21 人，一级教师 72 人，二级教师 80 人，未评职称 51 人，其他 5 人。占地面积 7.7 万平方米，建筑面积 4.5 万平方米。建有中学教学楼、小学教学楼、科技实验楼、行政办公楼、图书馆、文体馆、食堂、运动场、人造草坪足球场等，设有计算机教室、音乐教室、美术教室、舞蹈教室等功能性教室。2007 年 9 月落成并投入使用。为九年一贯制学校。

## 北京市第二中学通州分校
Běijīng Shì Dì'èr Zhōngxué Tōngzhōu Fēnxiào

位于通州区潞城镇三元村。学校有 30 个教学班，在校学生 797 人。有教职员工 180 人，其中，高级教师 33 人，一级教师 51 人，二级教师 71 人，未评职称 21 人，其他 4 人。占地面积 4.2 万平方米，建筑面积 3.9 万平方米。建有初中教学楼、高中教学楼、艺术体育综合楼、宿舍楼及标准 400 米跑道体育场等建筑设施，设有初、高中理化生实验室，机器人教室，动漫教室，计算机教室、音乐教室、美术教室、舞蹈教室等功能性教室。2006 年成立，设小学部和中学部。2012 年 8 月小学部析出，为完全中学。

## 北京市通州区北关中学
Běijīng Shì Tōngzhōu Qū Běiguān Zhōngxué

位于通州区的永顺南街 190 号。学校有

9 个教学班，在校学生 276 人。有教职员工 52 人，其中，高级教师 6 人，一级教师 18 人，二级教师 22 人，未评职称 4 人，其他 2 人。占地面积 0.8 万平方米，建筑面积 0.5 万平方米。建有有教学楼、附属楼、体育场、教工食堂等，设有计算机教室、音乐教室、美术教室、化学实验室、物理实验室、生物实验室、录课室、演播室等功能性教室。1958 年成立，借原通县职工业余学校（原通镇大关庙）上课。1959 年，迁入现址办学，名通州区北关中学。1960 年改称通县北关中学。1974 年，增设高中。1979 年，高中撤销。1997 年更今名。

## 北京市通州区龙旺庄中学
## Běijīng Shì Tōngzhōu Qū Lóngwàngzhuāng Zhōngxué

位于通州区永顺镇小潞邑村北。学校有 12 个教学班，在校学生 435 人。有教职员工 56 人，其中，高级教师 9 人，一级教师 20 人，二级教师 23 人，未评职称 2 人，其他 2 人。占地 5.7 万平方米，建筑面积 3.3 万平方米。建有教学楼、实验楼、办公楼、篮球馆、体育场、食堂、报告厅等。设有计算机教室、音乐教室、电子琴教室、美术教室、舞蹈教室、史地实验室、生物实验室、物理实验室、化学实验室、心理咨询室等专业教室。学校于 1958 年成立，校址位于龙旺庄村东，称通州区龙旺庄中学。1960 年改称通县龙旺庄中学。1997 年更今名。2008 年 8 月，学校迁现址。

## 北京市通州区梨园学校
## Běijīng Shì Tōngzhōu Qū Líyuán Xuéxiào

位于通州区梨园镇公庄村，云景东路 399 号。学校有 12 个初中班、6 个小学班，在校学生 688 人。有教职员工 91 人，其中，高级教师 10 人，一级教师 36 人，二级教师 34 人，未评职称 11 人。占地面积 3.6 万平方米，建筑面积 0.9 万平方米。建有 2 栋教学楼、1 栋综合楼、1 个 400 米标准操场，设有计算机教室、音乐教室、美术教室、舞蹈教室、物理实验室、化学实验室、生物实验室等功能性教室。1976 年成立，原名梨园农业中学。1978 年，农业中学停办，改名通县梨园中学，为初中学校。2013 年增设小学部，更今名。

## 北京市通州区潞州中学
## Běijīng Shì Tōngzhōu Qū Lùzhōu Zhōngxué

位于通州区宋庄镇徐辛庄村。学校有 41 个教学班，在校学生 1145 人。有教职员工 183 人，其中，高级教师 44 人，一级教师 61 人，二级教师 61 人，未评职称 12 人，其他 5 人。占地面积 7.4 万平方米，建筑面积 2.9 万平方米。建有教学楼、宿舍楼、实验楼、露天体育场、食堂等，设有计算机教室、音乐教室、美术教室等功能性教室。设高中部、初中部、国际部。学校于 1956 年成立，称通县草寺小学（附设初中班）。1957 年中学单独建制，称通县草寺中学。1965 年，改称通县草寺半农半读中学。1966 年恢复通县草寺中学校名。1993 年通县尹各庄中学并入。2002 年学校由草寺村迁今址。2003 年 1 月更今名。

## 北京市通州区宋庄中学
## Běijīng Shì Tōngzhōu Qū Sòngzhuāng Zhōngxué

位于通州区宋庄镇政府大街。学校有 18

个教学班，628名学生。有91名教职工，其中高级教师14人，一级教师34人，二级教师40人，未评聘1人，工勤2人。占地面积5.6万平方米，建筑面积1.2万平方米。建有教学楼、综合实验楼、图音楼，宿舍楼、400米塑胶运动场和天然草皮的足球场、篮球场等。设有29间普通教室、16间专业教室、2个教师电子备课室，以及心理咨询室、图书馆、阅览室、阶梯教室、计算机房等功能性用房。1956年建初中学校，称通县宋庄中学。1965年改称通县宋庄半农半读中学，1966年恢复原校名。1975年增设高中，1981年撤销高中。1997年更今名。1998年9月，师姑庄中学并入。

## 北京市通州区张家湾中学
## Běijīng Shì Tōngzhōu Qū Zhāngjiāwān Zhōngxué

位于通州区的张家湾镇北许场新村西广源路南侧。学校有35个教学班，初中班18个，高中班17个，在校学生1242人。有教职员工187人，其中，高级教师42人，一级教师64人，二级教师72人，未评职称4人，其他5人。占地面积9.3万平方米，建筑面积4.2万平方米。建有教学楼、办公楼、报告厅、教师和学生宿舍楼、实验楼、图书馆、体育馆、体育场、教职工和学生食堂、卫生室等，设有计算机教室、音乐教室、美术教室、物理实验室、化学实验室、生物实验室、通用技术教室、史地教室、语音教室等功能性教室。始建于1956年，设初中班，称通县张家湾中学。1972年始增设高中班。1997年更今名。2005年里二泗中学并入。是年张家湾中学与潞河中学达成协议，双方合作办学，并更名为北京市通州区潞河中学分校。2011年7月，恢复今名。

## 北京市通州区陆辛庄学校
## Běijīng Shì Tōngzhōu Qū Lùxīnzhuāng Xuéxiào

位于通州区张家湾镇陆辛庄村潞西路573号。为九年一贯制学校。小学部27个教学班，在校学生1045人。有教职工66人，其中，高级教师3人，一级教师18人，二级教师17人，未评职称27人，其他1人；中学部12个教学班，在校学生380人，教职员工42人，其中，高级教师4人，一级教师14人，二级教师14人，未评职称10人。占地面积3.9万平方米，建筑面积0.8万平方米。建有平房教室10排、宿舍1排及图书馆、体育场、食堂等，设有实验教室、计算机教室、音乐教室、美术教室、舞蹈教室等功能性教室。始建于1958年9月，为初级中学，称通州区陆辛庄中学。1960年改称通县陆辛庄中学。1972年，增设高中。1982年，高中撤销。1997年，更名为北京市通州区陆辛庄中学。2001年8月，南火垡小学、陆辛庄小学、北大化小学与陆辛庄中学合并，更今名，为通州区农村首批九年一贯制学校。2004年8月坨堤小学并入。2009年8月三间房小学并入。

## 北京市通州区牛堡屯学校
## Běijīng Shì Tōngzhōu Qū Niúbǎotún Xuéxiào

位于通州区张家湾镇牛堡屯中街村。学校有24个教学班，在校学生765人。有教职工93人，其中高级教师9人，一级教师31人，二级教师26人，未评职称26人，其他1人。占地面积2.7万平方米，建筑面积0.9万平方米。建有教学楼、教师宿舍楼、操场等，设有计算机教室、音乐教室、美术教室、舞蹈教室、史地教室、科学教室、物理实验室、化学实验室、生物实验室、书法教室等功能性教室。1956年6月建立，称通县牛堡屯中学，只开设初中班。1970年增设高中班。1984年高中停办。1988年又增设高中班。2004年与牛堡屯小学合并，改为九年一贯制学校，更今名。分南北校区，南校区为中学部，北校区为小学部。

## 北京市通州区甘棠中学
## Běijīng Shì Tōngzhōu Qū Gāntáng Zhōngxué

位于通州区潞城镇侉子店村西，武兴路临33号。学校有10个教学班，在校学生282人。有教职员工57人，其中，高级教师9人，一级教师21人，二级教师25人，未评职称2人。占地面积6.2万平方米，建筑面积0.7万平方米。为平房建筑。设有计算机教室、音乐教室、美术教室、舞蹈教室，生物实验室，化学实验室，物理实验室，书法教室，劳技教室，史地专业教室，数字化实验室等功能性教室。2001年，由北京市通州区大东各庄中学、北京市通州区小豆各庄中学合并成立。

## 北京市通州区西集中学
## Běijīng Shì Tōngzhōu Qū Xījí Zhōngxué

位于通州区西集镇国防路25号。学校有10个教学班，在校学生332人。有教职员工55人，其中，高级教师9人，一级教师19人，二级教师19人，未评职称6人，其他2人。占地面积5万平方米，总建筑面积1.5万平方米。建有教学兼办公楼房、风雨操场、400米塑胶跑道田径场及足球场。设教室、专用实验教室、多功能报告厅，职工活动室、计算机教室、音乐教室、美术教室、书法教室、形体教室、图书馆、师生阅览室等。1956年7月成立，称通县西集中学。1997年更今名。2006年7月，肖林中学并入。2012年学校由西集镇国防路47号迁至国防路25号，由平房改建为楼房。

## 北京市通州区郎府中学
## Běijīng Shì Tōngzhōu Qū Lángfǔ Zhōngxué

位于通州区西集镇郎东村。学校有9个教学班，在校学生253人。有教职员工48人，其中，高级教师9人，一级教师10人，二级教师22人，未评职称6人，中级工1人。占地面积5.6万平方米，建筑面积0.7万平方米。建有16排平房，设有普通教室、教师宿舍、实验室、会议室，报告厅，图书室、体育器材室、食堂、卫生室、库房及计算机教室、音乐教室、美术兼书法教室、舞蹈教室，劳技教室，心理咨询室，化学实验室，物理实验室，生物实验室等功能性教室。1958年7月成立，称通州区郎府中学。1960年改称通县郎府中学。1996年8月杜柳棵中学并入。1997年更今名。

## 北京市通州区漷县中学
## Běijīng Shì Tōngzhōu Qū Huǒxiàn Zhōngxué

位于通州区漷县镇漷兴一街。学校有17个教学班级，学生585人。有教职工86人，其中高级教师16人，一级教师31人，二级教师36人，未评职称1人，其他2人。占地总面积4.4万平方米，建筑总面积1万平方米。建有教学楼、宿舍楼、食堂、体育场等。设有音乐教室、史地教室、录课室、卫生室、心理咨询室、计算机教室、美术教室、物理实验室、化学实验室、生物实验室、听说教室等功能性教室。始建于1958年8月，位于漷县村，名通州区漷县中学。1960年改称通县漷县中学。1993年9月，迁现址，通县马头中学并入。1997年更今名。

## 北京市通州区觅子店中学
Běijīng Shì Tōngzhōu Qū
Mìzidiàn Zhōngxué

位于通州区漷县镇觅子店村440号。学校有12个教学班，在校学生355人。有教职员工64人，其中，高级教师9人，一级教师19人，二级教师36人。占地面积7.8万平方米，建筑面积2.7万平方米。建有教学楼、宿舍楼、图书馆、体育场等，设有计算机教室、音乐教室、美术教室、舞蹈教室、物理实验室、化学实验室、生物实验室等功能性教室。1958年成立，称通州区觅子店中学。1960年改称通县觅子店中学。1961年，改称觅子店农业中学。1965年，改称觅子店半农半读中学。1966年，恢复通县觅子店中学校名。1978年增设高中，1984年高中撤销。1997年更今名。

## 北京市通州区小务中学
Běijīng Shì Tōngzhōu Qū
Xiǎowù Zhōngxué

位于通州区永乐店镇小务村。学校有7个教学班，在校学生241人。有教职员工共42人，其中，高级教师6人，一级教师18人，二级教师16人，未评职称2人。占地面积2.9万平方米，建筑面积0.6万平方米。学校建筑为平房，设有普通教室及计算机教室、音乐教室、美术教室、舞蹈教室、图书室、理化生实验室等功能性教室。于1958年成立，称通州区小务中学。1960年改称通县小务中学。1970年增设高中和机电技术班。1984年撤销高中和机电技术班。1997年更今名。

## 北京市通州区永乐店中学
Běijīng Shì Tōngzhōu Qū
Yǒnglèdiàn Zhōngxué

位于通州区永乐店镇永三村。学校有52个教学班，在校学生1878人。有教职员工共251人，其中，高级教师73人，一级教师75人，二级教师85人，未评职称18人。占地面积13.1万平方米，建筑面积8.2万平方米。建有四栋教学楼以及宿舍楼、图书馆、体育馆、体育场、食堂等。设有心理咨询室、地理专用教室、物理实验室、化学实验室、英语听说练习教室、模拟驾驶室、安全体验室、生活探究实验室、数字化实验室、计算机教室等，通用技术教室、劳技教室、创客教室、校园电视台和高清录课室、音乐教室、舞蹈教室、美术教室和书画教室等功能性教室。体育用地达2.5万平方米，其中包括塑胶操场、足球场、网球场、篮球场、排球场、室内体育馆、室内八道标准游泳馆。1952年成立，是通州第一所农村中学，设初中一年级，名通县永乐店初级中学。1954年，成为三年制初级中学。1958年，设高中部，成为完全中学，称通州区永乐店中学。1960年改称通县永乐店中学。1965年设半农半读示范班1个。1966年高中停办。1971年恢复高中。1978年被确定为通县重点中学。1997年称今名。2005年12月被北京市教委认定为“北京市示范性普通高中校”。2013年学校重建。

## 北京市通州区柴厂屯中学
## Běijīng Shì Tōngzhōu Qū Cháichǎngtún Zhōngxué

位于通州区永乐店镇柴厂屯村。学校有6个教学班，在校学生206人。有教职员工37人，其中，高级教师5人，一级教师14人，二级教师14人，未评职称4人。占地面积2.5万平方米，建筑面积0.7万平方米。为平房建筑，有教室、图书馆、卫生室，及计算机、音乐、美术、舞蹈、语音等功能性教室。1958年成立，称通州区柴厂屯中学。1961年改称通县柴厂屯农业中学。1965年改称通县柴厂屯半农半读中学。1967年改称北京市通县柴厂屯中学。1970年增设高中班。1982年，撤销高中。1997年更今名。

## 北京市通州区于家务中学
## Běijīng Shì Tōngzhōu Qū Yújiāwù Zhōngxué

位于通州区于家务乡于家务村。学校有13个教学班，在校学生449人。有教职员工共68人，其中，高级教师13人，一级教师26人，二级教师27人，工人2人。占地面积7.1万平方米，建筑面积3.2万平方米。有教室44个及计算机、音乐、美术、舞蹈和电子录课室等专业教室；有标准化运动场、师生公寓；有孔子文化广场、民族团结廊、孝道长廊、行健亭、明德亭、势坤亭与仁、义、礼、智、信、善、节、勤、正、和十个展厅，营造了学校的儒雅氛围。学校于1958年成立，称通州区于家务中学。1960年改称通县于家务中学。1988年，更名为北京市通县于家务民族中学，为全县唯一一所民族中学。1997年，更名为北京市通州区于家务民族中学。2008年与渠头中学合并，更今名。

## 北京市通州区台湖学校
## Běijīng Shì Tōngzhōu Qū Táihú Xuéxiào

位于通州区台湖镇台湖村。学校有初中12个教学班，学生397人；小学30个教学班，学生1246人。教职员工143人，其中，高级教师14人，一级教师56人，二级教师50人，未评职称23人。建筑面积3.6万平方米，有教学楼、宿舍楼、实验楼、体育馆、体育场、食堂、报告厅等，其中普通教室60个，计算机教室5个、音乐教室3个、美术教室1个、舞蹈教室3个、科技教室2个、劳技教室1个、物理教室2个、生物教室2个、化学教室2个、阅览室3个、图书室3个。2007年成立，是由原台湖中学、台湖小学和前营小学合并而成的九年一贯制学校。

## 北京市通州区次渠中学
## Běijīng Shì Tōngzhōu Qū Cìqú Zhōngxué

位于通州区台湖镇次一村东。学校有18个教学班，在校学生600余名。有教职员工83人，其中，高级教师17人，一级教师31人，二级教师29人，三级教师1人，未评职称4人，其他1人。占地5.6万平方米，建筑面积1.5万平方米。建有教学楼、教职工宿舍、图书馆、体育场、篮球场、食堂等，设有计算机、音乐、美术、书法、录课和理化生史地等专业教室。1958年成立，称通州区次渠中学。1960年改称通县次渠中学。1994年校址由次渠镇政府南侧移至次一村东。1995年麦庄中学并入。1997年更今名。

## 北京市通州区大杜社中学
Běijīng Shì Tōngzhōu Qū Dàdùshè Zhōngxué

位于通州区马驹桥镇大杜社村。学校有12个教学班，在校学生360人。教职员工59人，其中，高级教师11人，一级教师21人，二级教师24人，未评职称2人，其他1人。占地面积4.2万平方米，建筑面积0.7万平方米。建有楼房和平房。设有教室、食堂、卫生室、图书室及计算机、音乐、美术、舞蹈、实验室等功能性教室。1969年成立，时称北京市通县大杜社中学。1992年校址由大杜社村东移至村北。1997年学校更今名。

## 北京市通州区马驹桥学校
Běijīng Shì Tōngzhōu Qū Mǎjūqiáo Xuéxiào

位于北京市通州区马驹桥镇新海西路88号。学校有初中26个班，学生958人；小学12个班，学生390人。中学教师12人，其中高级教师19人，一级教师39人，二级教师37人，未评聘教师25人；小学教师35人，其中一级教师3人，二级教师24人，三级教师1人，未评聘教师7人。占地面积5.6万平方米，建筑面积3万平方米。建有教学楼、宿舍楼、实验楼、综合办公楼、图书馆、报告厅、标准体育场等，设有电脑教室、音乐教室、美术教室、舞蹈教室、生物、化学、物理实验室、史地专用教室等功能性教室。前身为1956年建成的通县马驹桥中心小学（附设初中班）。1958年中学独立建校，为初中校，名通州区马驹桥中学，校址在马驹桥二街村。1960年改称通县马驹桥中学。1971年增设高中。1981年高中停办。1984年复设高中。1996年高中班并入永乐店中学。1997年，学校改称北京市通州区马驹桥中学。2005年10月16日迁今址，更名为北京市通州区第一实验中学。2011年7月增设小学部，更今名。

# 三、小　学

## 北京市通州区后南仓小学
Běijīng Shì Tōngzhōu Qū Hòunáncāng Xiǎoxué

位于北苑街道新仓路53号。有教学班32个，学生1428人。教职工105人。其中中学高级教师9人，小学高级教师65人，市级骨干教师2人，区级骨干教师10人，青年骨干教师2人，区级名师4人，其他13人。占地面积7003平方米，建筑面积5171平方米。有3栋教学楼。设有普通教室32个、专用教室 4个、卫生室8间、图书馆1个。该校始建于1903年，名端蒙小学堂，校址在今复兴庄，为教会所办。1917年，改称河北省通县私立潞河中学附属小学。1930年迁址于通县小南门（后称后南仓6号）。1942年为县属，更名为河北省通县城内第二小学。1947年，复名为河北省通县私立潞河中学附属小学。1952年通县人民政府接管，更名为河北省通县镇第五小学。1956年改称河北省通州市后南仓小学。1958年撤销河北省通县专区，通县、通州市合并，划归北京市称通州区，更名为北京市通州区后南仓小学。1960年，通州区复称通县，改称北京市通县后南仓小学。1980年5月，因兴建后南仓小区，迁建于今址。1997年更今名。

## 北京市通州区北苑小学
Běijīng Shì Tōngzhōu Qū Běiyuàn Xiǎoxué

位于通州区北苑街道北苑南路22号。

有24个教学班，在校学生1020人。有教职员工81人，其中，高级教师7人，一级教师30人，二级教师31人，未评职称4人，其他9人。占地面积5989平方米，建筑面积6130平方米。建有教学楼、行政办公楼，图书室、体育场、卫生室等设施，设有计算机教室2个、音乐教室2个、美术教室1个、科学教室2个。学校于1957年成立，时称北苑学校。2011年11月28日更今名。

## 北京市通州区东方小学
## Běijīng Shì Tōngzhōu Qū Dōngfāng Xiǎoxué

位于通州区中仓街道西顺城街甲32号。有50个教学班，在校学生2112人。教职员工共143人，其中，高级教师9人、一级教师73人、二级教师55人，未评职称4人，其他2人。占地面积15681平方米，建筑面积12742平方米。建有教学楼3栋、体育馆1个、体育场2个、食堂2个，设有计算机教室3个、音乐教室5个、美术教室2个、舞蹈教室1个。学校于1982年成立，时称通县新城东里小学。1985年12月更名通县东方小学。1997年更今名。2003年3月，公园下坡小学并入，变为一校两址，四至六年级（高年级部）位于西顺城街甲32号，一至三年级（低年级部）位于新街下坡9号。

## 北京第二实验小学通州分校
## Běijīng Dì'èr Shíyàn Xiǎoxué Tōngzhōu Fēnxiào

位于通州区砖厂北里39号。有18个教学班，在校学生528人。有教师65人，其中高级教师3人，一级教师15人，二级教师26人，未评职称21人。占地面积18100平方米，建筑面积14480平方米。建有教学楼、图书馆、体育馆、体育场、食堂、卫生室等设施。配备有计算机教室、音乐教室、美术教室、舞蹈教室、陶艺教室、茶艺教室、科学教室、劳技教室、书法教室、录课室等专用教室。2012年9月建成并投入使用。

## 北京教育科学研究院通州区第一实验小学
## Běijīng Jiàoyù Kēxué Yánjiūyuàn Tōngzhōu Qū Dìyī Shíyàn Xiǎoxué

位于通州区梨园镇怡乐中街41号。有33个教学班，在校学生1656人。有教职员工117人，其中，副高级教师9人，一级教师53人，二级教师37人，未评职称17人，其他1人。占地面积17195平方米，建筑面积6681平方米。建有教学楼、宿舍楼、体育场等设施，设有计算机教室、音乐教室、美术教室、舞蹈教室、实验室等功能性教室。该校前身是1982年成立的九棵树小学。2003年10月22日更今名。

## 北京市史家小学通州分校
## Běijīng Shì Shǐjiā Xiǎoxué Tōngzhōu Fēnxiào

位于通州区玉桥东小区A1区。有58个教学班，在校学生2349人。有教职员工160人，其中，高级教师8人，一级教师52人，二级教师69人，未评职称27人，其他4人。占地面积40049平方米，建筑面积30629万平方米。建有两栋教学楼、图书馆、体育馆、游泳馆、食堂、学校卫生室等设施，设有计算机教室5个、演播室1个、录课室1个、科学教室4个、美术教室3个、书法教室1个、音乐教室4个、舞蹈教室2个、心理咨询室1个、陶艺教室1个。学校于2008年3月动工，2009年7月竣工，同年9月1日正式开学。

## 北京市通州区临河里小学
Běijīng Shì Tōngzhōu Qū
Línhélǐ Xiǎoxué

位于通州区临河里路58号。有21个教学班，在校学生768人。有教职员工68人，其中高级教师2人，一级教师30人，二级教师24人，未评职称12人。占地面积10000平方米，建筑面积8000平方米。建有综合教学楼1栋，设有音乐教室、舞蹈教室、科学教室、计算机教室、美术教室、书法教室、劳技教室、多功能录课室、图书室、心理咨询室、学生卫生保健室等功能性用房。学校前身为梨园镇中心小学所属小街小学，2011年迁今址并更今名。

## 北京市通州区芙蓉小学
Běijīng Shì Tōngzhōu Qū
Fúróng Xiǎoxué

位于通州区通胡大街70号。有31个教学班，学生1156余名。有82名教职工，其中高级教师6人，一级教师32人，二级教师34人，未评职称9人，其他1人。占地22267平方米，建筑面积19998平方米。建有体育馆、食堂、教师宿舍等设施，设有演播室、专业教室、电子阅览室、录课室、心理咨询室等现代化教育教学设施。学校于2011年4月10日开工，2012年9月建成投入使用。

## 北京市通州区贡院小学
Běijīng Shì Tōngzhōu Qū
Gòngyuàn Xiǎoxué

位于通州区新华街道西海子公园西南侧。有10个教学班，在校学生228人。教职员工78人，其中，高级教师2人，一级教师41人，二级教师26人，未评职称8人，职工1人。占地面积34716平方米，建筑面积18663平方米。建有教学楼、图书馆、体育场、食堂、卫生室等设施，设有计算机教室、音乐教室、美术教室、舞蹈教室、科学教室、书法教室、劳技教室、校史馆、综合活动室、心理咨询室、中控室、报告厅等16个功能性用房。 1903年，在城北门内迤东的通州道署旧址，成立通州官立小学堂教场。1917年3月，更名为“京兆女子师范讲习所”附属小学。1918年冬，更名为“京兆女子师范学校附属小学”。1922年4月，校址移至北大街贡院胡同。1928年，更名为“河北省立第六女子师范学校附属小学”。1936年2月，更名为“冀东通县女子师范学校附属小学”。1938年2月，更名为“河北省立通县女子师范学校附属小学”。1956年，更名为“河北省立通县师范学校第二附属小学”。1960年，更名为“河北省立通县师范专科学校第二附属小学”。1962年11月，河北省将通县师范学校移交北京市管理，学校更名为“北京市通县师范学校第二附属小学”。1969年，更名为“北京市通县贡院小学”。1976年2月，更名为“北京市通县贡院胡同小学”。1978年10月，更名为通县贡院小学。1997年，更今名。2010年9月，因学校拆迁暂借北京小学通州分校办学。2014年8月31日，迁今址。

## 北京市通州区官园小学
Běijīng Shì Tōngzhōu Qū
Guānyuán Xiǎoxué

位于通州区北苑街道新仓路29号。有25个教学班，在校学生1056人。教职员工80人，其中，高级教师4人，一级教师44人，二级教师 23 人，未评职称 8 人，工勤 1 人。占地面积 4886 平方米，建筑面积 5874 平方米。建有教学楼、图书馆、食堂、卫生室等建筑设施。配有计算机教室 2 个、音乐教室 2 个、美术教室 1 个、舞蹈教室 1 个、科学教室 1 个。1987 年建校，时称北京通县官园小学。1997 年 9 月，撤销通县设立通州区，学校称今名。

## 北京市通州区教师研修中心实验学校
## Běijīng Shì Tōngzhōu Qū Jiàoshī Yánxiūzhōngxīn Shíyàn Xuéxiào

位于通州区中仓街道故城东路东侧。有 24 个教学班，在校学生 841 人。教职员工共 79 人，其中，高级教师 7 人，一级教师 26 人，二级教师 20 人，未评职称 25 人，其他 1 人。占地面积 20164 平方米，建筑面积 15542 平方米。建有教学楼、报告厅和多功能厅楼、办公楼、200 米标准运动场、篮球场等建筑设施；设有计算机教室、音乐教室、美术教室、科学实验室、生物实验室、舞蹈教室等功能性教室。建有占地 2100 平方米的运河书院。该校前身为通州区东关小学。1951 年，由东关药王庙初级小学与东关灵关庙初级小学合并而成通县镇东关小学。1952 年改称通县镇第二小学。1958 年改称通州区东关小学。1960 年改称通县东关小学。1997 年，改称通州区东关小学。2013 年 4 月更今名。

## 北京市通州区潞河中学附属学校
## Běijīng Shì Tōngzhōu Qū Lùhé Zhōngxué Fùshǔ Xuéxiào

位于北京市通州区梨园镇怡乐南街北侧。有一二年级 10 个教学班，在校学生 379 人。教职员工 38 人。其中，高级教师 2 人，一级教师 12 人，二级教师 11 人，未评职称 13 人。占地面积 21200 平方米，建筑面积 16729 平方米。建有教学楼、办公楼、实验楼、图书馆、体育场、食堂等设施。设有计算机教室、音乐教室、美术教室、舞蹈教室、科学教室、书法教室、劳技教室等 11 个专业教室。2014 年成立，是由潞河中学按照《北京市城乡新区一体化建设学校管理办法》承办的公立九年一贯制学校。

## 北京市通州区民族小学
## Běijīng Shì Tōngzhōu Qū Mínzú Xiǎoxué

位于通州区中仓街道回民胡同。有 8 个教学班，在校学生 244 人。教职员工 30 人，其中，高级教师 1 人，一级教师 15 人，二级教师 11 人，三级教师 1 人，未评职称 2 人。占地面积 2130 平方米，建筑面积 3554 平方米。有 1 栋教学楼，设有计算机教室、音乐教室、美术教室等功能性教室。学校始建于 1938 年，由著名宗教界人士金吉堂联合热心民族教育的同仁筹集而建，原名通县私立穆光小学。1952 年 9 月，人民政府接管学校，更名为河北省通县镇回民小学。1956 年改称河北省通州市民族小学。1958 年，改称北京市通州区民族小学。1960 年改称北京市通县民族小学。1997 年，更今名。

## 北京市通州区南关小学
## Běijīng Shì Tōngzhōu Qū Nánguān Xiǎoxué

位于通州区南大街东侧，东营后街 9 号。有教学班 19 个，在校学生 682 人。教职员工 62 人，其中小学高级 35 人，小学一级 18 人，未定级 5 人，其他 3 人。占地面积 8824 平方米 ，建筑 3922 平方米。建有教学楼和塑胶操场等设施。设有图书室、计算机教室、音乐教室、美术教室、舞蹈教室、书法教室等 11 个功能性教室。1905 年在南关火神庙建官立通州初等小学堂。1915 年改称南关火神庙国民小学。1937 年改称南关初级小学校。1946 年为县立南关中心国民学校。1949 年改称河北省通县镇南关小学。1952 年改称河北省通县镇第三小学。1958 年改称北京市通州区南关小学。1960 年改称北京市通县南关小学。1964 年改称通县南关中心小学。1989 年改称通县南关小学。1997 年改称今名。

## 北京市通州区永顺小学
Běijīng Shì Tōngzhōu Qū
Yǒngshùn Xiǎoxué

位于通州区永顺南街 75 号。有 12 个教学班，在校学生 515 人。教职员工共 45 人，其中，高级教师 3 人，一级教师 21 人，二级教师 17 人，未评职称 4 人。占地面积 5155 平方米，建筑面积 2269 平方米。为平房建筑。设有图书室、计算机教室、音乐教室、美术教室、科学教室等专业教室。学校 1928 年成立，时称吕祖祠初级小学。1946 年改为县立初级小学。1966 年改为城关镇中心小学。1986 年 8 月更名为通县永顺小学。1997 年，更现名。

## 北京市通州区玉桥小学
Běijīng Shì Tōngzhōu Qū
Yùqiáo Xiǎoxué

位于通州区玉桥街道玉桥北里小区。学校有 18 个教学班，在校学生 711 人。教职员工 64 人，其中，高级教师 3 人，一级教师 35 人，二级教师 24 人，未评职称 2 人。占地面积 8940 平方米，建筑面积 3857 平方米。建有教学楼、体育场，配备有计算机教室、音乐教室、美术教室、科学教室等专业教室。1995 年成立，名通县玉桥小学。1997 年更今名。

## 北京市通州区运河小学
Běijīng Shì Tōngzhōu Qū
Yùnhé Xiǎoxué

高年级部位于通州区运河西大街 246 号，低年级部位于九棵树东路北侧北杨洼 262 号。有 44 个教学班，在校学生 2032 人。教职员工 133 人，其中，高级教师 11 人，一级教师 70 人，二级教师 48 人，未评职称 3 人，其他 1 人。总占地面积 21360 平方米，总建筑面积 14815 平方米。建有 5 栋教学楼，配备有计算机教室、音乐教室、美术教室、舞蹈教室、心理咨询室、录课室、虚拟演播室、图书室、电子阅览室、食堂、卫生室等。1989 年成立。2007 年 9 月，化冶院子弟学校改建为运河小学低年级部。

## 北京市通州区中山街小学
Běijīng Shì Tōngzhōu Qū
Zhōngshānjiē Xiǎoxué

位于通州区新华西街 16 号。有 28 个教学班，在校学生 1200 人。教职员工 87 人，其中，高级教师 5 人，一级教师 41 人，二级教师 31 人，未评职称 10 人。占地面积 7048 平方米，建筑面积 5789 平方米。建有教学楼、图书馆、体育场，设有计算机教室、音乐教室、美术教室、书法教室、舞蹈教室等功能性教室。1912 年在宛平县卢沟桥成立，时称京兆师范学校附属小学。1920 年随京兆师范学校迁至通县新城北街 73 号（即今址）。1928 年更名为河北省立第十师范附属小学。1935 年改为冀东师范附属小学。1945 年 11 月改为河北省通县师范附属小学。1958年改为河北省通州区师范第一附属小学。1961年改为北京市通县师范第一附属小学。1969年改为通县中山街小学。1973年附设初中，改称通县中山街学校。1978年撤销初中，复称通县中山街小学。1997年，更今名。

## 北京小学通州分校
## Běijīng Xiǎoxué Tōngzhōu Fēnxiào

位于通州区芙蓉园313号。有34个教学班，在校学生1347人。教职员工104人，其中，高级教师4人，一级教师 37人，二级教师59人，未评职称3人，其他1人。占地面积约20000平方米，建筑面积19473平方米。建有教学楼3栋及体育馆、200米体育田径场、食堂、报告厅等建筑设施，设有计算机教室、音乐教室、美术教室、舞蹈教室、科学教室、书法教室、劳技教室、心理咨询室等功能教室。2010年建成投入使用。

## 北京市通州区漷县镇中心小学（本校）
## Běijīng Shì Tōngzhōu Qū Huǒxiàn Zhèn Zhōngxīn Xiǎoxué（Běnxiào）

位于通州区漷县镇漷兴一街。有19个教学班，在校学生665人。教职员工76人，其中，高级教师10人，一级教师36人，二级教师20人，未评职称10人。占地面积30000平方米，建筑面积9101平方米。建有教学楼1栋及平房1排。配有计算机教室2个、音乐教室2个、美术教室1个、舞蹈教室1个，书法教室1个、科学实验室1个。中心小学辖靛庄小学、草厂小学、马头小学、觅子店小学、东定安小学、侯黄庄小学。1906年，由文庙改称漷县小学堂。1912年，学堂改称漷县初等小学校。1915年，又易称漷县国民小学校。1921年，在漷县旧县衙内成立漷潞高级完全小学。1923年，改称漷县高级小学校。1937年，改为完全小学。1946年，改称漷县乡中心国民小学。1949年改称河北省通县漷县小学。1958年，改称北京市通州区漷县小学。1960年改称北京市通县漷县小学。1978年，改称通县漷县中心小学。1997年，改称现名。2001年8月16日迁入现址。

## 北京市通州区梨园镇中心小学（本校）
## Běijīng Shì Tōngzhōu Qū Líyuán Zhèn Zhōngxīn Xiǎoxué（Běnxiào）

位于通州区梨园镇云景东路。有22个教学班，在校学生832人。教职员工共82人，其中，高级教师4人，一级教师45人，二级教师25人，未评职称8人。占地面积10000平方米。建筑面积5107平方米。建有1栋教学楼，设有计算机教室、音乐教室、美术教室、舞蹈教室、图书阅览室、实验室等7个专业教室。中心小学辖大稿新村小学、梨园学校、育才学校通州分校。前身为通州区公庄小学。1937年，公庄村建公立初级小学。1978年，改称通县公庄小学。1996年，改称通县梨园镇中心小学，是年9月，复称通县公庄小学。2002年5月，迁今址，更现名。

## 北京市通州区马驹桥镇中心小学（本校）
## Běijīng Shì Tōngzhōu Qū Mǎjūqiáo Zhèn Zhōngxīn Xiǎoxué（Běnxiào）

位于通州区马驹桥镇兴华大街9号。有62个教学班，在校学生2159人。教职员工155人，其中，高级教师2人，一级教师51人，二级教师41人，未评职称60人，其他1人。占地面积28661平方米，建筑面积16599平方米。有3栋教学楼，设计算机教室、音乐教室、美术教室、舞蹈教室、科学实验室、劳动技术教室、书法教室、心理咨询室、资源教室、录课室等15个专业教室。中心小学辖小张湾小学、大杜社小学、马驹桥实验小学、马驹桥学校。1928年成立通县公立马驹桥初级小学。1930年，学校由马驹桥北碧霞元君庙迁至马驹桥东口里大寺内（崇觉寺）。1932年成为高级小学。1933年成为完全小学。1947年更名马驹桥中心国民学校。1950年变更为通县马驹桥中心小学。1987年8月迁至大白村。1989年更名通县马驹桥乡大白村中心小学。1990年更名通县马驹桥镇中心小学。1997年更今名。

## 北京市通州区宋庄镇中心小学（本校）
## Běijīng Shì Tōngzhōu Qū Sòngzhuāng Zhèn Zhōngxīn Xiǎoxué（Běnxiào）

位于通州区宋庄镇宋庄村北。有30个教学班，在校学生1208人。教职员工253人，其中，高级教师7人，一级教师102人，二级教师74人，未评职称65人，其他4人。占地面积40847平方米，建筑面积19719平方米。建有教学楼、宿舍楼、图书馆、室内体育馆、400米天然草坪体育场、食堂、卫生室等。设有计算机教室、音乐教室、美术教室、舞蹈教室、心理咨询室、科学教室、劳技教室、创客空间实验室、创意模型实训教室、英语听力教室、录课室等功能性教室。中心小学辖北寺庄小学、师姑庄小学、翟里小学、徐辛庄小学、葛渠小学、富豪小学。1946年，始建宋庄村办国民小学。1947年，改称大兴庄乡中心民国学校。1949年，称顺义宋庄小学。1950年，称通县宋庄中心小学。1986年，改称通县宋庄乡中心小学。1990年，称通县宋庄镇中心小学。1997年更今名。

## 北京市通州区台湖镇中心小学（本校）
## Běijīng Shì Tōngzhōu Qū Táihú Zhèn Zhōngxīn Xiǎoxué（Běnxiào）

位于通州区台湖镇次一村。有24个教学班，在校学生893人。教职员工69人，其中，高级教师18人，一级教师15人，未评职称20人，其他16人。占地面积7700平方米，建筑面积4972平方米。有1栋教学楼。设有实验室、图书室、心理咨询室、计算机教室、音乐教室、美术教室、舞蹈教室、录课室等专用教室。前身为通州区次渠小学。中心小学辖次渠家园小学、台湖学校。1934年，次渠村建初级小学校。1947年，改为县立，称次渠乡中心国民小学。1949年，改称通县次渠小学。1984年改称通县次渠乡中心小学。1990年改称通县次渠镇中心小学。1997年改称通州区次渠镇中心小学。2002年，更名为通州区次渠小学。2007年更今名。

## 北京市通州区西集镇中心小学（本校）
## Běijīng Shì Tōngzhōu Qū Xījí Zhèn Zhōngxīn Xiǎoxué（Běnxiào）

位于通州区西集镇政府街25号。有13个教学班，在校学生361人。有教职员工52人，其中，高级教师2人，一级教师17人，二级教师16人，未评职称17人。占地面积20790平方米，建筑面积12011平方米。建有1栋教学楼、1栋宿舍楼，设有计算机教室、音乐教室、美术教室、舞蹈教室、科学教室、录课室、报告厅等功能性教室。中心小学辖肖林小学、大灰店小学、新东仪小学、郎府小学、杜柳棵小学、沙古堆小学。1912年在西集关帝庙开办初等小学堂。1917年改为高级小学。1932年成为完全小学。1949年改为通县西集中心小学。1976年受唐山地震波及，校舍倒塌，学校迁入西集中学。1981年从中学迁出，改称通县西集小学。1986年改称通县西集乡中心小学。1990年，改称通县西集镇中心小学。1997年，改称现名。

## 北京市通州区永乐店镇中心小学（本校）
## Běijīng Shì Tōngzhōu Qū Yǒnglèdiàn Zhèn Zhōngxīn Xiǎoxué (Běnxiào)

位于通州区永乐店镇永三村。有22个教学班，在校学生767人。教职员工68人，其中，高级教师5人，一级教师32人，二级教师31人。占地面积21850平方米，建筑面积9700平方米。建有教学楼、环形跑道体育场。配备计算机教室、音乐教室、美术教室、书法教室、舞蹈教室、科学教室、劳技教室等9个专业教室。中心小学辖德仁务小学、小务小学、柴厂屯小学。1929年，在永乐店西门外关帝庙建高级小学校。1932年改为县立，称通县永乐店完全小学校。1946年，低年级迁至永乐店西门内火神庙。1947年停办高年级，初年级改称永乐店镇国民学校。1949年恢复完全小学。1950年改为通县永乐店乡中心小学。1977年改称通县永乐店小学。1985年改称通县永乐店乡中心小学。2002年，更现名。

## 北京市通州区永顺镇中心小学（本校）
## Běijīng Shì Tōngzhōu Qū Yǒngshùn Zhèn Zhōngxīn Xiǎoxué (Běnxiào)

位于通州区永顺镇杨庄村。开设19个教学班，在校生594名。教职工57人，其中，高级教师6人，一级教师18人，二级教师18人，未评职称12人，其他3人。占地面积18360平方米，建筑面积3312平方米，建有教学楼1栋，平房教室1排，设有计算机教室、美术教室、音乐教室、电教室、档案室等。中心小学辖西马庄小学、乔庄小学、发电厂小学、龙旺庄小学、焦王庄小学、范庄小学。1963年，合并后的原黄瓜园初级小学和红果园初级小学迁址杨庄村，称通县杨庄小学。1970年。附设初中班，称通县杨庄学校。1975年撤销初中班，复称原名。1986年9月，更名为通县城关乡中心小学。1991年，改称通县城关镇中心小学。1997年，更名为北京市通州区城关镇中心小学。2001年9月，更今名。2013年9月，为满足办学需求，学校在京贸国际公寓开办分部，设8个教学班。

## 北京市通州区于家务乡中心小学（本校）
## Běijīng Shì Tōngzhōu Qū Yújiāwù Xiāng Zhōngxīn Xiǎoxué (Běnxiào)

位于通州区于家务回族乡于家务村。有23个教学班，在校学生707人。教职员工67人，其中，高级教师3人，一级教师23人，二级教师19人，未评职称22人。占地面积18589平方米，建筑面积11313平方米。建有教学楼、综合楼、教师宿舍楼、体育馆、操场、食堂。设计算机教室、音乐教室、美术教室、舞蹈教室、书法教室、科学教室、劳动教室等功能性教室。中心小学辖渠头小学、西垡小学。1948 年 2 月，成立通县于家务村初级小学。1956 年 12 月，成为通县于家务完全小学。1979 年 9 月，改称为通县于家务中心小学。1986 年 8 月，改称为通县于家务乡中心小学。1997 年更今名。

### 北京市通州区张家湾镇中心小学（本校）
### Běijīng Shì Tōngzhōu Qū Zhāngjiāwān Zhèn Zhōngxīn Xiǎoxué（Běnxiào）

位于通州区张家湾镇镇开发区广聚街 12 号。有 25 个教学班，在校学生 955 人。教职员工 87 人，其中，高级教师 6 人，一级教师 42 人，二级教师 20 人，未评职称 16 人，其他 3 人。占地面积 20000 平方米，建筑面积 11380 平方米。建有教学楼、实验楼、体育馆，配备计算机教室、音乐舞蹈教室、美术教室、书法教室、科学教室等专业教室。中心小学辖张湾村民族小学、张湾镇民族小学、枣林庄民族小学、上店小学、张辛庄小学、牛堡屯学校、陆辛庄学校。1906 年成立张家湾镇立初级小学堂。1914 年，改称张家湾镇国民学校。1915 年，分设女校。1930 年女校并入，改为张家湾完全小学。1946 年，改为张家湾镇中心国民学校。1953 年，穆民小学并入。1966 年，穆民小学分出。1985 年更名为通县张家湾乡中心小学。1990 年更名为通县张家湾镇中心小学。1997 年，更今名。

### 北京市通州区潞城镇中心小学（本校）
### Běijīng Shì Tōngzhōu Qū Lùchéng Zhèn Zhōngxīn Xiǎoxué（Běnxiào）

位于通州区潞城镇七级村。有 14 个教学班，在校学生 440 人。有教职员工 59 人。其中，高级教师 5 人，一级教师 26 人，二级教师 28 人。占地面积 16454 平方米，建筑面积 4289 平方米。建有 6 排平房以及体育场、图书馆。配备有计算机教室、音乐教室、美术教室、舞蹈教室、科学教室、录课教室等专业教室。中心小学辖胡各庄小学、后屯小学、大东各庄小学、大豆各庄小学、卜落垡小学。1924 年，召里村办初级小学校。1949 年，改县立。1966 年，建成完全小学，称通县召里小学。1988 年，称通县胡各庄乡中心小学。1997 年称北京市通州区胡各庄镇中心小学。2002 年更今名。2012 年由召里村迁至今址。

## 四、幼儿园

### 北京市通州区大方居幼儿园
### Běijīng Shì Tōngzhōu Qū Dàfāngjū Yòu'éryuán

位于通州区梨园镇大方居小区内。设 16 个教学班，有幼儿 517 名。教职员工 80 名，大专及以上学历 50 人，专任教师 37 人，专职保育员 9 名，专职保健医 3 人。幼儿园由南北两个园组成，一园两址、分址办公、统一管理。分别于 2012 年 9 月和 2013 年 9 月投入使用，总占地 8208 平方米，建筑面积 5656 平方米。幼儿园坚持“以人为本”的管理理念。“一切为了孩子的快乐和发展”为幼儿园的办园宗旨。2013 年被评为北京市一级一类幼儿园。

### 北京市通州区教工幼儿园
### Běijīng Shì Tōngzhōu Qū Jiàogōng Yòu'éryuán

位于通州区潞通大街 196 号。开设 10 个教学班，有幼儿 321 名。教职员工 70 人。占地面积 3662 平方米，建筑面积 3601 平方米。幼儿园秉承“生活既教育，社会即课堂”的教育理念，围绕 “塑造品行、启迪智慧、和谐发展、奠基人生”办园宗旨，以“和美教育”

文化引领园所内涵发展，以自主、开放式社会实践主题活动的园本课程为实践载体，促进幼儿健全人格的发展，以实现“养蒙致和，美育童心”的教育愿景。2013 年被评为北京市一级一类幼儿园。曾获北京市三八红旗集体、北京市环境创设优秀奖、北京市辛勤育苗先进单位等荣誉称号。始建于 1976 年，由潞河中学职工托儿所改建而成，位于通县师范学校内，设托儿、幼儿各 1 班，收托幼儿 30 人，有教职工 18 人。1979 年迁至后南仓甲 35 号，占地面积 1624 平方米，建筑面积 701 平方米，建有教室 8 间。2011 年 10 月，迁至今址，设 8 个教学班。2014 年，办学规模增至 11 个班级，是年实开 10 个教学班。

## 北京市通州区幼儿园
## Běijīng Shì Tōngzhōu Qū Yòu'éryuán

位于通州区中山大街 36 号。开设 15 个教学班，有幼儿 493 名，教职工 100 余名。占地面积 5200 平方米，建筑面积 4882 平方米。幼儿园以“践行生活化教育理念，凝练健康教育特色，奠基孩子幸福人生”为办园思路，以“尊重生命，服务生活，健康生长”为办园宗旨，以“办孩子喜欢、家长满意、社会认可的健康乐园”为办园目标，向着“培养健康发展的社会人”的育人目标努力前行。2013 年 4 月被评为北京市一级一类幼儿园。曾获北京市体育幼儿园、北京市社区儿童早期教育基地、北京市幼儿园环境创设评优活动“人文教育模范奖”等荣誉。前身是始建于 1949 年的通县专区保育院。1953 年改称通县专区幼儿园，为寄宿制幼儿园。1958 年改称通州区幼儿园。1959 年司空分署街幼儿园并入。1960 年改称通县幼儿园。1962 年县机关幼儿园并入。1963 年通县师范一附小、二附小两所幼儿园并入。1981 年以后寄宿幼儿逐年减少，至 1988 年 7 月底，撤销寄宿班。1997 年改称今名。2008 年从中山大街 103 号搬入今址。

## 通州区新城东里幼儿园
## Běijīng Shì Tōngzhōu Qū Xīnchéngdōnglǐ Yòu'éryuán

位于通州区西营前街 25 号。设教学班 8 个，有幼儿 248 名。占地面积 2793 平方米，建筑面积 1852 平方米。始建于 1983 年。2010 年增设玉桥分园，位于玉桥东里 110 号，设 4 个教学班，有幼儿 158 名，占地面积 1919 平方米，建筑面积 680 平方米。总园和分园共有教师 59 名。幼儿园秉承“一切为了孩子的发展”的办园宗旨，确立“以教科研为先导，以自主教育为特色”的办园思路，努力探索一园两址的办园模式，积极研发园本课程体系，培养强体魄、乐探索、会交往、喜欣赏的幼儿，建设学习型、研究型教师队伍，构建“润心教育”为主题的校园文化。2002 年被评为北京市一级一类园。2005 年被评为市级示范幼儿园。曾获得市级社区儿童早期教育示范基地、与农村中心园手拉手突出贡献奖、北京市辛勤育苗先进单位、北京市三八红旗集体等荣誉。

## 北京市通州区张家湾镇张家湾中心幼儿园
## Běijīng Shì Tōngzhōu Qū Zhāngjiāwān Zhèn Zhāngjiāwān Zhōngxīn Yòu'éryuán

位于通州区张家湾镇西定福庄村丙 51 号。设 10 个教学班，有幼儿 330 人。教职工 75 名，其中高级教师 2 名，一级教师 5 名。占地面积 6609 平方米，建筑面积 3565 平方米。幼儿园秉承“教育是生命的陪伴和生长的滋养”的教育理念，致力于培养身心和谐发展的阳光儿童，努力把园所打造成师幼生命精彩绽放的空间。2013 年被评为北京市一级一类幼儿园。曾获市级示范园、“辛勤育苗”学前教育工作先进集体、北京市“十二五”

师训先进集体以等荣誉。始建于 1985 年。2003 年在今址新建。2010 年由集体办园转为教育部门办园。

## 北京市通州区民族幼儿园
## Běijīng Shì Tōngzhōu Qū Mínzú Yòu'éryuán

位于通州区芙蓉园 312 号。设 15 个教学班，有幼儿 478 名，教师 63 名。占地面积 4956 平方米，建筑面积 5207 平方米。始建于 1982 年 9 月，2010 年 10 月迁今址。幼儿园坚持依法办园，围绕 “精细管理、热情服务，打造具有民族特色的学前教育”办园目标，构建“融文化”体系，树立健康、快乐、和谐、发展的良好园风，培养健康、快乐、聪慧、知礼的民族娃，打造重德、乐业、善思、创新的幼儿教师队伍。通过民族系列活动、教育课程、文化环境、饮食等突出园所办园特色，促进幼儿全面健康富有个性的发展。2013 年评定为北京市一级一类幼儿园。曾获得“北京市辛勤育苗先进单位”“民族教育先进单位”等荣誉称号。

## 北京市通州区如意中心幼儿园
## Běijīng Shì Tōngzhōu Qū Rúyì Zhōngxīn Yòu'éryuán

位于北京市通州区如意园甲 12 号。创建于 1958 年，2002 年划归通州区教委直属，是一所全日制教育部门办幼儿园。如意中心园一园五址，由如意本园、潞河分园、后南仓分园、马家分园、怡佳分园组成，总占地面积 4361.55 平方米，总建筑面积 3982.22 平方米。2014 年共有 24 个班，幼儿 775 名，其中京籍幼儿 622 人，非京籍幼儿 153 人。现有教职工 112 人，其中大专以上学历 61 人。幼儿园坚持“以爱育爱、快乐成长”的办园理念，不断优化育人环境，室外活动区域安全多样化，室内设施温馨舒适化。通过课题引领、模块式园本培训、研训一体式园本教研、师徒结对等措施提高教师业务素质。幼儿园先后获得通州区最美校园、通州区创建学习型组织先进单位、通州区“党建示范点”、北京市基教科研先进学校、北京市辛勤育苗先进单位等荣誉称号。

## 北京市通州区新通幼儿园
## Běijīng Shì Tōngzhōu Qū Xīntōng Yòu'éryuán

位于通州区梨园西里 38 号楼（新通国际花园小区内）。设 6 个教学班，有幼儿 226 名。占地面积 2264 平方米，建筑面积 1697 平方米。幼儿园以“让每个孩子健康，富有个性的快乐成长”为办园理念。2010 年 3 月成立，为公办幼儿园。2013 年 12 月被评为北京市一级一类幼儿园。

# 第二节　文化设施

## 北京市通州区文化馆
## Běijīng Shì Tōngzhōu Qū Wénhuàguǎn

位于通州区中仓街道境内通胡大街76号院1号楼。国家一级馆。建筑面积为9061平方米，共9层楼。建有剧场1个，面积1648平方米，可容纳550人；设有美术活动室、老年活动室、少儿活动室、琴房、文化展厅、排练厅等文化活动场所。1949年4月，通县人民政府接收县立通俗图书馆和省立通州实验城市民众教育馆；7月，两馆合并建立通县镇人民文化馆。1954年2月，改建为通县文化馆和通州市文化馆。1958年4月合并建立北京市通州区文化馆。1958年10月，并入通州区工人俱乐部。1973年5月文化馆、俱乐部分署。1984年7月择址西海子西街14号建新馆，1986年建成，建筑面积1822平方米，其中多功能厅350平方米，可容观众400人。1988年以后陆续增加台球厅、电子游戏厅、卡拉OK舞厅。1996年馆内设有文艺室、美术室、文学创作室、艺术档案室。2004年，被定为国家一级馆。2010年因拆迁由西海子西街14号搬至永顺南街164号北京中房职业技术学校教学楼1号楼，共三层，建筑面积2323.2平方米。2014年5月迁今址。

## 北京市通州区博物馆
## Běijīng Shì Tōngzhōu Qū Bówùguǎn

位于通州区中仓街道境内西大街9号。占地面积1908平方米，建筑面积940平方米。馆内收藏境内新石器时代、先秦、汉、南北朝、唐、辽、金、元、明、清、民国及新中国成立后各个时期的文物2000余件。其中珍贵文物有：明万历木刻版《会海字彙》、明烙印硬合欢皇木、明李东阳所撰岳母宋夫人墓志、清雍正时张贴于通州漕运码头处除弊布告、清皇家建筑墁地金砖等。该建筑原为1923年所建北京万国道德会通州分会活动场所，其标识为“卐”字，俗称万字会，此院亦称万字会院。1985年被定为通县文物保护单位。1991年，改建为博物馆，面向新华大街开设北门，添建抱厦三间双道石阶。1992年1月对外开放。有展室16间，文物库房6间。2014年，博物馆进行全面修缮，并新建地下库房和办公区，增设临时展厅及展室6间。

## 北京市通州区电影院
## Běijīng Shì Tōngzhōu Qū Diànyǐngyuàn

位于通州区新华街道境内西塔胡同1号。占地面积2650平方米，建筑面积5380平方米。共有4个影厅，观影座位648个，其中3D影厅461个座位。此地，日伪时期为私人戏院，砖木结构，铁皮屋顶。通县解放后，为冀东十四行政督察专员公署礼堂，内设舞台，两侧有化妆室6间，砖砌台座上置木板即为观众席，分池座、东西廊、后廊。1950年初，改建为电影院，在后廊上面改建放映室。6月更换座席为铁脚长木椅，设960席。

1976年2月，电影院翻建。1978年5月，竣工重张，建筑面积1960平方米，观众厅改建为两层，设单人折椅1350席。1988年、1993年两次进行功能性改造，影院第二层观众席前两排改为包厢沙发座，后八排改软座沙发椅，增建445平方米二层楼1座，200平方米录像放映厅1座。1998年，放映大厅改造成保龄球俱乐部，录像放映厅改造为电影放映厅，设134个座位。2007年12月，停止营业，进行改造。2010年4月29日，改造完成，新建4个影厅，包括1个3D影厅、1个VIP影厅、2个2D映厅。

## 北京市通州区图书馆
Běijīng Shì Tōngzhōu Qū Túshūguǎn

位于通州区中仓街道境内通胡大街76号院1号楼。占地面积4101.25平方米，馆舍面积17251平方米，藏书近74万册，设有服务台、盲文图书馆、中文图书借阅部、少儿科普阅览中心、中文报刊阅览部、艺术文献阅览部、外文阅览部、电子视听阅览室、运河文库、历史文献阅览室等。图书馆有阅览座席1021个，全年不闭馆对外开放，为公众提供文献借阅、讲座论坛、展览交流、信息咨询、青少年活动、文化休闲等文化信息服务。1916年5月，始建通县通俗图书馆，馆址在县城内潞河公园（今新城下坡南段西侧），后被占用。1928年12月在原址建河北省第二图书馆。1929年夏，建通县通俗图书馆，馆址在原通州镇北大街鼓楼。1930年2月1日，河北省第二图书馆并入河北省立实验民众教育馆。1934年通县通俗图书馆改为县立民众教育馆。1949年4月，通县人民政府接管河北省立实验民众教育馆，县立民众教育馆随之并入，成立通县民众教育馆。1958年10月1日通州区图书馆成立。1963年7月通县图书馆并入通县文化馆，1979年6月恢复原建制。1981年在新华大街89号建新图书馆，建筑面积772平方米。1986年市县筹资在车站路27号建县图书馆楼，新馆主楼5层，框架砖混结构，建筑面积3225.85平方米。1989年8月10日建成，正式开馆。1995年，馆内设有采编室、个人外借处、参考咨询组、报刊阅览室和业务辅导组。2001年，建立电子阅览室和低幼阅览室。2007年，新建古籍室、休闲阅览室，增建多功能厅和电子阅览室。2009年12月，被文化部评为区一级图书馆。2014年4月27日，迁今址。

## 通州新华书店
Tōngzhōu Xīnhuá Shūdiàn

位于通州区中仓街道境内新华大街142号。建筑面积908平方米，营业面积526平方米，主营图书2万种。下设门市部、课本发行部、财务部、业务部、办公室。书店主要经营图书、中小学课本、文化体育用品。1948年12月在张家湾镇建立，1950年3月撤销。1949年1月通州市新华书店于北大街鼓楼前建立。1952年改为河北省通县专区新华书店。1958年4月改为北京市通州区新华书店。1960年改称通县新华书店。1972年10月在新华大街114号建营业楼，建筑面积808平方米，营业面积526平方米。1996年下设营业楼、机关服务部、课本发行部和范庄活动书库四个部门，营业面积1060平方米，发行图书192.4万册，销售额1484.9万元。2010年称今名。2014年全年销售图书47万册，销售额779万元。

# 第三节　卫生设施

## 首都医科大学附属北京潞河医院
## Shǒudōu Yīkēdàxué Fùshǔ Běijīng Lùhé Yīyuàn

位于中仓街道新华南路 82 号。三级综合医院。医院占地面积 40820 平方米，建筑面积 67604 平方米，床位 1003 张。职工总数 2468 人，其中高级职称 194 人、中级职称 597 人、初级职称 1114 人。设消化内科、呼吸内科、心脏内科、骨科、神经外科、心胸外科、妇产科、儿科、眼科、口腔科、中医科及超声科、放射科、病理科、检验科、理疗科等，是一所集医疗、教学、科研、防病、公共卫生及社区服务等功能为一体的公益性学院型三级综合医院。前身为美国教会医院，1878 年始建，1903 年在通州新城南门外再建，其主要建筑是一幢 200 平方米的“十字形”小楼，命名为潞河医院。1941 年 12 月，改称通县县立医院。1945 年 1 月，改为燕京道道立医院。同年 8 月，恢复潞河医院名称。1951 年，河北省人民政府卫生厅接管，改称河北省潞河人民医院。1953 年 8 月，医院更名为河北省通州医士学校附属医院。1954 年在十字小楼西侧新建两层病房楼，设病床 140 张。1958 年，通州市医院并入，改称为北京市通州区医院。1959 年 7 月 1 日，医院搬至今址。1960 年 2 月，改称通县医院。1981 年至 1983 年，建门诊病房楼，设病床 410 张。1992 年，恢复潞河医院名称。1997 年，被评定为二级甲等医院。2003 年，新建 15 层高病房大楼，设床位 513 张。2011 年，新建手术病房楼，设手术室 16 间，床位 400 张。2013 年，被评定为三级综合医院。2014 年 11 月 25 日，与首都医科大学签订合作协议，医院更今名。

## 北京中医药大学东直门医院东区
## Běijīng Zhōngyīyào Dàxué Dōngzhímén Yīyuàn Dōngqū

位于通州区梨园镇翠屏西路 116 号。三级甲等医院。医院占地 68100 平方米，建筑面积 33357 平方米。设病床 400 张。职工总数 801 人，其中高级技术职称 70 人，中级技术职称 166 人，初级技术职称 565 人。有 17 个病区、8 个医技科室、28 个门诊科室、19 个专科专病门诊和“王珂老中医传承工作室”。1984 年在原通州镇三官庙县医院东侧筹建通县中医医院。1985 年 5 月，门诊楼建成应诊，建筑面积 2380 平方米，设有内科、外科、妇科、儿科、针灸科、按摩科、肛肠科、理疗科、中西医结核科，设简易病床 12 张。1989 年 4 月，病房楼建成，建筑面积 2700 平方米，设病床 85 张。1991 年建 2087 平方米的综合楼。1996 年晋升为二级甲等中医医院。1997 年更名为通州区中医医院至 2009 年，增设口腔科、眼科、骨科、皮科、保健科、CT 室、CCU 室、透析室、消化科、糖尿病科、康复科等科室。2010 年 6 月，迁至翠屏西路 116 号。2011 年 8 月，通州区人民政府与北京中医药大学东直门医院签约，医院正式挂牌成为北京中医药大学东直门医院东区。2012 年，通过国家中医药管理局三甲等级医院的评审及复核，成为通州区第一家三级甲等医院。

## 通州区妇幼保健院
## Tōngzhōu Qū Fùyòu Bǎojiànyuàn

位于玉桥街道玉桥中路124号。二级甲等妇幼保健院。医院占地面积约14769.91平方米，建筑面积22419.4平方米，开放床位272张。在岗职工734人，其中高级职称62人，中级职称173人，初级职称414人。开放有妇科、产科、计划生育科、儿科、乳腺科、内科、儿外科、外科、中医科、皮肤科、眼科、耳鼻喉科、口腔科、超声科、检验科、病理科、放射科、妇女体检中心、儿童早期综合发展中心等科室，是一所集医疗、保健、教学、科研为一体的二级甲等妇幼保健机构，是全区妇女儿童诊疗中心、妇幼保健技术指导中心、业务培训中心。前身为1962年建的通县妇幼保健站。1982年10月通县妇幼保健站与通县城关卫生院合并建立通县妇幼保健院。1984年与北京妇产医院合作成立“北京妇产医院通县分院”。1991年7月与北京东单三条儿童医院合作成立“北京东单三条儿童医院通县分院”。1997年更今名。是年10月，被评为“二级甲等妇幼保健院”。1999年11月，从永顺东街152号迁至今址。

## 通州区新华医院
## Tōngzhōu Qū Xīnhuá Yīyuàn

前身是1958年组建的通州镇卫生院，位于西大街119号。1972年迁至新华大街47号。1992年，晋升为县级医院，更名通县新华医院。1997年更今名。2010年医院拆迁，至2014年，各科室分驻不同地点办公。内科、普外科、骨外科、中医、检验、B超、心电图等科室设在乔庄社区卫生服务站；口腔诊疗中心和医保办、器械科、信息科迁至玉桥北里甲21号；保健科、疾控科、放射科、总务科搬迁至乔庄西区18号楼；五官科、牙防办公室及供应室迁至大稿村社区卫生服务站；行政职能科室（医院办公室、党总支办公室、业务部、宣教科、医务科、护理部、社区办公室、人事科、图书档案科、病案室）迁至新华东街134号（神剑宾馆内）；内科病房、外科病房、妇产科病房撤销。2014年，医院新楼主体结构封顶，地址位于潞苑东路101号。

## 通州区中西医结合医院
## Tōngzhōu Qū Zhōngxīyī Jiéhé Yīyuàn

位于中仓街道车站路89号。二级甲等中西医结合医院。占地面积5563 平方米，总建筑面积9231平方米。有职工335人，其中高级职称47人（正高20人，副高27人），中级职称61人，初级职称153人。开放病床150张，有全身螺旋CT、数字化影像系统、腔镜系统、重症监护设备、全自动化分析仪及彩超等医疗设备200余台（件）。设有临床科室16个，医技科室5个，病区3个，以中医和骨科为特色，中西医结合治疗多种常见病及疑难病症。其中骨伤科为市级重点专科，妇产科为市级特色专科、针灸科为区级重点专科。原为平谷大众药社，1950年迁入通县，位于西海子公园东南侧。1989年10月迁至新华大街21号，更名为通县红十字财贸医院。1993年更名为通县运通医院。1997年，因县改区，医院又更名为通州区运通医院。2003年2月28日，更名为北京市通州区中西医结合骨伤医院。2005年12月，定为二级中医专科医院。2010年，迁址车站路89号。2013年3月，更今名。是年，被评定为二级甲等中西医结合医院。

## 首都医科大学附属北京胸科医院
## Shǒudōu Yīkēdàxué Fùshǔ Běijīng Xiōngkē Yīyuàn

位于永顺镇北马厂97号。占地面积约130000万平方米，建筑面积约60000平方米。为三级甲等医院。主要从事结核病、胸部肿瘤及呼吸系统疾病的临床、科研和防治工作。结核病、肺癌研究为北京市重点学科。建有北京市高技术试验室——北京肿瘤分子生物学试验室肺癌分室，有胸部肿瘤、结核病检查、治疗的全套设备。在国内率先开展结核病短程化疗研究、开展第一次国内耐药结核病基线调查、首次建立了国内人体肺癌细胞系、较早开展胸部肿瘤侵犯上腔静脉系统血管的外科治疗，20余项成果填补了国内空白。多次承担国家“863”计划、“973计划”国家自然科学基金、国家“十五公关”和“十一五重大科技专项”等研究项目。始建于1955年，原为中央结核病研究所。1958年划归北京市卫生局。1965年更名北京结核病研究所，1988年更名为北京市结核病胸部肿瘤研究所、北京胸部肿瘤结核病医院。2010年更今名。

## 北京军区总医院（263临床部）
## Běijīng Jūnqū Zǒngyīyuàn (263 Línchuángbù)

位于永顺镇永顺西街87号。前身为1946年成立的白求恩和平医院冀中第三分院。1954年8月21日，改称第263医院，驻保定。1969年8月，与第252医院对调移驻通县。1981年12月，迁至今址。1995年被评为二级甲等医院。2001年被确定为北京市首批医疗保障定点医院。2003年通过ISO9001国际质量认证。2004年10月，改称今名。

### 2014年通州区一级医院一览表

表6

| 医院名称 | 位　置 | 成立时间 | 占地面积（平方米） | 建筑面积（平方米） |
|---|---|---|---|---|
| 北京市通州区漷县卫生院 Běijīngshì Tōngzhōuqū Huòxiàn Wèishēngyuàn | 通州区漷县镇漷兴一街3号 | 1978年 | 6667 | 4612 |
| 北京市通州区宋庄卫生院 Běijīngshì Tōngzhōuqū Sòngzhuāng Wèishēngyuàn | 通州区宋庄镇前夏村88号 | 1956年 | 7584 | 4281 |
| 北京市通州区台湖卫生院 Běijīngshì Tōngzhōuqū Táihú Wèishēngyuàn | 通州区台湖镇台湖东区北侧 | 1965年 | 18666.76 | 10000 |
| 通州区第二医院 Tōngzhōuqū Dì'èr Yīyuàn | 通州区马驹桥镇兴华大街11号 | 1958年 | 20001 | 22524 |
| 北京市通州区徐辛庄卫生院 Běijīngshì Tōngzhōuqū Xúxīnzhuāng Wèishēngyuàn | 通州区宋庄镇徐辛庄村 | 1968年 | 6666 | 4400 |

续表 6

| 医院名称 | 位　置 | 成立时间 | 占地面积（平方米） | 建筑面积（平方米） |
|---|---|---|---|---|
| 北京市通州区大杜社卫生院 Běijīngshì Tōngzhōuqū Dàdùshè Wèishēngyuàn | 通州区马驹桥镇大杜社村北 | 1973 年 | 5400 | 4452 |
| 北京市通州区郎府卫生院 Běijīngshì Tōngzhōuqū Lángfǔ Wèishēngyuàn | 通州区西集镇郎东村后 | 1965 年 | 6660 | 2540 |
| 北京市通州区梨园卫生院 Běijīngshì Tōngzhōuqū Líyuán Wèishēngyuàn | 通州区葛布店南里 10、11 号楼 | 1973 年 | 2552.2 | 1864 |
| 北京市通州区于家务卫生院 Běijīngshì Tōngzhōuqū Yújiāwù Wèishēngyuàn | 通州区张采路乡人民政府西 100 米 | 2006 年 | 11000 | 6700 |
| 北京市通州区张家湾卫生院 Běijīngshì Tōngzhōuqū Zhāngjiāwān Wèishēngyuàn | 通州区张家湾镇张家湾村东区甲 2 号 | 1958 年 | 10000 | 9016 |
| 北京市通州区潞城卫生院 Běijīngshì Tōngzhōuqū Lùchéng Wèishēngyuàn | 通州区水仙东路 | 1965 年 | 1704 | 3100 |
| 北京市通州区永顺镇永顺社区卫生服务中心 Běijīngshì Tōngzhōuqū Yǒngshùnzhèn Yǒngshùnshèqū Wèishēng Fúwù Zhōngxīn | 通州区永顺社区龙旺庄 36 号楼 | 2008 年 | 3750 | 3174 |
| 北京市通州区西集卫生院 Běijīngshì Tōngzhōuqū Xījí Wèishēngyuàn | 通州区西集镇南 | 1961 年 | 9300 | 2530 |
| 北京市通州区觅子店卫生院 Běijīngshì Tōngzhōuqū Mìzidiàn Wèishēngyuàn | 通州区漷县镇觅子店村北 | 1965 年 | 15495 | 3882 |
| 北京市通州区甘棠卫生院 Běijīngshì Tōngzhōuqū Gāntáng Wèishēngyuàn | 通州区潞城镇侉店村南（临 38 号） | 1965 年 | 7000 | 2787 |
| 北京市通州区牛堡屯卫生院 Běijīngshì Tōngzhōuqū Niúbǎotún Wèishēngyuàn | 通州区张家湾镇后坨村 186 号 | 1958 年 | 11700 | 17731 |
| 北京市通州区永乐店卫生院 Běijīngshì Tōngzhōuqū Yǒnglèdiàn Wèishēngyuàn | 永乐大街 20 号 | 1958 年 | 17565 | 8848 |
| 北京市通州区次渠卫生院 Běijīngshì Tōngzhōuqū Cìqú Wèishēngyuàn | 通州区台湖镇次渠村 | 1965 年 | 16666.67 | 12500 |

# 第四节　体育设施

## 通州区体育场
Tōngzhōu Qū Tǐyùchǎng

位于新华街道新华大街77号。东至西海子西路，西至京杭广场，南至新华东街，北至天桥湾小区。因该体育场为通州区政府修建的公共运动场地，故名。面积2.98万平方米。体育场建有1个天然草皮足球场，1条8道400米塑胶标准跑道，5个标准比赛篮球场和1个篮球练习场，1座面积2700平方米的羽毛球和网球相结合的训练健身馆，1条周长550米的大众健身塑胶跑道，6块总面积近5000平方米的大众健身区等体育设施。1958年在通州旧城西侧的一片莲藕地上建成较标准的田径场，在田径场西侧修建一个灯光篮球场。1965年将原篮球场改扩建，增设砖砌简易看台，建2个水泥地面篮球场，并建起简易乒乓球室、摔跤房各一幢。1983年改建田径场，至1991年先后修建跳高柔道馆、举重馆、投掷馆等设施。2007年初至9月实施田径场、篮球场、大众健身走廊、大众健身步道等设施的改造工程。2008年10月，在网球场基础上改建为羽毛球和网球相结合的训练健身馆。

## 运河奥体公园
Yùnhé Àotǐ Gōngyuán

位于中仓街道通胡大街70号。因公园位于北运河左堤，以奥运会为主题，故名。占地面积20多万平方米，公园内建有大众健身场、旱冰场、篮球场、门球场、足球场、游泳池、网球馆、网球场、田径场以及乒乓球馆、跆拳道馆、田径训练馆、柔道馆等13个场馆。公园西北侧设有游船码头。公园西侧立有形状各异的置石，刻有历届奥运会标志、举办国家及其历史背景。2003年建成。

# 第五节　服务业设施

## 北京天天人民商城
Běijīng Tiāntiān Rénmín Shāngchéng

位于中仓街道，新华东街116 号。因“人民”意味着为广大人民谋福利，是人民大众的商场，故名。建筑面积3.3万平方米，营业面积2.2万平方米。主营服装鞋帽、轻纺织品、家用电器、金银饰品等商品。1986年9月28日建成营业，名通州人民商场，建筑面积5050平方米，营业面积3200平方米。至1994年7月，进行两次改造扩建，建筑面积2.6万平方米，营业面积1.8万平方米。2009年更今名。2010年再次扩建，形成现规模。

## 通州万达广场
## Tōngzhōu Wàndá Guǎngchǎng

位于北苑街道新华西街58号。因其位于通州区，是万达集团开发建设的系列项目之一，故名。建筑面积58.4万平方米，营业面积22万平方米，主要经营高档百货。是集购物、餐饮、娱乐、休闲于一体的综合性购物中心。2014年建成开业。

## 北京贵友大厦有限责任公司通州店
## Běijīng Guìyǒu Dàshà Yǒuxiàn Zérèn Gōngsī Tōngzhōudiàn

位于梨园镇云景东路1号。因是北京贵友大厦有限公司位于通州的店面，故名。建筑面积9972.85平方米，营业面积2.4万平方米。主要经营黄金珠宝、时尚百货、男女服装、皮鞋皮具、儿童玩具、家居用品等众多国内外名牌商品，是集购物、餐饮、娱乐、休闲于一体的综合性购物中心。2008年7月建成营业。

## 北京国泰平安百货有限公司通州店
## Běijīng Guótài Píng'ān Bǎihuò Yǒuxiàn Gōngsī Tōngzhōudiàn

位于北苑街道八里桥南街1号。因是北京国泰平安百货有限公司位于通州的店面，故名。建筑面积2.2万平方米，营业面积1.5万平方米。主营日用百货、床上用品、服装鞋帽等商品，为综合商场。2009年10月营业。

## 北京家乐福通州店
## Běijīng Jiālèfú Tōngzhōudiàn

位于九棵树西路48号翠景北里1号瑞都景园北区1A号楼二层、三层。因是法国家乐福集团在通州开设的店面，故名。主要从事超市零售业，卖场面积8365平方米。2006年10月28日，通州店开业。法国家乐福于1995年进入中国，采用国际先进的超市管理模式，致力于为社会各界提供价廉物美的商品和优质的服务，受到广大消费者的青睐和肯定，其“开心购物家乐福”“一站式购物”等理念深入人心。

## 月亮河温泉假日酒店
## Yuèliànghé Wēnquán Jiàrì Jiǔdiàn

位于月亮河河滨路1号。因位于运潮减河南岸，月光洒入河中，让人不禁想起月上柳梢头，人约黄昏后的美景美意，寓意该处环境优美，故名。建筑面积29500平方米。有不同风格客房139套，床位252个，会议室10个，餐位357个。餐饮特色以谭家食府菜肴、日本料理、韩式烧烤、风味鲁菜、茶坊等为主，康乐设施有游泳馆、保龄球馆、室外网球场、高尔夫球场、话匣子音乐吧、KTV、桑拿、中医保健按摩等项目。1998年10月建成开业。2000年12月被评为四星级饭店。

## 运河苑度假村
## Yùnhéyuàn Dùjiàcūn

位于宋庄镇白庙村东。因东滨潮白河，又潮白河历史上为大运河主要源流，故名。建筑面积16万平方米。有15栋风格各异的欧式别墅，客房144套，床位520个，餐位1200个，设有大中小会议室多间。餐饮特色以南北风味家常特色菜肴为主，康乐设施有保龄球、台球、棋牌以及温泉洗浴、游泳、冲浪、漂流、潜水等水上娱乐项目。1998年10月建成开业。2002年8月被评为四星级饭店。

## 亚太花园酒店
Yàtàihuāyuán Jiǔdiàn

位于玉桥西路103号。寓意该酒店宏大且美丽，故名。建筑面积3.2万平方米。有客房270套，床位430个，餐位410个，会议厅、宴会厅6间。餐饮特色以欧陆菜为主兼有中西式自助餐。康乐设施有游泳池、健身房、桑拿、棋牌、台球等。2004年3月建成开业，12月被评为四星级酒店。

## 东方宾馆
Dōngfāng Bīnguǎn

位于车站路48号。因毗邻东方生活区，故名。建筑面积9600平方米。有客房81套，床位145个，大中小会议室10个，餐位280个。餐饮特色以南北风味、精品家常菜为主。休闲娱乐设施有茶艺室、咖啡厅、歌舞厅、棋牌室、台球室、沙壶球等。1983年10月建成。2002年1月被评为三星级酒店。

## 红旗宾馆
Hóngqí Bīnguǎn

位于新华南路21号。因属原红旗机械厂，故名。建筑面积10000平方米。有客房133套，床位272个，餐位300个。有会议室、宴会厅、歌舞厅、KTV。1989年2月建成开业。2001年8月被评为二星级饭店。

## 北发大酒店
Běifā Dàjiǔdiàn

位于台湖镇北京国际图书城园区南侧。因由北京发行集团投资，故名。建筑面积40000平方米。有客房201间套，商务会所4个，大中小会议室14个，同声传译报告厅1个；设有中餐厅、自助餐厅、宴会厅，餐位1000个。康体娱乐设施有KTV、游泳馆、健身房、棋牌室、台球室、乒乓球室等。2007年7月建成开业。

## 太阳花酒店
Tàiyánghuā Jiǔdiàn

位于九棵树西路201号。建筑面积2.2万平方米。有客房256间套，会议室5间，多功能厅1个。设有大堂吧、中餐厅、西餐厅，可容纳500人同时就餐。2008年12月建成开业。

## 小楼饭店
Xiǎolóu Fàndiàn

位于新华东街南侧，南大街12号，南大街与回民胡同交会处。曾名义和轩、小楼饭馆。因其原为一座木质结构两层小楼，故名。占地面积1833平方米，建筑面积2670平方米，营业面积2400平方米。2014年被认定为北京老字号。始建于清光绪二十六年（1900），只有两间铺面，名义和轩。19世纪20年代，扩建成木质结构两层小楼，人们以其造型矮小，俗称“小楼”饭馆。1956年公私合营后更名小楼饭店。1986年拆掉几经修建的木质结构楼房，扩建为三层框架式结构楼房。2014年重新装修，一层为伊斯兰特色婚宴大厅；二层宴会厅以南大街“十八个半截胡同”为蓝本，突出传统北京胡同文化；三层设宴会包间8个。小楼饭店的菜肴属伊斯兰京菜东派，特色菜有著名的“小楼三焦”——烧鲇鱼、焦熘肉片、焦炒饹馇，其中的烧鲇鱼更是被誉为“通州三宝”之一，成为小楼饭店的名菜，已被列入通州区非物质文化遗产。

## 中国工商银行股份有限公司北京通州支行
## Zhōngguó Gōngshāng Yínháng Gǔfèn Yǒuxiàn Gōngsī Běijīng Tōngzhōu Zhīháng

位于新华西街47号。因位于通州区，隶属于中国工商银行股份有限公司，故名。代理中国人民银行国库业务和发行基金保管库业务。1984年建立工商银行通县支行，营业机构有办事处7处，储蓄所22处和联办、代办储蓄所14处。1997年设立中国工商银行股份有限公司北京通州支行。1999年，支行下辖5个分理处、1个储蓄办事处、19个储蓄所。2005年，内设9个部、1个中心，下辖7个对公分理处、14个储蓄网点。2014年设有9个部室和15个营业网点，实现本外币拨备前利润5.80亿元。

## 中国建设银行股份有限公司北京通州支行
## Zhōngguó Jiànshè Yínháng Gǔfèn Yǒuxiàn Gōngsī Běijīng Tōngzhōu Zhīháng

位于玉带河西街25号。因位于通州，隶属于中国建设银行股份有限公司，故名。业务范围是办理人民币存款、贷款、结算，外汇存款、汇款、贷款，外币兑换，国际结算、结汇、售汇，票据贴现；代理发行金融债券；代理发行、兑付、销售政府债券，收付款项。前身是交通银行通县办事处，1954年9月改为中国人民建设银行通县支行。1958年4月由河北省分行改属北京市分行领导，1960年11月撤销。1980年6月恢复，与县财税局合署办公，1982年独立营业。1985年设立中国建设银行股份有限公司北京通州支行。2014年下设7个部室，9个营业中心，6个个人金融中心，实现全口径时点存款余额205.90亿元，各项贷款余税54.51亿元，实现税前利润4.05亿元。

## 中国农业银行股份有限公司北京通州支行
## Zhōngguó Nóngyè Yínháng Gǔfèn Yǒuxiàn Gōngsī Běijīng Tōngzhōu Zhīháng

位于八里桥南街1号院9号楼。因位于通州，隶属于中国农业银行股份有限公司，故名。业务范围是办理人民币存款、贷款、结算、票据贴现，外汇存款、贷款、汇款，外币兑换，国际结算、结汇、售汇；代理发行金融债券；代理发行、兑付、销售政府债券，收付款项；通过上级行办理代客外汇买卖；代理国外信用卡付款等。办公楼营业面积6400余平方米。1956年6月由中国人民银行通县支行析出，1957年5月撤销。1964年1月再次由中国人民银行通县支行析出，1965年8月撤销。1984年4月中国农业银行通县支行第三次分设。1997年9月29日，中国农业银行北京分行通县支行更名为“中国农业银行北京分行通州支行”。2008年2月26日，支行由新华大街61号迁至八里桥南街1号院9号楼。2009年7月6日，更名为“中国农业银行股份有限公司北京分行通州支行”。2014年，支行各项存款余额233.8亿元，各项贷款余额53亿元，实现利润4.29亿元。

## 中国银行股份有限公司北京通州支行
## Zhōngguó Yínháng Gǔfèn Yǒuxiàn Gōngsī Běijīng Tōngzhōu Zhīháng

位于车站路44号。因位于通州，隶属

于中国银行股份有限公司，故名。主要经营范围包括人民币结算业务、公司银行服务、个人银行服务、贷款融资、票据的购买和兑付，以及多种外币的小额零钞兑换服务等。1913 年 2 月成立通县兑换所，1919 年升为支行，1920 年撤销，1988 年 8 月恢复。1999 年，下辖 4 个营业网点。2005 年，内设 5 个部、1 个室，下辖 5 个营业网点。2014 年内设 7 个部门，下辖 9 个营业网点。

## 中国农业发展银行北京市通州区支行
## Zhōngguó Nóngyè Fāzhǎn Yínháng Běijīng Shì Tōngzhōuqū Zhīháng

位于新华北路 55 号。因位于通州，隶属于中国农业发展银行，故名。主要职责承担国家规定的农业政策性金融业务，代理财政支农资金的拨付，为农业和农村经济发展服务。贷款种类有政策性贷款、准政策性贷款和新农村建设、农村基础设施建设、农业综合开发贷款、农业科技贷款、农村流通体系建设贷款、农业产业化龙头企业贷款、农业小企业贷款等。1997 年 4 月设立，内设会计结算部、客户业务部、办公室。2014 年发放储备粮贷款 9242 万元，商业流动资金贷款 21794 万元；中长期贷款 4 亿元；支持通州区 57446 亩平原造林项目银团贷款 5 亿元。

## 交通银行股份有限公司北京通州支行
## Jiāotōng Yínháng Gǔfèn Yǒuxiàn Gōngsī Běijīng Tōngzhōu Zhīháng

位于九棵树大街 187 号。因位于通州，隶属于交通银行股份有限公司，故名。业务范围是办理人民币存款、贷款、结算、票据贴现，外汇存款、汇款、贷款、外币兑换，国际结算、结汇、售汇等业务；代理发行金融债券、收付款项；代理发行、兑付、销售政府债券；买卖政府债券。2008 年 3 月 12 日设立，下设 2 个营业网点。

## 华夏银行股份有限公司北京通州支行
## Huáxià Yínháng Gǔfèn Yǒuxiàn Gōngsī Běijīng Tōngzhōu zhīháng

位于九棵树东路 126 号。因位于通州，隶属于华夏银行股份有限公司，故名。业务范围是人民币存款、贷款、结算，票据贴现；外汇存款、汇款、汇贷款，国际结算；代理发行金融债券；代理发行、兑付、销售政府债券，收付款项；通过上级行办理代客外汇买卖；代理国外信用卡付款等业务。2009 年设立。2014 年存款余额 27.1 亿元，贷款余额 11.8 亿元，实现利润 5003 万元。

## 北京银行股份有限公司通州支行
## Běijīng Yínháng Gǔfèn Yǒuxiàn Gōngsī Tōngzhōu Zhīháng

位于新华西街 59 号。因位于通州，隶属于北京银行股份有限公司，故名。业务为吸收公众存款，发放短期、中期和长期贷款，办理结算、票据贴现，代理发行金融债券，代理发行、兑付、承销政府债券，代理收付款项等业务；总行在中国银保监会批准业务范围内的授权业务；承办社会医疗等社会保险资金的结算；承担区内居民购买燃气业务等。2004 年 4 月设立北京商业银行股份有限公司通州支行。2005 年 1 月 1 日，更名为北京银行股份有限公司通州支行。2010 年末，设有 3 个营业网点。2014 年增至 5 个营业网点，本外币各项存款时点余额 67.28 亿元，本外币各项贷款余额 52.12 亿元。

## 北京农村商业银行通州支行
## Běijīng Nóngcūn Shāngyè Yínháng Tōngzhōu Zhīháng

位于梨园北街63、65号。因位于通州，隶属于北京农村商业银行股份有限公司，故名。业务范围是吸收公众存款，发放短期、中期和长期贷款；办理国内结算，票据承兑与贴现；代理发行、兑付、承销政府债券，收付款项及保险业务；

从事银行卡、保险箱业务；总行在中国银行业监督管理委员会批准的业务范围内授权的其他业务。前身为北京市通县农村信用合作社联社。1997年9月，更名为北京市通州区农村信用合作社联合社，设56个营业网点（含21个信用社、1个联社营业部、31个信用分社、3个储蓄所）。1998年11月，迁址新华大街59号。2005年10月19日，北京市农村信用社改制成为北京农村商业银行股份有限公司。2006年1月17日，北京农村商业银行股份有限公司通州支行正式揭牌。2010年，实施机构改革，支行整编为51个营业网点，含13个非管辖支行、1个支行营业部、37个分理处；12月，迁址梨园北街63、65号。2014年各项存款余额432.79亿元，各项贷款余额28.1亿元。

## 兴业银行通州支行
## Xīngyè Yínháng Tōngzhōu Zhīháng

位于通州区车站路39号。因位于通州，隶属于兴业银行，故名。2009年12月16日设立，内设营业部、综合部、企业金融部、零售业务部，下设1 个营业网点。主要业务有吸收公众存款，发放短期、中期和长期贷款；办理国内外结算，票据承兑与贴现；代理发行、兑付、承销政府债券，买卖政府债券、金融债券；代理发行股票以外的有价证券；买卖、代理买卖股票以外的有价证券、外汇；结汇、售汇，资产托管，同业拆借，银行卡业务；提供信用证服务及担保；代理收付款项及保险；提供保管箱服务，财务顾问，资信调查、咨询、见证。

## 中国人民财产保险股份有限公司北京市通州支公司
## Zhōngguó Rénmín Cáichǎn Bǎoxiǎn Gǔfèn Yǒuxiàn Gōngsī Běijīng Shì Tōngzhōu Zhīgōngsī

位于玉带河东街4号。因位于通州，隶属于中国人民财产保险股份有限公司，故名。开办有企业财产保险、家庭财产保险、机动车险等险种，其中机动车险为公司龙头险种。下设10个科室及100多个代理业务机构，营业网点覆盖通州及周边多个区县，是通州地区最大的非寿险保险公司。前身为中国人民保险公司通县支公司，1996年4月析为中保财产保险有限公司北京市通县支公司和中保人寿保险有限公司北京市通县支公司。中保财产保险有限公司北京市通县支公司设有8个机构。2014年保费收入2.4亿元，赔付支出1.4亿，缴纳营业及附加税金1287万元。

## 中国人寿保险有限公司北京市通州支公司
## Zhōngguó Rénshòu Bǎoxiǎn Yǒuxiàn Gōngsī Běijīng Shì Tōngzhōu Zhīgōngsī

位于通州区玉带河东街248号。是一家综合性寿险公司，业务范围覆盖寿险、健康险、意外险、分红险等。前身为中国人民保险公司通县支公司，1996年4月析为中保财产保险有限公司北京市通县支公司和中保人寿保险有限公司北京市通县支公司。中保人寿保险有限公司北京市通县支公司设有 7 个机构。2014 年实现保费收入约 2.6 亿元。

## 国泰君安证券北京通州营业部
## Guótàijūn'ān Zhèngquàn Běijīng Tōngzhōu Yíngyèbù

位于新华西街 171 号院 4 号楼商业楼。主要为通州区、高碑店、管庄、国贸、四惠、双井、定福庄、东五环、双桥、朝阳北路等地区投资者提供便利的股票开户服务。证券业务涵盖市场 99.9% 的基金品种，几十家基金公司，数百只基金。2000 年 8 月 10 日正式成立，位于新华西街甲 59 号。2008 年 1 月，迁至今址。

## 北京金家园担保有限公司
## Běijīngjīn Jiāyuán Dānbǎo Yǒuxiàn Gōngsī

位于玉带河东街 113、115 号。2006 年 2 月成立，经营区域主要在通州区，公司初始资本 1000 万元，主要为中小企业提供贷款、融资租赁及其他经济合同担保，个人二手房贷款担保等。包括中小企业贷款担保业务（法人贷款）、个人消费信贷担保业务。开办企业财产保险、家庭财产保险业务。2008 年，经营区域扩至全市范围。2009 年，公司成为北京信用担保业协会常务理事会员和北京中小企业协会理事会员，注册资本增至 3.08 亿元。担保范围涉及农业、农副产品加工、制造、建筑、批发零售、贸易、高新技术、文化创意及物流租赁等行业。合作开展业务的银行有北京农村商业银行、工商银行、北京银行、建设银行、中国银行、华夏银行、农业银行和邮政储蓄银行。2010 年，加入北京中小企业信用再担保体系，并签订合作协议。

## 北京农投首诚小额贷款股份有限公司
## Běijīng Nóngtóushǒuchéng Xiǎo'é Dàikuǎn Gǔfèn Yǒuxiàn Gōngsī

位于梨园路 120 号。主要业务为在通州地区登记注册或经营场所在通州的中小微企业及年满 18 周岁且具有完全民事行为能力的自然人，发放期限一般在 6 个月至 1 年的抵押贷款、信用贷款、质押贷款、担保贷款，贷款利率不超过司法部门规定的上限，下限为人民银行公布的同期贷款基准利率的 0.9 倍。公司于 2009 年 9 月开业，注册资金 1 亿元。为通州区首家支持三农、帮扶中小企业融资，促进地方经济发展的专业贷款机构。

# 第八章　历史地名

通州有建置的历史两千二百余年，出现了无数的地名。地名作为一种典型的社会现象和文化现象，是历史的见证，也是文化的积淀。在漫漫历史长河中，一些地名虽然成为了历史，但却是一个时代的印记，被深深地留在一代又一代人们的记忆中。

## 第一节　先秦至五代

### 路县
Lù Xiàn

西汉高祖十二年（前 195），设建置县，称路县，为境内建县之始。因县治（今潞城镇古城村）地处秦交通干线蓟襄驰道旁，故名。王莽新朝（9—23）更县为亭，路县改称通路亭。汉更始元年（23）复称路县。东汉建武元年（25）更名为潞县。

### 潞县
Lù Xiàn

东汉建武元年（25），光武帝刘秀为纪念破铜马、五幡于潞水（今北运河）东，改路县为潞县，县从水（潞水）名。县治在今潞城镇古城村。建武二年（26），潞县治遭焚，迁至城子（今河北省三河市）。北魏时迁往军下。北齐时迁今址通州镇。金天德三年（1151），在潞县设刺史州，取“漕运通济”之意命名通州，潞县属之。明洪武元年（1368），撤销潞县，入通州。至此，潞县之名相延 1343 年。

# 第二节　宋（辽、金）至明

## 延芳淀
Yánfāngdiàn

位于今通州区东南部，漷县镇西北部。据明《燕山丛录》记载：“漷县西有延芳淀，大数顷”。《辽史·地理志》载：“延芳淀方圆数百里，春时鹅鹜所聚，夏秋多菱芡”。《北京百科全书·通州卷》记载：“辽统和四年（986），圣宗耶律隆绪统率大军伐宋游猎至此，发现霍村（今漷县村）之西有大片湖泊，为荷草丛生、水鸟聚集之地，与东京（今辽阳市）的延芳淀相似，故亦名延芳淀”。此后，圣宗及其母萧太后，以该地为演习兵马基地和游猎场，每年春季弋猎于延芳淀，皇帝、皇族、群臣皆至此地。元代，因永定河、潮白河洪水泛滥，延芳淀被分割成若干独立水面，称飞放泊。元朝帝王常率群臣至延芳淀所余几处飞放泊游幸狩猎，并建柳林行宫（明初焚毁）。元末明初，因浑河（永定河）多次发大水，延芳淀逐渐被淤为可开垦的洼地。明洪武至永乐年间多次移民至此，在洼地周围定居建村，开发延芳淀为耕地，延芳淀逐渐湮废。今漷县镇西北部唐头村留有放鹰台遗址，永乐店镇德仁务村中留有晾鹰台遗址。

## 漷河
Huǒ Hé

今天的凉水河，以水绕城郭曾名漷河。历史上，其源为桑干河（今永定河）。境内经马驹桥、高古庄至张家湾入白河（今北运河），以水流所经之地分段而名，经水南时称水南河，经新河店（今新河村）曰新河，经仓头（今苍头村）叫仓头河，流到黄沤村（今无）又叫黄沤河，随地而名，总称漷河。

## 漷阴县
Huǒyīn Xiàn

位于今通州区南部。辽太平年间（1021—1031），辽朝统治者因“捺钵”（契丹语，指皇帝出行时所住的行营）文化的需求，每年春季弋猎于延芳淀，同时为保障萧太后运粮河的漕运，析潞县南部和武清北部置漷阴县，县治设在今漷县村，因在漷河（今凉水河）之南，故名。属析津府管辖。元至元十三年（1276）升为漷州，县域为州直辖区，漷阴县名消失。

## 漷州
Huǒzhōu

位于今通州区之南。元至元十三年（1276），元朝统治者因“捺钵文化”的需求及保障白河（今北运河）漕运，将漷阴县升为漷州，县建置取消，为州直辖区。辖香河、武清二县，州治设在今张家湾镇西永和屯村西砖碴地处。不久，州治迁至今武清县河西务，元至正初年再迁至今漷县村东北部。明洪武十二年（1379）武清、香河二县不再由漷州管辖。明洪武十四年（1381），明太祖以战争之后漷州民穷赋薄且不辖县，将漷州降为县，称漷县，属通州管辖，漷州名消失。

## 闸桥
Zháqiáo

位于今通州城东部，南大街、北大街、新华东街交会处，明嘉靖七年（1528）建。此处因有通惠河支脉（称穿城河）经过，为确保京粮自石坝运往京师，在此设闸用以调节水位，名通流闸。同时此闸为连接南、北大街的桥闸，故俗称闸桥。这里旧时已成为通州商业集中之地，市井辐辏、居民鳞集。1952年，在穿城河上加盖，上修建新华大街，闸桥拆除，名随之撤销。但民间仍有人称此地为闸桥。现此地依然是通州重要的商业区。

## 石坝
Shíbà

位于今通州城东北隅，通惠河与北运河汇流处南侧，明嘉靖七年（1528）建。史载：该坝顺河长20丈（约合60米），宽11丈（约合33米），高1.6丈（约合4.8米），砌成18步台阶，直入北运河水中。是用于转运京粮（北京皇仓）所用码头。漕运兴盛时期，石坝及其附近终日人潮鼎沸，热闹非凡，是京粮运输的重要码头，对通州当时的商业布局，产生了非常重要作用。石坝今已无存，现辟为石坝遗址公园。

# 第三节　清至民国

## 万寿宫
Wànshòugōng

位于今新华东街中段北侧，建于清乾隆三十年（1765）。时由江西省十三个运粮船帮集资兴建，故名江西漕运会馆。道光元年（1821）重建，前后分四进院落，门首有槐树两株，前殿供奉许真君，改名万寿宫。许真君，名逊，字敬之，江西人，东晋道士。相传其人于宁康二年（374），在南昌西山成仙，曾斩蛟拯救众多江西人，而被奉祀为福主。宋代被皇帝封为“神功妙济真君”，世人则称“许真君”。在江西南昌所建奉祀许真君之庙宇皆称为“万寿宫”，意为祝真君永在，永得保佑。故江西人在外地组织所建房舍，亦把许真君视为福主供奉，称“万寿宫”。宫中建有戏台。因运粮船抵达通州交粮结账很费时日，此处可做船工休息之所。此地沿通惠河支脉（俗称穿城河）建有商店、茶馆、饭馆、照相馆、理发馆等。各种商贩、说书唱戏、杂技耍猴、变戏法、拉洋片、肩挑贩佣和民间艺人多集于此，酷似北京天桥，犹如庙会一般。1938年，万寿宫辟为财光市场，为当时通州最热闹之地。1949年人民政府接管。附近车站，旅店多从此名。1952年后，新华大街修筑，两侧统一建设，拆除了万寿宫，地名被新华大街所代替。

## 佟麟阁街
Tónglíngě Jiē

南起玉带河西街与新华南路交会处，北至新华东街、新华西街衔接处。清代，南段始为仓道，因位于新城南门内，曾称南大街。1946年为纪念抗日将领佟麟阁，此段更名佟麟阁街。1953年向北打通西仓，修至中山大街。1954年铺沥青路面。1955年延至新华大街（今新华东、西街）。二十世纪70年代与新华北街统称人民路。1980年县医院（今潞河医院）扩建时，撤销佟麟阁街名。1981年，新华大街（今新华东、西街）之南人民路更名为新华南街。1985 年 10 月，为纪念抗日战争胜利四十周年，将新华南街更名佟麟阁街。2002 年，改名为新华南路。

## 南地
## Nándì

位于北苑街道东南部（原通州新城南关西侧），东起新华南路，西至京塘公路，南自京秦铁路，北到玉带河西街的大片地区。1901 年 9 月 7 日《辛丑条约》签订后，美国牧师都春圃对被义和团烧毁的教堂、学校、医院、住宅等，要求赔款白银十六万两，用该款购买了新城南门外谢家园、曹家庄、晒米厂 3 个村庄的土地及果园至东总屯间一块义茔地，并强行占据南仓的全部官地，合计二千余亩。赶走这里的百姓，扩建教堂、学校、医院，将天主教徒移居于此。此地因位于通州新城之南，故名。今有通州区潞河中学、通州区疾病预防控制中心、北京潞河国际教育学园、北京市卫生学校、通州区第二中学等在此地。

## 㳻㳻河
## Qiángqiáng Hé

俗称箭杆河。原位于通州区与三河市、大厂回族自治县、香河县交界处。自顺义区东南入境，经白庙、贾后疃、尹家河至牛牧屯入北运河。㳻㳻河之西原为潮白河，二河分别按各自河道南流，并不相互干扰。但自清代起潮白河水多次夺㳻㳻河道而下，故在二河间曾筑土坝，但屡堵屡溃。1923 年潮白河上于顺义区苏庄修筑铁闸 30 孔，历时五年始成，并开挖卢各庄至平家疃引河，将潮白河水引入正流，经大庞村到通州北关入运河。1939 年 6 月 10 日，山洪暴涨，苏庄大闸被冲去 18 孔，潮白河水改道完全注入㳻㳻河。㳻㳻河名至此而消失。

# 附　录

## 地名专题文章

### 通州区地名的形成

地名产生于远古，在人类的历史长河中，其产生、发展及演变，无一不受到政治、经济、军事、科学、民族、语言文化等多种因素的深刻影响。因此，地名作为一种社会历史现象，不仅随着社会的产生而产生，而且必然随着社会的发展而发展和演变。没有地名，人类社会的存在是难以想象的。地名的出现与分布是有规律的，它是先在山区，后在江河沿岸重要地区而出现，再向河道两翼扩展。通州地名的出现完全符合这一规律。

#### 一、商周前的沉睡荒原

北京地区很适合农业、畜牧业的发展。距今七千多年前，北京的山区就已诞生了人类定居的聚落形式，从而给地名赋予存在的条件。距今三千多年前，出现文字以后，更为地名提供了文字表述形式。以后，在商周和春秋战国时期，人类不仅命名和使用地名，而且以文字表述地名，但多分布在太行山和燕山山脉脚下的山麓平原。这时的通州还是一片沉睡的荒原。主要原因是：通州地处北京小平原上，桑乾河（永定河）、鲍丘水（潮河）、沽水（白河）和温榆河等古河道经此，河道纵横，湖沼遍布，地势低洼。在没有堤防之前，每遇汛期，河水必然漫溢泛滥，河道屡经变迁，在当时情况下，人类很难抵御自然灾害，只能在近山麓一带高地定居，至于广大平原，最多只能光顾一下即走，不可能形成聚落，因此也就谈不上聚落地名出现在通州这块沃土上。

#### 二、秦汉、魏晋北朝和隋唐五代时期通州地名的出现

随着生产力的发展，人类征服自然能力提高。秦统一中国后，秦始皇就曾令涿郡、渔阳、右北平诸郡，利用北河（白河）运草输粮以巩固边陲，这时通州地区已经是水路运输的必经之地，人类活动的足迹逐渐由平原至沿海。通州的主要地区，先后出现了人类长期定居的聚落，虽然今天知道的名称不多，但从境内发现的多处汉代古墓，即是佐证。如德仁务汉墓群，坨堤、大台等汉墓。西汉初在通州境内置路县，东汉改路为潞（含三河县），县治就在今潞城镇古城村，名曰潞城。刘秀统一全国后，施行“休养生息”的政策，注意发展农业生产，尤其张堪任渔阳太守时，这一地区比较安定。这时的通州今天有文字可查的就有沿古潞水出现的霍村（今漷县村）、路（潞）城（今古城）、甘泉寺（今大甘棠）、鲍丘水、沽水、潞水等地名。汉代通州的开发已具雏形，成为人类活动和繁衍生息的重要地区。汉建安十一年（206 年），曹操为

打通海上通道，开泉州渠入潞水。北魏嘉平二年（250），在高粱河水系开渠种稻，农业有所发展，但因连年征战，鲜卑抢掠，强迫人口北迁，这一地区极不安定。

在南北朝时期，乌桓人、鲜卑人大量迁入幽州与当地人杂处，互相影响，走上了民族融合的道路，此地比较安定。北齐时即将潞县治所自军下（今三河市地）迁今通州城，并于北周始建燃灯佛舍利塔。

隋炀帝为了沟通南北水路，开凿了永济渠（今通州南部，凤河一线），以通涿郡（北京），满足军需，命虎贲郎将罗艺驻守。相传曾到今帅府街暂居，帅府街之名即因此传说而来。唐代始，佛教时兴、时灭，当时通州地区见于史书的有：净业寺、林皋寺、兴安寺等。唐太宗时，有 14000 名高丽人迁入幽州，散居各地，今大高力庄村（曾名高丽庄）即因该地有高丽人居此而得名。唐代还出现了庞村（今大庞村）等聚落地名。7 世纪末，辽宁营州（今朝阳）一部分突厥、靺鞨、奚、契丹、室韦人迁入内地，先后定居良乡、昌平、潞县（今通州区），与汉族融合，为通州聚落地名进一步形成奠定了基础。

## 三、辽、宋、金、元时期骨干地名的形成

在这一历史阶段，通州先后为北方游牧部族所占，长四百余年，宋朝在此只有短暂的占据时期，曾断续出现较长时间的相对稳定。这时的通州，沿各河岸两侧和湖泊附近地区，相继出现了较多聚落地名，且多数名称沿称至今。

辽、宋时期，时战时和。辽升幽州为五京之一南京后，辽主经常游猎，即所谓“春水秋山”“四时捺钵”。每季春弋猎于延芳淀（今漷县西北），并在附近地区建有游猎服务性设施，如晾鹰台、放鹰台等。出现了随行嫔妃驻跸地神潜宫（今神仙）、望幸里（今台湖）以及牌楼营行宫等。由于游猎活动的开展，在该地还相继出现了永乐店（时称前村、后店和北店）及延芳淀北侧之郭庄和北运河南岸的马头、曹庄等聚落地名等。

金定都中都（北京）后，其所需给养均仰仗于潞河，金天德三年（1151）在潞县设刺史州，取“漕运通济”之义，称通州。为沟通中都运道，减少陆挽之苦，于大定四年（1164），自通州城北至中都开挖河道，以利漕运，因沿河多处设闸提水，故称闸河（通惠河前身）。因水流湍急、泥沙量大，很快淤塞。由于金代奴隶制度的影响，失去土地的农民沦为奴隶，给华北乃至通州农业带来严重破坏。聚落地名增加较少，现存地名有马驹桥（马驹里）、富豪（富河）、静安寺、永庆寺（大豆各庄处）等。在北三间房与梨园间，1975 年 8 月发现金代石椁墓两座，据墓志载，墓主人石宗壁葬于“通州潞县台头村之新茔”，可知，时有台头村之名。

元朝时，通州聚落地名有较大发展。至元九年（1272），改中都为大都（北京）后，“百司庶府之繁，卫士编民之众，无不仰给于江南”。运河便是输送江南丰盛物资，滋育大都繁荣的命脉。至元十三年（1276），置漷州治于延芳淀西侧（今后南关、大北关间），不久迁往河西务，（至正间迁回漷县）。至元十六年（1289）会通河修成，沟通了南北大运河（北段时称白河），但北端只到通州，距大都尚远，人拉车挽极为不便。至元二十九年（1292），在金闸河基础上，开挖通惠河成，引白浮诸泉水以济运，水运可直抵大都。川陕豪商、吴楚大贾、飞帆一苇、径抵辇下。万国朝宗、四方贡赋、各地行旅，均经张家湾、通州直抵大都。水运促进了大都的繁荣，也带动了通州迅速发展。天生地产、山奇海怪，不求而自至，不集而自萃。据统计，平时每年运往大都的米就达五百万

石，加上其他征收运输，总计每年输入京师的粮食达一千三百五十余万石。

在这一历史时期中，京郊土地大部分集中在官府、贵族和寺院手里，分给五卫亲军屯种，并有军户、站户和匠户编制，农民负担很重，但元政府施行士得金帛，而民获粒食的政策，使农民得以复业。在一百多年的时间内，在通州这块土地上，相继出现了管头、白庙、召里、张家湾、枣林庄、李二寺（今里二泗）、上店、董村、田阳（今东、西田阳）、新河、水南、大东各庄、邢各庄、兴垡社（今东、西垡村）、神驹、半截河、应寺、杨家洼、前榆林庄、石槽、南大化、北大化、大杜社等40余个聚落地名。这些地名及汉以来的聚落地名，成为通州聚落地名的骨干。

## 四、明、清时期通州地名的发展

元末，因连年战争，北运河停运，地旷人稀，农业生产遭到很大破坏。明洪武元年（1368年），明军攻入大都，改大都为北平，这时北平虽不是全国的首都，但在政治上、军事上占有极其重要的地位。永乐元年（1403），北平改称北京，开始为迁都北京作准备。由于聚集了大批官僚、富豪巨商，驻扎几十万军队，修宫建陵，必须首先解决粮食、物资供应，疏通航路，使南方物资进京。另外，永乐初，为解决“三边”军粮供应的漕粮征集和转输两大要政，采取了四项措施：一、开展军屯、民屯。即把一部分土地分给军士叫军屯，一部分土地分给农民叫民屯。明确规定边军三分守城、七分屯种，内地二分守城、八分屯种，每个士兵受田五十亩，三年后交纳赋税。民屯多分在贫瘠地区。二、实施“开中”盐法，鼓励商人向边关运粮，然后指定地点领盐，后发展成商屯。三、迁徙移民，移民由三部分人组成：其一自山东随燕王平定北方的军役和难民；其二自山西洪洞县集中后而来的移民；其三遣少数南方大户。四、疏浚运河开展漕运。到永乐十三年（1415），运河畅通后，当年漕运到北京的粮食达六百四十六万零九百九十石。为定都北京做好了充分的准备，也促进了通州较为普遍的开发，新出现的聚落地名星罗棋布，就连历史上有名的延芳淀，也得到不同程度的开垦。据初步统计，在明代276年间，新出现的聚落地名有：胡各庄、西集、牛堡屯、侉子店、觅子店、东鲁、前寨府、燕山营、前银子、大营、李辛庄等近300个地名。通州这块肥沃的土地进入了实际垦垡的历史阶段。

清代满族贵族入关后，于顺治元年（1644）始，仅两三年时间内，就在近郊五百里之内，进行了三次大规模圈地，霸占民田分给满族官员和兵丁。原土地的主人大部分被赶走离开世代生息的故乡。也有部分汉人，唯恐田地房屋被圈占，被迫带地投充。投充人、壮丁、俘虏奴仆队伍在北京地区连同家属就有一百几十万人。清朝统治者按每十名壮丁为一庄，设一庄头编庄生产，领地七百二十亩。使明代已形成的村落重新组合、分离、更名。此后出现了大台、寨辛庄、壮丁屯、奚庄等160多个村落名称。随着明、清两代漕运的发展，通州的商业、运输业和手工业发展迅速，也为通州城内街道名称的形成奠定了基础。整个通州，初步形成了现今聚落地名的规模和分布状态。

## 五、民国时期通州地名发展

1912年至1948年，因腐败政府统治及日本帝国主义的侵略，给通州人民带来了深重的灾难，不可能进行大规模建设，也就不可能出现更多的新地名。这一时期，只增加了8个聚落地名、两个主干公路名及部分通州城街道名称。

## 六、1948年以后通州地名的特点

1948年12月，通州全境解放，人民获得了新生。随着经济、社会的发展和城乡大规模建设的兴起，通州大地上新的地名应运而生。特别是改革开放以后，新的居民住宅区名称、交通设施名称、公共建筑名称等大量出现。如新华联小区、DBC加州小镇、京贸国际公馆、珠江丽景家园、通广嘉园、玉兰湾、通马路、通房路、张采路、友谊大桥、北苑环岛、地铁八通线、贵友大厦、蓝岛大厦、万达广场、罗斯福广场等。同时，因为城乡建设拆迁改造的需要，一些地名被取消，主要是通州城区的部分街道、胡同，农村的部分自然村。

综上所述，通州地名是在历史中形成、发展、演变的。新地区开垦、人民迁徙、疆域易主、朝代更替、国家兴衰、经济发展等直接或间接地对通州地名的形成产生了深刻的影响。

# 通州区村落、街巷地名的主要分类

通州区村落、街巷名称，无论从内容（含意）还是形式上，都是丰富多彩、包罗万象的。有的象征自然景观，风趣生动；有的反映人文活动，具有鲜明的时代特征；有的古色古香，记载着悠久的历史和古建筑的遗踪；有的是赞美或依神话表示人们的美好愿望等等，具有一定规律性。即因姓得名、因物得名、因景得名、因事得名等等，具有浓厚的时代特色、民族特色和感情特色。略述如下。

## 一、姓氏地名

这类地名居通州区村落、街巷地名之首，形式和内容比较复杂，粗略可分为以下几种：

1、以姓氏直接命名地名：此类为姓氏地名中最普遍和最基本的形式。如徐辛庄、宋庄、胡各庄、杨庄、田府、曹庄、马务、常家胡同、马家胡同等。

2、方位姓氏地名：在相同的姓氏地名中，为了便于判别，防止混乱，常在姓氏名称前，冠以前、后、东、西、南、北、中方位，以确定聚落实体的相对位置，这是姓氏地名中的一种重要形式。如北马庄、南马庄、东张各庄、南姚园、北姚园等地名。

3、范围姓氏地名：在姓氏地名中，为了区别其聚落规模，常以大、小相区分，这是姓氏地名一种辅助形式。如唐大庄、唐小庄、小张湾、小白村等地名。

4、姓氏地物特征地名：在姓氏地名中，为了显示地物特征，使名称具有明显的个性，便于识别，常把姓氏与地物、建筑特色或所在地的地貌特征结合命名地名。如马堤、武窑、白家坟、谢楼等。

5、姓氏与自然地理特征地名：在姓氏地名中，为了表示所在地的自然景观，充分表现出特有的个性，以利于判别，常以姓氏和自然地理概貌联系起来命名地名。如吕家湾、尹家河、杨家洼、杨坨等。

6、其他类姓氏地名：此类姓氏地名种类很多，象姓氏与植被、物产、园林、场院等合在一起命名地名，以显示特色。如杜柳棵、施园、孙王场、曹园等。

## 二、寺观地名

唐代以后，寺观地名在我国宗教、文化地名中，占有很大比重，对通州地名也产生很大影响。在现有地名中就有立禅庵、白庙、观音庵、三官庙、莲花寺、水月院、悟仙观等。

## 三、地物特征地名

在地名命名中，人们常以聚落所在地的特殊地物作为聚落名称，以突出其特有性质，这是地名命名又一重要形式。如马头、双埠头、大柳树、石槽、马驹桥、坨堤、西塔胡同、将军坟等。

## 四、地貌特征地名

人们在选择聚落地点时，必然选择在自然地理条件优越的地方，这乃是人类生存的主要依据和生产开发的基础，为别于他名，往往依其自然景观合在一起命名地名。如大羊、大河沿、临沟屯、渠头、洼子、水南等。

## 五、寄寓美好愿望（或含政治意义）和依托神话传说地名

在地名命名中，人们经常按其美好愿望和神话传说或有一定政治含意的名称命名地名，以求吉利或反映当时政治历史背景。如大兴庄、太平庄、兴隆庄、龙旺庄、东定安、安定营、摇不动、北神树、如意园、吉祥园等。

## 六、方位地名

方位地名多表现为对称地名，这是地名命名中一种常见的现象，用以区别既无明显特征而又相关存在的地名。如前南关、大北关；东鲁、西鲁；东总屯、西总屯；南大街、北大街；前尖平、后尖平等。

## 七、军队驻防和屯田地名

汉以后历代统治者，为了取得军队给养，采取军屯、商屯、民屯措施，开展垦种活动以收获充实军需，尤其在元、明两代，对全区地名形成影响很大。如大营、内军庄、燕山营、东堡、军屯、军庄、样田、南小营等。

## 八、集市或店铺地名

随着人口的增长，农业、手工业的发展，商业活动的出现，逐步形成交易市场，并在交通要道处设店铺，以利人们生产生活并以此为名，作为聚落或街巷名称。如上店、牛作坊、西集、永乐店，粮食市、侉子店等。

## 九、植被、物产和其他产品地名

在地名命名中，常见以植被、物产或特产名称作为地名，以突出其地理实体的特性，表达了某种信息。如大烧酒胡同（已拆除）、黄瓜园、梨园、熬硝营、靛庄等。

## 十、数字地名

在地名命名中，人们常把当时的组成特点，明确地表示出来，展示初期的形成规模，象七级、六合村、五里店、两家店、南二条等。

## 十一、衙署设置地名

依据历代的衙署机构设置命名地名，充分显示历史特征，为人们回顾历史提供了可靠的资料。如四员厅、帅府街、县府前街（已拆除）、贡院、和合站、黄厂铺等。

## 十二、其他类地名

以物器存放、畜牧地、人名、垦垡大小等命名，统归此类。如皇木厂、竹木厂、牛牧屯、中山大街、老庄户、垡头、大耕垡、瓜厂、盐滩等。

# 通州区部分村落名称浅析

在通州区部分村落名称中含有“屯”“庄”“寨”“营”“集”“店”等，这些名称有何来历？本文在此做一浅析。

## 一、屯

汉以后历代统治者，为了取得军队的给

养或税粮，利用士兵及组织农民垦种荒废的田地，进行屯田，因而出现了军屯、民屯、商屯。由于屯田组织性强，耕种面积大，又能采用当时较为先进的耕作方法，因而产量较高，取得较大的收益。通州以“屯”命名的聚落多是从明代洪武、永乐年间才出现的。据清康熙三十六年（1697）《通州志》载：“明制以土著编里，以迁发编屯，居民各有坊里”。据载，明永乐十年（1412）漷县编审县籍已有20里屯，二十年（1422），通州编审州籍，增编迁发民9屯；宣德七年（1432），又增迁发民8屯；正统七年（1442）归并迁发民6屯。可见通州地名称屯的村始于明代。如东永和屯、牛牧屯、牛堡屯、临沟屯等，均系明代形成，且多集中于原漷县版图内，位于今通州南部各镇。

## 二、庄

在我国封建社会中，皇室、贵族、官僚、地主，都在所占据的土地上设立庄园组织。庄园组织萌芽于东汉，魏晋、南北朝时期逐渐形成。唐朝中叶到宋、元、明时期，庄园多分官庄、皇庄、官僚地主庄园、寺院庄园等。官庄，多系荒废无主田地，由官府设庄召民租佃，每500亩为一官庄。佃户一般称官佃户、客户、庄户，被迫依附豪强。皇庄，为皇室个人占有的庄园，以出佃或雇工耕种，派官吏为内宅庄使，兼管经营或收租。皇庄土地多是利用皇权侵占而来。大庄园主领有庄园数百计，为经营方便，常把占有的大片土地分成许多小庄，分别租给佃户或雇工耕种。今顺义区仍有官庄、皇庄之名称。在通州区地名中官庄、寺院庄园亦有体现，如公庄、前夏公庄、后夏公庄、喇嘛庄等，其余如邢各庄、冯各庄、李辛庄、曹庄等，多为以庄园形式而经营的庄田组织。

## 三、营

通州区村落名称中用“营”字的有20多个。虽然都带“营”字，但形成原因和内涵不尽相同。主要分为：其一，明洪武、永乐年间，为充实北京地区的经济实力，以备防御蒙古兵入犯，自今山西、河北等省迁来贫苦农民进行屯垦，分军屯、民屯、商屯。军屯的农民以军队屯田形式设“营”，七分守卫任务，三分种田任务。其营以管理的官吏命名，后形成村落就称“某家营”。新中国成立后，“家”字逐渐省去，简称“某营”。其二，明清通州境内由于军队驻防，其营地形成村落后，就以营地名称为村名。如燕山营、前营、后营、大营、东下营等。其三，明朝初期，通州境内的大部分蒙古族人迁到长城之以外，但也有少部分蒙古族人不愿再回故乡，便留了下来，部分被集中安置在通州的旷野，放牧种田，渐成村落，曾被称为“鞑子小营”（如马驹桥镇的南小营），民国期间因此名带有明显歧视之意，改称小营。

## 四、铺、堡

域内凡带有“铺”字的地名，多为元、明、清时期的邮铺或堤铺。邮铺，即铺递、驿传，其主要职能是传送文书，如明清两代域内的召里店铺（召里）、高丽庄铺（大高力）、县前铺（漷县）两家店铺（两家店）、黄场铺（黄厂铺）、得仁务铺（德仁务）、三垡铺（三垡）草寺铺（草寺）等均属于此。而堤铺系工部所修，专事防守运河河堤。如清代的长陵营堤铺（长凌营）、白浮圈堤铺（马庄）、马头店堤铺（马头）、曹家庄堤铺（曹庄）即为当时的堤铺所在，现存以铺为名的只有2个，　即黄厂铺、铺头。

域内带用“堡”字作村名尾字的有二种情况。其一是：“堡”字作“店铺”“商铺”解，域内宋庄镇小堡（pù）村便属此类。其二是：

“堡”作“土堡”解，域内潞城镇的东堡（pù）、西堡（pù）即为此类。

## 五、集

商业是在农业和手工业有了很大发展基础上出现的，我国北宋时集市已很普遍，作为自然经济的补充，南北方各地农村已出现了定期集市——草市、墟市或称坊场。凡属米、谷、麦、豆、鸡、鱼、蔬菜、日用器具、百货，猪、羊牲畜等，都在集市买卖，并设有专门机构交子务，负责印刷和发行纸币。通州在辽宋时，长期受战乱影响，集市贸易发展缓慢，集市大体出现于金、元时期，发展于明代。据清康熙三十六年（1697）《通州志》载：“州城日日为市，县城、乡村皆有定期”，这时通州城内设有米市、杂粮市、鱼市、果子市、布绢市、 柴市、猪市、牛市、驴马市，都有固定地点。“日中为市，鱼贯蚁集……利之所在，而喧寂之势异也”。可见人们赶集之盛况，对通州镇内街巷名称的形成影响很大。农村有张家湾集、西集（时称西仪集）、东仪集（前东仪）、肖家林集、宏仁桥集（马驹桥）、德仁务集、永乐店集、漷县集、马头集等。到光绪年间州城内设有钱市，东关、北关设有集场，农村增设牛堡屯集、于家务集。清末至民国又出现葛渠集、尹各庄集。如今以集名村的只存 2 个，即西集与辛集。

## 六、店

店的出现一般是和集市相辅而出，常为集市名称，但是，也有在交通要道之处设客店、饭店、酒店等，形成聚落后依店而名。通州“店”的出现较之集市早些，据初步考证始见于辽。如永乐店（时称前村、后店、北店），元代马头店（马头），上家店（上店），新河店 （新河）等。明代有很大发展，以店而名的有杨富店、半壁店、马合店、供给店、侉子店、北新店（北辛店）等。

## 七、务、府、坞 、甫

在通州地名中，务、府、坞、甫在某些特定地名中时有更替，如德仁务原称德仁府，马家务原名马家府，梁家务俗称梁家府，于家务亦称于家府，郎府又名郎家甫，玉府上营现称玉甫上营，太子府原称太子坞等，不一而足，但因时而异。人们俗称逢务必府，其实不尽然。

1.“务”亦可指迁徙民务农之所，古代以务农为立国之本。明初，多次从江浙与晋冀迁民于京畿屯田，或合伙开垦，或独家辟荒者皆有，如大务、小务；另，此处“务”也有雾的同音简写而来的说法。

2.“务”旧时也曾作为管理商业及收税之地，称“×× 务”，形成聚落后沿袭该名。如于家务。

3.“务”为“府”的音转，这在境内为数不少，但非简单地音转而来，凡称府的聚落，多为明以前大户所居之地。清初，大户多败落，或已不存，故而更改。如德仁务、马务、柴务等。也有观点认为“‘务’与‘府’音相近，每多互讹……”（刘锡信：《潞城考古录》）。

4.“务”作“坞”，为音转而来。坞，构筑在村落外围作为屏障的土堡或在水边建筑的停船及修造船只的地方。如大沙务， 明称大沙坞；而太子府，明称太子坞。

5.“甫”为“府”的同音，如玉府上营，今称玉甫上营；郎府，清称郎家甫。多系清代变更。

综上所述，古代府、务、甫、坞在地名中的应用是不同的，是依据政权更迭等诸因素而交替使用的。史载，清初明令圈地，是圈明朝官吏及无主荒地，而实际连民产亦圈入其中。如马务，明因马姓大户首至该地，始称马家府，清改称马家务；郎府，明因郎姓大户至此建村，而名郎家府，清更名郎家甫，民国初年复原名；大沙务，明称大沙坞，系因近河码头而名，清更今名等等。总之，务、府、坞、甫通用名称的应用及演变，是有一定规律的，但逢务必府之说，是不确切的。

## 八、垡

通州区有许多叫垡（fá）的村庄，象大耕垡、东垡、南火垡、垡头等，这些村落名称，为何要带上一个“垡”字呢？因为这些村庄多数地处永定河、潮白河冲积扇前缘之地，历史上永定河、 潮白河河道变化无常，泥沙淤积，在大兴、通州一带形成大片沙荒洼地，自元至明代，人们在这里开始了垦荒活动，翻耕过的土块称之为“垡”，定居建村后，人们依据此地貌为其起名为“××垡”。最晚在元朝即已出现，如兴垡社，明代发展为东、西栲栳垡，即今东垡、西垡；因荆棘、蒺藜丛生，以火首先燎荒再行开垦，称之为火垡，如今南、北火垡等。

## 九、社、里、疃

在通州现实地名和部分自然村的曾用名中，以社、里、疃作为地名的不少，如管头社（管头）、召里社（召里）、唐头里（唐头）、神驹里（神驹），以及贾后疃、大杜社、翟里等，其含义如下：

1. 社：古代称社之地名，非为一个解释，而有三个含义。其一，为古代地区建制单位之一，多指基层聚落组织。《管子·乘马》：“方六里，名之曰社”。或“二十五家为社”。如管头社、召里社。其二，是祀社神之所。《白虎通·社稷》：“封土立社，示有土也”。其三，是指集体性组织、团体。古时通州以社为地名者，多见于元代。

2. 里：古时居民聚居的地方，旧时又指县以下的基层行政单位。顾炎武的《日知录》“以县统乡，以乡统里”。古有二十五家为里，又有五十户、一百户等说。明代审编籍明载，以土著民编里，以迁徙民编屯。通州地名中以“里”而为通名者更早，自唐时即以里作为基层聚落组织名称，小街出土唐代墓志铭一合，即刻有潞县潞城乡临河里的地名。如马驹桥，金称马驹里。明代称里者更多，以别于屯。

3. 疃（Tuǎn）：与村、庄、屯一样，常用作地名。但日常生活中，常把“疃”误写成“町”，其实，“町”（dīng，也读Tǐng），二者毫无共同点。

## 十、村名中的“各”

通州域内目前带“各”字的聚落 40余个，且都与姓氏相连，多数姓氏至今还是村中“大姓”，居各姓户数之首。那么，村名中的“各”字是如何来的？“各”字本是“家”字。张各庄就是张家庄，梁各庄就是梁家庄，邢各庄当然就是邢家庄。那么“家”又如何变成“各”呢？这要从汉语语音发展演变的历史寻求解答。汉语的语音，从古到今，发生了明显的有规律的变化。其中“家”字在现代北京话中读作 jīa，声母是 j；而在中古时期（以《广韵》音系为代表）它读作 ga，声母是 g。在现代汉语一些方言中“家”字还有读作 g 的，如江浙话读作 gu，广东话读成 ga；属北方方言的胶东话读作 gia。通州带有“各”字的村庄形成多始于明，少见于清，一般为迁发民至此地后而出现。“家”字的读音，经历了 ga—gia—jia 的历史演变。在“×家庄”这类村名中，“家”字保存了古音的读法，声母是 g 而不是 j。又由于“家”字在村名中读成轻声，它的读音与现代普通话的“家”相去甚远，而与“各”倒很接近。久而久之，书写形式也就随之改变了，于是“家”便成了“各”。

## 通州区行政区划的变更

区域内行政区划历代复杂多变。汉至辽金时期，县以下设乡、里、村，元代村名称社、庄，城中称坊。

### 明朝时期

明代以土著（当地居民）编里，以迁发民（移民）编屯，居民各有坊里，里下设甲，甲有户。

明永乐十年（1412），通州为27里（屯）；漷县审编20里（屯），通漷共47里。永乐二十年（1422），增编迁发民9屯，通漷共56里（屯）。宣德七年（1432），再增迁发民8屯、归并土著民3里，通漷共编61里（屯）。

正统七年（1442），归并1里，迁出6屯，通漷共编54里屯。

景泰三年（1452），归并里、屯各1个，通漷共编52里屯。

天顺六年（1462），归并1里，通漷下编51里屯。

成化八年（1472），因税役繁重，民户消耗，迁徙日甚，漷县只编10里屯，通漷只有41里屯。

弘治五年（1492），通州又归并4里1屯，通漷只设36里屯。

万历初年（1573），归并11屯，通漷只辖34里屯。万历二十一年（1593）通州发展为32里（屯），漷县发展为15里（屯），通漷共编47里屯。

明末，战乱四起，变化很大，迁徙者日甚，处于行政区划不稳定状态。

### 清朝时期

清代设乡屯。清楚由于满族贵族入关后，抢占土地，跑马占圈，整村整庄强迫人民离开世代生息的故乡，转徙他地，乡屯再度合并，多为旗地。顺治十六年（1659），漷县因迭遭水患民困徭役之由，裁并入通州，直至康熙三十六年（1697），稍有稳定，通州有34乡、屯、坊、里，下辖村、庄。

通州城厢街巷分为旧城前、左、右、中、后5所，共有街巷52条，新城居民甚少，主要为仓场衙门机构所在地，故只有5条街巷，全城共57条街巷（详见清康熙《通州志》）。

清乾隆四十八年（1783），通州仍为34乡屯，610个村庄。城厢仍分旧城为5所，东、南关厢，增加北关厢，共102条街巷（其中旧城85条街巷，新城17条街巷）。新旧二城较康熙年间增加45条街巷。（详见清乾隆《通州志》）。

清光绪五年（1879）统计，增加1个屯，共35个乡屯，608个自然村，城厢区划未变。（详见清光绪《通州志》）。

### 民国时期（1912—1949.9）

1914年，撤销通州设通县，全县划分为13个自治区。1929年将13个自治区合并，改划为8个自治区，共编乡402个。1934年又将8个自治区，改划为5个自治区，重新编为389个乡，683个自然村。除增少数村庄外，因统计方法不同，与光绪年间的村数差异较大。

1935年至1945年，日伪统治时期，将5个自治区改划为5个警区，并将三河县樊村等3个村，大兴县（今朝阳区）属驹子房等7个村划归本县辖，办理了马合店与回回营，小屯与陈辛庄对换手续。本县实辖693个自然村。（详见《通县志要》记载）

1946年1月，撤销5个警区，划分24

个乡，1个镇，全县统计在册的共722个自然村，为明代以来所辖村数最多的时期（详见下表）。

**燕郊乡：25村**

燕郊、半壁店、双井、王各庄、赵辛庄、蛮子营、小张各庄、发盖子、南巷口、樊村、北蔡各庄、中辛庄、赵各庄、葡萄蔓、冯家甫、枣林、南焦庄、南蔡各庄、刘斌屯、张仙营、田辛庄、兴都、大柳店、小柳店、行宫庙。

**诸葛店乡：31村**

诸葛店、夫人庄、小营、小庄、梁家坟、北巷口、翟各庄、盛家屯、东山西村、南杨庄、小民集、仓头、高楼辛庄、大福庄、孤山营、西山西村、前赵村、后赵村、北杨庄、牛甫、西南各庄、东南各庄、北马庄、东地、高庙、庄户、万家庄、珠宝屯、小珠宝屯、姜家庄、西小屯。

**大兴庄乡：29村**

北庄头、南庄头、平家疃、翟里、关辛庄、西赵村、港北、高各庄、郝各庄、南马庄、北寺庄、小杨各庄、喇嘛庄、辛店、任庄、白庙、宋庄、大兴庄、白家坟、小堡、六合村、小潞邑、顾家坨、耿庄、西焦庄、王庄、李庄、疃里、刘庄。

**双埠头乡：21村**

双埠头、葛渠、窑上、岗子、内军庄、小营、小庞村、大庞村、徐辛庄、草寺、尹各庄、富豪、马庄、范庄、沟渠庄、张家坟、西刘庄、王辛庄、寨里、寨辛庄、偏坡。

**双树乡：39村**

双树、长营、三间房、大管庄、小管庄、杨闸、八里桥、普济闸、北花园、北双桥、辛房、查家坟、东柳巷、西柳巷、小寺、塔千户营、辛庄、咸宁侯、双桥、金家坟、东苑、史家坟、于家围、石槽、马各庄、西马各庄、豆各庄、黄厂、孙家坡、北白庄、马家湾、郎各庄、郎辛庄、大鲁店、小鲁店、福寿庄、蛮子营、杨家锅伙、孟家坟。

**大稿村乡：45村**

大稿村、曲地、黄果园、赵辛庄、果园、葛布店、小营房、杨家洼、孙家场、九棵树、东总屯、西总屯、李老公庄、梁家锅伙、郭家场、张家房、苏家坟、半壁店、刘老公庄、西小马庄、么铺、王家场、车家庄（车里坟）、公庄、孙庄子、大马庄、小稿村、口子、蛮子营、定辛庄、格亲王坟、乐善庄、黑庄户、四合庄、铺头、曹园、永丰庄、田家府、前营、朱家垡、江家场、高皇坟、胡家垡、张辛庄、崇兴寺。

**张家湾乡：53村**

张家湾、三间房、桂家坟、花庄、岗子坟、前马营、西定福庄、小圣庙、梨园、魏家坟、白庄、金庄、西店、后马营、东定福庄、张家场、小街、东小马庄、立禅庵、高楼金、北许场、瓜厂、梁各庄、王家场、马场、将军坟、施园、土桥、南许场、北何各庄、贾各庄、上马头、洼子、蔡庄、小庄、皇木厂、下关、小辛庄、上店、张辛庄、行宫庙、大高力庄、周庄、后庄、宽街、里二泗、砖厂、烧酒巷、姚辛庄、苏庄、乔庄、梁家场、大棚。

**马各庄乡：44村**

马各庄、定福庄、高杨树、驹子房、三岔河、白家坟、康各庄、石各庄、黄渠村、褡裢坡、小场、西小井、东小井、焦各庄、楼梓庄、前曹各庄、后曹各庄、东窑、皮村、高辛庄、黎各庄、沙窝、赵家坟、何家坟、小坟、孙家坟、张家锅伙、辛庄、十里堡、草房、卧牛岗、孙家坟、黄带子坟、高安屯、后店、张家坟、公主坟、五里桥、邓家窑、许家场、西马庄、竹木厂、纪庄、贾家坟。

**胡各庄乡：40 村**

胡各庄、前夏公庄、蔡园、古城、杨坨、黎辛庄、小营、王家场、邢各庄、高辛庄、杨庄、辛屯、七级、庙上、龙旺庄、北刘各庄、丁各庄、魏庄、大台、西堡、前北营、孙各庄、摇不动、召里、王家场口、郝家府、东堡、后北营、后屯、大邓各庄、常屯、范家场、留稼庄、沙务、后夏公庄、小邓各庄、霍屯、桥头坡、大营、师姑庄。

**前榆林庄乡：19 村**

前榆林庄、南刘各庄、卜落垡、小甘棠、贾家后疃、前营、凌家庙、谭台、后榆林庄、八各庄、大甘棠、于家楼、贾家前疃、李武疃、燕山营、大小辛庄、窄坡、窝坨、八百户。

**小辛庄乡：20 村**

小辛庄、大豆各庄、曹坨、下店、肖庄、沙古堆、任辛庄、武窑、刘庄、侉子店、崔楼、小东各庄、供给店、太平庄、小豆各庄、岔道、兴各庄、奚庄、大东各庄、儒林。

**马驹桥乡：44 村**

马驹桥、海户屯、骚子营、魏庄子、崔庄子、堤上、驸马庄、白家湾子、团瓢庄、北庄、堰上、小杜社、大杜社、姚辛庄、东田阳、西田阳、中和庄、南小营、陈各庄、后银子、前银子、史村、周庄子、柴家务、郭村、王庄子、小周易、大周易、张各庄、古庄、杨秀店、葛庄、王庄、小白村、大白村、张村、张家场、姚村、小张湾、周营、房辛店、东西店、辛屯、壮丁屯。

**牛堡屯乡：20 村**

牛堡屯、大地、徐庄、新河、十里庄、仓头、南火垡、沈庄、样田、白各庄、高家营、坨堤、陆辛庄、南大化、柳营、后坨、后邢街、西北关、前南关、后南关。

**西集乡：31 村**

西集、花园、林屯、后寨府、杜家店、东仪、西康各庄、谢家楼、望君疃、岳家上村、寨府辛庄、尹家河、胡庄、马坊、武辛庄、王家上村、大灰店、史东仪、协各庄、柳辛屯、车屯、石家上村、小灰店、前东仪、太子府、杜柳棵、高屯、前寨府、桥上、吕东仪、东康各庄。

**大耕垡乡：22 村**

大耕垡、东北关、东永和屯、西永和屯、塘头、翟各庄、大马家务、小马家务、王各庄、西鲁村、六合村、仓头、青山、北仪阁、南仪阁、小耕垡、东马各庄、西马各庄、六郎庄、小松垡、大松垡、洪家坟。

**和合站乡：20 村**

和合站、耿家楼、陈家桁、上坡、安辛庄、吕家湾、杨家洼、辛集、萧家林、小庄、曹刘各庄、金家坨、何各庄、王庄、冯各庄、老庄户、郎家府、小屯、金各庄、张各庄。

**东栲栳垡乡：15 村**

东栲栳垡、西栲栳垡、前伏、后伏、神驹、李家庄子、柏福村、马房、于家务、果村、神仙村、满庄、大王各庄、崔各庄、傅各庄。

**三间房乡：35 村**

三间房、北大化、潞观、垡头、小辛庄、王家楼、西郭庄、东郭庄、吴营、靛庄、南阳、许各庄、枣林庄、海子洼、大辛庄、牌楼营、齐善庄、姚园、唐庄、东下营、西下营、碱厂、张家场、郭庄、玉甫上营、尖垡、兴武林、窑上、北火垡、蒋辛庄、台湖、外郎营、垛子、小民屯、小营（周坡庄）。

**德仁务乡：20 村**

德仁务、南堤、德仁务前街、小安村、西尖村、东尖村、东和各庄、西和各庄、小务、小槐庄、北马坊、南马坊、半截河、大务、马合店、鲁城、后营、前元化、后元化、罗庄。

应寺乡：15 村

应寺、临沟屯、仇庄、刘庄、吴寺、小海子、渠头、枣林、三间房、胡家庄、柴厂屯、熬硝营、小甸屯、三垡、兴隆庄。

**次渠乡：29 村**

次渠、十五间房、马家店、大羊坊、康家庄、钱家坟、南双桥、小碱庄、大碱庄、郑庄、永远场、丁庄、白庄、马庄、孟庄、神树、董村、宝善庄、东石、桂家坟、落户里、麦庄、太平庄、小营、小水南、水南、桑园、高古庄、小羊房。

**马头乡：30 村**

马头、榆林庄、长陵营、杨堤、马堤、小马头、黄庄、西黄庄、后地、沈庄、老香邑、小香邑、高庄、岗上、东黄垡、西黄垡、军屯、柏庄、西定安、东定安、毛庄、徐官屯、张庄、大柳树、马庄、东寺庄、凌庄、石槽、两家店、曹家锅伙。

**永乐店乡：21 村**

永乐店、北辛店、草厂、东鲁村、漷县、丁庄、草河、田村、窑上、小辛庄、黄厂铺、北堤寺、西庄、南地、大羊、后甫、张各庄、孔庄、邓庄、老槐庄、陈辛庄。

**觅子店乡：22 村**

麦子店、小潘庄、李辛庄、龙庄、军庄、尚武集、边槐庄、梁家务、穆家坟、南屯、扁城、前尖平庄、后尖平庄、曹店、侯黄庄、曹庄、小屯、铺上，纪各庄、王指挥庄、高庄、鲁家务。

**通州镇城关厢：32 村**

马厂、娄庄、后窑、卢庄、岳庄、取中庄、皇木厂、盐滩、僧官园、大悲林、前上坡、前窑、大辛庄、小辛庄、贾庄、牛作坊、姜厂子、红果园、五里店、杨庄、杨富店、复兴庄、北苑、筛子庄、于家坟、小园、小庄、下关、桂子胡同、天桥湾、大小敉孤台、窑厂。

**社会主义建设时期**

1948 年 12 月 14 日，通县全境解放。由于境域的变化和社会主义经济建设的需要，行政区划不断变化。

1948 年 12 月，相继将潮白河以东燕郊等 52 个村和京山公路以北宋庄等 87 个村，划归三河及顺义县管辖。同时将香河县属的侯各庄、赵庄、大沙务、小沙务、牛牧屯等潮白河以西的 6 个村，划入通县。

同月，析通州城及关厢农村建通州市，与县平行，辖区有城区及四关 32 个自然村。

## 一、设区建置时期
## （1949 年 10 月至 1956 年 7 月）

1949 年 10 月设 8 个区，各区人民政府驻地如下：

一区：南刘各庄。二区：西集。三区：大柳树。四区：永乐店。五区：牛堡屯。六区：田家府。七区：马驹桥。八区：双树村。

1950 年 6 月，将潮白河以东的谭台、窄坡等 11 个自然村，划归三河县，从而确立了县域的东部边界。同时将顺义县所属沙子营、管头、内军庄、港北以南，京山公路以北107个自然村，划归通县辖。同月，通州市降为通县辖镇，称通镇。在原八个区基础上进行局部区划调整。

撤销三区，原辖区以京津公路为界以东划归二区，以西划为四区；将八区撤销，原辖区依公路为界，以南划入七区，以北划归新设三区，京承铁路以东划入一区。全县设七个区，一个镇，共655个村。各区政府驻地为：

一区：宋庄。二区：西集。三区：（金盏、尹各庄）楼梓庄。四区：永乐店。五区：牛堡屯。六区：张家湾。七区：马驹桥。

镇：通镇（内称城关区）

1951年11月，通镇再次与县脱离，单独建置，为县级镇，称通县镇。

1952年12月，在原7个区基础上，实行局部调整，增设2个新区。

一区：仍驻宋庄。将潮白河故道以西地区划入新设九区管辖。

二区：仍驻西集，将北运河以南原三区之地，复归三区。

三区：驻地马头，北运河以南，港沟河以东原辖区，复归其辖。

四区：仍驻永乐店，辖域缩小，将港沟河以东之地，复归三区。

五区：仍驻牛堡屯，辖域未变。

六区：仍驻张家湾，辖区未变。

七区：仍驻马驹桥，原八区之地，复归八区。

八区：先在双树后移驻那同坟地，除原辖区外，又划入京山公路以北，坝河以南地区为其辖。

九区：驻楼梓庄，沙子营以南，坝河以北潮白河故道以西，归其辖域。

1953年4月和1954年3月，沙子营、南辛店、鲁家务和安平小街、扁城等17个自然村，相继划归邻县辖。1953年5月、6月，全县仍为九个区建制。下设128个乡，518个村级政权组织。

一区：人民政府驻宋庄，辖16个乡，69个村。宋庄乡：4村。平家疃乡：1村。翟里乡：1村。高各庄乡：6村。北寺庄乡：4村。白庙乡：2村。古城乡：6村。六合村乡：4村。大台村乡：5村。焦王庄乡：3村。大营乡：7村。龙旺庄乡：5村。邢各庄乡：5村。师姑庄乡：6村。南刘各庄乡：6村。前榆林庄乡：4村。

二区：人民政府驻西集，辖16个乡，78村。后疃乡：2村。大豆各庄乡：6村。燕山营乡：5村。谢家楼乡：4村。小辛庄乡：6村。太子府乡：3村。黄东仪乡：8村。西集乡：7村。望君疃乡：4村。郎家府乡：5村。肖家林乡：5村。王庄乡：5村。上坡乡：5村。大灰店乡：6村。桥上乡：3村。侉字店乡：4村。

三区：人民政府驻马头，辖9乡，49村。靛庄乡：5村。漷县乡：4村。大香邑乡：8村。马头乡：3村。东定安乡：6村。东寺庄乡：4村。曹庄乡：6村。觅子店乡：6村。边槐庄乡：7村。

四区：人民政府驻永乐店，辖17乡，54村。熬硝营乡：3村。半截河乡：2村。应寺乡：4村。大务乡：3村。小务乡：3村。吴寺乡：4村。德仁务乡：1村。马合店乡：3村。渠头乡：4村。尖村乡：4村。西堡乡：4村。南堤乡：2村。张各庄乡：5村。王各庄乡：3村。永乐店乡：2村。北辛店乡：3村。黄厂铺乡：4村。

五区：人民政府驻牛堡屯，辖15乡，54村。柏福乡：2村。马坊乡：2村。于家务回族自治乡：1村。南仪阁乡：5村。小松垡乡：3村。西马各庄乡：3村。大杜社乡：4村。高家营乡：3村。牛堡屯乡：4村。西永和屯乡：6村。马家务乡：5村。陆辛庄乡：5村。三间房乡：2村。枣林庄民族乡：5村。牌楼营乡：4村。

六区：人民政府驻张家湾，辖15乡，67个村。马营乡：2村。张家湾回族自治乡：2村。施园乡：5村。尖垡乡：5村。外郎营乡：4村。台湖乡：3村。西下营乡：6村。铺头乡：4村。大稿村乡：3村。李老公庄乡：8 村。大马庄乡：7村。小街乡：4村。土桥乡：5村，梁各庄乡：5村。里二泗乡：4村。

七区：人民政府驻马驹桥，辖13乡，57村。周营乡：5村，姚村乡：5村，史村乡：6村。王庄乡：5村。南小营乡：4村。马驹桥民族联合乡：4村。壮丁屯乡：4村。郑庄乡：3村。高古庄乡：5村。麦庄乡：5村。次渠乡：4村。大羊坊乡：4村。北神树乡：3村。

八区：人民政府驻那同坟地，辖12乡，44 村。水牛房乡：4村。大鲁店乡：3村。豆各庄乡：4村。西马各庄乡：4村。双树乡：2村。塔营乡：4村。那同坟地乡：3村。定福庄乡：5村。长营乡：1村。杨闸乡：4村。马各庄乡：3村。公主坟乡：7村。

九区：人民政府驻楼子庄，辖15乡，47村。双埠头乡：2村。大庞村乡：2村。小营乡：3村。岗子乡：4村。葛渠乡：5村。黎各庄乡：3村。楼梓庄乡：3村。长店乡：2村。 金盏乡：3村。北臬乡：3村。崔各庄乡：4村。富豪乡：4村。前苇沟乡：2村。孙河乡：4村。上新堡乡：3村。

1954年1月，通县镇恢复通州市建制。

1955年3月，根据上级指示，各区由数字序列名称，改为按区政府驻地地名命名，即宋庄区、西集区、马头区、永乐店区、牛堡屯区、张家湾区、马驹桥区、咸宁侯区、楼子庄区。1956年3月，将孙河、金盏、北臬、上新堡、崔各庄、前苇沟、长店7个乡、22个村划归北京市东郊区（今朝阳区）管辖。

## 二、撤区设乡建置时期
## （1956年7月至1958年9月）

1956年7月，将9个区建置撤销，所辖各乡合并为44乡，辖482个自然村。

翟里乡：8村。辛店乡：10村。徐辛庄乡：7村。尹各庄乡：9村。楼梓庄乡：5村。公主坟乡：10村。长营乡：7村。咸宁侯乡：10村。豆各庄乡：10村。大鲁店乡：7村。郑庄乡：10村。麦庄乡：14村。台湖乡：18村。张家湾乡：8村，土桥乡：16村。大稿村乡：15村。龙旺庄乡：12村。邢各庄乡：11村。古城乡：13村。南刘各庄乡：15村。侉店乡：17村。马坊乡：13村。西集乡：15村。大灰店乡：9村。上坡乡：10村。郎府乡：14村。上店乡：7村。枣林庄乡：9村。陆辛庄乡：9村。马驹桥乡：13村。姚村乡：10村。西田阳乡：10村。大杜社乡：7村。牛堡屯乡：15村。漷县乡：16村。马头乡：13 村。侯黄庄乡：10村。觅子店乡：11村。永乐店乡：13村。小务乡：15村。柴厂屯乡：9 村。渠头乡：14村。于家务乡：4村。马坊乡4村。

1958年4月，通县、通州市再次合并，同时划归北京市，改为北京市通州区。全区下辖45个乡、1个镇（辖15个居民委员会）。各乡依乡人民政府所在地而名。

45个乡：

古城乡、邢各庄乡、龙旺庄乡、辛店乡、翟里乡、南刘各庄乡、西集乡、大灰店乡、上坡乡、郎府乡、马坊乡、侉子店乡、马头乡、侯黄庄乡、漷县乡、觅子店乡、永乐店乡、柴厂屯乡、渠头乡、小务乡、牛堡屯乡、陆辛庄乡、枣林庄乡、大杜社乡、于家务乡、南马坊乡、张家湾乡、上店乡、土桥乡、大稿村乡、台湖乡、马桥乡、姚村乡、郑庄乡、麦庄乡、西田阳乡、徐辛庄乡、尹各庄乡、城关乡、大鲁店乡、长营乡、豆各庄乡、咸宁侯乡、公主坟乡、楼子庄乡 。

1个镇：通州镇

同年5月，长营、公主坟、楼子庄、咸宁侯4个乡，划归朝阳区管辖，郑庄乡的大羊坊、南双桥、康村、大碱庄4个自然村，划归南苑区管辖。其余41个乡和通州镇进行合并调整为23个乡、1个镇。

23个乡为：徐辛庄乡、宋庄乡、南刘各庄乡、土桥乡、台湖乡、张家湾乡、侉子店乡、西集乡、郎府乡、马头乡、觅子店乡、柴厂屯乡、小务乡、永乐店乡、渠头乡、漷县乡、于家务乡、牛堡屯乡、西田阳乡、马驹桥乡、次渠乡、城关乡、豆各庄乡。

1个镇：通州镇

## 三、人民公社建置时期（1958年9月至1983年6月）

1958年9月，撤销上述乡的建置，将23个乡、1个镇、1个国营农场（双桥农场）合并，建置成9个人民公社。即宋庄、西集、马头、永乐店、牛堡屯、马驹桥、张家湾、通州镇及双桥人民公社9个政社合一组织。邓家窑、纪庄、许家场、西马庄、竹木厂复划归通州区。10月，双桥人民公社（双桥农场及原豆各庄乡）划归朝阳区管辖。全县实辖8个人民公社。下设34个管理区。

具体划分如下：

宋庄人民公社：下设胡各庄，高辛庄、尹各庄、北寺庄、苏坨、徐辛庄6个管理区，90个自然村。

张家湾人民公社：下设土桥、上店、台湖、大稿村、张家湾5个管理区，78个自然村。

马驹桥人民公社：下设马驹桥、丁四庄、姚村、史村、次渠、麦庄6个管理区，59个自然村。

牛堡屯人民公社：下设牛堡屯、大杜社、陆辛庄、于家务4个管理区，50个自然村。

马头人民公社：下设漷县、侯黄庄、觅子店、马头4个管理区，64个自然村。

西集人民公社：下设西集、后寨府、郎府、杜柳棵、侉子店5个管理区，86个自然村。

永乐店人民公社：下设永乐店、小务、柴厂屯、渠头4个管理区，51个自然村。

通州镇人民公社：除城区外，下辖48个自然村。

1961年7月，除通州镇人民公社外，在原人民公社基础上设工作委员会，简称工委。在原管理区基础上，调整改建成32个人民公社。全县为33个人民公社，其具体划分如下：

宋庄工委：胡各庄人民公社、高辛庄人民公社、尹各庄人民公社、北寺庄人民公社、苏坨人民公社、徐辛庄人民公社。

西集工委：西集人民公社、后寨府人民公社、郎府人民公社、杜柳棵人民公社、侉子店人民公社。

张家湾工委：土桥人民公社、张家湾人民公社、大稿村人民公社、上店人民公社、台湖人民公社。

马头工委：漷县人民公社、侯黄庄人民公社、马头人民公社、觅子店人民公社。

永乐店工委：（1964年划归北京市农场局，成立北京市通县永乐店农场）永乐店人民公社、小务人民公社、柴厂屯人民公社、渠头人民公社。

牛堡屯工委：牛堡屯人民公社、大杜社人民公社、陆辛庄人民公社、于家务人民公社。

马驹桥工委：丁四庄人民公社、麦庄人民公社、马驹桥人民公社、西田阳人民公社。

通州镇人民公社。

1965年5月，全县在33个人民公社基础上，调整合并为15个人民公社，1个通州镇。其区划如下。

通州镇：只辖镇内街巷，原属生产队划归城关人民公社。

城关人民公社：始建1965年5月，由

原通州镇人民公社所属50个村、苏坨人民公社 9个村、尹各庄人民公社2个村、大稿村人民公社11个村、土桥人民公社3个村，共75村组成。

马驹桥人民公社：在1961年马驹桥人民公社管辖范围基础上与西田阳人民公社合并，将原丁四庄人民公社的壮丁屯、海户屯、河北段划入而成。

牛堡屯人民公社：在1961年管辖范围基础上，将大杜社、陆辛庄二人民公社与漷县人民公社的王各庄合并而成。

台湖人民公社：在1961年16个自然村的基础上，将大稿村人民公社所属铺头、口子、朱家垡、田府、 前营5村为其所辖。

永乐店人民公社（农场）：在永乐店人民公社原辖范围基础上，合并小务、渠头、柴厂屯三个人民公社和牛堡屯人民公社的南仪阁、于家务、大耕垡、东马各庄、西马坊、果村以及漷县人民公社的丁庄、田村、草厂、东鲁，共17个自然村。下设永乐店、渠头、小务、柴厂屯、草厂、于家务6个分场，共辖64个自然村。

西集人民公社：在1961年管辖范围的基础上，与后寨府人民公社合并而成，辖34个自然村。

麦庄人民公社：在1961年管辖范围的基础上，与丁四庄人民公社（除河北段、壮丁屯、海户屯三村划归马驹桥公社外）合并而成，为管理方便，社址置次渠，1981年更名次渠人民公社，辖24个自然村。

宋庄人民公社：由原北寺庄人民公社、高辛庄人民公社合并，将原苏坨人民公社的六合村，疃里划入而成，辖32个村。

张家湾人民公社：在1961年管辖范围基础上，与土桥、上店二人民公社合并而成，辖35个自然村。

郎府人民公社：在1961年管辖范围基础上与杜柳棵人民公社南部11个村合并而成，辖21个自然村。

侉子店人民公社：在1961年管辖范围基础上，将杜柳棵人民公社北部的太子府、康各庄、谢家楼、大东各庄、小东各庄5个自然村划入而成，辖29个自然村。

觅子店人民公社：在1961年管辖范围基础上与侯黄庄人民公社合并而成，辖28个自然村。

胡各庄人民公社：在1961年管辖范围基础上，将苏坨人民公社的常屯、后屯、孙各庄3个村划入而成，辖27个自然村。

徐辛庄人民公社：在1961年管辖范围的基础上，并入尹各庄人民公社之大部，其北马庄、范庄划归城关人民公社，辖19个自然村。

马头人民公社：在1961年管辖范围基础上，将漷县人民公社大部村庄并入，下辖31个自然村。1978年因地震，社址迁漷县，1981年更名漷县人民公社。

1972年初，增划梨园人民公社。1973年又增划大杜社人民公社，其具体划分如下：

梨园人民公社：将张家湾人民公社北部18个村，城关人民公社南部14个村，共32个村划归其辖。

大杜社人民公社：将牛堡屯人民公社西南部13个自然村，马驹桥人民公社东部3个自然村，共16个自然村划归其辖。

## 四、乡、镇建置时期
## （1983年6月至1997年4月）

1983年3月起，为适应国民经济发展的需要，相继撤销人民公社建制，恢复乡建制，撤销大队称谓，恢复村称谓。1983年7月，宋庄、徐辛庄、胡各庄、西集、郎府、侉子店、张家湾、大杜社、台湖、次渠、城关、梨园、觅子店撤销人民公社建制，恢复乡建制。8月，牛堡屯撤销人民公社建制，恢复乡建制。1984年3月，马驹桥、漷县撤销人民公社建制，恢复乡建制。1984年5月，建立永乐店区公所，下设永乐店、渠头、小务、柴厂屯、草厂、于家务回族乡，撤销分场机构。1990年2月，将城关乡、梨园乡、徐辛庄乡、宋庄乡、张家湾乡、次渠乡、西集乡、漷县乡、牛堡屯乡、马驹桥乡，改为城关镇、梨园镇、徐辛庄镇、宋庄镇、张家湾镇、次渠镇、西集镇、漷县镇、牛堡屯镇、马驹桥镇，行政区域不变。全区辖1个永乐店区、11个镇，12个乡。

## 五、撤县设区时期
## （1997年4月— ）

1997年4月29日，经国务院批准撤销通县，设立通州区。5月13日，市政府发布《关于撤销通县设立通州区的通知》。9月28日，召开北京市通州区成立大会。10月24日，按照市政府《关于撤销通县设立通州区的通知》要求，撤销通州镇及其所属西城、南城、北城、东城、新建、运河、北苑7个街道办事处，设立通州区北苑、新华、中仓、玉桥4个街道办事处。同月27日，撤销城关镇、梨园镇，分别设立通州区永顺和梨园地区办事处。至此，全区下辖1个永乐店区、2个地区、8个镇、4个街道、12个乡（包括永乐店区6个乡）。

1998年9月，撤销永乐店区，其所属永乐店乡、柴厂屯乡、于家务乡、草厂乡、小务乡、渠头乡直属通州区管辖。

2000年7月25日，根据北京市民政局《关于调整远郊区县部分乡镇行政区划的批复》精神，区委、区政府制定下发《关于调整部分乡镇行政区域范围和调整后党政机构更名的通知》，撤销胡各庄乡、甘棠乡、郎府乡、台湖乡、大杜社乡、觅子店乡、柴厂屯乡，分别设立胡各庄镇、甘棠镇、郎府镇、台湖镇、大杜社镇、觅子店镇、柴厂屯镇；撤销草厂乡，其行政区域并入漷县镇；撤销永乐店乡、小务乡，合并设立永乐店镇；撤销渠头乡，其行政区域并入于家务回族乡。在永顺、梨园地区办事处设立建制镇，原行政区域范围不变，实行一个机构、两块牌子。至此，通州区下辖18个镇、4个街道、1个回族乡。

2001年12月1日，根据北京市民政局《关于调整郊区县部分街乡镇行政区划的批复》精神，区委、区政府制定下发《关于调整部分乡镇行政区域范围和调整后党的组织关系划转及党政机构更名的通知》，决定撤销徐辛庄镇，其行政区域并入宋庄镇；撤销次渠镇，其行政区域并入台湖镇；撤销牛堡屯镇，其行政区域并入张家湾镇；撤销郎府镇，其行政区域并入西集镇；撤销大杜社镇，其行政区域并入马驹桥镇；撤销觅子店镇，其行政区域并入漷县镇；撤销柴厂屯镇，其行政区域并入永乐店镇；撤销甘棠镇和胡各庄镇，合并设立潞城镇，其行政区域为原胡各庄镇和甘棠镇所辖区域。至此，通州区下辖10个镇、4个街道、1个回族乡。此次区划调整后至2014年未变。

说明：上述地名专题文章源自《北京市通县地名志·地名专题文章》，本志作了补充和部分修改。

# 地名文件一览表

## 1981—2014年通州区（通县）地名文件一览表

表7

| 文号 | 文件名称 | 发文单位 | 发文日期 |
|---|---|---|---|
| 通政发［1981］8号 | 通县人民政府关于启用新地名的通知 | 通县人民政府 | 1981年2月13日 |
| 通政发［1981］58号 | 通县人民政府关于启用新地名的通知 | 通县人民政府 | 1981年8月30日 |
| 通政发［1983］63号 | 通县人民政府关于启用新地名的通知 | 通县人民政府 | 1983年8月3日 |
| 通政发［1985］35号 | 通县人民政府关于恢复佟麟阁街、赵登禹大街名称的通知 | 通县人民政府 | 1985年10月17日 |
| 通政发［1985］2号 | 通县人民政府关于启用新地名的通知 | 通县人民政府 | 1985年2月5日 |
| 通政发［1986］28号 | 通县人民政府关于启用新地名的通知 | 通县人民政府 | 1986年5月29日 |
| 通政发［1986］33号 | 通县人民政府关于启用司空小区地名的通知 | 通县人民政府 | 1986年6月26日 |
| 通政办发［1991］12号 | 通县人民政府办公室关于对九座立交桥、运河东大街和三个公园命名的通知 | 通县人民政府办公室 | 无 |
| 通政办发［1992］2号 | 通县人民政府办公室关于果园环岛等地名命名的通知 | 通县人民政府办公室 | 1992年1月3日 |
| 通政办发［1992］48号 | 通县人民政府办公室关于侉子店乡更名为甘棠乡的通知 | 通县人民政府办公室 | 1992年6月19日 |
| 通政办发［1993］69号 | 通县人民政府办公室关于芳草园等地名命名的通知 | 通县人民政府办公室 | 1993年12月24日 |
| 通政办发［1994］10号 | 通县人民政府办公室关于玉桥南里等地命名和撤销神路街等地名的通知 | 通县人民政府办公室 | 1994年3月17日 |
| 通政办发［1994］65号 | 通县人民政府办公室关于枫露皇苑等地名命名、更名的通知 | 通县人民政府办公室 | 1994年7月21日 |
| 通政办发［1994］89号 | 通县人民政府办公室关于尹各庄桥命名的通知 | 通县人民政府办公室 | 1994年10月27日 |
| 通政办发［1995］12号 | 通县人民政府办公室关于次渠镇小民屯更名的通知 | 通县人民政府办公室 | 1995年2月14日 |
| 通政办发［1995］60号 | 通县人民政府办公室关于翠屏里等地命名、更名、合并地名的通知 | 通县人民政府办公室 | 1995年7月17日 |

续表 7

| 文号 | 文件名称 | 发文单位 | 发文日期 |
| --- | --- | --- | --- |
| 通政办发 [1995]61 号 | 通县人民政府办公室关于疃里新村等地命名的通知 | 通县人民政府办公室 | 1995 年 7 月 17 日 |
| 通政办发 [1995]76 号 | 通县人民政府办公室关于魏庄等村更名和同心花园命名的通知 | 通县人民政府办公室 | 1995 年 9 月 28 日 |
| 京地命 [1995]9 号 | 北京市地名办公室关于“京通快速路”九座立交桥命名的通知 | 北京市地名办公室 | 1995 年 11 月 22 日 |
| 通政办发 [1997]2 号 | 通县人民政府办公室关于复兴里等地名命名、更名、撤销的通知 | 通县人民政府办公室 | 1997 年 1 月 3 日 |
| 通政办发 [1998]33 号 | 北京市通州区人民政府办公室等地名命名、更名、撤销的通知 | 北京市通州区人民政府办公室 | 1998 年 3 月 9 日 |
| 通政办发 [1998]95 号 | 北京市通州区人民政府办公室关于漷县镇等 14 个乡镇主要街道和“西上园”等地名命名、更名的通知 | 北京市通州区人民政府办公室 | 1998 年 12 月 25 日 |
| 通规（99）第 57 号 | 北京市通州区城市规划管理局关于运河西大街等 13 条街道和西海子桥等 5 座桥梁命名的通知 | 北京市通州区城市规划管理局 | 1999 年 9 月 20 日 |
| 通政办发 [2000]85 号 | 北京市通州区人民政府办公室关于云景南大街等街道命名和筛子庄桥等桥梁更名的通知 | 北京市通州区人民政府办公室 | 2000 年 8 月 7 日 |
| 通规发 [2000]41 号 | 北京市通州区城市规划管理局关于通州工业开发区街道命名的通知 | 北京市通州区城市规划管理局 | 2000 年 8 月 6 日 |
| 通规发 [2000]40 号 | 北京市通州区城市规划管理局关于漷县小城镇开发区街道命名的通知 | 北京市通州区城市规划管理局 | 2000 年 8 月 6 日 |
| 京地命字（1999）011 号 | 北京市地名办公室关于京沈高速公路 28 座立交桥命名的通知 | 北京市地名办公室 | 1999 年 5 月 18 日 |
| 城规发 [1999]135 号 | 北京市城市规划管理局关于京沈高速公路 28 座立交桥命名的请示 | 北京市城市规划管理局 | 1999 年 5 月 4 日 |
| 京地命字 [2001]01 号 | 北京市地名办公室关于公路二环线黄村至马驹桥段十二座立交桥命名的通知 | 北京市地名办公室 | 2001 年 1 月 18 日 |
| 通政办发 [2002]43 号 | 北京市通州区人民政府办公室关于运河园等住宅区及上园路等街道地名命名的通知 | 北京市通州区人民政府办公室 | 2002 年 4 月 15 日 |
| 通政办发 [2002]79 号 | 北京市通州区人民政府办公室关于长桥园命名，牡丹园、佟麟阁街等更名、东关大街等名称合并的通知 | 北京市通州区人民政府办公室 | 2002 年 7 月 30 日 |
| 京地命字 [2002]8 号 | 北京市地名办公室关于六环路（通州段）桥梁命名的通知 | 北京市地名办公室 | 2002 年 8 月 15 日 |
| 通规发 [2003]8 号 | 关于宋庄镇都市工业高效园区街道命名的通知 | 北京市通州区规划局 | 2003 年 1 月 27 日 |
| 规通文 [2003]13 号 | 关于永顺北街、安顺二街命名北马庄村、永顺西街更名的批复 | 北京市规划委员会通州分局 | 2003 年 3 月 20 日 |

续表 7

| 文号 | 文件名称 | 发文单位 | 发文日期 |
|---|---|---|---|
| 规通文［2003］70 号 | 关于朝通嘉园地名命名的批复 | 北京市规划委员会通州分局 | 2003 年 7 月 28 日 |
| 规通文［2003］71 号 | 关于怡乐北街、怡乐中街、富河大街等街道命名的批复 | 北京市规划委员会通州分局 | 2003 年 7 月 28 日 |
| ［2003］市规地命字 2 号 | 关于北京地铁 1 号线八通段 11 座车站命名的通知 | 北京市规划委员会通州分局 | 2003 年 10 月 13 日 |
| 规通文［2003］123 号 | 关于京洲园、万盛里等居住区命名、小街村更名和万盛中一街、日新路等街道命名的通知 | 北京市规划委员会通州分局 | 2003 年 11 月 24 日 |
| 规通文［2004］7 号 | 关于马驹桥镇新海北里、新海南里居住区命名和新海东路、兴华大街等街道命名、更名及海户屯、河北段等村庄名称注销的通知 | 北京市规划委员会通州分局 | 2004 年 2 月 19 日 |
| 规通文［2004］13 号 | 关于通州物流产业园区兴贸北街、融商五路等道路命名的通知 | 北京市规划委员会通州分局 | 2004 年 3 月 16 日 |
| 规通文［2004］5 号 | 关于潞苑南里、东果园等居住区命名、水仙西路、芙蓉东路等街道命名和靶场路等街道更名的通知 | 北京市规划委员会通州分局 | 2004 年 2 月 17 日 |
| 规通文［2004］30 号 | 关于新华大街、玉带河大街等名称调整、葛布店东里、南小园等居住区、滨惠北一街、九棵树中路等街道命名的通知 | 北京市规划委员会通州分局 | 2004 年 6 月 4 日 |
| 规通文［2004］36 号 | 关于云景北里、砖厂南里、砖厂北街等命名、半壁店大街更名的通知 | 北京市规划委员会通州分局 | 2004 年 8 月 10 日 |
| 2005（通）地名命字 0061 号 | 关于北京市永乐经济开发区街道命名的通知 | 北京市规划委员会 | 2005 年 5 月 12 日 |
| 2005（通）地名命字 0062 号 | 关于北京市永乐店镇中心区街道命名的通知 | 北京市规划委员会 | 2005 年 5 月 12 日 |
| 2005（通）地名命字 0063 号 | 关于通州区永乐店镇永乐大街、永新路更名命名的通知 | 北京市规划委员会 | 2005 年 5 月 19 日 |
| 2005（通）地名命字 0065 号 | 关于通州区上园路、帅府街更名命名的通知 | 北京市规划委员会 | 2005 年 5 月 23 日 |
| 2005（通）地名命字 0066 号 | 关于通州区紫运北街、净水东路等街路的命名的通知 | 北京市规划委员会 | 2005 年 5 月 23 日 |
| 2005（通）地名命字 0093 号 | 关于通州区怡乐东路、九棵树街命名的通知 | 北京市规划委员会 | 2005 年 8 月 1 日 |
| 2005（通）地名命字 0094 号 | 关于通州区乔庄东区、葛布店北里、果园南区变更指位范围的命名的通知 | 北京市规划委员会 | 2005 年 8 月 1 日 |
| 2005（通）地名命字 0103 号 | 关于北京国家环保产业园区道路命名的通知 | 北京市规划委员会 | 2005 年 8 月 29 日 |

续表 7

| 文号 | 文件名称 | 发文单位 | 发文日期 |
|---|---|---|---|
| 2005（通）地名命字 0108 号 | 关于北京市光机电一体化产业基地道路命名的通知 | 北京市规划委员会 | 2005 年 9 月 9 日 |
| 2005（通）地名命字 0111 号 | 关于通州区普欣南里地名命名的通知 | 北京市规划委员会 | 2005 年 9 月 19 日 |
| 2005（通）地名命字 0126 号 | 关于通州区马桥北街命名的通知 | 北京市规划委员会 | 2005 年 11 月 7 日 |
| 2005（通）地名命字 0130 号 | 关于通州区玉桥西里中街的命名的通知 | 北京市规划委员会 | 2005 年 12 月 5 日 |
| 2005（通）地名命字 0131 号 | 关于通州区“通州北苑桥”的命名的通知 | 北京市规划委员会 | 2005 年 12 月 5 日 |
| 2005（通）地名命字 0137 号 | 关于通州区广聚街、云杉路、云杉南路、国槐路命名的通知 | 北京市规划委员会 | 2005 年 12 月 21 日 |
| 2006（通）地名命字 0008 号 | 关于通州区疃里东区、疃里南区命名的通知 | 北京市规划委员会 | 2006 年 2 月 13 日 |
| 2006（通）地名命字 0014 号 | 关于通州区于家务回族乡工业区道路命名的通知 | 北京市规划委员会 | 2006 年 4 月 6 日 |
| 2006（通）地名命字 0041 号 | 关于通州区潞邑居住区命名的通知 | 北京市规划委员会 | 2006 年 5 月 24 日 |
| 2007（通）地名命字 0074 号 | 关于榆滨华苑居住区命名的通知 | 北京市规划委员会 | 2007 年 11 月 21 日 |
| 2007（通）地名命字 0075 号 | 关于榆滨一街、河湾路道路命名的通知 | 北京市规划委员会 | 2007 年 11 月 21 日 |
| 2007 市地名命字 0041 号 | 关于机场南线高速（京承高速公路—东六环路段）公路桥梁命名的通知 | 北京市规划委员会 | 2007 年 7 月 5 日 |
| 2008 市地名命字 0001 号 | 关于京津高速公路第二通道（五环路化工桥—市界）沿线桥梁名称命名的通知 | 北京市规划委员会 | 2008 年 1 月 2 日 |
| 2008（通）地名命字 0009 号 | 关于净水园住宅区命名的通知 | 北京市规划委员会 | 2008 年 1 月 24 日 |
| 2008（通）地名命字 0037 号 | 关于兴贸三街、融商四路命名的通知 | 北京市规划委员会 | 2008 年 5 月 21 日 |
| 2008（通）地名命字 0038 号 | 关于科创东七街道路命名的通知 | 北京市规划委员会 | 2008 年 11 月 28 日 |
| 2009（通）地名命字 0001 号 | 关于榆滨芳苑居住区命名的通知 | 北京市规划委员会 | 2009 年 3 月 30 日 |
| 2009（通）地名命字 0002 号 | 关于榆滨二街、榆滨三街道路命名的通知 | 北京市规划委员会 | 2009 年 3 月 30 日 |
| 2009（通）地名命字 0003 号 | 关于靓丽一街、创益中路等 11 条道路命名的通知 | 北京市规划委员会 | 2009 年 8 月 10 日 |
| 2010（通）地名命字 0001 号 | 关于鑫隅二街等 4 条道路命名的通知 | 北京市规划委员会 | 2010 年 6 月 12 日 |

续表 7

| 文号 | 文件名称 | 发文单位 | 发文日期 |
|---|---|---|---|
| 2010（通）地名命字 0002 号 | 关于商通大道等十三条道路命名的通知 | 北京市规划委员会 | 2010 年 9 月 7 日 |
| 2011（通）地名命字 0004 号 | 关于“科创东二街、科创东三街、嘉创五路”的命名通知 | 北京市规划委员会 | 2011 年 7 月 12 日 |
| 2011（通）地名命字 0005 号 | 关于“次渠北里、次渠南里”命名的通知 | 北京市规划委员会 | 2011 年 9 月 22 日 |
| 2011（通）地名命字 0006 号 | 关于“寨里后街”的命名通知 | 北京市规划委员会 | 2011 年 11 月 15 日 |
| 2013（通）地名命字 0001 号 | 关于“于家务大街、于家务北街、于家务中街、于家务南街、新月路、新月西路、新月东路、于府路”的命名通知 | 北京市规划委员会 | 2013 年 9 月 29 日 |
| 2013（通）地名命字 0002 号 | 关于“寨辛庄前街、荷香东路、荷香西路”的命名通知 | 北京市规划委员会 | 2013 年 11 月 11 日 |
| 2013（通）地名命字 0003 号 | 关于“于家务西里、新月里”的命名通知 | 北京市规划委员会 | 2013 年 11 月 25 日 |
| 2014（通）地名命字 0001 号 | 关于“景盛南一街”的命名通知 | 北京市规划委员会 | 2014 年 1 月 28 日 |
| 2014（通）地名命字 0002 号 | 关于“恒业北七街、恒业八街”的命名通知 | 北京市规划委员会 | 2014 年 5 月 22 日 |
| 京地字（1995）40 号 | 建筑名称核准证——天桥湾住宅楼 | 北京市地名办公室 | 1995 年 4 月 6 日 |
| 京地字（1995）46 号 | 建筑名称核准证——运通花园 | 北京市地名办公室 | 1995 年 4 月 7 日 |
| 京地字（1995）66 号 | 建筑名称核准证——丛林庄别墅及丛林庄公寓 | 北京市地名办公室 | 1995 年 4 月 22 日 |
| 京地字（1995）71 号 | 建筑名称核准证——云景苑 | 北京市地名办公室 | 1995 年 5 月 9 日 |
| 京地字（1995）51 号 | 建筑名称核准证——枫露苑 | 北京市地名办公室 | 1995 年 5 月 25 日 |
| 京地建字（1996）037 号 | 建筑名称核准证——西潞苑 | 北京市地名办公室 | 1996 年 6 月 25 日 |
| 京地建字（1996）041 号 | 建筑名称核准证——华兴苑 | 北京市地名办公室 | 1996 年 7 月 9 日 |
| 京地建字（1998）026 号 | 建筑名称核准证——武夷花园 | 北京市地名办公室 | 1998 年 4 月 13 日 |
| 京地建字（2000）057 号 | 建筑名称核准证——天赐良园 | 北京市地名办公室 | 2000 年 5 月 30 日 |
| 京地建字（1996）065 号 | 建筑名称核准证——东潞苑 | 北京市地名办公室 | 1996 年 9 月 2 日 |

续表 7

| 文号 | 文件名称 | 发文单位 | 发文日期 |
|---|---|---|---|
| 京地建字（1998）058 号 | 建筑名称核准证——梨花园 | 北京市地名办公室 | 1998 年 7 月 23 日 |
| 京地建字（1999）062 号 | 建筑名称核准证——潞河名苑 | 北京市地名办公室 | 1999 年 7 月 21 日 |
| 京地建字（1999）069 号 | 建筑名称核准证——源泉苑 | 北京市地名办公室 | 1999 年 8 月 10 日 |
| 京地建字（2000）038 号 | 建筑名称核准证——西马庄园 | 北京市地名办公室 | 2000 年 4 月 18 日 |
| 京地建字（2000）088 号 | 建筑名称核准证——鑫苑 | 北京市地名办公室 | 2000 年 7 月 17 日 |
| 京地建字（2000）089 号 | 建筑名称核准证——运乔嘉园 | 北京市地名办公室 | 2000 年 7 月 17 日 |
| 京地建字（2000）104 号 | 建筑名称核准证——景欣园 | 北京市地名办公室 | 2000 年 8 月 31 日 |
| 京地建字（2000）106 号 | 建筑名称核准证——至善家园 | 北京市地名办公室 | 2000 年 9 月 5 日 |
| 京地建字（2000）132 号 | 建筑名称核准证——中泽园 | 北京市地名办公室 | 2000 年 11 月 1 日 |
| 京地建字（2000）149 号 | 建筑名称核准证——新华联家园 | 北京市地名办公室 | 2000 年 11 月 28 日 |
| 京地建字（2000）150 号 | 建筑名称核准证——荞馨园 | 北京市地名办公室 | 2000 年 11 月 28 日 |
| 京地建字（2001）16 号 | 建筑名称核准证——运河园 | 北京市地名办公室 | 2001 年 2 月 6 日 |
| 京地建字（2001）57 号 | 建筑名称核准证——怡佳家园 | 北京市地名办公室 | 2001 年 4 月 26 日 |
| 京地建字（2001）62 号 | 建筑名称核准证——同鑫家园 | 北京市地名办公室 | 2001 年 5 月 11 日 |
| 京地建字（2001）67 号 | 建筑名称核准证——达富苑 | 北京市地名办公室 | 2001 年 5 月 16 日 |
| 京地建字（2001）114 号 | 建筑名称核准证——美然百度园 | 北京市地名办公室 | 2001 年 7 月 27 日 |
| 京地建更字（2001）12 号 | 建筑名称核准证——京贸国际公寓 | 北京市地名办公室 | 2001 年 8 月 30 日 |
| 京地建字（2001）108 号 | 建筑名称核准证——恒美嘉园 | 北京市地名办公室 | 2001 年 7 月 20 日 |
| 京地建字（2001）135 号 | 建筑名称核准证——长桥星园 | 北京市地名办公室 | 2001 年 9 月 20 日 |
| 京地建字（2001）137 号 | 建筑名称核准证——新华联锦园 | 北京市地名办公室 | 2001 年 9 月 24 日 |

续表 7

| 文号 | 文件名称 | 发文单位 | 发文日期 |
|---|---|---|---|
| 京地建字（2001）149 号 | 建筑名称核准证——潇雅园 | 北京市地名办公室 | 2001 年 11 月 12 日 |
| 京地建字（2001）177 号 | 建筑名称核准证——皓月苑 | 北京市地名办公室 | 2001 年 12 月 20 日 |
| 京地建字（2002）3 号 | 建筑名称核准证——馨通家园 | 北京市地名办公室 | 2002 年 1 月 10 日 |
| 京地建字（2002）10 号 | 建筑名称核准证——金源泉家园 | 北京市地名办公室 | 2002 年 1 月 29 日 |
| 京地建字（2002）39 号 | 建筑名称核准证——岸芷汀兰家园 | 北京市地名办公室 | 2002 年 4 月 8 日 |
| 京地建字（2002）48 号 | 建筑名称核准证——龙鼎园 | 北京市地名办公室 | 2002 年 4 月 22 日 |
| 京地建字（2002）57 号 | 建筑名称核准证——海通梧桐苑 | 北京市地名办公室 | 2002 年 5 月 14 日 |
| 京地建字（2002）80 号 | 建筑名称核准证——恒隆家园 | 北京市地名办公室 | 2002 年 6 月 27 日 |
| 京地建字（2002）86 号 | 建筑名称核准证——园景阁 | 北京市地名办公室 | 2002 年 7 月 8 日 |
| 京地建字（2002）97 号 | 建筑名称核准证——东逸佳苑 | 北京市地名办公室 | 2002 年 7 月 23 日 |
| 京地建更字（2002）4 号 | 建筑名称核准证——新华经典丽园 | 北京市地名办公室 | 2002 年 8 月 1 日 |
| 京地建字（2002）104 号 | 建筑名称核准证——雅景嘉园 | 北京市地名办公室 | 2002 年 8 月 22 日 |
| 京地建字（2002）105 号 | 建筑名称核准证——京通新潮嘉园 | 北京市地名办公室 | 2002 年 8 月 22 日 |
| 京地建字（2002）120 号 | 建筑名称核准证——柳岸景园 | 北京市地名办公室 | 2002 年 9 月 25 日 |
| 京地建字（2002）122 号 | 建筑名称核准证——朝通嘉园 | 北京市地名办公室 | 2002 年 10 月 11 日 |
| 京地建字（2002）124 号 | 建筑名称核准证——亮雅嘉苑 | 北京市地名办公室 | 2002 年 10 月 11 日 |
| 京地建字（2002）125 号 | 建筑名称核准证——京艺天朗嘉园 | 北京市地名办公室 | 2002 年 10 月 11 日 |
| 京地建字（2002）142 号 | 建筑名称核准证——澜花语岸佳园 | 北京市地名办公室 | 2002 年 12 月 9 日 |
| 通规地名建（核）字[2003]1 号 | 建筑物名称核准证——中泽雅园 | 北京市通州区规划局 | 2003 年 2 月 19 日 |
| 通规地名建（核）字[2003]2 号 | 建筑物名称核准证——天地美墅家园 | 北京市通州区规划局 | 2003 年 2 月 25 日 |

续表 7

| 文号 | 文件名称 | 发文单位 | 发文日期 |
|---|---|---|---|
| 通规地名建（核）字[2003]3 号 | 建筑物名称核准证——一世情园 | 北京市通州区规划局 | 2003 年 2 月 25 日 |
| 通规地名建（核）字[2003]4 号 | 建筑物名称核准证——金侨时代家园 | 北京市通州区规划局 | 2003 年 2 月 25 日 |
| 通地名建（核）字 [2003]1 号 | 建筑物名称核准证——莲水怡园 | 北京市规划委员会通州分局 | 2003 年 3 月 17 日 |
| 通地名建（核）字 [2003]2 号 | 建筑物名称核准证——久居雅园 | 北京市规划委员会通州分局 | 2003 年 5 月 25 日 |
| 通地名建（核）字 [2003]3 号 | 建筑物名称核准证——新华联家园北区 | 北京市规划委员会通州分局 | 2003 年 5 月 26 日 |
| 通地名建（核）字 [2003]4 号 | 建筑物名称核准证——蓝调沙龙雅园 | 北京市规划委员会通州分局 | 2003 年 6 月 2 日 |
| 通地名建（核）字 [2003]5 号 | 建筑物名称核准证——映翠居 | 北京市规划委员会通州分局 | 2003 年 6 月 2 日 |
| 通地名建（核）字 [2003]6 号 | 建筑物名称核准证——东阁雅舍 | 北京市规划委员会通州分局 | 2003 年 6 月 11 日 |
| 通地名建（核）字 [2003]7 号 | 建筑物名称核准证——苏何雅居 | 北京市规划委员会通州分局 | 2003 年 6 月 20 日 |
| 通地名建（核）字 [2003]8 号 | 建筑物名称核准证——当代名筑家园 | 北京市规划委员会通州分局 | 2003 年 7 月 8 日 |
| 通地名建（核）字 [2003]9 号 | 建筑物名称核准证——达富雅园 | 北京市规划委员会通州分局 | 2003 年 7 月 17 日 |
| 通地名建（核）字 [2003]10 号 | 建筑物名称核准证——靓景明居 | 北京市规划委员会通州分局 | 2003 年 7 月 17 日 |
| 通地名建（核）字 [2003]11 号 | 建筑物名称核准证——锋阁嘉园 | 北京市规划委员会通州分局 | 2003 年 7 月 25 日 |
| 通地名建（核）字 [2003]12 号 | 建筑物名称核准证——群芳丽景苑 | 北京市规划委员会通州分局 | 2003 年 7 月 25 日 |
| 通地名建（核）字 [2003]13 号 | 建筑物名称核准证——格瑞雅居 | 北京市规划委员会通州分局 | 2003 年 7 月 28 日 |
| 通地名建（核）字 [2003]14 号 | 建筑物名称核准证——月亮河休闲寓所 | 北京市规划委员会通州分局 | 2003 年 8 月 7 日 |
| 通地名建（核）字 [2003]15 号 | 建筑物名称核准证——通典铭居 | 北京市规划委员会通州分局 | 2003 年 8 月 12 日 |
| 通地名建（核）字 [2003]16 号 | 建筑物名称核准证——祥云天地家园 | 北京市规划委员会通州分局 | 2003 年 9 月 10 日 |
| 通地名建（核）字 [2003]17 号 | 建筑物名称核准证——士博仕园 | 北京市规划委员会通州分局 | 2003 年 9 月 11 日 |
| 通地名建（核）字 [2003]18 号 | 建筑物名称核准证——瑞都景园 | 北京市规划委员会通州分局 | 2003 年 9 月 23 日 |

续表 7

| 文号 | 文件名称 | 发文单位 | 发文日期 |
| --- | --- | --- | --- |
| 通地名建（核）字[2003]19号 | 建筑物名称核准证——碧水明珠阁 | 北京市规划委员会通州分局 | 2003年9月23日 |
| 通地名建（核）字[2003]20号 | 建筑物名称核准证——北杨名居 | 北京市规划委员会通州分局 | 2003年10月10日 |
| 通地名建（核）字[2003]21号 | 建筑物名称核准证——世纪星河名苑 | 北京市规划委员会通州分局 | 2003年10月14日 |
| 通地名建（核）字[2003]22号 | 建筑物名称核准证——格兰晴天家园 | 北京市规划委员会通州分局 | 2003年11月17日 |
| 通地名建（核）字[2003]23号 | 建筑物名称核准证——雅丽世居 | 北京市规划委员会通州分局 | 2003年12月2日 |
| 通地名建（核）字[2003]24号 | 建筑物名称核准证——欣达园 | 北京市规划委员会通州分局 | 2003年12月16日 |
| 通地名建（核）字[2004]1号 | 建筑物名称核准证——荔景园 | 北京市规划委员会通州分局 | 2004年1月13日 |
| 通地名建（核）字[2004]2号 | 建筑物名称核准证——蓝谷竹园 | 北京市规划委员会通州分局 | 2004年2月11日 |
| 通地名建（核）字[2004]3号 | 建筑物名称核准证——水恋佳庭 | 北京市规划委员会通州分局 | 2004年3月11日 |
| 通地名建（核）字[2004]4号 | 建筑物名称核准证——盛业家园 | 北京市规划委员会通州分局 | 2004年3月22日 |
| 通地名建（核）字[2004]5号 | 建筑物名称核准证——世纪星城兴业园 | 北京市规划委员会通州分局 | 2004年5月24日 |
| 2004（通）建名命字0034号 | 建筑物名称核准证——天时名苑 | 北京市规划委员会 | 2004年11月29日 |
| 2005（通）建名命字0033号 | 建筑物名称核准证——运河明珠家园 | 北京市规划委员会 | 2005年3月15日 |
| 2005（通）建名命字0042号 | 建筑物名称核准证——龙尚小筑 | 北京市规划委员会 | 2005年3月23日 |
| 2005（通）建名命字0043号 | 建筑物名称核准证——泉蕾佳苑 | 北京市规划委员会 | 2005年3月23日 |
| 2005（通）建名命字0070号 | 建筑物名称核准证——上河美墅 | 北京市规划委员会 | 2005年4月29日 |
| 2005（通）建名命字0084号 | 建筑物名称核准证——润都嘉苑 | 北京市规划委员会 | 2005年5月19日 |
| 2005（通）建名命字0086号 | 建筑物名称核准证——海阔名园 | 北京市规划委员会 | 2005年5月23日 |
| 2005（通）建名命字0099号 | 建筑物名称核准证——万福家园 | 北京市规划委员会 | 2005年6月2日 |
| 2005（通）建名命字0115号 | 建筑物名称核准证——曼城家园 | 北京市规划委员会 | 2005年6月24日 |

续表 7

| 文号 | 文件名称 | 发文单位 | 发文日期 |
|---|---|---|---|
| 2005（通）建名命字 0131 号 | 建筑物名称核准证——柳岸方园 | 北京市规划委员会 | 2005 年 7 月 18 日 |
| 2005（通）建名命字 0147 号 | 建筑物名称核准证——运乔嘉园北区 | 北京市规划委员会 | 2005 年 8 月 1 日 |
| 2005（通）建名命字 0180 号 | 建筑物名称核准证——翠海花园 | 北京市规划委员会 | 2005 年 9 月 12 日 |
| 2005（通）建名命字 0184 号 | 建筑物名称核准证——雅士居 | 北京市规划委员会 | 2005 年 9 月 26 日 |
| 2005（通）建名命字 0217 号 | 建筑物名称核准证——亦语林居 | 北京市规划委员会 | 2005 年 11 月 22 日 |
| 2005（通）建名命字 0218 号 | 建筑物名称核准证——云景大厦 | 北京市规划委员会 | 2005 年 11 月 22 日 |
| 2006（通）建名命字 0006 号 | 建筑物名称核准证——万驰家园 | 北京市规划委员会 | 2006 年 1 月 10 日 |
| 2006（通）建名命字 0024 号 | 建筑物名称核准证——君合家园 | 北京市规划委员会 | 2006 年 3 月 1 日 |
| 2006（通）建名命字 0141 号 | 建筑物名称核准证——北美佳苑 | 北京市规划委员会 | 2006 年 10 月 24 日 |
| 2006（通）建名命字 0178 号 | 建筑物名称核准证——金地格外翠园 | 北京市规划委员会 | 2006 年 12 月 15 日 |
| 2007（通）建名命字 0008 号 | 建筑物名称核准证——金隅上河名居 | 北京市规划委员会 | 2007 年 1 月 15 日 |
| 2007（通）建名命字 0064 号 | 建筑物名称核准证——珠江逸景家园 | 北京市规划委员会 | 2007 年 4 月 24 日 |
| 2007（通）建名命字 0065 号 | 建筑物名称核准证——中泽馨园 | 北京市规划委员会 | 2007 年 4 月 24 日 |
| 2007（通）建名命字 0115 号 | 建筑物名称核准证——北京国际图书城 | 北京市规划委员会 | 2007 年 7 月 18 日 |
| 2007（通）建名命字 0148 号 | 建筑物名称核准证——钱潮古运家园 | 北京市规划委员会 | 2007 年 9 月 18 日 |
| 2007（通）建名命字 0149 号 | 建筑物名称核准证——珠江逸景科技园 | 北京市规划委员会 | 2007 年 9 月 18 日 |
| 2007（通）建名命字 0163 号 | 建筑物名称核准证——古韵新居 | 北京市规划委员会 | 2007 年 10 月 22 日 |
| 2008（通）建名命字 0017 号 | 建筑物名称核准证——京艺天朗雅园 | 北京市规划委员会 | 2008 年 2 月 25 日 |
| 2008（通）建名命字 0025 号 | 建筑物名称核准证——欣艺景园 | 北京市规划委员会 | 2008 年 3 月 13 日 |
| 2008（通）建名命字 0055 号 | 建筑物名称核准证——华盛香堤苑 | 北京市规划委员会 | 2008 年 4 月 21 日 |

续表 7

| 文号 | 文件名称 | 发文单位 | 发文日期 |
|---|---|---|---|
| 2008（通）建名命字 0056 号 | 建筑物名称核准证——大方居 | 北京市规划委员会 | 2008 年 4 月 21 日 |
| 2008（通）建名命字 0098 号 | 建筑物名称核准证——香雪兰溪家园 | 北京市规划委员会 | 2008 年 7 月 9 日 |
| 2008（通）建名命字 0099 号 | 建筑物名称核准证——嘉州阳光苑 | 北京市规划委员会 | 2008 年 7 月 16 日 |
| 2008（通）建名命字 0113 号 | 建筑物名称核准证——蔚澜香堤苑 | 北京市规划委员会 | 2008 年 9 月 4 日 |
| 2009（通）建名字 0001 号 | 建筑物名称核准证——通铭大厦 | 北京市规划委员会通州分局 | 2009 年 3 月 9 日 |
| 2009（通）建名字 0002 号 | 建筑物名称核准证——新城康居家园 | 北京市规划委员会通州分局 | 2009 年 4 月 9 日 |
| 2009（通）建名字 0003 号 | 建筑物名称核准证——榆韵华都家园 | 北京市规划委员会通州分局 | 2009 年 4 月 9 日 |
| 2009（通）建名字 0004 号 | 建筑物名称核准证——京贸家园 | 北京市规划委员会通州分局 | 2009 年 4 月 13 日 |
| 2009（通）建名字 0005 号 | 建筑物名称核准证——京贸时代华庭 | 北京市规划委员会通州分局 | 2009 年 4 月 13 日 |
| 2009（通）建名字 0006 号 | 建筑物名称核准证——东亚瑞晶苑 | 北京市规划委员会通州分局 | 2009 年 5 月 25 日 |
| 2009（通）建名字 0007 号 | 建筑物名称核准证——海棠湾嘉园 | 北京市规划委员会通州分局 | 2009 年 6 月 4 日 |
| 2009（通）建名字 0008 号 | 建筑物名称核准证——亦空间研发中心 | 北京市规划委员会通州分局 | 2009 年 6 月 11 日 |
| 2009（通）建名字 0009 号 | 建筑物名称核准证——珠江拉维家园 | 北京市规划委员会通州分局 | 2009 年 8 月 31 日 |
| 2009（通）建名字 00010 号 | 建筑物名称核准证——清水湾嘉园 | 北京市规划委员会通州分局 | 2009 年 10 月 16 日 |
| 2009（通）建名字 00011 号 | 建筑物名称核准证——合生时代中心 | 北京市规划委员会通州分局 | 2009 年 11 月 9 日 |
| 2009（通）建名字 00012 号 | 建筑物名称核准证——东方玫瑰家园 | 北京市规划委员会通州分局 | 2009 年 11 月 18 日 |
| 2009（通）建名字 00013 号 | 建筑物名称核准证——怡然世家小区 | 北京市规划委员会通州分局 | 2009 年 11 月 18 日 |
| 2009（通）建名字 00014 号 | 建筑物名称核准证——京贸国际城 | 北京市规划委员会通州分局 | 2009 年 12 月 24 日 |
| 2011（通）建名字 00004 号 | 建筑物名称核准证——润枫领尚苑 | 北京市规划委员会通州分局 | 2011 年 3 月 16 日 |
| 2011（通）建名字 00009 号 | 建筑物名称核准证——方恒东景小区 | 北京市规划委员会通州分局 | 2011 年 7 月 4 日 |

续表 7

| 文号 | 文件名称 | 发文单位 | 发文日期 |
|---|---|---|---|
| 2011（通）建名字 00011 号 | 建筑物名称核准证——国风美仑家园 | 北京市规划委员会通州分局 | 2011 年 7 月 14 日 |
| 2011（通）建名字 00012 号 | 建筑物名称核准证——千章墅家园 | 北京市规划委员会通州分局 | 2011 年 7 月 28 日 |
| 2011（通）建名字 00013 号 | 建筑物名称核准证——新城嘉园 | 北京市规划委员会通州分局 | 2011 年 8 月 2 日 |
| 2011（通）建名字 00014 号 | 建筑物名称核准证——合生悦都中心 | 北京市规划委员会通州分局 | 2011 年 8 月 18 日 |
| 2011（通）建名字 00015 号 | 建筑物名称核准证——华远名悦园 | 北京市规划委员会通州分局 | 2011 年 9 月 21 日 |
| 2011（通）建名字 00016 号 | 建筑物名称核准证——东亚逸品阁 | 北京市规划委员会通州分局 | 2011 年 9 月 29 日 |
| 2011（通）建名字 00017 号 | 建筑物名称核准证——天璧园 | 北京市规划委员会通州分局 | 2011 年 10 月 11 日 |
| 2011（通）建名字 00018 号 | 建筑物名称核准证——商务示范园 | 北京市规划委员会通州分局 | 2011 年 12 月 1 日 |
| 2011（通）建名字 00019 号 | 建筑物名称核准证——金城中心 | 北京市规划委员会通州分局 | 2011 年 12 月 28 日 |
| 2011（通）建名字 00020 号 | 建筑物名称核准证——金城府家园 | 北京市规划委员会通州分局 | 2011 年 12 月 28 日 |
| 2012（通）建名字 00001 号 | 建筑物名称核准证——金隅嘉铂苑 | 北京市规划委员会通州分局 | 2012 年 3 月 9 日 |
| 2012（通）建名字 00002 号 | 建筑物名称核准证——合生华景家园 | 北京市规划委员会通州分局 | 2012 年 5 月 7 日 |
| 2012（通）建名字 00003 号 | 建筑物名称核准证——珠江旭景家园 | 北京市规划委员会通州分局 | 2012 年 5 月 17 日 |
| 2012（通）建名字 00004 号 | 建筑物名称核准证——祥云大厦 | 北京市规划委员会通州分局 | 2012 年 6 月 8 日 |
| 2012（通）建名字 00005 号 | 建筑物名称核准证——东亚怡园 | 北京市规划委员会通州分局 | 2012 年 8 月 3 日 |
| 2012（通）建名字 00006 号 | 建筑物名称核准证——玉兰湾嘉园 | 北京市规划委员会通州分局 | 2012 年 8 月 8 日 |
| 2012（通）建名字 00007 号 | 建筑物名称核准证——旭辉臻园 | 北京市规划委员会通州分局 | 2012 年 8 月 9 日 |
| 2013（通）建名字 00001 号 | 建筑物名称核准证——四季格林嘉园 | 北京市规划委员会通州分局 | 2013 年 2 月 4 日 |
| 2013（通）建名字 00002 号 | 建筑物名称核准证——富力尚悦居 | 北京市规划委员会通州分局 | 2013 年 3 月 5 日 |
| 2013（通）建名字 00003 号 | 建筑物名称核准证——珠江四季中心 | 北京市规划委员会通州分局 | 2013 年 4 月 7 日 |
| 2013（通）建名字 00005 号 | 建筑物名称核准证——首开缇香雅园 | 北京市规划委员会通州分局 | 2013 年 6 月 20 日 |

续表 7

| 文号 | 文件名称 | 发文单位 | 发文日期 |
|---|---|---|---|
| 2013（通）建名字 00006 号 | 建筑物名称核准证——首开缇香家园 | 北京市规划委员会通州分局 | 2013 年 6 月 20 日 |
| 2013（通）建名字 00007 号 | 建筑物名称核准证——金隅香溪家园 | 北京市规划委员会通州分局 | 2013 年 6 月 21 日 |
| 2013（通）建名字 00008 号 | 建筑物名称核准证——长安运河会馆 | 北京市规划委员会通州分局 | 2013 年 6 月 21 日 |
| 2013（通）建名字 000010 号 | 建筑物名称核准证——玫瑰东筑家园 | 北京市规划委员会通州分局 | 2013 年 8 月 7 日 |
| 2013（通）建名字 000011 号 | 建筑物名称核准证——嘉逸商务园 | 北京市规划委员会通州分局 | 2013 年 10 月 22 日 |
| 2013（通）建名字 000012 号 | 建筑物名称核准证——金帅府家园 | 北京市规划委员会通州分局 | 2013 年 11 月 19 日 |
| 2013（通）建名字 000013 号 | 建筑物名称核准证——秦禾时代中心 | 北京市规划委员会通州分局 | 2013 年 12 月 9 日 |
| 2013（通）建名字 000014 号 | 建筑物名称核准证——东亚鼎园 | 北京市规划委员会通州分局 | 2013 年 12 月 30 日 |
| 2014（通）建名字 000001 号 | 建筑物名称核准证——首开溪园 | 北京市规划委员会通州分局 | 2014 年 1 月 28 日 |
| 2014（通）建名字 000002 号 | 建筑物名称核准证——秦禾誉园 | 北京市规划委员会通州分局 | 2014 年 2 月 24 日 |
| 2014（通）建名字 000003 号 | 建筑物名称核准证——华远铭悦雅园 | 北京市规划委员会通州分局 | 2014 年 2 月 24 日 |
| 2014（通）建名字 000004 号 | 建筑物名称核准证——华远好天地中心 | 北京市规划委员会通州分局 | 2014 年 2 月 24 日 |
| 2014（通）建名字 000005 号 | 建筑物名称核准证——和美嘉园 | 北京市规划委员会通州分局 | 2014 年 3 月 5 日 |
| 2014（通）建名字 000006 号 | 建筑物名称核准证——盛达嘉园 | 北京市规划委员会通州分局 | 2014 年 3 月 5 日 |
| 2014（通）建名字 000007 号 | 建筑物名称核准证——台湖银河湾 | 北京市规划委员会通州分局 | 2014 年 3 月 17 日 |
| 2014（通）建名字 000008 号 | 建筑物名称核准证——新地国际家园 | 北京市规划委员会通州分局 | 2014 年 3 月 27 日 |
| 2014（通）建名字 000009 号 | 建筑物名称核准证——首开缇香鑫园 | 北京市规划委员会通州分局 | 2014 年 4 月 14 日 |
| 2014（通）建名字 000010 号 | 建筑物名称核准证——紫石时代中心 | 北京市规划委员会通州分局 | 2014 年 4 月 23 日 |
| 2014（通）建名字 000011 号 | 建筑物名称核准证——富力慧兰美居 | 北京市规划委员会通州分局 | 2014 年 6 月 6 日 |
| 2014（通）建名字 000012 号 | 建筑物名称核准证——运潮馨苑 | 北京市规划委员会通州分局 | 2014 年 7 月 29 日 |
| 2014（通）建名字 000013 号 | 建筑物名称核准证——瑞秀佳园 | 北京市规划委员会通州分局 | 2014 年 10 月 15 日 |

# 地名索引

## C

## D

## F



## G

## J

## M

N



P

## Q



## R



## S

## T

## W

X

## Y

## Z

# 后　记

按照《北京市地名志》《北京市地名词典》编纂工作动员会的要求，为加强地名文化的保护传承，挖掘地名文化内涵，做好第二次全国地名普查成果的转化工作，进一步规范地名管理，通州区委党史工作办公室、通州区地方志办公室广泛动员社会各方面力量，历时4年完成了《北京市通州区地名志》的编修工作。

《北京市通州区地名志》编修工作分为两个阶段：第一阶段，从2017年5月至2018年4月。组建了编辑部，制定了《北京市通州区地名志》编纂工作方案，包括篇目框架、编纂细则、条目释文撰写要求，对第二次全国地名普查资料进行分类整理，收集有关地名资料等。第二阶段，从2018年5月开始，编辑人员按照合体、合规、合理以及准确、通畅、简明的要求，严格遵守编纂工作方案的各项规定开展编辑工作，经过初审、复审、终审，广泛征求有关单位及专家的意见，至2021年9月，编纂工作全面完成。全志共分8章，另有概述、大事记、附录。

《北京市通州区地名志》是在《北京市通县地名志》基础上的一次重修。本志充分汲取了前志的成果，同时也吸收了近年来通州区地名研究及第二次全国地名普查的成果。为了提高本志的科学性、丰富性、权威性，编修过程中编辑人员系统查阅了通州历史上编修的志书，参考了周良先生所著《通州地名谈》、通州区政协文史和学习委员会与有关镇乡编辑的《文化通州》系列丛书、《通州文物志》、《通州年鉴》以及报纸杂志上的有关文章等。在本志编修过程中，有关专家周舜武、罗保平、陈喜波、池源提出了很多宝贵的意见并给予了悉心的指导与帮助；北京市规划和自然资源委员会通州分局、区民政局、区文化和旅游局、通州公安分局、区园区管委会、区卫生健康委、区交通局、区水务局、区公路局、区教委及各街道办事处、各乡镇政府给予了积极配合和大力支持；《北京通州年鉴》编辑部为本志提供了照片，在此一并表示感谢！

《北京市通州区地名志》的编修，虽历经数年，数易其稿，但由于地名的复杂性、资料来源的局限性和编辑人员阅历及专业水平所限，难免会有缺陷和错漏之处，恳请广大读者批评指正。

编　者

2021年9月